R. Arntz (Hrsg.) · Textlinguistik und Fachsprache

STUDIEN ZU SPRACHE UND TECHNIK

Herausgegeben von
Reiner Arntz und Norbert Wegner

BAND 1

Reiner Arntz (Hrsg.)

TEXTLINGUISTIK UND FACHSPRACHE

Akten des Internationalen
übersetzungswissenschaftlichen AILA-Symposions
Hildesheim, 13. – 16. April 1987

1988 Georg Olms Verlag
Hildesheim, Zürich, New York

Reiner Arntz (Hrsg.)

TEXTLINGUISTIK UND FACHSPRACHE

Akten des Internationalen
übersetzungswissenschaftlichen AILA-Symposions
Hildesheim, 13. – 16. April 1987

1988 Georg Olms Verlag
Hildesheim, Zürich, New York

© Georg Olms AG, Hildesheim 1988
Alle Rechte vorbehalten
Printed in Germany
Umschlagentwurf: Prof. Paul König, Hildesheim
Herstellung: Weihert-Druck GmbH, Darmstadt
ISSN 0935-5472
ISBN 3-487-09145-3

INHALTSVERZEICHNIS

Textlinguistik und Fachsprache

Akten des Internationalen übersetzungswissenschaftlichen AILA—Symposions

Hildesheim, 13. – 16. April 1987

Vorwort

Der vorliegende Band enthält die 33 Referate, die beim Internationalen AILA–Symposion "Textlinguistik und Fachsprache" gehalten wurden. Dieses Symposion, das unter der Schirmherrschaft des Niedersächsischen Ministers für Wissenschaft und Kunst, Herrn Dr. J.-T. Cassens, stand, fand vom 13. bis 16. April 1987 an der Wissenschaftlichen Hochschule Hildesheim statt. Es führte rund 70 übersetzungswissenschaftlich engagierte Teilnehmer aus aller Welt zusammen.

Das Symposion schloß an das Internationale AILA–Kolloquium in Saarbrücken (1983) und den übersetzungswissenschaftlichen Workshop auf dem AILA–Weltkongreß in Brüssel (1984) an. Im Mittelpunkt des Saarbrücker Symposions standen übersetzungs– und dolmetschdidaktische Fragestellungen; der auf den Ergebnissen des Symposions aufbauende Brüsseler Workshop stand unter dem Thema "Analyse und Beschreibung von semantischen und pragmatischen Faktoren im Übersetzungsprozeß unter besonderer Berücksichtigung der Benutzerbedürfnisse".

Beide Veranstaltungen, die unter der bewährten Leitung des langjährigen Präsidenten der wissenschaftlichen AILA–Kommission "Dolmetschen und Über-setzen", Prof. Dr. W. Wilss, standen, haben deutlich gezeigt, daß aufgrund der immer intensiveren und vielfältigeren Forschungsaktivitäten im Bereich der Übersetzungswissenschaft der Gedankenaustausch zwischen Vertretern verschiedener Forschungsrichtungen immer wichtiger wird. Dabei geht es insbesondere um die Zusammenführung übersetzungsrelevanter Unter-suchungen zu fachsprachlichen und terminologischen Fragestellungen einerseits sowie zu Fragen der Textlinguistik (einschließlich Texttypologie und Textpragmatik) andererseits. Ziel des Hildesheimer Symposions war es, hierzu einen Beitrag zu leisten.

Die Durchführung des Symposions wäre nicht möglich gewesen ohne die zum Teil erheblichen finanziellen Zuwendungen, die wir von folgenden Stellen erhalten haben:

2

Deutsche Forschungsgemeinschaft, Bonn
Niedersächsisches Ministerium für Wissenschaft und Kunst, Hannover
Deutscher Industrie- und Handelstag, Bonn
Commerzbank AG, Hildesheim
Deutsche Bank AG, Hildesheim
Fa. Hans Kolbe & Co., Bad Salzdetfurth
Fa. Oppermann & Sohn, Hildesheim

Die Drucklegung wurde durch eine großzügige Spende der Friedrich-Wein-hagen-Stiftung, Hildesheim, ermöglicht.

Allen Spendern möchte ich, auch im Namen der Teilnehmer des Symposions und des AILA-Präsidiums, herzlich danken.

Zu großem Dank verpflichtet bin ich auch meinen Kollegen und Mitarbeitern am Institut für Angewandte Sprachwissenschaft der Hochschule Hildesheim, insbesondere dem Institutsleiter, Herrn Prof. Dr. Norbert Wegner, und Frau Heidemarie Zentgraf, die mir bei der Vorbereitung und Durchführung des Symposions bzw. bei der Drucklegung des Manuskripts mit großem Einsatz geholfen haben.

Hildesheim, im Frühjahr 1988

Reiner Arntz

Zur Einleitung

Zum Verhältnis von Textlinguistik und Fachsprache

Die Entwicklung der Übersetzungswissenschaft in den letzten Jahren zeigt deutlich, daß textstrukturelle und textpragmatische Gesichtspunkte immer stärker in den Blickpunkt treten und daß gleichzeitig fachsprachliche Fragestellungen erheblich an Bedeutung gewinnen. Allerdings sind die Schwerpunkte der Untersuchungen zum Teil in sehr unterschiedlicher Weise gesetzt worden, was angesichts der Komplexität des Gegenstandes nicht überrascht. Es ist daher wichtig, daß im Interesse des gemeinsamen Ganzen ein intensiver Gedankenaustausch zwischen den beteiligten Forschern stattfindet.

Dies gilt nicht zuletzt deshalb, weil auch die Fachsprachenforschung, die ihre Aufmerksamkeit zunächst relativ isolierten Textelementen – Lexem, Syntagma, Satz – gewidmet hatte, sich in zunehmendem Maße dem Text in seiner ganzen Komplexität zuwendet. Es geht jetzt u. a. darum, eine umfassende Typologie der Fachtexte zu erstellen, d. h. sämtliche fachsprachlich relevanten Textsorten zu inventarisieren und diese insbesondere nach funktionalen und formalen Gesichtspunkten zu gliedern. Unmittelbar damit verbunden ist das Bemühen, Kriterien für die Beschreibung von Fachtexten zu entwickeln, um so einerseits generelle Aussagen zur Texttypologie überprüfen zu können und andererseits eine Grundlage für die Zuordnung eines konkreten Fachtextes zu einer Textsorte zu haben. Dabei geht es sowohl um die Makrostruktur des Textes und die Relation zwischen den einzelnen Textelementen als auch um die syntaktischen und lexikalischen Besonderheiten von Fachtexten bzw. Fachtextsorten. Untersuchungen zu diesen Fragen werden seit einigen Jahren in verschiedenen Ländern durchgeführt. Bisher fehlt es weitgehend an einer zielgerichteten Koordination dieser Bemühungen; vor allem aber werden die von der Textlinguistik zumeist auf der Grundlage nicht fachsprachlicher Korpora erzielten Untersuchungsergebnisse von der Fachsprachenforschung bislang nicht genügend berücksichtigt. Da sowohl textlinguistische als auch fachsprachliche Fragestellungen in starkem Maße übersetzungsrelevant sind, ist eine Intensivierung des Gedankenaustauschs zwischen Vertretern beider Forschungsrichtungen für die Übersetzungswissenschaft von unmittelbarem Interesse.

Der Zusammenführung von auf den ersten Blick relativ heterogenen Forschungsansätzen versuchte das Hildesheimer Symposion durch seine Struktur Rechnung zu tragen, die auch in der Anordnung der Beiträge im vorliegenden Band zum Ausdruck kommt; d. h., es wurde versucht, das Programm so zu gestalten, daß die beiden Themenblöcke Fachsprachenforschung und Textlinguistik einander deutlich gegenübergestellt wurden und vergleichbares Gewicht erhielten. Deshalb standen am Anfang des Symposions generelle und spezielle Probleme der Übersetzungswissenschaft, von denen zu Fragen der Fachsprachen- und Terminologieforschung übergeleitet wurde. Anschließend traten, ausgehend von den speziellen Bedürfnissen im Bereich der Fachtexte, textlinguistische Fragen in den Mittelpunkt der Betrachtung. Diese Thematik wurde dann über den Bereich des Fachtextes hinaus - insbesondere in Richtung auf literarische Texte - erweitert und vertieft.

Im Rahmen der das Symposion beschäftigenden Thematik ergeben sich folgende Schwerpunkte:

In zahlreichen Vorträgen und Diskussionsbeiträgen zu übersetzungswissenschaftlichen Problemen wird die Forderung nach einer Übersetzungstheorie erhoben, die sowohl auf literarische Texte als auch auf Fachtexte anzuwenden sei und die auch syntaktische und stilistische Probleme berücksichtigen solle. Die Rolle des Übersetzers wird dabei so verstanden, daß er als Textrezipient und -produzent zwischen Ausgangs- und Zieltext vermittelt, so daß er den Text wie auch den intendierten Rezipienten der Übersetzung gleichermaßen im Auge behalten muß. Auch die übrigen den Übersetzungsprozeß steuernden Faktoren müssen verstärkt untersucht werden, wie dies in der Psycholinguistik und in der Soziolinguistik bereits ansatzweise geschieht. Damit sind zugleich die Grenzen der maschinellen Übersetzung aufgezeigt, da sich - wie in mehreren Beiträgen dargelegt - etliche der hier relevanten Faktoren nicht abschließend formalisieren lassen.

Der komplexe und für die Übersetzungswissenschaft zentrale Begriff der Äquivalenz wird in zahlreichen Referaten problematisiert, wobei neben semantischen, syntaktischen und stilistischen bzw. textsortenspezifischen Aspekten auch psycho- und soziolinguistische Gesichtspunkte Berücksichtigung finden.

Für die Fachsprachenforschung ist besonders die Bedeutung der Definitionsproblematik hervorzuheben, die es in theoretischer wie in praktischer Hinsicht zu lösen gilt, wenn moderne Hilfsmittel, insbesondere die terminologischen Datenbanken, in vollem Umfang für die Zwecke der Fachübersetzer nutzbar gemacht werden sollen.

Der mit dem Symposion angestrebte intensive Gedankenaustausch zwischen Vertretern von Fachsprachenforschung und Textlinguistik hat sich als außerordentlich fruchtbar erwiesen. Es ist auch deutlich geworden, daß sich in diesem Bereich noch vielfältige Möglichkeiten der Kooperation entwickeln lassen. Insbesondere müssen die Arbeiten an einer übersetzungsbezogenen, praxisorientierten Texttypologie vorangetrieben werden, wie dies im Bereich der Fachtexte bereits ansatzweise geschehen ist.

Auch ist man in zunehmendem Maße bemüht, die Ergebnisse textlinguistischer Untersuchungen bei der Weiterentwicklung der maschinellen Übersetzung zu nutzen, womit sich zugleich eine weitere Verbindung zwischen textlinguistischer Forschung und Fachsprachen- bzw. Terminologieforschung ergibt.

Insgesamt zeigen sowohl das große Interesse an diesem Symposion als auch der Verlauf der Veranstaltung, daß die Vertreter der Angewandten Sprachwissenschaft bereit und fähig sind, die Beziehungen zwischen den verschiedenen Forschungsschwerpunkten weiter auszubauen und gleichzeitig den Dialog mit der Übersetzerpraxis zu intensivieren. Dies ist besonders in der Abschlußdiskussion deutlich geworden, wo Vertreter der übersetzerischen Berufspraxis die Wissenschaftler auf den ihrer Meinung nach oft noch zu geringen Praxisbezug der vorgestellten Theorien hinwiesen, ohne allerdings die Bedeutung wissenschaftlicher Reflexion im Bereich der Übersetzung grundsätzlich in Frage zu stellen. In diesem Zusammenhang wurde auch das Problem der (Fach-)Sprachbarrieren zwischen Übersetzungspraktikern und Übersetzungstheoretikern erörtert. Einigkeit herrschte darüber, daß sich gerade die fächerübergreifend orientierte Angewandte Sprachwissenschaft auf nationaler wie auf internationaler Ebene permanent um einen Gedankenaustausch mit anderen sprachorientierten Disziplinen, z. B. der Literaturwissenschaft, aber auch mit den naturwissenschaftlich-technischen Fächern bemühen muß.

Zu diesem Dialog hat das Hildesheimer Symposion, wie die in diesem Band wiedergegebenen Referate beweisen, einen konstruktiven Beitrag geleistet. Die auf dieser Veranstaltung angestellten Überlegungen zu einer übersetzungsbezogenen praxisorientierten Texttypologie sind von der AILA-Kommission "Dolmetschen und Übersetzen" im Rahmen ihres Workshops "Towards a Typology of Translation" beim AILA-Weltkongreß in Sydney im August 1987 aufgegriffen und vertieft worden. Angesichts der zunehmenden Bedeutung dieses Themenkreises ist zu erwarten, daß texttypologische Fragen auch in Zukunft in der Fachdiskussion eine wichtige Rolle spielen werden.

Übersetzen als Entscheidungsprozeß

Wolfram Wilss (Universität Saarbrücken)

Die moderne Sprachwissenschaft hat seit der sog. pragmatischen Wende über den Charakter der Sprachverwendung als sprachliche Handlung intensiv nachgedacht. Sie kann sich dabei auf Wittgenstein berufen, der den Handlungsaspekt der Sprachverwendung in die griffige Formel des "kommunikativen Handlungsspiels" gekleidet hat. Sprachwissenschaftlich thematisiert hat den Begriff des sprachlichen Handelns die Sprechakttheorie, die Austin (1962) auf den Weg gebracht hat. Die Sprechakttheorie geht von der Hypothese aus, daß Sprachverwendung eine Form regelgeleiteten, zielgerichteten sprachlichen Handelns ist. Anders ausgedrückt, die Sprechakttheorie weist einen Bezugsrahmen auf, der sprachlich interagierende Personen, eine Handlungssituation und die das sprachliche Handeln steuernden Sprachhandlungsnormen umfaßt.

Nach Meinung der Handlungstheoretiker kann man von Handeln nur sprechen, wenn Handlungsalternativen bestehen. Es ist daher nach Zelger eine zentrale "Aufgabe der Handlungswissenschaften, gewichtete Systeme von Entscheidungskriterien bereitzustellen ... und Methoden zur mehrdimensionalen Wahl zwischen Zukunftssituationen, Verhaltensprogrammen usw. zu entwickeln" (1984, 512).

Sprachliches Handeln umfaßt, vereinfacht formuliert, drei Faktoren:
1. ein handlungsfähiges Subjekt, den Sender,
2. einen handlungsauslösenden Objektbereich, den Text und den darin dargestellten Sachverhalt,
3. einen handlungsrezipierenden Empfänger, der erwarten kann, daß der ihm übermittelte Text seinen spezifischen Bedürfnissen entspricht.

Aus diesen Handlungsvoraussetzungen hat sich – nicht zuletzt unter dem Einfluß der Systemtheorie – eine menschliche Handlungslogik entwickelt, die in Form eines rationalen Handlungskalküls das sprachliche Handeln in entscheidender Weise bestimmt. Dies rührt daher, daß zumindest in den Fällen, wo "komplexe Aufgabenfelder" (Zangemeister 1977, 335) kommunikativ aufgearbeitet werden müssen, die Möglichkeit des Rückgriffs auf ein praktisches Handlungskalkül ein nicht zu unterschätzender Faktor für erfolgreiches sprachliches Handeln ist. Allerdings muß sofort hinzugefügt werden, daß mit einem rational bestimmten Handlungskalkül längst nicht alle kommunikativen Ereignisse hinlänglich erklärt werden können. Viele kommunikative Entscheidungssituationen sind so komplex, "daß selbst bei prinzipiell bekannten Alternativen und Eintrittswahrscheinlichkeiten keine Chance besteht, sie durchzukalkulieren – und sei es nur deswegen, weil die Zeit dazu nicht ausreicht. Typisches Beispiel hierfür ist schon ein komplizierteres Spiel wie Schach" (Schlagenhauf 1984, 686).

Es liegt in der Natur der Sache, daß die handlungstheoretische Diskussion über Sprachwissenschaft auch auf die Übersetzungswissenschaft übergegriffen hat. Denn auch Übersetzen ist eine bestimmte Form sprachlichen Handelns (Thome 1980; Wilss 1981, 1985, 1986; Reiss/Vermeer 1984; Holz-Mänttäri 1984), und es wäre deshalb naheliegend, daß auch in der Übersetzungswissenschaft eine Diskussion über das Wesen übersetzerischer Entscheidungsprozesse in Gang gekommen ist, aber diese Diskussion hat bisher in nennenswertem Umfang nicht stattgefunden. In der übersetzungswissenschaftlichen Fachliteratur kommt, soweit ich sehe, als Titel der Begriff "Entscheidungsprozeß" nur zweimal vor, und zwar in einem Aufsatz von Levý, "Translation as a Decision Process" (1967; deutsch 1981), und in einem Aufsatz von Kußmaul (1986).

Nach Levýs Meinung stehen ausgangssprachliche und zielsprachliche Textsegmente in der Regel nicht in einer Eins-zu-Eins-Entsprechung, sondern in einer Eins-zu-Viele-Entsprechung. Die übersetzungsprozessuale Konflikt- und Entscheidungssituation ist für den Übersetzer um so schwerer zu bewältigen, je komplexer das zu übersetzende Textsegment in syntaktischer, semantischer, pragmatischer und stilistischer Hinsicht ist. Das Ergebnis eines übersetzerischen Entscheidungsprozesses ist um so besser, je mehr Informationen ein Übersetzer über den ausgangssprachlichen Text und die zielsprachlichen Ausdruckspotentiale besitzt. Hat sich ein Übersetzer erst einmal für eine bestimmte Formulierung entschieden, ist damit gleichzeitig eine Vorentscheidung über die nachfolgenden Übersetzungsprozeduren gefallen. Das übersetzerische Ablaufschema läßt sich nur noch dann rückgängig machen, wenn ein Übersetzer seine erste Lösung – z.B. weil ihm eine textadäquatere Lösung eingefallen ist – revidiert und den zielsprachlichen Formulierungsprozeß von vorne beginnt. Nach Levý kann man auf die Beschreibung von Übersetzungsprozeduren die Methode der formalen Spieltheorie anwenden und retrospektiv das Entstehungsmuster einer Übersetzung, ihr "generatives Muster", rekonstruieren. Kußmaul diskutiert übersetzerische Entscheidungsprozesse in einem fehleranalytischen Kontext; es kommt ihm darauf an, übersetzerische Reflexionsketten bewußt zu machen, aber der Entscheidungsbegriff selbst wird, genau besehen, nicht problematisiert. Das ist von seiner "retrospektiven", vom Zieltext zum Ausgangstext zurückführenden Perspektive her, auch gar nicht möglich; Entscheidungsprozesse sind immer "prospektiv", vom Ausgangs- zum Zieltext hin, orientiert.

Von Levýs und Kußmauls Ansätzen abgesehen, hat die Übersetzungswissenschaft, wie gesagt, bisher wenig Lust verspürt, den Vorgang des Übersetzens als Entscheidungsprozeß zu thematisieren. Es gibt zwar in der Fachliteratur hier und da Hinweise darauf, daß Übersetzen ein Entscheidungsprozeß ist oder zumindest ein solcher sein kann; wenn man aber wissen will, in welcher Weise sich Entscheidungen im Übersetzungsprozeß manifestieren, stellt man rasch fest, daß es dafür in der Übersetzungswissenschaft bisher eigentlich keinen theoretisch fundierten Darstellungs- und Begründungszusammenhang gibt.

Um die diesbezügliche Zurückhaltung der Übersetzungswissenschaft zu verstehen, muß man sich vor Augen halten, daß jede Übersetzung auf einem ausgangssprachlichen Text oder Primärtext basiert, den der Übersetzer (oder ein Übersetzerkollektiv) unter Beachtung textsortenspezifischer und einzeltextspezifischer Äquivalenzgesichtspunkte in einen funktional korrespondierenden Sekundärtext oder Metatext überführt. Dabei ist sein Tun nicht nur, wie neuerdings manchmal behauptet wird, durch die Erwartungen des zielsprachlichen Leser(kollektiv)s, sondern auch und in ganz entscheidender Weise durch die Mitteilungsabsicht des ausgangssprachlichen Textautors determiniert. Der Übersetzer muß also dem zu übersetzenden Text gegenüber, jedenfalls was die globalen Vorannahmen betrifft, affirmatives Verhalten praktizieren; er arbeitet mit vordeterminierten und von ihm schematisch rekonstruierten Textdaten. Anders ausgedrückt: Es gibt beim Übersetzen im engeren Sinne – etwas anders liegen die Verhältnisse beim sog. paraphrasierenden Übersetzen oder bei der Übertragung – keine wirklichen Handlungsalternativen. Das mag damit zusammenhängen, daß der Übersetzer den zu übersetzenden Text nicht auf eine beliebige Weise vereinnahmen kann; die Art und Weise, wie er an einen Text herangeht, ist durch dessen Inhalt, Funktion, Pragmatik und seine formale Konstitution bereits weitgehend vorentschieden.

Der Übersetzer arbeitet also im Rahmen eines fremden Koordinatensystems, welches er sich im Vollzug seiner Tätigkeit anverwandelt. Man kann die Frage nach der Funktion des Übersetzens durch die analytische oder hermeneutisch bestimmte Frage charakterisieren: "Was sagt der zu übersetzende Text aus?" Die ergänzende Frage: "Was habe ich als Übersetzer dazu zu sagen?" gehört auch zum übersetzungsprozessualen Gesamthandlungsrahmen, muß aber in dem Maße relativiert werden, wie der Handlungsspielraum des Übersetzers durch die Spezifikationen seines Tuns begrenzt ist.

Kritisch ist die Situation des Übersetzers da, wo er Entscheidungen zu fällen und zu verantworten hat, die nicht eindeutig determiniert sind. In diesem Falle stellt sich die Frage, woran er sich orientieren soll, wenn er zwischen Alternativen wählen muß oder wählen kann. Hier schafft er nur dann (relativ) klare Verhältnisse, wenn er bereit ist, die Voraussetzungen seines Tuns zu reflektieren, dessen spezifische Bedingtheiten zu erkennen und die Folgen seiner Entscheidungen für die Kommunikationsbeteiligten sorgsam abwägend zu bedenken. Wenn er sich so verhält, ist die Gefahr ausgeschlossen oder zumindest stark vermindert, daß er bei seinen Entscheidungen seinen persönlichen Vorzugswerten folgt und damit parteilich wird. Die Parteilichkeit des Übersetzers ist keine neue Einsicht; sie ist von Cicero schon vor 2.000 Jahren in seinen sich diametral gegenüberstehenden Übersetzungspostulaten des "ut interpres" (= wortgetreue Übersetzung) und des "ut orator" (= freies Übersetzen) in programmatischer Weise formuliert worden (Wilss 1977/1982). Konsequent zu Ende gedacht, bedeutet dies, daß der Übersetzer, wo immer er Partei ergreift, befangen ist und strenggenommen sein Amt objektiv nicht mehr ausüben kann.

Nun weiß natürlich jeder Übersetzungspraktiker, daß die wortgetreue und die freie Übersetzung nur zwei Endpunkte in einer Skala von textuell verketteten Übersetzungsprozeduren sind, in denen sich wortgetreue und freie Elemente in unterschiedlicher Weise vermischen (und verwischen). Deshalb hat die moderne Übersetzungswissenschaft, vor allem seitdem vom "tertium comparationis" die Rede ist, die jahrtausendealte Diskussion über die wortgetreue und die freie Übersetzung beendet und sich neuen Fragestellungen zugewandt. Daß aber die mit wortgetreu und frei bezeichneten Sachverhalte noch immer virulent sind, bezeugen u.a. die beiden von Kade (1968) in die übersetzungswissenschaftliche Diskussion eingeführten Begriffe "Umkodierung" und "Neukodierung".

Entschärft wird die Kontroverse um die wortgetreue und die freie Übersetzung, wenn man als Richtschnur für übersetzerisches Handeln den Text in dem jeweiligen situativen Textumfeld ansieht. Allerdings hat es der Übersetzer in der Übersetzungspraxis mit sehr unterschiedlichen Textumfeldern zu tun, die er teils hermeneutisch, teils analytisch (wissensbasiert) aufarbeiten muß. Dort wo der Übersetzer hermeneutisch arbeitet, steht er in bezug auf seinen Text im Prinzip etwa vor demselben Problem wie z. B. ein Pfarrer bei der Auslegung eines Predigttextes.

Deshalb ist es wichtig, daß der Übersetzer überlegt, welches die ersten Schritte im übersetzerischen Arbeitsprozeß sind. Dazu gehören der Aufbau eines umfassenden Textverständnisses, die Selbstvergewisserung über seine Bindungen, Neigungen und Abhängigkeiten und, nicht zuletzt, über die Zieltextfunktion, kurz, die Einflüsse, die der Übersetzer bei seiner Arbeit beachten muß. Diese Arbeitsphase bleibt ihm nicht erspart, wenn übersetzerische Entscheidungen nicht einen dezisionistischen Charakter annehmen sollen.

Relativ überschaubar ist die Arbeitssituation des Übersetzers, wenn er es mit Sachverhalten zu tun hat, die überindividuelle und übereinzelsprachliche Geltung besitzen, wie etwa auf dem Gebiet fachsprachlicher Texte, wo sich in der Regel verhältnismäßig leicht ein Konsens über die "epistemische Struktur" (Dörner 1979, 8) eines Textes und die für die Umsetzung in die Zielsprache notwendige "heuristische Struktur" (Dörner 1979, 8) herbeiführen läßt.

Wo dieser Konsens fehlt, muß der Übersetzer einen Entscheidungsprozeß in Gang setzen, der dadurch charakterisiert ist, daß der Übersetzer die methodischen Vorbedingungen seines übersetzerischen Handelns reflektiert. Diese Bedingungen entscheiden darüber, welche Positionen ein Übersetzer einzunehmen, durchzuhalten und ggf. auch aufzugeben hat. Die Integrationsaufgabe, die sich hier stellt, ist ungleich komplizierter als in der einsprachigen Kommunikation, weil die Übersetzung zweimal einen Prozeß der Konsensbildung durchlaufen muß, einmal einen semasiologischen Prozeß zwischen ausgangssprachlichem Autor und Übersetzer und dann einen onomasiologischen Prozeß zwischen Übersetzer und zielsprachlichem Emfänger.

Hier meldet sich das Bedürfnis nach einem Inventar mit textangemessenen Äquivalenzkriterien, die, weil eben die unmittelbare Rückmeldung zwischen ausgangssprachlichem Autor und zielsprachlichem Empfänger in der Regel fehlt, die Gefahr übersetzerischer Willkür beseitigen und dem durch die Einsicht in seine übersetzungsstrategischen Freiheiten unsicher gewordenen Übersetzer neue Halterungen und Orientierungspunkte geben. Methodenlehren geben meistens nur Hinweise darauf, daß, aber nicht, wie zu werten und abzuwägen ist. Das Fehlen eines von vornherein interaktional akzeptierten Wertprogramms zwingt dazu, durch die Offenlegung und kontrollierbare Darstellung der Wertentscheidung die Rationalität übersetzerischer Entscheidungen begründen zu können.

Der Übersetzer muß bei seiner Entscheidung zwischen Alternativen (im Rahmen seiner Interpretations- und Ermessensspielräume) wissen, daß er für die Folgen seiner Wahl verantwortlich ist. D.h., der Übersetzer muß von Fall zu Fall wissen, was nötig ist und – noch oder schon nicht mehr – möglich ist. Ohne Frage verlangt die Tätigkeit des Übersetzers ein Rollenbewußtsein, das davon ausgeht, daß der Übersetzer, wie angedeutet, nach Textvorgaben arbeitet, daß aber das Ergebnis seiner Tätigkeit um so besser ist, je konsensfähiger es ist. Deswegen muß die Tätigkeit des Übersetzers unter dem Gesichtspunkt der Transparenz der Funktion des Übersetzers so schnell wie möglich geregelt werden. Dabei ist zu beachten, daß die Tätigkeit des Übersetzers, die in einen hierarchischen Behördenapparat oder Betriebsapparat eingegliedert ist, ganz anderen Bedingungen und Normen unterliegen kann als eine Tätigkeit als freiberuflicher Übersetzer.

Die Unabhängigkeit des Übersetzers ist begrenzt; dies heißt aber nicht, daß sich seine Tätigkeit in anonymer Verborgenheit vollziehen muß. Allerdings ist die Erkenntnis, daß der Übersetzer dort, wo ihm der Text die Freiheit des Wählens zwischen mehreren Möglichkeiten läßt, seine Entscheidung auch persönlich zu verantworten hat, kein gesicherter Besitz, sondern eine Einsicht, zu der sich die verschiedenen Arbeitgeber des Übersetzers im Öffentlichen Dienst, in der gewerblichen Wirtschaft (export/importorientierte Großindustrie) und in den internationalen Organisationen erst durchringen müssen. Dies ist eine langfristige Aufgabe, weil es viele Übersetzer vorziehen, die Verantwortung für den Zieltext nicht auf sich zu nehmen, sondern auf den ausgangssprachlichen Autor oder den zielsprachlichen Empfänger abzuschieben. Diese Tendenz wird durch die maschinelle Übersetzung verstärkt.

Deshalb ist eine Diskussion über die Tätigkeiten und Funktionen des Übersetzers erforderlich, die zweierlei deutlich machen muß:

1. Der Übersetzer braucht eine psychische (innere) Unabhängigkeit. Diese kann er sich nur erkämpfen, wenn die Öffentlichkeit von der Vorstellung abrückt, der Übersetzer sei ein notwendiges Übel, das man nur deswegen bisher nicht abgeschafft hat, weil es noch keinen adäquaten Ersatz für ihn in Form der Übersetzungsmaschine gibt.

2. Der Öffentlichkeit muß klar gemacht werden, daß Laien keinen legitimen Platz in der qualifizierten Berufsausübung des Übersetzens haben. Übersetzen ist eine Tätigkeit, deren Handhabung des Fachmanns bedarf. Was können Nichtfachleute, nichttrainierte Übersetzer in einer so komplexen Umwelt außer Dilettantismus bewirken? Eine auf Professionalität eingestellte Arbeitswelt braucht konsequenterweise auch den professionellen Übersetzer. Indirekt scheint das Bewußtsein, daß Übersetzen eine fachspezifische Tätigkeit ist, auch durchaus vorhanden zu sein. Wie wäre sonst die Tatsache zu erklären, daß heute praktisch an keiner Stelle mehr ein Übersetzer ohne Einstellungstest angestellt wird, wobei die einzelnen Arbeitgeber jeweils spezifische Vorstellungen von der Tätigkeit eines Übersetzers in ihrem Wirkungsbereich haben. Daß man an manchen Stellen auch dem qualifizierten Übersetzer Skepsis entgegenbringt, soll nicht

verschwiegen werden; in jedem größeren Sprachendienst ist dem Übersetzer ein Überprüfer vorgeordnet, der u.a. auch dafür zu sorgen hat, daß der Übersetzer quantitativ sein tägliches Soll erfüllt. Ob im Hinblick auf die immer schwieriger werdende Tätigkeit des Übersetzens ein Volumen von 10 bis 20 Seiten angemessen ist, ist m.E. fraglich, zumal der Übersetzer meistens nicht dieselben Spezialisierungsmöglichkeiten hat wie der Fachmann, auf den er zuarbeitet. Wie der Fachmann im engeren Wortsinne, so steht auch der Übersetzer im Kontext einer wissenschaftlichen Lebenspraxis, die eine wissenschaftliche Ausbildung mit sachverhaltsspezifischer Schwerpunktbildung (Sachfach, Ergänzungsfach) verlangt und vom Übersetzer zusätzlich die Kenntnis der Empfängerspezifikationen erfordert.

Es besteht heute weitgehend Übereinstimmung darüber, daß in jeder Art von Übersetzung drei Dimensionen unterschieden werden müssen: Textnorm(en), Sachverhalt(e) und die Person des Übersetzers. Aus verständlichen Gründen hat sich die Übersetzungswissenschaft bisher deutlich mehr mit Textnormen und Textsachverhalten befaßt als mit der Person des Übersetzers. Die wissenschaftliche Erforschung der "Innenausstattung" des Übersetzers als Voraussetzungskomplex für Entscheidungsfindungen stellt noch immer einen weißen Fleck auf der übersetzungswissenschaftlichen Landkarte dar (Krings 1986). So erklärt es sich, daß in der Vergangenheit so viel die Rede von einer objektiven, unpersönlichen Übersetzungsäquivalenz war, und man hat manchmal so getan, als sei eine solche problemlos zu erreichen.

Die Deutung der übersetzerischen Tätigkeit als äquivalenzbestimmter Tätigkeit ist bisher eher Anspruch als Wirklichkeit. Angesichts der relativ schmalen empirischen Basis der Übersetzungswissenschaft ist es ausgeschlossen, an einem Äquivalenzbegriff festzuhalten, der die Person des Übersetzers ignoriert und am Prinzip der logisch-deduktiven Subsumtion festhält. Der Übersetzer befindet sich nicht in der Eiseskälte völliger Objektivität. Es ist nur ein Gebot intellektueller Redlichkeit, wenn zugegeben wird, daß es sich anders verhält. Jenseits einer bestimmten Komplexitätsschwelle ist Übersetzen ein Vorgang, der die verschiedensten Kräfte, rationale wie irrationale, freisetzt. Das zeigt sich schon in oberflächenstrukturellen Unterschiedlichkeiten, d.h. bei der Verwirklichung des zielsprachlichen Textes und den damit verbundenen Wertungen. Nur selten wird der Übersetzungsprozeß, und das gilt für die ausgangssprachliche Textanalyse wie für die zielsprachliche Textsynthese, erschöpfend von objektiven Tatsachen gesteuert. Dies gilt auch für die Ermittlung der Fakten und Faktoren, die der Übersetzer seinen Entscheidungen zugrundelegt. Auch die Ansicht, daß der Übersetzer alle Informationen aufnimmt, die einen Sachverhalt ausmachen, erweist sich bei näherem Zusehen als Fiktion. Nur ein Teil der theoretisch verfügbaren Informationen wird aufgenommen, ein noch geringerer verarbeitet, und das Ermessen, das die Auswahl steuert, wird durch eine Normenhypothese beeinflußt, die der Übersetzer sich im Laufe seiner Tätigkeit gebildet hat und im Verlaufe seiner weiteren Tätigkeit ausbaut und gegebenenfalls verändert.

Wenn man unter Ermessen denjenigen Bereich des Entscheidens versteht, der nicht oder nicht eindeutig von formalen Entscheidungsprozeduren gesteuert wird, so ist der Ermessensbereich des Übersetzers, jedenfalls in bestimmten Textsorten, relativ groß. Dazu kommt, daß die Summe der Normen, die das Entscheidungsverhalten des Übersetzers steuern, von Übersetzer zu Übersetzer keineswegs gleichartig, übersichtlich, widerspruchsfrei und nachvollziehbar ist. Ist aber die Norm, die in einer Übersetzungssituation maßgebend sein soll, unscharf oder muß sie überhaupt erst festgelegt werden, beginnt ein Prozeß der Interpretation, der u.U. erhebliche Konsequenzen für das zielsprachliche Resultat hat. Dabei können historische, soziokulturelle und teleologische Faktoren miteinander konkurrieren. In welcher Rangfolge diese zueinander stehen, muß der Übersetzer in eigener Verantwortung entscheiden und begründen. Der Übersetzer ist daher trotz seiner Bindung an den ausgangssprachlichen Text und an den zielsprachlichen Empfänger in gewisser Weise in der Lage oder oft sogar geradezu verpflichtet, seiner Übersetzung eine bestimmte Werthaltung aufzudrücken. Je undeutlicher und unbestimmter die Vorgaben für den Übersetzer sind, desto mehr Entscheidungsfreiheit hat er dem zu übersetzenden Text gegenüber.

Der Übersetzer steht prinzipiell in der Aporie zwischen Dezisionismus und rationaler Entscheidungsfindung. Diese Situation zwingt ihn dazu, die Faktoren, die beim Vorgang des Übersetzens wirksam sind, so genau wie möglich in sein Blickfeld zu nehmen. Da in der Praxis nur selten Fälle vorkommen, die so einfach sind, daß eine schlichte Eins-zu-Eins-Entsprechung auf sprachlicher und/oder außersprachlicher Ebene möglich ist und deswegen eine Steuerung des Übersetzungsprozesses durch den Übersetzer praktisch überflüssig ist, ergeben sich die folgenden Erkenntnisse: Der mehr oder weniger komplexe textuelle Sachverhalt, der dem Übersetzer vorliegt, besteht aus einem Bündel von Faktoren, aus denen der Übersetzer die für seine übersetzungsprozessualen Entscheidungen erheblichen Faktoren heraussucht. Bei dieser Auswahl befindet er sich entweder in einem hermeneutischen Zirkel; d.h., es müssen ihm bereits Vorstellungen (Tatbestände, Sachverhalte) vor Augen stehen, die für übersetzungsprozessuale Entscheidungsprozeduren in Betracht kommen. Oder der Übersetzer ist auf analytische Fähigkeiten angewiesen. Das Durchdenken der in Betracht kommenden zielsprachlichen Möglichkeiten geht dialektisch vom ausgangssprachlichen Text zum zielsprachlichen Empfänger und zurück und muß im Kontext eines Problemlösungsverhaltens (Wilss 1988) gesehen werden. Das Verstehen von

Texten ist nicht ohne vom Übersetzer mitgebrachte Wissenshorizonte und
(antizipatorische) Werthorizonte, Erwartungshaltungen und Sehweisen vor-
stellbar. Der subjektive Faktor beim Übersetzen läßt sich daher aus dem
rationalen, normgebundenen Entscheidungsvorgang ebensowenig eliminieren
wie aus dem normfreien. Der Übersetzer entwächst damit mehr und mehr dem
traditionellen Rollenbild des schlichten Textnachvollziehers. Er muß lernen,
sich darauf einzustellen, daß er dem zu übersetzenden Text gegenüber mehr
Freiheit, aber auch mehr persönliche Verantwortung hat als früher. Der
Übersetzer kann sich nicht mehr hinter dem Text verstecken. All dies zeigt,
wie multizentriert die Situation des Übersetzers ist. Er ist gehalten, den zu
übersetzenden Text und sich selbst zu beobachten und sich zu fragen,
welche sprachlichen, außersprachlichen und soziokulturellen Faktoren auf
seine Übersetzungstätigkeit einwirken. Denn nur mittels solcher Selbst-
erkenntnis kann er hoffen, den Prozeß des Übersetzens unter jene rationale
Kontrolle zu bekommen, die seine gleichzeitig spezifische und unspezifische
Tätigkeit verlangt.

Damit hat sich der behavioristische Glaube, ein Zugang zur übersetzerischen
Urteilsbildung ließe sich durch Berücksichtigung einiger weniger Variablen in
einem Reiz/Reaktions-Schema gewinnen, als illusorisch erwiesen. Andererseits
werden Versuche, übersetzerische Entscheidungsabläufe vollumfänglich zu
strukturieren, dem Anliegen des Übersetzers ebensowenig gerecht, weil sie
lediglich eine Idealtypologie mentaler Abläufe bei der übersetzerischen
Urteilsbildung liefern können. Man muß die Umfeldbedingungen, unter denen
der Übersetzer tätig ist, also die Bedingungen der übersetzungspraktischen
Situation, in die Betrachtung einbeziehen. Letztlich ist in jedem Fall die
Einsicht in die Vieldimensionalität übersetzerischer Tätigkeit unvermeidbar.
Das persönlichkeitsbezogene Verständnis übersetzerischer Verhaltensweisen
muß sich mit der Erkenntnis der textuellen Bedingtheit des Übersetzerver-
haltens verbinden.

Daraus folgt, daß der Status des Übersetzers durch sein Bewußtsein geprägt
ist. Von einer systematischen Bewußtseinsforschung sind wir allerdings noch
weit entfernt, und ob diese überhaupt möglich ist, ist eine andere Frage.
Kein Übersetzer ist unfehlbar, aber zwischen Unfehlbarkeit und Fehlbarkeit
ist eine nicht aufhellbare Grauzone. Wir wissen nicht, wo Unfehlbarkeit
aufhört und Fehlbarkeit anfängt. Jedenfalls muß zum professionalisierten
Know-how auch die Fähigkeit gehören, eine Übersetzung auf dem kürzesten
Wege zu einem zufriedenstellenden Abschluß zu bringen. D.h., der Übersetzer
muß lernen, seinen Arbeitsaufwand rational zu gestalten und möglichst
zeitsparend zu arbeiten. Überflüssige Denk- oder Arbeitsschritte sind zu
vermeiden; andererseits darf er auf notwendige Denk- oder Arbeitsschritte
nicht verzichten, jedenfalls dann nicht, wenn es seine Arbeitssituation

zuläßt, was sicher nicht immer der Fall ist (daher der Notbehelf der sog. Rohübersetzung).

Aus der Einsicht in die "technische Rationalität" des Übersetzens sind Normen für die Ausbildung von Übersetzern abzuleiten. Dabei ist auch der Frage nachzugehen, welches Bild der Übersetzer von sich selbst und seiner übersetzerischen Begabung, seiner beruflichen Tätigkeit und den in ihn gesetzten Erwartungen hat. So trifft man in der Übersetzungspraxis auf Übersetzer mit autoritären, liberalen, kooperativen oder auch betont auf Neutralität bedachten Rollenauffassungen. Es gibt auch zur Selbstherrlichkeit neigende Übersetzer, die das Übersetzen als Bühne betrachten, um sich bramarbasierend in Szene zu setzen; das klassische Beispiel dafür ist Cicero. Solche Übersetzer gleichen dem (von mir beobachteten) Sportschützen, der die Zielscheibe auf kürzeste Distanz heranholt, abdrückt und dann natürlich damit angeben kann, die Zwölf getroffen zu haben.

Konsensfähig ist vermutlich das Leitbild des "kooperativen Übersetzers", aber dies darf nicht darüber hinwegtäuschen, daß die Probleme im Detail liegen. Jeder Mensch gibt einem Bündel von Wahrnehmungen und Vorstellungen eine unterschiedliche Ausrichtung, so daß dieselben Texte, unterschiedlich geordnet und lebensweltlich bezogen, zu den unterschiedlichsten Ergebnissen führen können. So kann es vorkommen, daß in einem Text das offenkundig Nächstliegende in den Vordergrund tritt, während andere, hintergründig wichtigere Faktoren im Dunkel bleiben, was zur Folge haben könnte, daß essentielle Transferumstände völlig außer Betracht bleiben.

Die Übersetzungwissenschaft hat, um eine eingangs getroffene Feststellung in abgewandelter Form zu wiederholen, bisher nicht viel Mühe darauf verwandt, über die Feststellung der Subjektivität des Übersetzers und die ihr innewohnenden Implikationen hinaus zu einer Typenbildung zu kommen. Oft erwähnt, aber nie thematisiert oder gar systematisiert wurde die Intuition (Wilss 1988), womit der Vorgang gemeint ist, daß der Übersetzer ohne systematischen Vergleich zwischen der eigenen Erfahrung und dem zu übersetzenden Text im Rahmen einer (glücklichen) Eingebung zu einem akzeptablen Ergebnis kommt. Aber solche "Schnellschüsse" sind selten. Normalerweise muß der Übersetzer sich an die Stelle des ausgangssprachlichen Textautors und/oder des zielsprachlichen Empfängers setzen und sich fragen, ob er situativ richtig gehandelt hat. Dabei steht ihm oft der Umstand im Wege, daß er natürlich versucht, den zu übersetzenden Text auf seine Erfahrung zu projizieren; dabei kann es vorkommen, daß der von ihm entwickelte Bewußtseinszustand, ganz abgesehen von der oft großen Andersartigkeit des "psychischen Milieus", mit dem im Ausgangstext vorgegebenen Bewußtseinszustand nicht identisch ist. Auch hier stellt sich die Frage nach einer Typologie der Übersetzer. Man kann dem prospektiven, zielorientierten Übersetzer den retrospektiven, unschlüssigen Übersetzer gegenüberstellen, der bei der Herstellung des zielsprachlichen Textes schwankt, ein Sachverhalt, der auch unter der Bezeichnung "Pilatuskomplex" bekannt ist. Man kann auch vom halsstarrigen, vom skeptischen, vom bedenklichen, vom empfindsamen, vom logischen und vom inkonsequenten Übersetzertyp sprechen.

Natürlich ist es nötig, im Auge zu behalten, daß es sich bei diesen Typisierungen um heuristische Hilfsbegriffe für Sachkundige handelt. Unvermischt kommen ideale Typen in der Übersetzungswirklichkeit ohnedies kaum einmal vor. Daraus ergibt sich die Verpflichtung für den Übersetzer, sich selbst zu kontrollieren und auf das, was als das Unbewußte gilt, zu achten. Denn das Programm der objektiven Textverwirklichung in der Zielsprache ist und bleibt der höchste berufliche Wert des Übersetzers.

Das Betroffensein von persönlichen Lebens- und Handlungsumständen, von psychischen und sozialen Beeinflussungen kann nur dann neutralisiert werden, wenn der Übersetzer fähig ist oder befähigt wird, Unbewußtes bewußt zu machen, von der intuitiven zur reflexiven Übersetzungstätigkeit zu gelangen. Dies ist eine wesentliche Voraussetzung dafür, ein realistisches Bild von der übersetzerischen Entscheidungsfindung und der damit verbundenen Verantwortung zu gewinnen. Die textuellen Rahmenbedingungen werden dann nicht nur als unerwünschte Einschränkungen empfunden, sondern dienen dann auch zugleich als Schutzwall gegen Ambivalenz und Handlungszweifel. Anspruch auf übersetzerische Freiheit und Abschieben übersetzerischer Verantwortung schließen sich gegenseitig aus.

Das Wissen um die eigene Doppelverantwortlichkeit gegenüber Ausgangstext und Zieltextleser muß den Übersetzer veranlassen, mißtrauisch gegenüber seinen Intuitionen, seinen Vorurteilen und seinen Handlungspräferenzen zu sein und seine Fähigkeiten so gut wie möglich für die situationsangemessene Zieltextherstellung einzusetzen. Ist das Verantwortungsbewußtsein unterentwickelt, entsteht eine Situation, in der der übersetzerische Subjektivismus Terrain gewinnt, weil er sich im Sinne einer dezisionistischen Haltung entfaltet. Deshalb müssen dezisionistische Einstellungen, die sich durch sich selbst rechtfertigen, situationsbezogenen methodischen Überlegungen weichen. Diese methodischen Überlegungen sollen das Gefühl der Unsicherheit dem zu übersetzenden Text gegenüber mindern und das Gefühl der (relativen) Souveränität des Übersetzers dem zu übersetzenden Text gegenüber steigern. Damit hätte der Berufsstand der Übersetzer einen Gewinn an Selbstlegitimation zu verzeichnen, die erkenntnistheoretische, wissenssoziologische und psychologische Zweifel ausräumt, ob es objektive Entscheidungsfindungen überhaupt geben kann.

Noch ist nicht zu übersehen, inwieweit die Objektivierung der übersetzerischen Entscheidungsfindung möglich ist, weil allen Objektivierungsversuchen letztlich die Konstitution der menschlichen Persönlichkeit entgegensteht. Diese subjektive Komponente, die übrigens in der Öffentlichkeit noch immer nicht als selbstverständlich vorausgesetzt wird ("Übersetzen Sie das, was dasteht!"), ist nur zu reduzieren, wenn man zwischen einer generellen (lebensweltlichen) Entscheidungsfähigkeit und einer besonderen, am konkreten Übersetzungstext erprobten Entscheidungsfähigkeit differenziert.

Hier stellen sich, wie angedeutet, der Übersetzungsdidaktik spezielle Aufgaben, in deren Rahmen auch bedacht werden muß, daß viele Menschen Sachverhalten, die für sie persönlich bedeutsam sind, größeres Interesse entgegenbringen als Sachverhalten, die sie nicht persönlich (existentiell) angehen. Von dem zu übersetzenden Text ist der Übersetzer, vor allem dann, wenn er sich seine Übersetzungstexte nicht selbst aussuchen kann, sondern erledigen muß, was ihm auf den Tisch gelegt wird, nur mittelbar betroffen. Deswegen ist es – schon im Sinne einer besseren Motivierung – wichtig, daß der Übersetzer prinzipiell die Möglichkeit hat, sich mit allen an einem Übersetzungsprozeß direkt oder indirekt Beteiligten in Verbindung zu setzen, um damit die Voraussetzung für entscheidungsorientierte Festlegungen zu schaffen, die der Mitteilungsabsicht des ausgangssprachlichen Autors und den Mitteilungsbedürfnissen des zielsprachlichen Lesers optimal Rechnung tragen.

Dies würde allerdings zur Folge haben, daß man auch dem Übersetzer den Status der Professionalität zuerkennt. Dieser ist nur dann zu erreichen, wenn Berufspraxis und Ausbildungsseite auf der Basis eines "Kooperationsmusters" (Holz-Mänttäri 1984) funktionaler Sachlichkeit zusammenarbeiten, nicht zuletzt vor dem Hintergrund des, wenn überhaupt, nur gemeinsam zu erreichenden Ziels, der Öffentlichkeit die Komplexität der übersetzerischen Arbeitssituation plausibel und überzeugungskräftig vor Augen zu führen (Wilss 1987).

Bibliographie

Austin, John L. (1962), How to Do Things with Words, Ox-
ford/London: Oxford University Press

Dörner, Dietrich (^{2}1979), Problemlösen als Informationsver-
arbeitung, Stuttgart: Kohlhammer

Holz-Mänttäri, Justa (1984), Translatorisches Handeln, Helsinki: Suomalainen Tiedeakademia

Kade, Otto (1968), "Kommunikationswissenschaftliche Probleme
der Translation", in: Studien zur Übersetzungswissenschaft. Beihefte zur Zeitschrift Fremdsprachen II, Leipzig, pp. 3-19

Krings, Hans Peter (1986), Was in den Köpfen von Übersetzern
vorgeht. Eine empirische Untersuchung zur Struktur des
Übersetzungsprozesses an fortgeschrittenen Französischlernern, Tübingen: Gunter Narr

Kußmaul, Paul (1986), "Übersetzen als Entscheidungsprozeß.
Die Rolle der Fehleranalyse in der Übersetzungsdidaktik", in: Snell-Hornby, M. (ed.), Übersetzungswissenschaft. Eine Neuorientierung, Tübingen: UTB Franke,
pp. 206-229

Levý, Jiři (1967; deutsch 1981), "Translation as a Decision
Process", in: To Honor Roman Jakobson. Essays on the
Occasion of his 70th Birthday, Vol. II, Den Haag:
Mouton, pp. 1171-1182

Reiß, Katharina/Vermeer, Hans Josef (1984), Grundlegung einer allgemeinen Translationstheorie, Tübingen: Max Niemeyer (= Linguistische Arbeiten 147)

Schlagenhauf, Karl (1984), "Zur Frage der Angemessenheit
des Rationalitätskalküls in den Handlungs- und Ent-
scheidungstheorien", in: Lenk, H. (ed.), Handlungstheorien - interdisziplinär, Band 3, 2. Halbband, München:
Wilhelm Fink, pp. 680-695

Thome, Gisela (1980), "Die Aufforderung in der deutsch-fran-
zösischen Übersetzung", in: Poulsen, S.-O./Wilss, W.
(eds.), Angewandte Übersetzungswissenschaft. Internationales übersetzungswissenschaftliches Kolloquium an der
Wirtschaftsuniversität Arhus/Dänemark, 19.-21. Juni
1980, Arhus/Dänemark, pp. 58-81

Wilss, Wolfram (1977), Übersetzungswissenschaft. Probleme
und Methoden, Stuttgart: Klett

Wilss, Wolfram (1981), "Handlungstheoretische Aspekte des
Übersetzungsprozesses", in: Pöckl, W. (ed.), Europäische Mehrsprachigkeit. Festschrift zum 70. Geburtstag
von Mario Wandruszka, Tübingen: Max Niemeyer, pp. 455-
468

Wilss, Wolfram (1982), The Science of Translation. Problems
and Methods, Tübingen: Gunter Narr

Wilss, Wolfram (1985), "The Role of the Translator in the
Translation Process", in: Rose, M.G. (ed.), Translations
Perspectives II. Selected Papers, 1984-85, National Re-
source Center for Translation and Interpretation, SUNY-
Binghamton, pp. 12-27

Wilss, Wolfram (1987), "Zum Selbstverständnis und zum Fremd-
verständnis der Übersetzungswissenschaft oder: Wieviel
Notiz nimmt die Öffentlichkeit von der Übersetzungswis-
senschaft?", in: Albrecht, J. et al. (eds.), Translation
und interkulturelle Kommunikation. Publikationen des
Fachbereichs Angewandte Sprachwissenschaft der Johannes-
Gutenberg-Universität Mainz in Germersheim, Frankfurt a.
M.: Peter Lang, pp. 11-25

Wilss, Wolfram (erscheint 1988), Kognition und Übersetzen.
Zu Theorie und Praxis der menschlichen und der maschinellen Übersetzung, Tübingen: Max Niemeyer

Zangenmeister, Christof (1977), "Zur Methodik systematischer
Zielplanung. Grundlagen und ein Beispiel aus dem Sozial-
bereich", in: Lenk, H. (ed.), Handlungstheorien - interdisziplinär, Band 4, München: Wilhelm Fink, pp. 329-366

Zelger, Josef (1984), "Postulate einer pragmatischen Handlungswissenschaft", in: Lenk, H. (ed.), Handlungstheorien - interdisziplinär, Band 3, 2. Halbband, München:
Wilhelm Fink, pp. 497-516

Translation and Mis-translation
The review, the revision, and the appraisal of a translation

Peter Newmark (University of Surrey, GB)

Any generalization about translation is relative. Since the concept of an ideal or perfect translation is illusory, the concept of translation equivalence can only be an approximation. Paradoxically it is only at the level of reference, of apparently (!) extramental universal extracultural reality, of objects and, to a lesser extent of actions and events, of single nouns and verbs, and <u>not</u> texts, that translation and mistranslation and translation equivalence are 'on firm ground', <u>auf festem Boden</u>, <u>terra firma,</u> but not <u>terre ferme</u> – the metaphor is significant. Seen as material objects, the sun, the moon and the stars are perfectly translated. As soon as you introduce actions, say 'run', 'walk', 'move', 'drop', however universal, dreadful ambiguities assail us. <u>How</u> do we walk? Where or where <u>to</u> do we walk? Is it a habit or a single act, or does it finish? What is the aspect? The translator starts fumbling. If he is concerned with an accurate description, he has to expand his version, thus losing the equivalent concise impact. As soon as the sun, the moon and the stars become figurative or symbols of light or life, darkness or virginity and brightness or excellence, or religious therefore universal or cultural symbols, the translation may become increasingly an approximation. However, if a translation is to be merely <u>functional</u> and, say, crudely 'prices rose or climbed or increased or went up', the translation can be equally general (it doesn't much matter what descriptive word is used) – it will be 100 % successful, even though the niceties of equivalent description and register may be missing. It comes to this: if you are trying to translate/describe the real world of facts you can and should be accurate. The more the facts are modified by qualities, then by cultural limitations, thus by figurative associations, then the ins and outs of the author's thinking, then by the onomatopoeic sound in their expression, the more approximate your achievement becomes, the more remote from the complexities of the source language text. Only if you are intent on translating a simple message or intention, the unadorned facts and figures (no wonder the grey prose of statistical reports is so easy and so literal to translate) is your translation 'totally' successful. Most translations are in the graduated area between correct translation and mistranslation, but at least, mistranslation is usually demonstrable and always unnecessary. A figurative <u>Schub</u> may be 'drive', 'push', 'shove', 'impetus' or 'thrust', but it cannot stretch to a 'burst' in any context.

I want to illustrate my argument by considering the translation of a passage from Hermann Hesse's Steppenwolf. There are two ways of conducting such a review, and one is incomplete without the other: the analytical and the functional.

An analytical approach starts within sentence-correspondences, where common objects such as 'old books' (l. 4), 'gout attacks' (l. 27/28), 'a hot bath' (l. 7) have their obvious one-to-one equivalents. At this stage one also notes that Aktiengesellschaften (l. 35) 'joint stock companies' is translated as 'vampires of finance' (l. 32/33) and one can only assume that the translator considered its use symbolical rather than figurative, supported by 'sucked dry' (l. 32) ausgesogen (l. 36).

There appears to be no mistranslation due to ignorance of German, but Lebenskunst (l. 3) ('art', perhaps 'style of living') as 'way of life' (l. 2/3), schöne, zarte, kostbare (l. 13) ('lively, tender, precious') reduced to 'the loveliest' (l. 11), die Tage schmecken (l. 29) ('taste the days') as 'know the days' (l. 27), krass (l. 46) ('blatant') as 'disgusting' (l. 43) show an extraordinary lexical cavalierness, driving the semantic range of these words beyond their justifiable limits.

In translated works of fiction, mistakes of reality are usually harder to pinpoint than in factual reports, but whilst Hesse keeps Harry Holler as älterer Mensch the translator wavers between 'elderly' and 'middle-aged'.

When we come to mistakes of usage, we have to distinguish the author's idiolect from normal social language. 'Das Lesen in den alten Büchern, das Liegen im warmen Bad' (l. 15/16) is normal German; why 'the reading of the old books, the lying in the warm bath' (l. 13/14), when the gerund is so readily available in English and non-existent in German — therefore 'reading old books, lying in a warm (or hot?) bath'. Why, in the second line, translate mit ('with') so pompously as 'in accordance with' (l. 2)? Why the simple 'normal und gewohnt' (l. 20) ('normal and usual') as the archaic is 'fallen to my lot'(l. 18). Why blechern (l. 37) as 'brazen' (l. 34) (figurative) when the word is 'brassy' (physical)?

The SLT consists of three sentences, two in the first, one in the second paragraph. The translation has 15 sentences in the first paragraph, two in the second. Even granting that German has longer and more complex sentences than English, it is hard to justify these divergences, as well as the disparity of treatment between the two paragraphs. Hesse, like Thomas Mann in German, or Aragon or Proust in French, uses exceptionally long sentences, and I think these have to be preserved. Further there is an alternative of commas, short pauses or breath gaps, and semi-colons, longer ones, cunningly reflecting the elderly man's thoughts running between an account of his day's routine and the contrasts between his monotonous and his bad days racked by physical pain or morose thoughts about the state of his part of the world.

In the first paragraph, the translator has had to introduce several of the sentences with connecting words such as 'That was' 'so was', 'But, taken all in all', 'No, it had not even', 'Rather it had been' which make rather more decisive breaks than the SLT, and add redundant shades of meaning. This is a case of text linguistics avant l'heure.

Such are perhaps the main features of any comparison, and they include some salient mistranslations. And as I reread the text and, as it were, revise the translation, I am appraising and evaluating the SL text. The more I study it, the more packed with meaning it appears, denotatively, connotatively and phonaesthetically – J. R. Firth's beautiful word for the aesthetics of language sound has still not got beyond the linguistics dictionaries. And the more the translation seems to be full of unnecessary inaccuracies. Mind you, there are also felicities: wie eben die Tage so vergehen (l. 1) as 'just as days (do) go by' (l. 1); though the unique English emphatic present is missed; in den Himmel gezeichnet (l. 14) as 'pencilled against the sky' (l. 12) – (here as often, a fresh metaphor can concentrate meaning); 'every nerve of eye and ear' (l. 29/30) for jede Tätigkeit von Auge und Ohr (l. 31/32) is a find, since whilst the German is strange, it is not absurd, whilst 'any activity, movement, even business of eye and ear' is ridiculous, and therefore goes beyond the limits of good literal translation. Any literal translation that makes you giggle (in spite of many readings) because of its sound or its sense, has to be avoided; again teuflisch aus einer Freude zur Qual (l. 31/32) as 'with a fiendish delight in torture' (l. 30) – auf Schritt und Tritt (l. 38) (dog with persistence) (l. 35) – sachlich (l. 27) quintessential German word is nicely translated as 'matter-of-factly' (l. 26) – this is the kind of decent (sauber) translation which should immediately establish the credentials of a translator who knows his German, who knows his English, whose faulty translation may be due to what I would consider a mistaken theory of translation, which W. Sorell probably did not even formulate – hence the need for translators to write prefaces to all books they translate. (It is all a matter of discussion. Similarly bad language teaching is sometimes due to bad linguistics which the teacher is not even aware of.) – Again entgegengrinst (l. 39) as 'grins back at us' (l. 34) although grinsen (höhnisch, boshaft, schadenfroh says the Wahrig) is usually much nastier than the friendly 'grin'.

Where we start wrestling with the text is in its many descriptive words that have metalingual, sonic, figurative problems, as well as etymological roots.

Immediately in the first line we have: <u>ich hatte ihn herumgebracht, hatte ihn sanft umgebracht,</u> which Sorell kills off with the simple 'I had killed it (the day)' – though `I had killed it off', 'I had softly killed it' would hint at a metalingual transfer, whilst 'I had got through it, I had done for it' would distinguish the meaning and retain the German's physical quality – some semantic loss is inevitable, but not as much as Sorell's.

<u>Schüchtern</u> (l. 3) has 'scared' etymologically behind it but one cannot go beyond 'shy' and Sorell has 'withdrawn' (l. 2); for <u>gewälzt</u> (l. 4) of books Sorell's 'peruse' (l. 3) loses all physicalness – the image is of someone turning them over, rolling, poring over them eagerly – the waltz is there. Again with <u>Die Schmerzen sich überlisten ließen</u> (l. 7) a compromise is inevitable. 'Consented to disappear' (l. 6) is tame, 'let themselves be slily outwitted' (by the powder), 'were being slily outwitted' would fail if it sounded ridiculous – it doesn't to me. <u>Die Gedankenübungen weggelassen</u> (l. 11) on the other hand is well balanced in the translation with <u>Atemübungen</u> (l. 11), absorbing <u>aus Bequemlichkeit</u> (l. 12) as 'found it convenient to' (l. 10).

I have tried to simultaneously illustrate the basic problems of translation criticism and revision which apply whenever translation is not narrowly functional, reproducing information only. The lexical unit of translation is usually a collocation or a group; in German, the grammatical unit of translation is likely to be a participal phrase or a group – their shift always causes less semantic disruption than a lexical transfer, but a change in emphasis is likely with the inevitable change in word-order.

Secondly, there is a tendency to undertranslate, viz to normalize by generalizing, to understate, in all translation but particularly in literary translation. In non-literary translation, the translators are so intent on reproducing all the facts that they do not hesitate to expand the passage. In literary translation economy is more important and accuracy suffers (Here the translation is shorter than the original). The most dangerous feature is the translator's fear of using individual language rather than the common coin of social language; this begins in English with the easy slide from Germanic to Romance: from 'suck up' <u>(eingesogen)</u> (l. 9) to 'absorb' (l. 7), 'leave out' <u>(weggelassen)</u> (l. 12) to 'omit' (l. 10) the toning down of <u>Sorgen</u> (worry) (l. 23) and <u>Kummer</u> (l. 24) 'grief' or 'affliction'; and finally the fear of vivid figurative language, <u>die Tage schmecken</u> (l. 29), twice normalized here with 'know the days' (l. 27), where 'taste the days' is rather odder than the German (the semantic range of <u>schmecken</u> is wider than 'taste' but the compromise of 'know the taste of' is still possible.) I take it as another touchstone of a good translation of an authoritative text, that any important metaphor, however audacious, however culturally bound, for example, Professor Neubert's well known example "Shall I compare thee to a summer's day?" translated into say Arabic or Xhosa, the most widely spoken language in South Africa, 'summer' must be translated as 'summer' – it is the reader's job to do the necessary homework. This also applies to the 'lease' of summer in the next line, but (a) it may not be possible – 'leases' are unknown in many languages (b) the metaphor is not as important.

Note that I have been discussing some lexical and grammatical points of correspondence between the source and target language text. Such a discussion may be a transitory stage between the main process of translating and the evaluation of the translation. Thus revision, the last stage of translating, which takes up between a half and two thirds of total translating time, unless the SLT is exceptionally easy and dull, is parallel with the process of evaluation. There are two basic procedures (a) a reading of the translation without looking at the original, as an independent piece of writing (b) the meticulous comparison of the version with its original.

It is often said that a translation should not read like a translation. As a warning against inadvertent interference (<u>grinsen</u> is the only example in the Hesse piece) or translationese say ('For those who do not like competition, there will be the opportunity of corroborant swimming or to be dragged by the waves, being on their wind-surfing board'), this injunction is valid and salutary. However when an authoritative text is linguistically innovatory, its translation is likely to be so, and if the translator-revisor or the critic keeps thinking that a translation should not appear to be one (it is anyway artificial, Brecht would laugh at it) he will be impairing the original's impact by normalising it. Parts of Mervyn Peake in English or any other language should read like a translation. What is clear is that in an independent reading, apart from removing traces of inadvertent interference (the translator's interference, especially of metaphor, will enliven the target language) will, if appropriate, assure the revisor and critic that the piece gives some pleasure and satisfaction.

Equally important is a close parallel reading of the translation with the original: this is not only to ensure that no word – sentence – paragraph in the original has been overlooked or forgotten (as usually happens) but to ensure that every punctuation mark (including bold face or the German spaced letters), figure or word in the original has been accounted for (not necessarily translated) in the translation. This process is a part of the translator's reviser's and critic's continual 2-way journey: he never looks up a word (morphéique) in a bilingual dictionary ("morphetic") without checking its status and its TL equivalent's status in SL and TL monolingual dictionaries ('nocturnal'). Further, he goes continually back to the SL text during revision for fresh insights and angles. In translation the SL text is never 'deverbalised', as it is in simultaneous interpretation. That is the basic difference between the two skills which has to be taken into account in any theorizing. In interpretation you can't go back, either to the SL text or to your own.

However, the most important task in revising and evaluating is to review the grammatic and lexical deviations from the SL text in the translation. In many instances this is done in the light of the translator's approach to the whole text. But looked at analytically, it becomes a pragmatic comparison of grammatical and lexical correspondences as well as their underlying referential and figurative associations. After all allowances have been made for grammatical transpositions and the different semantic ranges of SL and TL lexical units that correspond imperfectly, I find mistrust and fear of literal translation can be used as a yardstick. The legitimacy of appropriate literal translation is I think the most important and controversial issue in translation. I suggest the following reasons why many translators and writers on translation avoid it on principle:

(1) They associate it with 'translationese' - i.e. literal
    translation that makes little sense or is unnatural.
(2) They want to leave their own mark on the translation,
    to be more colloquial, informal, idiomatic, elegant than
    the original.
(3) They have been trained in a tradition that puts a
    premium on judicious clichés or 'literary' phrases
    (recommended by teachers of Latin and Classical Greek
    prose) and avoids the use of TL words that
(a) look like the corresponding SL words (therefore
    vertu should never be translated as 'virtue')
(b) have obvious extracontextual one to one equivalents
    (so Tugend shouldn't be translated as 'virtue') - an
    elegant variation is always better.
(4) The prevailing influence of Text Linguistics and of real
    or imaginary textual constraints moves them away from
    the smaller stretches of the text to the text as a
    translation unit. Correspondences get lost.
(c) They believe that invariably the message is more
    important then the meaning, the function than the
    substance.

(d) They believe, that one should translate what the writer thinks or wants to say, not what he writes or actually says (hermeneutic translation).
(e) They think that literal translation is humdrum and too easy.

Normally, only the grey language of semi-official commercial or technical texts can be translated literally for long. In fact the skill of translating most texts lies in the alternation on the one hand of literal or rule-governed and on the other of "ludic" creative translation — 'rule-governed' is used in the sense of conforming to the grammatical shifts, lexical equivalences and retention of emphasis (as investigated in functional sentence perspective) apparent between the two languages — such translation is governed by "rules", but in this or that instance, the rules often conflict. And in many cases, there is a choice between literal and 'rule-governed' translation thus: a small example: Suzanne Guillemin-Flescher (unpublished lecture) notes that when assertions are translated from French to English, English tends to qualify the assertions, thus: Je ne vous prends pas au sérieux "I know you don't mean that seriously' where 'I can't take you seriously', though literal is as good, or in Je ne suis pas aveugle 'I'm not blind, you know' — the qualifier could easily be dispensed with. The above is an example of 'cultural' translation illustrating an apparent English tendency to temper, which could well be exposed by literal translation. (The role of literal translation in cutting through cultural shams and prejudices into a universal humanity — the literal truth — has still to be discussed.)

A translation problem exists not only when a deviation from literal translation is required, which usually then leaves open a choice from amongst various translation procedures, but also when, after the various procedural options have been reviewed, one returns to a literal translation which no longer appears as outrageous as at first onset. Thus, in the Hesse piece, at first sight, the three adjectives with the triple noun-compound in schöne, zarte, kostbare Federwölkchenmuster (1. 13/14) alarmed the translator, but the trailing length of 'lovely, tender, sumptuous patterns of feathery wisps of cloud' is not really alarming, expresses the pleasure of the elderly gout-ridden man on his walk, and is really, after all (ja) what Hesse wrote, compensating even for some sound effects. Hesse follows with Das war sehr hübsch (1. 15) possibly 'That was very nice', which Sorrell outrageously translates as 'very delightful' (1. 13), which is outside the range of hübsch. Here as often, a translator has been afraid of the literal truth — whether it is the prosaic facts or the unfamiliar metaphor. (Unfortunately 'literal' in English not in French or German, connotes narrow-mindedness, dullness, and pedantry as well as accuracy).

In evaluation and revision, one has to look hard at interference which is as ambivalent a factor in translation as is interlanguage in language learning. Clearly when we revise or evaluate, we have to correct or fault all instances of interference (cultural, lexical, grammatical, or word-order, from the SL or a third language) – provided it distorts the sense or inappropriately breaks the register of the translation, and certainly if it has crept in without the translator being aware of it (see Newmark, Approaches to Translation 1981). Even here there are borderline cases. Interference can be used creatively, by a child, a second language-learner, and by a translator in 'semantic' and 'communicative' translation. It is a means not only of cultural (instanced in word-transfer) but of 'universal' linguistic enrichment. Some translations and languages would profit from the literal translation of foreign proverbs, even if there is already a TL near-equivalent: 'it fits like a fist on the eye', 'other countries, other customs' – 'that's striking a blow into water', 'I wish you a lucky hand as we Germans say' there is no reason why universal proverbs should remain within one language. Again, idioms can be translated and desexed: 'He's no longer the youngest'. 'See you' already exists, 'hear you (again)' from Aufwiederhören is overdue. The lack of Bon appétit in English has been often commented on, and since this is a cultural gap, not always a courtesy gap, it ought to be filled. The translator's deliberate use of interference is often shocking and clumsy but it may be salutary, as a direct approach to meaning. The alternative is paraphrase or the search for the thought behind the words, which is often arbitrary and hermeneutic. To return to the Hesse text, you get Aktiengesellschaften hermeneutically and unnecessarily translated as 'vampires of finance'. I'd rather not.

I have attempted here to indicate some analytical Ansätze (an amazing holdall word) for the revision and the appraisal of a translation. I have tried to show what I mean by translation and mistranslation concretely, in the wistful hope that those who think about translation, those on the narrow Übersetzungswissenschaftler circuit, are more likely to agree about big things if they can first agree about small things. Because that is what all this is, an attempt to seek agreement. As 'scientists' we are rather pathetic, because we have fewer points of agreement than the linguistics whose parasites we partially are; compare the translators who feed on the writers. And now that I turn to the second and essential part of my subject, a functional or general approach to the revision and appraisal of a translation, I am pursued by questions which cannot be answered in any general terms: What is translated? Is it what the author writes? (Yes?) Is it what the author means? (Rarely?) And is this to be moderated by the facts as the translator knows them? Yes. And is this to be 'filtered', to use Juliane House's term, in such a way that it is both comprehensible and stylistically agreeable to the putative readership (It depends). And is it to be presented as an idiomatic message, or as a close rendering of the original or as a hermeneutic rendering of the thought behind the words, the vouloir dire? When does a version become a perversion? These two terms can be transferred into German and most Romance languages. Such questions only become irrelevant when the text is in the realm of grey facts where there is a clear gap between correct translation and mistranslation, successful and failed translation.

In choosing to identify now some functional aspects of the Hesse text, I realise that my criteria may be considered subjective. Much of what I say, however, merely underpins my analytical comments, which are more apparently objective.

The intention of the Hesse text is clear – to convey the typical observations, experiences and feelings of an elderly, neurotic, pessimistic, gout-ridden educated man – written as notes (Aufzeichnungen) – in a moment of leisure and release from pain. The writing is correspondingly leisurely, emphasising states rather than movements, qualities rather than actions! Hence the heaped adjectives, the parentheses, the commas, even a certain stress on the unique vowel-like 'l' sound – lesen, liegen, leidliche, laue and other suggestive or standard sound effects (auf Schritt und Tritt) (l. 38), which here as often are sacrificed in the translation. A functional analysis such as this one could be prolonged, but not profitably.

The cardinal question is 'how to translate'. Perhaps we could agree that in a text such as this one, an authoritative and also an expressive text, the manner is as important as the matter; the translator has to empathise with the writer, to reproduce in language the impact of the text on himself. The putative effect on the putative readers of the translation, the referential truth of what the writer states (is the earth sucked up by joint stock companies?) are here of secondary importance. In any event, if this text is translated for an educated readership in at least Europe, there are barely any cultural problems of period or region. Aktiengesellschaften do not exist in Eastern Europe, but they are well understood. On the other hand, if one insists say that German prefers long sentences, heaped up adjectives and 'physical' Germanic words and makes great play with its prefixes where English prefers short sentences, fewer adjectives and more Grecolatinisms, and that the translator must show this difference in any type of text, by chopping up the sentences, smoothing out the adjectives, skirting the assonance and the word-play and so on, one is going to produce, not a completely different – I don't think Sorell has harmed Hesse's work or his reputation – but a somewhat different translation.

If we cannot agree on what a good translation is, how can we produce a basic course on principles and methods of translation, let alone on Translation Theory, such as is the small but essential core component of any academic or professional translation course?

My problem is that I think I know what a good translation is, but I doubt whether many at this conference would agree with me. Thus R. de Beaugrande: "As every translator knows, two texts in different languages may mean the same thing, and yet bear scant outward resemblances in terms of any 'material properties'". If this means what I think it means, that translation correspondences often only exist at text level, then I certainly don't know it, and I'm a translator too.

Again, if a translation is regarded only as a cultural or ideological object, a genre in the target language's polysystem, it has no scientific character, and any comparison between translation and original becomes otiose.

Again, you may think it legitimate to liven up a text, to write consistently colloquial language while the original is sober and deadpan, translating Camus' Il faisait beau as 'It was a blazing hot summer afternoon'; or you may like Paepcke, a most stimulating writer, translate Pierre-Henri Simon's Je n'ai pas eu beaucoup de chance as Mir war das Schicksal nie besonders gewogen. Or you may, like Neubert, translate Goethe's Das Übersetzen ist eines der wichtigsten und würdigsten Geschäfte in dem gesamten Weltwesen, as 'Translation is one of the most important and honoured professions in the world'.

Or you may have a behaviouristic view of translation, like Catford's "replacement of SL textual by equivalent TL textual material", and virtually ignore the text level.

Or you may follow Benjamin, Nabokov, Roland Sussex, Bruno Bettelheim, Gasset, and believe that words are more important than texts, but that is not very likely, is it?

Or, more concretely, take my pièce témoin, my 'reference text'. Whilst I believe that Sorrell's knowledge of German is fine and his English sensitive, the theory of translation that emerges is that felicity is more important than fidelity; that the translator should impose his own idea of good style – the three glorious sisters, brevity, clarity, simplicity – onto the original; that wayward German language which might enrich the English language must be safely normalized; that SL sentence and therefore speech rhythms should be sacrificed, if they go on too long (ll. 1 - 7); that precise metaphors like <u>Aktiengesellschaften</u> have to be 'interpreted', i.e. translated into something ghoulish, ridiculous and conventional like "vampires of finance"; that a translation should never read like a translation.

Now I disagree fundamentally with all the propositions I have enumerated, both generally and in the concrete Hesse case. In the concrete instance I think the Hesse translation is serviceable, catches the spirit of the original, has excellent stretches <u>(Zum Gipfel der Unleidlichkeit getrieben</u> l. 39/40) 'focused to the last pitch of the intolerable' (l. 36/37)) and is, if anything, <u>too</u> concise (shorter than the original!). From my point of view, most of the inaccuracies are unnecessary, and if he had observed my own theory of translation or my principles and methods of translation Sorrell would have produced an incomparably better translation than any I could do. I need hardly add that translation is for discussion - Walter Sorrell is perfectly entitled to his views (1963) but I wonder if he would or could infer them. It's all very well for translators to say "I translate; let others theorize". We are not going to get any basic syllabus on Principles and Methods of Translation until translators <u>(translators, not</u> translation theorists, <u>not</u> teachers), can externalize their translating, that is generalize their practice explicitly and so discuss, and so come to a minimum agreement.

In contrast, as a view I can agree with, I take Galen Strawson's review of Michel Tournier's <u>Gilles and Jeanne</u> (translated by Alan Sheridan) in an issue of the <u>Observer</u> of March 1987. He points out that <u>faon</u> ('fawn') is translated as 'farmhand' <u>(valet de ferme); cou</u> ('neck') as 'backside' <u>(cul);</u> <u>jurer avec</u> ('incongruous with') as 'swear at' <u>(jurer contre).</u> He disapproves of elegant variations such as 'clouds that constantly formed and reformed at the behest of wind and rain' for <u>nuées déchiquetées par le vent et la pluie</u> ('heavy clouds tattered by wind and rain'). Note that Galen Strawson can check a translation even at the word rank, without reference even to the collocation, let alone the whole text.

As it is, I can only finish by defining what I think is good translation. A translation has to be as accurate as possible, as economically as possible, in denotation and in connotation, referentially and pragmatically. The accuracy relates to the source language text, either to the author's meaning, or to the object truth that is encompassed by the text, or to this objective truth adapted to the intellectual and emotional comprehension of the readership which the translator and/or the client has in mind. That is the principle of a good translation; where it plainly starts falling short, it is a mistranslation.

Finally, it is a text that is translated. But texts can't be measured, words can. And Weinrich's apophthegm: "Translated words always lie, but translated texts only lie when they are badly translated", which I quoted so approvingly fourteen years ago, is, in its first part, a sweeping and misleading generalization, it is mainly wrong, it is an invitation to inaccuracy.

Appendix

1 Der Tag war vergangen, wie eben die Tage so vergehen, ich
hatte ihn herumgebracht, hatte ihn sanft umgebracht, mit
meiner primitiven und schüchternen Art von Lebenskunst;
ich hatte einige Stunden gearbeitet, alte Bücher gewälzt,
5 ich hatte zwei Stunden lang Schmerzen gehabt, wie ältere
Leute sie eben haben, hatte ein Pulver genommen und mich
gefreut, daß die Schmerzen sich überlisten ließen, hatte
in einem heißen Bad gelegen und die liebe Wärme
eingesogen, hatte dreimal die Post empfangen und all die
10 entbehrlichen Briefe und Drucksachen durchgesehen, hatte
meine Atemübungen gemacht, die Gedankenübungen aber heut
aus Bequemlichkeit weggelassen, war eine Stunde spazieren
gewesen und hatte schöne, zarte, kostbare
Federwölkchenmuster in den Himmel gezeichnet gefunden.
15 Das war sehr hübsch, ebenso wie das Lesen in den alten
Büchern, wie das Liegen im warmen Bad, aber – alles in
allem – war es nicht gerade ein entzückender, nicht eben
ein strahlender, ein Glücks– und Freudentag gewesen,
sondern eben einer von diesen Tagen, wie sie für mich nun
20 seit langer Zeit die normalen und gewohnten sein sollten:
maßvoll angenehme, durchaus erträgliche, leidliche, laue
Tage eines älteren unzufriedenen Herrn, Tage ohne
besondere Schmerzen, ohne besondere Sorgen, ohne
eigentlichen Kummer, ohne Verzweiflung, Tage, an welchen
25 selbst die Frage, ob es nicht an der Zeit sei, dem
Beispiel Adalbert Stifters zu folgen und beim Rasieren zu
verunglücken, ohne Aufregung oder Angstgefühle sachlich
und ruhig erwogen wird.
Wer die anderen Tage geschmeckt hat, die bösen, die mit
30 den Gichtanfällen oder die mit jenem schlimmen, hinter
den Augäpfeln festgewurzelten, teuflisch jede Tätigkeit
von Auge und Ohr aus einer Freude zur Qual verhexenden
Kopfweh, oder jene Tage des Seelensterbens, jene argen
Tage der inneren Leere und Verzweiflung, an denen uns,
35 inmitten der zerstörten und von Aktiengesellschaften
ausgesogenen Erde, die Menschenwelt und sogenannte Kultur
in ihrem verlogenen und gemeinen blechernen
Jahrmarktsglanz auf Schritt und Tritt wie ein Brechmittel
entgegengrinst, konzentriert und zum Gipfel der
40 Unleidlichkeit getrieben im eigenen kranken Ich – wer
jene Höllentage geschmeckt hat, der ist mit solchen
Normal– und Halbundhalbtagen gleich dem heutigen sehr zu-
frieden, dankbar sitzt er am warmen Ofen, dankbar stellt
er beim Lesen des Morgenblattes fest, daß auch heute

45 wieder kein Krieg ausgebrochen, keine neue Diktatur
errichtet, keine besonders **krasse** Schweinerei in Politik
und Wirtschaft aufgedeckt worden ist.

An extract from Der **Steppenwolf** by Hermann Hesse
Suhrkamp (Gesammelte Werke 1947) pp. 40 - 41

1 The day had gone by <u>just as days go by,</u> I had <u>killed it</u>
<u>in accordance with</u> my primitive and withdrawn <u>way of</u>
<u>life.</u> I had worked for an hour or two and <u>perused</u> the
pages of <u>old books.</u> I had had pains for two hours, as
5 elderly people do. I had taken a powder and been very
glad when <u>the pains consented to disappear.</u> I had lain in
a <u>hot bath</u> and <u>absorbed</u> its kindly warmth. Three times
the post had come with undesired letters and circulars to
look through. I had done my <u>breathing exercises,</u> but
10 found it <u>convenient</u> today <u>to omit the thought exercises.</u>
I had been for an hour's walk and seen the <u>loveliest</u>
feathery cloud patterns <u>pencilled against the sky.</u> <u>That</u>
<u>was very delightful.</u> So was <u>the reading of the old books.</u>
So was <u>the lying in the warm bath.</u> But, taken all in all,
15 it had not been exactly a day of rapture. No, it had not
even been a day brightened with happiness and joy.
Rather, it had been just one of those days which for a
long while now had <u>fallen to my lot;</u> the moderately
pleasant, the wholly bearable and tolerable, lukewarm
20 days of a discontented middle-aged man; days without
special pains, without special <u>cares,</u> without particular
<u>worry,</u> without despair; days on which the question
whether the time has not come to follow the example of
Adalbert Stifter and have a fatal accident while shaving
25 should not be considered without agitation or anxiety,
quietly and <u>matter-of-factly.</u>
He who has <u>known</u> the other <u>days, the</u> angry ones of <u>gout</u>
<u>attacks,</u> or those with that wicked headache rooted behind
the eyeballs that casts a spell on <u>every nerve of eye and</u>
30 <u>ear</u> with a <u>fiendish delight in torture,</u> or those soul-
destroying, evil days of inward emptiness and despair,
when, on this ravaged earth, <u>sucked dry</u> by the <u>vampires</u>
<u>of finance,</u> the world of men and of so-called culture
<u>grins back at us</u> with the lying, vulgar, <u>brazen</u> glamour
35 of a Fair and <u>dogs us with the persistence</u> of an emetic,
and when all is concentrated and <u>focused to the last</u>
<u>pitch of the intolerable</u> upon your own sick self - he who
has known these hellish days may be content indeed with
normal half-and-half days like today. Thankfully you sit
40 by the warm stove, thankfully you assure yourself as you
read your morning paper that another day has come and no
war broken out again, no new dictatorship has been set
up, no particularly <u>disgusting</u> scandal been unveiled in
the worlds of politics or finance.

Translation by Basil Creighton (1929)
revised by Walter Sorrell (1963)
Penguin Classics (1982) pp. 33 - 34

Epistémologie de la traduction

Jean-René Ladmiral (Paris*)

I

En matière de traduction, c'est maintenant un lieu commun obligé que de souligner la croissance exponentielle des besoins et la masse écrasante des documents traduits de nos jours. Mais on se pose moins souvent des questions touchant le développement corrélatif du discours sur la traduction, qui relève de ce qu'on appellera en français la traductologie (soit en allemand Übersetzungswissenschaft et en anglais Translation Studies).[1] Il y a là l'accumulation de tout un savoir qui, à son tour, appelle le retour réflexif d'une épistémologie. En précisant que mon propos est ici de nature épistémologique, j'entends marquer que le discours tenu sera proprement théorique, c'est-à-dire qu'il ne s'agira pas pour moi de contribuer à augmenter la somme des informations, des connaissances dont nous disposons sur la traduction, mais d'induire un changement des attitudes intellectuelles (ou "mentales") qui sont les nôtres quand nous prenons la traduction pour objet d'étude; bien plus, je dirai que mon propos est ici d'ordre méta-théorique, puisque j'entends tenir un "discours sur le discours sur" la traduction. Et, paradoxalement, je prétends que ce discours est, de ce fait même, directement pratique.

Concrètement, la question posée est: quelle(s) théorie(s) pour la pratique traduisante?[2] Une épistémologie de la traduction ira à déterminer quel est le statut théorique du savoir traductologique. Il s'agit en effet de savoir, plus précisément, quel type de discours il convient de tenir sur la traduction. – D'une façon générale, on peut défendre l'idée que le discours des sciences humaines s'autorise essentiellement de son utilité pratique au niveau de la "demande sociale", dans la mesure où il n'est guère en mesure d'invoquer un rapport à la vérité aussi incontestable que celui qui définit "la Science", au sens strict qu'a le terme en français (ou en anglais), désignant les seules sciences exactes (c'est-à-dire en un sens beaucoup plus étroit que celui que peut revêtir l'allemand Wissenschaft). S'agissant des sciences "dures", on remarquera au demeurant que c'est aussi un critère pragmatique d'utilité, au niveau des applications techniques, qui semble nous apporter la garantie de ce qu'on appelle justement les vérités scientifiques. Toujours est-il que le savoir traductologique relève, à l'évidence, de ce qu'il convient d'appeler les sciences humaines – sinon, en toute rigueur, des "sciences sociales", comme voudraient dire d'aucuns en vertu de ce qui n'est qu'un anglicisme de mauvais aloi (Ladmiral/Meschonnic

1981, 9 et 10 sq.). Ainsi ma thèse sera-t-elle que le discours "sur" la traduction, en quoi réside la traductologie, se doit d'être un discours pour la traduction; et c'est ce que j'ai tenu à marquer dans le titre même de mon livre (Ladmiral 1979). En un mot, on ne devra pas attendre de la traductologie qu'elle nous tienne un discours "scientifique" (stricto sensu), mais qu'elle constitue une praxéologie, c'est-à-dire une discipline ou un savoir dont tout le sens ne va qu'à nous apporter une "science de la pratique" (Handlungswissenschaft). D'où ce paradoxe qu'à faire la théorie de la théorie, on est censé embrayer directement sur la pratique.

S'il est vrai que la traductologie n'est pas (encore) une science, ni sans doute la linguistique elle-même (à supposer qu'elles le devinssent jamais, au sens étroit), il reste qu'il existe déjà une masse très importante de littérature sur la traduction. Si l'on comptabilise ce qui a pu se publier en quelque quatre "grandes langues" (allemand, anglais, français et russe), on aura près d'une centaine d'ouvrages, sans compter les articles! Depuis quelques années, on assiste même à une explosion du nombre des "études sur la traduction". Tant et si bien qu'on se trouverait dans une étrange situation, où la traductologie constituerait déjà, à l'aube de sa naissance, une discipline "à plein temps". Ainsi les traductologues seraient-ils occupés à plein temps à lire toute cette littérature théorique et à produire eux-mêmes la théorie de la traduction; et ils n'auraient pas l'expérience de la pratique traduisante, car ils n'en auraient pas le temps. L'inflation continue de la littérature traductologique, à laquelle constitutivement ils contribuent, les placeraient pour ainsi dire dans la situation d'Achille poursuivant la tortue et qui, si l'on en croit Zénon d'Elée, ne rattrapera jamais "le plus lent des animaux"... Inversement, les traducteurs seraient eux-mêmes totalement absorbés par la pratique, sans avoir le temps ni les moyens de prendre connaissance de tout ce savoir théorique que la traductologie est censée accumuler sur la traduction, qu'ils pratiquent! A l'évidence, c'est là une situation paradoxale, mais aussi absurde et intenable, pour ainsi dire scandaleuse.

En soi, il n'est pas inconcevable qu'existe une discipline vouée à la description théorique d'une réalité avec laquelle elle ne s'identifie pas. Epistémologiquement, cette coupure sujet-objet n'est rien moins qu'exceptionnelle: dans les sciences exactes, c'est la règle; et pour faire l'histoire du Moyen Age, par exemple, il n'est pas absolument nécessaire d'être soi-même un homme du Moyen Age! (dirais-je, au risque de frôler là le sophisme...) En ce sens, ce serait une attitude excessive et "poujadiste" que de vouloir a priori récuser comme traductologue tout théoricien qui ne serait pas lui-même traducteur. De fait, c'est pourtant là une objection que l'on voit fréquemment les praticiens de la traduction jeter à la figure de ceux qui se mêlent d'en faire la théorie. En traduction, le clivage "théoriciens/praticiens" se montre souvent très chargé émotionnellement, très "investi" psychologiquement. C'est ainsi qu'on a la surprise de voir se déclencher parfois d'incroyables "batailles d'Hernani" dont la traduction est l'enjeu inattendu et qui opposent les traducteurs aux traductologues. Il semblerait un peu que les incursions cognitives des théoriciens-traductologues, les praticiens-traducteurs les reçussent pour ainsi dire comme des attouchements indûs et y répondissent par un noli me tangere courroucé, du genre: "Ne me mets pas la main à la pratique!"

Au-delà de telles oppositions, qui témoignent d'une ambivalence profonde – et même s'il n'est, donc, en soi pas totalement illégitime d'étudier la traduction comme un objet extérieur, sans en avoir directement la pratique, il reste que c'est bien quand même d'une pratique qu'il est question en l'occurrence; et il est clair qu'un théoricien est là beaucoup plus crédible s'il est "du bâtiment", s'il a une expérience pratique de ce dont il traite. A titre personnel, le signataire de la présente étude ne se fût jamais risqué à publier dans le domaine de la théorie traductologique s'il n'avait pas lui-même parallèlement une expérience pratique de traducteur (avec près d'une dizaine de livres traduits de l'anglais et, surtout, de l'allemand en français). Cela dit, une telle étude, purement théorique et "désimpliquée", est possible: elle fournirait la matière pour un chapitre de ce qu'il est convenu d'appeler la linguistique descriptive et/ou contrastive (chapitre dont, au demeurant, Georges Mounin déplore la trop fréquente absence dans la plupart des manuels de linguistique); mais ce ne serait pas encore de la traductologie, au sens étroit que je m'attache à définir.

Voilà déjà une première alternative, entre deux approches possibles, et ce ne sont pas les seules. C'est tout un foisonnement méthodologique qui vient nourrir la masse, déjà notée plus haut, de littérature traductologique publiée. Compte tenu de cette importance quantitative et compte tenu de la différence qualitative des approches possibles, on peut dire qu'il y a beaucoup de discours sur la traduction, au sens où il y a beaucoup à lire, mais aussi au sens où il y a plusieurs types de discours traductologiques. D'où la nécessité d'y mettre un certain ordre. En l'occurence, je proposerai ici un classement allant au-delà d'une simple classification, laquelle s'en tient à l'étiquetage phénoménologique de divers travaux, comme celle que j'avais antérieurement proposée (Ladmiral 1981a et surtout 1985), et je me risquerai à esquisser une typologie, visant à mettre en évidence ce qu'on appelle, depuis Max Weber, des "types idéaux" auxquels correspondent tendanciellement les divers modes du discours traductologique.[3] C'est ainsi que je distinguerai quatre types de traductologie.

II

Il y aurait (eu) d'abord ce que j'appellerai une <u>traductologie prescriptive</u> ou <u>normative</u>, à l'instar de l'opposition liminaire que les linguistes se plaisaient couramment à camper naguère entre une grammaire traditionnelle, restée encore normative ou "prescriptive", et une linguistique naissante, enfin devenue scientifique et "descriptive". J'y rangerai des oeuvres de (plus ou moins) haute volée spéculative, qu'elles soient d'inspiration littéraire ou d'obédience philosophique, comme les travaux essayistiques d'un Walter Benjamin[4] ou d'un Henri Meschonnic[5], d'un Valéry Larbaud (1957), d'un José Ortega y Gasset[6] ou d'un George Steiner (1975)[7]. – Mais j'y mettrai aussi, par ailleurs, des travaux tout à fait subalternes comme les manuels de traduction les plus traditionnels, aide-mémoire, mémentos, vade-mécum et autres guide-ânes, etc.

Très globalement, je dirai que ces travaux ressortissent, au stade "pré-linguistique" d'une réflexion sur le langage qu'on pourra dire idéologique ou "philosophique", en un sens très large (et ici péjoratif[8]), dans la mesure où elle illustre les diverses figures d'une idéologie spontanée concernant le langage. Au vrai, ce n'est plus la majorité de la littérature qui se produit maintenant sur la traduction: c'est là ce que j'appellerai la "traductologie d'avant-hier".

III

De fait, l'essentiel de ce qui se publie actuellement, et <u>grosso modo</u> depuis la deuxième guerre mondiale, constitue ce que j'appellerai la <u>traductologie</u> <u>descriptive</u>, dans l'esprit de l'opposition à laquelle je viens de faire écho; c'est-à-dire qu'une telle traductologie fait essentiellement allégeance à la <u>linguistique</u>, entendue comme "science" rectrice qu'a instituée comme telle la rigueur méthodologique nouvelle d'une "coupure épistémologique" récente. Dans cet esprit, certains préfèrent encore (notamment en Allemagne) subsumer la "traductologie" (<u>Übersetzungswissenschaft</u>), conjointement avec d'autres recherches comme celles qui relèvent de la didactique des langues, sous l'étiquette de <u>Linguistique Appliquée</u> – avec la double majuscule d'un anglicisme, comme pour "faire syntagme" et laisser deviner en filigrane de cette expression une sorte de mauvaise conscience sémantique, comme si on savait déjà qu'on ne saurait là parler d'"application" au sens propre et que, de toute façon, ce n'est pas (seulement) de la linguistique qu'il s'agit d'"appliquer"...[9]

C'est dans cette catégorie-là que je rangerai la Stylistique comparée de J.-P. Vinay et J. Darbelnet (1968), mais aussi des travaux comme ceux de J. Guillemin-Flesher (1981) ou de M. Ballard (1987), etc. De tels auteurs font le choix méthodologique de privilégier une approche linguistique que, pour aller vite, j'appellerai contrastiviste (même si, en fait, ce peuvent être à chaque fois des théories linguistiques extrêmement différentes qui sont à l'oeuvre). On notera qu'il semble bien qu'une telle démarche rencontre la faveur de nos collègues anglicistes, comme si la "distance linguistique" réduite qui existe, par exemple, entre le français et l'anglais leur permettait un type de travail auquel d'autres, opérant sur des langues moins proches, dussent renoncer. A quoi viendrait s'ajouter la dimension "institutionnelle" de la situation proprement exceptionnelle d'un couple de langues comme le binôme français-anglais sur le marché linguistique (et didactique). Ainsi une Analyse Institutionnelle des bases matérielles sur lesquelles repose la linguistique ("appliquée" ou non) devrait-elle sans doute conduire, paradoxalement, à prendre le contre-pied de la situation dominante que les anglicistes (voire les anglophones) y occupent plus ou moins nécessairement. On conçoit dès lors que la mise "en contact", par la traduction, de certaines langues appellerait un traitement relevant d'une méthodologie plus générale: ce serait le cas, ne fût-ce peut-être que du couple français-allemand, sur lequel il se trouve que je travaille le plus couramment. C'est pourquoi j'ai l'habitude de faire une distinction, parmi ceux qui étudient la traduction, opposant les "contrastivistes" et les "traductologues".

Quoi qu'il en soit de ce problème spécifique, plus généralement c'est aussi dans le cadre de cette même "traductologie descriptive" que je serai porté à classer la plupart des travaux qui relèvent de la théorie de la traduction proprement dite: de Georges Mounin (1963, mais aussi 1955 et 1976) à Efim Etkind (1982), de J.C. Catford (1967) à W. Wilss (1977), etc. Les limites imparties à la présente étude m'interdisent bien sûr de faire ici une analyse argumentée de ces différentes théories, ou même seulement d'en faire une liste plus complète...

D'une façon générale, ce qu'il y a de commun à tous ces différents travaux, c'est que précisément ils réunissent les éléments d'une description: ils procèdent d'une démarche a posteriori. Cette traductologie descriptive se situe "en aval" du travail du traducteur. Elle prend pour objet la traduction comme produit, comme résultat (ou comme effet) de l'activité traduisante: je serais tenté de parler d'"un traduit" (comme on dit justement "un produit"). C'est d'abord en ce sens qu'à son propos je parlerai de "traductologie d'hier": d'abord, donc, parce qu'elle se situe après-coup, au niveau de ce que Bergson appelait le "tout fait" par opposition au "se faisant". Cela reste vrai, même si ce qui constitue l'objet ultime de la recherche que mène une Jacqueline Guillemin-Flesher, par exemple, se situe au niveau "profond" des opérateurs que met en oeuvre l'activité du sujet parlant et dont les traces au niveau des énoncés de surface permettent de faire, pour ainsi dire, l'archéologie.

Mais si la traductologie descriptive est la "traductologie d'hier", c'est surtout dans la mesure où il m'apparaît que ce ne sera plus maintenant dans cette seule direction que se fera l'essentiel des recherches sur la traduction. Cela dit, il ne s'agit pas là pour moi d'établir une sorte de hiérarchie entre différentes approches traductologiques dont les unes se trouveraient aujourd'hui "dépassées", au sens positiviste d'une idéologie diffuse qui, récemment encore, voulait aligner le mode de développement des sciences humaines, et particulièrement de la linguistique, sur celui des sciences exactes. Il y a (et il y aura) encore place, aussi, pour une traductologie prescriptive.

Si hiérarchisation il y a, elle n'est tant "épistémologique" (et, donc, d'esprit plus ou moins positiviste) que didactique. Les quatre types de traductologie que je distingue ici - celles d'"avant-hier", d'"hier", puis d'"aujourd'hui" et de "demain" - s'organisent selon la chronologie d'une périodisation qui les indique autant et plus comme les étapes "ontogénétiques" d'une progression pédagogique que comme les moments "phylogénétiques" d'une histoire de la discipline traductologique elle-même. La perspective épistémologique développée ici ne prend en effet tout son sens que par rapport à la double échéance de la pratique: celle des traducteurs eux-mêmes (au nombre desquels, encore une fois, se range aussi l'auteur de ces lignes), comme cela a été souligné plus haut, mais aussi celle des formateurs. Autrement dit, on devra y voir aussi un premier élément de réponse aux questions que pose la formation des traducteurs, et notamment celle-ci: Faut-il enseigner la traductologie? et laquelle?[10]

C'est ainsi, en particulier, qu'il n'y a pas lieu de rejeter complètement la traductologie descriptive. Elle sera fort utile aux formateurs, aux enseignants qui sont en charge de la formation des traducteurs. Procédant a posteriori, à des analyses linguistiques plus ou moins comparatives de textes existants (texte-source et texte-cible), elle pourra à tout le moins contribuer au perfectionnement linguistique, c'est-à-dire à cette (re-)mise à niveau en langue qui reste un élément dont la formation des traducteurs ne saurait faire totalement l'économie - tant il est vrai que, dans la pratique, il n'est guère possible de maintenir en toute rigueur le principe de cette "orthodoxie" pédagogique qui voudrait que l'enseignement de la traduction proprement dit ne pût commencer qu'une fois acquise parfaitement la maîtrise des langues de travail utilisées par le futur traducteur.[11]

IV

Il reste que l'avenir de la traductologie me paraît devoir aller plutôt du côté de la psychologie que du côté de la linguistique. C'est ainsi qu'on voit naître actuellement ce que j'appellerai une traductologie inductive ou scientifique qui regarde du côté de la psychologie cognitive et prend pour objet "ce qui se passe dans la tête des traducteurs" (cf. Krings 1986). Il ne s'agit plus là de s'en tenir à l'étude a posteriori de "traductions" comme produits, mais de remonter à la source et d'étudier "en amont" l'activité traduisante elle-même, la traduction en train de se faire. Là je parlerai d'une "traductologie de demain" car, effectivement, il reste beaucoup à faire. Ce n'est qu'un début: çà et là, à Paris ou à Genève, à Bochum ou à Sarrebruck, à Nanterre et ailleurs... un certain nombre de recherches plus ou moins ponctuelles sont en cours.[12]

Au reste, il est bien clair que c'est le comportement de l'interprète, c'est-à-dire du "traducteur oral", qu'il sera le moins malaisé d'étudier; car on peut en faire "à chaud" des enregistrements (audio ou même vidéo) qui feront ensuite l'objet d'une analyse inductive très précise. A partir d'un tel matériel empirique, il est possible d'étudier le fonctionnement psycholinguistique et cognitif de l'interprète. Déjà, dès qu'il s'agit des traducteurs proprement dits, le dispositif d'accès aux données fait problème; et sans doute ne peut-on éviter de travailler sur des données introspectives (cf. Krings 1986).

Mais surtout, on n'en est encore qu'aux tout débuts d'une traductologie scientifique (ou inductive): nous ne disposons pas encore d'une théorie synthétique, cohérente, expérimentalement validée et suffisamment assurée – dont il suffirait d'"appliquer" dans la pratique les acquis scientifiques. En l'absence d'une science faite, il faudra bien qu'à l'instar de Descartes, les traducteurs, nous nous forgions une "morale par provision".

V

En attendant, il nous faut gérer une pratique au jour le jour. C'est tout le sens de la traductologie productive que je propose comme étant la "traductologie d'aujourd'hui" (en attendant la "traductologie de demain"). L'ambition n'est plus – ou plutôt: pas encore – d'élaborer un discours scientifique sur la traduction, entendue comme le produit de l'activité traduisante, ni même comme cette activité elle-même, mais de "bricoler" un ensemble de concepts et de principes qui soient de nature à anticiper et à faciliter la pratique traduisante ou "traductrice".

S'agissant d'un discours "facilitateur", on aura deviné que c'est encore du côté de la psychologie qu'il y aura lieu d'aller. Mais la psychologie dont il s'agit, en l'occurrence, n'est pas la psychologie cognitive, la "psychologie de l'intelligence" comme compétence spécifique, ni même la psycholinguistique comme sous-discipline plus ou moins "technique"; ce sera une psychologie plus globale, une psychologie de la personnalité, comme peut l'être la psychanalyse, par exemple.

Au reste, l'analogie avec la psychanalyse n'est pas sans pertinence. Si et quand on a besoin du traductologue, si et quand le discours traductologique est requis, c'est qu'il y a un problème. Or, mises à part les difficultés touchant à la terminologie ou aux realia afférentes au domaine considéré (subject-matter), les problèmes de traduction renvoient à l'obligation de tenir compte ensemble d'impératifs contradictoires: rendre le sens exact, et les connotations stylistiques, et la valeur de stéréotype idiomatique, et la teneur métaphorique, et les références culturelles, et le nombre de syllabes, et la sonorité, etc. - et tout ça pour un seul et même item linguistique! C'est l'expérience de tout traducteur que d'éprouver que tous les équivalents proposés pour telle ou telle difficulté de texte-source devront être récusés les uns après les autres, si l'on attend de chacun d'eux qu'il rende toutes ces nuances de l'original (et qui plus est: hors contexte! comme c'est souvent le cas pour ce genre de discussions aboutissant à de telles hécatombes "falsificatoires" de toutes les traductions possibles). Il y a là une constellation proprement conflictuelle qui fait penser à ce que les psychanalystes appellent un "complexe". D'où aussi l'expérience excessivement frustrante pour le traducteur d'un "blocage" psychologique et d'une perte de ses moyens d'expression, qui serait comme l'équivalent d'une castration symbolique.

Ainsi le discours traductologique serait-il un "discours thérapeutique" et le traductologue remplirait une fonction que je me risquerais à qualifier de "traductothérapeutique". Ce qu'on pourra en attendre, c'est qu'il nous aide à lever notre "complexe du traducteur", en instaurant un champ traductologique qui, à l'instar du "champ psychanalytique" freudien, n'est rien autre qu'un espace de verbalisation: par la seule vertu du "travail" langagier, le discours traducto-logique induira une mise à distance objectivant le problème de traduction qui se pose à nous. Du coup, le traducteur pourra sortir de l'état d'"aboulie" et d'"impuissance" expressive où il se trouvait plongé; et, la situation étant débloquée, il sera en mesure de reprendre l'initiative.

Sans aller jusque-là, à un niveau plus simple, ce qui sera rendu possible par la verbalisation et l'objectivation propres au discours traductologique, c'est d'abord une attitude de réflexion par rapport aux contradictions de la pratique. De façon plus simple et plus immédiate encore, le premier bénéfice de la verbalisation traductologique résidera en un étiquetage des difficultés de traduction rencontrées au fur et à mesure et, surtout, des solutions qu'on y aura apportées au coup par coup: de façon à ce qu'on puisse engranger et capitaliser les bonnes solutions, les "bonheurs de traduction" qui nous sont venus sous la plume (ou, plutôt, sous les touches du clavier), pour en reproduire l'équivalent à l'avenir; et puis, bien sûr, pour éliminer les mauvaises et en inhiber la répétition ultérieure, grâce à une meilleure connaissance de soi, de sa propre idiosyncrasie de traducteur, c'est-à-dire de ses défauts, des ses tics, etc.

Au plan cognitif, ce qu'il y a lieu d'attendre du discours traductologique, ce sont les éléments d'une conceptualisation. Je dis bien "les éléments", au sens où il y a là un pluriel significatif: les concepts (matérialisés par des mots) et les principes (matérialisés par des phrases. éventuellement nominalisables) que doit réunir une traductologie productive ne s'intègrent pas nécessairement à l'architectonique d'un ensemble discursif rigoureux. Je plaiderai même pour une certaine désinvolture théorique, n'hésitant pas à renoncer aux exigences axiomatiques de rigueur logique, de cohérence interne et de "propreté" formelle. Dans cet esprit, la théorie traductologique ne se présentera pas comme une construction unitaire, mais comme un ensemble d'items théoriques pluriels ou – pour reprendre encore le titre de mon propre livre (Ladmiral 1979) – de "théorèmes", non pas au sens géométrique du terme, mais en un sens étymologique où il faut entendre des éléments de théorie (ou encore, si l'on veut, des "théorisats").

La fonction de cette théorie "en miettes", ce serait d'être comme la "boîte à outils" du traducteur, où ce dernier pourra puiser des outils conceptuels, à sa convenance. Ses concepts ou principes pourront même, au besoin, être contradictoires. Ainsi du théorème de "dissimilation" et du théorème de "transparence", par exemple, qui s'opposent de la même façon que sont "contradictoires" un marteau et une paire de tenailles, puisque l'un sert à défaire ce que l'autre a fait et inversement.[13]

Au terme de la présentation de cette typologie quadripartite, opposant quatre sortes de traductologies, prescriptive et descriptive, inductive et productive (dont on aura noté qu'elles riment deux à deux, comme en un quatrain)[14], il reste au moins une question que je ne saurais éluder.

Ayant moi-même commis un livre sur (et "pour") la traduction (Ladmiral 1979), il serait pour le moins étrange que je manquasse à me situer au sein de ce cadre; et, de fait, je n'aurai pas cette coquetterie. Au risque de sembler avoir tenu le discours d'un plaidoyer pro domo, j'aurai l'immodestie de penser, tout simplement, que mon livre réalise, au moins partiellement, le programme d'une traductologie productive, tel que je viens de l'esquisser. Au reste, je ne dis pas non plus que je sois le seul et les travaux d'un Eugene A. Nida[15] me paraissent déborder le cadre de la traductologie descriptive pour rejoindre la traductologie productive, par exemple. On y trouvera aussi les éléments de ce que j'avais appelé, d'une formule, "une rhapsodie de théorèmes disjoints affrontés à la tourmente de la pratique"...

Notes

* Université de Paris-X-Nanterre et I.S.I.T. (Institut Supérieur d'Interprétariat et de Traduction), C.L.I.C. (Laboratoire de recherches interdisciplinaires sur la traduction & la Communication Linguistique et/ou InterCulturelle).
(1) Sur ce point de terminologie, cf. Ladmiral (1981a, 375 sqq.).
(2) C'est ce titre que j'avais donné à une précédente étude publiée dans les Actes des "Rencontres autour de la traduction" organisées par le B.E.L.C. (Paris, 11-14 mars 1986): Ladmiral (1986). – Si je cite ici cette étude, comme aussi celle qui est indiquée dans la note précédente (voire encore quelques autres dans les notes suivantes), c'est en partie pour donner au lecteur une information bibliographique sur l'existence de ces publications collectives sur la traduction.
(3) Il est clair qu'une telle typologie du méta-discours sur la traduction est tout autre chose qu'une typologie de la traduction, comme celles qui ont pu être proposées par d'aucuns (cf. Ladmiral 1980 et 1984, etc.)
(4) Comme on sait, Benjamin a publié d'abord son Essai sur "la tâche du traducteur" en 1923, comme préface à sa traduction des Tableaux parisiens de Baudelaire; depuis, ce texte a été repris notamment in Störig (1969, 156 - 169). Pour une critique des positions qu'y défend Benjamin, cf. Ladmiral (1981b).
(5) A partir de Meschonnic (1973), on peut dire que les travaux de cet auteur portent tous, plus ou moins, sur la traduction; cf. notamment Meschonnic (1981).

(6) On trouvera une traduction allemande de **Miseria y Esplendor de la Traducciòn** (1937) in Störig (1969, 296-321).

(7) On remarquera que, d'une façon générale, je ne traite pas ici spécifiquement de la traduction littéraire, où je choisis de ne voir qu'un cas limite de la traduction générale. Si certains travaux en traitent tout spécialement (notamment les ouvrages qui viennent d'être cités, ou Etkind 1982, etc.), il n'y a pas là un "domaine réservé", appelant une théorie séparée; et je récuse expressément le "mimétisme" qui voudrait qu'il fallût que ce fût exclusivement à une réflexion spécifiquement littéraire qu'il revînt le privilège de traiter de la traduction littéraire (pas plus qu'il ne faut qu'un médecin soit lui-même malade pour être en mesure de soigner les gens!).

(8) En revanche, ce n'est pas en un sens péjoratif que je parlerai de "traductologie philosophique" à propos de l'ouvrage récent de Berman (1984) - ou encore, bien sûr, des travaux que je prépare moi-même dans une direction analogue, mais opposée...

(9) Pour une critique de ce concept problématique de "Linguistique Appliquée", cf. notamment Ladmiral (1975).

(10) Il y a là un point que j'ai été amené à développer au IIe colloque arabo-francophone de l'A.U.P.E.L.F. (Association des universités partiellement ou entièrement de langue française) sur "Théorie et didactique de la traduction" à Tanger (15-17 juillet 1987), en réponse à une stimulante intervention de H. Safar (Mons, Belgique). J'y reviendrai dans le cadre d'une prochaine étude, dans le prolongement de la présente et de Ladmiral (1984).

(11) Au reste, je n'exclus pas non plus qu'elle puisse servir à l'enseignement de la traduction elle-même. Là encore - sur ce point qu'à plusieurs reprises, j'ai discuté avec A. Neubert (Leipzig) - j'y reviendrai dans une prochaine étude, traitant spécifiquement de la formation des traducteurs.

(12) Outre Krings (1986), il convient de citer Seleskovitch/Lederer (1984, 245 sqq.), Diehl (1984), voire Ladmiral (1982), etc. Si ces travaux sont restés jusqu'à maintenant relativement ponctuels, le temps est venu des premières synthèses: c'est l'ambition du prochain livre annoncé de Wolfram Wilss.

(13) Les limites imparties au présent "papier" m'interdisent d'expliciter la chose en présentant et en discutant quelques exemples concrets comme il m'est arrivé de le faire en d'autres lieux, où je dois me contenter de renvoyer le lecteur (Ladmiral 1979, 216 sqq.).

(14) Les pages qu'on vient de lire s'inscrivent dans le prolongement de Ladmiral (1985): on y trouvera des

compléments à la présente étude, aussi en matière
d'épistémologie "méta-théorique" de la traduction.
(15) Parmi les nombreux et beaux travaux de Nida, je
devrai me contenter ici de citer Nida/Taber (1969);
et sans doute conviendrait-il d'y ajouter Newmark
(1982).

Références bibliographiques

Ballard, Michel (1987), La traduction: de l'anglais au
français, Paris: Nathan
Berman, Antoine (1984), L'Epreuve de l'étranger. Culture et
traduction dans l'Allemagne romantique, Paris:
Gallimard (= Les Essais, n° CCXXVI).
Bühler, Hildegund (ed.) (1985), Der Übersetzer und seine
Stellung in der Öffentlichkeit. X. Weltkongreß der FIT.
Kongreßakte, Wien: Braunmüller
Catford, John C. (²1967), A Linguistic Theory of
Translation, Londres: Oxford University Press
Caudmont, Jean (ed.) (1982), Sprachen in Kontakt. Langues en
contact, Tübingen: Narr (= Tübinger Beiträge zur
Linguistik, n° 177)
Diehl, Erika (1984), "Psycholinguistik und Dolmetscherpraxis
– ein Versuch der Vermittlung", in: Wilss/Thome (eds.),
pp. 289-298
Etkind, Efim (1982), Un art en crise. Essai de poétique de
la traduction poétique, Lausanne: L'Age d'Homme
(= coll. Slavica)
Guillemin-Flesher, Jacqueline (1981), Syntaxe comparée du
français et de l'anglais, Gap: Ophrys
Krings, Hans Peter (1986), Was in den Köpfen von Übersetzern
vorgeht. Eine empirische Untersuchung des Übersetzungsprozesses an fortgeschrittenen Französischlernern,
Tübingen: G. Narr (= Tübinger Beiträge zur Linguistik,
n° 291).
Ladmiral, Jean-René (1975), "Linguistique Appliquée et
enseignement des langues" (I) & (II), in: Revue
d'Allemagne, t.VII/n° 3 & n° 4, juillet-septembre &
octobre-décembre 1975, pp. 321-334 & 515-532
Ladmiral, Jean-René (1979), Traduire: théorèmes pour la
traduction, Paris: Payot (= Petite Bibliothèque Payot,
n° 366)
Ladmiral, Jean-René (1980), "Un objet de traduction
philosophique", in: Poulsen/Wilss (eds.), pp. 108-126
Ladmiral, Jean-René (1981a), "La traduction comme
linguistique d'intervention", in: Pöckl, W. (ed.),
Europäische Mehrsprachigkeit. Festschrift zum
70. Geburtstag von Mario Wandruszka, Tübingen:
Niemeyer, pp. 375-400
Ladmiral, Jean-René (1981b), "Entre les lignes, entre les
langues", in: Revue d'Esthétique (Toulouse: Privat),
n° 1 (nouvelle série), pp. 67-77
Ladmiral, Jean-René (1982), "Problèmes psychosociologiques
de la traduction", in: Caudmont (ed.), pp. 129-142

Ladmiral, Jean-René (1984), "Traduction philosophique et formation des traducteurs - Principes didactiques", in: Wilss/Thome (eds.), pp. 231-240

Ladmiral, Jean-René (1985), "Les 'théorèmes pour la traduction'", in: Bühler (ed.), pp. 299-304

Ladmiral, Jean-René (1986), "Quelles théories pour la pratique traduisante?", in: La Traduction. Rencontres autour de la traduction, Paris: B.E.L.C., 1986, pp. 145-166

Ladmiral, J.-R./Meschonnic, H. (eds.) (1981), La Traduction: numéro spécial revue Langue française, n° 51, septembre 1981

Larbaud, Valéry ([12]1957), Sous l'invocation de Saint Jérome, Paris: Gallimard (= collection blanche)

Meschonnic, Henri (1973), Poétique de la traduction, in: Pour la poésie II, Paris: Gallimard (= Le Chemin)

Meschonnic, Henri (1981), "Traduire la Bible, de Jonas à Jona", in: Ladmiral/Meschonnic (eds.), pp. 35-52

Mounin, Georges (1955), Les Belles Infidèles, Paris: Cahiers du Sud

Mounin, Georges (1963), Les Problèmes théoriques de la traduction, Paris: Gallimard

Mounin, Georges (1976), Linguistique et traduction, Bruxelles: Dessart & Mardaga

Newmark, Peter ([2]1982), Approaches to Translation, Oxford: Pergamon Press

Nida, Eugene A./Taber, Charles R. (1969), The Theory and Practice of Translation, Leiden: Brill

Poulsen, Sven-Olaf/Wilss, Wolfram (eds.) (1980), Angewandte Übersetzungswissenschaft. Internationales übersetzungs- wissenschaftliches Kolloquium an der Wirtschaftsuniver- sität Aarhus/Dänemark, Aarhus

Seleskovitch, Danica/Lederer, Marianne (1984), Interpréter pour traduire, Paris: Didier Erudition (= collection "Traductologie", n° 1)

Steiner, George (1975), After Babel. Aspects of Language and Translation, New York, London: Oxford University Press

Störig, Hans Joachim (ed.) ([2]1969), Das Problem des Über- setzens, Darmstadt: Wissenschaftliche Buchgesellschaft

Vinay, Jean-Paul/Darbelnet, Jean ([4]1968), Stylistique comparée du français et de l'anglais. Méthode de traduction, Paris: Didier

Wilss,Wolfram (1977), Übersetzungswissenschaft. Probleme und Methoden, Stuttgart: Klett

Wilss, Wolfram/Thome, Gisela (eds.) (1984), Die Theorie des Übersetzens und ihr Aufschlußwert für die Übersetzungs- und Dolmetschdidaktik. Akten des Internationalen Kollo- quiums der Association Internationale de Linguistique Appliquée (AILA) Saarbrücken 25. - 30.07.1983, Tübingen: Narr (= Tübinger Beiträge zur Linguistik, n° 247)

souscrivons sans réserve, pour notre part, à cette
terminologie, ainsi qu'à ses présupposés; la seule
remarque que nous proposons consiste à nuancer la
notion d'équivalence telle que Jean-Marie Zemb la
développe: cette notion recouvre, en effet, deux types
d'équivalence. La première n'est pas celle que tout le
monde intuitivement connaît – l'équivalence "globale"
entre texte-source et texte-cible –, car l'équivalence
première est plutôt une cohérence ou une pertinence
qui doit exister entre quodité et texte-source;
l'équivalence seconde est d'une nature différente et
dépend d'autres critères; elle repose d'abord sur la
cohérence de la quodité, mais elle s'évalue, d'une
part, entre la formulation du texte-cible et la
quodité, et, d'autre part, entre le texte-source et le
texte-cible (ce qui mobilise, notamment, des
considérations sur l'état de la périlangue-cible et
non plus seulement des critères formels).

(8) Cette étude, traduite par nos soins, vient de paraître
dans un recueil d'oeuvres de Roman Jakobson,
rassemblées par T. Todorov et publiées sous le titre
Russie, folie, poésie, Paris: Le Seuil, 1986.

(9) Peter Szondi (1975), Einführung in die literarische
Hermeneutik, Francfort s/M.: Suhrkamp, p. 198.

(10) Cf. F. Hölderlin (1967), Oeuvres, Paris: Gallimard
(La Pléiade), pp. 610 sq.

(11) Cf. F. Hölderlin, Hypérion, in: op. cit., p. 273.

(12) Cf. F. Hölderlin, in: op. cit., pp. 1157 sq.

(13) Cette question de la "déperdition" déclenche souvent
chez le traducteur une culpabilité par rapport au
texte-source, laquelle se manifeste par un comportement
dénégatif qui peut prendre des formes diverses dont
l'une des plus fréquentes est l'affirmation, par le
traducteur, soit de sa totale (et impossible) neutralité,
soit d'une fidélité littérale absolue (et tout aussi vaine).
Le traducteur, en fait, signe son "oeuvre" et assume donc la
responsabilité du texte-cible qu'il présente, mais cela ne
le met pas à l'abri des pièges de la dénégation; cf., à ce
sujet, notre article "Le traducteur médusé", in: Langue
française, n° 51, sept. 1981 ("La traduction", sous la dir.
de J.-R. Ladmiral et H. Meschonnic), pp. 53-62.

(14) Charles R. Taber (1972), "Traduire le sens, traduire
le style", in: Langages, n° 28, déc. 1972, op. cit.,
pp. 55-63.

(15) Marivaux avait déjà eu l'intuition qu'il était
impossible de scinder style et sens dans l'analyse ou
la critique qu'on faisait d'une oeuvre et que le style
ne résultait donc pas d'un choix qui viendrait de
sucroît parachever une structure profonde préalable:
> Dirai-je qu'il a un mauvais style? m'en prendrai-je à ses
> mots? Non, il n'y a rien à corriger. Cet homme, qui sait bien
> sa langue, a dû se servir des mots qu'il a pris, parce qu'ils
> étaient les seuls signes des pensées qu'il a eues. En un mot,
> l'auteur a fort bien exprimé ce qu'il a pensé; son style est
> ce qu'il doit être, il ne pouvait pas en avoir un autre; et
> tout son tort est d'avoir eu des pensées, ou basses, ou

plates, ou forcées, qui ont exigé nécessairement qu'il se
servît de tels mots qui ne sont ni bas, ni plats, ni forcés en
eux-mêmes, et qui, entre les mains d'un homme qui aura plus
d'esprit, pourront servir une autre fois à exprimer de très
fines ou de très fortes pensées. (cf. "le Cabinet du
philosophe", (1969), in: Journaux et Oeuvres diverses, Paris:
Garnier, p. 381).

(16) Cf. Le Nouveau Commerce, n° 47 - 48, automne 1980, pp.
169 sq.

(17) R. Queneau (1965), Bâtons, chiffres et lettres, Paris:
Gallimard (coll. Idées-poche, n° 70), p. 17.

(18) Ingeborg Bachmann (1983), Sämtliche Gedichte, Munich:
Piper, pp. 69 sq. (trad. fr. à paraître dans le numéro
spécial que les Cahiers du Grif consacreront en 1987 à
la poétesse autrichienne).

(19) On comprend bien que, dans cet exemple, la structuration
du vers, l'articulation des dimensions sémiotique et
sémantique n'a rien de cryptique, à la différence de ce
qui se passe dans la construction du poème de Hölderlin
précédemment cité. Le travail sur la langue auquel se
livre Ingeborg Bachmann reste un "travail" et non l'illusion,
inconsciente de son caractère illusoire, que tout "travail"
dans la langue serait arrêté, comme c'est le cas dans Die Aussicht.

(20) De telles distinctions n'ont pas valeur de dogme, bien
entendu: en effet, la traduction philosophique, qui
relève pour l'essentiel d'une logique, ne saurait
faire l'économie d'une esthétique puisque la
philosophie n'est pour ainsi dire jamais affranchie de
la langue où elle s'écrit, quand bien même certains
philosophes en caresseraient l'illusion.

(21) Sur cette problématique et sa terminologie, cf.,
notamment, J. Habermas (1974), La Technique et la
science comme 'idéologie', Paris: Gallimard (trad. fr.
et préf. J.-R. Ladmiral).

(22) Maurice Blanchot (1971), L'Amitié, Paris: Gallimard.

La question du style

Marc B. de Launay (C.N.R.S., Paris, France)

Dans une de ses nouvelles qui semblent faites tout exprès pour à la fois inspirer et illustrer la réflexion théorique, Jorge Luis Borges met en scène Averroës commentant la Poétique d'Aristote et travaillant, quatorze siècles après la mort du Philosophe, sur une traduction latine du texte "où deux mots douteux l'avaient arrêté au seuil de [l'ouvrage]. Ces mots étaient tragoedia et comoedia. Il les avait déjà rencontrés, des années auparavant, au livre troisième de la Rhétorique; personne dans l'Islam n'entrevoyait ce qu'ils voulaient dire".[1] Averroës se comporte alors comme tout traducteur, fatiguant traités et compilations, cherchant désespérément une référence ou un commentaire, sacrifiant même à une attitude psychologique de type conjuratoire ou magique: "Averroës laissa la plume. Il se dit (sans trop y croire) que ce que nous cherchons est souvent à notre portée..." Dans la suite de la nouvelle, la quête d'Averroës, sa "distraction studieuse", est interrompue par deux fois: une première fois, par le jeu d'enfants qui, dans la rue, miment le minaret, le muezzin appelant à la prière et les fidèles se prosternant; mais leur langage n'est aux oreilles du sage de Cordoue qu'un dialecte grossier (l'espagnol naisssant), et le philosophe s'en détourne au profit de la copie rare et précieuse d'un manuscrit arabe; une deuxième fois, lors de la soirée où il est invité, par le récit d'un voyageur qui prétend être allé jusqu'en Chine et avoir assisté à un spectacle étrange:

> Un soir, les marchands musulmans de Sin Kalân me
> conduisirent à une maison de bois peint, où vivaient
> beaucoup de gens. On ne peut pas raconter comment était
> cette maison, qui était bien plutôt une seule pièce
> avec des rangées de réduits ou de balcons placés les
> uns au-dessus des autres. Dans ces enfoncements, il y
> avait des gens qui mangeaient et buvaient, de même que
> sur le sol et sur une terrasse. Les gens de la terrasse
> jouaient du tambour et du luth, sauf quinze ou vingt
> environ (avec des masques de couleur cramoisie) qui
> priaient, chantaient et conversaient. Ils étaient punis
> de prison, mais personne ne voyait les cellules; ils
> étaient à cheval, mais personne ne voyait leurs
> montures; ils combattaient, mais les épées étaient en
> roseau; ils mouraient, mais ils se relevaient ensuite
> (...). Ils étaient en train (...) de représenter une
> histoire.

Le récit du voyageur rencontre l'incompréhension générale, renforcée par la réaffirmation rassurante des habitus culturels islamiques: "Un seul narrateur peut raconter n'importe quoi, quelle qu'en soit la complexité. Tous approuvèrent ce verdict. On loua les vertus de l'arabe qui est la langue dont Dieu se sert pour commander aux anges..." De retour dans sa bibliothèque, Averroës obéit à une obscure intuition qui lui fait choisir de traduire ainsi les deux mots qui avaient été l'objet de sa quête: "Aristû (Aristote) appelle _tragédie_ les panégyriques et _comédie_ les satires et anathèmes. D'admirables tragédies et comédies abondent dans les pages du Coran et dans les moallakas du sanctuaire."

Borges se proposait, comme il l'indique dans une sorte de postface, de raconter l'histoire d'un échec; mais son propos dépassait la justification du contresens commis par Averroës – qui, au reste, s'apparente davantage à un admirable faux sens – et voulait montrer qu'il n'était pas plus absurde d'imaginer, "sans autre document que quelques miettes de Renan, de Lane et d'Asin Palacios", Averroës en train de traduire, que de tenter, comme le protagoniste est supposé le faire dans la nouvelle, de trouver un équivalent à la notion de drame tout en ignorant ce qu'est un théâtre. Jorge Luis Borges en tire une leçon qui satisfait son goût pour l'ironie pessimiste suggérée par le mauvais infini des miroirs et des labyrinthes circulaires:

> Je compris, à la dernière page, que mon récit était un
> symbole de l'homme que je fus pendant que je l'écrivais
> et que, pour rédiger ce conte, je devais devenir cet
> homme et que, pour devenir cet homme, je devais écrire
> ce conte, et ainsi de suite à l'infini. "Averroës"
> disparaît à l'instant où je cesse de croire en lui.

Il y a là, aux yeux du traductologue, une double intuition remarquable: celle du problème de la "quodité traductive"[2], et celle du cercle herméneutique – deux questions auxquelles tout traducteur est plus ou moins consciemment confronté. La question de la quodité peut se formuler de manière simple: traduire, c'est déterminer _ce que_ l'on peut et doit traduire (ce que l'on est effectivement en mesure de traduire[3]), c'est donc reconstituer le texte-source dans la perspective de l'écriture du texte-cible. Or cette opération peut aisément apparaître comme d'emblée grevée d'un paradoxe qui fait écho à ce qu'on a appelé l'"objection préjudicielle" (_Ttt_. 85 sq.): je ne peux traduire que ce que je comprends du texte-source, or ce que je comprends du texte-source résulte déjà d'une "traduction"; si l'on objecte que le traducteur connaît les deux langues et donc comprend déjà ce que veut dire le texte-source dans la langue où il est écrit, on peut répondre que cette compréhension est celle que permet le bilinguisme et qu'elle est de nature différente de celle que requiert l'opération de réécriture en langue-cible puisque c'est en fonction d'elle aussi que doit être déterminée la quodité. Sortir du paradoxe ne présuppose rien de plus que ce qui a déjà été dit à propos du cercle herméneutique: le problème est moins d'en sortir que de bien y entrer. La solution consiste à faire intervenir l'idée de "précompréhension" et la notion de "saturation". Face au texte-source, je ne suis jamais dans l'ignorance totale, j'en ai toujours une précompréhension, laquelle provient de la tradition où nécessairement je m'inscris. Sur la base de cette précompréhension, je procède à une série de "lectures" qui viennent chacune corriger et compléter la première saisie du texte-source en proposant des "équivalents", jusqu'au moment où ces lectures ont saturé le texte-source de sorte que rien de plus ou de mieux ne pourrait alors être introduit dans le texte-cible. La quodité serait le premier résultat de ces lectures successives, la traduction proprement dite serait la formulation en langue-cible de cette quodité. Cette représentation est, certes, commode d'un point de vue didactique, notamment, mais, telle quelle, elle n'apporte rien de plus que ces formules bien connues: la traduction est une interprétation, elle la présuppose; traduire et commenter sont deux démarches complémentaires et apparentées sous de nombreux aspects. Par ailleurs, tout traducteur sait fort bien que, s'il est possible de distinguer, pour l'analyse, différentes opérations ou différentes phases d'une même opération, la réalité du travail est faite, dans une très large mesure, d'un enchevêtrement à peu près inextricable d'intuitions et de réflexions, de conjectures et de réfutations qui vont rarement jusqu'à une formulation nette et achevée. Cela ne signifie nullement que la traduction serait toujours impuissante à prendre conscience d'elle-même; cela implique, au contraire, qu'on cherche à rationaliser davantage et autant qu'il est possible les divers aspects de l'opération elle-même, de même qu'il n'est pas indifférent de multiplier, au moins dans un premier temps, les approches métaphoriques qui, par la suite, devront céder le pas à des tentatives d'analyses plus rigoureuses, travaillant à partir d'exemples. C'est ainsi que, si l'on choisit une description "kantienne" de l'opération de traduction, il faut se garder d'identifier le texte-source à la chose en soi, faisant alors de l'original une sorte d'absolu inaccessible et immuable. Mieux vaut choisir l'interprétation néokantienne que Hermann Cohen fait de l'idée platonicienne en la comprenant comme une hypothèse (au sens kantien), comme un compte rendu de son référent. Hermann Cohen s'autorise de maints passages de Platon (Phédon, 95d, République, 344d, etc.) pour justifier sa lecture qui dégage l'idée platonicienne de sa réception dans le platonisme et interdit qu'on l'oppose de manière trop simpliste à la copie sensible dont elle serait la réalité intelligible.[4] Il est également possible, à nos yeux, de recourir à la théorie du jugement d'un Emil Lask[5] qui permet de comprendre que, s'il s'agit d'évaluer la correspondance de la quodité à sa formulation, il est inévitable que les critères d'une telle évaluation soient extérieurs au jugement même: si du matériau a (la quodité), b (le texte-cible), on prédique la catégorie correspondance, cela met en oeuvre un critère qui provient d'une région logique supérieure, plus formelle, mais qui ne peut faire fond que sur un sens rationnel de part en part. Cette même rationalité est à l'oeuvre lorsque l'on compare deux traductions et les arguments mis en oeuvre sont nécessairement fondés sur l'explicitation d'une structure sémantique dont la quodité ou la formulation de l'une des traductions n'ont pas su rendre compte. Même s'il s'agit d'un problème de "forme", ou bien ce problème peut (actuellement ou à l'avenir) être posé sur un axe sémantique ou sémantisable ou bien il ne s'agit pas d'un problème de traduction (sa solution dans la traduction n'existe tout simplement pas).

La traduction est un acte de communication, ce qui implique qu'on y ait affaire à tous les phénomènes corollaires de la communication en général: opacité, déperdition, polysémie, intelligibilité, imprévisibilité de la réception, etc. Mais il est évident aussi que ce type de communication n'est pas oral et se distingue de l'interprétation (consécutive ou simultanée); le temps de la réflexion et de l'écriture ne constituent pas en soi une garantie, mais placent d'emblée ce travail dans une perspective rationnelle: le traducteur détermine la quodité en fonction d'une intelligibilité qu'il peut, ou qu'il pourrait, justifier par une argumentation, et sa formulation cherche à maintenir cette intelligibilité. Lorsque sa formulation ne peut correspondre à la détermination de la quodité, il est souvent obligé de recourir à une note explicative ou à une formulation qui en tient lieu.

Nous sommes ainsi conduits à soulever deux problèmes: la reconstruction de la quodité est-elle toujours assurée d'une formulation, d'une écriture qui lui corresponde? Il s'agit là de la notion d'intraduisible. D'autre part, peut-on délimiter plus précisément les conditions d'une telle correspondance? Cette seconde question renvoie à l'articulation des dimensions sémantiques et sémiotiques (Ttt, 172 sq.) et débouche sur la notion de style.

L'évocation de l'intraduisible est très fréquente et, la plupart du temps, elle relève de la problématique de l'"objection préjudicielle": "La traduction n'est pas... l'original". Mais s'il est vrai, comme le pensait un Arcimboldo, que la nature révèle sa "normalité" à travers l'analyse tératologique de ses défauts ou de ses ratages, il est possible de mieux comprendre, à partir de ce qui apparaît comme intraduisible, les conditions de possibilité de la traduction indépendamment de la dimension historique qui, bien entendu, relativise sans cesse les marges de traductibilité entre deux langues (voire entre deux "périlangues", cf. note 3).

Voici un premier exemple: "Un Hun fit fi d'un daim au haut d'une dune." Si l'on veut traduire l'"esprit" d'une telle phrase, on comprend aussitôt que c'est à sa "lettre" qu'il faut trouver un "équivalent"; mais un "équivalent" ne signifie nullement qu'on trouvera dans une autre langue un fort improbable calque de son signifiant. Par conséquent, ce qu'il faut traduire c'est le sens que revêt en français sa "forme"; autrement dit, la "forme" n'est nullement un synonyme du signifiant, pas plus que le signifié n'en est un de l'"esprit". D'autre part, les particularités du signifiant ne sont pas toutes pertinentes et ne sont pas systématiquement à prendre en compte par la détermination de la quodité: le fait, par exemple, que, en français, le verbe réifier soit son propre palindrome, ne saurait en aucune manière faire nécessité au traducteur qui, ayant à traduire ce terme, voudrait tenir compte d'une pure contingence du signifiant. Si réifier était employé à dessein, dans le texte-source, et en raison de cette particularité de son signifiant, de deux choses l'une: ou bien son signifié est, dans ce contexte, non pertinent, le traducteur cherchera alors un palindrome dans la langue-cible, ou bien le signifié est, de surcroît, mobilisé, et, dans ce cas, le traducteur aura recours inévitablement à une note, car il est impossible (sauf exception non pertinente) que dans une autre langue et pour le même signifié le signifiant présente des particularités identiques. Comment, donc, traduire cette phrase allemande: "Ein Neger mit Gazelle zagt im Regen nie", sinon par: "Elu par cette crapule", par exemple, ou par: "Et la marine va venir à Malte"; à moins que la diégèse du contexte ne fasse obligation de prendre en compte le fait que la compagnie d'une gazelle, par temps pluvieux, mette à l'abri de la crainte tout autochtone de l'Afrique noire. Tout le monde comprend aisément la difficulté qu'il y a à traduire l'humour et l'on sait à quel point les barrières protectionnistes sont alors infranchissables. Nous empruntons à Georges Perec, en amical hommage, ce "je me souviens" n° 336: "Je me souviens aussi que L'Express s'étant sous-titré 'L'hebdomadaire de la Nouvelle Vague', le Canard enchaîné avait fait remarquer qu'on aurait davantage attendu d'un organe de presse qu'il se vante de donner des nouvelles précises". [6] Il est évident qu'on ne saurait trouver facilement un équivalent-cible de ce jeu de mots qui fait intervenir à la fois un phénomène culturel spécifiquement français et une redistribution sémantique de fonctions morphologiques croisées. Il est en effet hautement improbable qu'on puisse trouver dans une autre langue deux signifiants qui puissent être à la fois adjectifs et substantifs avec une combinaison sémantique différente.

Autrement dit, quand l'"esprit" c'est la "lettre" ou inversement, nous nous situons aux limites de la traduction ou, tout simplement, hors des possibilités de reconstruction d'un texte sans recourir à des explicitations marginales (notes du traducteur ou "incrémentialisation" dissimilatrice et didactique dans la traduction), voire à un compte rendu de la quodité sans reformulation en langue-cible, bien que la délimitation de la quodité soit, elle, toujours possible. Pour le dire plus précisément: nous définissons la traductibilité par le maintien d'un écart ou d'une tension dynamique entre les axes sémiotiques et sémantiques et, l'intraduisibilité ou la limite de la traductibilité, par la disparition de cet écart ou par la neutralisation de cette tension. Le "théorème" qu'on peut en déduire est le suivant: seul est traduisible ce qui est d'ordre sémantique ou sémantisable (cf. Ttt, 172 sq. et schéma, 248), ce qui inclut, bien entendu, non pas la "forme" pure de l'énoncé-source (c'est-à-dire le signifiant purement contingent qui ne serait pris dans aucun processus de sémantisation, ou sa dimension sémiotique tant qu'elle n'anticipe pas sur sa dimension sémantique), mais le contenu de la forme, ce que Hjelmslev appellerait le "contenu de l'expression" (Ttt, 196 sq. et 231 sq.). [7]

L'hypothèse à laquelle nous sommes ainsi parvenus nous permet de poser le problème de la traduction du style sur d'autres bases. Pour mieux établir le lien entre la limite de la traductibilité, la constante possibilité de reconstruire la quodité et le style, nous avons choisi un exemple que nous fournit l'étude de Jakobson sur le dernier poème de Hölderlin, Die Aussicht. [8] Cette étude peut à juste titre être considérée comme une reconstruction de la quodité; celle-ci fait apparaître un certain nombre de résultats touchant la manière dont est construit le poème de Hölderlin et, bien que l'intention de Jakobson n'ait pas été de se situer dans la perspective d'une traduction de ce poème, nous sommes fondés à exploiter l'analyse de ce grand linguiste dans une double direction: la structure particulière du poème est, à nos yeux, riche d'enseignement quant à la définition de ce qu'est véritablement le style; d'autre part, ce qui apparaît alors nous semble confirmer notre hypothèse et proposer un exemple de ce qu'est l'intraduisible. Voici ce poème:

Die Aussicht

Wenn in die Ferne geht der Menschen wohnend Leben,
Wo in die Ferne sich erglänzt die Zeit der Reben,
Ist auch dabei des Sommers leer Gefilde,
Der Wald erscheint mit seinem dunklen Bilde.

Daß die Natur ergänzt das Bild der Zeiten,
Daß die verweilt, sie schnell vorübergleiten,
Ist aus Vollkommenheit, des Himmels Höhe glänzet
Den Menschen dann, wie Bäume Blüth' umkränzet.

A première vue, ce poème ne présente rien qui interdise qu'on en fasse la traduction; Peter Szondi lui-même déclare que "là encore, le poète tend vers un ordre, une construction, mais, comme si ses forces n'y suffisaient plus, il reste un abîme entre la composition voulue et la structure purement syntaxique..."[9] L'étude de Roman Jakobson démontre exactement le contraire. Il serait impossible de la répéter dans le cadre de la présente étude, aussi nous permettons-nous d'y renvoyer le lecteur. Il suffit de savoir qu'on peut découvrir, à tous les niveaux du texte (versification et métrique, syntaxe, répartition des verbes, des substantifs, des flexions, des diphtongues, structuration de chaque hémistiche, de chaque vers, de chaque couple de vers, de chaque strophe et des deux strophes, élimination de tout déictique, choix lexicaux, oppositions sémantiques, etc.) une intégration compulsive des dimensions sémantiques et sémiotiques. Cette intégration n'est pas fortuite, elle n'est pas non plus référable uniquement à la "folie" du poète, elle est la réalisation quasi absolue et parfaite d'un programme esthétique clairement indiqué par Hölderlin lui-même dans son essai "Sur la démarche de l'esprit poétique"[10] et en conclusion de Hypérion: "Les dissonances du monde sont comme les querelles des amants. La réconciliation habite la dispute, et tout ce qui a été séparé se rassemble".[11] Ce programme répond plus généralement à celui que Hölderlin, Hegel et Schiller avaient esquissé vers 1795; on connaît ce texte sous le titre "Le plus ancien programme systématique de l'idéalisme allemand".[12] L'idée générale de l'esthétique hölderlinienne, dans ces poèmes écrits à la fin de sa vie, est celle d'intégration des parties au tout, d'intégration dynamique de la forme au contenu, de sorte que l'oeuvre soit en fin de compte une sorte de synthèse absolue, d'unité organique et harmonique de tous ses éléments. Sur le plan sémantique manifeste, le poème témoigne également de cette volonté réconciliatrice: il s'agit de rendre sensible une articulation harmonieuse entre la nature et l'histoire, elle-même paradigme d'une réconciliation entre les hommes et les dieux. La difficulté particulière d'un tel poème tient au fait que toutes les symétries, tous les parallélismes mis au jour par l'étude de Jakobson sont inapparents au point qu'on a pu traduire ce texte sans même se douter que sa quodité se situait tout à fait ailleurs. L'extraordinaire "virtuosité" de l'auteur ne se compare absolument pas à celle, visible, d'un Mallarmé choisissant des rimes rares pour ce célèbre sonnet où les éléments sémiotiques viennent parfois tout au plus donner un contrepoint sonore à la dimension sémantique:

> Sur les crédences, au salon vide: nul ptyx,
> Aboli bibelot d'inanité sonore,
> (Car le Maître est allé puiser des pleurs au Styx
> Avec ce seul objet dont le Néant s'honore).

Un poème de du Bellay, Antiquités XXX, peut donner une certaine idée de l'effet que provoquerait l'intégration des dimensions sémiotiques et sémantiques:

> Comme le champ semé en verdure foisonne,
> De verdure se hausse en tuyau verdissant,
> Du tuyau se hérisse en épi florissant,
> D'épi jaunit en grain, que le chaud assaisonne;

Et comme en la saison le rustique moissonne
Les ondoyants cheveux du sillon blondissant,
Les met d'ordre en javelle, et du blé jaunissant
Sur le champ dépouillé mille gerbes façonne:

Ainsi de peu à peu crût l'empire romain,
Tant qu'il fut dépouillé par la barbare main,
Qui ne laissa de lui que ces marques antiques

Que chacun va pillant, comme on voit le glaneur,
Cheminant pas à pas, recueillir les reliques
De ce qui va tombant après le moissonneur.

La grande différence, pourtant, avec le poème de Hölderlin tient à ceci que dans ce sonnet l'effet est, encore une fois, visible, c'est-à-dire qu'on n'y assiste pas à ce à quoi parvient l'auteur de Die Aussicht: une sorte de chiasme des fonctions, en quelque sorte le fait que la dimension sémantique soit le simple support du sens véhiculé par le sémiotique. Ce n'est donc pas le fait qu'un poème soit toujours plus ou moins un hapax de langue qui rend impossible la traduction, c'est, dans le cas de Die Aussicht, l'effondrement ou la neutralisation de l'écart dynamique entre les deux dimensions, elles-mêmes interverties quant à leur fonction.

Cet exemple permet de cerner mieux ce que l'on pourrait appeler style qui ne se situe ni seulement dans la construction métrique et les relations qui commandent la versification, ni seulement dans le choix du lexique, l'ordonnance des phrases, ni non plus au niveau morphématique ou syntaxique, pas davantage au premier degré de la phonétique et du jeu des allitérations; le style semble être partout à la fois et nulle part arrêté. Le style n'est pas un adjuvant facultatif ou aléatoire du sens, c'est une dynamique qui procède en quelque sorte par une double négation déterminée des données (historiques) sémantiques et sémiotiques d'une langue, cette double négation allant dans la poésie jusqu'à nier cette dualité même. Mais cette double négation, comme la négation de cette dualité reste asymptotique, précisément parce que la langue — et quel que soit le processus de communication où elle est mise en oeuvre par la parole — repose structurellement sur une irrémédiable dualité. La folie de Hölderlin consiste essentiellement à se montrer inapte à toute communication avec autrui au profit de la seule communication poétique, ce qui le conduit à écrire des poèmes où le style n'est plus présent qu'à travers sa (quasi) négation. Adorno définissait l'art comme étant "la magie affranchie du mensonge d'être vraie", c'est-à-dire comme une manifestation de l'utopie sur le mode de l'illusion. L'oeuvre est donc à la fois consciente d'être une illusion (l'impossibilité que l'utopie soit actuelle ou réelle) et consciente de la nécessité de présenter une image de l'utopie qui soit la négation de la positivité de l'état de fait. Hölderlin, dans les poèmes qu'il a écrits vers la fin de sa vie, cherche à débarrasser son oeuvre de l'illusion au profit d'une réconciliation (qui n'apparaîtrait plus comme illusoire, qui prétendrait être actuelle) de ce qui est séparé dans la langue, ses oeuvres échappent alors, et en raison même du caractère extrême que leur confère cette dénégation de la dualité propre au langage, à la traductibilité dont la condition est le maintien de cette dynamique qu'est le style, le travail de la parole contre la langue, avec elle et à partir d'elle, pour elle aussi, en fin de compte.

Poser la question de savoir s'il faut traduire le style ou s'il est possible de le faire est donc un faux problème. On ne peut traduire qu'à condition que la dynamique du style soit présente (ce qui est bien toujours le cas, sauf exception comparable à celle des oeuvres du type de celles du vieil Hölderlin); d'autre part, on ne peut traduire que des sémantèmes, ce qui implique la négociation ou l'acceptation principielle d'une "déperdition" (laquelle est structurellement présente, d'ailleurs, dans le processus de réception, par des lecteurs-source, du texte-source, lequel, soulignons-le, n'est jamais un absolu). [13]

Dans son article "Traduire le sens, traduire le style"[14], Charles R. Taber présente la conception en quelque sorte classique (et déjà réfutée, cf. Ttt, 121 sq.) qui fait du style une structure de surface qui serait l'objet d'un choix que ferait l'écrivain une fois présentes les structures profondes véhiculant le sens. Autrement dit, le sens étant donné, il y aurait plusieurs possibilités de l'exprimer (plusieurs registres connotatifs, par exemple). Outre le fait que, d'un point de vue théorique, cette conception est discutable, la thèse de Taber pèche par omission puisqu'il s'abstient de définir... le style. [15] Mais surtout, cette thèse est irrecevable en matière de traduction, car elle conduirait, dans la détermination de la quodité, à isoler des noyaux sémantiques profonds dont le sens ne devrait rien, ou presque, à la structure superficielle. L'exemple suivant montre assez à quel type de traduction on pourrait avoir affaire: dans son livre le Chiendent, Raymond Queneau met dans la bouche d'un concierge l'argumentation que Platon développe dans le Sophiste à propos du non-être.

> Ainsi une motte de beurre, j'prends l'premier truc
> qui m'passe par l'idée, une motte de beurre par
> exemple, ça n'est ni un caravansérail, ni une
> fourchette, ni une falaise, ni un édredon. Et
> r'marquez que c'mode de ne pas être, c'est précisé-
> ment son mode d'être. J'y r'viendrai... Chaque chose
> détermine comme ça des tas de nonnêt': la motte de
> beurre n'est pas tout c'qu'elle est pas, elle n'est
> pas partout où elle n'est pas, elle interdit à toute
> chose d'être là où elle est, elle a pas toujours été
> et n'sera pas toujours, ekcétéra, ekcétéra. Ainsi une
> infinité pas mal infinie de ne pas être. De telle

> sorte qu'on peut dire que cette motte de beurre est
> plongée jusque par-dessus la tête dans l'infinité du
> nonnête, et finalement ce qui paraît le plus
> important, ce n'est pas l'être mais le nonnête...[16]

Si l'on traduisait à partir de l'option évoquée par la thèse de Charles Taber, il suffirait de rétablir l'argumentation platonicienne, voire de citer directement le Sophiste dans telle ou telle traduction disponible en langue-cible. "Mézalor, mézalor, késkon nobtyin!", dirait le même Queneau dans un texte intitulé "Ecrit en 1937"[17]... En effet, la structure profonde resterait préservée, mais l'auteur du texte aurait disparu. De plus cette théorie conforte l'idée traditionnelle qu'on se fait du style en omettant de comprendre que le processus de traduction ne peut arbitrairement négliger l'ensemble des sémantèmes du texte-source. Il va de soi aussi que la détermination de la quodité s'oriente en fonction de la conception linguistique qui la sous-tend; par conséquent, poser le problème du style en termes d'écart par rapport à une norme (jamais d'ailleurs cette norme n'est en mesure de produire les limites de la "normalité" au nom de quoi elle milite) ou dans un rapport forme/fond, voire dans le repérage de régularités répétitives identifiant tel ou tel auteur,c'est s'interdire, en fin de compte, à la fois de définir correctement la quodité et de tendre à écrire un texte-cible qui vaille comme tel.

Dans son poème "Grand paysage près de Vienne"[18], Ingeborg Bachmann décrit la situation de la capitale autrichienne telle qu'elle lui apparaît après la Seconde Guerre mondiale, la reconstruction et la modernisation de l'Autriche. Ce poème, assez long, est constitué de dix strophes; les quatre premières strophes (chacune comptant cinq vers) sont séparées des six dernières (irrégulières quant au nombre de vers) par un vers court qui sert en quelque sorte de frontière. Cette fonction de vers-frontière est clairement indiquée, dans la disposition typographique, par deux lignes de blancs. Voici ce vers:

Asiens Atem ist jenseits.

Le "sens" est transparent: "Le souffle de l'Asie est au-delà". Ingeborg Bachmann semble tout simplement dire que, désormais, après le partage de Yalta et ses conséquences politiques, Vienne est aux portes de l'Asie, autrement dit, l'haleine de l'Asie est sensible jusqu'aux portes de Vienne, de même, qu'à l'inverse, une fois franchie la frontière hongroise, il n'y aurait plus de véritable "frontière" jusqu'en Chine (frontière politique et culturelle, frontière de civilisation). Ainsi, Vienne se retrouverait dans une situation comparable à celle qui fut longtemps la sienne à l'époque où les invasions turques représentaient une constante menace. Or, malgré sa "simplicité" apparente, ce vers ne saurait être traduit, sans plus d'examen, au terme d'un transcodage de signifiés à signifiés; la détermination de la quodité, nous l'avons dit, suppose l'analyse des sémantèmes du texte-source. Certes, le vers "veut" dire aussi ce qu'il dit à n'importe quelle oreille germanophone, mais la poésie est faite également pour être lue et l'examen des signifiants ne peut être écarté de la définition de la quodité pour autant que la distribution sémiotique qu'on peut y déceler anticipe effectivement sur la dimension sémantique. On remarque alors une singulière distribution en miroir (qui vaut autant pour l'oeil que pour l'oreille d'ailleurs):

> As iens Atem ist jens e its
> A sien s Atem ist je nsei ts
> As iens At em ist jens eits
> [a'zjənsa'təmi'stjən'zajts]

L'enchevêtrement de "Asiens", de "ist" et de "jenseits" prend en quelque sorte à rebours la linéarité sémantique et en constitue un contrepoint. La notion de frontière suggère, bien entendu, l'idée d'une interpénétration, d'un flou des limites. Si l'Asie est bien un au-delà, cet au-delà exhale un souffle qui est perceptible en deçà de la limite abstraitement tracée sur le relief. Le fait qu'ainsi le dire est le contrepoint du dit constitue la modalité principale de la quodité; et, par conséquent, la reformulation en langue-cible devra en tenir compte. [19] Or, en français, le traducteur ne dispose évidemment pas d'une semblable distribution sémiotico-sémantique et la traduction que nous avons proposée recourt, d'une part, à l'allitération et, d'autre part, à une sorte d'explicitation qui n'est en réalité qu'une conversion de la dimension sémiotique-source interprétée au niveau sémantique dans les limites de contraintes métriques:

> L'effluve de l'Asie affleure jusqu'ici.

Il est certain qu'une telle traduction reste discutable, moins d'ailleurs du point de vue de la quodité sur laquelle elle s'appuie que dans la perspective de la reformulation en langue-cible. Ce problème mérite d'être illustré par un autre exemple qui nous conduit au seuil d'une problématique encore à peine esquissée, celle de l'esthétique de la traduction. Il s'agit, en effet, d'une question qui surgit surtout, mais pas exclusivement, lors de toute traduction littéraire et poétique. Pour un même poème-source, il peut exister plusieurs traductions en langue-cible dont l'évaluation dépend pour l'essentiel de l'évaluation du rapport quodité/reformulation. Cela nous conduit à introduire une précision au sein de la typologie de la traduction développée maintes fois par Jean-René Ladmiral. Cette typologie ternaire distingue traduction scientifique et technique, traduction philosophique et traduction littéraire (poétique et théâtrale). La traduction scientifique et technique ainsi que la traduction philosophique relèvent pour l'essentiel d'une logique, tandis que la traduction littéraire, poétique et théâtrale, relève plus nettement d'une esthétique.[20] Mais la distinction, que nous avons cherché à rendre manifeste, entre la démarche qui détermine la quodité traductive et celle qui reformule, écrit, en langue-cible, le texte que sera la traduction, cette distinction, qui repose sur une redéfinition de la notion de style, appelle deux catégories qui puissent référer ces opérations à des critères d'évaluation qui soient eux aussi distincts. C'est à Max Weber que nous empruntons les notions dont nous nous servons et dont l'emploi est fortement marqué par la réception que fait Habermas de la pensée du grand sociologue. Il nous semble que la détermination de la quodité relève d'une "rationalité téléologique" (ou instrumentale, Zweckrationalität), tandis que la reformulation, étant donnée sa pluralité virtuelle ou actuelle et le caractère parfois indécidable de son évaluation esthétique, relève d'une "rationalité axiologique" (Wertrationalität). La définition de la quodité est d'ordre cognitif, elle correspond à une démarche hypothético-déductive, elle est donc, en termes habermasiens, un "travail"; la reformulation, elle, en revanche, relève de la communicationalité et de l'"interaction"[21], elle n'est discutable qu'à partir de valeurs et non sur la base d'une concaténation objectivable.

Nous aimerions laisser à Maurice Blanchot la tâche de conclure notre propos par cette éblouissante formule qui le résume: "La traduction est mise en oeuvre de la différence".[22] Traduire mobilise en effet l'existence de la différence, en tant que dynamique (celle du style précisément), qui en est la condition de possibilité; mais la traduction cherche également à faire une oeuvre, fût-elle "seconde" - c'est le travail de réécriture - , de cette différence reconnue comme telle à travers la détermination de la quodité.

Notes

(1) La nouvelle intitulée la Quête d'Averroës, publiée tout d'abord dans le numéro 152 (juin 1947) de la revue Sur, fut traduite en français par Roger Caillois dans le recueil Labyrinthes (Paris: Gallimard, 1953), et reprise dans le recueil L'Aleph, Paris: Gallimard, 1967, pp. 117-129.

(2) Ce terme a été créé, comme l'essentiel de la terminologie que nous employons, par Jean-René Ladmiral, cf. Traduire: théorèmes pour la traduction (1979), Paris: Payot. Nous aurons maintes fois l'occasion de citer cet ouvrage, aussi nous bornerons-nous, par la suite, à donner nos références dans le

texte, entre parenthèses et en indiquant, après
l'abréviation Ttt, le numéro de la page.

(3) Il ne s'agit pas seulement des limites propres à
chaque traducteur en particulier – bien que de telles
limites existent et que n'importe quel traducteur ne
traduise pas ou, du moins, ne dût pas traduire
n'importe quoi –, mais aussi des limites plus
complexes, historiques et culturelles, fixées par tout
un ensemble de déterminations qui ont trait à
l'histoire en général: histoire des rapports entre
deux cultures, histoire de la réception de tel ou tel
secteur culturel, choix éditoriaux, niveau d'exigence
et de sensibilité du public (on peut, par exemple,
constater que, en France et depuis une vingtaine
d'années, l'exigence en matière de "qualité" des
traductions n'a cessé de croître... Il serait
réconfortant d' y voir un effet de la réflexion sur la
traduction amorcée par G. Mounin); mais il s'agit
aussi de limites plus fluctuantes et qui sont fonction
du travail sur chaque langue effectué par les
écrivains (qu'ils soient poètes ou théoriciens), de
sorte que ce qui semblait "impossible" à dire ou à
écrire ne l'est plus, de sorte aussi que telle ou
telle problématique, difficile à "importer", trouve un
écho qui lui accorde un droit de cité, voire un
"permis de séjour", fût-il éphémère.

(4) Cf. notamment, H. Cohen (1902), Logik der reinen
Erkenntnis, Berlin: B. Cassirer, pp. 5 sq. C'est ainsi
qu'il est possible de dépasser la vieille opposition
lettre/esprit lorsqu'elle est reprise en traductologie
pour faire reproche à ceux qui seraient tenants de
l'esprit de laisser tomber la lettre. La reprise de
cette opposition sous-entend que la lettre serait de
l'ordre du sensible et l'esprit, de l'ordre de
l'intelligible: notre propos tend à montrer qu'un tel
clivage est en fait impraticable.

(5) Cf. E. Lask, "Die Lehre vom Urteil" (1912), in: E.
Herrigel (ed.) (1924), Gesammelte Schriften, vol. 2,
Tübingen: J.C.B. Mohr, pp. 283 sq.

(6) Georges Perec (1986), Je me souviens, Paris: Hachette
(coll. Textes du XXe siècle), p. 86

(7) On pourrait aussi formuler le théorème en reprenant la
terminologie utilisée par Jean-Marie Zemb – dans son
article "Le Même et l'autre. Les deux sources de la
traduction", in: Langages, n° 28, déc. 1972 ("La
Traduction", sous la dir. de J.-R. Ladmiral),
pp. 85-101 – et parler de sémantèmes: seuls sont
traduisibles les sémantèmes. La notion de sémantème
"recouvre tout porteur ou vecteur de sens" (ce qui
inclut les lexèmes, les morphèmes, les taxèmes, les
prosodèmes, etc.). L'équivalence sémantème-source/
sémantème-cible n'est pas toujours actuelle, mais elle
est du moins virtuelle; ce qui, d'un point de vue
philosophique, repose sur deux présupposés
fondamentaux: 1°) le sens est universel, et 2°) toute
langue est virtuellement capable de l'exprimer. Nous

souscrivons sans réserve, pour notre part, à cette
terminologie, ainsi qu'à ses présupposés; la seule
remarque que nous proposons consiste à nuancer la
notion d'équivalence telle que Jean-Marie Zemb la
développe: cette notion recouvre, en effet, deux types
d'équivalence. La première n'est pas celle que tout le
monde intuitivement connaît - l'équivalence "globale"
entre texte-source et texte-cible -, car l'équivalence
première est plutôt une cohérence ou une pertinence
qui doit exister entre quodité et texte-source;
l'équivalence seconde est d'une nature différente et
dépend d'autres critères; elle repose d'abord sur la
cohérence de la quodité, mais elle s'évalue, d'une
part, entre la formulation du texte-cible et la
quodité, et, d'autre part, entre le texte-source et le
texte-cible (ce qui mobilise, notamment, des
considérations sur l'état de la périlangue-cible et
non plus seulement des critères formels).

(8) Cette étude, traduite par nos soins, vient de paraître
dans un recueil d'oeuvres de Roman Jakobson,
rassemblées par T. Todorov et publiées sous le titre
Russie, folie, poésie, Paris: Le Seuil, 1986.

(9) Peter Szondi (1975), Einführung in die literarische
Hermeneutik, Francfort s/M.: Suhrkamp, p. 198.

(10) Cf. F. Hölderlin (1967), Oeuvres, Paris: Gallimard
(La Pléiade), pp. 610 sq.

(11) Cf. F. Hölderlin, Hypérion, in: op. cit., p. 273.

(12) Cf. F. Hölderlin, in: op. cit., pp. 1157 sq.

(13) Cette question de la "déperdition" déclenche souvent
chez le traducteur une culpabilité par rapport au
texte-source, laquelle se manifeste par un comportement
dénégatif qui peut prendre des formes diverses dont
l'une des plus fréquentes est l'affirmation, par le
traducteur, soit de sa totale (et impossible) neutralité,
soit d'une fidélité littérale absolue (et tout aussi vaine).
Le traducteur, en fait, signe son "oeuvre" et assume donc la
responsabilité du texte-cible qu'il présente, mais cela ne
le met pas à l'abri des pièges de la dénégation; cf., à ce
sujet, notre article "Le traducteur médusé", in: Langue
française, n° 51, sept. 1981 ("La traduction", sous la dir.
de J.-R. Ladmiral et H. Meschonnic), pp. 53-62.

(14) Charles R. Taber (1972), "Traduire le sens, traduire
le style", in: Langages, n° 28, déc. 1972, op. cit.,
pp. 55-63.

(15) Marivaux avait déjà eu l'intuition qu'il était
impossible de scinder style et sens dans l'analyse ou
la critique qu'on faisait d'une oeuvre et que le style
ne résultait donc pas d'un choix qui viendrait de
surcroît parachever une structure profonde préalable:

> Dirai-je qu'il a un mauvais style? m'en prendrai-je à ses
> mots? Non, il n'y a rien à corriger. Cet homme, qui sait bien
> sa langue, a dû se servir des mots qu'il a pris, parce qu'ils
> étaient les seuls signes des pensées qu'il a eues. En un mot,
> l'auteur a fort bien exprimé ce qu'il a pensé; son style est
> ce qu'il doit être, il ne pouvait pas en avoir un autre; et
> tout son tort est d'avoir eu des pensées, ou basses, ou

plates, ou forcées, qui ont exigé nécessairement qu'il se servît de tels mots qui ne sont ni bas, ni plats, ni forcés en eux-mêmes, et qui, entre les mains d'un homme qui aura plus d'esprit, pourront servir une autre fois à exprimer de très fines ou de très fortes pensées. (cf. "le Cabinet du philosophe", (1969), in: Journaux et Oeuvres diverses, Paris: Garnier, p. 381).

(16) Cf. Le Nouveau Commerce, n° 47 - 48, automne 1980, pp. 169 sq.

(17) R. Queneau (1965), Bâtons, chiffres et lettres, Paris: Gallimard (coll. Idées-poche, n° 70), p. 17.

(18) Ingeborg Bachmann (1983), Sämtliche Gedichte, Munich: Piper, pp. 69 sq. (trad. fr. à paraître dans le numéro spécial que les Cahiers du Grif consacreront en 1987 à la poétesse autrichienne).

(19) On comprend bien que, dans cet exemple, la structuration du vers, l'articulation des dimensions sémiotique et sémantique n'a rien de cryptique, à la différence de ce qui se passe dans la construction du poème de Hölderlin précédemment cité. Le travail sur la langue auquel se livre Ingeborg Bachmann reste un "travail" et non l'illusion, inconsciente de son caractère illusoire, que tout "travail" dans la langue serait arrêté, comme c'est le cas dans Die Aussicht.

(20) De telles distinctions n'ont pas valeur de dogme, bien entendu: en effet, la traduction philosophique, qui relève pour l'essentiel d'une logique, ne saurait faire l'économie d'une esthétique puisque la philosophie n'est pour ainsi dire jamais affranchie de la langue où elle s'écrit, quand bien même certains philosophes en caresseraient l'illusion.

(21) Sur cette problématique et sa terminologie, cf., notamment, J. Habermas (1974), La Technique et la science comme 'idéologie', Paris: Gallimard (trad. fr. et préf. J.-R. Ladmiral).

(22) Maurice Blanchot (1971), L'Amitié, Paris: Gallimard.

"Der" Text und der Übersetzer

Katharina Reiß (Würzburg)

Kein Zweifel: Das Selbstverständnis des Übersetzers hat in den letzten Jahrzehnten aus mancherlei Gründen, die hier nicht darzulegen sind, einen Wandel erfahren. Er ist – um es auf einen kurzen Nenner zu bringen – vom, oft sehr begabten, Amateur zum Fachmann geworden. Er ist sich der Schwierigkeiten und der Größe seiner Aufgabe bewußt, kennt aber auch – meist – die Möglichkeiten und Grenzen ihrer Bewältigung. Der Übersetzer von Sach- und Fachtexten weiß, was er wert ist und läßt sich nicht mehr von Schleiermachers – und mancher seiner "Jünger" insbesondere in den Reihen literarischer Übersetzer – Auffassung beirren, daß "das Übertragen auf diesem Gebiete fast nur ein mechanisches Geschäft [sei], welches bei mäßiger Kenntnis beider Sprachen jeder verrichten kann, und wobei, wenn nur das offenbar falsche vermieden wird, wenig Unterschied des besseren und schlechteren statt findet" (1813).[1] Und der Übersetzer literarischer Kunstwerke läßt sich nicht mehr von Ortega y Gassets Urteil beeindrucken, daß der Übersetzer meist ein sehr zaghafter Mensch sei, daß er aus Schüchternheit diese, die geringste aller geistigen Betätigungen, gewählt habe (1976, 12). Er fühlt sich heute eher als "Double", als "Komplize" des Autors, wie es der soeben mit einem Übersetzerpreis ausgezeichnete Rudolf Wittkopf[3] einmal ausdrückte.

Nicht, als ob dies neue Selbstverständnis auch bereits das Bewußtsein der öffentlichen Meinung beherrschte. Da geistert, wie es eine Tagung zum Thema "Übersetzen. Theorie und Praxis" vom März 1986 in Bozen wieder bewies, noch immer das Schlagwort vom Übersetzer als "Diener" herum, woran sich folgerichtig die Frage anschloß: Wessen Diener? Diener des Autors? Diener des zielsprachigen Lesers? Diener des Textes? Diener des Auftraggebers? Im Endeffekt also ein Diener vieler möglicher "Herren" mit je anderen Forderungen und Erwartungen, so daß der arme "Diener" es letzten Endes niemandem recht machen kann.

Der Abschied von der Dienerrolle, von der einseitig "zur Unterordnung neigenden" (so übersetzte G. Kilpper 1956 das "apocado" im Zitat von Ortega; vgl. Anm. 2) Haltung scheint gerechtfertigt, wenn man die verantwortungsvolle, selbständige Entscheidungen und kreative Fähigkeiten fordernde Arbeit des Berufsübersetzers in Betracht zieht. Wird damit aber der Übersetzer zum unumschränkten, ungebundenen, souveränen Herrn seines Tuns? Ich denke, nein. Seine Arbeit ist nach wie vor eine Dienstleistung im ursprünglichen Sinn dieses Wortes, ob er diesen Dienst nun einem Autor leistet, den er in einer anderen Sprach- und Kulturgemeinschaft bekannt machen will, oder einem Leser, dem er Zugang zu einem Text ermöglichen will, der diesem sonst, der anderen Sprache wegen, verschlossen bliebe; oder ob er, wie es meist – aber nicht immer – der Fall ist, den Weisungen eines Auftraggebers folgt, der den übersetzten Text für seine Zwecke einsetzen will etc. So sehr die Motive und Anlässe für eine solche Dienstleistung wechseln mögen, e i n e feste Bezugsgröße, ein Element im Übersetzungsgeschehen ist unverrückbar gegeben: der zu übersetzende Text. Er ist die Grundlage und das Maß des "translatorischen Handelns" (Holz-Mänttäri): "der" Text.

Was aber ist "der" Text? Gibt es ihn überhaupt? Nachdem die Textlinguistik uns gelehrt hat, daß wir nicht Wörter, sondern Texte übersetzen, nachdem die Texttheorie uns nahegebracht hat, daß der Text eine kohärente Folge sprachlicher Zeichen ist, die in einer gegebenen Situation der Kommunikation dient; nachdem die Übersetzungswissenschaft uns darauf aufmerksam gemacht hat, daß der Text in einer gegebenen Situation u n d in einem gegebenen soziokulturellen Rahmen der Kommunikation dient und die für den übersetzten Text gegebene Situation mit ihrem soziokulturellen Rahmen grundsätzlich eine andere ist[4], konfrontiert uns die Rezeptionstheorie mit der Erkenntnis, daß es "den" Text nicht gibt, sondern daß jeder Text jeweils bei der Rezeption durch den Leser erst hergestellt wird. Sowenig diese Erkenntnis bestritten werden soll, sowenig reicht sie aber für den Übersetzer aus. Sie scheint seiner Willkür Tür und Tor zu öffnen, ihn tatsächlich zum souveränen Herrn zu machen, und darf es doch nicht. Denn für den Übersetzer gibt es "den" Text, und damit meine ich die materialiter vorliegenden sprachlichen Zeichen in der Anordnung, in der sie in der sog. "Textoberfläche" vorliegen. Es geht also um den Text, den ich in der Folge als Text$_1$ bezeichne, so wie er einmal schriftlich fixiert worden ist, und mehr noch: den Text, wie er vom Produzenten gemeint war, als er ihn so und nicht anders fixierte; mit den Intentionen, die er dabei hineinlegte und durch Auswahl und Anordnung der Sprachzeichen "signalisierte"[5]; mit dem potentiellen oder konkreten Empfänger(kreis), an den er sich wandte; mit den Zielen und Zwecken, die er dabei verfolgte, der kommunikativen Funktion (den Funktionen), die in der gegebenen Situation im gegebenen kulturellen Rahmen damit erfüllt werden sollten. Dies alles führte zu diesem und eben diesem vorliegenden Text$_1$.[6]

Nun steht außer Zweifel, daß Text$_1$ lediglich das Substrat, die A u s - g a n g s basis ist, aus der sich der Übersetzer seine A r b e i t s basis herstellt: den von ihm erschlossenen, verstandenen, so und nicht anders verstandenen und interpretierten Text, den er übersetzt: Text$_2$. Text$_2$ wird also vom Übersetzer als Rezipient erstellt, und dieses Produkt hängt ab von

den Vorinformationen, dem Text- und Weltwissen, den Erfahrungen und
Fähigkeiten, ja sogar der aktuellen Disposition des jeweiligen Übersetzers.[7]

An dieser Stelle ist eine der Besonderheiten des Übersetzers als Rezipient
deutlich hervorzuheben. Während es dem beliebigen Leser eines Textes₁
unbenommen bleibt, wie er Text₁ rezipiert, was er aus ihm heraus- und was
er in ihn hineinliest, trägt der Übersetzer eine größere Verantwortung; er
muß alle Anstrengungen unternehmen, Text₁ im Sinne des Textproduzenten
zu rezipieren, die in den Sprachzeichen gegebenen Signale für die ursprüngliche kommunikative Funktion des Textes – durch Erschließung von Texttyp
und Textsorte, Berücksichtigung zeit-, orts- und kulturgebundener Aus-
drucksweisen usw. – zu eruieren, um für seine übersetzerischen Entscheidungen – also auch für bewußte und gewollte Abweichungen von Text₁ –
eine verläßliche Basis zu finden. (Daß diesem Bemühen Grenzen gesetzt sind,
steht außer Frage.)

Diese Phase, die dem Übersetzungsprozeß vorgeschaltet ist, nennt man
gemeinhin die Analysephase, in der das intuitive Textverständnis, das sich
beim Lesen einstellt, auf seine Tragfähigkeit hin überprüft wird. Das dieser
Analyse zugrunde liegende Erkenntnisinteresse ist – das sei im Blick auf
H.G. Hönigs Kritik an diesem Ansatz (1986, 233) gesagt, eindeutig auf Text₁
in seinen Entstehungsbedingungen und die Erschließung seiner kommunikativen Funktion gerichtet.[8] Erst wenn diese Analyse geleistet ist[9], kann sich
dann die von Hönig beschriebene "übersetzungsrelevante" Analyse (233 ff.)
anschließen, die sich auf die für die jeweilige Ü b e r s e t z u n g s -
funktion relevanten Daten beschränkt. Welche Elemente von Text₁ relevant
für die Übersetzung sind und in welcher Weise sie es sind, wie ich mit
ihnen im Übersetzungsprozeß verfahre, das ergibt sich oft genug erst aus
der Funktion, die sie in Text₁ gehabt haben.

Erst wennn ich zum Beispiel den Text "Der Name der Rose" von Umberto Eco
bei der Rezeption als künstlerisch organisierten Text (expressiver Typ in
meiner Terminologie), der in der Textsorte Roman realisiert wurde, erkannt
habe, weiß ich, daß das Textelement "Era una bella mattina di fine
novembre" als übersetzungsrelevant markiert werden muß, wenn die Übersetzung Funktionskonstanz bewahren soll (also als künstlerisch organisierter
Text der Sorte Roman in der Zielsprache fungieren soll); daß ich es jedoch
als nicht übersetzungsrelevant bei der Analyse außer acht lassen kann,
wenn ein Funktionswechsel in der Zielfassung angestrebt wird (z.B. eine den
italienischen Wortlaut bewahrende Übersetzung angefertigt werden soll, um
dem Zielleser nichts anderes als Text₁ mit den Worten der anderen Sprache
vorzulegen). Im ersten Fall legt sich bei der Wahl der Übersetzungsstrategie der kommunikative Übersetzungstyp nahe, im zweiten Fall die des wört-

lichen Übersetzungstyps. Diesen letzteren Typ erwartete Stackelberg, wenn er in der Kritik an Burkhart Kroebers Übersetzung[10] schrieb: "Schließlich wollen wir Umberto Eco lesen, nicht Burkhart Kroeber, d.h. einen Text, der dem italienischen Original so nahekommt, wie es irgend möglich ist." Er übersah dabei die für den vorliegenden Text relevante Konnotation von "bella mattina di fine novembre" für den italienischen Leser. Konnotationen sind ein wichtiger Bestandteil künstlerisch organisierter Texte; im vorliegenden Fall war Kroebers Übersetzung mit "spätherbstlich" im Rahmen des von ihm gewählten Übersetzungstyps also funktionsgerecht. Kroeber schreibt dazu:

> November hat für Italiener eine andere 'emotionale Konnotation' als für uns Deutsche: Wir assoziieren gewöhnlich, anders als unsere klimabegünstigten südlichen Nachbarn, ganz automatisch naßkalt, grau und regnerisch, während sie viel eher an das denken, was wir bestenfalls im Oktober erleben: schönes Herbstwetter... Ich sah mich also genötigt, aus Gründen der Treue zu den Konnotationen des Originals[11], zumal an einer so exponierten Stelle wie dem Romananfang[12], ein entsprechendes Adjektiv einzufügen.

Bis zu diesem Punkt haben wir uns mit Text[1] und der daraus vom Übersetzer erstellten Arbeitsbasis, dem Text[2], befaßt. An ihn ist der Übersetzer gebunden, ohne daß er sklavisch an ihn gefesselt wäre. Denn wie die neuere Übersetzungstheorie darlegt[13], ist entscheidend für den Umgang mit diesem Text die Funktion, die die jeweilige Übersetzung haben soll. Sie ist für die Wahl der jeweiligen Übersetzungsstrategie ("Strategie" im Sinne von: die Gesamtheit aller Mittel zur Erreichung eines Zwecks) maßgebend und erklärt und rechtfertigt zugleich alle potentiellen Abweichungen von Text[1], die nicht schon durch Text[2] ausgelöst werden, also durch die Tatsache, daß jedem Übersetzungsprozeß ein je spezifisch interpretierter Ausgangstext (Text[2]) zugrundeliegt. Daher kann also keine Rede davon sein, daß der Ausgangstext (Text[1]) "entthront" sei (Vermeer), denn er bleibt das Maß aller Dinge, an dem sich Text[2] und alle Übersetzungen, zu welchem Zweck sie auch immer angefertigt werden mögen, messen lassen müssen. Wenn man den Ausgangstext "entthront", dann übersetzt man nicht mehr, sondern man produziert nach ein paar vorgegebenen Daten einen eigenständigen neuen Text, was in manchen Fällen, wie z.B. bei Werbetexten in der Konsumwerbung, durchaus einer Übersetzung (und sei es eine nach dem "bearbeitenden Übersetzungstyp"[14]) vorzuziehen sein kann. Dann ist nicht mehr der Ausgangstext die Basis für den Zieltext, sondern einige, auch im Ausgangstext enthaltene, Daten ergeben zusammen mit der Zielsetzung: Werbung für einen Gegenstand/Sachverhalt X in einer gegebenen Situation und Kultur bei einem gegebenen Empfänger(kreis), die Orientierung für die Textproduktion in der neuen Sprache.

Der ausgangstextkonstante oder von ihm abweichende Skopos für die Übersetzung wird vom Übersetzer oder seinem Auftraggeber festgelegt. Die Funktion, die eine Übersetzung haben soll und nach der sich die zu wählende Übersetzungsstrategie ausrichtet, kann grundsätzlich frei gewählt werden.

In jüngster Zeit ist, vor allem durch J. Holz-Mänttäri, sehr zu Recht, das übersetzerische Umfeld, vor allem der Auftraggeber und die Frage, wozu dieser die jeweilige Übersetzung w e i t e r verwenden will, in den übersetzungswissenschaftlichen Theorierahmen mit einbezogen worden.[15] Gefordert wird in der Folge eine Ausbildung zum "Translationsexperten", der gleichzeitig Textproduktionsexperte sein muß. Diese Anforderungen scheinen mir wohlberechtigt, denn in der Praxis hat es der Übersetzer mit (möglicherweise einer ganzen Reihe von) Instanzen zu tun – das gilt ebenso für den Sach- wie für den Fach- und Literaturübersetzer[16] –, die von den Bedingungen und Möglichkeiten und von den Bedingungen der Möglichkeit des Übersetzens wenig oder gar keine Ahnung haben, ja zuweilen geradezu abenteuerliche Vorstellungen davon hegen. Wenn der Übersetzer hier also die Dienerrolle endgültig abstreift und kraft erworbener Übersetzungskompetenz (die, was immer wieder betont werden muß, über Sprach-, Sach- und Textkompetenz weit hinausgeht) als Experte in eine Herrenrolle schlüpft, so ist das gegenüber dem übersetzerischen Umfeld vollauf berechtigt.

Doch wird der Übersetzer damit nicht zum unumschränkten Herrn über den Ausgangstext. Wie er mit diesem Text umgeht, hängt bei aller Berücksichtigung der Translatfunktion, die ja durchaus eine andere sein kann als die Funktion von Text₁, von zahlreichen Faktoren ab, die den Übersetzer binden. Binden durch ständige Rückbindung an seinen Ausgangstext, was zu zumindest zwei Folgerungen führt:

1. muß er in der Lage sein, seine übersetzerischen Entscheidungen mit der jeweiligen Translatfunktion explizit zu b e g r ü n d e n;

2. muß er in der Lage sein, vom Auftraggeber spezifizierte Translatfunktionen u.U. als nicht realisierbar oder als nicht opportun nachzuweisen und möglicherweise – aber das gehört schon in den Bereich des übersetzerischen Ethos – den Übersetzungsauftrag abzulehnen.

Diese beiden Punkte sind immer im Zusammenhang mit dem Ausgangstext zu sehen.

Ohne daß an dieser Stelle beide Punkte in extenso diskutiert werden könnten, sollen doch einige Beispiele angeführt werden.

Zu Punkt 1. – Bei Funktionswechsel wie bei Funktionskonstanz zwischen Ausgangs- und Zieltext sind die Begründungen – vor allem für Abweichungen von Text₁ – an den Faktoren festzumachen, die den Übersetzungsprozeß steuern: an unterschiedlichen Sprachstrukturen in Ausgangs- und Zielsprache, an den Erfordernissen des jeweiligen Texttyps, der jeweiligen Textsorte (mit ihren u.U. verschiedenen Konventionen in Ausgangs- und Zielgemeinschaft), den unterschiedlichen Situationen, in denen Ausgangs- und Zieltext der Kommunikation dienen, der unterschiedlichen soziokulturellen Einbettung der beiden Texte, dem jeweils gewählten Übersetzungstyp, aber auch an den unterschiedlichen Erwartungshaltungen von Ausgangs- und Zieltextempfängern. Beispiele für letzteres sind viele literarische Übersetzungen aus dem Deutschen, in denen selbst bei stilistischer Kompliziertheit des Ausgangstextes ein vergleichsweise einfacher Stil im Zieltext gefordert wird (eine Teildimension des Ausgangstextes wird verändert), weil die Bücher sonst nicht gelesen werden.[17] Lassen sich Begründungen mit Hilfe dieser Faktoren nicht finden, so liegt keine Übersetzung mehr vor, sondern im besten Fall eine Bearbeitung des Ausgangstextes.

Zu Punkt 2. – Dieses Postulat wird hauptsächlich relevant, wenn ein Text insgesamt ein Vorverständnis benötigt, das in der Zielsprache einfach nicht vorhanden ist. Die Übersetzung von "Rotkäppchen auf Amtsdeutsch" von Thaddäus Troll[18] ist nicht realisierbar, wenn in der Zielgemeinschaft das Märchen vom Rotkäppchen gar nicht bekannt ist. Ähnlich verhält es sich mit Lokalnachrichten, Tagesglossen, Parodien etc. Aber auch, wenn ein Ausgangstext in seiner Sprachgemeinschaft einen bestimmten Status hat, kann nicht jede Translatfunktion akzeptiert werden, sei es, daß Rang und Ansehen des Autors oder der Ausgangsgemeinschaft beeinträchtigt, sei es, daß der Text insgesamt verfälscht wird. Das ist oft der Fall bei der sog. "parteilichen Übersetzung", der ja eine spezielle Translatfunktion zugrundeliegt. Das ist auch der Fall bei vielen Übersetzungen etwa von Kriminalromanen von D. Sayers und A. Christie (um nur zwei besonders bekannte Namen zu nennen) ins Deutsche, deren spezifizierte Translatfunktion zu sein scheint: "Nur übersetzen, was unmittelbar zur spannenden Story gehört", weshalb dann der deutsche Leser überhaupt nicht begreifen kann, daß diese beiden Autorinnen in der Ausgangsgemeinschaft nicht als Kriminalreißerproduzentinnen, sondern als ernst zu nehmende Schriftstellerinnen gelten. Und um noch ein letztes Beispiel zu nennen[19]: Die als Übersetzung deklarierte Version von P.A. de Alarcóns "Der Dreispitz" durch Draws-Tychsen vermittelt dem deutschen Leser ein völlig falsches Bild vom Ausgangsautor und seinem Werk. In der deutschen Version scheint Alarcón ein geschmackloser, vulgärer, grober Erzähler zu sein. Von feinem Humor und dezenter

Erzählweise ist nichts mehr zu spüren. Damit wird ein in der Ausgangsgemeinschaft anerkannter und geschätzter Autor zum Rüpel degradiert. Der
Übersetzer – oder sein Auftraggeber – hat die Translatfunktion so weit
verändert, daß es sich im besten Fall um eine Bearbeitung handelt. In
diesem und den vorgenannten wie allen ähnlich gelagerten Fällen wäre eine
Kennzeichnung der angeblichen Übersetzung als Bearbeitung dringend
geboten.

Abschließend läßt sich sagen: Welche Rolle im einzelnen der Ausgangstext
spielt, welche Translatfunktion jeweils geeignet und sinnvoll ist, das kann
sich von Text zu Text ändern. Dabei handelt es sich jedoch, wie Vermeer zu
Recht feststellt, um Grad- und nicht um Wesensunterschiede. Juan C. Sager
wiederum spricht vom jeweiligen Status der Ü b e r s e t z u n g gegenüber dem Original, also vom gedachten Verwendungszweck für den übersetzten Text in der Zielgemeinschaft, der selbstverständlich auch die
Translationsstrategien beeinflussen kann.[20] Doch auch das ist nur einer der
möglichen Faktoren, die die Rolle des Ausgangstextes aus bestimmter Sicht
beleuchten, ihn aber, obwohl hier die Übersetzung im Vordergrund der Betrachtung steht, nicht aus seiner Zentralposition verdrängen können. Stets
ist, sowohl für die Wahl der Übersetzungsstrategien im Blick auf eine gegebene Translatfunktion als auch, was den Vergleich und die Beurteilung von
Übersetzungslösungen anbelangt, der Ausgangstext, und zwar Text₁, die
unverrückbare Bezugsgröße. Wenn ich an anderer Stelle gesagt habe, der
Übersetzer sei der alles entscheidende Faktor im Übersetzungsprozeß, so läßt
sich nun hinzufügen: Der Ausgangstext ist das Maß aller Dinge beim Übersetzen. Er stellt die "Bindung" dar, die der Übersetzer bei aller Souveränität
seines Tuns ("translatorischen Handelns") nicht aufgeben kann und darf,
wenn er noch als Übersetzer gelten will.

Anmerkungen

(1) "Ueber die verschiedenen Methoden des Uebersezens"
    (1813), hier zitiert nach H.J. Störig (ed.), Das
    Problem des Übersetzens, Stuttgart: Goverts ¹1963, 42.
(2) in: Miseria y Esplendor de la traducción: "El traductor
    suele ser un personaje apocado. Por timidez ha escogido
    tal ocupación, la mínima".
(3) in: DER ÜBERSETZER, Mai/Juni 1986, Nr. 5/6, 2.
(4) Vgl. dazu das Faktorenmodell in K. Reiß/H.J. Vermeer,
    Grundlegung einer allgemeinen Translationstheorie,
    148 und P. Kußmaul, Übersetzen als Entscheidungsprozeß,
    209.
(5) Den Begriff des "Signals" ziehe ich dem unverbindliche-
    ren "Angebot" (H.J. Vermeer) und dem zu starren Begriff
    der "Instruktion" (S.J. Schmidt) vor.

(6) In diesem Sinn ist der Ausgangstext keineswegs "entthront" (vgl. H.J. Vermeer, 49), sondern die Basis für die Rezeption durch den Übersetzer (ebd., 48).

(7) Näheres dazu in: K. Reiß, Textverstehen aus der Sicht des Übersetzers (im Druck).

(8) Vgl. H.J. Vermeer, (aaO., 41): "Als Voraussetzung wird ein Ausgangstext geliefert... Diesen Ausgangstext als Voraussetzung und sozusagen als Themenstellung muß der Übersetzer zunächst rezipieren".

(9) Das tut im Grunde auch Hönig, wenn er seine Analyse mit einem Abschnitt über "Situierung des Textes" beginnt.

(10) Vgl. die Dokumentation der Kontroverse in: DER ÜBERSETZER, März/April 1986, Nr. 3/4, 3.

(11) Demnach wurde der Text t y p berücksichtigt.

(12) Demzufolge wurde die Text s o r t e berücksichtigt.

(13) "Eine Translation ist abhängig vom Zweck des Translats", vgl. die "Skopostheorie" von H.J. Vermeer, in Reiß/Vermeer (aaO., pp. 95-104).

(14) Zum Begriff der Übersetzungstypen vgl. Reiß/Vermeer (aaO., pp. 134-137).

(15) Insbesondere in Holz-Mänttäri, Translatorisches Handeln (aaO.).

(16) Holz-Mänttäri (aaO.) listet diese "Instanzen" für die Übersetzung von Gebrauchstexten ausführlich auf. Bei der Übersetzung literarischer Kunstwerke ist zu denken an: Verlagsinhaber, Lektor, Leser(kreis), "Zieltextverwender" wie Regisseur, Rezitator, Vorleser, Literaturwissenschaftler, Übersetzungskritiker, Rezensenten etc.

(17) Vgl. etwa das Beispiel der Übersetzung von G. Grass' Blechtrommel ins Schwedische, in: Reiß/Vermeer (aaO., 138).

(18) Bsp. entnommen aus Snell-Hornby (aaO., 168).

(19) Vgl. dazu Reiß/Vermeer (aaO., 138).

(20) Näheres dazu bei J.C. Sager (aaO., 340 f.).

Literaturangaben

Hönig, H. G. (1986), "Übersetzen zwischen Reflex und Reflexion. Ein Modell der übersetzungsrelevanten Textanalyse", in: M. Snell-Hornby (ed.), s. dort, pp. 230-251

Holz-Mänttäri, J. (1984), Translatorisches Handeln. Theorie und Methode, Helsinki: Suomalainen Tiedeakatemia

Kußmaul, P. (1986), "Übersetzen als Entscheidungsprozeß. Die Rolle der Fehleranalyse in der Übersetzungsdidaktik.", in: M. Snell-Hornby, (ed.), s. dort, pp. 206-229

Ortega y Gasset, J. (1976), Miseria y Esplendor de la Traducción. Elend und Glanz der Übersetzung, dtv-zweisprachig, Ebenhausen

Reiß, K./H.J. Vermeer (1984), Grundlegung einer allgemeinen Translationstheorie, Tübingen: Niemeyer (= Linguistische Arbeiten 147)

Reiß, K., Textverstehen aus der Sicht des Übersetzers (im Druck)

Sager, Juan C. (1986), "Die Übersetzung als Kommunikationsprozeß", in: M. Snell-Hornby (ed.), s. dort, pp. 331-347

Schleiermacher, F. (1813), "Ueber die verschiedenen Methoden des Uebersezens", in: H.J. Störig (ed.), s. dort, pp. 38 - 70

Snell-Hornby, M. (ed.) (1986), Übersetzungswissenschaft. Eine Neuorientierung, Zur Integrierung von Theorie und Praxis, Tübingen: Francke (= UTB 1415)

Vermeer, H.J., (1986), "Übersetzen als kultureller Transfer", in: M. Snell-Hornby (ed.), s. dort, pp. 30-53

DER ÜBERSETZER, (1986) Nr. 5/6, Mai/Juni
Nr. 3/4, März April

Textbezogene Äquivalenz

Albrecht Neubert (Karl-Marx-Universität Leipzig, DDR)

In den theoretischen Erörterungen über die Möglichkeiten und Grenzen des Übersetzens nimmt der Begriff der Äquivalenz nach wie vor eine umstrittene Position ein. Man kann geradezu von zwei Parteien sprechen, den Verfechtern der Äquivalenz und denjenigen, die sie für eine unangebrachte Forderung halten. Im Grunde widerspiegelt dieser Streit – und um einen solchen handelt es sich nach Meinung beider Kontrahenten – die viel ältere Kontroverse zwischen den praktischen Übersetzern. Wenn man die Geschichte des "translatorischen Denkens", die sich immer wieder wandelnden Auffassungen über das Verhältnis zwischen Original und Translat, genauer beleuchtet, so sind im Gewande vieler Namen und Termini die Überzeugung von oder die Bedenken gegenüber dem mit der Übersetzung geleisteten Dienst am Ausgangstext unzweifelhaft die beiden immer wieder auszumachenden Leitideen. Der Meinungsstreit in der modernen Übersetzungswissenschaft vollzieht damit etwas nach, was dem Übersetzen als historischem Produkt existentiell innewohnt.

Wenn dem so ist – und ich glaube, daß über diesen Zusammenhang zwischen der Äquivalenzdiskussion und dem Ringen um die bzw. den Verzicht auf die Äquivalenz auf seiten der Übersetzer weitgehend Konsens besteht – so wird wahrscheinlich dem vorbehaltlosen Vertreten der Äquivalenz- oder der Nichtäquivalenztheorie in der Übersetzungstheorie keine dauerhafte Chance beschieden sein.

Liegt nun etwa die Wahrheit in der Mitte? Das hieße wohl, die Problematik maßlos vereinfachen, ja eigentlich das zentrale Problem der Schaffung und der Bewertung von Zieltexten in Hinblick auf ihr Verhältnis zum Original zu einem relativistischen mehr oder weniger, angemessener oder weniger angemessen, ja sogar "richtiger" oder "falscher" zu entschärfen. Äquivalenz, das sagen Befürworter wie Skeptiker, ist keine einfache quantitative Größe. Ihre Qualität, d.h. ihr semantisch-pragmatisches Wesen, ihre Intension und Extension, ist in den genannten translatorischen Prozeß und sein ganzheitliches Resultat eingebunden. Und in eben diesem totalen Sinn ist sie immer wieder fragwürdig geworden. Fragwürdig meint hier "würdig erfragt zu werden".

Beginnen wir diese Hinterfragung mit der These, daß zwischen den Einheiten auf allen Ebenen zweier Sprachsysteme, also zwischen den Lauten, Phonemen, Graphemen, Morphemen und Wörtern, Strukturen der L_1 und der L_2 die

Äquivalenz, wenn überhaupt feststellbar, stets die große Ausnahme ist. Das "Material", aus dem Übersetzungen bestehen, fügt sich also so gut wie nie zu Sequenzen, bei denen man im nachhinein "ankreuzen" könnte: das eine Element oder diese minimale Bedeutungskonstituente entspricht genau dem und dem Element oder der und der minimalen Bedeutungskomponente im System der Ausgangssprache.

Ich glaube, daß man diese Nichtäquivalenzen auch auf die Einheiten der Sätze ausdehnen kann. Offensichtlich ist es also mit der "materiellen" Grundlage des Übersetzens, den sprachlichen Einheiten, in bezug auf ihren Beitrag zur Äquivalenz nicht zum besten bestellt. Und eine "Rückrechnung" seitens des Übersetzers oder des Übersetzungskritikers von L_2-Einheiten auf Originalzeichen macht immer wieder unsicher und veranlaßt Veränderungen oder ganze Neufassungen.

Genau an dieser Stelle wird etwas sehr Wesentliches deutlich, das für den qualitativen Status der translatorischen Äquivalenz maßgeblich ist. Übereinstimmung, Stimmigkeit zwischen Übersetzung und Original entsteht bzw. wird angenähert durch Negation der Nicht-Äquivalenzen auf den Einzelzeichenebenen. Anders gesagt, die "Rückrechnung", der "trade-off" vom L_2-Text und seinen Elementen auf den L_1-Text und die ihn konstituierenden L_1-System-Einheiten, ist eine ständige Top-down-Prozedur. Wenn ich dafür das Konzept der textgebundenen Äquivalenz (Neubert 1984, Neubert 1985) benutze, so ist damit nicht gemeint, daß es immer und in jeder Phase der "Rückrechnung" der ganze Text ist, der als Steuergröße im Spiel ist, obwohl er es "in letzter Instanz" auch tatsächlich ist. Gemeint ist vielmehr das generelle äquivalenzstiftende Prinzip, wonach komplexe Strukturen die Nicht-Äquivalenz auf weniger komplexen Strukturebenen gewissermaßen wettmachen.

Dieses Prinzip macht sich bereits das zweisprachige Übersetzungswörterbuch zunutze, das nun sicherlich noch keine Texte gegenüberstellen kann, wohl aber die traditionellen lexikalischen Entsprechungen durch Kollokations- oder auch Satzgegenüberstellungen ergänzen kann. Manche Wörterbücher, wie z.B. Collins deutsch-englisches, englisch-deutsches Wörterbuch (Collins 1980), gehen sogar so weit, daß manchmal überhaupt keine zielsprachlichen Entsprechungen auf der Lexemebene aufgeboten werden. Dafür liest man oft mehrere ausgangssprachliche Synonyme sowie mit dem L_1-Lemma häufig kollokierende Wörter. Die vom Benutzer gesuchte Äquivalenz oder zumindest ein Äquivalenzangebot findet sich, wie es sich für ein echtes Übersetzungswörterbuch (im Schtscherbaschen, vgl. Kromann et al. 1984, Sinn) gehört, auf der Phrasen- oder Satzebene.

Ein Beispiel aus Collins 1980 soll dies verdeutlichen:

(1) <u>steady</u> 2. adv <u>~</u>! (<u>carefully</u>, <u>gently</u>) vorsichtig!; (<u>Naut</u>)
Kurs halten!; <u>~ (on)</u>!, <u>~ the buffs</u>! immer mit der
Ruhe! (<u>inf</u>)sachte! (<u>inf</u>); <u>to go ~ (with s.o.)</u>
(<u>inf</u>) mit jmd. (fest) gehen (<u>inf</u>); <u>they're going</u>
_ (<u>inf</u>) sie gehen fest miteinander, sie sind
fest zusammen.

...

<u>4.</u> vt <u>plane</u>, <u>boat</u> wieder ins Gleichgewicht brin-
gen; (<u>stabilize</u>) <u>nerves</u>, <u>person</u> beruhigen (<u>in</u>
<u>character</u>) ausgleichen. <u>to ~ oneself</u> festen
Halt finden; she <u>had a ~ing influence on him</u>
durch ihren Einfluß wurde er ausgeglichener.

Dabei ist vielleicht das letzte Beispiel für das Prinzip der textgebundenen
Äquivalenz am charakteristischsten. Es ist nämlich gleichzeitig mit einer
grammatischen Transposition verbunden, so daß ein Übersetzungsverfahren,
das ja immer einzelne Wörter und ihren grammatischen Status transzendiert,
direkt in das zweisprachige Wörterbuch Eingang gefunden hat. Collins (1980)
bietet eine Fülle solcher komplexen Entsprechungen, die anstelle der traditionellen Wortgleichungen getreten sind. Es ist geradezu das Gestaltungs-
prinzip des Buches, das sich ständig wie eine illustrierte Anleitung zum
adäquaten Übersetzen lexikalischer Einheiten liest. Damit kann ein Wörterbuch textgebundenes Übersetzen auf jeweils kleinstem Raum exemplifizieren.

Natürlich sind einem Wörterbuch bei diesem Bemühen Grenzen gesetzt. Textgebundenes Übersetzen kann es immer nur ausschnittweise realisieren. Allein
der Platzmangel und auch das lexikalische Anliegen machen komplexe Äqui-
valenzkonfigurationen, wie sie für Übersetzungen typisch sind, meist unmöglich. Bereits die Verteilung der Information von einem Wort auf zwei
Sätze würde die Übersichtlichkeit und Informativität des Wörterbuchs
prinzipiell überfordern. Vor allem aber birgt die eben erst so positiv
bewertete Methode der komplexhaften Äquivalenzcharakterisierung immer
auch die Gefahr der Hypostasierung eben dieser einen, wie immer glänzend
gewählten, Übersetzungsphrase. Der wortgleichungsgläubige Benutzer sieht in
der adäquaten Übersetzung nicht nur die einmalig treffende Belegung einer
lexikalisch-semantischen Variante eines Worts, sondern ein prototypisches
Äquivalent (der lexikalischen Ebene). Stößt er auf Verwendungen des Verbs
<u>to steady</u> in anderen Kontexten – wir entnehmen sie Webster III –, bietet
die Äquivalentsuche neue Schwierigkeiten:

(2) a) <u>drew a deep breath and steadied himself with an</u>
       <u>effort of will</u> - <u>Aldous Huxley;</u>

   b) <u>as he had no business or profession to steady him,</u>
      <u>he traveled rapidly down the primrose path</u> - <u>G.C.</u>
      <u>Sellary;</u>

   c) <u>was steadied in ... his determination for a career</u>
      <u>by his desire to win. .. approbation and love.</u>- <u>Law-</u>
      <u>ranson Brown.</u>

"Ausgleichen", eben noch äquivalenzstiftend, paßt hier nirgends mehr.

Im Grunde ist jeder lexikalische Ersatz, ganz abgesehen von der immer
neuen syntaktischen Rekategorisierung, eine Projektion des ausgangssprachlichen semantischen Wertes in den zielsprachlichen Kontext. Dabei
entsteht eine offene Menge von L_2-Relexikalisierungen. Das L_2-Textstück
(oder manchmal auch der ganze Text) wirkt immer wie ein Prisma. Es
"bricht" den identifizierten "semantischen Wert" in jeweils einmaliger Weise
zu der dann allerdings äquivalenten L_2-Kollokation in unseren Beispielen:

(3) a) holte tief Luft und bedurfte seines ganzen Willens,
       um sich wieder zu beruhigen oder - um zu sich zu
                                          kommen
                                        - um sich (wieder)
                                          unter Kontrolle
                                          zu bringen;

   b) da es [1]ihn weder etwas anging noch es seine Aufgabe
      war, ihn [2]<u>davon abzuhalten</u>, schlitterte [2]er unauf-
      haltsam den Rosenpfad ins Verderben hinein;

   c) sein Entschluß, es zu etwas zu bringen, wurde <u>be-</u>
      <u>stärkt</u> durch sein Bestreben, geachtet und geliebt zu
      werden.

Sicherlich wären auch andere "lexikalische Brechungen" von <u>steady</u> möglich
gewesen. Vor allem hätte die Erweiterung des Kontexts - also wieder eine
Erhöhung der Komplexität - die Äquivalenzfindung noch optimieren können.
Je mehr semantische Bezüge des L_1-Textes aufgedeckt werden, desto ziel-
strebiger kann der translatorische Top-down-Prozeß das L_2-Äquivalent in
der kollokationellen Einbettung des größeren L_2-Abschnittes ansteuern.
Dabei sind die jeweils angebotenen L_2-Zeichensequenzen eng mit den formalen kohäsions- und inhaltsbedingten Kohärenzstrukturen und Beziehungen

verwoben. Dazu kann das moderne Übersetzungswörterbuch nur schlaglicht-
artige Anregungen geben.

Was hier angedeutet werden sollte, das ist die zunehmende Sicherheit, mit
der der Übersetzer, der sich immer in einer viel günstigeren Position als das
zweisprachige Wörterbuch befindet, im konkreten Text sich der angestrebten
translatorischen Äquivalenz annähern kann. Dabei wird er bereits auf den
unteren Textebenen durch die Berücksichtigung grammatischer Mittel unter-
stützt. Natürlich ist die schließlich getroffene Auswahl aus dem System-
angebot der Zielsprache immer eine kreative Leistung. Insofern ist sie auch
nicht - in der Mehrzahl der Fälle, also von stark normierten Übersetzungen
technisch-wissenschaftlichen Typs abgesehen - prädiktabel. (Das unterscheidet die translatorische Äquivalenz wiederum von den Entsprechungs-
typen der kontrastiven Linguistik!) Aber - und damit sind wir bei den
Modellierungsversuchen der Übersetzungswissenschaft - kann man bei aller
Subjektivität der Auswahl dennoch von bestimmten Voraussetzungen ausgehen, auf denen die Entscheidungen des Translators beruhen bzw. in die
diese eingebettet sind.

Was sind das für Voraussetzungen? Ganz allgemein gesprochen, verstehen wir
darunter das System von translatorischen Strategien, die die Handlung des
Sprachmittlers einbinden in die vielfältigen Interaktionen zwischen Sprechern
unterschiedlicher Kommunikationsgemeinschaften, also auch der L_1 und der
L_2.

In Vergangenheit und Gegenwart vollzog und vollzieht sich ein unablässiger
Informationstransfer. Im Gefolge dessen wurden und werden ständig neue
ausgangssprachliche Vertextungen in zielsprachliche umgegossen. Ich erwähne
nur zwei polare Bereiche: einmal die Übereignung der geistigen Schätze der
Antike, insbesondere der griechischen und römischen Kulturgüter, die aus
den klassischen Sprachen, die nicht mehr gesprochen werden, durch das
Handeln der Übersetzer nahezu restfrei in die Gegenwart "hinübergerettet"
wurden; zum anderen die schier unermeßliche Übersetzungsflut, die sich auf
wissenschaftlich-technischem Gebiet heute in alle Sprachen ergießt, deren
Sprecher auf das darin verschlüsselte Know-how unabdingbar in ihrer
Sprache angewiesen sind. In diesen beiden Bereichen ist ein Denken und
Handeln in der Zielsprache, das von den Originalen absehen könnte, überhaupt nicht mehr möglich. Es sind nicht nur einzelne Texte übertragen
worden, sondern unser Wissen über die Antike und über die internationale
Wissenschaft und Technik knüpft an Übersetzungen an, die Legion sind. Im
Ergebnis dieser Abhängigkeit bzw. des Angewiesenseins von in den L_2-Über-
setzungen gespeicherten äquivalenten Wissenswelten auf die L_1-Originale
haben sich Übersetzungspraktiken herausgebildet, die ihrerseits so etwas wie

Äquivalenzstandards konstituiert haben. Diese Standards oder Normen spielen eine noch viel maßgeblichere Rolle in bezug auf die Abstützung einzelner Übersetzungen eines bestimmten Genres als die vorher besprochenen kontextuellen Rechtfertigungen einzelzeichenhafter Nicht-Äquivalenz, obwohl sie sich natürlich auch darin niederschlagen. Eine Übersetzungstradition oder -kultur bedingt und repräsentiert damit zugleich das komplexeste Top-down-Instrumentarium, das dem Übersetzer zur Verfügung steht.

Hier möchte ich die Frage der Voraussetzungen für translatorische Äquivalenz direkt wieder aufgreifen. Offensichtlich ist die Rekonstruktionsmöglichkeit eines L_1-Textes abhängig von vielen L_2-Texten, also einer Translationsvielfalt. Äquivalenz ist damit eine Funktion der Intertextualität, des historischen und kontemporären Miteinanders unterschiedlich vertexteter kognitiver und kultureller Gemeinsamkeiten. Das Neue und qualitativ Charakteristische eines solchen Herangehens an die translatorische Äquivalenz erlaubt prinzipiell die Gemeinsamkeit in der Vielfalt der Zeichenstrukturen. Man könnte auch von einer semiotischen Basis der Äquivalenz sprechen. Neue Zeichenkonfigurationen, die möglicherweise fremdartig für L_2-Leser anmuten, können dieses dialektische Prinzip der Negation der Negation, sprich: der neuen Qualität im Ganzen trotz erheblicher qualitativer Differenzen im Detail, auf die für den jeweils zutreffenden Texttyp erforderliche spezifische Weise realisieren. Im Rahmen dieser Intertextualität gibt es nun auch eine Prädiktabilität, die auf den "niederen" Zeichenebenen nicht feststellbar ist. Der Indeterminiertheit der Teile steht die Determiniertheit des Texttyps gegenüber. Eben diese übergreifende Erschließung des kommunikativen Wertes des Ausgangstextes ist es auch, die auf die Äquivalenzproblematik in der Geschichte des Übersetzens abfärbt. Insofern sind auch die historisch begründeten Varianten und jeweiligen Neuversionen kein Gegenbeweis gegen die Möglichkeit der Äquivalenz. Historische Relativität der Übersetzungen ist dagegen eine nicht wegzudeutende Komponente der Äquivalenz, die aus der Sicht des Übersetzungsbedürfnisses unter neuen Zeitumständen und Situationen immer wieder neu konstituiert wird.

Hier wird auch klar, daß Äquivalenz nicht mit Identität verwechselt werden darf. Es ist vielmehr ein dynamisches Konzept, so wie Verstehensprozesse überhaupt einen dynamischen Charakter haben. In einem statischen oder ahistorischen Sinn gibt es keine Äquivalenz, etwa daß etwas so und nur so übersetzt werden kann und muß, und dazu noch für alle Zeiten und für alle Rezipienten. Äquivalenz ist stets bezogen auf einen Text in einem kommunikativen Umfeld bzw. genauer: auf die Beziehung zwischen Ausgangs- und Zieltext in einer bestimmten Situation. Damit ist Äquivalenz nicht etwas

Gegebenes, von zwei Sprachsystemen einfach Ableitbares. Sie ist, wie die Praxis des Übersetzens es beweist, immer wieder neu zu entdecken oder eigentlich zu erringen. Es gibt Texte, wo das leichter zu bewerkstelligen ist, und solche, wo es außerordentlich schwer, ja zeitweilig unmöglich ist. Äquivalenzgrade korrelieren mit Texttypen.

Ist dieser Sachverhalt erkannt, tauchen eigentlich erst die theoretischen und praktischen Probleme auf. Sie können aber, das ist m.E. der Vorteil des textbezogenen Herangehens, eindeutiger formuliert werden. Greifen wir zwei zentrale Problemfelder heraus: 1. die Problematik der Unterscheidung einer solchen anerkanntermaßen elastischen Äquivalenz, und 2. – in engem Zusammenhang damit – die Kriterien für die Beschreibung und damit die Identifizierung erreichter Äquivalenz. Die Ursache für diese Art von Problemen liegt in der Anfälligkeit der die Äquivalenz sichernden Top-down-Prozeduren gegenüber subjektiven und vielleicht auch objektiven Ermessensspielräumen hinsichtlich der konkreten Abweichung des L_2-Zeichenkomplexes von einzelnen L_1-Zeichen und -Zeichenfolgen "niederer Ebene". Wieviel kann ich "verändern" im Interesse des ganzen Textes? Es spielt hier auch ein Zeitfaktor eine nicht untergeordnete Rolle. Der Einsicht, einiges im L_2-Text verändern zu müssen, folgt nicht die Fähigkeit des Könnens mit den L_2-Mitteln auf dem Fuße. Das Ergebnis ist ein Kompromiß, der in der mangelnden Erfahrung und der unterentwickelten Kreativität des Übersetzers begründet ist. Es kommt zu Unterübersetzungen, die aus mangelnden zielsprachlichen Kenntnissen und Fertigkeiten und fehlenden kreativen Fähigkeiten des Übersetzers herrühren, aber auch durch Zeitmangel begründet sein können.

Wesentlich interessanter, weil größerer Objektivität zugänglich, ist die Bewertung erreichter Äquivalenz. Wie und wann weiß man, daß in einem Text Äquivalenz zustandekommt? Offensichtlich kann ja – in Abhängigkeit vom Texttyp – Äquivalenz nicht mit eineindeutiger Sicherheit angesetzt werden. Sie ist eine kumulative Größe, d.h. sie wird eigentlich gleichzeitig und nacheinander von verschiedenen Übersetzern "getroffen". Wenn es anders der Fall wäre, müßten ja mehrere sehr gute Übersetzer stets auf die gleiche L_2-Version stoßen, was außer bei hochspezialisierten (Fach)Texten so gut wie nie der Fall sein dürfte.

Diese Frage der Äquivalenzbestätigung ist nun außerhalb eines Texts kaum beantwortbar. Hier nur ein kleines Beispiel: vgl. Beispiel 2b"... he traveled rapidly down the primrose path". Ist primrose path wie bei Schlegel/Tiecks Hamlet-Übersetzung der "Blumenpfad (der Lust)" oder der "Rosenpfad" oder der "Pfad der Freude und des Vergnügens"? Textbezogene Äquivalenz erlaubt Mehrfachbelegung. Entscheidung für ein Äquivalent aus einem potentiellen

Äquivalenzangebot setzt voraus, daß die kleinere Einheit in der größeren "aufgeht". Es ist praktisch so, daß Äquivalenz erst durch Textbezogenheit zustande kommt. Erst der Text verleiht dem Segment Äquivalenzqualität. Der Text ist somit eine Art Verstärker, ohne den die einzelnen Segmente nicht "ankommen". Die Identifizierung von Äquivalenz im Text ist dann wie ein Aufleuchten der adäquaten kommunikativen Werte in der zielsprachlichen Zeichenkette. Wenn nun verschiedene sprachliche Mittel in unterschiedlichen Strukturierungen auf jeweils eigene Weise Äquivalenz ermöglichen, dann weil der Text als Ganzes oder zumindest auch einzelne Teiltexte auf je spezifische Weise diese Verstärkungsfunktion für den Rezipienten ausüben können. So strahlt "Blumenpfad der Lust" seine Poetizität im Shakespeare-text aus, während in dem viel prosaischeren Text "primrose path" in der Kollokation "he traveled rapidly down the primrose path" wesentlich rationaler mit "versank er immer schneller im Strudel des Vergnügens" oder "ging es mit ihm sehr schnell bergab auf der glatten Straße des Lasters" wiederzugeben ist. Es gibt sicher noch weitere Äquivalente, die um so mehr ihre textuelle Funktion erfüllen, je mehr sie mit dem Kohärenznetz des Textabschnitts in Interaktion treten. Wenn am Anfang gesagt wurde, daß Äquivalenz kein quantitatives Mehr oder Weniger ist, so bedarf diese Fest-stellung doch einer genaueren Erläuterung. Rein oberflächlich, also auf der Mikrozeichenebene, läßt sich nämlich eine Art von Äquivalenz ausmachen. Sobald wir aber den Text berücksichtigen, was ja nach unserer Auffassung die Äquivalenz erst auslöst, wird das äußerliche Mehr oder Weniger umfunk-tioniert in eine jeweils unterschiedliche Akzentuierung oder Perspekti-vierung. Die Varianten heben dann jeweils andere Bezüge des textuellen Umfeldes hervor. Und in ihrem jeweiligen Kontext, der z.T. weit in den Gesamttext hineinreicht, sind dann Qualitäten involviert, die im Zieltext auf jeweils spezifische Weise den Ausgangstext rekonstruieren.

Sobald man nur oder zu lange an einer Textstelle verweilt, sobald man von diesem bestimmten L2-Segment auf "seinen" Originalabschnitt zurückblickt, wird Äquivalenz gefährdet. Solange die Äquivalenz sequentiell abläuft, also als Prozeß erscheint, wo jedes Segment durch das Vorher und das Nachher abgestützt wird, wird sie als solche akzeptiert. Diese Problematik, ja Unmöglichkeit des punktuellen Verstehens, das nicht sequentiell gestützt wird, hat Paul Valéry in einem überaus treffenden Bild geschildert. Er vergleicht das Verstehen von einzelnen Wörtern mit dem Überqueren eines Abgrunds auf einem schmalen Steg. Alles geht gut, wenn man nicht innehält und immer weitergeht. Dann hält auch ein schmales Brett dem Überquerenden stand. Doch sobald man verweilt und nachdenkt, was das einzelne Wort alles bedeuten kann, dann bricht der Steg des Verstehens unter einem weg (zitiert nach Johnson-Laird 1983, 205). In eben diesem Sinne schafft der Kontext der Übersetzung die Möglichkeit des sicheren Informationstransfers.

Wie jeder erfahrene Übersetzer weiß, birgt dieses prozeßhafte Äquivalenzkonzept immer wieder Gefahren. So wenn der Fortgang des Textes nicht genügend im Blickpunkt steht bei der Entscheidung für eine Passage, muß immer wieder "zurückgerechnet" werden, und es müssen nachträglich oft aufwendige Änderungen vorgenommen werden. Die entscheidende Fragestellung für eine befriedigende und praxisrelevante Theorie der translatorischen Äquivalenz läuft auf die Identifizierung der Textsequenzen hinaus, an denen der Informationstransfer beobachtet werden kann. Es erhebt sich die entscheidende Frage: Welche "kritische Masse" an strukturierten L_1-Segmenten muß erreicht werden, damit der Umschlag auf entsprechende Sequenzen des L_2-Textes garantiert ist? Wie schon vermutet, ist dies genau die Frage nach der Übersetzungseinheit.

Hier will ich es mir nicht so leicht machen und die schon zu einem Gemeinplatz gewordene Feststellung, daß der ganze Text die eigentliche Übersetzungseinheit ist, wiederholen. Die Wirklichkeit ist doch erheblich komplizierter. Der mehrfach beschworene Top-down-Lösungsweg bedarf, soll er nicht letztlich zur Ungenauigkeit im Detail führen, unbedingt der Abstützung, ja Fundierung durch Bottom-up-Prozesse. Es gehen ja bei der Analyse des Originals ständig semantisch-pragmatische Signale von den L_1-Zeichen ins Bewußtsein des Übersetzers, z.B. etwa von dem Segment "primrose path". Wohlgemerkt, diese Signale, wie von dem Lexem "to steady" in unseren ersten Beispielen, sind kontextuell modifiziert. Der aus der Physik entlehnte Begriff der "kritischen Masse" soll nun verdeutlichen, wie diese "Signale von unten" (von den Wörtern und grammatischen Strukturen) gebündelt werden, und zwar gebündelt sub specie translationis, also aus der Perspektive der neuen Vertextung in einer neuen kommunikativen Kultur, wo andere "Bündelungskonventionen" an der Tagesordnung sind. An dieser Schnittfläche entbrennt ja die eigentliche Problematik der Äquivalenz. Und es müssen sich zwangsläufig Differenzen auftürmen, weil ja das "Umpacken" solcher unterschiedlich verknoteter Informationsbündel vom Standpunkt des "Erstverpackers" immer mit großem Argwohn gesehen werden muß. Hier liegt das, was ich an anderer Stelle als das Unnatürliche des Übersetzens bezeichnet habe (Neubert 1985, 7).

Doch die Unerschöpflichkeit der Zielsprache, ihre unbegrenzten textuellen Möglichkeiten und vor allem die Kooperationsbereitschaft des an der Aneignung des Originals interessierten L_2-Rezipienten mit einer wie auch immer anders gearteten kommunikativen Praxis machen die Umkodierung zum Natürlichsten, weil Nötigsten in der Welt. Äquivalenz wird nun überall dort anvisiert, wo die "kritische Masse" der Ausgangsinformation genau von einem L_2-Textsegment, ganz gleich welchen Umfangs, aufgenommen wird, das im Kontext seiner Umgebung die äquivalente Kritikalität aufweist. Anders ausgedrückt, kritische Masse ist damit gleich dem vom Übersetzer ausgehandelten kommunikativen Wert, der Systembedeutung, aktuelle Äußerungsbedeutung und kommunikativen Sinn zu einem Komplex einer Übersetzungseinheit vereinigt. Daß dabei von Sprache zu Sprache ganz unterschiedliche Zeichengestalten textuell gegenüberstehen, ist nichts Überraschendes mehr. Äquivalente sind also nicht Zeichenfolgen. Sie realisieren sie nur. Sie sind Träger oder Hüllen der Äquivalenz. Äqui_valent_ sind die kommunikativen _Werte_ der Zeichenfolge in ihrem kommunikativen Umfeld. Sie sind das Aktivierende des Originals wie der Übersetzung. Sie setzen sich hinweg über die Zeichenkontraste und schaffen die Genugtuung des Verstehens.

Bibliographie

Collins (1980), Wörterbuch Deutsch-Englisch, Englisch-
    Deutsch, London, Glasgow: Collins
    Zur Integrierung von Theorie und Praxis,
Johnson-Laird, P.N. (1983), Mental Models. Towards a
    Cognitive Science of Language, and Consciousness,
    Cambridge: C.U.P.
Kromann, Hans Peder/Riiber, Theis/Rosbach, Poul (1984),
    "'Active` and `passive` bilingual dictionaries. The
    Scerba concept reconsidered", in: Hartmann, R.R.K.
    (ed.), Lexeter '83 Proceedings. Papers from the
    International Conference on Lexicography at Exeter, 9-
    12 September 1983, Tübingen: Niemeyer, pp. 207-215
Neubert, Albrecht (1984), "Text-bound Translation Teaching",
    in: Wilss, Wolfram/Thome, Gisela (eds.), Die Theorie
    des Übersetzens und ihr Aufschlußwert für die
    Übersetzungs- und Dolmetschdidaktik. Akten des
    Internationalen Kolloquiums der Association Inter-
    nationale de Linguistique Appliquée (AILA)
    Saarbrücken 25. – 30.07.1983, Tübingen: Narr (= Tübin-
    ger Beiträge zur Linguistik 247) pp. 61-7o
Neubert, Albrecht (1985), Text and Translation, Überset-
    zungswissenschaftliche Beiträge 8, Leipzig: Enzyklopädie
Webster's Third New International Dictionary of the English
    Language (1965), Springfield: Merriam

Adäquatheit, Äquivalenz, Korrespondenz.

Der kategoriale Rahmen der Übersetzungsanalyse

Horst Turk (Universität Göttingen)

Die Analyse literarischer Übersetzungen arbeitet oft mit Begriffen, die aus verwandten Wissenschaftszweigen stammen und erst durch den Gebrauch in ihren Anwendungsbedingungen festgelegt werden. Dabei ist die Frage, ob ihre Verwendung formgerecht, gemessen an der schon eingeführten Herkunft, und sachgerecht, gemessen an den Erfordernissen des Untersuchungsfeldes, geschieht. Es ist denkbar, daß bereits eingeführte Verwendungen nicht zureichend genutzt werden, aber auch, daß ein unsachgemäßer Gebrauch von ihnen gemacht wird. Die Frage der formgerechten Verwendung läßt sich begriffsgeschichtlich und im Verfahren des Wissenschaftsvergleichs klären. Für die Frage der sachgerechten Verwendung ist es erforderlich, das Untersuchungsfeld in seiner potentiellen Vielgestaltigkeit zu Rate zu ziehen.

Im folgenden sollen drei Kategorien in dieser doppelten Hinsicht als Begriffe der Übersetzungsanalyse erörtert werden: die Kategorie der Adäquatheit, der Äquivalenz und der Korrespondenz.[1] Als Kategorien zur Beschreibung von übersetzerischen Abweichungen implizieren sie in jeweils unterschiedlichen Bezugsrahmen Normen der Bewertung, nach denen die "Treue" zum Original bemessen wird. Versucht man in einer ersten Annäherung die jeweiligen Konnotationen ins Auge zu fassen, so drängt sich das Bild einer Skala auf, die von der Angemessenheit an den übersetzten Text über die Gleichwertigkeit mit dem Original bis zur Entsprechung in einer anderen Sprache, Literatur und Kultur reicht. Die Adäquatheit läßt an eine fortschreitende Annäherung, die Äquivalenz an eine Austauschbarkeit, die Korrespondenz an eine Homologie von Übersetzung und Original denken. Vom Standpunkt des Untersuchungsfeldes aus ist zu fragen, ob in der Übersetzungsanalyse vom Original, vom Übersetzen oder von der Übersetzung bei der Begriffsbildung auszugehen ist. Man benötigt eine einstellige, dreistellige oder zweistellige Relation, je nachdem, ob man die Übersetzung am Original, Original und Übersetzung an einem Dritten oder Übersetzung und Original aneinander unter dem Gesichtspunkt der Artikulation differenter differentieller Abstände mißt. Diese Einteilung besteht analog auch in der Praxis des Übersetzens, die als literarische durch ihren Gegenstand in die Geschichte der Literatur- und Sprachauffassung eingebunden ist. Der weitestgehende Rahmen betrifft die Konvergenz einer Beurteilung der Übersetzung wie der Literatur und der Sprache unter dem Gesichtspunkt der Wahrheit, Austauschbarkeit und

Selbstbezüglichkeit. Zunächst einmal soll es jedoch nur darum gehen, die Form- und Sachgerechtheit der drei Kategorien im Untersuchungsfeld der Übersetzungsanalyse zu prüfen.

Adäquatheit. Der Herkunft nach handelt es sich um einen Begriff der Wahrheits-, Erkenntnis- und Wissenschaftstheorie (adaequatio rei et intellectu, fitness).[2] Insoweit es überhaupt sinnvoll ist, von der Wahrheit, Richtigkeit oder Angemessenheit einer Übersetzung zu reden – und niemand wird leugnen, daß auch dies ein Gesichtspunkt der Übersetzungsanalyse ist –, ist von Adäquatheit die Rede: meist eingeschränkt im Anwendungsbereich auf solche Fälle, die klar im Sinn von richtig und falsch, mehr oder weniger richtig zu entscheiden sind. Zu denken ist etwa an hochformalisierte Verfahren mit isolierten Teilbestimmungen der Grammatik oder Poetik.[3] Der Anwendungsbereich läßt sich indessen auch ausdehnen, womit zugleich auch der Besonderheit des Übersetzens Rechnung getragen wird. In der historischen Analyse ist damit zu rechnen, daß Übersetzungen auftreten, die nicht nur mehr oder minder adäquat im Rahmen gegebener Adäquatheitsbedingungen sind, sondern vor allem auch mehr oder minder adäquat in der Erweiterung dieses Rahmens. So hat es z.B. Jahrzehnte gedauert, bis Flauberts "Madame Bovary" adäquat ins Deutsche übersetzt wurde und Jahrzehnte, bis Hölderlins Sophoklesübersetzung adäquat rezipiert wurde. Eine Übersetzung, die sich im Rahmen gegebener Adäquatheitsbedingungen hält, hat unter diesem historischen Aspekt den Index 0 auf einer gedachten Skala. Sie unterscheidet sich von einer Adäquatheit mit dem Index 1, wenn erstmals der Rahmen unter den Bedingungen der Zielsprache hergestellt sowie von einer Adäquatheit mit dem Index 2, wenn erstmals der Rahmen unter den Bedingungen des Originals erweitert wird. Die Geschichte der Übersetzung ist, gerade auch wenn man die Kategorie der Adäquatheit zugrundelegt, kein Geschehen in einem fixen Rahmen, sondern es läßt sich gerade auch von diesem Ausgangspunkt aus die Geschichte der Übersetzung als Geschichte der Artikulation differenter differentieller Status in die Zielsprache einschreiben. Eine Anwendung ist schließlich auch in dem Sinn möglich, daß unterhalb der 0-Adäquatheit Grade der Minus-Adäquatheit für alle Fälle anzunehmen sind, in denen der Rahmen gegebener Adäquatheitsbedingungen durch zu große Nähe unterschritten wird.[4] Es dürfte deutlich geworden sein, daß der kategoriale Rahmen der Adäquatheit nicht zur Typisierung von Andersheit, wohl aber zur Bestimmung von Angemessenheitsgraden taugt. In den Fällen, in denen Regelbefolgung, Regelerweiterung und Regeleinschränkung zu unterscheiden sind, kommt die Geschichte der literarischen Übersetzung als Geschichte einer Annäherung in den Blick, zwar noch nicht einer Annäherung an das Übersetzen, wohl aber einer Annäherung im Übersetzen an das Original.

Äquivalenz. Der in der Übersetzungswissenschaft meist verwandte und vor allem philologisch umstrittene Begriff ist in seinem Gebrauch durch logische, linguistische, psychologische und soziologische Konnotationen festgelegt.[5] Von de Saussure zur Bestimmung des sprachlichen Zeichens eingeführt, meint der "Wert" durchaus Verschiedenes. Als Tauschwert nahezu mit der Bedeutung identisch, daß erlaubt ist, ein Lautbild gegen etwas ihm "Unähnliches", etwa ein Vorstellungsbild, auszuwechseln, ist der Wert linguistisch vor allem aber auch Stellenwert, der festliegt nach einem Vergleich mit etwas ihm Ähnlichen, wodurch der Wert bestimmt wird. De Saussure generalisiert diesen Doppelaspekt, was ihn zu der Bemerkung veranlaßt: Alle Werte seien "immer gebildet 1. durch etwas Unähnliches, das ausgewechselt werden kann gegen dasjenige, dessen Wert zu bestimmen ist; 2. durch ähnliche Dinge, die man vergleichen kann mit demjenigen, dessen Wert in Frage steht. Diese beiden Faktoren sind notwendig für das Vorhandensein eines Werts".[6] Die Beispiele werden aus der Ökonomie gewählt, um deutlich zu machen, daß der Stellenwert im Tauschwert vorausgesetzt ist. "So muß man zur Feststellung des Werts von einem Fünfmarkstück wissen: 1. daß man es auswechseln kann gegen eine bestimmte Menge einer anderen Sache, z.B. Brot; 2. daß man es vergleichen kann mit einem ähnlichen Wert des gleichen Systems, z. B. einem Einmarkstück, oder mit einer Münze eines anderen Systems, z.B. einem Franc" (ebd.). Die Ratio des Vergleichs zielt darauf ab, den Stellenwert als Bedingung für den Tauschwert auch im Fall der Sprachzeichen aufzuzeigen.

> Ebenso kann ein Wort ausgewechselt werden gegen etwas Unähnliches: eine Vorstellung; außerdem kann es verglichen werden mit einer Sache gleicher Natur: einem anderen Wort. Sein Wert ist also nicht bestimmt, wenn man nur feststellt, daß es ausgewechselt werden kann gegen diese oder jene Vorstellung, d.h. daß es diese oder jene Bedeutung hat; man muß es auch noch vergleichen mit ähnlichen Werten, mit anderen Wörtern, die man daneben setzen kann; sein Inhalt ist richtig bestimmt nur durch die Mitwirkung dessen, was außerhalb seiner vorhanden ist. Da es Teil eines Systems ist, hat es nicht nur eine Bedeutung, sondern zugleich und hauptsächlich einen Wert, und das ist etwas ganz anderes (137 f.).

Gerade die zuletzt zitierte Unterscheidung zeigt, wie entscheidend der Aspekt des Stellenwerts für die Definition des Sprachzeichens als einer Ganzheit ist. Seine Bedeutung bewährt sich indessen auch, wenn man von der Definition des Sprachzeichens in einer Sprache zur Übersetzung übergeht und statt von dem Wert oder "valeur" in einer Sprache von der Gleichwertigkeit oder "Äquivalenz" **zwischen** zwei Sprachen spricht.

Die Äquivalenz enthält wie der Wert ein Moment der Verschiedenheit und der Gleichheit, wobei die Verschiedenheit über den Wert als Ungleichartigkeit zu bestimmen ist. Dies ist nicht der Fall, wenn man dem logischen

Begriff der Äquivalenz folgt. Äquivalent ist nach der Aussagenlogik ein Ausdruck (z.B.: p) einem anderen (z.B.: q), wenn die Ersetzung von p durch q nichts an dem Wahrheitswert der Aussage ändert (p = q). P und q gehören nicht etwa verschiedenen Sprachen an, sondern sind nach der Art der Synonyma in einer Sprache durcheinander ersetzbar, weshalb sich auch die Anwendung des logischen Äquivalenzbegriffs, ausgehend von der Ersetzungsprobe, immer im Rahmen des Synonyme-Modells bewegt.[7] Nimmt man indessen an, daß p und q ungleichartig in dem Sinn sind, daß sie verschiedenen Sprachen angehören, dann läßt sich ihre Äquivalenz, die Gleichheit ihrer Werte im System, nicht durch Substitution, wohl aber in bezug auf ein Drittes, ihnen beiden Ungleichartiges und doch mit ihnen Verbundenes feststellen. "Baum" und "arbor" sind äquivalent, nicht weil in dem Satz "Heinz fällt vom Baum" "Baum" durch "arbor" ersetzbar wäre, sondern weil "Baum" und "arbor" gegen annähernd dieselbe Vorstellung ausgewechselt werden können, obwohl "Baum" in dem Satz nicht durch "arbor" ersetzt werden kann. De Saussure hat diesen Punkt sehr genau bezeichnet, wenn er schreibt: "Ob wir nur den Sinn des lateinischen Wortes arbor suchen oder das Wort, womit das Lateinische die Vorstellung "Baum" bezeichnet, so ist klar, daß uns nur die in dieser Sprache geltenden Zuordnungen als angemessen erscheinen" (78). D.h. aber, daß im Fall der Übersetzung zwar der Wert die Bedeutung bestimmt, die Gleichwertigkeit aber in diesem Fall auf der Bedeutung als dem tertium beruht. Unmittelbar sind die Stellenwerte nicht vergleichbar. Wählt man als kategorialen Rahmen der Übersetzung und der Übersetzungsanalyse die Äquivalenz, dann sind drei Vergleichsoperationen nötig und möglich: zwei, um den jeweiligen Stellenwert der beiden Sprachzeichen im System festzustellen, sodann eine dritte, in der über die Vergleichbarkeit der Stellenwerte befunden wird. Im Unterschied zur Adäquatheit als kategorialem Rahmen sind Zielsprache und Ausgangssprache bei der Äquivalenz a) gleichwertig b) mit Bezug auf ein Drittes im Spiel. Die Äquivalenzrelation ist nicht zuletzt aufgrund ihrer Dreistelligkeit für die Übersetzung und die Übersetzungsanalyse rahmengebend geworden.

Sie bewährt sich indessen auch noch in der anderen Hinsicht, daß Äquivalenzentscheidungen wie im Blick auf den Inhalt so auch im Blick auf die Form[8] und auf die erzielbare Wirkung[9] gefällt werden können. Bei der Adäquatheit erstreckt sich die Idealvorstellung einer optimalen Annäherung gleichermaßen auf alle Ebenen des zu übersetzenden Textes, ohne daß zwischen ihnen in der Entscheidung differenziert wird. Bei der Äquivalenz ist es geradezu geboten, daß einer Gleichheit in der einen Hinsicht eine Ungleichheit in der anderen Hinsicht entspricht. Äquivalent im genauen Sinn sind "arbor" und "Baum" nur, weil und insofern sie auf der Ausdrucksebene ungleich, auf der Inhalts- und Wirkungsebene hingegen gleich sind. Die Äquivalenz als kategorialer Rahmen der Entscheidung und Beschreibung

greift tiefer in das differentielle Angebot der Sprache, aktiviert und nutzt
es im Unterschied zur Adäquatheit, die dafür dem Prozeß der Angleichung in
der Zeit offensteht. An die Stelle des **Richtig** oder **Falsch**, **Mehr** oder **Minder**
tritt das **Anders**[10] in der Übersetzung, das je nach der gewählten Priorität
im Vergleich die Strukturen offenlegt. Der Aspekt der größtmöglichen Annäherung ist nicht ausgeblendet bei der Äquivalenz, wohl aber gebrochen,
indem z.B. die Wahl der Priorität in ihrer Angemessenheit zur Disposition
steht. Vor allem aber erlaubt das Zusammenspiel von Ähnlichkeit und Un-
ähnlichkeit sowohl zwischen den Sprachen als auch in den Sprachen auf den
differenten Ebenen, die Verschiedenheit zwischen den Sprachen in den Sprachen abzubilden oder zu artikulieren. Etwas, z.B. ein Wort, kann gleich in
bezug auf die metrische, phonetische oder syntaktische Form sein, ansonsten
aber morphologisch, lexikalisch und pragmatisch different. Der Übersetzer
kann je nach der Anlage des Textes und den Konventionen der Zielsprache
bzw. der Zielliteratur seine Prioritätenentscheidung im Prinzip für oder
gegen jedes mit ihm unterschiedlich verbundene sekundäre System treffen:
entweder indem er eine generelle Entscheidung fällt, das Moment der Gleichheit auf der Ebene der Artikulation, der Interpretation oder der Referenz zu
realisieren unter Hintansetzung der jeweiligen anderen; oder indem er das
Profil seiner Übersetzung dadurch herstellt, daß er Einzelentscheidungen
kumuliert bzw. diese – im Wechsel zwischen den Prioritäten jeweils an
späterer Stelle durch eine Änderung des Verfahrens kompensiert.[11]

So hat z.B. der Übersetzer der "Duineser Elegien" ins Italienische, de Faveri,
eine generelle Entscheidung für die Erhaltung des Metrums auf der Ebene
der Artikulation getroffen und dafür eine Ungleichheit in der Semantik und
Metaphorik auf der Ebene der Interpretation und Denotation in Kauf genommen.[12] Whaley, der Übersetzer des "Winks" aus dem "Westöstlichen
Diwan" ins Englische, scheint die Übereinstimmung in der Situation gesucht
zu haben, weil sie gestattet, ein lexikalisches Problem, die Übersetzung von
"was sich von selbst versteht", auf der Ebene der Interpretation zu lösen.
Die Semantik von "goes without saying" wird in der Inszenierung des
situativen Kontextes realisiert.[13] Hölderlin wählt die Einheit in der
Differenz, wenn er, einer bestimmten Interpretation des "Ödipus" folgend,
"kakós" mit "böse", "deloî" mit "offenbart" und "me drân an eíen panth'hós'"
mit "thät ich/Nicht alles" übersetzt.[14] Ihn leitet nicht so sehr die
sprachen- oder literaturpaarbedingte, sondern die verständnisbedingte
Abweichung bei der Festlegung der Differenz. Die Beispiele zeigen, daß der
Übersetzer im kategorialen Rahmen der Äquivalenz sowohl Gleichheiten als
auch Verschiedenheiten wählen, mit ihnen spielen, sie zur Artikulation
kommen lassen, die Übersetzung als Ort der Begegnung der Literaturen und
Sprachen in der Literatur und Sprache zur Geltung bringen kann. Historisch-
philologisch betrachtet, ist weder der Ausgangs- noch der Zieltext in seinem

Umfeld die Norm, sondern das entfaltete Spiel der Verschiedenheiten, das so lange ein formales, interpretatives oder referentielles Surplus gegenüber dem Ausgangstext in seinem Umfeld bedeutet, wie sich das Äquivalent im Rahmen der möglichen, nicht der ausgeschlossenen formalen, interpretativen oder referentiellen Auslegung bewegt. Dieses Gleichgewicht mit den Mitteln der Zielsprache zu erreichen ist das Ideal der Übersetzung im kategorialen Rahmen der Äquivalenz, vorausgesetzt, daß dieser – historisch-philologisch – durch die Artikulation von Andersheit und darin durch die Angemessenheit vor allem an das Übersetzen bestimmt ist.

Korrespondenz. Formale, inhaltliche und funktionale Äquivalenz sind in der Geschichte dieses Ansatzes zu Unrecht verabsolutiert worden, und sie haben dadurch den Äquivalenzbegriff an der Stelle in Mißkredit gebracht, an der er ohnehin seine schwache Stelle hat: in der Wahl des jeweiligen Dritten.[15] Um auch den kategorialen Rahmen vorzustellen, der dieses Problem nicht kennt, weil er ohne ein Drittes auskommt und sich gleichwohl nicht ausschließlich entweder an der Ausgangs- oder an der Zielsprache orientiert, wähle ich als dritten hier zu verhandelnden Bezugsrahmen die Kategorie der Entsprechung oder Korrespondenz. Wir erreichen sie, indem wir abermals der Geschichte der Übersetzungskonzeptionen auf ihrem Weg weg von der Entscheidung zwischen den Sprachen, Literaturen und Kulturen hin zu der Entscheidung in den Sprachen, Literaturen und Kulturen folgen. Die Transformation der Außendifferenz in Binnendifferenz ist im Konzept der Äquivalenz nicht abgeschlossen, sondern findet ihr definitives Ende erst, wenn auch das jeweilige tertium über den Sprachen, Literaturen und Kulturen von der Differentialität der Sprache, Literatur und Kultur eingeholt wird. Die Differenz in einer Sprache, ihren Subsystemen, Dimensionen und Schichten muß größer sein oder doch größer gedacht sein als zwischen den Sprachen, damit an die Stelle der Äquivalenz als kategorialer Rahmen die Korrespondenz, die Entsprechung ohne tertium, treten kann.

Korrespondenz kann im Sinne Wittgensteins als Abbildung definiert werden, als symmetrisches Verhältnis, ohne Bezug auf ein Drittes.[16] Will man dem Umstand sprach- und übersetzungstheoretisch Rechnung tragen, daß die Sprachen offene Systeme sind, die Interferenzerscheinungen zulassen, nicht nur durch Reden und Texte, sondern auch durch Übersetzungen geändert werden können, dann liegt es nahe, neben dem Tausch- und Stellenwert den Arbeitswert am sprachlichen Zeichen zur Geltung zu bringen und für die Übersetzung festzulegen, daß, wie ungleichartig auch immer, eine Korrespondenz in den Verhältnissen, eine Art Homologie vorliegen muß. Auch dieser Ansatz ist begrenzt, weil er an sich die entschiedene materiale Ungleichartigkeit voraussetzt, im Fall der Übersetzung aber immer eine materiale Gleichheit vorliegt. Der Einwand entfällt, wenn in der Sprache selbst eine solche Ungleichartigkeit angenommen werden kann: etwa als Differenz zwischen dem Buchstaben oder Laut als Manifestation der Zeichenmaterie und ihrer Bedeutung im Wort als Manifestation des Bezugs auf Außersprachliches. Konzepte wie die "Sternensprache" Chlebnikovs[17], der "plurale Text" R. Barthes[18], die "Intertextualität" der Gruppe Tel Quel[19] oder das "Etym" A. Schmidts[20] verlangen, nach getreuen "Entsprechungen" in der anderen Sprache zu suchen, nach den Worten P. Urbans, der das Projekt einer Übersetzungsanthologie umschreibt:

> Das Konzept besteht darin, 'deutsche Autoren ... dazu anzuregen, mit Chlebnikovschen Mitteln und Methoden im Deutschen deutsche Entsprechungen zu versuchen, nachdem traditionelle Methoden der Übersetzung hier nicht mehr greifen konnten; solche Entsprechungen konnten – wenn schon nicht dem 'Sinn', so doch der Methode nach – getreu sein. Das bedeutet auch, von ein und demselben Chlebnikov-Gedicht mehrere Fassungen parallel zu bringen, Versionen, die das betreffende Gedicht von verschiedenen Seiten, mit verschiedenen Mitteln angingen und zu erschließen versuchen.'[21]

Die Differenz in der Sprache ist größer als die Differenz zwischen den Sprachen. Darin liegt überhaupt ein Merkmal der modernen Wissenschaft und Poesie, daß eine kontinuierliche Erhöhung der Binnendifferenz zur Universalität der Geltung führt. Auf die Übersetzungspraxis und -theorie angewendet, bedeutet dies, daß verfahrens-, nicht form- und bedeutungsanalog[22] übertragen wird, daß der Wert des Übersetzens sich nicht mehr nach der Mitteilung in einer anderen Sprache, sondern nach der Mitteilung einer anderen Sprache bemißt, daß der Satz L. Wittgensteins, die Grenze meiner Sprache sei die Grenze meiner Welt[23], in den Sprachen überschritten wird.

Adäquatheit, Äquivalenz und Korrespondenz als kategoriale Rahmen der Übersetzung und der Beschreibung von Übersetzungen umreißen das Feld der Bewertung übersetzerischer Abweichungen. Wenn die Übersetzung zwischen den Sprachen zuletzt auf die Übersetzung in den Sprachen zurückgeführt werden kann, wobei in den Sprachen – auf nächsthöherem Niveau – jene Abbildlichkeit entsteht, die erlaubt, die Sprachen in ihrem Verhalten zueinander wie im Verhalten zum Nonverbalen als Organisationsform unseres Erkennens und Handelns zu verwenden, dann präsentiert die Korrespondenz als Rahmen der verfahrensanalogen literarischen Übersetzung zugleich eine Erkenntnis über das Leben der Sprache.

Anmerkungen

(1) Zur Diskussion der genannten Begriffe vgl. zunächst:
W. Wilss 1977, Übersetzungswissenschaft. Probleme und
Methoden, Stuttgart (Kap. 'Übersetzungsäquivalenz', pp.
156-191) und W. Koller 1979, Einf. in die Übersetzungswissenschaft, Heidelberg, pp. 176ff.; vgl. spezieller den
terminologischen Abgrenzungsversuch von M. Rochel 1973,
"Korrespondenz und Äquivalenz" (Zum Verhältnis der Vergleichenden Sprachwiss. zur Übersetzungswiss.)", in: A.
Neubert/O. Kade (eds.), Neue Beiträge zu Grundfragen der
Übersetzungswissenschaft, Frankfurt/M., pp. 129-131,
darin auch: J. Filipec, "Der Äquivalenzbegriff und das
Problem der Übersetzbarkeit", pp. 81-87. Ähnlich wie bereits Filipec ordnet auch Koller (1979) die Kategorien
Korrespondenz und Äquivalenz den Sprachaspekten langue
und parole bzw. den Disziplinen der kontrastiven
Linguistik ('Korrespondenz') und der Übersetzungs-
wissenschaft ('Äquivalenz') zu (ebd. pp. 183f.).
Ferner: D. Lehmann, "Aspekte der Übersetzungs-
äquivalenz: Versuch einer Differenzierung", in:
W. Kühlwein/G. Thome/W. Wilss (1981), Kontrastive
Linguistik und Übersetzungswissenschaft, München,
pp. 288-299; K. Reiß, "Adäquatheit und Äquivalenz",
in: W. Wilss/G. Thome (eds.) 1984, Die Theorie des
Übersetzens und ihr Aufschlußwert für die Übersetzungs-
und Dolmetschdidaktik, AILA-Koll. Saarbrücken 1983,
Tübingen, pp. 80-89; K. Reiß/H. J. Vermeer 1984,
Grundlegung einer allgemeinen Translationstheorie
Tübingen, pp. 124ff.; A. Neubert, "Text-bound translation
teaching", in: W. Wilss/G. Thome (eds.) (1984), pp. 61-70
(dort zum Konzept einer 'text-bound equivalence').

(2) Zu Adäquatheit (und Korrespondenz) als Terminus der
Wahrheits-, Erkenntnis- und Wissenschaftstheorie vgl.
G. Skirbekk (ed.), 1977, Wahrheitstheorien,
Frankfurt/M. - Wie die Vorstellung einer adäquaten
Abbildung der Natur das Denkschema der ganzen neuzeit-
lichen Erkenntnis- und Wissenschaftstheorie
beherrscht, hat Richard Rorty in seinem Buch Der
Spiegel der Natur. Eine Kritik der Philosophie,
Frankfurt/M. 1979, dargelegt.

(3) In diesem Sinn wird die Kategorie im slavistischen
Teilprojekt des SFB gebraucht. Vgl. den Kolloquiums-
vortrag von R. Lauer 1985/86, dem ich im folgenden
wichtige Beispiele verdanke.

(4) Beispiele für zu große Nähe bietet das skandina-
vistische Teilprojekt des SFB, insbesondere in der
Strindberg-Übersetzung von Emil Schering. Ein
instruktives Beispiel für verfremdende Nähe wäre
Scherings Übersetzung von "sterbhusnotarie"
(schwedischer Rechtsterminus, der den staatlichen
Verwalter einer Erbschaft bezeichnet) mit
"Sterbhausnotar" (in Strindbergs Rollengedicht
"Trefaldighetsnatten"). Im Kontext eines Sachtextes
unklar bis unverständlich, ist dieser Ausdruck im
Kontext des lyrischen Textes akzeptabel, da er die

Anspielungen auf Sterben und Tod, die mit ihm im Ge-
dicht verbunden werden, eher wiedergibt als eine
geläufige deutsche Amtsbezeichnung. Fritz Paul
schreibt dazu: "... gerade in seiner Eigentüm-
lichkeit, ja partiellen 'Unverständlichkeit' zeigt der
Begriff auf das je Andere, Fremde der Nachbarkultur
und eröffnet mit dem altertümlich-poetischen Klang des
Wortes einen Blick in eine fremde, versunkene Welt,
die sich nur in der Sprache bewahrt hat und schließlich zu Poesie geworden ist" (F. Paul, "Realsinn oder
poetischer Mehrsinn? Zur Übersetzungsproblematik
'vielstimmiger' Lyrik der Jahrhundertwende am Beispiel
von Strindbergs Rollengedicht 'Trefaldighetsnatten'",
ersch. im SFB -Jahrbuch 1987, Ms. S. 27)

(5) Zur logischen, wissenschaftstheoretischen und
soziologischen Verwendung samt ihren Überschneidungen
vgl. N. Luhmann 1970, Soziologische Aufklärung. Aufsätze
zur Theorie sozialer Systeme, Opladen, p. 17:
"A und B sind funktional äquivalent, sofern beide
geeignet sind, das Problem X zu lösen" sowie den
Artikel "Äquivalenz" in: J. Speck (ed.) 1980, Handbuch
wissenschaftstheoretischer Begriffe, Bd. 1,
Göttingen, pp. 4f.

(6) F. de Saussure ^{2}1967, Grundfragen der allgemeinen
Sprachwissenschaft, Berlin . - Vgl. zum
Saussureschen Wertbegriff und seinem theoretischen
Hintergrund auch Chr. Bierbach 1978, Sprache als 'fait
social'. Die linguistische Theorie F. de Saussure's
und ihr Verhältnis zu den positivistischen Sozi-
alwissenschaften, Tübingen, pp. 78ff.

(7) So z.B. W. Koller 1972, Grundprobleme der Übersetzungstheorie, Bern:
Linguistisch kann die Übersetzung als Umkodierung
oder Substitution beschrieben werden. Elemente a_1,
a_2, a_3... des Sprachzeicheninventars L_1 werden
durch Elemente b_1, b_2, b_3...des Sprachzeicheninventars L_2 ersetzt. ... Äquivalent werden jene
Elemente b_1, b_2, b_3... genannt, die beim Kodie-
rungswechsel inhaltlich mit den Elementen a_1, a_2,
a_3... übereinstimmen" pp. 69f.

(8) Dies in der Tradition der romantischen Übersetzungstheorie; vgl. etwa A.W. Schlegels (in bezug auf die
Shakespeare-übersetzung erläutertes) Konzept einer
"poetischen Übersetzung, welche keinen von den
charakteristischen Unterschieden der Form auslöschte
und 'seine' Schönheiten, so viel möglich, bewahrte,
ohne die Anmaßung ihnen jemals andere zu leihen (...)"
und von der er weiterhin behauptet, "daß eine solche
Übersetzung in gewissem Sinne noch treuer als die
treueste prosaische sein könnte" (Krit. Schriften und
Briefe I, hrsg. v. E. Lohner, Stuttgart 1962, p. 116).

(9) Hierzu vgl. die Ansätze zur funktionalen Äquivalenz
(erstmals) bei G. Jäger 1968, Elemente einer Theorie der
bilingualen Translation, Leipzig und W. Koller 1972,
Grundprobleme der Übersetzungstheorie, Bern,
der vom "Begriff der Wirkungsgleichheit (similar

(10) <u>response</u>)" spricht (p. 114), dies zugleich aber auch
problematisiert.

(10) Mit dem Begriff der <u>Andersheit</u> arbeitet andeutungsweise auch R. Stolze; jedoch gegen den Äquivalenzbegriff gewendet:

> Weil eine Textübersetzung nicht deduziert,
> sondern eher im Sinne einer 'gelenkten Phantasie'
> entwickelt wird, ist übersetzungskritisch nicht
> von Entsprechung oder Gleichwertigkeit, sondern
> von 'Kategorien des geglückten Übersetzens'
> (Paepcke 1981) zu reden ... Die Übersetzung
> ist nicht das Gleiche wie der Text, aber auch
> nicht etwas ganz anderes, vielmehr könnte man sie
> als das Nicht-Andere bezeichnen" ("Hermeneutik
> und Textlinguistik beim Übersetzen", in: M.
> Snell-Hornby (ed.) 1986 <u>Übersetzungswissenschaft</u>.
> <u>Eine Neuorientierung</u>, Tübingen , pp. 137f.

Mir scheint, daß die oft gehörten Einwände gegen die
Herstellung von so etwas wie Äquivalenz (übersetzungs-
praktisch) bzw. ihre <u>Feststellbarkeit</u> (übersetzungs-
analytisch) mittels operabler Kriterien noch nicht
erweisen, daß es Äquivalenz gar nicht gibt und damit
die Legitimität des Begriffs als solcher in Frage
stünde. Überdies setzt Stolze die Momente von Ungleichheit und Gleichheit einfach gegeneinander, an-
statt sie im Begriff der Äquivalenz zusammenzudenken:
Ist für Roman Jakobson "Äquivalenz in der Verschiedenheit (equivalence in difference) ... das
Kardinalproblem der Sprache und die Kernfrage der
Linguistik" ("Ling. Aspekte der Übersetzung" (1959),
dt. in: W. Wilss (ed.) 1981, <u>Übersetzungswissenschaft</u>,
Darmstadt, 191), so umgekehrt "Verschiedenheit
in der Äquivalenz" die Kernfrage der Übersetzungswissenschaft.

(11) In einigen Punkten wie der Selektion und Hierarchi-
sierung der Äquivalenzkriterien (p. 86) ähnlich, aber
doch ganz anders gelagert ist der terminologische
Vorschlag von K. Reiß bzw. K. Reiß/H. J. Vermeer:

> Adäquatheit ist also eine Relation Mittel::Zweck
> [also nicht etwa Relation AT::ZT!] und damit
> prozeßorientiert (handlungsorientiert). Äquivalenz
> = Gleichwertigkeit dagegen ist eine Relation
> zwischen zwei Produkten: dem Ausgangstext (AT) und
> dem Zieltext (ZT) (Reiß 198, 80).
> Äquivalenz ist in unserer Definition Sondersorte
> von Adäquatheit bei Funktionskonstanz zwischen
> Ausgangs- und Zieltext (Reiß/Vermeer 1984, 140).

(12) De Faveri rechtfertigt diese Option mit der
sinnbildenden Bedeutung des Satzakzents bei Rilke. So
übersetzt er den Anfang der ersten Duineser Elegie
("Wer, wenn ich schriee, hörte mich denn aus der
Engel/Ordnungen? und gesetzt selbst, es nähme/einer
mich plötzlich ans Herz (...)") mit dem Ende-
casillabo, der dem Hexameter deutscher Tradition noch
am nächsten kommt: "Chi se gridassi, chi m'udrebbe
mai/Là nelle gerarchie degli Angeli;/ E se, supposto,

se Uno mi prendesse/ All'improvviso al cuore (..)".
Die Wiederholung des "chi" gleicht den Umstand aus,
daß die italienische Satzbetonung nicht dieselbe Kraft
hat wie die der deutschen Sprache.

(13) Vgl. dazu Verf., "Goes without saying" [erscheint in:
Arcadia 1988], wo das Peircesche Zeichenmodell in
seiner Dreistufigkeit: Artikulation – Interpretation
Referenz für die Kategorisierung und Bewertung von
Abweichungen in der Übersetzung fruchtbar gemacht wird
(am Beispiel der Whaleyschen Übersetzung von Goethes
"Wink" ("Gesture")).

(14) Friedrich Hölderlin, "Oedipus der Tyrann", in:
Sämtl. Werke, hrsg. von F. Beißner, Bd. 5,
Stuttgart 1952, p. 125: "Doch wenn er kommt, dann wär
ich böse, thät ich Nicht alles, was uns offenbart der
Gott" (Oedipus, V. 76/77). Vgl. zu Hölderlins
Übersetzung dieser Stelle auch vom Verf.: "Das
Beispiel Hölderlins", erscheint im Hölderlin-Jahrbuch
1987.

(15) Mit einer Verschiebung der Funktion des Textes, die
dann nicht mehr invariantes tertium sein kann,
argumentiert P. Kußmaul ("Übersetzen als Entscheidungsprozeß. Die Rolle der Fehleranalyse in der
Übersetzungsdidaktik", in: Snell-Hornby (ed.) (1986))
gegen den Äquivalenzbegriff:
> Denn funktionale Äquivalenz wäre ja eine Über-
> einstimmung der Funktion des ZS-Texts mit der
> Funktion des AS-Texts. Gerade dies aber kann nicht
> grundsätzlich postuliert werden. Der AS-Text als
> Funktionsangebot hat vielerlei potentielle Funk-
> tionen. Der ZS-Text aktualisiert eine dieser Funk-
> tionen. Was heißt dann aber 'äquivalent'? Es gibt
> dann nicht mehr die generell gültige Gleichung AS-
> Funktion = ZS-Funktion (p. 225).

Eine Funktionsveränderung scheint mir nun für den Fall
der literarischen Übersetzung nicht einschlägig zu
sein; auch ist gerade bei literarischen Texten, die
sui generis größere kontextuelle Offenheit auszeichnet, der zielsprachliche Adressatenbezug als Ein-
flußfaktor auf den Übersetzungsvorgang geringer zu
veranschlagen als bei pragmatischen Texten.
Der Einwand von M. Snell-Hornby, die von der "Illusion
der Äquivalenz" spricht (Snell-Hornby (1986), Einleitung, p. 15), ist nicht stichhaltig, da er Äquivalenz
als Wort (mit den entsprechenden einzelsprachlichen
Äquivalenten) und als begriffliche Kategorie verwechselt. Die Bedeutung der Beschreibungskategorie der
Äquivalenz, legt man sie einmal terminologisch fest,
ist von der Diversität der Wortbedeutungen (equivalence,
équivalence) unabhängig. (So mag unter 'romantisch'/
'romantic'/'romantique' in den drei Sprachen durchaus nicht
dasselbe verstanden werden, was jedoch einen Romantik-
begriff nicht unbrauchbar macht.)

(16) So im "Tractatus" 4.01 ff. Wittgenstein führt in
4.0141 das Beispiel einer Symphonie als ideales
Gebilde, als Partitur, Grammophonplatte und

Schallwelle an (allerdings für das Verhältnis zwischen
Sprache und Welt und nicht zwischen Sprachen) und
sieht die "innere Ähnlichkeit dieser scheinbar so ganz
verschiedenen Gebilde" in der allgemeinen (Projek-
tions)regel, die das eine auf das andere abbildet und
die dem "Verfahren" bei einer auf Korrespondenz
basierenden Übersetzung entspricht. Vgl. auch die
Symboltheorie N. Goodmans (Sprachen der Kunst,
(1973) Frankfurt/M.) mit ihrem nicht auf äußere
Ähnlichkeit aufbauenden Repräsentationsbegriff (bes.
p. 15f. und 49ff.) sowie auch Robert Musils Konzept vom
"Bild-sein ohne Ähnlichkeit" (Mann ohne Eigenschaften,
in: Ges. Werke in 2 Bde., hrsg. v. A. Frisé, Bd. 1,
Hamburg 1978, p. 1155 und 1342: "... Eine
Abbildung ist also ungefähr ein Verhältnis der
völligen Entsprechung in Ansehung irgendeines solchen
Verhältnisses").

(17) Vgl. dazu L. Klotz 1985, Die poetischen Texte Velimir
Chlebnikovs in deutschen Übersetzungen, Göttingen
[unveröff. Mag.arb.]:

> In der Konzeption einer Welt- bzw. Sternensprache,
> die ein neues semantisches System beinhaltet, geht
> Chlebnikov über Sprache als Verständigungsmittel
> hinaus: Als Spiegelung der 'universellen Gesetz-
> mäßigkeiten des gesamten Kosmos' wird Sprache als
> ein Element in dem alles umfassenden Beziehungs-
> system verstanden" (p. 24).

So war bei der Übersetzung des Chlebnikov-Gedichts
"Zakljatie Smechom" das Verfahren einer Paradigmen-
bildung aus Fantasiederivaten eines Wortstamms
('lach-') wiederzugeben, wobei die dt. Einzelent-
sprechungen den russischen Neologismen auf 'lach-'
nur in der grammatischen Bedeutung (nomen auctoris,
Adjektiv ...) ähnlich sind. Die Übersetzer sind
dementsprechend auch zu ganz unterschiedlichen
Lösungen gekommen: Z.B. aus russ. smechači wird:
Lachorer (Fieguth/Stempel), Lachholde (Erb),
Lachhälse (Mon), Lacherer (Enzensberger),
Lachlackel (Reichert), Lachenschaftler (Rühm),
Lachmanns (Urban); aus russ. usmejal'no wird
(entsprechend): lächeral, lautlach, verlächerlich,
lacherlich, ablachig, verlachziv, lachelach.

(18) S. dazu Roland Barthes, S/Z. Frankfurt 1976.

(19) Wie intertextuelle Bezüge in der Übersetzung reduziert
werden, hat beispielhaft J. Lehmann anhand der
Mandelstam-Übersetzungen von Paul Celan gezeigt
("Intertextualität – ein Grenzfall der lit.
Übersetzung? Die Mandelstam-Übersetzung Paul Celans",
Vortrag auf dem Symposion "Übersetzung als ein Fall
von Intertextualität?" des SFB am 14./15.11.1986).

(20) Die Schmidtsche Methode, durch Veränderung der Graphie
ein Wort auf andere Bedeutungen hin durchsichtig zu
machen, hat ihr Vorbild bei James Joyce. Ein
Musterfall für eine Korrespondenz-Übersetzung wäre
"Anna Livia Plurabelle" aus Joyce's "Finnegans Wake",
an dem sich mehrere deutsche Übersetzer versucht haben

(W. Hildesheimer, H. Wollschläger, G. Goyert). Siehe
Anna Livia Plurabelle, einged. v. Klaus Reichert,
Frankfurt/M. 1971 (BS 253). Reichert nennt als
wichtigste sinnerzeugende Verfahren (die nur mit
"Entsprechungen" zu übersetzen sind): Spiel mit
Homonymen, Wortkontaminationen, Lautveränderungen,
Spiel mit Zitaten und Redewendungen, Polyglossie. –
Daß Korrespondenz–Übersetzungen zu einer Pluralität
von Versionen führen (s. Urbans Chlebnikov–Ausgabe,
Reicherts Joyce–Ausgabe), ist nur die andere Seite des
sie auszeichnenden fehlenden Bezuges auf ein Drittes.

(21)   Peter Urban, Nachwort, in: V. Chelbnikow, Werke in 2
Bde. hg. v. P. Urban, Reinbek 1972, Bd. 2, 603.

(22)   Vgl. zu den verschiedenen Möglichkeiten dieses
"nachbildenden" Übersetzens am Beispiel von Chlebnikov
L. Klotz, a.a.O., p. 158:
Die übersetzerische Freiheit wird hier nicht nur
legitimiert, sondern sogar gefordert. Der
Übersetzer kann und soll, ebenso wie der
Originalautor, von den gültigen Normen seiner
Sprache abweichen, im Sinne eben auch jener
Wirkung, welche diese Texte selbst auslösten.

(23)   Wittgenstein, Tractatus logico–philosophicus, 5.6.

Pragmatic Aspects of Translation: Text-Focussed vs. Reader Focussed Equivalence

Julio-César Santoyo (University of León, Spain)

Very seldom does a translator translate only for himself, as seldom does a writer (diarists excepted) write only for himself. It is rather obvious that the reader is the ultimate raison d'être of any act of translation. Translations are always made for somebody and, as in every act of communication, the term ad quem here too proves of particular importance. Theory and practice alike, however, have dispensed too often with this last link in the translation process. To quote Nida: "The role of receptors in the development of principles and practices of translation is far more important than has often been thought to be the case" (1976, 59). And little or no attention has been paid to their role perhaps because, unlike both author and translator, the reader can neither be quickly identified by means of a name nor has an easily recognizable face. Rather, he is a vague figure of reference, a shapeless entity, unpredictable and to all appearances unidentifiable, who in his neuter, amorphous and depersonalized condition seems to have no say in something that, paradoxically enough, is done only for his sake. A passive subject of translation, he has usually been supposed not to play an active part in the transfer process. And, as a result, practice has sometimes run into such deviations as the translation of the Ferrara Bible into Spanish (!?), or the 'étonnante' (Mounin) rendering of Dante's Inferno by Littré.

The Biblia en Lengua Española, translated by two Portuguese Jews, came out in Ferrara (Italy) exactly on March 1st, 1553. Nobody at the time understood it. Neither can it be understood today. Many of its sentences sound arcane, and there are whole paragraphs which are completely undecipherable, to say the least.[1] When sixteen years later Casiodoro de Reina printed in Basle his new Spanish translation, he could rightly (and somewhat ironically) say that "the former version of the Old Testament printed in Ferrara ... is to be held in great esteem (in the opinion of those who understand it)".[2] Very likely, never in the whole history of translation has one of Schleiermacher's two classic approaches been carried out so much to the letter: the writer was indeed left here in complete peace, and the reader brought to the author. Not only was he brought, but even dragged and pushed into the source text. Because, as Cipriano de Valera wrote in 1602, the Ferrara Bible had been translated "word for word, as it is in Hebrew".[3] Criticism and disapproval soon piled upon the other. Arnold

Boate, a well-known 17th century Hebraist, thought it superstitiously attached to the original; and some years later Johan Simon described it as "unnatural, incomprehensible..., and of little or no use at all to the Christian reader". The two translators, however, were always fully aware of their aims: it was the text they were interested in, not the reader, for whom they could not care less. They held that absolute pre-eminence should be given to the written, 'revealed' word, which in a way was thought of as independent of any potential reader. In the introduction, again paradoxically addressed 'to the reader', the duke of Ferrara, who had sponsored the project, openly avows that

> although the language of this translation may seem unfamiliar and rough, and very unlike today's elegant speech, it could not be done otherwise, because we   wanted to render a word for a word, and never for two... Some vain and conceited people tried to disturb and stop this useful undertaking, saying it would not sound right in the ears of courtiers and witty persons; but thinking of their opinions as coming from malevolent and disparaging people, I had it published...[4]

The _Ferrara Bible_ went thus through the press, for the sole pleasure of today's philologist, for readers it had none: the 'sacred' nature of the text had in this case completely excluded the Spanish reader from the communication process.

The episode is rather notorious in the history of translation, but not so uncommon. Remember, for instance, St. Jerome's _Vulgate,_ rendered, unlike his other translations from Greek, always with an eye on the letter of the source text, as he acknowledges in the best known and most influential of his quotations: "Ego enim non solum fateor, sed libera voce profiteor me in interpretatione Graecorum, absque Scripturis Sanctis, ubi et verborum ordo mysterium est, non verbum e verbo, sed sensum exprimere de senso". The exception needs no gloss: it is always the meaning that must be translated, except _(absque)_ in the Holy Scriptures, where even the order of the words contains mystery. Translation must be done here _verbum e verbo,_ word for word. And to the Word, again, shall the reader be subordinated. As a matter of fact, the history of biblical translation has also been the chronicle of how the focus of attention has slowly but steadily drifted from the text to the reader. Four centuries after the _Ferrara Bible,_ the translators of the New Spanish Bible now state that this 1975 version is "above all a translation to be read, even aloud. The Spanish reader is supposed to have immediate access to the original meaning. He no longer will have to learn a 'biblical Spanish' to read and understand this Bible, but will read it in real, vivid, present-day Spanish..."[5] Remarkable differences, no doubt, between these words and those of 1553.

Textual reverence has gone far beyond the divine word. A very different case, also verging on the brink of notoriety, is Emile Littré's translation in 1879 of Dante's *Inferno* no less than into 14th century French, an achievement that prompted Mounin's sensible comment:

> Après son travail, il restera toujours à traduire en français
> d'aujourd'hui ce vieux français compris des seuls romanistes,
> exactement comme nous devons mettre en français d'aujourd'hui la
> *Chanson de Roland* ... La traduction de Littré n'est sur ce point
> qu'un tour de force inutile... (1955, 121-123).

The lure of the text is likewise apparent in many other instances, in which the original happens to be classified for one reason or another as 'sacrosanct'. There are translations, present-day translations from Greek and Latin, for example, incomprehensible even to the learned for the sole reason, on the one hand, of their having cast the reader into oblivion and, on the other, because of their exaggerated dependence upon the text. Whole verses from *Prometheus Bound* and *Agamemnon,* both by Aeschylus, sound utter gibberish in translation[6], and, as with Littré, they will always be badly in need of a new version. If it is a basic principle of translation that only what has been understood can be translated (Reiß 1981, 127), it must also be taken for granted that what is translated is to be understood. Understood by the reader, of course: who else? "Celui qui traduit (wrote Vinay and Darbelnet in 1958) ne traduit pas alors pour comprendre mais pour faire comprendre" (1958, 24).

From 'show-pieces' such as these, in which the potential receptors have been purposely ignored, one is never allowed to infer, however, that their translators did not look strenuously for the 'philosopher's stone' of any translation, that is, the most adequate interlingual equivalence. On the contrary, it was their own search for equivalence that made them take what I think was the wrong road.

Fortunately, such examples are not very frequent. Nor indeed should they attract our attention too much, for they are but extreme symptoms of a prevailing attitude in the world of translation that, underestimating the importance of the reader, just disregards and leaves him aside. Theory itself has very often dispensed with the addressee, giving him from time to time but one or two pages as a sort of consolation prize. It is here again the text, and the translation process, that command everyone's attention. Think, for instance, of the following definitions: 1. Translation is the replacement of textual material in one language by equivalent textual material in another language. 2. Interlingual translation or translation proper is an interpretation of verbal signs by means of some other language. 3. Ce mot (traduction) désigne aujourd'hui le passage d'un texte écrit d'une langue dans une autre. 4. Translation may be defined as a process of finding a target language equivalent for a source language utterance. You will surely have recognized the voices of Catford, Jakobson, Mounin and Pinchuck. In more recent years A. Newman has written: "Fundamentally the translator works on the text itself and its analysis as an object; similarly, translation can be seen to operate in the substitution of one text for another" (1980, 35). Narrowed down to the text, most studies presuppose therefore (or so it seems) that all translation begins and ends in itself, thus being mainly viewed, as Ivir pointed out, as "a transformation of a text ... into another text ..., which will have all and only the properties of the first text" (1975, 207). The search for 'textual' equivalence has thus entirely (or nearly) dominated not only what naturally appears as brief definitions but whole treatises on this art and craft, from Malblanc to Zierer and Susan Bassnett, and from Savory to Garnier. As regards things written in Spanish, I must admit I do not see the reader _anywhere_ in two of the best known (and thickest) books lately published on translation: Vázquez-Ayora's Introducción a la traductología (Washington: Georgetown University Press, 1977) and García-Yebra's Teoría y práctica de la traducción (Madrid: Gredos, 1982).

At the same time this neglect of the reader sounds quite natural if we accept the slight attention likewise paid to translators as a customary and matter-of-course practice. If for some the variable roles the translator himself plays have sometimes been overlooked and even denied (Reiß 1981, 125), Danica Seleskovitch could write in 1982, more explicitly, that "dans la définition de l'opération de traduction, on a été venu à faire abstraction de l'homme qui traduit..., pour n'examiner que les langues et ne voir dans l'opération de traduction qu'une réaction de substitution d'une langue à l'autre" (1982, 33). _Mutatis mutandis,_ the same comment would apply to the reader, not only to 'the man who translates': usually taken also for granted, the analysis of the translation process has ended up too often, at the very most, in the sweat and toil of the translator, considered as a sort of proto-reader (Maison 1983, 51). Partially contradicting Seleskovitch, Stephen Straight remarks, for instance, that "the translator's own personal responses to the original work and to the translation-in-progress are employed as the touch-stone for the translation process" (1981, 45). In any case, however, that is the outer limit to go across: what lies beyond this point seems of no great moment or lacks at least any theoretical interest. Even translation quality assessment seldom asks anything about the reader, who has thus become the forgotten 'third man' in Translation Studies. In my opinion this is only due to the fact that, highly dependent on traditional linguistics and biased by literary traditions, many areas of our discipline have pivoted mainly on textual axes; and equivalence, one of its key terms and central issues, has been no exception.

I think it is high time then to join S. Blum-Kulka and Juliane House (AILA Brussels 84) in suggesting and encouraging a shift in orientation and emphasis. It is not a question of turning off the lime-light now chiefly focussed on the text ("translation is a textual phenomenon", wrote the same J. House in 1977) or on the transfer operations, but of shedding enough new light on a facet of the problem still rather in the shade. We cannot forget, as a colleague of mine (Rosa Rabadán) recently observed[7], that in the finding and fixing of the exact nature of translational equivalence both text and reader do take actual part, though variable in proportion and relation. It could be worth surveying, then, the range and extent of the reader's role, as well as underlining the importance of taking him seriously into consideration when speaking of equivalence: a notion that, without laying aside textual objectivity, may however be subject to values and conditions that only an empiric study of the target audience can ultimately bring to light.

So, even allowing for a considerable lack of personal features in the receptor's profile, one thing we know for sure: that he no longer is the source language addressee the initial discourse was meant for. Which of course is also true of modern 'native' readers of any old text: time has made them different from those Dickens, Melville or Tennyson had in mind. But in their case the time span is bridged (as regards communication) by the linguistic and cultural community the author still shares with today's audience. When time and culture gaps, however, are so wide that writer and reader no longer share the same cultural world (language being but a part of it), translation becomes compulsory again, as compulsory are the 'intralingual' versions of Sir Gawain and The Canterbury Tales into present-day English. In a similar way the reader of an interlingual translation is always a 'foreigner' by nature in the author's cultural and linguistic community, his framework of negotiability differing substantially so from that of the native receptor (House 1986, 179). And the more so the more separate and distinct source and target cultures happen to be. The reader's real, but relative distance, therefore, from the stationary point represented by the source text must necessarily introduce factors of adjustment to the norms of the prospective audience (Nida 1976, 76 - 77) that appear in principle different for any pair of languages, as indeed for every text to be translated. It is never a predictable distance either, because it results from a large series of pragmatic parameters acting in a variable and cumulative

way on the transfer process in order to bring about the final formulation of
the target text.

Far be it from me trying to be original in dealing with these factors, since
Wandruszka, Halliday, and Carroll and Gregory, among others, have already
covered many of them when speaking of sociocultural polysystems. From a
slightly different point of view, however. I see the reader/receptor, for
example, as a key element in deciding the speech variety or dialect the
translator is going to make use of. And within large communities of
speakers, as is the case of the twenty Spanish-speaking countries, such a
variety may represent lexical, phrasal and idiomatic peculiarities with
important and sometimes unexpected effects on the final text. I still
remember the displeasure I got when reading the translation of Raymond
Chandler's The Long Goodbye (El largo adiós), published in Barcelona three
years ago. It was, of course, a translation into Spanish, but done (by José
Antonio Lara) into the regional variety of Argentina, first published there,
and then again in Spain just as it had come out of the translator's pen,
probably in Buenos Aires. The result was that there were many words,
phrases and idioms I did not understand at all. It was clear enough I was
not the 'intended' reader. Meaning could sometimes be guessed from the
context, but a translation cannot be based on guesswork. The same happens
the other way round: in my peninsular variety of Spanish there are few
verbs more useful and versatile than coger: it covers many of the meanings
of catch, take, pick, seize, hold, gather, etc. Coger is the only verb I use
when I want to say that I catch a cold, catch a train, take the bull by the
horns, take somebody unawares and pick apples and flowers. In some South
American countries, however, this verb is a sort of four-letter word (five
in this case) with clear and explicit sexual connotations. There is,
therefore, no standard or unmarked variety of Spanish, neither lexically nor
phonologically. The several Spanish and South American translations, for
instance, of Lady Chatterley's Lover, or of Local Color, by Truman Capote,
reveal marked differences and decided contrasts, and not only because of
their respective translators but mainly because the readers those
translations were intended for are also different among themselves in their
different use of the language. Nothing is today translated into Spanish: it
is for the Mexican, Venezuelan, Chilean or Spanish public that translations
are made. Though quite feasible in principle, translations into the language
we call Spanish will not be viable in practice, however, unless the
prospective audience be clearly specified.

But inside a dialectal variety, and apart from it at the same time, the
empirical study of any community of speakers soon makes us come to the
conclusion that the reader factor also affects (pragmatically, I mean) many

other choices made by the translator in his search for equivalence throughout the translation process. Prerequisite conditions he must always take heed of (some of them detailed by Mildred L. Larson in 1984) are the age - and in some languages the sex - of the target language addressees, their degree of bilingualism, the relative prestige of both the source and receptor language, the function of the latter in the context of a plurilingual society, and even the reader's attitude towards orthographic systems and spelling conventions to be used. Do not try to translate anything, let's say, into Basque with the spelling conventions still in use twenty-five years ago: many readers would now reject that translation for political and nationalistic, not linguistic, reasons.

If a translator is to tune himself to his readers and make the message come across effectively, their levels of linguistic competence and capability should be born in mind too, as well as linguistic varieties defined on social and even on individual grounds in the optimal case, to quote Juliane House, the presumed interlocutor can be specified as precisely as possible (1986, 181). "Le traducteur (wrote Pergnier) ne traduit pas pour lui-même et dans son propre idiolecte, mais á l'intention de destinataires réels ou virtuels qui veulent recevoir ce message dans leur propre idiolecte" (1978, 398). Neither can technolects with functional identity within a speech community be forgotten: they above all else often ask for that corresponding lexical adequacy that allows the target text to become finally acceptable to its readers.

'Purpose' is a further distinguishing circumstance deeply involving the reader. The addressees a translation aims at and the reasons the receptor himself uses it for frequently bring noticeable divergences into target texts that share one common origin but several goals: the 'literary', written translation of a filmscript and its dubbed sound-track usually display significant variations that by no means arise from the source text, which is but one and only, but right from the basic distinction between readers and film audience. Such is the case, for instance, of the Spanish printed translations and dubbed scripts of Woody Allen's Annie Hall and Everything You Always Wanted to Know... Here too, "what is 'natural' in one medium will not necessarily be so in another and vice-versa... The medium modifies the message, both as transmitted and as received" (Wendland 1981, 109). I suppose you will agree in this aspect with S. Straight (1981, 47) when he writes that

> the goal of translation, now made openly dependent upon the limits
> and motives of its intended audience, could thus be seen to allow
> for a wide range of quite distinct but equally 'good' translations of
> a single work, each directed at a different audience or achieving its
> effects by different but equally effective means.

It is again the presumed receptors, the 'intended' audience, who set up their distance from the foreign work, a variable gap translators must always measure carefully and bridge adequately. Lauren Leighton, the translator of Kornei Chukovsky's A High Art (Knoxville: The Univ. of Tennessee Press, 1984), was well aware of the new conditions the American reader was imposing on the Russian essay, and his concern for bridging the relative distance in purpose between source text and target readers is well illustrated in the long introduction to his version:

> A High Art [he says] is a study of the art of translation aimed at Russian, not English readers, and its explanations of problems of foreign language are intended for people whose native language is Russian. This translation therefore required more than a simple conveyance of materials from one language to another, for its author's explanations must be transposed for its new English-language audience – they must be redirected away from the Russian reader and toward the reader of English (p. xxiii).

Lastly, though such parameters do not end here, blurred as the figure of the reader/receptor may seem to many, he also determines the general 'state of the language', that moves slowly forward and makes every generation look for new versions that meet the reader's expectations in a more suitable way. A 16th century translation is unacceptable today, except perhaps as a classic. Even though the reader's passive knowledge of the language allows him to understand it, his linguistic environment is no longer the same. Since 1612 every new English generation has had at their disposal a new translation of Don Quixote. Thomas Shelton wrote only for Shakespeare and Ben Jonson's contemporaries and his translation sounds just as the readers at the beginning of that century thought it right:

> You shall therefore wit, that this yeoman abovenamed the spirits that he was idle (which was the longer part of the year) did apply himself wholly to the reading of books of knighthood, and that with such gusts and delights, as he almost wholly neglected the exercise of hunting, yea and the very administration of his household affairs.

Today's translation, by J. M. Cohen (Penguin Books) reads fairly different, to the point that almost every word used by Shelton has now been substituted for another:

> The reader must know, then, that this gentleman, in the times when he had nothing to do – as was the case for most of the year – gave himself up to the reading of books of knight-errantry; which he loved and enjoyed so much that he almost entirely forgot his hunting, and even the care of his estates.

In the same way, the first two translations into Spanish of Milton's Paradise Lost (published in 1812 and 1814) have both become, if not unreadable, certainly unread: such have been since then the changes in the reading public's tastes for poetic expression.

These are only some aspects, out of many, rooted all in the receptor's role, pragmatically relevant and with far-reaching effects on the translation process, as well as on the translational product and its final acceptability by the reader. Either individually or as a whole, they can no longer be thought of as negligible elements translators and critics can do without. On the other hand, and from a practical point of view, when so manifold and significant is the reader's contribution, it is almost evident that effective translation cannot be reached unless the intended addressees are previously specified as exactly as possible. Without such a specification, it is only purposeless, mere linguistic operations that translators can carry out.

But the recapitulation of these parameters also brings us to the conclusion that equivalence cannot go on being reasonably accounted for, as has traditionally been assumed, as a term of objective, mainly text-oriented values (which would be hardly realistic) but rather as a term subject to unsteady personal, social and even teleological conditions, always in relation to something and somebody. All things considered, translational equivalence can only be viewed as a question of 'relational dynamics' (Ivir 1981, 53) and unavoidable relativity brought about by this multiplicity of variables. And as a direct consequence, 'text-focussed equivalence' becomes a wholly abstract notion, almost an immanent but immaterial agency, an ens rationis having no positive existence outside the mind, a sort of idea in the platonic sense of the word. If the reader/receptor is excluded, equivalence also becomes definitely inoperative, devoid of factual data and impossible to materialize, only to be spoken of in the abstract. There is in fact no a priori equivalence of any given source text in a second language. It could be so if translation (process and product) depended only on the source message. But in addition to the text it stems from, it also depends, as shown above, on sociopragmatic conditions directly related to the reader. This is why, as Vladimir Ivir puts it, equivalence is only realized in the communicative act of translation "and has no separate existence outside it" (1981, 53).

"I am I and my circumstance", wrote Ortega y Gasset in one of his philosophical essays: we could in the same way repeat that any translation is the rendering into a new language of a text, message or discourse previously expressed in another, plus (or within) the circumstance of the reader(s) such a translation is intended for. Nida paraphrased it in very

simple words when speaking of the many versions of the Bible, one of the
texts most often and best translated in terms of and <u>for</u> a specific type of
readers; even so, or perhaps because of it he says,

> when there are so many Bible translations in one language, the
> question inevitably arises: 'Which translation is best?' In some
> instances that may be an impossible question to answer. Whether one
> translation can be considered better than another depends in large
> measure upon the kind of persons for which it has been prepared
> and the purpose for which it is intended to be used (1982, 239).

An impossible question to answer therefore because, if indeed equivalence,
and its main pragmatic application, acceptability, are notions of a relative
condition, no translation quality assessment is viable unless it starts from
the premises determined by the reader. This same reader however who, at
least till now, has always been kept in the background, to the point that
suppositions and guesswork based on trivial and inadequate data are the
only typo-logical and taxonomical studies available nowadays when (if not
the reader as individual, which seems impossible) at least his several types
and stereotypes should be clearly outlined, defined and taken into constant
consideration.

If translation is linguistic, it is also (and above all) sociolinguistic, "one
more crucial reason why only a sociological approach to translation is
ultimately valid" (Nida 1976, 77). I will never forget the words (improvised,
but no less sensible and exact) Peter Newmark pronounced after Professor
Seleskovitch's plenary lecture during the 7th World Congress of Applied
Linguistics, held at Brussels in August 1984. Danica Seleskovitch spoke
there <u>"De la possibilité de traduire"</u>. When she finished, there arose a lively
discussion I still keep on tape, though it has not been included in the
proceedings. Peter Newmark stood up and briefly and vigorously refuted
Professor Seleskovitch's assumptions. "I congratulate you on your most
innovating lecture – he began by saying –, but you will not be surprised
to know that I disagree with a lot of it". And he ended up with these
words:

> Translation is linguistic, which you seem to deny; it is also
> pragmatic, which you do not seem to realize is part of linguistics...
> Translation is also psychological. It is a great mixture, it is
> artificial, it is complicated, and so on... But if we are going to be
> accurate in translation, then do not abandon the words, Professor
> Seleskovitch!

I would like to finish today by re-echoing those precise words: If we are
going to be accurate in translation, then do not abandon the reader either:
he remains a vital ingredient in that great mixture.

Notes:

(1) Vide <u>Gen.</u> 1, 11 - 12: "Y dixo el dio hermollesca la
tierra hermollo de yerua asimentan simiente: arbol de
fruto fazien fruto a su manera q̃ su simiente en el sobre
la tierra y fue assi. Y saco la tierra hermollo yerua
asimentan simiente a su manera: y arbol fazien fruto q̃
su simiente en el a su manera y vido el dio q̃ bueno..."
(2) "La vieja Translacion Española del Viejo Testamento,
impressa en Ferrara ... es obra de mayor estima (a
juyzio de todos los que la entienden)".
(3) "Palabra por palabra, como està en Hebreo".
(4) "Aun que a algunos paresca el lenguaje della barboro y
estraño y muy differente del polido que en nuestros
tiempos se vsa: no se pudo hazer otro por que queriendo
seguir verbo a verbo y no declarar vn vocablo por dos...
Algunos que presumen de polidos quisierõ desenquietar y
hazer tornar atras este tan prouechoso trabajo diziendo
sonarian mal en las orejas de los cortesanos y sotiles
yngenios: pero estimando sus pareceres como de personas
maleuolas y detractoras la hize sacar a luz..."
(5) Alonso-Schökel, L./Mateos, J., <u>Nueva Biblia Española</u>
(foreword), Madrid: Edic. Cristiandad, 1975 (2nd ed.
1977).
(6) Verses such as these, for instance, from a Spanish
translation of <u>Agamemnon</u>: "Mirad por qué suplicios
oprobiosos / desgarrado, por de años infinitos / tiempo,
he de padecer. / El nuevo jefe tal de los felices /
inventó contra mí cadena infame..." <u>(Tragedias de
Esquilo,</u> Madrid: Hernando, 1984, vol. I, p. 253).
(7) Rabadán, Rosa, "El lector, una 'asignatura pendiente'
en las teorías de la traducción inglés-español"
(in the press).

References:

House, Juliane (1986), "Acquiring Translational Competence
in Interaction", in: House, J./Blum-Kulka, S. (eds.),
<u>Interlingual and Intercultural Communication, Discourse
and Cognition in Translation and Second Language
Acquisition Studies,</u> Tübingen: Gunter Narr, pp. 179-191
Ivir, Vladimir (1975), "Social Aspects of Translation", in:
<u>Studia Romanica et Anglica Zagrabiensia,</u> 39, pp. 205-213
Ivir, Vladimir (1981), "Formal Correspondence vs. Trans-
lation Equivalence Revisited", in: <u>Poetics Today</u> 2/4
(summer-autumn), pp. 51-59
Maison, Elvira D. (1983), <u>Estudios sobre la traducción,</u>
Madrid: Lar
Mounin, Georges (1955), <u>Les Belles Infidèles,</u> Paris:
Cahiers du Sud
Newman, Aryeh (1980), <u>Mapping Translation Equivalence,</u>
Leuven: Academic Publishing Company
Nida, Eugene A. (1976), "A Framework for the Analysis and

Evaluation of Theories of Translation", in: Brislin,
R. W. (ed.), Translation: Applications and Research,
New York: Gardner Press, pp. 47-91

Nida, Eugene A. (1982), "Quality in Translation", in:
The Bible Translator 33/3 (July), pp. 329-332

Pergnier, Maurice (1978), Les Fondements sociolinguistiques
de la traduction, Lille: Atelier de Reproduction de
Thèses, Université de Lille III

Reiß, Katharina (1981), "Understanding a Text from the
Translator's Point of View", in: The Bible Translator,
32/1 (January), pp. 124-134

Seleskovitch, Danica (1982), "Traduction et Compréhension
du langage", in: Multilingua 1/1, pp. 33-41

Straight, Stephen (1981), "Knowledge, Purpose and Intuition:
Three Dimensions in the Evaluation of Translation", in:
Rose, M. G. (ed.), Translation Spectrum: Essays
in Theory and Practice, Albany: New York Press, pp. 41-51

Vinay, J. P./Darbelnet, J. (1958), Stylistique comparée du
français et de l'anglais, Paris: Didier

Wendland, Ernst R. (1981), "Receptor Language Style and
Bible Translation: A Search for 'Language which Grabs the
Heart'", in: The Bible Translator 32/1 (January), pp.
107-124

Textual Meaning, Message and Translation

Roda P. Roberts (University of Ottawa, Canada)

0. Introduction

"Translating consists in reproducing in the receptor language the closest natural equivalent of the source language message...," claim Eugene Nida and Charles Taber (1974, 12). Their emphasis on transfer of a message as the goal of the translation process is echoed in many other translation studies. "Le message est le pivot de l'opération traduisante," according to Maurice Pergnier (1978, 32). Danica Seleskovitch is even more explicit: "In one respect, translating and interpreting are very similar... Both begin with a message devised by a human being, both require an understanding of what is meant by the originator of the message, and both require the ability to match words of a given language with ideas originally expressed in another language" (1986, 369). But, if there is general consensus on the fact that translation has as its purpose the transfer of a message from a source language into a target language, what constitutes message remains unclear.

There are, in fact, at least four different points of view on message, with some translation theorists embracing more than one even in the same work. The first, adopted by many, is that message denotes such an obvious concept that it does not need any explanation: Wolfram Wilss, for instance, uses the term regularly throughout The Science of Translation. Problems and Methods (1982), and yet nowhere does he identify the concept it designates. A second approach to message is that of equating it with meaning. This is essentially what Aryeh Newman does while attempting to define message: "the message" – or meaning, he adds in a footnote – "is the product of the interaction of three main factors: author (A), text (T) and reader (R) made possible by a shared language" (1981, 20). Once he has established the message/meaning equation, he uses the terms inter-changeably throughout his book. The third concept of message is that it represents not meaning in general, but meaning of a certain type or a certain level. This is the view of Danica Seleskovitch and the Paris school, who distinguish between meaning in "langue" (termed signifié, signification, signification linguistique, signification verbale or signification virtuelle by this group) and meaning in "parole" (generally called sens); according to them, the message is composed of sens, normally at the level of larger units of discourse (i.e. beyond the level of the word, phrase, or even sentence):

... je parlerai du <u>sens</u> des mots et des syntagmes comme étant leur <u>signification pertinente,</u> telle qu'elle se dégage des significations linguistiques dans l'acte de parole, grâce au contexte et aux circonstances dans lesquels s'inscrit le signe, et du <u>sens</u> du message pour indiquer l'amalgame des significations pertinentes des mots qui se combinent, et qui représente le <u>vouloir-dire</u> et le <u>compris</u> des interlocuteurs (Seleskovitch 1975, 12).

The fourth point of view on message – the last one presented here – is that adopted by Eugene Nida in a 1976 article (48 – 58); message is made up of both content and form. This concept of message underlies Nida and Taber's definition of translation as "reproducing in the receptor language the closest natural equivalent of the source-language message, first in terms of meaning and secondly in terms of style" (1974, 12).

There is no doubt that there is a link between message and meaning, as most of the theoreticians cited above have indicated. However, the fact that we speak about "referential meaning" and "connotative meaning" (Nida and Taber 1974, 34) but not about "referential message" and "connotative message" is a good indication that meaning and message are not really synonyms, that message covers something other than meaning as it is generally understood. What differentiates message from meaning, according to Nida and Taber, is that message includes style as well as meaning. While this concept represents a definite advance in relation to the thinking of others who restrict message to meaning, which is normally understood as referential meaning, it still does not go far enough. For style is also meaningful, and can thus be classified as typifying a kind of meaning, which Geoffrey Leech terms "stylistic meaning" (1974, 16 – 18). Does this mean that message is the sum total of all possible types of aspects of meaning? No, says Peter Newmark, for "meaning is complicated, many-levelled, a 'network of relations' as devious as the channels of thought in the brain" (1981, 51), while message is "only a part of a complete meaning" (1981, 52).

Taking this statement as my starting point and bearing in mind that meaning must be understood in the broadest sense to include stylistic meaning, I define message as those aspects of meaning that seem pertinent in a given text to a reader in light of the text's dominant situational parameter(s) and communicative function(s). To be able to understand this definition and all that it implies, I will first distinguish between meaning out of context and situation (structural meaning) and meaning in context and situation (textual meaning); I will then differentiate between textual meaning and message. In conclusion, I will show how one's understanding of the message determines equivalences at the text component level in translation.

1. Types of Meaning

If, as I have indicated above, message consists of those aspects of meaning that seem pertinent in a text to a reader, the first step in identifying message, which is what is transferred in translation, is awareness of the various aspects or types of meaning.

First, a distinction must be made between structural meaning and textual meaning. When we come across a linguistic sign (word or grammatical form) that is unfamiliar, we deal with it in two interrelated ways: (a) We look up the word in a dictionary or ask someone what it can mean; and then (b) we try to deduce its precise meaning from the text in which it occurs. Let us suppose, for instance, that someone with a relatively poor knowledge of English came across an advertisement inviting applications for the "chair" of philosophy at a given university. He could turn to any good English dictionary and find out that "chair" has at least four potential meanings: a piece of furniture, an instrument of execution, a person presiding over a meeting, and an academic position. These potential meanings that the word "chair" has, if considered in isolation (out of a given text), comprise its structural meaning, its meaning as part of the language system. Armed with these four potential meanings, the reader could then turn to the text and deduce from the signs with which the unfamiliar sign is combined – "Applications are invited from qualified applicants for the chair of philosophy at the University of Ottawa" – that "chair" in this text referred to an academic position. "Academic position" would be the meaning of "chair" in this text; in other words, that would be its textual meaning. From what has been indicated above, the following points of comparison can be made between structural meaning and textual meaning: (a) the structural meaning of a sign is often vaster than its textual meaning; (b) structural meaning covers potential meanings that a sign can assume in a text, while textual meaning consists of the realization of one of the potential meanings of a sign in a given text (i.e. in a given context and situation); (c) the presence of other signs in a given language system does not directly affect a particular sign's structural meaning; however, the presence of other signs in a text directly influences a specific sign's textual meaning.

Both structural meaning and textual meaning are generic, in that they subsume different aspects of meaning. If meaning is seen as a relationship between a linguistic sign and something other than this sign (cf. House

1977, 25 - 31), then we can identify four aspects of meaning on the basis of the elements with which a sign can relate: semantic meaning, pragmatic meaning, propositional meaning, and discourse meaning.

Semantic meaning is the relationship of signs to referents (i.e the non-linguistic objects, events, qualities and relations that the signs refer to, or more precisely the concept we have of the objects, events, etc. in question). For example, the four potential meanings of "chair" given above as well as its one textual meaning are all semantic meanings, for they mark the relationship of "chair" to referents.

Pragmatic meaning is the relationship of signs to their users: it consists of the association which users relate to signs. Since these associations are diverse in nature, pragmatic meaning is a very vast category, which can be subdivided, according to the type of association marked, into connotative meaning, stylistic meaning, reflected meaning and collocative meaning. Connotative meaning is taken here to mean what a sign communicates about the attitudes and emotions of users regarding a given referent: for instance, the association of cunning and deceitfulness which is generally attached to the English sign "fox" is its connotative meaning. Stylistic meaning is "that which a piece of language conveys about the social circumstances of its use" (Leech 1974, 16); it communicates information about the geographical origin of the user (e.g. "truck": North American background), his social class (cf. Nida and Taber's claim that "napkin" is used instead of "serviette" by the upper classes), age, level of education, level of formality, literary vs non-literary nature of text, etc. Reflected meaning is the meaning which arises "when one sense of the word forms part of our response to another sense" (Leech 1974, 19). For instance, the word "intercourse" has three important senses or semantic meanings; those of copulation; dealings or connection between persons, organizations or nations; and exchange of thought and feeling; however, the sexual sense has a dominant suggestive power that seems to rub off on the other senses, which seems to be causing the non-taboo senses to die out because of the process of taboo contamination. Finally, collocative meaning consists of the association a word acquires on account of the meanings of words with which it is most likely to co-occur or collocate. For example, "pretty" and "handsome" both have the semantic meaning of good-looking; but the former has acquired the collocative meaning of "(good-looking) in a delicate, feminine way" because it tends to collocate with women, children, flowers, gardens, etc., while the latter has come to mean "(good-looking) in a rugged, masculine manner" because of its tendency to collocate with men, cars, vessels, horses, etc. What collocative meaning, reflected meaning, stylistic meaning and connotative meaning have in common is that they all consist of associations of different kinds attached to words and forms. They are thus grouped together under the generic "pragmatic meaning".

All words and forms considered in isolation, in "langue", have semantic meaning. All also have some form of pragmatic meaning in "langue", if "neutral" connotation or zero connotation is taken into consideration. When linguistic signs are combined with other signs into a coherent stretch of language (text), their structural (semantic and pragmatic) meanings are reduced, refined and occasionally altered. Thus the four senses of "chair" that compose its structural semantic meaning are reduced to one in the sentence "Address the chair", in which the sense of person presiding over a meeting is the only valid one. The connotative association that the word "baby" normally carries – that of cuddliness and cuteness – is retained and even heightened in a context such as "I love babies. When they look up innocently and smile beatifically at me, I can't resist picking them up". However, in a context such as "I could not enjoy the concert last night because of the shrieking of the many babies present", that favorable association is not retained; if anything it is replaced by a negative connotation. Thus, while semantic meaning and pragmatic meaning are found both in langue and parole, they vary somewhat depending on whether they are part of structural meaning or part of textual meaning.

Textual meaning, which is the relationship of signs to other signs, includes, in addition to semantic meaning and pragmatic meaning, two other categories of meaning which I call propositional meaning and discourse meaning.

The term "propositional meaning" has been created on the basis of Mildred Larson's use of the term "proposition": according to her, a proposition, which is a semantic unit and not a grammatical one, is "a grouping of concepts into a unit that communicates" (1984, 189), which "consists of a topic and a comment" (1984, 257). Propositional meaning is basically the relationship resulting from the way concepts are grouped together to communicate something specific . For instance, the sentence "Shasta pretended to lead" contains two propositions or meaningful groupings of concepts: 1. Shasta pretended, and 2. (that he) led; in both these propositions, the concepts are grouped around the event (pretended and led), the central concept, which constitutes the comment pertaining to the topic Shasta.

Understanding of propositional meaning is essential to the comprehension of the source text, but propositional meaning is not enough to fully understand even most short texts, for, as the example above has shown, even short sentences often contain more than one proposition. What is also very important for text comprehension, and therefore for translation, are the links between propositions and groups of propositions. These cohesive links mark yet another type of textual meaning, which I call discourse meaning. Propositions and groups of propositions are related to each other in several different ways: by relational structure, span, and semantic domain. All three have been discussed in depth by Larson (1984) and therefore will only be touched on briefly here.

Relational structures between propositions and propositional groups mark two different types of relations: those of addition and support. If two propositions or propositional groups are equally prominent, they are tied by the relation of addition; however, when one of them is less prominent than another, the relation between them is one of support with the less prominent proposition or propositional group being the support and the other being the head. Addition and support relations can be of various kinds, both chronological and non-chronological: for instance, the sentence "Mary washed the dishes and then John dried them" contains two propositions linked by a sequential chronological addition relation; on the other hand, the two propositions contained in the sentences "The car was dirty. So John washed it" are tied by a logical non-chronological support relation. Both major categories of relations can be marked either with or without a connective.

In addition to relational structure, two other features of discourse are important to the cohesion of a text and therefore to discourse meaning: span and semantic domain. Larson defines span as "the continuation of a given participant, setting or event through a part of the text" (1984, 390). It is marked in a text by means of reference, reiteration, substitution and ellipsis.

Unlike span,
> semantic domain does not refer to using the same form
> or referring to the same specific item over and over
> ... but rather to the fact that the things being
> referred to are from the same domain (i.e. center
> around the same topic, or have certain semantic
> components in common). For example, sea, casting nets,
> lake, fisherman, boat, fish, etc. all belong to the
> same domain (Larson 1984, 393).

The constant presence of a given semantic domain, like relational structures and continued reference to a given participant, event or setting, are cohesive elements which constitute discourse meaning, i.e. the relationship between propositions and propositional groups in a text.

Discourse meaning, propositional meaning, pragmatic meaning and semantic meaning are all components of textual meaning, which at first glance seems much wider than structural meaning, as the latter is composed only of semantic and pragmatic meanings. However, since structural semantic and pragmatic meanings include all senses and all associations attached to linguistic signs, and since textual semantic and pragmatic meanings are limited to those specific, single ones that emerge when given signs are used in a particular context, there is some narrowing of scope from structural meaning to textual meaning. A similar narrowing of scope occurs in the transition from textual meaning to message. It is this systematic reduction of scope that has led Newmark to make the following remarks (1981, 52):

> A message ... is only a part of a complete meaning ... communication has a similar relation to language as functions have to structure. Language, like structure, like "global" meaning, is rich, diverse, manylayered: once one thinks of a message, a communication, a function, the utterance becomes sharp, thin, direct.

2. Message

The message of an utterance or text, according to Ayreh Newman, "constitutes a constructive creation of both author and reader, each interacting within their own total interpersonal time-space situations" (1980, 24). In other words, the message is the product of the interaction of an author, a reader and a text produced in a given situation. This is the starting point of my delimitation of message and the distinction I see between message and textual meaning.

All varieties of meaning are introduced in every text either consciously or unconsciously by the author. However, not all varieties and all instances of each variety are equally pertinent in every text. Nor do they all seem equally relevant to the reader. The reader or translator seems to pick out from the multiplicity of meanings of different kinds found in the text a certain number which he considers as constituting its message. This is illustrated by the following two translations of W. H. Auden's poem "O where are you going?" The translations are very different from each other, but both represent a selective reading of the original.

"O Where Are You Going?"
by
W. H. Auden

'O where are you going?' said reader to rider,
'That valley is fatal when furnaces burn,
Yonder's the midden whose odours will madden,
That gap is the grave where the tall return.'

'O do you imagine,' said fearer to farer,
'That dusk will delay on your path to the pass,
Your diligent looking discover the lacking
Your footsteps feel from granite to grass?'

'O what was that bird,' said horror to hearer,
'Did you see that shape in the twisted trees?
Behind you swiftly the figure comes softly.
The spot on your skin is a shocking disease.'

'Out of this house' - said rider to reader,
'Yours never will' - said farer to fearer,
'They're looking for you' - said hearer to horror,
As he left them there, as he left them there.

Translation of Auden's "O Where Are You Going?"
by Annie Brisset

"Où vas-tu donc?"
          Dit Lecteur à Lutteur,
"Ce val est fatal
          Quand les brasiers brûlent,
Le fumier s'y empile
          Empeste et affole,
Ce trou est la tombe
          Où glissent les grands.

"O sais-tu donc"
          Dit Penseur à Passeur,
"Que la nuit freinant
          Ta course vers le col
A ton regard vif
          Le vide masquera,
Par tes pieds foulé
          De la pierre au pré?

"Quel était cet oiseau?"
          Dit Horreur à Oreille,
"As-tu vu la forme
          Dans les arbres tors?
Furtive, la silhouette
          En silence te suit,
La tache sur ta peau
          Est un mal, un scandale."

"Loin du logis" -
           Dit Lutteur à Lecteur,
"Jamais pour toi" -
           Dit Passeur à Penseur,
"C'est toi qu'ils cherchent." -
           Dit Oreille à Horreur,
En les quittant là,
           En les quittant là.

Translation of Auden's "O Where Are You Going?"
              by Jean Lambert

"Où vas-tu donc? dit le lecteur au cavalier,
La vallée est mortelle quand les fourneaux brûlent,
Le fumier s'y entasse et ses odeurs affolent,
Ce trou est une tombe où reviennent les forts".

"Et crois-tu donc, dit le craintif au voyageur,
Que tu vas atteindre le col avant la brune,
Que ton oeil diligent va découvrir le vide
Reconnu par tes pieds entre l'herbe et la pierre?"

"Quel était cet oiseau? dit l'horreur à l'oreille,
As-tu vu cette forme dans les arbres tors?
Cette ombre te poursuit, silencieuse et rapide,
La tache sur ta peau est un mal scandaleux".

"Va-t-en d'ici", dit le cavalier au lecteur.
"Les tiens jamais", dit le voyageur au craintif.
"Ils ne cherchent que toi", dit l'oreille à l'horreur.
Comme il les laissait là, comme il les laissait là.

Without going into a detailed analysis of Auden's poem, which has been admirably done by Annie Brisset in "Structures de signifiance et traduction. Réflexions sur un poème de W. H. Auden" (1980), I will focus on the word "rider" in this ballad and the various types of meaning it embodies. The poem is in the form of questions (along with their development) and answers between three sets of interlocutors: reader/rider, fearer/farer and horror/hearer. Thus, in the first instance, "rider" represents one of the actants. The structural semantic meaning of "rider" includes, among other senses, that of "a person that rides (a horse, normally)", and this meaning is retained in the text where each of the actants to whom the questions are posed is characterized by some form of physical activity (rider: person who rides; farer: person who travels; hearer: person who hears). This textual semantic meaning of "rider" is found in juxtaposition with two textual pragmatic meanings, one connotative, the other stylistic. In this text, "rider" shares with "farer" and "hearer" the connotation of dynamic, as opposed to that of static shared by the other three actants ("reader" - note that while reading is an activity, it is a mental one, and thus does not connote dynamism - "fearer" and "horror"). In addition, "rider" conveys stylistic meaning in this text by alliteration with "reader" and by rhyming with all the words designating actants; in fact, this phonetic structuring ties the apparently very different actants together. Finally, the word "rider" contributes through its semantic meaning to the semantic domain of travel (indicated by words such as "going", "farer", "left" and topographical markers such as "that valley" and "yonder"), and thus constitutes an important element of discourse meaning.

While all these meanings are revealed by a close examination of the poem, not all of them are considered equally important or relevant by the two readers / translators. By their different renderings of "rider", the two translators, Jean Lambert and Annie Brisset, indicate the types of meaning that they have each considered most pertinent. Lambert has translated "rider" by "cavalier": he has thus given priority to the semantic meaning of the English word. In so doing, however, he has destroyed the phonetic links found between "rider" and "reader" (there is no alliteration or rhyme linking "lecteur" and "cavalier"), and indeed among all the actants in the original poem. Consequently, the stylistic meaning that emerged from these phonetic links, that of a certain unity among the actants, has disappeared in Lambert's translation, and thus the connotative link of dynamic vs static between the actants has been correspondingly weakened. However, the translation of "rider" by "cavalier" means that the contribution of this word to the semantic domain of travel (which is an element of discourse meaning) remains unchanged. Brisset, on the other hand, by rendering "rider" as "lutteur", has not maintained the semantic meaning of "rider". What her translation retains is the phonetic links between "rider" and "reader" ("lecteur" and "lutteur" retain the original alliteration and rhyme), and indeed among most of the actants ("fearer" = "penseur"; "farer" = "passeur"; "horror" = "horreur", but "hearer" = "oreille"). The retention of this stylistic unity helps to bring out the connotative links between the actants, and the substitution of "lutteur" for "rider" only heightens the connotation of dynamism presented by the latter. However, unlike "rider", "lutteur" does not mark the semantic domain of travel, and thus does not contribute to that aspect of discourse meaning. It thus becomes obvious that, while Lambert has given priority to the semantic meaning of "rider" and to the contribution of that semantic meaning to discourse meaning (via the semantic domain of travel), Brisset has given preference to the textual pragmatic meanings (stylistic and connotative) of the word.

The hierarchization of different types of meaning and the priority given to one over the other, which is revealed by Lambert's and Brisset's translations of the one word "rider", can in fact be seen throughout their respective translations. Brisset, commenting on Lambert's rendition, points out that "De l'original il ne subsiste qu'un denotatum" (1980, 142); Folkart, commenting on Brisset's version, states: "...[les] contenus sous-jacents l'emportent sur les signifiés immédiats" (1986, 74). These are merely different ways of saying that Lambert focusses overall on semantic meaning and Brisset on pragmatic meaning. In other words, each of them, as reader-translator, has provided a different interpretation of Auden's poem, a different "reading" according to Newman (1980, 21), by concentrating on one type of meaning which they consider more relevant than another. Each has interacted with the text and author to reproduce what he considers the message.

From the above example we can deduce that a message is made up of those aspects of textual meaning that seem relevant to readers. Does this mean that the message of any text is totally indeterminate, that it consists of any aspects of meaning in the text that strike a reader? Despite the two very different messages presented above, the obvious answer to this question is "No"; otherwise, there would be little communication possible. I feel that the reader's choice of aspects of meaning most relevant in a given text is (or should be) guided and circumscribed by two different but interrelated factors: the dominant situational parameter(s) as revealed in the text, and the corresponding communicative function(s) found therein.

Each text is produced in a given situation of communication, which includes four parameters: source, intended receptors, subject and vector (Pergnier 1978, 58, 60). This situation, according to Pergnier (1978, 50) "confère son sens au message et conditionne son énonciation". While he insists that all four situational parameters are required for a message to be communicated, he does point out that not all four are equally important in every text (1978, 56). In other words, what he seems to be saying is that the nature of the message depends on the parameter(s) that dominate(s) in a text. If we now attempt to link this idea to the preliminary definition of message presented above − a message is made up of those aspects of meaning that seem important to a reader in a given text − we can say that what seems to make certain aspects of meaning relevant in a given text is the dominance of one or more of the situational parameters. Thus, in order to grasp the message of a text, one must be able to determine which of the parameters listed above plays a prominent role in its constitution, and one must be aware of the types of meaning that are closely related to specific situational parameters.

Various criteria for determining which situational parameter is the most important in a given text have been suggested by Pergnier (1978, 56) and especially Newmark (1981, 15, 21) and will not be dealt with here; they include the text category, overall style, type of language, and type of keywords. Examination in terms of these criteria of Auden's poem, quoted above, leads to the belief that it is predominantly source-oriented, i.e. the text focusses primarily on the source and his individuality; this is revealed by the fact that it is a poem, that it is marked by individual style (e.g. questions/answers, rhythmic patterns, alliteration), that it contains a great deal of figurative language (e.g. "the bird," "the figure"), and that it is characterized by the leitmotif of death. Other texts may be primarily subject-oriented (i.e. the text focusses primarily on subject matter) or intended receptor-oriented (i.e. the text focusses primarily on the intended receptors). If no mention is made here of vector-oriented texts, it is because the vector is rarely the only primary factor dominating a text, although it is certainly important in many source-oriented and intended receptor-oriented texts.

The concept of the primary focus of a text being on one (and, in certain cases, a couple) of the situational parameters is related to that of functions of communication, which can be defined as the purposes of communication as revealed in a given act of communication (e.g. a text). It is generally agreed that communication involves three primary functions: expressive, informative and imperative. While most acts of communication involve more than one function there is also some consensus that one or at most two functions are the most important in a given text and therefore deserve special attention. The primary function(s) can be identified by pinpointing the situational parameter(s) dominating a specific text or act of communication. Thus, a text in which the primary focus is on the source has a predominant expressive function (the purpose of the communication is the expression of the source's individuality through his personal use of language); a text whose primary focus is the subject has a predominant informative function (the purpose of the communication is the transmission of factual information); finally, a text which is primarily intended receptor-oriented has a predominant imperative function (the purpose of the communication is to influence the receptors and make them react in a given way).

How does the dominance of a given situational parameter in a text and the resulting function of communication that it reveals affect the message, which, as I have indicated above, consists of those types of meaning that are relevant or important in a given text? On the basis of a number of text analyses, the following hypotheses can be made. If the source's individuality seems more important in a given text than the subject or the need to "reach" the intended receptors or even the overall vector (i.e. if the text has an expressive function of communication), then what will probably be most important or relevant is the textual pragmatic meaning (stylistic and connotative meaning), rather than textual semantic meaning, for example. If the subject is the dominant element in a text (i.e. if the informative function of communication is most important), then textual semantic meaning, propositional meaning and discourse meaning will likely be more pertinent than textual pragmatic meaning. If the text seems to call upon intended receptors to react in a specific manner (i.e. the text has an imperative function), then textual pragmatic meaning and perhaps discourse meaning will tend to be particularly significant. These hypotheses can be confirmed, to a certain degree at least, by a quick look at Auden's text.

Auden's poem, which is source-oriented and has an expressive function, is built on specific phonic patterns, which Brisset has analyzed in detail (1980, 28 - 57): these include the similar rhythmic pattern of the second half of line 1 of verses 1, 2, 3 and 4 and of lines 2 and 3 of verse 4, and the alliteration of reader/rider, fearer/farer, horror/hearer. It is through these phonic patterns that "la sémantique fait irruption", as Brisset puts it (1980, 148). But the "sémantique" she refers to is not semantic meaning (not reference), but the connotation of dynamic vs static that is particular to this text and to its source. In other words, it is the stylistic meaning revealed by the phonic patterns that brings out individualized connotative meaning in this ballad. Thus, in this text in which the source dominates and whose function is primarily expressive the message consists primarily of stylistic and connotative meanings.

Each text must be examined individually, as I have done rapidly with Auden's poem, to determine which situational parameter(s) has (have) played a predominant role in the constitution of its message, which communicative function the text reveals, and correspondingly which types of meaning are most relevant in the text. In other words, the message is not merely those aspects of meaning that seem relevant to a reader in a given text, but those types of meaning that are revealed to him as most relevant in terms of the text's dominant situational parameter(s) and primary function(s).

3. Message and Translation

If Brisset, in her translation of Auden, has emphasized pragmatic meaning - even, occasionally, to the detriment of semantic meaning - it is because this aspect of meaning is the one she has considered the most important in the original in light of that text's dominant situational parameter (the source) and its primary function (expressive). If Lambert, in his translation of the same poem, has ignored pragmatic meaning in large part and focussed primarily on semantic and propositional meaning, it is because he has not taken into account either the text's dominant situational parameter or its primary function. While both obviously believe that they have presented the message of the original in their respective translations, it is obvious that they have different ideas on what constitutes the message: Lambert's translation reveals that, for him, the message is essentially "ideas" – semantic and propositional meaning, while Brisset's concept of message resembles my own in that she has chosen to present in her translation those aspects of meaning that seem most important to her in Auden's ballad in light of its dominant situational parameter and function. Partly because of the similarity of her view of message with my own, but mainly because of the similarity of impact produced by Auden's original and Brisset's translation – which is not created by Lambert's version, I conclude that closer message equivalence is attained by Brisset than by Lambert. Since translation consists in reproducing in the receptor language the closest natural equivalent of the source language message, the further conclusion can be drawn that Brisset's translation is more faithful to the original than Lambert's, despite such obvious changes as "rider/lutteur" and "diligent looking/regard vif".

In fact, these changes are dictated by Brisset's conception of the message of the original, just as Lambert's rendering of "rider" by "cavalier" and "diligent looking" by "oeil diligent" are imposed by his view of the message. For equivalences at the text component level – at the phonetic, graphic, lexical and structural level – are normally established by the translator in light of his understanding of the message. Brisset's choice of "lutteur" for "rider" has been explained earlier as based on a desire to retain the stylistic and connotative meanings created by the actants in the poem. Her rendering of "diligent" by "vif", which alliterates with the following "vide", also finds its justification in stylistic meaning: "Les trois paires paronomasiques: "'midden'/'madden', 'looking'/'lacking' et 'swiftly'/'softly' ont été respectivement rendues par 'empile'/'empeste', 'vif'/'vide' et 'silhouette'/'silence'," says Brisset (1980, 173), for the English lexemes are phono-semantic elements which are linked

> non pas dans un rapport sémantique direct mais dans un rapport topologique qui fait sens puisqu'il crée entre eux une organicité... Cet ensemble est un élément de sémantisation à l'intérieur de l'ensemble plus vaste que sont les isophonies primaires, mais lui-même n'a pas de signification autonome (1980, 157).

Lambert, on the other hand, has made no special effort to retain most of the phonetic particularities of the poem, for he obviously does not believe that they are more than "ornamentation". All his lexical choices are thus

made purely on the semantic meaning of the SL lexemes (e.g. "rider/
"cavalier", "diligent looking"/"oeil diligent").

This very brief analysis reveals the importance of message in translation
and correspondingly the importance of fully understanding the message of
the original. Equivalence in translation is above all message equivalence.
Choices of equivalents at the text component level are made with a view to
establishing message equivalence. If the message is not properly grasped,
choices at the lexical and structural levels, while perhaps closer to the
source text in form and in semantic and propositional meaning, remain
inadequate at the level of the text as a whole. On the other hand, the
closer the message equivalence, the more satisfactory the choices at the
text component level. Given the importance of message in translation, it is
important to clearly delimit the concept, which is what I have attempted to
do in this paper.

Bibliography

Brisset, Annie (1980), Structures de signifiance et
    traduction. Réflexions sur un poème de W. H. Auden,
    M. A. Thesis. University of Ottawa
Folkart, Barbara (1986), "L'opacification et la
    transparence: traduction littéraire et traduction
    technique", in: Langues et linguistique 12, pp. 61-93
House, Juliane (1977), A Model for Translation Quality
    Assessment, Tübingen: Gunter Narr
Leech, Geoffrey (1974), Semantics, Harmondsworth, Middle-
    sex: Penguin Books
Newman, Aryeh (1980), Mapping Translation Equivalence,
    Leuven: ACCO
Newmark, Peter (1983), "Introductory Survey", in: Picken, C. (ed.), The
    Translator's Handbook, London: Aslib, pp. 1-17
Nida, Eugene A. (1976), "A Framework for the Analysis and
    Evaluation of Theories of Translation", in: Brislin, R.W. (ed.),
    Translation. Applications and Research.
    New York: Gardner Press, pp. 47-91
Nida, Eugene A./Taber Charles (1974), The Theory and
    Practice of Translation, 2nd ed., Leiden: E. J. Brill
Pergnier, Maurice (1978), Les fondements sociolinguistiques
    de la traduction, Paris: Honoré Champion
Seleskovitch, Danica (1975), Langage, langues et mémoire,
    Paris: Minard
Seleskovitch, Danica (1986), "Interpreting versus Trans-
    lating", in: Kummer K. (ed.), Building Bridges. Pro-
    ceedings of the 27th Annual Conference of the American
    Translators Association, Cleveland, 1986, Medford,
    NJ: Learned Information, Inc., pp. 369-376
Wilss, Wolfram (1982), The Science of Translation. Problems
    and Methods, Tübingen: Gunter Narr

Evaluating Firms as Communicators with Foreign Business Environments: A Sociolinguistic Approach

Nigel Holden (University of Salford, U.K.)

Introduction

It seems not unreasonable to suggest that the interest of language specialists in the activities of internationally operating organisations is overwhelmingly confined to the development and provision of foreign language training courses. Seemingly only a few such specialists are inclined to pay attention to language "as an influence in its own right" (Ullman 1977) on the nature of communication (a) within organisations and (b) between organisations and the individual foreign business environments (or markets), whose structure and characteristic business practices must be held to be sociolinguistically determined in significant ways.

This situation is certainly a reflection of the fact that recent years have witnessed "the retreat of linguistic experts into pure research" (Haas 1982); but it is also surely connected to an apparent reluctance, an aversion it almost seems, on the part of linguists, to study language behaviour in organisational and occupational settings and in the specific context of the firm as a prime generator of economic activity. If this assessment is broadly correct, then it may go some way towards explaining why the discipline of linguistics remains, as it was described some twenty years ago: "the least influential of the social sciences" (Leech 1966).

An indication of how limited, not to say negligible, has been the impact of linguistics on management and business studies can be judged from the following table relating to a survey of the treatment of 'language' in 463 English language management and marketing texts (Holden 1986). This survey, undertaken in 1984, examined texts classified under 'marketing', 'industrial marketing', 'international marketing', 'international business' and 'advertising'. Table I below lists the number of indexed and unindexed references to language. There is no analysis of these findings in this paper, but some brief comments are pertinent.

Subject area	No. of texts	No. of texts with sections on internat. business	L refs	(L) refs	No refs.
Marketing	106	32	5	23	4
Industrial Marketing	40	5	2	1	2
International Marketing	35	35	12	17	6
International Business	160	160	12	1	147
Advertising	122	1	1	10	111
Total	463	233	32	52	270

TABLE 1

Survey of mentions of language topics in 463 texts covering marketing, industrial marketing, international marketing, international business and advertising.

First, of the 195 texts devoted to international marketing and international business only 24 offer indexed references to language; beyond that the actual treatment of linguistic topics is shallow and often grossly misinformed. Second, of the authors surveyed only one, Terpstra (1978), appears to have made it his business to consult what linguists have to say about language. Third, only two authors in the sample were struck, in their empirical investigations, by the way in which differences in language between buyers and suppliers in the European context affected cross-cultural business relationships. We shall presently quote from works of the authors concerned, Turnbull and Cunningham (1981).

The fact is, although linguists are plainly interested in many facets of human communication, they appear not to have grasped that "in practical affairs communication and economics can never be separated" (Leach 1982): which suggests that, until linguists show a keener interest in (a) defining and explaining the relationship between language, on the one hand, and economic activity, on the other, and (b) introducing from linguistics concepts and models which clarify this relationship, linguistics will not gain substantially in influence across the management sciences.

There is indeed a certain irony in the fact that linguists have so little investigated language competence and performance (to make deliberate use of Chomskyan terminology) in organisational and inter-organisational settings, precisely because the very first organisation in recorded human history, namely the Tower of Babel, is indelibly associated with language behaviour. There are at least two fundamental questions for all would-be investigators of language behaviour in organisational settings. The first is: what are the purposes to which people as organisational actors put language to achieve their purposes? (It is after all not an exaggeration to say that the fate of this planet is intimately bound up with how people in their organisational capacities rather than private capacity use language at and with each other to secure their respective objectives). The second question raises itself in relation to organisations which must perforce communicate with each other across formal language barriers. Here, we ask: what is the effect of language barriers on organisational behaviour and performance?

The Language-Barrier Effect on Firms' International Behaviour

In order to gain some understanding of the 'Problematik' of these two key questions the author has made extensive investigations of the communication behaviour of five UK industrial firms in the international business context (Holden 1986). By their nature such firms are characterised by relationship-forming behaviour with their customers which is qualitatively different from the behaviour of other types of firms such as suppliers of consumer goods or financial services. Notably industrial firms, in their interactions with customers, tend to form long-term relationships involving complex interconnected exchange processes concerning (a) the transfer of physical products; (b) the transfer of financial and legal instruments; (c) the interchange of (often highly technical) information; and (d) close interactions between organisations across a variety of organisational boundaries (see Hakansson 1982).

The firms investigated are all active in a variety of overseas markets, meaning that they are perpetually engaged, whether they appreciate this or not, in the movement of 'men, machines, materials and money' across formal language barriers. Although the firms' experiences of communication with overseas markets are to some extent determined by various assumptions about the serviceability of English as an international commercial language, the investigation has resulted in findings of relevance to any industrial firm, not just UK firms, communicating across language barriers.

Some preliminary work undertaken by some UK management scientists and affiliates in France, Germany, Italy and Sweden has concluded that a formal difference in language between buyers and suppliers

> considerably reduces the ability to communicate effectively. It
> interferes with the ability of the seller to understand the needs of
> the customer. It stands in the way of close personal interaction,
> which can do so much for mutual understanding and cooperation
> (Turnbull/Cunningham 1981)

It must be appreciated that these management scholars are arguing that difference in language in cross-cultural interactions acts as an impediment to market closeness; indeed, as one German marketing scholar has observed, the actual purpose of a business organisation is to achieve what he terms "die größtmögliche Marktnähe" (Meissner 1983), that being an essential requirement for understanding customers "as they are now and as they will evolve in the future" (Fisher 1976). The point to underscore here is that 'mere' proficiency in the customer's language does not guarantee market closeness, nor does it ensure the winning of orders.

Stemming from investigations into the international behaviour of industrial firms, the author has developed the notion of the 'language barrier effect'. Under this notion it is claimed that where buyers and suppliers are separated by a formal language barrier, and even when they have staff proficient in the appropriate language(s), the language barrier effect will constrain company behaviour, to a greater or lesser extent, in four ways relating to (a) the linguistic assumptions that underlie their international communication behaviour; (b) their capacity to anticipate market developments; (c) the range and scope of activities they can undertake in foreign markets; (d) the quality of knowledge about these markets (Holden 1986).

It is of course customary to suggest that the 'solution' to the general problem of this so-called language barrier effect is for business personnel, involved with overseas markets, to become proficient in the language of the foreign partner. However, mere linguistic proficiency does not necessarily involve the vital "capacity to interpret, and anticipate differences in the socio-cultural environment of foreign markets" (Holden 1986). Moreover, as the distin-guished journalist, Anthony Sampson, has pungently observed, some linguists "can understand everything in a foreign conversation except the real crux" (Sampson 1968). What then seems to be required, for the industrial relationships, guided by individuals for the achievement of corporate goals, is a wider capacity. The author of this paper has called this 'communication competence', which is derived from the notion of competence in linguistic theory, and it is explained below.

The Concept of Communication Competence

Communication competence is the capacity of an organisation, using the various channels of communication at its disposal, to interpret, and anticipate changes in overseas business environments where the language of decision-making, consultation and referral is not the same as that of the organisation; communication competence implies a capacity to overcome the effects of formal language barriers, these effects by no means being confined to the linguistic level of interaction; it suggests a prior knowledge of the response characteristics of overseas business environments and, as a result, a corresponding knowledge of how to handle uncertainty in relationships; in short, communication competence implies an organisational capacity to modify attitudes and behaviour to secure and maintain closeness with overseas business environments to satisfy mutual purposes in interactions.

A further consideration behind the concept of communication competence as elaborated and applied in this paper is this. Any theory of human communication that excludes human language must be inadequate; yet, a theory of human communication must, it seems, make allowance for the fact that "the underlying patterns (of language behaviour) are dictated by the social purposes to which words are put" (Campbell 1984). As we shall see, this emphasis on language as behaviour as well as a means of communication in the traditional sense is vital to the development of communication competence. On this point, the words of the distinguished literary critic, Steiner (1975), are worth stating at this juncture; "We ought not, perhaps, to regard as either formally or substantially coherent, as responsible to verification or falsification, any model of verbal behaviour, any theory of how language is generated and acquired, which does not recognise as crucial the matter of the bewildering multiplicity and variousness of languages spoken on this crowded planet".

In sum,

> communication competence acknowledges that within any society language has social effects and that the more an outsider, whether an individual or an organisation in its own right, appreciates the effects and motivations for them, the more he is able (in principle) to set up relationships within a particular frame of reference. Proficiency in a foreign language does not necessarily entail this interpretative ability associated with communication competence (Holden 1986).

Communication competence, as elaborated above, is useful for heuristic purposes; but it has no power, unless it can model corporate communication behaviour and performance. The author has attempted to do this by investigating in detail the interactions of the five UK industrial firms mentioned earlier to three overseas markets, in which, according to a pilot survey involving 15 firms, relationship development was marked constrained by various combinations of the following seven factors: (a) language problems; (b) cultural differences; (c) style of business; (d) agent control and selection; (e) political problems; (f) lack of market responsiveness; (g) understanding decision-making procedures. The markets in question are: France, the USSR and Japan - three countries, incidentally, with historically complex attitudes to foreigners.

The Dimensions of Communication Competence

Before proceeding to a discussion of communication competence in relation to these three markets, it is necessary to explain the general modelling technique developed by the author. On the basis of extensive interviews within the earlier mentioned five industrial firms conducted with managers at the different levels of responsibility having different experience of the three markets, it became possible to capture facets of company communication behaviour along four dimensions set in pragmatic space as shown in Figure 1. These dimensions relate to

(a) spoken language behaviour and performance
(b) written communication and uncertainty reduction
(c) market control
(d) technical closeness

A company's total performance along each of the four dimensions is held to be the measure of its communication competence.

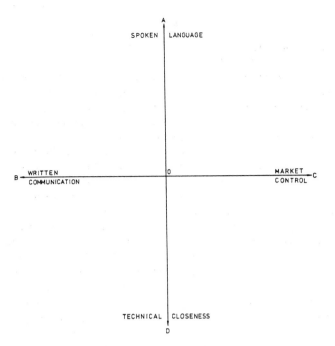

FIG.1: DIMENSIONS OF COMMUNICATION COMPETENCE SET IN
PRAGMATIC SPACE

(a) Spoken language behaviour and performance

This dimension (Axis AO in Figure 1) captures facets of the role and function of spoken – as opposed to written – language between persons involved in cross-cultural interactions. This dimension assumes that the general purpose of spoken language – whether in interactions it is a question of the use of one language, such as English, any other language, or even a combination of languages – is largely phatic, creating "ties of union ... by a mere exchange of words" (Malinowski in: Abercrombie 1964): that is to say, the effects of spoken language are largely associated with (a) the creation of goodwill, (b) the development of an atmosphere of trust and mutual understanding, (c) the generation of activity and (d) interpersonal and inter-organisational bonding. In short, this dimension is concerned with how participants in interactions use words – those "tools used to convey meanings to achieve objectives" (Zipf 1949), specifically organisational objectives – in their native language or otherwise. Thus, dimension 1 is not so much concerned with language as a means of communication as with language in its spoken mode as a means of securing and developing cooperation.

(b) Written communication and uncertainty reduction

Dimension 2 (Axis BO in Figure 1) is associated with firms' exposure to written material in foreign languages. It is, however, not just a question of evaluating firms in relation to their use of foreign language documentary sources to improve or extend their marketing and technological knowledge base; nor of assuming that "the written mode is ... a reflection of the spoken norm in some other material system" (Vachek in: Haas 1982). This dimension also takes account of the fact that in a given culture the written language, embracing not only documentary matter, but also manifestations such as public notices and signs, constitutes a major potential information source, having variable meaning to 'outsiders'. A rudimentary decoding ability – as opposed to a formal reading knowledge of the written form of a foreign language – appears to be associated with factors to do with personal mobility (reducing dependence on market intermediaries as 'mere' guides and gatekeepers) and with a discernible sense of finding a foreign environment less strange and intimidating. The awareness, stemming from this decoding ability, is in turn associated with an appreciation of the market as a meaning-generating system in its own right and hence of relationships between entities within the market which exert positive or negative influence on business decisions.

(c) Market control

The determinants of dimension 3 (Axis CO in Figure 1) shape the way in which firms exercise control over the progress of interactions they are involved in and over the behaviour of market intermediaries who take part in those interactions. The term 'market intermediaries' refers not only to agents and distributors, but also to expatriate staff members and the general run of persons and organisations based physically in the market and who stand between the external firm and its customers or end-users.

The term 'control' in this dimension is understood as that "difficult-to-define ubiquitous element in the management process [by means of which] a business organisation attempts to ensure that its operations are in accordance with the plans formulated for achieving its objectives" (Eilon 1979). We are therefore concerned with procedures for feeding the target market, for understanding the constraints under which market intermediaries operate, for understanding the relationships between intermediaries and end-users or customers; for channelling communication and basing action on feedback received and understood; for assessing intermediaries both as filters of market intelligence and as initiators and sustainers of market contact. There is one more important observation to do with this dimension:

under the concept of control as elucidated there goes the thought that firms operate under the awkward and often ineluctable constraint of having to offset their need of intermediaries against the dependence they place on them.

(d) Technical closeness

Dimension 4 (Axis DO in Figure 1) is concerned with the behaviour of firms whose products (a) incorporate sophisticated levels of technological expertise and (b) are designed to complement and quite possibly improve customers' own technological processes. Technical closeness involves interpreting and anticipating technical requirements; being responsive to demands for specialised information and ensuring reliable after-sales and general technical service; and acting as a major influence on meeting customers' requirements efficiently and profitably. It is appropriate to regard the dimension of technical closeness not only as a dimension in its own right, but also as an outcome of the behaviour associated with dimensions 1, 2 and 3.

Using the Model to Compare Firms' Communication Competence

It is important to appreciate that the four dimensions of communication competence are all vectors; they reflect progression from a theoretical minimum to a theoretical maximum of orders of magnitude of competence. Thus, if we can pinpoint, say, two companies' performance along each dimension in relation to one market (i.e. locale of communication), then we can employ the model for comparative purposes. Figure 2 representing the communication performance of two companies A and B strongly suggests that company A is a far more sophisticated communicator-interpreter than company B in relation to the market in question.

The author has in fact developed a scaling technique to capture the quality of firms' communication competence in relation to firms' interaction in the three markets of interest: France, the USSR and Japan. He has also suggested that it is possible to conceive of positive and negative communication competence. Negative communication competence (-CC) is associated with behaviour of firms which do not adapt themselves to their foreign environments. Essentially, it is held that negative communication competence is characterised by various degrees of dependence on the fact (or assumption) that all interactions with the foreign party can (or 'should') take place in the English language. Positive communication competence (+CC), by contrast, indicates that interactions involve linguistic

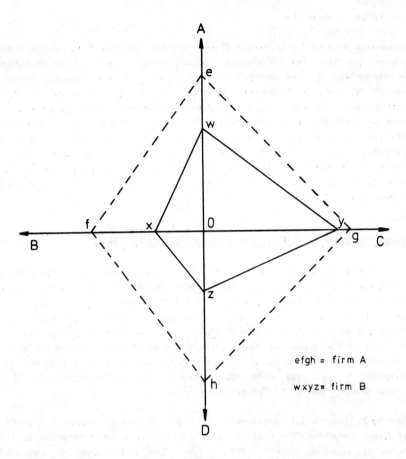

FIG. 2: MODEL OF COMMUNICATION COMPETENCE CONTRASTING
THE BEHAVIOUR OF TWO FIRMS, A AND B.

accommodations (e.g. provision of technical material in the language of markets, attempts to learn and use the language of the market as a goodwill gesture, etc.). Thus, positive communication competence is associated with a higher capacity to interpret a foreign environment: to adapt more closely to it.

It is conceded that (as is frequently the case) it is no easy matter to draw a clear-cut distinction between negative and positive qualities along the same vector; and a further complicating factor, in terms of the research being presented here, is that market-specific sociolinguistic phenomena appear to have a major impact, but on a differential basis, on cross-cultural relationship-building. This issue is considered later in this paper. We now turn to the interactions of the five firms first with Japan, and then with France and USSR.

Japan: Communication Competence

The five firms under investigation were involved in a variety of relationships with Japanese organisations, e.g. marketing 'high-tech' equipment with an agent as an intermediary; evaluation of Japanese technical capability; relations with a Japanese subsidiary office/technical relationship with a Japanese manufacturer; purchasing components from Japan/evaluating Japanese quality assurance systems/evaluating Japanese industrial training; handling a technological relationship/marketing.

Referring back to the substantial data accumulated from the companies, it becomes possible to isolate the key determinants in the sample for creating a negative or a positive communication competence vis-a-vis Japan. The negative factors are as follows:

1. Actions on the market not geared to the long term.
2. Superior attitude towards Japan.
3. No developed means of sharing technical knowledge on a reciprocal basis.
4. Reluctance to develop close links with Japanese intermediaries in Japan.
5. Serious conflicts within the company over interpretations of Japan.
6. Uncertainty about handling Japanese colleagues or counterparts.
7. Dependence on one prime source for most, if not all technological/marketing information.

Positive communication competence is characterised by:

1. Long-term view of market development.

2. Experience of Japan extending over several years.
3. Self-preparation, including some learning of Japanese.
4. Enhanced motivation abilities: some understanding of how to apply psychological pressure on the Japanese.
5. Involvement in a wide range of activities in the Japanese market (to extend the contact-base and create variety among sources of information).
6. Strong personal interest by a key member of a company involved with Japan appears to carry great weight with Japanese.
7. The overall orientation of +CC companies is that they have succeeded in securing more committed collaboration from the Japanese side.
8. Familiarity with - as opposed to proficiency in - the Japanese language appears to be positively correlated with more interpretative awareness and motivation ability.

The above factors, both negative and positive, cannot be entirely understood unless there is a clear appreciation of the role of the Japanese language in communication competence. This is put very briefly into perspective.

JAPAN

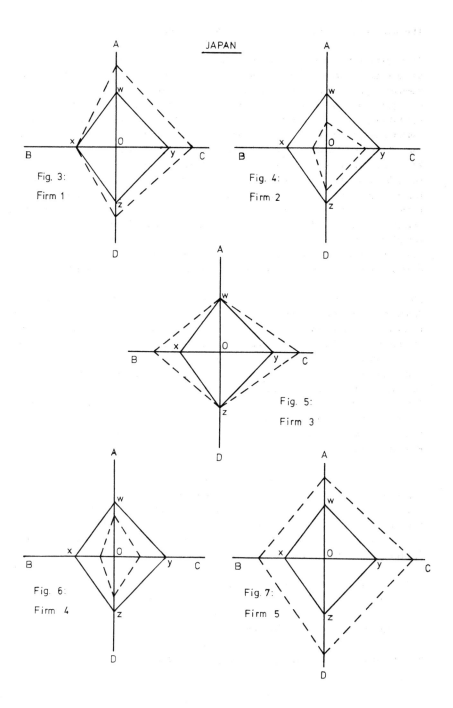

Fig. 3:
Firm 1

Fig. 4:
Firm 2

Fig. 5:
Firm 3

Fig. 6:
Firm 4

Fig. 7:
Firm 5

The Role of Japanese in Communication Competence

With respect to all other countries, it might well be argued that, all things being equal, companies can achieve greater communication competence if key members speak very well the language of the market concerned. In the case of Japan we find a situation in which this 'rule' actually breaks down. To put things at their most severe, 'fluency' in Japanese, an otherwise reasonable prescription, can be completely counter-productive. One reason is that from the Japanese point of view foreigners "ought not properly" to know the Japanese language (see Miller 1982). Against that it might be said that, because for obvious reasons only a few foreigners are ever going to learn Japanese, the linguistic and communicational advantages swing towards the foreigners because the Japanese tend to regard English as the 'natural' language of contact with foreigners. That, however, is fallacious thinking. For, irrespective of the peculiarity of Japanese language attitudes, dealings with the Japanese are still hampered by the fact that "a communication gap transcends a mere language barrier" (Holden 1984).

Ideas do not flow easily between a language like English and one like Japanese. For the Japanese themselves the English language – indeed perhaps any other foreign language – will essentially remain an alien means of expression. This is perhaps why after years of studying English at school, university and company, the Japanese, to quote Reischauer, one of America's leading Japanologists, "often use English in quite creative ways, though with mystifying results for the native speaker of English" (Reischauer 1984). And to make it worse – we are still with Reischauer (1984) – "it is pathetic to see the frustration of Japanese in finding that English speakers cannot recognise, much less understand, many of the English words they use".

All these factors have huge implications for how companies approach the Japanese market at the personal as well as firm level. Firms appear to require a different kind of 'communicational orientation' towards dealing with the Japanese. This orientation may be seen as being built up of a number of self-healing or self-correcting 'codes'. This code has the following elements:

1. "S l o w e r   t h a n   n o r m a l ,   s p e a k i n g
   e x t r a - p r e c i s e   E n g l i s h   w h e n
   s p e a k i n g   t o   a   J a p a n e s e "
   (Zimmermann 1985; original emphasis).

2. Continual honing of this use of English in order to

develop an approximate syntax and vocabulary reflecting
the Japanese likely knowledge of English.

3. The study of some Japanese. This has two purposes:
(a) The speaker will be able to demonstrate that he has
learnt a little Japanese; but his general lack of
facility will gratify the Japanese as to the uniqueness
and hence unlearnability of their language - this can be
seen as a means of attracting Japanese respect and
sympathy;
(b) He who makes headway with the language will
appreciate more and more how remote English and Japanese
are as grammatical systems and as repositories of social
experience.

Beyond that, endeavouring to learn as much as possible
about the Japanese writing system, treating it as an information source, will give additional insights into
Japanese, and providing that it is limited, can create
a very favourable impression with the Japanese; furthermore "a working knowledge of Japanese writing can be a
positive boost to personal mobility and reduce feelings
of strangeness and alienation" (Holden 1986).

France: Communication Competence

We next consider the nature of the five firms' interactions with France
(which entail behaviour such as undertaking marketing research in France,
technological collaboration on French and British soil, promoting advanced
technological products in France, re-equipping the works of a French
subsidiary). Here we find -CC being characterised by:

1. Negative attitudes in the company towards dealing with
   France, especially at top management level.
2. Infrequent contact with intermediaries.
3. Inability to prevent market intermediaries (distributors, agents) from 'sealing off' the foreign principal from actual or prospective customers.
4. Wrangles over which language to use - English or French -
   in technical and other discussions.
5. Inability to communicate at the technical level, largely
   due to poor proficiency in French.
6. No ability or willingness to scan French-language
   material for market or technological information.

By contrast, +CC is characterised by:

1. Strong commitment at the top level and joint policy involved with French associates.
2. At least one key person, at the policy or planning level, able to speak good French.
3. Some knowledge of French at the technical level.
4. Top management does not project negative sentiments; indeed can neutralise these.
5. Technical and market approaches are based on the provision of literature in French, even if all personnel involved cannot speak French.

On the basis of the above points,

it becomes very difficult not to regard proficiency in French as a very valuable marketing strength and a very positive asset in technical conversation. Beyond that, it is equally impossible not to regard the attitude of the French to their own language and, by association, their dislike of totally 'English language-based' sales and marketing approaches as vital points of awareness for (UK) firms (Holden 1986).

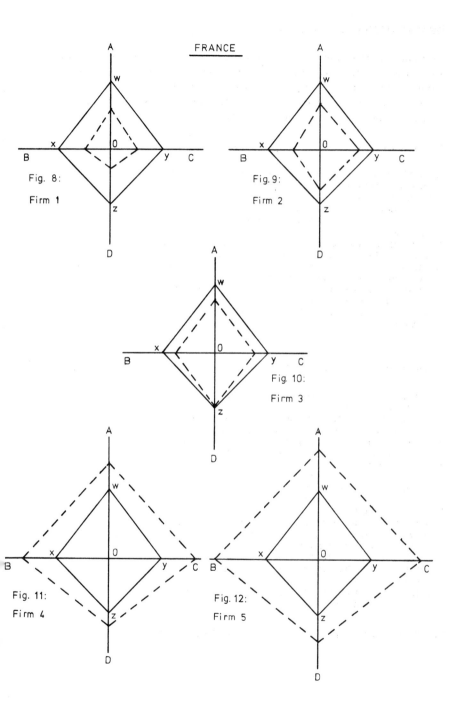

FRANCE

Fig. 8:
Firm 1

Fig. 9:
Firm 2

Fig. 10:
Firm 3

Fig. 11:
Firm 4

Fig. 12:
Firm 5

USSR: Communication Competence

Focussing on the interactions of the five industrial firms in the USSR, we are concerned with relationship-building between capitalist concerns and a complex, bureaucratic highly centralised state trading system. (As one witty commentator has observed: "trading with the USSR is as different as a hammer is from a sickle" (Kennedy 1985).)

The following points have emerged as -CC factors:

1. Supply of company literature in English only against specific requests.
2. Technical and other company literature in English only (no appreciation of the fact that material in Russian is likely to be processed more easily within the Soviet system).
3. Visiting Moscow as a member of a trade mission without a longer-term commitment to the market.
4. Taking part in industrial exhibitions in Moscow but on an ad-hoc rather than planned basis.
5. Taking part in exhibitions in Moscow and possibly else- where in the USSR, but failing to organise company seminars and symposia in cooperation with the Soviet authorities.

By contrast, the following factors have emerged as strongly influencing +CC:

1. Development of personal, though formal, relationships with Soviet foreign trade officials.
2. A capacity to interpret the business environment on a daily basis and anticipate developments.
3. Greater personal mobility within Moscow and also possibly travel to other industrial centres of the USSR.
4. Strong commitment from the company's top management to devote resources to the Soviet market.
5. Using at least Russian-language technical material to ensure ease of transmission within the system.
6. Sundry advantages to do with a good knowledge of spoken Russian, including an informed capacity to understand the ways of thinking of Soviet officials.
7. Provision of some kind of action plan: taking part in trade missions or trade fairs is performed not on an ad-hoc basis, but as calculated stages in marketing development.
8. Long-term commitment to the market, involving quite heavy expenditures and promotional activities.

The Russian Language and Communication Competence

On the evidence of the five companies the role of Russian as a factor of communication competence is extremely important.

The following points emerge:

1. A knowledge of spoken Russian is particularly advantageous for contact-making and making on-the-spot appointments with the centralised foreign trade organisations.
2. Russian-speakers have the option of conducting business in Russian or English – there can be advantages either way.
3. Those who speak Russian or have at least a rough ability to decode written Russian are likely to have greater mobility for professional and out-of-hours activity.
4. As much Russian-language information as possible should be fed into the Soviet trade system, and preferably on a targetted basis.

148

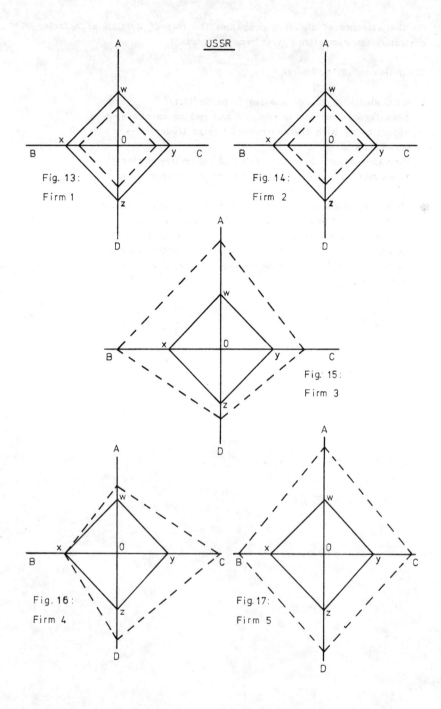

Fig. 13:
Firm 1

Fig. 14:
Firm 2

Fig. 15:
Firm 3

Fig. 16:
Firm 4

Fig. 17:
Firm 5

Against these factors it is recognised that the English language has a legitimate role to play in fostering trade between the UK (and other countries) and the USSR, but there is only one area where its use is entirely 'safe'. That is in formal negotiations. But apart from that there appears to be no area of marketing activity on the Soviet market where the use of Russian is not markedly advantageous.

Market specific Sociolinguistic Factors which Affect the Quality of Interactions

The information presented in this paper makes it clear that for firms operating in the international market-place the capacity to overcome the effects of formal language barriers requires both linguistic proficiency and a connected capacity to interpret the sociocultural environment of particular markets. Linguistic proficiency in this context implies, from the standpoint of native users of English, that key capacity to use English judiciously with foreign users, whose mastery will be very varied. Paradoxically, and perhaps to the bewilderment of language specialists, the concept of communication competence does not necessarily entail mastery of a relevant foreign language for business purposes; more specifically communication competence implies an organisational capacity to anticipate the effects of foreign language barriers on company performance and take corresponding action.

Furthermore, the data on firms' interaction with respect to France, the USSR and Japan support the case for acknowledging the existence and the impact of market-specific sociolinguistic phenomena on those firms' behaviour and performance. One can pinpoint the following phenomena:

1   The degree to which the written forms of a foreign
     language present a barrier, information source or
     mixture of both to outsiders;

2   The differential emphasis on the role of oral as opposed
     to written communication in particular societies;

3   The settings of interactions as an influence on the
     nature of the language and communication behaviour of
     participants;

4   Distinctions in the social use of language;

5   Different attitudes to the level of proficiency in the
    language of the market that is expected of, and even
    respected in, foreigners.

Although they relate to three language areas (e.g. French/France :
Russian/USSR : Japanese/Japan), the above five sociolinguistic factors obtain
to a greater or lesser degree in all societies (or, to be precise, in all
societies with a written language). As a result they are factors which
automatically influence cross-cultural communication and they generally do
so in ways that are invisible to, and unanticipated by, outsiders.

Notes on Figures in this text

1   Figs 3-7, titled 'Japan', indicate the communication competence rating
    of the five industrial firms vis-à-vis Japan; correspondingly, figs 8-12
    refer to France, and figs 13-17 refer to the USSR.

2   Firm 1 = Advanced analyser; Firm 2 = NTS; Firm 3 = Britmech; Firm 4
    = IESL+; Firm 5 = PIP. (The names of the Firms are fictitious).

3   On the figures AO, BO, CO and DO are the four dimensions of communi-
    cation competence.

4   xwyz represents the bounded area of negative communication competence
    (-CC).

References

Eilon, S. (1979), Management control, Oxford: Pergamon Press
Fisher, L. (1976), Industrial marketing: an analytical
   approach to planning and execution, London: Business
   Books
Haas, W. (ed.) (1982), Standard languages spoken and
   written, Manchester: Manchester University Press
Håkansson, H. (ed.) (1982), International marketing and
   purchasing of industrial goods: an interaction approach,
   Chichester: John Wiley & Sons
Holden, N. J. (1984), "Western Misconceptions of the
   Communication Gap with Japan", Colloque Communication
   entre les langues européennes et langues orientales
   (arabe-chinois-japonais), Compte-rendu: Montillargenne,
   January , 1984, pp. 2-6
Holden, N. J. (1986), The development of the concept of
   communication competence in relation to firms' inter-
   actions in overseas markets, Ph.D thesis, Manchester
   Business School
Kennedy, G. (1985), Negotiate anywhere!, London: Business
   Books
Leach, E. (1982), Culture and communication: the logic
   by which symbols are connected, Cambridge: Cambridge
   University Press
Leech, G. N. (1966), English in advertising: a linguistic
   study of advertising in Great Britain, London: Longmans
Malinowski, B. (1964), "The Problem of Meaning in Primitive
   Languages", in: Abercrombie, D. (ed.), English Phonetic Texts,
   London: Faber and Faber, pp. 98-99
Meissner, H. G. (1983), "Internationales Marketing".
   Original version of article to appear in Handbook of
   German Management, translated by the Language Learning
   Centre of the Manchester Business School, University of
   Manchester
Miller, R. A. (1982), Japan's modern myth: the language and
   beyond, New York: John Weatherhill Inc.
Reischauer, E. (1984), The Japanese, Tokyo: Charles E.
   Tuttle and Company (34th printing)
Sampson, A. (1968), The new Europeans, London: Hodder &
   Stoughton
Sansom, G. B. (1968), An historical grammar of Japanese,
   Oxford: Oxford University Press (first published 1928)
Steiner, G. (1975), After Babel: Aspects of Language and
   Translation, Oxford: Oxford University Press
Terpstra, V. (1978), The cultural environment of inter-
   national business, Cincinnati: South-Western Publishing
   Co.
Turnbull, P. W./Cunningham, M. T. (eds.) (1981), Inter-
   national marketing and purchasing, London: Macmillan
   Press
Ullman, S. (1977), Semantics: an introduction to the science
   of meaning, Oxford: Basil Blackwell
Vachek, J. (1982), "English Orthography: A functionalist
   approach", in: Haas, W. (ed.), Standard languages:
   spoken and written, Manchester University Press,

pp. 37-56

Zimmerman, M. (1985), <u>Dealing with the Japanese</u>, London: George Allen and Unwin

Zipf, G. K. (1965/1949), <u>Human behaviour and the principle of least effort: An introduction to human ecology</u>, New York: Haffner Publishing Company

L'entraînement des étudiants traducteurs à une approche cognitive de l'analyse du discours

Jean-Marie Waaub (E.I.I. - Université de Mons)

Dans un travail précédent, j'ai montré comment l'exercice de traduction à vue permettait de prendre en flagrant délit la débandade du sens. Le caractère systématique des erreurs commises autorise un diagnostic de la panne comme grippage des mécanismes cognitifs.[1]

Pour décrire, à des fins pédagogiques, le fonctionnement adéquat du discours, j'ai emprunté à divers formalismes leurs outils de conceptualisation. Si le chercheur utilise ces métalangages plus ou moins formalisés pour appréhender les mécanismes de l'activité traduisante, le pédagogue peut mettre à profit ces "représentations concrètes" pour entraîner les apprentis traducteurs aux processus cognitifs qui gouvernent la production du sens à partir du texte source et en fonction du texte cible.

Voici quelques exemples de textes martyrisés:

> Cosmology after Einstein (Initial paragraph)
> Although there may never be any practical applications
> from the exercise, man's ability to speculate about the
> largescale nature, over time and space, of the Universe
> in which he lives is one of the most profound aspects
> of the human intellectual process, an awareness which
> clearly distinguishes man from other forms of life.

La traduction brute proposée conserve la structure syntaxique du texte source:

> Bien qu'il puisse ne jamais y avoir d'applications
> pratiques à tirer de cette activité, la capacité de
> l'homme à s'interroger sur la nature globale, en fonc-
> tion de l'espace et du temps, de l'univers dans lequel
> il vit n'en est pas moins l'un des aspects les plus
> profonds du processus intellectuel humain, une prise de
> conscience qui différencie nettement l'homme des autres
> formes de vie.

Pour faire apparaître la complexité de l'expression en langue source, j'ai proposé une forme d'analyse propositionnelle:

avec

Bien que X, Y

X: ∄ (POSS, NEG) /applications pratiques de Z
Y: A est B , C

avec

A: QUE l'homme est capable de Z
B: un des aspects... de ce que peut faire
l'intelligence de l'homme
C: cet aspect différencie l'homme des autres
formes de
Z: s'interroger sur ... dans lequel il vit
(l'homme).

Ce découpage fait ressortir un jeu d'anaphores et surtout le double enchâssement de Z, qui constitue cependant le topic du texte, un topic auquel s'appliquent B (focus 1) et C (focus 2). L'agencement des deux focus s'articule sur une évaluation négative de B au moyen de X de façon à amener C sous forme de conclusion. Cela mis en évidence, il reste à axer la reproduction du sens en langue-cible sur une élévation de Z au rang de sujet syntaxique:

> S'interroger sur la nature globale, en fonction de
> l'espace et du temps, de l'univers dans lequel il vit
> est sûrement l'une des capacités intellectuelles les
> plus profondes de l'homme. Certes, il se peut que cette
> prise de conscience ne donne jamais lieu à une
> quelconque application pratique, il n'empêche qu'elle
> différencie nettement l'être humain des autres formes
> de vie.

L'utilité de la formalisation toute partielle du texte source consiste à donner au traducteur en herbe, déjà convaincu qu'un redécoupage est indispensable, accès à la sémantique discursive, à la structure argumentative. Cette appréhension du sens lui permet de mettre en oeuvre les moyens rhétoriques appropriés.

Je reprendrai encore à l'article mentionné plus haut l'utilisation d'un organigramme ou réseau pour "représenter concrètement" la structure actancielle profonde et, parallèlement, la structure prédicative de ce fragment de texte sur l'Espagne post-franquiste:

> The state of the Spanish state inherited by Felipe
> Gonzalez's triumphant Socialist Party can be likened to
> that of a dilapidated mansion bequeathed by an
> eccentric uncle...

Dans la mesure où la métaphore ainsi amorcée se poursuit dans les paragraphes suivants, elle doit être maintenue par le traducteur. Le diagramme de la fig. 1 permet de repenser dans un mode indépendant de la langue source le contenu, le sens à (re)produire. Il en résulte une structuration syntaxique plus simple – moins imbriquée en langue cible:

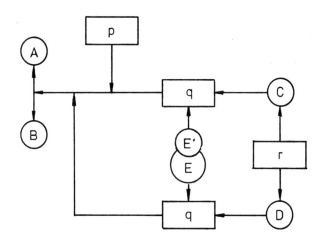

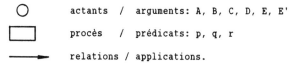

    actants / arguments: A, B, C, D, E, E'

    procès / prédicats: p, q, r

    relations / applications.

avec A: Felipe Gonzalez,   B : Socialist Party,
      C: Etat espagnol,   D : manoir,
      E: oncle dément(explicite), E': Franco (implicite)

<u>Fig. 1</u>

    L'Etat espagnol, tel qu'en ont hérité grâce à leur
    triomphal succès, M. Felipe Gonzalez et le parti
    socialiste, se trouve dans un état de délabrement
    comparable à celui d'un manoir que leur aurait légué un
    oncle excentrique...

L'exemple suivant me permettra d'illustrer l'utilisation d'un "formalisme" différent. Le but pédagogique poursuivi est d'amener l'étudiant qui a mal perçu la structure argumentative du texte à se la représenter correctement et dans toute sa subtilité. Il s'agit d'un article de fond sur la psychanalyse:

    When Jane Austen explains Darcy's conduct, or Elizabeth
    Bennett's change of attitude, we do not question the
    sort of explanation she offers us. When J. E. Neale,
    the historian, examines the refusal of Elizabeth I to

marry, and puts this down to the fact that her
judgement was directed by the weal of the Kingdom and
the limits of practical politics, we may question this
particular account; but we do not question the sort,
or type, of explanation that Neale offers. On the other
hand, when Freud explains the difficulties of a
patient, our position is apt to be a very different one
... (suivent deux paragraphes consacrés au cas de
l'"homme au rat", puis) ... Now, in contrast with the
accounts offered by Jane Austen and J.E. Neale, this
explanation by Freud does make us raise sceptical
eyebrows. We find ourselves questioning the whole
character of this explanation. Why so?

L'auteur développe son argumentation dans le cadre d'une structure syntaxique très clairement soulignée, mais la subtilité repose sur une organisation particulière de la sémantique lexicale. Le discours progresse grâce à deux constantes auxquelles sont associées, en guise de coefficients variables, diverses modulations.

Grâce au procédé de variation stylistique, chaque constante est réalisée dans le texte au sein d'un paradigme, soit pour la constante A: explains, offers explanation, examines and puts this down to, accounts offered (d'où il ressort que explanation = account), et pour la constante B: question, raise sceptical eyebrows. La constante A, dans sa forme nominalisée, est accompagnée de diverses modalités qui se regroupent (paradigmatiquement) en deux valeurs sémantiquement opposées, soit x_1 : the sort of, the sort, or type, of, the whole character of et x_2 : this particular, this. La constante B est associée à des modulations verbales de type assertif qui revêtent 5 valeurs différentes: y_1 : NEG, y_2 : POSS, y_3 : NEG+emphasis, y_4 : AFF+emphasis+INCH et y_5 : NEG+emphasis+RESULT (NB: INCHoatif et RESULTatif sont évidemment des modalités aspectuelles qui contribuent, comme on va le voir, à la progression du sens dans les deux dernières phrases de l'extrait).

En utilisant la notation algébrique introduite ci-dessus, la structure complète de l'argument peut être représentée comme suit:

```
When Jane Austen   A
              then      y₁.B (t) ---> x₁.A (f)
When J.E. Neale    A
              then      y₂.B (t) ---> x₂.A (f)
              but
                        y₃.B (t) ---> x₁.A (f)
BUT
When   Freud       A
              then   x₂.A (t) ---> y₄.B
              and
                     y₅.B (t) ---> x₁.A
```

Le lecteur attentif trouvera dans ce schéma diverses symétries et oppositions, notamment s'il observe d'une part que y_1 et y_3 présentent une progression dans la négation et y_2, y_4 et y_5 une progression dans l'affirmation et d'autre part que x_1 et x_2 s'excluent mutuellement. Enfin, il importe de noter qu'en dépit d'une apparente répétition les deux dernières phrases (relatives au mode explicatoire de Freud) procèdent par une inversion des concepts placés respectivement en position de topic (t) et de focus (f).

L'apprenti traducteur que les travaux de stylistique comparée de l'anglais et du français[2] ont peut-être convaincu de la préférence de l'anglais pour le style verbal opposé au style nominal du français se trouve nez à nez avec la phrase initiale d'un texte consacré aux travailleurs sociaux:

> We now have general acceptance of the importance of
> shifting the care of the mentally-handicapped from our
> large, often isolated institutions rooted in medical
> tradition, to locally-based small centres with social
> regimes.

Comme je l'ai décrit dans mon article sus-mentionné, on est frappé par l'abondance de nominalisations enchâssées successivement et, en appliquant la généralisation du concept de prédicat aux adjectifs et aux prépositions[3], on peut construire un modèle cognitif, véritable traduction en langage-pivot de l'original:

```
x ( t = now )          pour    we now have
x : ALL accept y                general acceptance
y : z is important              of the importance
z : shift u from A to B
u : care---ment.-hand.
A : institutions
      are      p : large
               q : often isolated
               r : rooted in medical tradition
B : centres
      are      p : small
               q : locally-based
               r : with social regimes
```

D'où le traducteur peut aisément reproduire le sens en langue-cible, par exemple:

Aujourd'hui, tout le monde admet qu'il importe de ne

plus confier les handicapés mentaux aux grandes
institutions, souvent situées à l'écart et ancrées dans
les traditions médicales, mais à de petits centres,
implantés localement et consacrés à l'action sociale.

En concluant mon ancien exposé, je m'interrogeais sur le statut des
formalismes utilisés. J'étais conscient du caractère fragmentaire, hétéroclite
et pour tout dire ad hoc des représentations concrètes ainsi construites.

Aujourd'hui, je pense qu'il serait vain de croire qu'il est possible de
construire un modèle unifié de la production du sens dans un discours. Par
contre, il semble que le choix de tel ou tel outil de conceptualisation a été
dicté par le démon particulier de chaque fragment de texte, dans la mesure
où il permettait non seulement de mettre en évidence l'origine de la panne,
de l'embûche qui a provoqué le grand écart du sens, mais aussi de proposer
le garde-fou, le remède approprié à la nature de la langue-cible.

Parallèlement, ces schémas semi-formalisés permettent de découvrir des
éléments essentiels des processus discursifs. Comme il s'agit là d'un objectif
majeur pour la pédagogie de la traduction, j'ai organisé, dans le cadre de
séminaires de traductologie avec mes étudiants, deux exercices
expérimentaux destinés à explorer cette voie.

J'ai soumis deux groupes d'étudiants à deux épreuves de reconstitution de
texte "brouillé", en leur demandant de noter et de justifier au fur et à
mesure chacune de leurs décisions. Les deux textes sont empruntés à des
travaux de COULTHARD et HOEY.[4] Alors qu'ils avaient été conçus
initialement dans le but d'étudier la notion d'organicité textuelle, je les ai
utilisés en vue de repérer les stratégies utilisées par les futurs traducteurs
et aussi d'expérimenter leur efficacité pédagogique.

Le premier texte a été présenté de deux manières différentes. Dans un
premier groupe de 36 étudiants, les adverbes however et therefore avaient
été éliminés et la tâche supplémentaire consistait à les réintégrer à leur
juste place. Voici le texte A:

(1) Their spikes grip the icy surfaces and enable the
motorist to corner safely where non-spiked tyres would
be disastrous. (2) Road maintenance crews try to reduce
the danger of skidding by scattering sand upon road
surfaces. (3) We (therefore) have to settle for the
method described above as the lesser of two evils.
(4) In England, (however,) the tungsten-tipped spikes would
tear the thin tarmac surfaces of our roads to pieces as
soon as the protective layer of snow or ice melted.
(5) Its drawback is that if there are fresh snowfalls the
whole process has to be repeated, and if the snowfalls

continue, it becomes increasingly ineffective in
providing some kind of grip for tyres. (6) These tyres
prevent most skidding and are effective in the extreme
weather conditions as long as the roads are regularly
cleared of loose snow. (7) Such a measure is generally
adequate for our very brief snowfalls. (8) Whenever
there is snow in England, some of the country roads may
have black ice. (9) In Norway where there may be snow
and ice for nearly seven months of the year, the law
requires that all cars be fitted with special steel
spiked tyres. (10) Motorists coming suddenly upon
stretches of black ice may find themselves skidding off
the road.

Presque tous les étudiants ont inséré correctement les adverbes supprimés.
Par contre, ils ont avancé un nombre plutôt restreint d'arguments : 137
(moy.: 3,8), qui se répartissent en trois classes: (a) logique du texte: 58
(moy.: 1,6), (b) logique factuelle: 17 (moy.: 0,5), (c) critères structuraux
(grammaire ou lexique): 62 (moy.: 1,7).

Du point de vue de la conformité avec le texte original, les réponses se
distribuent en 4 groupes:

1) parfaitement conformes: 12 étudiants proposent en moyenne 4,5
arguments (7 d'entre eux n'en donnent que 3 ou moins); ici les arguments
structuraux (c) sont moins nombreux que les arguments logiques (a + b);

2) à peu près conformes et très acceptables: 11 étudiants proposent en
moyenne 3,9 arguments (mais 5 d'entre eux n'en donnent que 3 ou moins);
ici les arguments structuraux sont à peu près aussi nombreux que les
arguments logiques; NB: pour l'ensemble de ces deux groupes, la logique
factuelle est utilisée 14 fois sur un total de 17;

3) peu conformes et peu acceptables: 6 étudiants proposent en moyenne 3
arguments (mais la moitié d'entre eux donnent moins de 3 arguments, 1 en
donne juste 3 et les deux autres en donnent 4 ou plus); dans ce groupe les
arguments structuraux sont nettement plus nombreux que les arguments
logiques;
4) pas conformes et inacceptables: 7 étudiants donnent en moyenne 3,5
arguments et cette fois le nombre des arguments logiques est nettement
supérieur à celui des arguments structuraux (14 pour 10).

De cette première expérience, j'ai retenu trois conclusions:

1) les étudiants utilisent des stratégies diverses, souvent mal explicitées;

2) le recours à la logique (et spécialement à la logique factuelle) a joué un rôle déterminant dans la réussite, mais un sens assez fin des rapports structuraux doit l'étayer;

3) les plus mauvaises réponses ne sont pas celles qui manquent d'arguments.

Avant de présenter ce même texte, pourvu cette fois des deux adverbes, à un autre groupe de 36 étudiants, je leur ai proposé un exercice préparatoire reposant sur les effets de sens que peut produire la permutation des phrases d'un récit très simple. L'objectif pédagogique consistait à faire découvrir quelques processus par lesquels s'élabore la cohésion textuelle (rôle des déictiques, des implications, etc.).

Le nombre d'arguments avancés a été beaucoup plus élevé: 317 (moy.: 8,8); ils se répartissent comme suit: (a) logique du texte: 151 (moy.: 4,2), (b) logique factuelle: 26 (moy.: 0,7) et (c) critères structuraux: 140 (moy.: 3,9).Dégager les stratégies utilisées reste difficile, dans la mesure où les arguments sont donnés a posteriori, une fois l'ordre reconstitué.

Sous l'angle de la conformité avec l'original, il n'y a pas lieu de répartir les réponses en plus de trois groupes:

1) **parfaitement conformes**: 14 étudiants apportent le plus grand nombre d'arguments : 137 (moy. : 9, 8) ; ils se distribuent autour de la moyenne comme suit: 6 en apportent 9 ou 10, 5 plus et 3 moins; arguments structuraux et arguments logiques sont en quantités égales;

2) **à peu près conformes et acceptables**: 15 étudiants donnent 133 arguments (moy.: 8,9); ils se distribuent comme suit: 6 en apportent 9, 4 moins et 7 plus; dans ce groupe, les arguments logiques l'emportent sur les arguments structuraux (80 pour 53); c'est aussi dans ce groupe que la logique factuelle est le mieux représentée (13 sur le total de 26);

3) **inacceptables**: seulement 7 étudiants apportent 47 arguments (moy.: 6,7) dont 4 se situent en dessous de cette moyenne et 3 au-dessus. A côté du manque d'arguments, on voit apparaître ici trop de mauvais arguments; heureusement, ces cas sont très peu nombreux (3 sur 36).

Pour poursuivre sur ma lancée avec ce même groupe, je leur ai proposé de reconstituer un texte "brouillé" plus complexe. Alors que le texte précédent opposait deux techniques de lutte contre le verglas et la neige utilisées respectivement en Norvège et en Grande-Bretagne, le nouvel exercice reposait sur un fait divers rapporté par un journaliste faisant état des déclarations de deux témoins (une voisine et un parent). Il importe, en effet, qu'un traducteur perçoive les mécanismes d'enchâssement de discours à différents niveaux. Ce texte, plus court, comprend néanmoins plus de phrases:

(1) I came out when I heard his wife, Marion, screaming. (2) One of the men turned and fired a loaded shotgun into his stomach. (3) A relative said: (4) Police are investigating a theory that Mr Symes was the victim of a market traders war. (5) Alex chased the men, then I heard a shot and he came staggering up the lane clutching his stomach. (6) A market trader was shot dead outside his home yesterday after two men blew up his car and van. (7) A neighbour, Mrs. Martha Riddoch said: (8) He chased two men who had placed incendiary devices in the vehicles. (9) He was a quiet man who hardly spoke to anyone. (10) Mr. Alex Symes, aged 34, raced from his home in Hamilton, near Glasgow, as the vehicles went up in flames. (11) We can't understand why this happened. (12) Mr. Symes, a father of two girls aged 11 and 6, staggered towards his home but collapsed before he could reach the door.

Les 47 étudiants qui ont participé à cet exercice ont fourni 19 regroupements différents. La stratégie déductive reposant sur la typologie du fait divers leur a fait construire une succession de trois phases: (a) le récit aussi complet que possible du journaliste, (b) le récit du témoin oculaire, en l'occurrence, la voisine et (c) le commentaire affligé d'un membre de la famille. Là-dessus tous sont d'accord, et ils s'appuyent évidemment sur les phrases introductrices de discours direct (3) et (7).

Certes 31 étudiants (les deux-tiers) ont correctement identifié les phrases du journaliste (6, 10, 8, 2, 12 et 4, dans cet ordre) mais seulement 11 d'entre eux attribuent correctement les phrases 1 et 5 à la voisine et les phrases 11 et 9 au parent. 7 s'écartent du modèle parce qu'ils ne placent pas la conclusion (4) en fin de texte; 7 autres intervertissent l'ordre des deux récits (le parent est interviewé avant le témoin oculaire). Les six autres écarts deviennent moins acceptables, dans la mesure où ils attribuent une phrase de plus à l'un ou l'autre des discours enchâssés: 5, 11 et 9 sont placés trois fois dans la bouche du parent; 1, 9, 11 trois fois dans celle de la voisine. Cette dernière interprétation fait donc appel à deux témoins oculaires.

Dans les 16 versions restantes, un nombre plus ou moins important de phrases est retiré du texte du journaliste: 6 fois une phrase, 4 fois deux phrases et 6 fois trois phrases. L'anomalie la plus fréquente consiste dans l'attribution de tout un bloc entier à la voisine (le journaliste s'effaçant au bénéfice du témoin oculaire): 4 fois pour (8, 2, 12), 4 fois pour (8, 2) et 2 fois pour (2, 12). Il y a, semble-t-il, une certaine logique derrière ces convergences partielles. Mais les écarts créent des distortions dans la cohésion structurale; les étudiants ne semblent pas avoir tenu compte des implications relatives aux différentes expressions utilisées pour désigner la victime ni de bien d'autres impossibilités grammaticales, telles que l'association de paires comme (5, 12), (12, 5), (2, 5) et (5, 2).

Il apparaît que les étudiants ont mis l'accent exclusivement sur la logique textuelle, sans doute parce qu'elle permettait de déterminer (comme je l'ai souligné plus haut) la structure globale du récit. De ce fait, ils ont négligé les facteurs structuraux – cette remarque n'est valable, il faut le rappeler, que pour le tiers, moins perspicace, du groupe.

Conclusion

Certes, le travail que je viens de présenter reste très fragmentaire. Il ne peut guère en être autrement. En explorant, d'une part, la possibilité d'utiliser des formalismes ad hoc pour expliciter les processus cognitifs sous-jacents aux fragments de textes qui ont provoqué la déroute du sens ou grippé les mécanismes de sa (re-) production et, d'autre part, les moyens de mettre en évidence les diverses dimensions de l'organicité textuelle, j'ai peut-être dépassé l'aspect purement pédagogique pour aborder non systématiquement et en faisant flèche de tout bois ce que d'aucuns appellent la traductologie de demain. Dans cette perspective, le texte n'est pas autre chose qu'un pré-texte, une partition que le traducteur a pour mission d'interpréter, de recréer en un discours qui pour être fidèle doit aussi être efficace. Ne dit-on pas qu'en amour comme en traduction (et vice versa).....

Notes

(1) J.M. Waaub (1983), "Du cours de traduction considéré comme un happening – Question de méthode", in: Revue de Phonétique Appliquée 66 – 67 – 68, pp. 169-201.
(2) Plus précisément: Vinay, J.P. et Darbelnet, J. (1971), Stylistique comparée du français et de l'anglais, Paris: Didier.

(3) Par exemple Kintsch (1974), <u>The representation of meaning in memory</u>, et McCawley (1981), <u>Everything that Linguists have Always Wanted to Know about Logic (but were ashamed to ask)</u>.

(4) Tout particulièrement: Hoey, M. (1983), <u>On the Surface of Discourse</u>, London: Allen & Unwin

Formulaic Speech in the Teaching of Controlled Discourse to Apprentice Interpreters

Henry Niedzielski (Universität Bonn)

0. Introduction

Discourse has been divided by other authors (eg. Pawley/Syder 1983) into conversational discourse and autonomous discourse.

Conversational discourse is primarily interactional and displays all the characteristics of speech – with unfinished sentences, false starts, hesitations, and even grammatical errors. Autonomous discourse is primarily transactional, preplanned, revised, and edited. Conversational discourse draws upon the grammar and lexicon of vernacular language while autonomous discourse employs the grammar and lexicon of literary language – for instance the imperfect of the subjunctive in French.

This binary classification into conversational discourse and autonomous discourse does not account for at least one type of discourse: that of interpreters – a discourse which is neither as free as conversational nor as edited as autonomous discourse. This paper offers some suggestions to help apprentice interpreters learn to produce this intermediate discourse which I call controlled discourse.

1. Controlled Discourse

Because interpreters are spontaneous performers of meanings intended by other speakers, their discourse is neither as edited as the autonomous discourse in a formal lecture nor as free as conversational discourse. Just like translators, interpreters are not at liberty to choose the contents of their discourse. Unlike translators, they do not even have the time to select always the best structures to convey the message imposed on them.

As a matter of fact, interpreters at the Nuremberg Trials were hired partly because of their ability to find very quickly a second best or even third best expression (Ramler 1982). Almost contrary to language teachers and even to translators, interpreters cannot spend much time on looking for the so-called perfect translation while they must, at the same time, listen to speech whose flow they cannot slow down, and remember elements of information just preceding or following the problem expression.

The interpreters' triple task of understanding, remembering and transferring information is therefore much more complicated than that of readers or even translators. This task contains a comprehension process not completely unlike that of good readers who "comprehend texts through progressive integration, projecting an anticipatory holistic structure which they continually reform, clarify, enrich and fill in (...). At the same time, these good readers (or translators) abstract and simplify this structure in retrospect" (Phelps 1985, 20). Unlike these readers, or translators, or even the public listening to some speakers, interpreters cannot go back to previous elements of the discourse and must, instead, rely on their memory. Neither can they "look ahead for clues as can be done with written translation where one can skim the rest of the paragraph or page to find the answer" (Saowrumnee 1984, 105).

2. Structures of Meaning

2.1 Global Structure of Meaning

Because an interpreter's discourse expresses another speaker's message, it must first of all convey accurately the information which is supplied in the situational context of the original speech, i.e. in the global structure of meaning. That is why it is absolutely indispensable for an interpreter to know the field of the speech(es) s/he will have to interpret.

Ideally, the interpreter is given ahead of time the text or the speech(es) to be delivered and interpreted. Only then can s/he faithfully and cohesively transfer the global and the local meanings because global structures of meaning "holistically define, interpret, and integrate local structures (...) as their component meanings" (Phelps 1985, 19). Unfortunately, it is very difficult to explain to secretaries of very busy executives why this text of the speech — which represents the global structure of meaning — is so indispensable.

2.2. Local Structure of Meaning

When the written original version is unobtainable, the interpreter may request a sample text written or recorded by the same speaker — each medium has its own advantages. Such a text might not supply the interpreter with an accurate situational context or global meaning but it will offer him or her examples of local structures of meaning, i.e. examples of grammatical and stylistic expressions s/he may expect to have to translate repeatedly. These are micro-structures which will probably be used by the speaker to build the macrostructures – comparable to paragraphs – of his/her discourse heretofore unheard by the interpreter. These micro-structures can thus be used like formulaic speech in first or other language acquisition.

3. Formulaic Speech

3.1 Formulaic Speech in Language Acquisition
Sociolinguistics and communication specialists have analysed various components of communicative competence and have shown that, both in first and other language acquisition, prefabricated chunks of language are helpful and frequently utilized. For instance, 795 ist "siebenhundertfünfundneunzig" ('seven hundred five and ninety') in German but "sept cent quatre-vingt quinze" ('seven hundred four-twenty fifteen') in French; 10:35 o'clock can be expressed as "five after half eleven" in German or Polish but not in most other European languages.

Prefabricated chunks of language are frequently utilized and must be learned by heart. They may be called idiomatic expressions, clichés, memorized clauses (Pawley/Syder 1983), conversational openers – such as "How are you?" but not "Are you well?" (Richards 1985, 87), formulaic expressions – including notice boards, signs, train time-tables, instruction manuals, weather forecasts, news reports, sports results, forms, official documents, performative expressions (Smith/Klein-Braley 1985, 20), routine formulas (Schmidt 1984).

Such routine formulas may be useful to any speaker or learner of any language for conserving time and effort (Peters 1983). My personal experience in learning German, Latin, and Japanese has convinced me that it also contributes in creating an impression of fluency.

3.2. Formulaic Speech in Interpreting
It is a well known fact that interpreters normally work in pairs. However, because of a lack of qualified English-French interpreters in Honolulu, I have had to work alone at times. This led me to discover that the concept of formulaic speech could be enlarged and extended to other structures of meaning in order to help apprentice interpreters.

3.2.1. Prefabricated Global Structure
The best organized company I have ever worked for was Honda Canada. Not only nearly all texts were translated for and provided to me ahead of time

but I was also invited to rehearse the translated script of a film to make sure that what I would say would be perfectly synchronized with the original voices in the film when it would be shown. Key expressions were underscored for greater impact on the watching public. That situation illustrated how a global structure could be prefabricated for the interpreter.

On another occasion, while working for a Canadian company in direct sales of nutritional and cosmetic products, I had to translate a one hundred sixty line pep poem called "The Business Wizard". Knowing that, in order to be as persuasive as possible, the speaker would add emotional prosodic features to the aesthetic or stylistic difficulties inherent in the poem, I underlined the topic sentences and paid particular attention to them during my interpreting to be able to deliver them at the proper time and thus have French speaking listeners react in the same manner and at the same time as English speakers listening to the original version of the poem. That was an example of global structure prefabricated by the interpreter.

3.2.2. Prefabricated Macrostructures

In another interpreting situation, a physician spoke without a written text about the history of nutrition and preventive medicine from sixteenth century England to contemporary North America. Since he had spoken more or less on the same topic at other seminars, I asked him whether he had recorded one of his speeches. He gave me some cassettes and I memorized stories he used to illustrate the progress observable or not in the history of nutritional medicine. I had anticipated that he would use the same stories because he presented the same history. In fact, he changed them a little, varying mostly their order of presentation only. I was then able to use large text segments just like in prefabricated housing where macro-structures are quickly assembled into a global structure.

3.2.3. Prefabricated Microstructures

Often, in the absence of extensive prefabricated language, it is still possible to use prefabricated microstructures of shorter ready-made formulas. At least three types of prefabricated microstructures may be recognized and utilized: they are icones, cohesive cues, and phonostylistic patterns.

3.2.3.1. Icones

At another conference on motivating techniques, a speaker had a very dynamic, persuasive text which she called "The Rhinoceros". In it, she compared peaceful cows, satisfied to graze the grass in a pasture where they are confined, with a thick-skinned fearless rhinoceros which chooses its goal and forcefully charges every obstacle encountered on its way to the goal. Recurrent themes were: "run and charge"; they were expressed through sharp, mind-striking luminous icone-like structures. I memorized my translation of these icones and, although the speaker did not follow the written text she had given me, I was able to carry over into my French the same high degree of tension and excitement as she displayed in her English speech, in spite of her rate of delivery exceeding the speed with which I could normally translate.

3.2.3.2. Cohesive Cues

Because unlike a reader, the listener cannot see the articulation of a discourse into its various structures, the interpreter can facilitate his/her comprehension of the global structure by stressing cohesive cues. These may be segments of discourse, of the type: "after the first experiment just described, the same doctor tested...", they may be as short as single words like: "first, ...next, ... finally, ...". They function like transitions between written paragraphs.

Some examples of French cohesive cues were given, among others, by Coyaud (1970, 164 - 168) and by Arnold (1977, 200). Coyaud reviews dialectic formulas used to indicate text logic types or stages - text openers (e. g. on commencera d'abord par... "let's start with..."), transition markers (mais avant de pousser plus avant, il convient de... "but before we proceed any further, we should..."), concluding or closing phrases (ainsi, nous sommes conduits à concevoir que... "we are thus lead to think that..."). Arnold provides a list of words and expressions necessary to conduct a conversation - to express one's opinion or appreciation (e. g. autant que je sache... "as far as I know..."), to show approval (je suis tout à fait de votre avis "I am in complete agreement with you"), to formulate objections (non, moi, je ne suis pas d'accord "yes, you might be right but..."), to ask for additional information (qu'est-ce que vous entendez par là? "May I know what you mean?"). Unfortunately, these formulaic expressions have not been systematically translated (Smith/Klein-Braley 1985, 20 - 21).

Other cohesive cues - such as deictics, demonstratives, and pronouns - define their immediate context and consequently clarify the macrostructures and the global semantic structure of the entire discourse.

3.2.3.3. (Phono)stylistic Patterns

(Phono)stylistic patterns can be used in "pre-planned rhythm" to create in the target language listeners emotional reactions comparable to those experienced by the source language listeners.

"The use of emotive items is very important in translation as it could alter what was meant or add extra meaning to the original version" (Saowrumnee 1984, 104). These emotive items may be lexical as was demonstrated in the choice of "foolish" over "stupid" by a Russian interpreter to translate "gloopii" which Khrushchev had said to Nixon. They may also be created through appropriate suprasegmental phonetics as already mentioned in connection with the text on the Business Wizard and that on the Rhinoceros to entice the listeners to run and charge.

Concurrently lexical and suprasegmentally phonetic, onomatopoeia also belong to these (phono)stylistic patterns and should be properly translated. Likewise, a correct interpretation of silences – so important in some cultures – may play an important role.

4. Conclusion

In another paper (Niedzielski 1985), I described "paraphrasing" and "summarizing" as solutions which can be used in interpreting very rapid informative texts. In this paper, I have shown how formulaic speech can help alleviate the transfer load – i.e. spontaneous, unrehearsed translating – in interpreting persuasive and/or aesthetic texts for which stylistic originality is often more important than statement.

Formulaic speech has been defined as ready-made structures translated and carried over from the original speech to the interpreter's version. Ranging from the entire text to small syntactic, lexical or phonetic segments, various ready-made structures of meaning have been analysed and illustrated with practical examples of prefabricated global structure, macrostructures, and microstructures.

Knowledge of formulaic speech in both source and target languages is useful for all interpreting tasks and especially in simultaneous interpreting where speed is most crucial. In particular, a preliminary analysis and learning of a speaker's formulaic speech facilitates the task of the simultaneous interpreter by helping him/her better to dominate his/her controlled discourse.

References

Arnold, Werner (1977), Fachdidaktik Französisch, Stuttgart: Klett

Coyaud, Maurice (1970), "Les articulations logiques du français", in: Descamps/Hamon/Dabène/Gaultier (eds.), Langues de spécialité, Strasbourg: Conseil de l'Europe, pp. 157–179

Niedzielski, Henry (1985), "Teaching Simultaneous Interpreting to Bilingual Business English Students", in: Kwartalnik Neofilologiczny xxxiii, 3, pp. 277–286

Pawley, Andrew/Syder, Frances Hodgett (1983), "Natural Selection in Syntax: Notes on Adaptive Variation and Change in Vernacular and Literary Grammar", in: Journal of Pragmatics, pp. 511–580

Peters, Ann (1983), The Units of Language Acquisition, Cambridge: Cambridge University Press (Cambridge Monographs and Texts in Applied Psycholinguistics)

Phelps, Louise W. (1985), "Dialectics of Coherence: Toward an Integrative Theory", in: College English, 47.1, pp. 12–29

Ramler, Sigfried (1982), "Interpreting at the Nuremberg Trials, Hawaii Association of Translators": An unpublished paper

Richards, Jack C. (1985), The Context of Language Teaching, Cambridge: University Press

Saowrumnee, Nittaya (1984), "Translation: Some Observations from Court Cases", in: Working Papers in Linguistics, Honolulu: U. Hawaii, pp. 101–119

Schmidt, Richard W. (1984), "Formulaic Speech and Second Language Acquisition", Rio de Janeiro: An Unpublished Paper

Smith, Veronica/Klein-Braley, Christine (1985), In other words, Arbeitsbuch Übersetzung, München: Hueber

Zur Rolle der Definition in der mehrsprachigen Terminologiearbeit

Reiner Arntz (Hochschule Hildesheim)

Im folgenden Beitrag sollen einige methodische Fragen erörtert werden, die sich bei der Analyse von Definitionen im Rahmen der mehrsprachigen Terminologiearbeit ergeben, und es soll versucht werden, einen kleinen Beitrag zur Systematisierung dieses Themenbereichs zu leisten.

Darüber, was eine Definition nun eigentlich ist bzw. sein sollte, ist man sich in der Fachwelt keineswegs einig. Wer unbefangen an Fragen des Definierens herangeht und gerade hier ein Höchstmaß an Standardisierung und methodischer Einheitlichkeit erwartet, muß vielmehr feststellen, daß es nicht DIE Definition, sondern eine Vielzahl von Definitionen gibt. So stellt Helmut Mönke in seinem 1978 erschienenen Aufsatz "Definitionstypen und Definitionsmatrix" (Nachr. f. Dokum. 29 (1978) Nr. 2, 51-60) eine Liste von nicht weniger als 71 Definitionsarten zusammen, und er schließt nicht aus, daß sich diese Liste je nach Betrachtungsweise noch ergänzen läßt.

Diese Erkenntnis ist für den Terminologen besonders wichtig. Die Terminologielehre versteht sich ja als die Lehre von den Begriffen und ihren Benennungen, und Grundlage für die Zuordnung einer Benennung zu einem Begriff ist die Definition dieses Begriffs.

Daher werden Fragen des Definierens nicht zuletzt in den terminologischen Grundsatznormen – auf nationaler wie auf internationaler Ebene – eingehend behandelt. Diese Normen wollen in erster Linie Anleitungen zum Bilden von Definitionen geben und dazu beitragen, daß typische Definitionsfehler – etwa Zirkelschlüsse – vermieden werden. Hier steht die normative Funktion der Definition im Vordergrund; dabei soll die Definition neben der Gewinnung bzw. Vermittlung von Sachinformationen vor allem der sprachlichen Präzision dienen; dies betrifft zunächst nur jeweils eine einzelne Sprache. In der mehrsprachigen deskriptiven Terminologiearbeit kommt der Definition eine weitere Funktion zu: Hier geht es darum, durch den systematischen Vergleich einer Definition in einer Sprache A mit einer entsprechenden Definition in der Sprache B festzustellen, ob die beiden definierten Termini äquivalent sind.

Ein solcher Vergleich von Definitionen – wohlgemerkt von Originaldefinitionen, nicht von Übersetzungen – ist natürlich zunächst einmal eine entscheidende Hilfe für denjenigen, der mehrsprachige Terminologiebestände

erarbeitet und sich dabei Klarheit über den Äquivalenzgrad und die begrifflichen Zusammenhänge verschaffen muß. Aber auch für den späteren Benutzer dieser Bestände sind die Informationen, die ihm die Definitionen
zusätzlich zu den Fachwortgleichungen liefern, von großem Interesse.
Außerdem kann der Benutzer auf diese Weise die Überlegungen des Bearbei-
ters nachvollziehen und sie gegebenenfalls korrigieren. Diese Vorteile sind
so offensichtlich, daß praktisch alle wichtigen Terminologie-Datenbanken bei
der Strukturierung ihrer Datensätze ein spezielles Datenelement "Definition"
berücksichtigt haben. Damit haben auch methodische Probleme des Definitionsvergleichs erheblich an Bedeutung gewonnen.

Diese Probleme sind überaus vielfältig, denn die deskriptive Terminologiearbeit hat es nun einmal mit der Definitionspraxis zu tun, die sich längst
nicht immer an den Empfehlungen der terminologischen Grundsatznormen
orientiert; nicht ohne Grund gehen die Normen ausführlich auf Definitionsfehler ein. Neben den Problemen, die mit der eingangs erwähnten Defini-
tionsvielfalt zusammenhängen, sind auch solche Probleme zu lösen, die sich
aus den unterschiedlichen begrifflichen Strukturen der betreffenden Terminologien ergeben, und schließlich spielen auch textlinguistische bzw.
texttypologische Faktoren eine Rolle.

Dies zeigt bereits, daß ein rein schematisches Vorgehen beim Definitionsvergleich wenig Erfolg verspricht, so daß die Methodik den Bedingungen des
jeweiligen Einzelfalls angepaßt werden muß. Trotzdem lassen sich in der
deskriptiven Terminologiearbeit beim Definitionsvergleich verschiedene
Ebenen mit jeweils spezifischen Bedingungen und Lösungsansätzen
unterscheiden. Ich möchte dies zunächst anhand einiger Beispiele
veranschaulichen, um anschließend – ebenfalls anhand von Beispielen – die
unterschiedliche Funktion von Definitionen in der deskriptiven und der
normativen Terminologiearbeit genauer zu beleuchten.

<u>Beispiel 1</u>

Arbeitslosigkeit	**Chômage**	**Disoccupazione**
1 Als ganz arbeits-los gilt, wer in kei-nem Arbeitsverhält-nis steht und eine Vollzeitbeschäfti-gung sucht.	1 Est réputé sans emploi celui qui n'est pas partie à un rapport de travail et qui cherche à exercer une activité à plein temps.	1 È considerato totalmente dis-occupato chi non é vincolato da un rapporto di lavo-ro e cerca un' occupazione a tempo pieno.
2 Als teilweise ar-beitslos gilt, wer:	2 Est réputé par-tiellement sans emploi celui qui:	2 È considerato parzialmente dis-occupato chi:

a. in keinem Arbeits- verhältnis steht und lediglich eine Teil- zeitbeschäftigung sucht oder	a. n'est pas partie à un rapport de travail et cherche à n'exercer qu'une activité à temps partiel ou	a. non é vinco- lato da alcun rapporto di lavo- ro e cerca unica- mente un'occupa- zione a tempo parziale oppure
b. eine Teilzeitbe- schäftigung hat und eine Vollzeit- oder eine weitere Teil- zeitbeschäftigung sucht.	b. occupe un emploi à temps partiel et cherche à le rem- placer par une activité à plein temps ou à le com- léter par une autre activité à temps partiel.	b. ha un'occupa- zione a tempo parziale e cerca un'occupazione a tempo pieno oppure un'altra occupazione a tempo parziale.

Quelle: Art. 10, Arbeitslosenversicherungsgesetz (Schweiz)
v. 25. Juni 1982

Das erste Beispiel erscheint für die Zwecke des Terminologie- bzw. Definitionsvergleichs recht unproblematisch. Es handelt sich um Definitionen der Termini "Arbeitslosigkeit"/"arbeitslos", die dem schweizerischen Arbeitslosenversicherungsgesetz entnommen wurden. Hier ist die Äquivalenz gewissermaßen offiziell verordnet, da das Deutsche, Französische und Italienische in der Schweiz gleichberechtigte Amtssprachen sind und somit auch alle drei Gesetzestexte gleichen Rang haben. Im übrigen ergibt sich die Äquivalenz natürlich auch aus der Identität der jeweiligen Definition. Solche vereinheitlichten Terminologiebestände mit entsprechenden Paralleldefini-tionen finden sich nicht nur in der Gesetzgebung von Nationen mit mehreren Amtssprachen, sondern auch in den Bestimmungen supranationaler Institutio-nen, in zahlreichen internationalen Verträgen und nicht zuletzt in den Normen der internationalen Normungsorganisationen.

Allerdings ist beim Umgang mit Terminologien dieser Art Vorsicht geboten, da ihr Anwendungsbereich vielfach eng begrenzt ist. Dies zeigt gerade Beispiel 1. Hier wäre es falsch, wollte man die Gleichung "Arbeitslosigkeit = chômage" mitsamt ihrer vereinheitlichten Definition auf den übrigen deutschen bzw. französischen Sprachraum, also beispielsweise auf die Bundesrepublik Deutschland und Frankreich, übertragen.

Beispiel 2

Erwerbslose	**Chômeurs**

Erwerbslose sind Personen ohne Arbeitsverhältnis, die sich um eine Arbeitsstelle bemühen, unabhängig davon, ob sie beim Arbeitsamt als arbeitslos gemeldet sind. Insofern ist der Begriff des Erwerbslosen umfassender als der Begriff des Arbeitslosen.

Pour être classé comme chômeur, quatre conditions sont essentielles:
- être dépourvu d'emploi
- être à même de travailler
- chercher un travail rémunéré
- être en quête de ce travail

Arbeitslose

Personen ohne dauerhaftes Arbeitsverhältnis, die als Arbeitssuchende beim Arbeitsamt registriert sind.

Quelle: Statistisches Jahrbuch der Bundesrepublik Deutschland, 1985

Quelle: Annuaire Statistique de la France, 1984

Erwerbspersonen
population active

Erwerbstätige
population employée

Erwerbslose
chômeurs

Arbeitslose
chômeurs inscrits/
demandeurs d'emploi

(nicht registrierte Erwerbslose)
(Chômeurs non inscrits)

Daher wurden in Beispiel 2 die einschlägigen Definitionen zusammengestellt, die das Statistische Jahrbuch der Bundesrepublik Deutschland und das Annuaire Statistique de la France bieten. Das deutsche Rechtssystem unterscheidet demnach zwischen Erwerbslosen und Arbeitslosen; beiden Begriffen ist gemeinsam, daß die betreffenden Personen ohne Arbeitsverhältnis sind und sich um ein Arbeitsverhältnis bemühen. Im Falle des Arbeitslosen tritt als zusätzliches Merkmal hinzu, daß er als Arbeitssuchender beim Arbeitsamt registriert ist. Vergleicht man nun die Definition des Arbeitslosen im schweizerischen Recht mit den beiden deutschen Definitionen, so spricht eine erste Vermutung dafür, daß der schweizerische Begriff "Arbeitsloser" mit dem deutschen Begriff "Erwerbsloser" identisch ist, denn in der schweizerischen Definition ist das Merkmal "beim Arbeitsamt registriert" nicht enthalten. Diese Vermutung erweist sich jedoch als falsch, da in einem anderen Artikel desselben Gesetzes, der hier nicht aufgeführt ist, dieses Merkmal genannt ist. Die in Beispiel 1 aufgeführte Definition erweist sich somit als unvollständig und zeigt zugleich, daß Definitionen nicht isoliert betrachtet und verglichen werden dürfen, sondern immer in einem größeren Zusammenhang gesehen werden müssen.

Zwischen dem deutschen und dem schweizerischen "Arbeitslosen" gibt es somit keinen begrifflichen Unterschied; was den "Erwerbslosen" betrifft, so wird dieser Terminus in der schweizerischen Gesetzgebung nicht verwendet. Dort, wo er benötigt wird, umschreibt man diesen Begriff ein wenig umständlich, aber sicherlich korrekt, mit "verfügbare arbeitssuchende Erwerbsperson".

Etwas komplizierter wird es, wenn man nun das Französische in die Betrachtung einbezieht. Der Vergleich der Definition von "chômeur" mit den Definitionen von "Arbeitsloser" bzw. "Erwerbsloser" zeigt, daß "chômeur" und "Erwerbsloser" äquivalent sind, und nicht, wie man aufgrund von Beispiel 1 vermuten könnte, "chômeur" und "Arbeitsloser". Dies läßt sich leicht überprüfen, indem man die übersichtlich aufgelisteten Definitionsmerkmale von "chômeur" mit denen von "Erwerbsloser" vergleicht. Allerdings sollen auch hier nicht isolierte Definitionen verglichen werden, so daß versucht wurde, die Zusammenhänge zwischen den in Beispiel 2 behandelten Begriffen mit Hilfe eines kleinen Begriffsplans zu veranschaulichen. Hier werden dem deutschen Terminus "Arbeitsloser" die französischen Termini "demandeur d'emploi" und "chômeur inscrit" zugeordnet, die in entsprechender Bedeutung im Annuaire Statistique mehrfach synonym verwendet, aber nicht explizit definiert werden. Aus der begrifflichen Systematik ergibt sich nun zwangsläufig, daß es neben den Arbeitslosen, d. h. den registrierten Erwerbslosen, auch nicht registrierte Erwerbslose geben muß. Allerdings hat diese Personengruppe – wohl wegen ihrer geringen Zahl – weder in Frankreich noch in Deutschland eine spezielle Benennung erhalten.

Würden wir nun – was hier aus Zeitgründen nicht möglich ist – in unser deutsch-französisches System auch die schweizerische Komponente mit einbeziehen, so kämen zu den zwischensprachlichen auch noch innersprachliche Probleme hinzu. Das gilt im Französischen etwa für die Benennung "chômeur", die, wie gezeigt, im französischen und im schweizerischen Recht jeweils unterschiedlich definiert wird, so daß "chômeur" im Begriffssystem an zwei verschiedenen Stellen aufgeführt werden müßte.

Trotz aller aufgezeigten Probleme kann man sich bei einem Vergleich nationaler Rechtssysteme, wie er in Beispiel 2 skizziert wurde, auf eine sichere begriffliche Grundlage stützen; d. h., die zu vergleichenden Termini sind vom jeweiligen Gesetzgeber definiert und eindeutig benannt. Damit entfällt das Problem der Synonymie, das die einsprachige und in besonderem Maße die mehrsprachige Terminologiearbeit erschwert. Erfahrungsgemäß finden sich Synonyme in besonders großer Zahl im Wortschatz solcher Fachgebiete, in denen sich tiefgreifende Entwicklungen vollziehen; da es zunächst an Koordination fehlt, werden an verschiedenen Orten für neue Gegenstände und Sachverhalte unterschiedliche Benennungen kreiert, die möglicherweise über einen längeren Zeitraum miteinander konkurrieren, bis es schließlich – zumindest im Idealfall – zu einer Vereinheitlichung des Sprachgebrauchs kommt. Dort, wo solche konkurrierenden Benennungen verwendet werden, muß vor einem zwischensprachlichen Terminologievergleich zunächst innerhalb jeder einzelnen Sprache geklärt werden, ob die verschiedenen Benennungen tatsächlich ein und denselben Begriff repräsentieren oder ob es nicht doch – wofür ja in jedem Falle eine erste Vermutung spricht – um unterschiedliche Inhalte geht. Das ist nicht immer einfach festzustellen, weil es ja gerade dort, wo es an einer gefestigten Terminologie fehlt, kaum zu jeder Benennung eine zuverlässige Definition gibt. Andererseits sind aber solche Gebiete, die in fachlicher wie in fachsprachlicher Hinsicht eine besondere Dynamik aufweisen, wie dies beispielsweise bei der Elektronischen Datenverarbeitung der Fall ist, für den Übersetzer und Terminologen zumeist von besonderem Interesse, weil gerade hier ein intensiver internationaler Gedankenaustausch stattfindet.

Beispiel 3

Personenbezogene Daten
Personenbezogene Informationen
Individualinformationen
Individualdaten
Persönliche Daten
Private Daten

Données nominatives
Informations nominatives
Données personnelles
Informations personnelles

Personenbezogene Daten

Einzelangaben über persönliche oder sachliche Verhältnisse einer bestimmten oder bestimmbaren natürlichen Person (Betroffener) (§ 2, Bundesdatenschutzgesetz, Bundesrepublik Deutschland 1978)

Informations nominatives

Informations qui permettent sous quelque forme que ce soit, directement ou non, l'identification des personnes physiques auxquelles elles s'appliquent, que le traitement soit effectué par une personne physique ou par une personne morale. (Art. 4 (3) Loi française relative à l'infor-

matique, aux fichiers et
aux libertés, 1978)

Personendaten	**Données personnelles**
Personendaten sind alle Angaben über eine natürliche oder eine juristische Person oder eine Personengruppe (betroffene Person), soweit diese betroffene Person bestimmt oder bestimmbar ist.	On entend par données personnelles toutes les informations se rapportant à une personne physique, à une personne morale ou à un groupe de personnes (personne en cause), pour autant que celle-ci soit ou puisse être déterminée.

(Richtlinien für die Bearbeitung von Personendaten in der Bundesverwaltung, Schweiz, 1981)

Das hier angesprochene Problem der terminologischen Synonymie soll an einem Beispiel aus dem Datenschutz (Beispiel 3) veranschaulicht werden: Als man begann, über Probleme des Datenschutzes nachzudenken, also noch bevor gesetzliche Bestimmungen zu diesem Bereich vorlagen, wurden in Fachzeitschriften, gelegentlich auch in der Tagespresse, zur Bezeichnung der Daten, die den privaten Bereich des einzelnen betreffen, eine ganze Reihe unterschiedlicher Benennungen verwendet; die wichtigsten sind in Beispiel 3 aufgeführt, also "personenbezogene Daten", "personenbezogene Informationen" usw. Daß alle diese Benennungen das gleiche bezeichnen bzw. bezeichneten, ist keineswegs selbstverständlich, sondern kann erst dann als sicher gelten, wenn es durch zuverlässige Quellen, wozu wohlgemerkt auch mündliche Aussagen von Fachleuten gehören, bestätigt wird. Dasselbe gilt für die vier konkurrierenden französischen Benennungen, die in dem hier behandelten Beispiel den deutschen gegenübergestellt wurden. Beim Terminologievergleich besteht die erste Aufgabe nun darin zu klären, ob wir es auf der deutschen wie auf der französischen Seite jeweils mit Synonymen zu tun haben. Erst wenn dies feststeht, ist es sinnvoll, in einem nächsten Schritt zu untersuchen, ob zwischen der deutschen und der französischen Seite Äquivalenz besteht. Gerade zur Klärung der ersten, sprachinternen Frage sind häufig umfangreiche Recherchen erforderlich. Dies führt dazu, daß die in Beispiel 3 skizzierte Form des Terminologie- und Definitionsvergleichs, die sich eben nicht auf verbindliche Definitionen stützen kann, in der Praxis die größten Schwierigkeiten bietet. So lassen sich aus der Sicht der deskriptiven Terminologiearbeit anhand der bisher behandelten Beispiele drei Schwierigkeitsstufen unterscheiden, und zwar auf der ersten Stufe die international vereinheitlichten Termini mit ihren Definitionen, auf der zweiten die auf nationaler Ebene verbindlich definierten Termini und auf der dritten Stufe schließlich die nicht genormten Terminologien als der problematischste Bereich.

Anhand von Beispiel 3 läßt sich jedoch auch verdeutlichen, wie deskriptive und normative Terminologiearbeit einander ergänzen können: Da der Datenschutz ein recht junges Gebiet ist, läßt sich nämlich hier die fachsprachliche Entwicklung noch zum Teil rekonstruieren. So läßt sich belegen, daß die gerade behandelten Synonyme oder Quasisynonyme bereits existierten, als der deutsche Gesetzgeber tätig wurde, um die mit dem Datenschutz verbundenen Fragen zu regeln. Die Gesetzesautoren konnten somit gewissermaßen unter den angebotenen Benennungen auswählen; sie haben sich, wie der Auszug aus dem Bundesdatenschutz in Beispiel 3 zeigt, für die Benennung "personenbezogene Daten" entschieden und dieser Benennung einen eindeutig definierten Begriff zugeordnet. In vergleichbarer Weise hat sich der französische Gesetzgeber für "informations nominatives" entschieden. Solche Entscheidungen des Gesetzgebers führen geradezu zwangsläufig dazu, daß die übrigen ursprünglich konkurrierenden Benennungen im Sprachgebrauch zurückgedrängt werden oder sogar ganz verschwinden. Deskriptive Terminologiearbeit, d.h. die Erfassung und Analyse des tatsächlichen Sprachgebrauchs, bietet daher zugleich die Basis für systematische, normative Terminologiearbeit. Die Möglichkeiten, die dies bietet, werden – wie sich an zahlreichen Beispielen belegen läßt – in zunehmendem Maße in der Gesetzgebung erkannt und genutzt.

Wie leicht sich dabei allerdings solche Divergenzen zwischen den einzelnen nationalen Systemen einstellen können, wie sie im Zusammenhang mit Beispiel 2 erörtert wurden, wird deutlich, wenn wir die Lösung betrachten, für die sich die schweizerische Gesetzgebung im vorliegenden Falle entschieden hat. An die Stelle der "personenbezogenen Daten" treten hier die "Personendaten", nachdem man zunächst die Benennung "Daten über Personen" einführen wollte; in der französischen Schweiz spricht man analog dazu von "données personnelles", also nicht, wie in Frankreich, von "informations nominatives". Allerdings liegen die Unterschiede zwischen den Systemen in diesem Fall auf einer anderen Ebene als in Beispiel 2, denn hier geht es nicht um unterschiedliche Begriffe, wie dies in Beispiel 2 der Fall war, sondern um unterschiedliche Benennungen; d.h., die Definitionen stimmen in allen drei Rechtssystemen inhaltlich überein. Da sich dies jedoch nun einmal nicht aus den Benennungen ersehen läßt, bleiben dem Übersetzer bzw. Terminologen entsprechende Recherchen nicht erspart.

Die bisher behandelten Beispiele waren dem Rechts- und Verwaltungsbereich entnommen, wo die Probleme des Begriffs- und Definitionsvergleichs besonders deutlich sichtbar werden. Aber auch in Technik und Naturwissenschaften ergeben sich ähnliche Probleme, obwohl wir es hier – im Gegensatz zum Recht – mit einem konkreten Gegenstandsbereich zu tun haben, der sich im Prinzip für jeden Betrachter, unabhängig von seiner Muttersprache, in gleicher Form darstellen müßte. Ein Vergleich technischer und naturwissenschaftlicher Terminologien in zwei verschiedenen Sprachsystemen fördert nämlich vielfältige begriffliche Divergenzen zutage, die nicht zuletzt auf den Einfluß gemeinsprachlicher Strukturen zurückzuführen sind. Dies spiegelt sich auch in den jeweiligen nationalen Normen wider. Ein systematischer Vergleich von Normen, der am Institut für Angewandte Sprachwissenschaft der Hochschule Hildesheim im Rahmen von Diplomarbeiten durchgeführt wurde, hat deutlich gezeigt, daß die nationalen Normungsinstitutionen vielfach unterschiedliche fachliche Schwerpunkte setzen; aber auch dort, wo ein und derselbe Gegenstand behandelt wird, weichen die Struktur der Darstellung und die Betrachtungsweise häufig stark voneinander ab. Die sprachliche Auswertung solcher Normen, bei der wiederum der Definitionsvergleich im Vordergrund steht, kann daher keineswegs schematisch durchgeführt werden, vielmehr ist auch hier ein hohes Maß an Sachkenntnis erforderlich. Dies verdeutlicht das folgende Beispiel, das einer in Hildesheim angefertigten Diplomarbeit entnommen ist, in der britische und deutsche Normen zum Schweißverfahren verglichen wurden.

Beispiel 4

Ultrasonic welding

A welding process in which mechanical vibrations of low amplitude superimposed on a static force, and usually at frequencies above the audible limit, make a weld between two surfaces to be joined at a temperature well below the melting point of the parent metal. Additional heat may or may not be applied.

(Quelle: BS 499: Part 1)

Ultraschallschweißen

Die Werkstücke werden an den Stoßflächen durch Einwirkung von Ultraschall ohne oder mit gleichzeitiger Wärmezufuhr unter Anwendung von Kraft vorzugsweise ohne Schweißzusatz geschweißt. Schwingungsrichtung des Ultraschalls und Kraftrichtung verlaufen zueinander senkrecht, wobei die Stoßflächen der Werkstücke aufeinander reiben. Die Kraft wird im allgemeinen über das schwingende Werkzeug aufgebracht. Je nach Ausbildung des Werkzeugs sowie Art der Berührung zwischen Werkzeug und Werkstück können z.B. Punkte oder Liniennähte geschweißt werden.

(Quelle: DIN 1910, Teil 2)

Gemeinsame Merkmale

1. Zur Erzeugung der Schweißverbindung
   verwendeter Energieträger
   (mechanical vibrations of low amplitude
   usually at frequencies above the audible
   limit)
   (durch Einwirkung von Ultraschall)

2. Angaben bezüglich der Anwendung von Kraft
   zur Herstellung der Schweißverbindung
   (static force)
   (unter Anwendung von Kraft)

3. Angaben bezüglich der Verwendung von Wärme
   zur Erzeugung der Schweißverbindung
   (Additional heat may or may not be applied)
   (ohne oder mit gleichzeitiger Wärmezufuhr)

Zusätzliche Merkmale

4. Angaben zur Schweißtempe-
   ratur (at a temperature
   well below the melting
   point of the parent metal)

5. Art der Krafteinbringung
   (Die Kraft wird im allgemeinen über das
   schwingende Werkzeug
   aufgebracht)

6. Angaben bezüglich der
   Verwendung von Schweiß-
   zusatzwerkstoffen
   (vorzugsweise ohne
   Schweißzusatz)

7. Art der entstehenden
   Schweißverbindung
   (Punkte oder Linien-
   nähte)

8. Anordnung der zu
   schweißenden Werkstücke
   (Stoßflächen der Werk-
   stücke reiben aufeinander)

Die beiden Termini, um die es hier geht, "ultrasonic welding" und "Ultraschallschweißen", sind äquivalent; dafür spricht bereits eine gewisse

Vermutung, da in den Benennungen in beiden Sprachen dieselben Merkmale zum Ausdruck kommen; doch sollte man sich auf solche Indizien nicht blind verlassen, da es, ähnlich wie in der Gemeinsprache, auch in den Fachsprachen eine große Zahl irreführender "falscher Freunde" gibt. Man tut also gut daran, seine Vermutung anhand der angegebenen Definitionen zu überprüfen. Dies dürfte dem Sprach- und Sachkundigen keine Schwierigkeiten bereiten. Demjenigen, der zwar die beiden Sprachen, nicht aber das Fachgebiet kennt, dürfte ein bloßer Vergleich der beiden vorliegenden Definitionen allerdings kaum genügen, da – abgesehen von dem unterschiedlichen Aufbau der Definitionen – die Merkmale nach sehr unterschiedlichen Gesichtspunkten ausgewählt worden sind. Neben einem Kern von 3 Merkmalen, der beiden Definitionen gemeinsam ist, finden sich nicht weniger als 5 weitere Merkmale, davon eines in der englischen, die übrigen 4 in der deutschen Definition. Daher läßt sich die Frage nach der Äquivalenz auch hier erst dann sicher beantworten, wenn der Standort der Begriffe und ihrer Definitionen innerhalb der Systematik der Fächer geklärt ist.

Beispiel 5

a. **En: chromatic aberration**

    Def.: a focus defect in
         which electrons of
         different velo-
         cities focus at dif-
         ferent axial distan-
         ces

F: aberration chromatique
    Def.: défaut de concen-
         tration dans lequel
         des électrons de
         vitesses différentes
         se concentrent à des
         distances axiales
         différentes

D: chromatische Aberration
E: aberración cromatica

I: aberrazione cromatica
N: chromatische aberratie
P: aberacja chromatyczna

S: kromatisk aberration

b. **En: instantaneous particle acceleration**

    Def.: the time deriva-
         tion of instant-
         aneous particle
         velocity

F: accélération acoustique
   instantanée
    Def.: dérivée de la
         vitesse acoustique
         par rapport au
         temps

D: Teilchenbeschleunigung
E: aceleración acústica
   instantánea

I: accelerazione
N: deeltjesversnelling
P: wartość chwilowa
   przypieszenia
   akustycznego

S: momentanvärde av
   partikelacceleration

Quelle: Dictionnaire CEI multilingue de l'électricité, IEC
   multilingual dictionary of electricity, Genève 1983

Das abschließende Beispiel 5 entstammt einer internationalen Terminologie-norm. Es ist bekanntlich ein mühsames Unterfangen, den Sprachgebrauch, auch den fachlichen Sprachgebrauch, durch Vorschriften beeinflussen bzw. ändern zu wollen. Wenn die Schwierigkeiten bereits auf nationaler Ebene erheblich sind, so sind sie zwangsläufig noch viel größer, wenn es darum geht, Terminologien auf internationaler Ebene zu vereinheitlichen. Wenn sich daher in Beispiel 1 die international vereinheitlichten Terminologien zunächst als relativ problemlos präsentieren, so deshalb, weil sie dort aus-schließlich unter dem Blickwinkel der deskriptiven Terminologiearbeit betrachtet wurden, die sich gewissermaßen fertiger Ergebnisse bedient; aus der Sicht der normativen Terminologiearbeit, die diese Voraussetzungen ja erst schaffen muß, ist genau das Gegenteil der Fall. Nun ist aber gerade die internationale Angleichung der Begriffe und Benennungen seit jeher ein wichtiges Ziel der internationalen Normungsarbeit. Hier sind insbesondere die intensiven Bemühungen von ISO und IEC zu nennen. Im Idealfall bedienen sich diese internationalen Normungsorganisationen dabei, vereinfacht darge-stellt, eines zweistufigen Verfahrens: In einer ersten Phase werden die Begriffe vereinheitlicht, d. h., man ordnet ihnen eine jeweils für alle betreffenden Sprachen einheitliche Definition zu, in einer zweiten Phase werden dann die Benennungen selbst mit Hilfe einheitlicher Benennungs-merkmale auf internationaler Ebene harmonisiert. Das Ergebnis sieht dann im Idealfall so aus, wie in Beispiel 5a dargestellt; dieses Beispiel wurde dem von der IEC herausgegebenen Internationalen Elektrotechnischen Wörterbuch entnommen. Hier finden wir zunächst die vereinheitlichten englisch- und französischsprachigen Definitionen von "chromatic aberration" / "aberration chromatique" sowie die entsprechenden Termini in einer Reihe von europäi-schen Sprachen. In allen Fällen werden dieselben griechisch-lateinischen Morpheme verwendet, so daß man hier – jedenfalls für den europäischen Bereich – von einem Internationalismus sprechen kann.

Dagegen liegt in Beispiel 5b zwar auch ein international vereinheitlichter Begriff mit entsprechenden Paralleldefinitionen vor; von einer international vereinheitlichten Benennung kann jedoch nicht die Rede sein. Zwischen den einzelnen Benennungen bestehen relativ große Unterschiede; diese betreffen sowohl die Art der verwendeten Morpheme als auch die Auswahl der Merk-male. Wie ein Vergleich des französischen "accélération acoustique instantanée" mit dem deutschen "Teilchenbeschleunigung" oder gar mit dem italienischen "accelerazione" zeigt, werden – je nach Sprache – drei, zwei oder sogar nur ein Merkmal ausgedrückt. Ein Blick in die internationalen Normen zeigt, daß der in Beispiel 5b dargestellte Fall außerordentlich häufig ist, d.h., daß eine internationale Angleichung der Benennungen, so wie sie in den chemischen oder biologischen Nomenklaturen erreicht ist, für viele technisch-naturwissenschaftliche Terminologien in weiter Ferne liegt. Dabei muß man allerdings bedenken, daß Unterschiede, die ausschließlich in der sprachlichen Form liegen, erfahrungsgemäß weit weniger Schwierigkeiten bereiten als begriffliche Unterschiede. Eine reibungslose fachliche Kommunikation setzt geradezu zwingend voraus, daß die einzelnen Sprachen einen Begriff in gleicher Weise definieren, da es sonst leicht zu folgenschweren Mißverständnissen kommen kann. Darüber hinaus ist es zumindest wünschenswert, daß – anders als in Beispiel 5b – in den Benennungen dieselben Definitionsmerkmale zum Ausdruck kommen. Sind diese beiden Bedingungen – insbesondere die erste – erfüllt, so ist es zwar hilfreich, wenn außerdem international einheitliche Wortbildungselemente, insbesondere solche auf griechisch-lateinischer Grundlage, verwendet werden, es ist jedoch für eine reibungslose internationale Kommunikation nicht unerläßlich; dies gilt nicht zuletzt deshalb, weil diese sog. internationalen Wortbildungsmerkmale längst nicht allen Sprachgruppen vertraut sind. Es ist daher verständlich, daß die vielfältigen Bemühungen um eine internationale Terminologieangleichung in erster Linie der Vereinheitlichung von Begriffen gelten, so daß auch hier die Probleme des Definierens und der Angleichung von Definitionen in mehreren Sprachen im Vordergrund stehen.

Ziel der obigen Ausführungen war es insbesondere, zu verdeutlichen, daß Definitionen – ebenso wie die Begriffe, die sie repräsentieren – Teile von Systemen sind und daß sie häufig nur aus dem betreffenden System heraus zu verstehen sind. Dies ist für den Vergleich von Definitionen in verschiedenen Sprachen besonders wichtig, weil sich Definitionen, wie hier nur andeutungsweise gezeigt werden konnte, in höchst unterschiedlicher Form präsentieren können. Daher läßt sich aus Unterschieden in der Struktur oder den Merkmalen zweier zu vergleichender Definitionen noch keineswegs zwingend folgern, daß die repräsentierten Begriffe nicht doch identisch sind. Zur Lösung der hier angesprochenen Probleme sind nicht nur Sprachkenntnisse und die Beherrschung terminologischer Arbeitsmethoden erforderlich, auch die Kenntnis des betreffenden Sachgebiets ist eine unerläßliche Voraussetzung. Es ist zu begrüßen, daß die Übersetzerausbildung dieser Erkenntnis mit der Verbindung von sprachlichen Fächern und Sachfächern (insbesondere im Bereich von Naturwissenschaft und Technik) in zunehmendem Maße Rechnung trägt.

Fachsprachliche Phraseologie

Heribert Picht (Handelshøjskolen i København)

0. Einleitung

Die Phraseologieforschung ist eine linguistische Disziplin, die in den letzten 10 Jahren einen beachtlichen Aufschwung genommen hat. Prof. Dr. K. Daniels hat sich der Mühe unterzogen, eine gut kommentierte Bibliographie zu diesem Thema auszuarbeiten. Sie ist in 5 Folgen in Muttersprache in den Jahren 1976-1985 veröffentlicht worden. In den besprochenen Arbeiten werden Phraseologie, Sprichwörter, Redensarten, Zitate, geflügelte Worte, besondere Einzelwörter u.a.m. aus strukturalistischer, psycholinguistischer und pragmalinguistischer Sicht untersucht. Rein fachsprachliche Arbeiten konnten aber nicht festgestellt werden.

Bezieht man in die Phraseologieforschung die Untersuchungen zur Valenz und die Kollokationsforschung ein, so liegt das Hauptgewicht ebenfalls auf der Gemeinsprache, aber es lassen sich doch auch fachsprachliche Ansätze feststellen. Es seien hier die Arbeiten von D. Faber (1984), Chr. Quist (1984) und J.Draskau (1986) erwähnt. Etwas außerhalb dieser eher linguistisch orientierten Ansätze steht die Arbeit von A. Warner (1966) "Internationale Angleichung fachsprachlicher Wendungen der Elektrotechnik", in der der Versuch unternommen wird, phraseologische Grundsätze für die Technik aufzustellen.

Es ist bemerkenswert, daß diese Ansätze ihre primären Impulse überwiegend aus der Fachsprachendidaktik und besonders aus dem fachsprachlichen Übersetzungsunterricht erhalten haben. Auch der Verfasser dieses Beitrags ist auf diesem Wege, d.h. über die Praxis des fachsprachlichen Übersetzungsunterrichts, zur fachsprachlichen Phraseologieforschung gestoßen.

Es kann empirisch festgestellt werden, daß Studenten, aber auch Übersetzer mit Berufserfahrung, selbst wenn sie die Terminologie des zu übersetzenden Fachgebietes gut beherrschen, offensichtlich Schwierigkeiten haben, wenn es um die Wahl der korrekten Verben, Präpositionen, Präpositionsverbindungen etc., kurz gesagt, um die Einbettung der Benennung in den Fachtext geht. Solange es sich um rein fachsprachliche Verben handelt, die auch vom Nichtfachmann leicht als solche erkannt werden, z.B. "nieten", "schweißen", "löten", "gesenkpressen" usw., ist das Übersetzungsproblem minimal, da solche Verben den jeweiligen Terminologien angehören, terminologisch bearbeitet und in Fachwörterbüchern zu finden sind. Problematisch dagegen wird es, wenn diese Verben scheinbar "harmlose gemeinsprachliche Verben" sind, die nicht unmittelbar die Aufmerksamkeit des Übersetzers auf sich ziehen. Ihr fachsprachlicher Gehalt wird entweder nicht erkannt oder unterschätzt. Das Übersetzungsergebnis braucht nicht unbedingt fachlich falsch zu sein, es ist aber fach<u>sprachlich</u> nicht korrekt.

Obwohl zur Phraseologie auch andere Elemente gehören als das Verb, so sollen die folgenden Ausführungen doch vorwiegend das Verb zum Gegenstand haben, und zwar das "scheinbar harmlose gemeinsprachliche Verb".

1. <u>Was macht ein gemeinsprachliches Verb zu einem fachsprachlichen Verb?</u>

Aus der Übersetzerpraxis und den Beobachtungen im fachsprachlichen Unterricht hat sich folgender Fragenkatalog entwickelt:

a) Welchen semantischen Veränderungen unterliegt ein gemeinsprachliches Verb, wenn es in fachlichen Kontexten auftritt?

b) Welche Faktoren bewirken diese semantischen Veränderungen?
   - Ist es der Kontext als Gesamtheit?
   - Ist es das einzelne Fachgebiet?
   - Sind es die Mitspieler im Sinne der Valenzgrammatik?

c) Kann eine semantische Veränderung schon an syntaktischen Merkmalen festgestellt werden?
   - Transitivität <-> Intransitivität
   - Reflexivität
   - Präpositionsverbindungen, die von der Gemeinsprache abweichen

d) Werden alle oder nur einige Verben beeinflußt?
   - Lassen sich Beeinflussungsgrade feststellen?
   - Ist eine Typologisierung möglich?
   - Können die Mitspieler in Kategorien zusammengefaßt werden?

e) Ist es möglich, die in einem Fachgebiet auftretenden Verben nach ihrer Bedeutung zu systematisieren?
   - Entstehen dabei Begriffssysteme oder Teilsysteme?
   - Welche Beziehungen bestehen dann zwischen diesen Begriffen?

f) Können Merkmalkategorien abgeleitet werden, die eine
   Verbbedeutung (einen Verbbegriff) an ein bestimmtes
   Fachgebiet binden?

g) Welche Konsequenzen können daraus für die Terminologie,
   die fachsprachliche Lexikographie und Terminographie, die
   fachsprachliche Übersetzung und besonders die Maschinenübersetzung abgeleitet werden?

Von diesem Fragenkatalog ausgehend hat der Verfasser eine Analyse an
spanischen Fachtexten der Mechanik vorgenommen. Es wurden 2 Lehrbücher
und das Reparaturhandbuch einer spanischen Autotype gewählt. Insgesamt
wurden 4115 Satzbrüche exzerpiert und analysiert. Auf die Analysemethode
und ihre einzelnen Schritte soll hier nicht näher eingegangen werden, da sie
bereits andernorts beschrieben worden sind (Picht 1983, 191f.; 1985, 296f.;
1987, im Druck).

Das Analyseergebnis, soweit es bis jetzt vorliegt und ausgewertet werden
kann, hat einige der Fragen des Katalogs beantwortet, auf die restlichen
Fragen ergaben sich Teilantworten bzw. es wurden Tendenzen sichtbar, die
jedoch für eine befriedigende Gesamtlösung noch nicht ausreichen.

Die Analyse kann entweder aus einem semasiologischen oder einem
onomasiologisch-terminologischen Gesichtswinkel erfolgen.

2. Der semasiologische Gesichtswinkel

Von der Valenz- und Kollokationsforschung können wertvolle Ergebnisse
übernommen werden, da dort gefragt wird:

- Welche sprachlichen Elemente können verbunden werden und
  warum?
- Wie kommen solche Verbindungen zustande, welche Gegebenheiten gestatten/verhindern bestimmte Kollokationen?

Unbeantwortet aber bleiben Fragen, die m.E. für die fachsprachliche
Phraseologie von entscheidender Bedeutung sind, wie:

- Welchen semantischen Einwirkungen/Veränderungen unterliegen sprachliche Elemente, die sich um einen fachsprachlichen Kollokationskern, eine Benennung, scharen?

- Kann überhaupt von einer semantischen Einwirkung/Veränderung gesprochen werden?
- Sind die um einen fachsprachlichen Kollokationskern gelagerten Elemente semantisch gesehen schon eigenständige fachsprachliche Einheiten?

Bei den meisten semasiologischen Ansätzen wird davon ausgegangen, daß das Verb (als Zeichen und Inhalt) eine Einheit bildet, die eine Reihe von Verbindungsmöglichkeiten – Valenzen – aufweist. Sie manifestieren sich in den syntaktischen Strukturen (Oberfläche) und lassen sich in den semantischen Strukturen auf der Bedeutungsebene feststellen. Der Ausgangspunkt verbleibt aber das Verb an sich, das eine größere oder kleinere semantische Spannweite hat. Für die Gemeinsprache mag dies adäquat sein, wo die präzise Abgrenzung von Bedeutungsnuancen nicht immer absolut erforderlich ist. Diese Unschärfe kann auch positiv bewertet werden, da somit eine schöpferische Flexibilität bewahrt bleibt.

In den Fachsprachen ist Unschärfe in der Bedeutungsabgrenzung jedoch nicht zu akzeptieren; hier ist die unbedingte fachliche Genauigkeit oberstes Ziel der Kommunikation – und dies gilt auch für das Verb.

Verben wie z.B. "ziehen", "errichten", "reagieren" u.v.a. unterliegen semantischen Veränderungen, wenn sie in Verbindungen auftreten wie

- einen Wechsel ziehen
- die Fäden ziehen
- eine Wurzel ziehen
- ein Testament errichten
- eine chemische Verbindung reagiert mit einer anderen.

Im letzten Beispiel wird auch die Bedeutung anderer Elemente – hier der Präposition – deutlich.

Werden rein semasiologische Methoden angewendet, so fällt die Beantwortung folgender Fragen schwer:

- Handelt es sich z.B. in den genannten Fällen noch um ein und dasselbe Verb?
- Liegen andere/neue Bedeutungen vor?
- Sind es nur Bedeutungsnuancen?
- Wie soll objektiv zwischen beiden unterschieden werden?
- Wie groß muß/darf der Unterschied sein, um z.B. lexikographische Konsequenzen zu haben?
- Wie können objektive Unterscheidungskriterien gewonnen werden?

Daß theoretische Lösungen gefunden werden können, soll nicht in Zweifel gezogen werden; in der Praxis – es sei hier nur auf die lexikographischen Produkte hingewiesen – sieht das Bild doch anders aus. In der einsprachigen Lexikographie sind phraseologische Probleme eventuell noch einigermaßen befriedigend zu lösen; in der mehrsprachigen Lexikographie, die ja in erster Linie die Hilfsmittel für den Übersetzer schaffen soll, sind die bisherigen Lösungsvorschläge unbefriedigend. Betrachtet man die gleiche Problemstellung aus dem Blickwinkel der fachsprachlichen Lexikographie, so kann kaum von Lösungen gesprochen werden, da die hier behandelte Anwendung von Verben in fachsprachlichen Wörterbüchern nur sporadisch oder gar nicht zu finden ist.

3. Der onomasiologisch-terminologische Ansatz

Da es sich bei diesen scheinbar gemeinsprachlichen Verben aber um Verben handelt, die in fachlichen Kontexten auftreten, ist es naheliegend, sie mit terminologischen Methoden zu untersuchen. Das bedeutet dann, daß das Verb in seiner sprachlichen Erscheinungsform als Indikator für einen Begriff gesehen werden muß, der der eigentliche Gegenstand der Analyse ist.

Wie bei jeder terminologischen Begriffsanalyse wird nach den Merkmalen zu fragen sein, die auf diesem Wege ermittelt werden können. In diesem Zusammenhang ist die Valenzanalyse hilfreich, denn durch sie können Kategorien von Benennungen bzw. Begriffen isoliert werden, mit denen ein Verb verbindbar ist. Es ergibt sich damit eine semantische Zerlegung der bedeutungsmäßig komplexen sprachlichen Erscheinungsform eines Verbs in verschiedene Begriffe, z.B.

reagieren
– er reagierte auf seine Anwürfe
– Wasserstoff reagiert mit Chlor.

Die Merkmalkonfigurationen der Begriffe, die im Deutschen durch das Verb "reagieren" ausgedrückt werden, weichen voneinander ab. Es handelt sich folglich um zwei verschiedene Begriffe, von denen der eine zweifelsfrei dem Fachgebiet der Chemie zugeordnet werden kann. Eine weitere Indikation ist die Präposition, die möglicherweise als Teil der Benennung des Verbbegriffs angesehen werden muß.

Daß es sich um mehrere Begriffe – ausgedrückt durch das gleiche Verb – handelt, die einen Teil des Begriffsinhalts, d.h. eine gewisse Anzahl von Merkmalen, gemeinsam haben, ist irrelevant für die Unterscheidung auf der begrifflichen Ebene. Hier zählen ausschließlich die unterscheidenden Merkmale, die allein für die Begriffsdifferenzierung maßgebend sind.

Auf dieser Grundlage läßt sich auch die Frage der Bedeutungsnuancen klären; denn wird vom Begriffsinhalt ausgegangen und auch nur <u>ein</u> Merkmal festgestellt, das zwei ansonsten gleiche Begriffe <u>nicht</u> gemeinsam haben, so liegen auch zwei verschiedene Begriffe vor. Es kann somit ein sehr hoher Grad an Begriffsdifferenzierung erreicht werden, der im sprachlichen Zeichen allein nicht mehr zum Ausdruck gebracht wird bzw. werden kann. Es sei denn, daß weitere Faktoren wie Mitspieler und der Kontext als Gesamtheit zur Differenzierung mit herangezogen werden. Allerdings ist diese Art der Differenzierung indirekt und unstabil, da sie sich durch variierende Mitspieler (obwohl eventuell der gleichen Kategorie) und wechselnde Kontexte manifestiert, die beide nicht zeicheninhärent, wohl aber begriffsinhärent sind.

Das heißt mit anderen Worten, daß ein Verb A die Begriffe x, y und z repräsentiert, die wiederum jeder für sich einem oder mehreren Fachgebieten angehören. Daraus ergibt sich das sprachliche Zeichen

A_1 für den Verbbegriff x
A_2 für den Verbbegriff y
A_3 für den Verbbegriff z

Der Verbbegriff "x" hat seinerseits Verknüpfungsmöglichkeiten mit einer begrenzten Anzahl von Begriffskategorien, die in einem Fachgebiet auftreten, z.B.

Verb A_1 - "reagieren"   - Verbbegriff "x"
     A_2 - "reagieren (mit)" - Verbbegriff "y"
             "y" ist verknüpfbar mit Begriffen der Chemie,
             die der Kategorie "Chemische Verbindungen und
             Elemente" angehören.

4. Fachsprachliche Phraseologie und Übersetzung

Es erscheint mir unmittelbar einleuchtend, daß diese doppelte Differenzierung auf der Begriffsebene (Verbbegriff an sich und dessen Verknüpfungsmöglichkeiten) für die fachsprachliche Phraseologie und besonders für ihren Bezug auf die fachsprachliche Übersetzung von Bedeutung ist.

Durch die doppelte Differenzierung auf der Begriffsebene ist es möglich, die Äquivalenz der sprachlichen Mittel in der Zielsprache zu bestimmen, wobei es nicht mehr die primäre Frage ist, ob das Verb "a" im Deutschen mit dem

Verb "b" im Dänischen äquivaliert und ob das gleiche für die Benennungen einer Aussage in beiden Sprachen zutrifft. Damit wäre nur die lexikalische Ebene angesprochen. Zur Bestimmung der Äquivalenz auf der Grundlage des Begriffsvergleichs – eine Analyse, die sich bisher auf den einzelnen Begriff und seinen Systembezug beschränkte – tritt nun eine weitere Komponente der Äquivalenz, nämlich die Äquivalenz der sprachlichen Mittel hinsichtlich ihrer Verknüpfungsmöglichkeiten mit anderen sprachlichen Mitteln, insbesondere Benennungen von Nicht-Verbbegriffen. Es wird hier ausdrücklich die breitere Bezeichnung "sprachliche Mittel" gewählt, da es sich nicht nur um Verben handeln muß. So wird der Verbbegriff, der im Deutschen bzw. Dänischen durch "hinaufpumpen" und "oppumpe" sprachlich realisiert wird, im Spanischen durch "elevar por bomba" wiedergegeben. Es erfolgt eine Verteilung der Merkmale des Begriffs auf 3 Wörter verschiedener Klassen (hinauf- + unspezifizierte Handlung = elevar; pumpen – Indikation des Mittels + Spezifizierung desselben = por bomba); "bombear" allein kann den Begriff nicht voll abdecken, denn "bombear" ist lediglich die Benennung für den Oberbegriff "pumpen".

Darüber hinaus kann der Verbbegriff "hinaufpumpen" – gleichgültig, durch welches sprachliche Zeichen und in welcher Sprache er realisiert wird – nur mit Begriffen verbunden werden, die entweder zur Kategorie "pumpbare Medien" oder zur Kategorie "Pumpenarbeit ausführende Personen oder Geräte/Aggregate bzw. Teile derselben" gehören.

5. Vorläufige Definition von "fachsprachlicher Phraseologie"

Auf der Grundlage der bisherigen Feststellungen kann fachsprachliche Phraseologie definiert werden als: "Fachsprachliche Disziplin, die einerseits die syntaktischen Bindungen fachsprachlicher Ausdrucksmittel, ihre Synonymie und Äquivalenz und andererseits die begrifflichen Beziehungen (sowie deren Veränderungen) zwischen fachsprachlichen Elementen untersucht, die zu einer fachlich gültigen und sprachlich korrekten Aussage zusammengefügt werden können".

6. Welche Disziplinen würden durch die Anwendung des terminologischen Ansatzes auf die fachsprachliche Phraseologie berührt?

1. Die theoretisch orientierte Terminologieforschung wird sich noch eingehender als bisher mit der Frage nach dem Wesen des Begriffs und seiner Arten beschäftigen müssen;

dabei wird Begriffen, die sprachlich durch Verben realisiert werden, größere Aufmerksamkeit geschenkt werden
müssen.

Die terminologische Begriffsanalyse wird sich auf weitere Elemente erstrecken müssen, da es gilt, die Relation
zwischen mindestens zwei verschiedenartigen Begriffen zu
untersuchen und ihre Verknüpfbarkeit im Sinne der fachsprachlichen Phraseologie auf begrifflicher Ebene zu erforschen. Für die Benennungsebene gilt sinngemäß das
gleiche. Mit anderen Worten, die gesamte terminologische
Analyse muß um eine Dimension erweitert werden, wenn sie
die fachsprachliche Phraseologie abdecken soll.

2. Für die fachsprachliche Lexikographie und Terminographie
bedeutet die Aufnahme von fachsprachlichen Phraseologien
in Wörterbücher bzw. terminologische Datenbanken Neuland.
Wohl werden in neueren terminologischen Datenbanken phraseologische Datenelemente gespeichert, z.B. in Danterm,
doch haben diese Daten noch eher den Charakter von Belegstellen. Eine eigentliche Analyse mit dem Ziel der Feststellung der Verknüpfungsmöglichkeiten und der expliziten
Äquivalenzbestimmung hat jedoch noch nicht stattgefunden.
Es ist vorauszusehen, daß sich hier prinzipielle Fragen
ergeben werden, wie phraseologische Angaben in ein- oder
mehrsprachigen Wörterbüchern bzw. terminologischen Datenbanken zugänglich gemacht werden können und sollten. Die
alphabetische Reihung der gesamten Terminologie eines
Fachgebiets, also auch der Verben, ist natürlich möglich.
Allerdings werden dann auch die Verknüpfungsmöglichkeiten
angegeben werden müssen. Wie das in herkömmlicher lexiko-
graphischer Weise erfolgen kann, ohne den Charakter der
Zufälligkeit zu haben, ist noch offen. Ähnliche Probleme
werden bei der systematischen Reihung auftreten. Bei terminologischen Datenbanken ist es weit eher wahrscheinlich, durch geeignete Datenstrukturen Lösungen zu finden.

3. Im fachsprachlich-didaktischen Bereich bietet sich der
Einbau der fachsprachlichen Phraseologie in die Termino-
logiekomponente des Studiengangs an.

4. Für den Bereich der Maschinenübersetzung stellt sich die
Frage nach der richtigen sprachlichen Einbettung der Be-

nennungen in einen fachsprachlichen Text ebenfalls, doch
mit dem Unterschied, daß die phraseologischen Probleme
vor der Übersetzung gelöst sein müssen. Hier wird es
davon abhängen: 1. ob die fachsprachlichen Phraseologien
dann zur Verfügung stehen werden, d.h. in einer für den
Rechner akzeptablen Form erarbeitet worden sind, und 2.
ob sich zwischen bestehenden Terminologiebanken mit
fachsprachlich-phraseologischen Daten die erforderlichen
Schnittstellen schaffen lassen, um als back-up
dictionaries in maschinellen Übersetzungssystemen dienen
zu können.

5. Für die Fachsprachenforschung stellt die fachsprachliche
   Phraseologie das Bindeglied zwischen der Terminologie im
   engeren, klassischen Sinne und den darüber liegenden
   Sprachebenen dar. Die Frage nach der Fach- oder Gemein-
   sprachlichkeit eines Textes - wenn man diese Dichotomie
   überhaupt aufrechterhalten will - könnte zumindest in
   bezug auf einige wichtige Elemente im Satz beantwortet
   werden, was wiederum zu einer weiteren Klärung des Fach-
   sprachenbegriffs beitragen würde. Das Hoffmannsche Modell
   kann auch auf die fachsprachliche Phraseologie mit Vorteil angewendet werden (Hoffmann 1984, 47f.).

6. Die sich rasch entwickelnde Wissenstechnik und der moderne Wissenstransfer, die wie die Terminologie und die
   fachsprachliche Phraseologie in erster Linie begriffsba-
   siert sind und für die die Beziehungen zwischen Begriffen eine zentrale Rolle spielen, können von den Ergebnissen der fachsprachlichen Phraseologieforschung
   profitieren. Dies wird dazu führen, daß aus den bisherigen Berührungsflächen tiefere Grenzzonen werden. Der
   Trend, terminologische Datenbanken mit Wissensbanken zu
   kombinieren bzw. die ersteren durch Elemente der letzteren zu erweitern, ist durchaus deutlich. Als Beispiel
   soll hier KITES (Knowledge-based Integrated Terminology
   System) an der Universität Surrey genannt werden (The
   British Term Bank, 1986).

7. Zusammenfassung

Es kann vorläufig festgestellt werden, daß die von einem
terminologischen Ansatz ausgehende fachsprachliche Phra-

seologie noch sehr jung ist. Eine größere Anzahl von Untersuchungen liegt noch nicht vor, und obwohl ein Teil
der Fragen im anfänglich aufgestellten Fragenkatalog
einigermaßen befriedigend beantwortet werden kann, so
verbleibt doch ein erheblicher Rest, der mit fortschrei-
tender Forschung kaum geringer werden, wohl aber seinen
Charakter ändern wird.

Bibliographie

Daniels, Karlheinz (1976-1985), "Neue Aspekte zum Thema
  Phraseologie in der gegenwärtigen Sprachforschung", Teil
  1-5, in: Muttersprache 1976, pp. 257-293; 1979, pp. 71-
  96; 1983, pp. 142-170; 1984, pp. 49-68; 1984/85, pp.
  151-173
Draskau, Jennifer (1986), "A Valency-Type Analysis of Four
  Monolexical Verbs and two Polylexical Verbs in English
  LSP Texts from Two Subject Fields, Marine Engineering
  and Veterinary Science", in: ALSED-LSP Newsletter, vol.
  9, no. 2 (23), dec. 1986, pp. 25-42
Faber, Dorrit (1984), Kollokative mønstre. Specielt med hen-
  blik på økonomisk sprogbrug, Manus, København:
  Handelshøjskolen i København
Hoffmann, Lothar (1984), Kommunikationsmittel Fachsprache.
  Eine Einführung, Berlin: Akademie-Verlag , 2. überarbeitete
  Auflage 1985
Picht, Heribert (1983), "Hvad gør et almensproget verbum til
  et fagsprogligt verbum? Verbernes terminologisering",
  in: Martinet, H., Hjørnager Petersen, V., Qvistgaard, J.
  (eds.), AScLA-Symposiet "Oversættelse og tolkning" 4.-6.
  oktober 1982, København: Fagsprogligt Center,
  Handelshøjskolen i København, pp. 189-201
Picht, Heribert (1985), "Termer og deres fagsproglige omgi-
  velser - fagsproglig fraseologi", in: Nordisk Termino-
  logikursus II, bind 1, "Rolighed", Skodsborg, DK, 5.-16.
  august 1985; proceedings, København: Handelshøjskolen
  i København, pp. 296-316
Picht, Heribert (1987), "Terms and their LSP environment -
  LSP Phraseology", in: Meta 'Special Issue on Termino-
  tics' (im Druck)
Quist, Chr. (1984), "Characteristics of special subject languages in the technical language group", in: ALSED-LSP
  Newsletter, vol. 7, no. 1 (18), May 1984, pp. 2-9
The British Term Bank, Technical Report no. 1, February
  1986, University of Surrey, sowie interne Arbeitsdokumente
Warner, Alfred (1966), Internationale Angleichung fach-
  sprachlicher Wendungen der Elektrotechnik. Versuch ei-
  ner Aufstellung phraseologischer Grundsätze für die
  Technik, Beihefte der ETZ, Heft 4 , Berlin

Metaphorik in Fachtexten

Jürgen Beneke, Hochschule Hildesheim

1. Einführung

Nach dem vorherrschenden Wissenschaftsverständnis – insbesondere dem empirisch-naturwissenschaftlichen – dürfte es ein Thema wie meines gar nicht geben. Metaphern sind danach ja nur mehr oder weniger phantasievolle, mehr oder weniger gelungene Ausschmückungen für Sachverhalte, die direkter, genauer und damit besser (treffender?) durch wörtliche, d. h. nicht übertragene, Ausdrücke zu bezeichnen sind. Wir begegnen hier der seit der antiken Rhetorik so genannten Ornatus-Auffassung (Metaphern dienen der Verschönerung oder Ausschmückung der Rede), mit der implizit auch ausgesagt wird, daß es zu jedem metaphorischen Ausdruck auch einen zwar vielleicht weniger "schönen", in jedem Falle jedoch "richtigen", weil eigentlichen, Ausdruck gäbe.

Mindestens seit Francis Bacon ist man bemüht, die Wissenschaftssprache vom bloßen Redeschmuck reinzuhalten oder zu befreien (Pörksen 1986, 17; er referiert u.a. die Empfehlungen der Londoner Royal Society, die ein metaphernfreies Stilideal festzulegen suchen. Vgl. auch Nieraad 1977, 80 ff).

Wenn wir nun einen kurzen Blick auf die soeben geäußerten Sätze werfen, diese also metasprachlich analysieren, so fällt auf, daß wir uns, bevor wir es recht bemerkt haben, inmitten von metaphorischen Ausdrücken befinden:

- das Wissenschaftsverständnis <u>herrscht</u> vor
- die Sachen ver-<u>halten</u> sich
- ein Ausdruck ist <u>treffend</u>, d. h. er trifft sein Ziel
  (wie ein Pfeil?)
- ein Ausdruck wird <u>übertragen</u>

Dieser Betrachtungsweise kann man entgegenhalten, daß es sich hier um <u>verblaßte</u> oder <u>tote</u> Metaphern handelt – auch dieses natürlich wiederum Metaphern, jedenfalls bei radikaler Analyse, also einer, die "an die Wurzel" geht. Bei der Metapher von der radikalen Analyse wird allerdings das Metaphorische dadurch verdunkelt, daß "radikal" als Fremdwort (aus dem Lateinischen <u>radix</u>, Wurzel) seine Nähe zu deutsch <u>Wurzel</u> nur demjenigen offenbart, der ein Interesse an und Kenntnisse in Etymologie hat.

Je nach Radikalität der Betrachtungsweise kann man also entweder sagen

1. Als Metapher zählt nur die neuartige "kreative" Metapher, wie sie typischerweise in Dichtung, Werbung oder sonstigen persuasiven Texten eingesetzt wird.

2. Metaphern sind untrennbare Bestandteile der Sprache; tote Metaphern können jederzeit wiederbelebt werden. Sie verlieren ihr suggestives Potential niemals vollständig.

Aristoteles hat offenbar der ersten Position zugeneigt, denn aus dem wissenschaftlichen Diskurs wollte er die Metapher verbannen, sie vielmehr dem Reich der Affekte zuweisen, der rhetorischen Kommunikation, also typischerweise der Gerichtsrede oder der Dichtung. In der klassischen (und ältesten) Metapherndefinition heißt es:

> Metapher ist die Übertragung eines fremden Nomens, entweder
> von der Gattung auf die Art oder von der Art auf die Gattung
> oder von einer Art auf eine andere oder gemäß der Analogie
> (Aristoteles 1961, 59, meine Hervorhebung).

Für Aristoteles gibt es also das Eigentliche, insofern nämlich ein Gegenstand oder Sachverhalt mit einem "fremden" Wort bezeichnet wird, also einem, das eigentlich nicht paßt. Es sind vorzugsweise die Dichter, die – je nach ihrem Können – gute und schlechte Metaphern hervorbringen. Diese Bestimmung der Metapher hat lange Zeit den Blick dafür verdunkelt, daß jede Form von Sprache – und damit auch die Wissenschaftssprache – auf Metaphern angewiesen ist.

Wie für viele andere Bereiche, so gilt dies z. B. auch für die Sprachwissenschaft, die Pädagogik, Psychologie, die Wirtschaftswissenschaft u. v. a. Daß es keineswegs nur die "weichen" Fächer sind, die mit Metaphern durchsetzt sind, wird noch zu zeigen sein.

Burkhardt (1987, im Druck) macht darauf aufmerksam, daß "der Begriff der Metapher eine selbstreflexive Bildung ist, die an sich selbst genau das abbildet, was sie beschreibt" (1987, 3, Ms.; vgl. hierzu auch Mac Cormac, 1985, 63, "any theory of metaphor probably employs a basic metaphor"). Wer so formuliert, akzeptiert also eine Position, die ich oben als radikal bezeichnet habe. In diesem Sinne radikal ist die wohl bemerkenswerteste Publikation zur Metapher, die in den letzten Jahren erschienen ist, Metaphors We Live By von Lakoff und Johnson (1980). In diesem Buch werden die oft verborgenen metaphorischen Strukturen in unserem Denken aufgespürt, also die kognitionssteuernde Funktion von Metaphern. Dabei ist noch zu klären, ob die für das Englische vorgelegten Befunde in gleicher Weise für andere indoeuropäische Sprachen zutreffen und, noch wichtiger, ob nicht-indoeuropäische Sprachen andere kognitionssteuernde Metaphern aufweisen.

Es mag überraschen, aber auch in dieser Hinsicht gibt es Bezüge zu
Aristoteles; denn dieser hat nicht nur die These von der Ersetzbarkeit des
"eigentlichen" durch den Übertragenen Ausdruck aufgestellt (heute als
Substitutionstheorie der Metapher bezeichnet), sondern er hat ebenfalls die
herausragende Leistung des metaphorischen Sehens für die Erkenntnis
beschrieben. Die Fähigkeit zur Bildung von Metaphern ist für ihn eine
Begabung in der Handhabung eines unübertrefflichen Denkwerkzeugs. Denn
Metaphern richtig zu gebrauchen ist nach Aristoteles (1961, 63) gleich-
bedeutend mit der Fähigkeit, Ähnlichkeiten zwischen Gegenständen und
Betrachtungsweisen zu erkennen, die bis dahin unverbunden nebeneinander
standen. Die Fähigkeit zum Metapherngebrauch sei eine besondere Begabung,
die man nicht lernen könne, und sie sei das besondere Merkmal "kreativer"
Menschen (wie wir heute sagen würden).

Wie verhält es sich nun mit den Analogien? Sind die Ähnlichkeiten vorfind-
lich vorhanden und brauchen bloß noch erkannt zu werden, oder "projizieren" die kreativen Menschen aus ihrem Bewußtsein heraus durch die "Übertragung" von einem Sachverhalt auf den anderen bestimmte Ähnlichkeits-
beziehungen?

Wir sehen an derartigen Fragen, daß die Beschäftigung mit Metaphern uns in
das Zentrum epistemologischer, kognitionspsychologischer und sprachanaly-
tischer Fragestellung führen kann. Wir haben es u. a. mit Fragen zu tun
wie der, ob unsere Sprache unsere Erkenntnisse steuert (sonst auch unter
der Bezeichnung Sapir-Whorf-Hypothese diskutiert), ob neue Erkenntnisse
überhaupt möglich sind, denn wenn wir Neues stets mit der Begrifflichkeit
des Alten sehen und nur so sehen können, wo bleibt dann die Möglichkeit,
Neues überhaupt zu erkennen?

Diese und ähnliche Fragen lassen es verständlich erscheinen, daß die Auseinandersetzung mit der Metapher inzwischen längst den engen Kreis der
Literaturwissenschaftler und Linguisten verlassen hat, so daß es mittlerweile
Kongresse gibt, die sich ausschließlich oder überwiegend mit Metaphern
beschäftigen.

Als Beispiel für die Nutzbarmachung eines erweiterten Metaphernverständ-
nisses sei hier ein Zitat von Arthur Koestler angeführt, der den wissenschaftlichen Erkenntnisprozeß als Auffinden von Analogien beschreibt:

> Metaphern und bildliche Ausdrücke entstehen mittels eines
> Prozesses, der von der wissenschaftlichen Entdeckung her
> bekannt ist: durch das Erkennen einer Analogie, die bis
> dahin nicht gesehen wurde (1966, 381).

Ein bekanntes Beispiel für die epistemologische Funktion einer Analogie ist die Entdeckung Benjamin Franklins, daß Gewitterwolken "gewissermaßen" Leidener Flaschen sind: Sie sind mit Elektrizität gefüllt, die sich über einen Blitzableiter ungefährlich ableiten läßt. Wir sprechen heute noch von elektrischer Ladung, ohne zu erkennen, daß dies eine Übertragung aus dem Bereich des Transportwesens ist: Damit werden bestimmte, teilweise richtige Vorstellungen akzentuiert, daß Elektronen z. B. in einem Kondensator ungefähr so wie Kugeln in einem Transportgefäß gelagert werden. Nicht zu übersehen ist dabei die Gefahr, daß andere, ebenso wichtige Eigenschaften im Zusammenhang mit Elektrizität, "Strom" oder ähnlichem verdeckt oder ausgeblendet werden. Auch im Zusammenhang mit anderen Modellbildungen, z.B. der Analogie zwischen dem Atomkern und dem Sonnensystem, wird vor der suggestiven Wirkung der Analogie gewarnt.

Am Beginn der aufklärerischen Verbannung der Metapher aus der Wissenschaft (wenn man einmal von Aristoteles absieht) steht Francis Bacon. In seinem berühmten Essay "On Truth" ("Über die Wahrheit") schreibt er:

> Truth is a naked and open day-light that does not show
> the masks and mummeries and triumphs of the world.

Die Redeweise von der nackten Wahrheit hat hier ihren Ursprung: Die Wahrheit duldet keine Verhüllungen und Maskeraden. Aber es grenzt schon ans Tragi-Komische, daß Bacon das zutiefst Metaphorische seiner eigenen Ausdrucksweise nicht erkennt.

2. Dekodierungsprobleme bei Metaphern

Solange man Metaphern als Sonder- oder Randerscheinungen der Sprache glaubte ausgrenzen zu können, waren Probleme einer eventuell besonderen Dekodierungsstrategie nicht akut. In dem Maße jedoch, in dem die Verwendung von Metaphern in alltäglicher und wissenschaftlicher Rede ernst genommen wurde, mußte man die sprachwissenschaftliche und psychologische Herausforderung annehmen, die der Gebrauch von Metaphern mit sich bringt. Metaphern verweisen nicht auf ein außer ihnen liegendes Stück Welt, das nur einen eigentlich unangebrachten Namen bekommen hat (Substitutionstheorie der Metapher), sondern sie sind eine Anweisung an den Hörer, eine plausible Beziehung zwischen Bedeutungsganzheiten so herzustellen, daß die zueinander passenden, überlappenden Eigenschaften in Form einer Analogie gesehen werden. Von Bühler (1934/1965) stammt das Beispiel des "Salonlöwen". Der Hörer wird angewiesen, die Analogiebeziehung zwischen einer menschlichen Person und einem Löwen in Verbindung mit Salon herauszufiltern. Es entsteht ein untersummatives Bedeutungsgefüge, bei dem das Element "Salon" genau die Merkmale von "Löwe" herausfiltert (Bühlers Metapher), die nicht passend sind: Mähne, Vierfüßigkeit, Tier, brüllend, in Rudeln lebend usw. Allerdings leistet schon die aus der klassischen Rhetorik stammende Lehrbuchmetapher "Achilles war ein Löwe in der Schlacht" dasselbe. Entscheidend ist die aktive Hypothesenbildung des Hörers, die erst dann zur Ruhe kommt, wenn ein sinnvolles, plausibles Gefüge entstanden ist (Bühler 1934/1965, 350). Bei neuen, noch nicht lexikalisierten Metaphern (im Gegensatz z. B. zu "Auge des Gesetzes" oder "Salonlöwe") kommt der jeweilige Interpret möglicherweise zu immer neuen, letztlich nicht auslotbaren Bedeutungen; in diesem Fall nähert sich die Metapher dem Symbol. Hierfür zwei Beispiele aus der zeitgenössischen Pop-Lyrik und aus der Lyrik:

1) Love is a stranger
In an open car
To tempt you in
And drive you far away

(aus: Love is a stranger, Eurythmics)

2) Love struck into his life
Like a hawk into a dovecote.
What a cry went up!

(aus: The Dove Breeder, Ted Hughes)

Für derartige Äußerungsformen scheint sich eine Instruktionssemantik (H. Weinrich) besser zu eignen als eine Repräsentationssemantik, denn es gibt oft nichts exakt Greifbares als außersprachliches Korrelat, das durch die Metapher stellvertretend repräsentiert würde.

Dies wird auch durch empirische Untersuchungen nahegelegt. Zunächst einmal ist festzuhalten, daß Metaphern nachweislich genau so schnell dekodiert werden wie nicht-metaphorische Ausdrücke (van Dijk/Kintsch 1983, 312–315). Sie werden wahrscheinlich in ähnlicher Weise verstanden wie indirekte Sprechakte.

Eine im Rahmen eines Seminars an der Hochschule Hildesheim durchgeführte empirische Studie kommt zu vergleichbaren Ergebnissen (Reich/Rooseboom 1986). Den Versuchspersonen wurden konstruierte Sätze gegeben vom Typ

1) Death is a well-oiled lawn-mower
2) Automobile sind träumende Schlachtrösser

In der Regel fanden die Versuchspersonen eine plausible Bedeutung, obwohl in der Versuchsanordnung kein Sinn beabsichtigt war. Sie interpretierten diese Äußerungen auf der Basis der Griceschen Maxime von der Verpflichtung zur Kooperation. Wer den Kommunikationspartner ernst nimmt (und das ist eine wesentliche Voraussetzung der Kommunikation), muß davon ausgehen, daß dieser ihm etwas Wesentliches, Relevantes sagen will. Was das ist, versucht er durch aktive Hypothesenbildung herauszubekommen.

Zu 1) wird z. B. gesagt: "technisierter Sensenmann", und bei 2) wird u. a. interpretiert: "mit Automobilen, die heute dieselbe Funktion erfüllen wie früher Schlachtrösser, erfüllt man sich den großen Traum von der Überlegenheit und Allmacht". Die "Lösungen" ergeben sich nicht als Rekonstruktion einer wörtlichen Bedeutung, die durch die Metapher substituiert wurde, sondern als Ergebnis des Austestens von Hypothesen.

3. Metaphern als Mittel der Erkenntnissteuerung

Die oben angesprochene radikale Auffassung von der Funktion der Metapher wird am deutlichsten von Lakoff und Johnson vertreten. Sie verweisen auf die jeder möglichen Erkenntnis zugrundeliegenden Wahrnehmungsstrukturen, die grundsätzlich metaphorischer Art seien. Ihre Definition von Metapher ist ebenso einfach wie weitgefaßt: metaphorisch ist alles, was die Anwendung einer Begrifflichkeit auf einen anderen Bereich darstellt, für den sie ursprünglich nicht gemeint war:

The essence of metaphor is understanding and experiencing one kind of thing in terms of another (1980, 5; Hervorhebungen im Original).

Es ist nach dieser Auffassung unmöglich, z. B. über abstrakte Sachverhalte anders als mit Begriffen zu reden, die ursprünglich konkret gebraucht wurden. Ganz ähnlich sagt Rumelhart (1979, 89):

Nearly always, when we talk about abstract concepts, we choose language drawn from one or another concrete domain. A good example of this is our talk about the mind. Here we use a spatial model to talk about things that are clearly nonspatial in character. We have things "in" our minds, "on" our minds, "in the back corners of" our minds. We "put things out" of our minds, things "pass through" our minds, we "call things to mind", and so on. It is quite possible that our primary method of understanding nonsensory concepts is through analogy with concrete experiential situations.

In diesen Gegenstandsbereichen sind wir also auf die Metapher als Werkzeug der Erkenntnis angewiesen. Erkenntnis ist nur möglich innerhalb von kohärenten, kulturell geprägten Wahrnehmungsstrukturen. Wir erkennen in diesem Ansatz eine weitere Spielart des Humboldt-Sapir-Whorfschen Relativismus wieder.

Wenn unsere Erkenntnis prinzipiell von derartigen Wahrnehmungsmustern gesteuert wird, dann gerät die Möglichkeit, grundsätzlich neue Erkenntnisse zu gewinnen, in Zweifel: "neue" Informationen kann man nur in der Begrifflichkeit "alter" Informationen (in terms of) erfassen. Wenn es andererseits möglich wäre, ohne derartige vorgegebene Wahrnehmungsmuster auszukommen, dann wäre das so gewonnene Wissen nicht begrifflich organisiert und daher unstrukturiert; es wäre intellektuell unzugänglich und demnach kein Wissen (Pylyshyn 1979, 421).

Boyd untersucht in seinem Aufsatz "Metaphor and Theory Change" die Rolle der Metapher und kommt zu der Feststellung, daß es nicht nur didaktische oder Schmuckmetaphern, sondern auch theoriekonstitutive Metaphern gibt. Er bleibt aber dennoch Anhänger des Empirismus, insofern er davon ausgeht, daß die Welt "an sich" existiert und in bestimmte, wahrnehmungsunabhängige, diskrete Strukturen eingeteilt ist, die letztlich, bei genügender Anstrengung, in ihrem So-Sein der Erkenntnis zugänglich sind. Die Sprache nähere sich sukzessive der "richtigen", "wahren" Gliederung der Welt an, z. B. bei der Klassifikation der Lebewesen (Taxonomie). Die überwundene, ältere Sprache habe möglicherweise noch Dinge in eine Klasse eingeordnet,

> which have no important similarity or may have failed
> to classify together things which are, in fact, funda-
> mentally similar (p. 394) (Meine Hervorhebung).

Es gibt also nach Boyd Approximationen an eine vorgegebene Ordnung des Seins, derzufolge es z. B. falsch sei, Wale oder Schildkröten zu den Fischen zu rechnen; worauf es ankomme, sei "to cut Nature at its joints" (p. 392). Die Naht- oder Schnittstellen, d. h. die ontologische Struktur, seien vorgegeben und bräuchten nur erkannt zu werden. Auf der Ebene der metasprachlichen Kritik fällt übrigens auf, wie verräterisch diese Metapher des Zerschneidens und Sezierens für die Art des Umgangs mit der Natur ist, die sich aus diesem Wissenschaftsverständnis ergibt – was nicht ohne Folgen geblieben ist.

Demgegenüber sagt Thomas S. Kuhn, daß z. B. Einsteins Physik eben gerade nicht eine nur graduell bessere Approximation im Sinne einer Verfeinerung oder Präzisierung der Newtonschen Physik sei, sondern ein klassisches Beispiel für einen Paradigmenwechsel (1979).

Aus dem Vorangegangenen ist vor allem zweierlei zu schließen: Es handelt sich bei der Untersuchung der Rolle von Metaphern zum einen um ein Pro-

blem von sehr grundsätzlicher erkenntnistheoretischer und forschungsprak-
tischer Bedeutung und zum zweiten: die Diskussion hat gerade erst begon-
nen.

4. Beispiele

Im folgenden werden einige wenige Beispiele für unterschiedliche Verwendungen von Metaphern in Fachtexten gegeben.

4.1 Metaphern zur suggestiven Veranschaulichung

Eines der bekanntesten Beispiele für die suggestive Wirkung von Metaphern
aus der Wissenschaftssprache ist Darwins "Survival of the Fittest", deutsch
als "Überleben des Tüchtigsten" etabliert. Auf der Basis dieser Metapher, die
unmittelbar nach ihrer Bildung aus dem Bereich der Biologie auf den des
sozialen Lebens übertragen wurde, entwickelte sich zunächst in Großbritan-
nien und fast zeitgleich in Kontinentaleuropa eine Legitimationsformel für
einen ungehinderten und nun per Analogieschluß auch gewissermaßen von
der Natur selbst sanktionierten Wettbewerb, der zur "Auslese" oder zum
"Ausmerzen" der Schwachen bzw. nicht Lebenstüchtigen dient. Hier hat eine
Metapher aus der Naturwissenschaft bei ihrer Entfachlichung verheerende
Wirkungen gehabt, als Legitimationsfigur des Sozialdarwinismus und des
Rassenwahns der Nationalsozialisten. Diese Metapher ist immer noch virulent
in Wörtern, die zur Beschreibung des sozialen Systems etwa der Bundesrepublik Deutschland als Wettbewerbsgesellschaft verwendet werden, so etwa,
wenn es heißt, die (soziale) Marktwirtschaft sei durch einen harten oder
scharfen Ausleseprozeß gekennzeichnet: Wer liest hier aus? In dieser
Metapher wird ein Agens hypostasiert, der Markt oder auch die Kräfte des
Marktes, die die überlebensfähigen Unternehmen von den zum Absterben
verurteilten trennen. Dem Vorgang wird somit implizit die Sanktionierung
eines a-moralischen Naturgesetzes verliehen (Näheres zu dieser Metapher bei
Pörksen 1986).

Bei der Übernahme von Wörtern aus der Gemeinsprache in die Fachsprachen
werden zunächst die ursprünglichen Konnotationen des Wortes oder Aus-
drucks herausgefiltert und ausgeblendet. Diesen Prozeß bezeichnet man als
Terminologisierung. In Fällen wie "Klaue" oder "Nase" als Bezeichnung für
Teile von Werkzeugen gelingt dies in der Regel problemlos. Bei Themen
jedoch, die ideologisch hoch belastet sind oder sonst die Phantasie der
Menschen entzünden, kann dieser Prozeß jederzeit rückgängig gemacht werden, wie man ja grundsätzlich jede sogenannte tote Metapher wiederbeleben
kann, woraus erhellt, daß auch die toten Metaphern häufig nur scheintot
sind. Nicht in jedem Falle also gelingt die Terminologisierung vollständig.

4.2 Metaphern zur Schließung semantischer Lücken

Wenn ein neuer Begriff entstanden ist, muß für diesen eine Benennung gefunden werden, die die entstandene semantische Lücke schließt. Ein sehr häufiges Verfahren dazu ist die Ausdehnung des Bedeutungsumfangs vorhandener Wörter, und zwar so weit, daß sie auffällig ist und bemerkt wird. In der klassischen Rhetorik wurde dies als Katachrese bezeichnet. Hier einige Beispiele aus dem Englischen und Deutschen:

<u>rectifier</u>	Gleich-<u>richter</u>
<u>amplify</u>	ver-<u>stärken</u>
<u>head</u>light	Schein<u>werfer</u>
charge/<u>load</u>	<u>Ladung</u>
electron <u>pump</u>	Elektronen<u>pumpe</u>
(electric) <u>field</u>	elektrisches <u>Feld</u>
potential energy =	potentielle Energie =
the energy that a	Energie der Lage
body <u>possesses by</u>	
<u>virtue of</u> its position	

An diesen Beispielen fällt zunächst auf, daß einige englische Wörter im Gegensatz zu ihren deutschen Entsprechungen nicht unmittelbar als Katachrese analysierbar sind: "rectifier" und "amplify" sind nicht in gleicher Weise ableitbar wie z. B. "headlight" oder "electron pump", sondern greifen auf Formantien aus dem Griechisch-Lateinischen zurück. Für denjenigen jedoch, der über gewisse Kenntnisse in diesen Sprachen verfügt, sind sie dennoch, gewissermaßen sekundär, motiviert. Es gehört zu den charakteristischen Merkmalen des Englischen, daß Teile seines Wortschatzes in derart sekundär motivierten Gruppierungen organisiert sind: "re-sist", "per-sist", "in-sist" usw., wobei häufig jedoch das Simplex (hier: "sist") fehlt.

Für die Beurteilung der Frage, ob eine Benennung aus einer katachretischen Metapher hervorgegangen ist, spielt die sekundäre Motivation eine wichtige Rolle; es läßt sich nicht in allen Fällen zweifelsfrei beantworten, ob eine Benennung motiviert ist oder nicht, denn dies ist abhängig vom Sprachbewußtsein des einzelnen.

Unstrittig dürfte jedoch sein, daß sekundäre Motivation für eine große Zahl von Sprachbenutzern im Englischen eine Strukturierung des Wortschatzes leistet, bei der latente metaphorische Strukturen aktiviert werden.

4.3 Unterschiedliche Metaphorisierungstendenzen bei fachsprachlichen Benennungen

Abgesehen von der sekundären Motivation fällt beim Sprachvergleich auf, daß häufig ganz unterschiedliche Merkmale bei der Bildung von Benennungen relevant geworden sind. Wenn wir zum Beispiel

Deutsch	LUFTWIDERSTAND mit
Englisch	DRAG (co-efficient)

vergleichen, erkennen wir, daß die Vorstellung, die den beiden Benennungen zugrunde liegt, unterschiedlich ist. Im Deutschen wird eine Bewegung nach vorne angenommen, die gegen eine Art von Wand gerichtet ist. Der Bewegung nach vorne wird Widerstand entgegengesetzt. Man könnte auch an einen Gegner denken, der sich dem beabsichtigten Vormarsch entgegenstellt oder – stemmt. Im Englischen hingegen zieht man gewissermaßen einen hinderlichen, schweren Gegenstand hinter sich her, so wie ein Fischdampfer ein Schleppnetz (drag net). Der Luftwiderstand ist also im Englischen so etwas wie ein Klotz am Bein.

Deutsch SCHEINWERFER ist auffällig anders strukturiert als Englisch HEADLIGHT. Das Deutsche zeigt hier den Vorgang des Werfens: Der Scheinwerfer ist ein Gerät, das den Schein (das Licht) bündelt und nach vorne "wirft". Dabei ist eine bemerkenswerte Übereinstimmung mit den physikalischen Gegebenheiten festzustellen: Durch die parabolische Form des Reflektors, in dessen Brennpunkt (ebenfalls ursprünglich eine Metapher!) der Glühfaden steht, werden die Strahlen des Lichts parallel ausgerichtet und nach vorne geworfen. Englisch HEADLIGHT ist dagegen nur von der Anordnung gesehen motiviert: HEAD nimmt die Kopfposition am Automobil ein. Dadurch wird im Wege der Analogie einem technischen Gerät eine inhärente Raumorientierung ("Kopfende" und "Schwanzende") vermittelt.

Meines Wissens liegen bisher noch keine systematischen kontrastiven Untersuchungen zur Struktur fachsprachlicher Benennungen vor. Im Zusammenhang mit derartigen Untersuchungen stellt sich eine Reihe von Fragen. Wird zum Beispiel die Wahrnehmung auch eines fachlichen Sachverhalts durch die je unterschiedliche Auswahl der benennungsrelevanten Merkmale gesteuert? Dies könnte zu einer latenten Steuerung auch von Forschungsansätzen führen, mit Auswirkungen auf die Herausbildung des (naturwissenschaftlich geprägten) Weltbildes.

Hinzu kommen mögliche Auswirkungen auf die Lernbelastung, und zwar sowohl in der Muttersprache als auch dann, wenn die betreffende (Fach-)Sprache als Fremdsprache gelernt wird. Es sind also technik- und wissenschaftsdidaktische ebenso wie fremdsprachendidaktische Implikationen zu erwarten.

4.4 Metaphern in der Werbung für technische Produkte

Eine besondere Form von Metaphern findet sich in der Werbung für technische Produkte, die ins Wörtliche rückübersetzte Metapher. So lesen wir in der Messeinformation einer Maschinenbaufirma:

> Die neuen Covera-Schneckengetriebe können ihre Zähne zeigen, denn die ungewöhnlichen Vorzüge dieser Getriebe gehen auf die Hohlflankenverzahnung der Schnecke zurück.

Dieser Text verfolgt eine doppelte Strategie: Er informiert über einen technischen Sachverhalt, und er ist rhetorisch strukturiert, insofern die sprachliche Form ebenfalls die Aufmerksamkeit des Lesers auf sich zieht. Der technisch interessierte Kunde wird doppelt adressiert, als Fachmann und als jemand, der sich persuasiven Strategien nicht verschließt oder, besser noch, Befriedigung aus der Entschlüsselung einer komplexen Mitteilung zieht, denn die Mitteilung ist ausgesprochen komplex. Sie setzt fachliches Wissen sowie ein beständiges Hin- und Herpendeln zwischen fach- und gemeinsprachlichen Redeweisen voraus.

Zunächst einmal muß man wissen, daß Schneckengetriebe Zähne haben. Die Benennung "Zähne" ist eine katachretische Metapher, die ausgeht von der gemeinsprachlichen Benennung "Zahn", etwa als Element des menschlichen Gebisses. Der "Zahn" des Maschinenelements "Zahnrad" stellt also die erste Übertragung dar: Er sieht in gewisser Weise aus wie ein Zahn, wobei hier ausgeblendet wird, daß er funktional vom Zahn eines Menschen ziemlich verschieden ist, insofern er zum Beispiel nicht gerade zum Beißen dient. Die idiomatische Wendung "(jemandem) die Zähne zeigen" wird aufgenommen, abgewandelt und entscheidend umgedeutet: "Die Zähne zeigen" bedeutet idiomatisch etwa "drohen". Außerdem lautet die feste Fügung "die Zähne zeigen" und nicht "seine Zähne zeigen". Hier nun wird eine weitere Implikation sichtbar. Das Sprichwort "Einem geschenkten Gaul schaut man nicht ins Maul" greift auf die Tatsache zurück, daß ein kluger Pferdekäufer das Alter eines Pferdes an dessen Zähnen erkennen kann. Deswegen sollte man eben einem geschenkten Gaul nicht (kritisch) ins Maul schauen, etwa auf der Suche nach Mängeln: Ein Geschenk soll man freudig und ohne Vorbehalt akzeptieren, so das Sprichwort. Das Schneckengetriebe mit der Hohlflankenverzahnung nun ist von so exzellenter Qualität, daß es selbst den kritischen Blicken etwa eines versierten Einkäufers, der so klug ist wie ein guter Pferdekäufer, standhalten kann.

Wie das Beispiel zeigt, stellen derartige doppelt adressierte Texte wie
Werbung für Facheinkäufer wegen ihres spezifischen Metapherngebrauchs
eine hoch organisierte Textsorte dar, bei deren Dekodierung sprachliches
und fachliches Wissen in besonders komplexer Weise zusammenwirken.

4.5 Theoriekonstitutive Metaphern

Das Beispiel hierzu entstammt der Geomorphologie, der Lehre von den
Oberflächenformen der Erde und ihrer Genese. Der amerikanische Geomor-
phologe William M. Davis (1850-1935) entwickelte um die Jahrhundertwende
eine Zyklentheorie zur Erklärung der jeweiligen Oberflächenformen, soweit
sie das Ergebnis der fluviatilen Erosion darstellen. (Die fluviatile Erosion
ist die Zerschneidung einer Oberfläche durch die Wirkung des Oberflächen-
wassers, also der Rinnsale, Bäche und Flüsse, im Gegensatz etwa zur schlei-
fenden Wirkung des Windes oder der lösenden Wirkung unterirdischer
Wasserläufe.) Neben dem dominanten Zyklus, also dem fluviatilen, unterscheidet er noch den ariden, den marinen und den glazialen Zyklus.

Die Entstehung des Reliefs der Erde, also von Bergen und Tälern, beschreibt
er mit der Begrifflichkeit der menschlichen Lebensalter. Der Vorgang der
Zertalung geht aus von einer relativ ebenen Fläche, die von den Kräften
des Erdinneren soeben herausgehoben wurde. Diese leicht wellige, fast ebene
Fläche durchläuft sodann folgende Stadien:

Jugendstadium:	Teile der alten Oberfläche noch erhalten
Reifestadium:	zerschnittenes Bergland
Altersstadium:	Hangverflachung, Abtragung
Greisenstadium:	Fastebene, flachwellige Rumpffläche

Es ergibt sich demnach eine regelhafte Abfolge vom Flachrelief über ein
Relief mit ausgeprägten Höhenunterschieden über ein Stadium mit starker
Abtragung und sich immer mehr verflachenden Hängen bis hin zum Endsta-
dium, das wiederum ein Flachrelief darstellt, und diese Stadien folgen
aufeinander wie Phasen eines Lebenszyklus.

An derartigen theoriekonstitutiven Metaphern lassen sich interessante
forschungsgeschichtliche Beobachtungen machen. Die Zyklentheorie Davis' ist
zunächst einmal eine weitere Variante einer großen, alle Wissenschaften und
das Alltagsverständnis "strukturierenden" Metapher – auch dies übrigens
bereits wieder eine Metapher. Es handelt sich um die Zentralmetapher des
19. Jahrhunderts schlechthin, nämlich die Organische Metapher. (Nieraad
spricht hier von Wurzelmetaphorik, 1977, 102-104.) Derartige Zentralmeta-

phern stellen grundlegende Modelle bereit, mit Hilfe derer nicht nur das Alltagswissen organisiert wird, sondern die auch Forschungshypothesen beeinflussen. Sie bilden eine Basisanalogie und damit die Grenzen der möglichen Welt.

In so detaillierter Form wie der Davis'schen Zyklenvorstellung leiten sie den Forscher fast wie von selbst: Wer einmal den Gedanken gefaßt hat, daß sich die Oberflächenformen der Erde so ähnlich "entwickeln" (eine weitere Variante der organischen Zentralmetapher) wie ein Lebewesen, der fordert (und findet) nach dem "Jugendstadium" das "Greisenstadium".

Die Zyklentheorie ist übrigens inzwischen weitgehend widerlegt worden. Könnte sich in ihr nicht auch eine unbewußte Auswirkung eines amerikanischen Traums erkennen lassen, nämlich dem der ewigen Jugend, da doch zumindest äußerlich das Greisenstadium einer Landschaft kaum vom Jugendstadium zu unterscheiden ist?

4.6 Semantische Motivation und latenter Animismus / Anthropomorphismus

Das naturwissenschaftlich-technische Weltbild läßt eigentlich keine animistischen oder anthropomorphisierenden Vorstellungen zu, und doch finden sich latent in zahlreichen Texten zum Beispiel des Maschinenbaus zumindest Reste davon. Über ihre Auswirkungen auf die Entwicklung von Konzepten und Hypothesen kann man einstweilen nur spekulieren, wie auch über die Frage, ob nicht etwa andere Völker und Kulturen, die auf dem Wege des Technologietransfers mit Erzeugnissen und Texten der technischen Kultur in Berührung kommen, auf diese latenten Vorstellungen in bisher nicht erforschter Weise reagieren, zum Beispiel mit Reaktionen, die ihre Basis in der Magie haben. Hier soll es genügen, die latent animistischen und anthropomorphen oder anthropomorphisierenden Vorstellungen an einigen Beispielen zu erläutern.

Zunächst ein Text aus dem Kraftfahrzeugbau:

Eigenlenkverhalten

... das von der Fahrzeuglenkung unabhängige Fahrverhalten eines Autos in Kurven (...). Man spricht von untersteuerndem, neutralem und übersteuerndem Eigenlenkverhalten. Beim Untersteuern drängt das Fahrzeug in Kurven über die Vorderräder nach außen, beim Übersteuern dagegen mit dem Wagenheck - es dreht sich in die Kurve hinein.

Hier wird dem Fahrzeug ein eigener Wille zugesprochen, nicht nur durch das gewählte Verb (drängen), sondern auch in der Wahl des Aktivs. Man könnte hier wie auch beim reflexiven Verb "sich (in die Kurve) hineindrehen" von einer grammatischen Metaphorisierung sprechen.

Im folgenden Textausschnitt über die Wirkungsweise eines Katalysators wird eine ganze Welt aufgebaut, in der Gegenstände lebendig sind, etwas tun, willig oder unwillig sind, etwas feststellen, kalkulieren, melden und vieles mehr:

KATALYSATOR

(enthält) eine Lambda-Sonde, eine galvanische Zelle, die den Sauerstoffanteil im Abgas _mißt_ und über ein Spannungssignal eine Elektronik _betätigt_, die in rasch wechselnden Zyklen für einen Luftüberschuß (zur Oxidation der Kohlenwasserstoffe und des Kohlenmonoxids) und einen Luftmangel (zur Reduktion der Stickoxide) im Verbrennungsraum des Katalysators _sorgt_ (...). Für die Benutzung des Katalysators ist bleifreies Benzin erforderlich, da die Bleipartikel einerseits die kleinen Zellen der Keramik zusetzen, und andererseits das Blei die Eigenschaft hat, mit dem Platin-Rhodium chemische _Verbindungen einzugehen_.

Besonders ergiebig für derartige Betrachtungen sind Bildungen mit dem Element selbst-, self- oder auto-; hier begegnet uns der Automat in zahlreichen Verkleidungen:

selbstsichernde Schrauben
selbstzündende Mischung

self-aligning bearing	Pendellager "sich selbst ausrichtendes Lager"
self-centring chuck	Zentrierfutter (Drehmaschine)
self-priming pump	selbstansaugende Pumpe
self-tapping screw	gewindeschneidende Schraube

Auch hier fällt die zum Teil unterschiedliche Benennungsstruktur im Deutschen und Englischen auf: Das Pendellager ist nicht in gleicher Weise "selbst-tätig" wie das englische Pendant "self-aligning bearing".

Bei allen Bildungen dieser Art lugt sozusagen der alte Traum vom willigen Heinzelmännchen um die Ecke, das all die Dinge "von alleine" (oder: automatisch) tut, die der Mensch gerne getan haben möchte.

An einem letzten Beispiel aus der Kraftfahrzeugtechnik wird der Übergang zum Roboter erkennbar:

ABS: Sensoren erfühlen bis zu zwanzigmal in der Sekunde die
jeweilige Drehgeschwindigkeit des Rades und melden sie dem
Computer. Dieser stellt fest, ob Beschleunigung,
Verzögerung oder eine nahende Blockierung vorliegt,
kalkuliert das augenblickliche Tempo des Autos ein und kann
nun (...) den Bremsdruck binnen Millisekunden verringern
oder, falls die Sensoren Neues melden, ihn mittels einer
Extrapumpe wieder voll aufbauen.

Wir befinden uns hier in der Tat in einer Welt, die der der Heinzelmännchen
von Köln nicht unähnlich ist; allerdings wird ebenfalls deutlich, daß der
eigentlich Handelnde dieses Mikrokosmos der Computer ist: Er entscheidet
über Wohl und Wehe, und gemessen an ihm sind die menschlichen Fähigkeiten nur noch defizitär.

4.7 Mensch und Maschinenmensch

Mit der Entwicklung der Robotik entstehen Benennungen, die den Roboter als
eine Art noch nicht ganz vollkommenen Menschen erscheinen lassen; der
Mensch schafft sich ein technisiertes Ebenbild – und er deutet sich zugleich
selbst als quasi unvollkommenes Maschinenwesen; der Mensch ist der noch
nicht ganz vollkommene Roboter.

Die Bezeichnungen sowie die Form und Funktionsweise der Industrieroboter
sind denen des Menschen abgelauscht; der Roboter besitzt:

Manipulator (sprachlich und funktional von der Hand
abgeleitet); Greifer; Hand; Finger; feinfühlige Testgeräte
(Steuerungselektronik)

Den Industrieroboter kennzeichnen:

radiale Armbewegung; vertikale Armbewegung; Handgelenk-
neigung; Handgelenkdrehung

Der Maschinenmensch verfügt über einen "adaptiven multisensoriellen
Fingergreifer":

Der Greifer ermöglicht durch die mehrgelenkige modulare
Bauweise das Greifen von sehr unterschiedlichen Werkstücken
mit komplexer Geometrie. Die Fingerkuppen enthalten
berührungsempfindliche Sensoren, Reaktionskräfte auf den
Handwurzelflansch werden erfaßt.

Man erkennt ein vollständiges, von der menschlichen Anatomie abgeleitetes Benennungssystem, das vielleicht dazu angetan sein kann, mit Staunen die Leistungsfähigkeit des natürlichen Vorbildes zu erkennen.

Wie hier der Roboter ein "abgeleiteter" Mensch ist, deutet sich der Mensch im Bereich der Kognitionspsychologie und besonders in der Alltagsprache als Computer: Man hat ein (mentales) Programm, ist (falsch) programmiert, muß etwas ab- oder wegspeichern, löschen o.ä., so daß es den Anschein hat, als ob wir hier die Entstehung und Verfestigung einer neuen Zentralmetapher beobachten können, die sich als jüngste in eine Reihe einordnet.

Das 17. und 18. Jahrhundert kannte die mechanistische Zentralmetapher des Uhrwerks, das 19. und frühe 20. Jahrhundert war geprägt von der Metapher der Entwicklung oder der Evolution, und heute erleben wir die Etablierung der Vorstellung des Rechners oder Computers als Leit- und Modellvorstellung, mit einer vermutlichen Lebensdauer, die bis ins 21. Jahrhundert reicht.

Literaturverzeichnis

Aristoteles (1961), Poetik, übersetzt von Olof Gigon,
    Stuttgart: Reclam.
Black, Max (1962), Models and Metaphors, Ithaca,
    New York: Cornell University Press.
Black, Max (1979), "More About Metaphors", in: Ortony, A.
    (ed.), Metaphor and Thought, Cambridge, London:
    Cambridge University Press.
Bühler, Karl (1934/1965), Sprachtheorie. Die Darstellungs-
    funktion der Sprache, Stuttgart: G. Fischer.
Burkhardt, Armin (1987), "Wie die 'wahre Welt' endlich zur
    Metapher wurde. Zur Konstitution, Leistung und
    Typologie der Metapher", im Druck, ersch. in Conceptus
Dijk, Teun A. van/Kintsch, Walter (1983), Strategies of
    Discourse Comprehension, Orlando, San Diego, New York:
    Academic Press.
Keller-Bauer, Friedrich (1984), Metaphorisches Verstehen,
    Tübingen: Niemeyer.
Koestler, Arthur (1966), Der göttliche Funke. Der Schöpferische
    Akt in Kunst und Wissenschaft, Bern, München, Wien: Scherz.
Lakoff, George/Johnson, Mark (1980), Metaphors We Live By,
    Chicago: University of Chicago Press.
Mac Cormac, Earl R. (1985), A Cognitive Theory of Metaphor,
    Cambridge, Mass., London: M.I.T. Press.
Nieraad, Jürgen (1977), "Bildgesegnet und Bildverflucht",
    Forschungen zur sprachlichen Metaphorik, (Erträge der
    Forschung), Darmstadt: Wissenschaftliche Buchgesellschaft.
Ortony, Andrew (ed.) (1979), Metaphor and Thought,
    Cambridge, London: Cambridge University Press.

Pörksen, Uwe (1986), <u>Deutsche Naturwissenschaftssprachen</u>,
Tübingen: Narr.
Pylyshyn, Zenon W. (1979), "Metaphorical Imprecision and the
'Top-Down' Research Strategy", in: Ortony, A. (ed.),
<u>Metaphor and Thought</u>, Cambridge, London: Cambridge
University Press, pp. 421-436
Reich, Sabine/Rooseboom, Gerrit (1986), <u>Dekodierungsprobleme
bei Metaphern</u>, (Ms.), Hildesheim: Hochschule Hildesheim
Rumelhart, D. E. (1979), "Some Problems with the Notions
of Literal Meanings", in: Ortony, A. (ed.), <u>Metaphor
and Thought</u>, Cambridge, London: Cambridge University Press,
pp. 78-90

Une matrice terminogénétique en plein essor: les binominaux juxtaposés

André Clas (Université de Montréal)

1. Introduction

Nous nous retrouvons, toute modestie gardée, devant la même question que se posait déjà Renou (1952, 96-99) lorsqu'il écrivait: "comment la langue est-elle passée d'un état ancien — celui que reflète le Rgveda — où les composés étaient brefs et relativement peu nombreux, à l'état qu'on connaît par la littérature classique, où le procédé a pris un développement que J. Bloc qualifiait justement de "monstrueux" (Indo-aryen, p. 106)?" Dans le Rgveda, les composés sont peu nombreux et ne représentent qu'environ 5 % des mots pleins. Les classes principales sont les dvandva (composé coordonné), les tatpurusa (N + Adj; Adj + N ou déterminant/déterminé) et les bahuvrihi (composé exocentrique) et ces composés, comme le dit Renou (1952, 97) sont ou bien des épithètes d'ornements, ou bien des désignations techniques.

Si l'on analyse des textes ou encore des lexiques spécialisés (Terminologie du traitement de l'information, lexique de l'industrie pétrolière, Terminologie de la téléinformation), on constate que plus de 32 % représentent des formations binominales; nous n'avons pas relevé les formations N + Adj ou Adj + N, ni les "composés lourds", c'est-à-dire les formations périphrastiques du type, réglage du degré d'inclinaison d'un vaisseau spatial par l'éjection de gaz par les tuyères (angl.: nozzle gas ejection ship altitute control, où on a un composé formé par NNNNNN), ou recherche entre filières mouillées en eaux resserrées (angl.: enclosed-waters grid research, all.: Leinensuche in engen Gewässern), ou encore le célèbre: charrue pour labour à traction animale sans avant-train.

On peut encore citer R. Goffin (1975, 20) qui rappelle qu'"une étude statistique du vocabulaire technique allemand a révélé que 15 % des terminologismes comportaient un élément lexical, 52 % deux éléments, 28 % trois éléments et 5 % quatre éléments et plus. Cette statistique signifie que 85 % des terminologismes sont des syntagmes".

Notre étude ne traitera que des formations à "deux éléments", plus précisément encore de formations binominales juxtaposées, ou comme dirait Marouzeau (1955, 15) de "substantifs agglutinés". Même si les relations syntaxico-sémantiques de ces formations peuvent être semblables à des constructions avec joncteur ou avec un adjectif, nous croyons qu'il est utile de les traiter à part, parce que leur nombre, en constante augmentation, le justifie, parce qu'il s'agit donc d'une matrice terminogénétique importante et quasi-universelle et parce que le modèle formel semble une "entorse", pour de nombreux linguistes, à la "légendaire" clarté analytique du français.

Renou (1952, 101) notait une augmentation des tatpurusa "nominaux", et la création du style "sutra", c'est-à-dire des études techniques, provoque un resserrement de la pensée "dans les limites d'une phraséologie avare de mots, où le sémantisme se condense autour de termes-forces" (Renou 1952, 104). La composition nominale, à cette époque, comme à la nôtre, fournit pour reprendre les propres mots de Renou "l'expédient le plus commode" et le "mot composé, quelle que soit sa longueur" est à traiter "comme un mot simple". Les dvandva s'allongent, et Renou (1952, 108) écrit une phrase merveilleuse qui s'applique exactement à la terminologie: "l'argumentation logique a été la seconde brèche par où les composés longs ont fait irruption dans la langue technique". Renou (1952, 110) avait déjà affirmé "que tout composé pluri-membre tend à recéler un dvandva", tout comme "cet usage illimité des composés" est surtout dans les textes littéraires "un ornement ou l'occasion pour l'auteur de montrer sa virtuosité", alors que dans "la prose technique" c'est un "élément pour ainsi dire organique du langage". On sait que L. Guilbert (1970, 116 – 124) a redémontré que "les unités synaptiques à composantes complexes" suivent une progression "en sauvegardant la structure binaire de la formation syntagmatique".

Peut-on conclure comme le fait Renou (1952, 111) dans son étude sur le sanskrit qu'on ne conçoit pas que la langue aurait pu se priver d'un instrument d'une pareille efficacité?

2. Généralités

Comme on le sait, la terminologie pour désigner ces ensembles qui se conforment à la formule N + N , c'est-à-dire qui constituent une suite asyndétique de deux substantifs, varie d'un auteur à l'autre et laisse percer, comme on pouvait s'y attendre, des prises de position théoriques.

Nous n'avons pas la prétention d'explorer la totalité des écrits sur le sujet, mais d'évoquer les écrits les plus connus et les plus souvent cités. Il nous faut donc, en premier lieu, rappeler les études de Darmesteter (1877; 1894) qui ont fait pendant longtemps autorité. Darmesteter (1894; 139) parle de composés par apposition, tout comme Nyrop (1908), et tous deux intègrent à leur catégorie des formations avec un adjectif. Marouzeau (1955, 100) emploie l'étiquette "substantifs agglutinés", et Martinet (1967, 14) lance le terme "synthème".

Pour revenir à Darmesteter (1894, 137), on sait qu'il considère l'ellipse comme caractère essentiel de la composition, ce qui l'amène à distinguer les juxtaposés des apposés où l'un des substantifs est un déterminé et l'autre un déterminant.

Nyrop (1908, 259) critique l'importance exagérée donnée à l'ellipse par Darmesteter et distingue, lui, composition par apposition de la composition par subordination qui remonte à l'origine de la langue: orfèvre < auri faba, mais aussi au moyen âge, alors que le génitif exprimait le cas régime sans préposition (hôtel-Dieu). Plus tard, Wagner (1980, 20 - 21) nuance cet usage en signalant que la possession exprimée par juxtaposition ne s'utilisait que pour les "êtres d'essence unique comme Dieu, la Vierge, les Anges" ou pour les êtres "au sommet de la hiérarchie sociale comme le Roi, le Duc". On retrouve ici la continuation de la façon de faire déjà signalée dans le Rgveda. Anna Granville Hatcher (1951) confirme ces affirmations et montre l'évolution des tatpurusa (formations déterminatives) et des dvandva (formations copulatives) du sanskrit au grec, au latin en passant par le français, l'allemand pour aboutir à l'anglais et aux différentes "vagues" d'utilisation des dvandva. Elle montre que les dvandva réservés à l'origine aux dieux et aux rois finissent, déjà en grec, par devenir des formations plaisantes, puis des entités, à cause de l'usure de la plaisanterie et de son incompréhension, tout à fait courantes. Le français a eu son Roi-Soleil en France, et plus récemment en Belgique, son Roi-Soldat. Si Homme-Dieu, Fête-Dieu (1521) sont de vieilles formations, dvandva et tatpurusa, réservées aux divinités comme dans le passé, les exemples chou-fleur (1611), bec-figue (1539) où l'on retrouve une influence italienne (cavalo fiore) et rose-croix (1623) où l'on voit un calque de l'allemand, ne permettent pas d'expliquer les créations chef-lieu (1257), chêne-liège (1600), chien-loup (1775), chou-navet (1732), chou-rave (XVIe s.), colin-maillard (1532), colin-tampon (1573), dame-jeanne (1694), épine-vinette (1545), fourmi-lion (1372), martin-pêcheur (1573), martin-chasseur (1750), loup-garou (XIIIe s.), loup-cervier (1113), oiseau-mouche (1632), porc-épic (1508) ou encore asne-pape (1557) et veau-moine (1557).

Nous croyons qu'il y a rapprochement de deux notions, du moins au départ, partiellement ludique. Ce qui explique d'ailleurs la création Bourgeois gentilhomme qui devait être beaucoup plus amusante pour les contemporains de Molière que pour nous!

Nous avons voulu montrer que le procédé de juxtaposition de substantifs, soit comme dvandva, soit comme tatpurusa, est une façon de faire naturelle et comme dirait Renou (1952, 111): "on ne conçoit pas que la langue aurait pu se priver d'un instrument d'une pareille efficacité".

Si les dvandva sont moins nombreux que les tatpurusa cela tient peut-être à leur "essence divine", mais aussi à la facilité des langues de modifier le statut formel d'une unité par conversion, le nom est aussi un adjectif, et encore, du moins pour le français et même l'anglais, de créer des dvandva selon un autre modèle avec des éléments d'origine grecque (ex.: encéphalo-myélite: inflammation du cerveau et de la moëlle épinière).

3. Les modèles sémantico-syntaxiques

Martinet (1960, 1967) reprend la question des structures sousjacentes, tout comme, à la suite de Hollyman (1967), Benveniste (1966; 1967, 30) formule des principes généraux et note tout particulièrement que les "composés sont une de ces classes de transformation" et qu'ils "représentent la transformation de certaines propositions typiques, simples ou complexes, en signes nominaux".

Dubois (1969) propose un modèle d'analyse que suit Guilbert (1971; 1975). Pour Guilbert, la formation de composés se fait selon deux modèles: les formations issues d'une phrase prédicative avec être, et celles d'une phrase avec avoir. Ex.: une grève-surprise = une grève (qui est par) surprise.

Mais déjà Rohrer (1967) avait étudié la formation des mots du français en utilisant le modèle génératif-transformationnel tel que proposé par Lees (1960) pour l'anglais. Il distingue sept types, soit:

1. fille-mère (sujet-attribut: la fille est mère),
2. noeud-papillon (sujet-attribut: le noeud est comme un papillon),
3. cigarette-filtre (objet du verbe avoir: cigarette avec un filtre, cigarette qui contient un filtre),
4. descente-dames (sujet-verbe: les dames descendent),
5. prévention-incendie (sujet-complément d'object direct: X prévient l'incendie),
6. parc-auto (sujet-complément circonstanciel: le parc est pour les autos),
7. café-filtre (complément d'objet direct – complément circonstanciel: X fait le café avec un filtre).

On sait que cette étude a été critiquée par Zwanenburg (1969) et par Wagner (1968) qui conteste la validité de ces interprétations et écrit notamment: "le composé peut bien condenser un énoncé complet primitif et n'en retenir que les sommets sémantiques". Wagner se demande d'ailleurs "dans quelle mesure les procédés de transformation ont en l'espèce une valeur explicative" et s'étonne qu'on "n'ait pas tenu compte de l'observation si raisonnable sur l'ellipse". Gauger (1971, 144) reprend la question et note que le classement de Rohrer n'est pas à accepter tel quel puisque les interprétations sémantiques possibles donnent d'autres explications tout aussi naturelles. Wandruszka (1976, 94) rediscute la question et fait remarquer que la classification syntaxique n'est valable que si le critère sémantique est aussi totalement monovalent.

Marouzeau (1955, 150) se contente de proposer un classement par catégories: règne animal (oiseau-mouche, poisson-chat, femme-poisson, homme singe, ...), règne végétal (chou-fleur, chêne-liège, laurier-cerise, ...), habitat, construction, aménagement (cité-jardin, ferme-école, hôtel-pension, ...), habillement, couture, mode (complet-veston, imitation-castor, ...), industrie et commerce (machine-outil, pochette-surprise, ...). Quant à Sauvageot (1964, 109), il fait simplement remarquer que les composés sont construits selon un patron où "le second terme détermine le premier et le tout n'est que cliché obtenu à partir d'un syntagme qualificatif: cas limite, mot-outil, science-fiction".

Quemada (1978, 1202) note que les relations entre les termes peuvent rester implicites, mais qu'une décomposition sémantique est toujours possible. Sans en faire une étude systématique, Quemada signale les cas suivants:

    A est aussi B: wagon-citerne
    A est équipé de B: auto-chenille
    A sert de B: marteau-pilon
    A contient B: carte-programme
    A sert à faire B: caméra-photo
    A est destiné à B: carburant-auto
    A est obtenu par le moyen de B: communication radio
    A a l'apparence, couleur de B: caoutchouc mousse.

Gossen (1981, 36 - 37) distingue sept sous-groupes de "mots tandem":

    - D est un d: femme agent, navire porteur, juge-bourreau,
                  émission-jeu;
    - D et d: chirurgien-plasticien, marin-pêcheur, coton
                  fraîcheur, confort-luxe, livre-combat,
                  garantie-plafond, tendance-vedette,
                  manifestation-témoignage, valeur-refuge,
                  but-canon;
    - D est comme (un) d: homme catapulte, marais-piège, robe
                  bulle, aspirateur-traîneau, ville-
                  jardin, passage-météore;

- d est une expansion directe de D: accueil-clientèle, masque-relax, station-service, homme-pognon;
- d est une expansion indirecte de D: ingénieur-système(s), responsable magasins, congé-formation, journée portes ouvertes, maison chauffage solaire, séjour équitation, séjour-ski, poche poitrine, déjeuner-beauté, chèque-éducation, speaker-maison, destination soleil;
- D est en d: alliances diamants, veste cuir, banlieue béton;
- d est un nom propre: loi Veil, style Ve République.

Tous ces classements, comme on peut le constater facilement, reposent sur des "transformations" sous-jacentes ou mieux des paraphrases définitoires qui sont, dans un sens large, des équivalences sémantiques. Il faut cependant admettre que ces "explications" ont un caractère subjectif et ne sont pas une "règle" utilisable automatiquement. Comme le note Gauger (1970, 141), d'autres interprétations sémantiques possibles donnent d'autres explications tout aussi naturelles. Ainsi, dans "la première grande classe où la relation tient entièrement et uniquement entre les deux termes", comme dirait Benveniste (1967, 16), il faut distinguer des sous-groupes, soit:

X est un A qui est _aussi_ B (robe-manteau)

et

X est un A qui est B (voiture-restaurant)

Dans les exemples: café-bar, X est un café qui est aussi un bar, wagon-citerne, X est un wagon qui est citerne. Dans ce dernier exemple, il y aurait disparition de l'égalité des constituants. Un wagon-citerne est un wagon, mais pourquoi pas aussi une citerne montée sur un wagon. Bonnet blanc et blanc bonnet!

Faut-il suivre la règle de Grévisse (1980, 20) qui note: "On reconnaît qu'il y a coordination quand on peut placer entre le déterminé et le déterminant l'expression qui est".

L'étude de Levi (1978) s'appuie sur une théorie de sémantique générative et montre que les composés tirent leur origine de deux processus syntaxiques: l'effacement et la nominalisation. L'auteur indique neuf prédicats d'effacement (cause, have, make, use, be, in, for, from, about), soit des relations causatives, possessives, constitutives, instrumentales, essives, locatives, de but, de source et de sujet. Il y a comme l'a bien montré Coseriu (1977, 51) confusion entre la signification et la désignation puisque seule la connaissance pragmatique permet ce classement. Coseriu (1977, 51) d'ailleurs, après avoir signalé que déjà Brugmann avait fait remarquer que l'on trouve trop de significations dans les composés, rappelle que Morciniec (1964) a bien mis en lumière que la relation déterminé-déterminant se situe sur le plan de la langue et que l'interprétation des composés est donnée dans les contextes ou situations généraux et spécifiques par la connaissance des choses.

4. La constitution du corpus

4.1 Examen d'un dictionnaire

Une rapide consultation du Petit Robert permet de relever un nombre assez important de composés qui existent comme entrées ou comme exemples, c'est-à-dire sans datation. Sans revenir sur les "anciens" exemples déjà cités, signalons pêle-mêle:

> borne-fontaine (1846), bouton-poussoir, bouton-pression (XXe s.), bracelet-montre (1948), camion-citerne(1949), camping-gaz (v. 1960), carte-lettre (XXe s.), carte-réponse (1972), carte-vue, carton-paille, carton-pâte, carton-pierre, carton-cuir, carton-amiante, chalumeur-coupeur (1955), bande-chargeur de mitrailleuse, machine-outil, chariot-automoteur, chariot-élévateur, discours-choc, mesures-choc, ciné-club (1920), ciné-parc (1970), cité-dortoir (v. 1955), ville-dortoir, banlieues-dortoirs, quartiers-dortoirs, commune-dortoir (1967), homme-grenouille (1960), homme-orchestre(1885), homme-robot (1956), homme-sandwich (1881), etc.

4.2 Corpus terminologique

Parallèlement au relevé du dictionnaire, nous avons dépouillé les lexiques techniques suivants:

- Terminologie du traitement de l'information. Data Processing Glossary, IBM France, 1980;
- Lexique de l'industrie pétrolière. Raffinage, OLF, Québec 1979;
- Terminologie de la téléinformation et des domaines connexes, Bell-Canada, s.d.

Ces trois lexiques renferment 5177 termes français, dont 32% sont des formations binominales et 11% des composés binominaux juxtaposés.

Citons quelques exemples:

mémoire tampon, retour chariot, impulsion cadran, inversion chiffres, copie papier, ordinateur hôte, inversion lettres, bande papier, transmission série, écart type, adresse réseau, amplificateur multigain, bande pilote, bouton poussoir, charge mémoire, cliché maître, code carte, code instruction, code machine, code opération, configurations types, constante instruction, grandeur nature, diode tunnel, enregistrement message, espace adresse, feuille programme, fonction frontière, guide opérateur, horloge mère, image mémoire, impression mémoire, impression trait, imprimante série, langage machine, lecteur interprète, lettre type, ligne commentaire, ligne suite, membre bibliothèque, membre guide, membre inclusion, membre objet, membre source, membre sous-programme, mode localisation, mode maintenance, mode mouvement, module multifonction, module processeur, noeud hôte, nom réseau, opérateur infixe, opérateur préfixe, passage machine, perforation hors texte, polarisation grille, population échantillon, préparateur programme, placeur programme, protection mémoire, registre index, système moniteur, terminal multifonction, test saute-mouton, touche annulation, touche effacement, traitement multitâche, traitement multitravail, transmission duplex, unité témoin, variable pointeur, visionneuse-tireuse, communication circuit, huile aviation, essence aviation, centrale vapeur, couche limite, produit tampon, ingénieur chimiste, filtre argile, nettoyeuse-apprêteuse, fluide tampon, indice diesel, carburant diesel, huile moteur, essence auto, ingénieur mécanicien, huile mouvement, paraffine écaille, unité pilote, usine pilote, pot tampon, raccord union, réglage zéro.

5. Analyse

L'analyse des exemples de notre corpus permet de distinguer deux grandes classes: les deux constituants sont à égalité, l'un des constituants domine l'autre. Nous avons donc des composés coordonnés et des composés subordonnés.

5.1 Les composés coordonnés

Les constituants sont coordonnés, ils sont issus de "substantifs équipotents" pour reprendre la formule de Benveniste (1967, 16). La résultante de ce type de formation est égale à la fois à l'un et à l'autre des constituants. Les deux constituants sont au même niveau et leur équivalence peut se symboliser par la formule suivante:

X est à la fois un A et un B

Exemples: visionneuse-tireuse, nettoyeuse-apprêteuse

Si ces exemples sont des dvandva, il n'en semble plus ainsi avec les binominaux ingénieur chimiste, ingénieur mécanicien où "l'unité couplante" n'est plus tout à fait une égalité. Il faut reconnaître que ces binominaux peuvent s'interpréter par la formule:

X est à la fois un ingénieur et un chimiste,

mais plutôt par

X est un ingénieur en chimie.

Gauger (1971, 141) intercale un autre modèle entre ces deux formations, notamment la formule: X est un A qui est aussi un B, avec l'exemple robe-manteau. Gauger donne comme preuve l'inversion des constituants qui laisse percevoir une détermination. Les autres exemples sont: café-bar, bain-douche, louve-chienne.

Nous croyons que l'habitude de percevoir les composés dans un certain ordre gêne l'interprétation si l'ordre est inhabituel. Il est vrai qu'on est peut-être à la limite qui sépare les coordonnés des subordonnés. Comment interpréter femme médecin: X est une femme et aussi un médecin; X est une femme qui est médecin; X est un médecin au féminin?

5.2 Les composés subordonnés

Lorsque les constituants ne sont pas équipotents, c'est-à-dire lorsqu'il y a un déterminé et un déterminant, donc lorsque l'un des constituants domine l'autre, le binominal se relève de la classe des composés subordonnés. A notre avis, cette classe de composés est caractérisée par le fait suivant: l'un des constituants spécifie l'autre et la relation entre les deux constituants est paraphrasable de nombreuses façons ou comme dirait Coseriu (1977, 50) les relations grammaticales dans le composé sont de nature très abstraite. En effet, le rapport paraphrastique ou prépositionnel entre les constituants est très général et peut donc s'interpréter de diverses façons. Seule la connaissance pragmatique permet d'orienter l'interprétation. Ainsi, une _femme serpent_ est une femme qui a certains traits du serpent, certains sèmes du concept serpent sont actualisés ou certains sèmes sont plus probables que d'autres.

Les exemples de notre corpus peuvent donc se paraphraser de différentes façons. Ainsi, _bouton poussoir_ est un bouton à poussoir, avec un poussoir, qui sert de poussoir, etc., ou même un bouton et un poussoir. De même _langage machine_ ou _copie papier_ peuvent se paraphraser par langage pour la machine, langage de la machine, langage pour communiquer avec la machine, copie sur papier, copie en papier, etc.

Il est inutile de multiplier les exemples d'interprétation puisque les relations sous-jacentes entre les constituants semblent bien être de nature très générale.

6. Conclusion

Que peut-on retenir de cette longue analyse? Peut-être peut-on dire avec Wagner (1968): "le composé peut bien condenser un énoncé complet primitif et n'en retenir que les sommets sémantiques". C'est un retour à "l'observation si raisonnable sur l'ellipse".

Plus concrètement, nous croyons qu'il y a usure des prépositions traditionnelles _à_ et _de_ qui servent constamment de joncteurs et qui finissent par indiquer toutes les relations possibles et donc finalement aucune. Il y a aussi quelque peu rejet de formations avec des joncteurs plus lourds et encore difficulté d'exprimer simplement syntaxiquement les relations. Ainsi un _oiseau-mouche_ n'est pas un oiseau qui ressemble à une mouche ou qui est comme une mouche, mais tout simplement un tout petit oiseau, si petit qu'il fait penser à la taille d'une mouche. Il y a donc aussi l'aspect descriptif et expressif, métaphore et synecdoque, qui jouent un rôle dans le langage. Il convient aussi de rappeler que l'interprétation d'un résultat n'est pas nécessairement une explication de formation! Comme le faisait remarquer Quemada (1978, 1202), si la décomposition sémantique est toujours possible, dans la formation les relations entre les termes peuvent rester implicites. Bolinger (1975, 109) et Coseriu (1977, 51) avaient déjà fort justement signalé que les composés ne sont pas créés pour permettre des analyses, mais sont formés parce qu'il y a nécessité d'exprimer de façon économique une désignation. La signification est là, en premier, et l'utilisateur cherche à trouver le modèle le plus adéquat pour exprimer sa pensée.

Les binominaux juxtaposés sont nombreux dans la langue. Faut-il le déplorer comme Georgin (1957, 61) ou s'en scandaliser comme Guiraud (1971, 113) qui tous deux y voient une influence pernicieuse étrangère. Qu'en est-il? Il nous semble que la formation de binominaux par juxtaposition est un vieux modèle français. L'influence étrangère a joué un rôle, sans aucun doute. Cette influence est italienne, allemande, anglaise, etc. Il semble donc bien que le modèle est très répandu et qu'il existe entre les langues des similitudes de formation et entre les usagers des identités de pensée. Il faut donc conclure avec Wagner (1968, 75) qui disait que les composés sont "conformes à un modèle auquel les Français d'aujourd'hui se réfèrent parce qu'ils l'ont dans une mémoire, et parce que le modèle a été continûment productif pendant des siècles". Rappelons-nous que Descartes parlait déjà d'animaux-machines!

Bibliographie

Benveniste, E. (1966), "Formes nouvelles de la composition nominale", in: BSLP, vol. 61, pp. 82-95
Benveniste, E. (1967), "Fondements syntaxiques de la composition nominale", in: BSLP, vol. 62, pp. 15-31
Bierwisch, M.; Heidolph, K.E. (1970), Progress in Linguistics, The Hague: Mouton
Bolinger, D.L. (1975), Aspects of Language, New York: Harcourt, Brace, Janovich, 2nd ed., 1st ed. 1968
Brekle, E.; Lipka, L. (1968), Wortbildung, Syntax und Morphologie, The Hague: Mouton
Brekle, E.; Kastovsky, D. (1977), Perspektiven der Wortbildungsforschung, Bonn: Bouvier
Catach, N. (1981), Orthographe et lexicographie, Paris: Nathan
Coseriu, E. (1977), "Inhaltliche Wortbildungslehre", in: Brekle, E.; Kastovsky, E. (eds.) pp. 48-61
Darmesteter, E. (1877), De la création actuelle de mots nouveaux, Paris: Vieweg
Darmesteter, E. (1887), La vie des mots étudiée dans leurs significations, Paris: Delagrave
Darmesteter, E. (1894), Traité de la formation des mots composés dans la langue française, Paris: Bouillon, 2e éd.
Downing, P. (1977), "On the creation and use of English compound nouns", in: Language, vol. 53, no 4, pp. 810-842
Dubois, J. (1962), Etude sur la dérivation suffixale en français moderne et contemporain, Paris: Larousse
Finin, T.W. (1980), The Semantic Interpretation of Compound Nominals, thèse, Urbana, Illinois
Gauger, H.-M. (1971), Untersuchungen zur spanischen und französischen Wortbildung, Heidelberg: Winter
Gauger, H.-M. (1971), Durchsichtige Wörter, Heidelberg: Winter

226

Georgin, R. (1957), Jeux de mots, Paris: André Bonne
Goffin, R. (1985), "La science terminologique", in:
    Terminologie et traduction no 2, CCE, Luxembourg, pp.
    11-27
Gossen, C.T. (1981), "Wortschöpfung im heutigen
    Französisch", in: Pöckl, W. (ed.), pp. 29-41
Guilbert, L. (1971), Encyclopédie Larousse de la langue
    française, Paris: Larousse
Guilbert, L. (1975), La créativité lexicale, Paris: Larousse
Guiraud, P. (1971), Les mots étrangers, Paris, PUF, Que
    sais-je? no. 1166
Hatcher, A. Granville (1946), "Le type timbre-poste", in:
    Word, vol. 2, no. 3, pp. 216-228
Hatcher, A. Granville (1951), Modern English Word-Formation
    and Neo-Latin, Baltimore: The John Hopkins Press
Hatcher, A. Granville (1960), "An Introduction to the
    Analysis of English Noun Compounds", in: Word, vol. 16,
    pp. 356-373
Hollyman, K.J. (1966), "Observations sur les noms composés
    en français calédonien", in: BSLP, vol. 6, pp. 96-109
Lees, R.B. (1960), The Grammar of English Nominalizations,
    The Hague: Mouton
Lees, R.B. (1970), "Problems in the Grammatical Compounds",
    in: Bierwisch, M.; Heidolph, K.E. (eds.) pp. 174-186
Levi, J.N. (1978), The Syntax and Semantics of Complex
    Nouns, New York: Academic Press
Lombard, A. (1930), Les constructions nominales en français
    moderne, Uppsala-Stockholm
Marchand, H. (1955), "Notes on Nominal Compounds in Present-
    Day English", in: Word, vol. 11, no. 2, pp. 216-227
Marchand, H. (1960), The Categories and Types of Present-
    Day English Word-Formation, Wiesbaden: Otto Harrassowitz
Marchand, H. (1967), "Expansion, transposition and
    derivation", in: La Linguistique, no. 1, pp. 11-26
Marouzeau, J. (1955), Notre langue, Paris: Delagrave
Martinet, A. (1960), Elements de linguistique générale,
    Paris: A. Colin
Martinet, A. (1967), "Syntagme et synthème", in:
    La Linguistique, no. 2, pp. 1-14
Martinet, A. (1968), "Composition, dérivation et monèmes",
    in: Brekle, H.E.; Lipka, L. (eds.) pp. 144-149
Mitterand, H. (1963), Les mots français, Paris: PUF,
    Que sais-je? no. 270
Moody, M.D. (1973), A Classification and Analysis of
    "Noun + de + noun" Constructions in French, The Hague:
    Mouton
Motsch, W. (1970), "Analyse von Komposita mit zwei nominalen
    Elementen", in: Bierwisch, M.; Heidolph, K.E. (eds.)
    pp. 208-223
Nyrop, Kr. (1908), Grammaire historique de la langue
    française, Tome 3: Formation des mots, Copenhague:
    Gyldendalske
Pöckl, W. (ed.) (1981), Europäische Mehrsprachigkeit,
    Festschrift zum 70. Geburtstag von Mario Wandruszka,
    Tübingen: Niemeyer
Quemada, B. (1978), Histoire des techniques, Paris: La

Pléiade, pp. 1146-1240
Renou, L. (1956), "Sur l'évolution des composés nominaux en sanskrit", in: BSLP, vol. 52, pp. 96-116
Rohrer, Ch. (1967), Die Wortzusammensetzung im modernen Französisch, Tübingen, Thèse
Sauvageot, A. (1964), Portrait du vocabulaire français, Paris: Larousse
Tutescu, M. (1972), Le groupe nominal et la nominalisation en français moderne, Bucarest: SRLR
Vendryès, J. (1952), "Sur la dénomination", in: BSLP, vol. 48, pp. 5-13
Wagner, R.-L. (1968), "Réflexions à propos de mots construits en français", in: BSLP, vol. 63, pp. 65-82
Wagner, R.-L. (1980), Essais de linguistique française, Paris: Nathan
Wagner, R.-L. (1980), Probleme der neufranzösischen Wortbildung, Tübingen: Niemeyer
Zwanenburg, W. (1969), Compte rendu de Christian Rohrer, Die Wortzusammensetzung im modernen Französisch

De la typologie des textes en langue de spécialité: Plaidoyer pour un couple

Jean Klein (Ecole d'Interprètes Internationaux de l'Université de Mons, Belgique)

Parler d'une typologie de textes, est-ce encore utile? Le sujet n'est-il pas épuisé, voire dépassé? Voilà une question qu'on est en droit de poser aujourd'hui. Cette idée peut d'ailleurs être exprimée de façon plus lapidaire, par exemple en parodiant un des slogans de la dernière campagne électorale pour les élections législatives de mars 1986 en France. La formule serait: "au secours, la typologie revient".

Quand on interroge les traducteurs professionnels sur la notion de typologie de textes, ils répondent presque tous invariablement que c'est là invention de linguistes dont ils n'ont que faire. De fait, lorsqu'on est en contact avec un bureau de traduction où les traducteurs, en dépit d'une certaine spécialisation, restent encore largement des omnipraticiens, on constate qu'ils ne se posent jamais la question de la typologie. Après un premier survol du texte original, le traducteur se rend compte non seulement du genre de texte mais aussi de la difficulté que celui-ci représente pour lui-même et il connaît par ailleurs le(s) destinataire(s). Fort de ces éléments d'information, le traducteur commence sa recherche documentaire et lexicographique avant d'effectuer et/ou en effectuant la traduction. Où est la typologie dans tout cela? Il n'y en a guère de trace? Faut-il dès lors lui organiser un enterrement de première classe ou lui consacrer un ouvrage du type "Pleure ma typologie bien-aimée"? Ce serait aller un peu vite en besogne. Le traducteur professionnel chevronné ne procède-t-il pas, inconsciemment, à une démarche de caractère typologique lorsqu'il appréhende le texte original?

Avant de répondre à cette question et de réfléchir sur la façon d'organiser une typologie des textes en langue de spécialité à des fins de traduction, il est nécessaire de définir brièvement ce en quoi consiste l'opération traduisante. Elle met essentiellement en oeuvre deux composantes: un savoir et un savoir-faire. Le savoir est à la fois linguistique et thématique. Quand un traducteur est amené à traduire un ouvrage de médecine sur le traitement standardisé du cancer ou sur les lésions des nerfs périphériques, un manuel d'utilisation de la commande numérique d'une machine-outil, une demande de brevet pour un dispositif de pontage des pneumatiques jumelés pour véhicules de chantier ou les tests pour vérifier le bon fonctionnement des différentes pièces de la fusée Ariane avant son assemblage, pour ne citer que quelques exemples, il n'est pas seulement confronté à un lexique nouveau, voire complètement inconnu, mais à un domaine, à une science, à une technique qui a ses lois, ses prérequis, sa logique propres. En d'autres termes, la compréhension des textes en langue de spécialité dépend à la fois du lexique et du contenu véhiculé par le texte.

A côté de ce savoir, l'opération traduisante réclame un savoir-faire. Celui-ci concerne le transfert et la formulation en langue d'arrivée, autrement dit la compétence professionnelle.

Une typologie des textes en langue de spécialité doit impérativement tenir compte de ce double aspect. C'est d'ailleurs l'unique façon d'échapper à une typologie statique au profit d'une typologie dynamique qui est la seule à rendre compte de la réalité traduisante. La typologie statique est celle qui ne considère que le texte lui-même. Il peut s'agir d'une typologie générale telle celle élaborée par K. Reiß qui classe les textes en 3 grandes catégories. C'est une typologie formelle qui, par son caractère général, ne peut être appliquée pour différencier les textes en langue de spécialité. Il existe par ailleurs une typologie statique que l'on peut qualifier d'endogène et qui sert à déterminer la composition de certains textes spécialisés. Parmi ceux-ci, citons les contrats types, les conditions générales de vente, les actes notariés, les brevets et, dans une moindre mesure, les modes d'emploi. Ainsi par exemple, un brevet commence toujours par l'objet de l'invention décrit de façon synthétique, généralement en une seule phrase extrêmement longue. Ce texte introductif est souvent le même que celui de la première revendication. Vient ensuite la présentation succincte de brevets déjà existants en la matière dont on souligne le caractère "imparfait". Ce passage est suivi de la description très détaillée de la nouvelle invention où l'on insiste tout particulièrement sur ce qui la distingue des brevets précédents. Enfin, le brevet se termine par les revendications (principale et secondaires). Une typologie statique endogène peut donc être utile pour le traducteur tout en sachant qu'elle ne permet pas de couvrir l'ensemble des textes en langue de spécialité.

Le handicap fondamental d'une typologie statique est de ne pas tenir compte de l'opération traduisante, car elle ignore superbement le traducteur. Or, le degré de difficulté et la complexité de l'opération traduisante ne sont pas seulement déterminés par le texte original mais aussi par celui qui est chargé de le traduire. Il n'y a pas de traduction sans traducteur, homme ou machine. Exprimé de façon plus brutale, on peut affirmer qu'une typologie qui n'inclut pas le traducteur constitue une recherche linguistique intéressante certes, mais peu pertinente en matière d'opération traduisante.

Inclure le traducteur dans une typologie de textes confère automatiquement à cette dernière un caractère dynamique, car ici intervient la dimension individuelle, évolutive et perfectible d'une personne qui élargit et approfondit sans cesse son savoir et son savoir-faire.

En matière de typologie dynamique, il faut distinguer entre la typologie à caractère pédagogique et celle à caractère professionnel. La typologie à caractère pédagogique comprend trois éléments: le texte, le savoir du candidat traducteur et son savoir-faire.

Le texte: les textes en langue de spécialité peuvent être regroupés selon différents critères. Mentionnons-en deux: le premier concerne le degré de spécialisation du texte. Il y a des textes écrits par des spécialistes pour des spécialistes. Ce sont les ouvrages destinés à la profession ou les articles publiés dans les revues scientifiques. Ils présentent pour le traducteur le degré de difficulté le plus grand, car, écrits par des initiés pour des initiés, ils présupposent une connaissance approfondie du sujet que le traducteur ne possède pas. En la matière, une traduction digne de ce nom est pratiquement toujours le fruit de la collaboration entre le traducteur et un spécialiste de la branche. Viennent ensuite les articles et ouvrages écrits par des spécialistes à des fins pédagogiques. Ces textes sont moins ardus que les premiers, car ils sont plus explicites et donc plus abordables pour le traducteur. Enfin il y a les ouvrages écrits par des spécialistes pour un public plus large mais quand même averti. Ce sont les ouvrages de vulgarisation de qualité.

Voilà trois types de textes en langue de spécialité qui présentent pour le traducteur un degré de difficulté décroissant. Notons au passage que, dans cette classification, le degré de difficulté d'un texte est fonction du destinataire du texte. C'est la raison pour laquelle elle peut s'appliquer à l'ensemble des textes en langue de spécialité: juridiques, économiques, techniques, scientifiques etc.

Il ne faut toutefois pas s'imaginer que cette classification est la seule possible. Gardons-nous de nous enfermer dans un carcan. Méfions-nous d'une typologie universelle toujours réductrice. Pour le traducteur, il existe au moins une deuxième classification des textes tout aussi pertinente que la première. Cette fois, elle est fonction du domaine traité. Tout traducteur sait qu'il est plus facile de traduire un texte classique sur les aciéries ou la fabrication du verre qu'un texte sur les biopuces, les ateliers flexibles ou les nouveaux centraux téléphoniques, car, dans le premier cas, on dispose d'une information et d'une documentation importante et sûre ainsi que d'une terminologie largement normalisée alors que, dans le second, on en est parfois réduit à rechercher désespérément des ouvrages de référence en LA et à créer de toutes pièces une partie de la terminologie en accord avec le client. La classification des textes en fonction d'un degré de difficulté décroissant peut s'établir comme suit:

a) Textes traitant d'un domaine tout neuf pour lequel il y a peu d'ouvrages de référence en LA et pas de dictionnaire traductif.
b) Textes traitant d'un domaine nouveau pour lequel il y a de nombreux ouvrages de référence en LA qui peuvent très bien pallier l'absence éventuelle de dictionnaires traductifs ou la mauvaise qualité de certains dictionnaires existants, mais où se pose le problème de choix à l'égard d'une terminologie non encore entièrement normalisée, voire propre au constructeur. C'est le cas de l'informatique par exemple.
c) Textes traitant d'un domaine traditionnel où les ouvrages de référence thématiques et terminologiques sont abondants et éprouvés et où la terminologie est largement normalisée.

Venons-en au deuxième élément d'une typologie à caractère pédagogique: le savoir du candidat traducteur.

L'apprentissage d'un savoir se situe en premier lieu sur le plan thématique. Il s'appuie sur une série de connaissances acquises dans l'enseignement secondaire et surtout dans l'enseignement universitaire grâce aux cours dits de matière (droit, économie, sciences, technique et technologie etc.). Mais force est de constater que ces connaissances suffisent rarement à résoudre tous les problèmes de compréhension d'un texte spécialisé. Il s'agit donc de compléter son savoir. Ce travail implique les opérations suivantes: où chercher et trouver l'information? Comment la traiter, c'est-à-dire comment la comprendre pour les besoins de la traduction? Comment la vérifier?

Où chercher et trouver l'information? Il y a trois sources principales que l'on peut résumer de la façon suivante: lire, voir, entendre.

a) Lire: Il s'agit de la littérature en LA traitant du même sujet que le texte original. Qu'elle soit en langue maternelle ou étrangère, cette documentation fournira au traducteur un autre éclairage du texte à traduire, une possibilité supplémentaire de comprendre l'original. De plus, il trouvera dans ces textes en LA des éléments qui vont bien au-delà du lexique, même de celui offert par des dictionnaires phraséologiques.
b) Voir: Il s'agit pour le traducteur d'avoir la possibilité d'observer, de manipuler, de voir fonctionner un appareil ou une installation plus complexe. En effet, cette démarche facilite toujours la compréhension du texte

écrit et permet d'éviter de fausses interprétations.
c) Entendre: c'est-à-dire avoir la possibilité de poser des
   questions à un spécialiste pour obtenir des réponses
   permettant de comprendre des procédés, des
   fonctionnements, voire des mots de vocabulaire.

Comment traiter l'information, autrement dit comment la comprendre pour les besoins de la traduction? Un non-spécialiste ne peut espérer comprendre l'information pour pouvoir l'utiliser par la suite comme le fait un spécialiste. Il doit se contenter d'une compréhension superficielle qui requiert cependant l'obligation de déceler la logique, le raisonnement, la démonstration. Une telle forme de compréhension fait souvent appel à la faculté associative de l'individu, à sa capacité de trouver ou de se remémorer des raisonnements similaires dans le domaine traité ou dans des domaines parfois fort différents. La compréhension d'un texte en langue de spécialité pour les besoins de la traduction est donc à la fois fonction du savoir et de l'intelligence du traducteur.

Comment vérifier l'information? Le principe fondamental est de ne considérer aucun texte comme vérité révélée. Ce n'est pas évident pour un profane qui risque souvent d'être obnubilé par l'aura d'un texte technique ou scientifique qu'il se gardera bien d'oser mettre en doute étant donné son incompétence en la matière. Or, tous les textes spécialisés ne sont pas clairs pour les spécialistes eux-mêmes. Il s'agira donc, pour le traducteur, de ne pas se contenter d'une seule source surtout pour les passages qu'il ne comprend pas bien. Un autre ouvrage de référence ou la consultation d'un spécialiste s'avère parfois indispensable pour dissiper ses doutes ou lui permettre tout simplement de comprendre l'original.

Sur le plan linguistique, l'apprentissage d'un savoir en matière de textes spécialisés concerne prioritairement la terminologie. Où chercher et trouver les correspondants lexicaux? Comment les traiter? Comment les vérifier? De ce qui précède, il ressort clairement que la recherche des correspondants lexicaux s'effectue avantageusement à partir d'ouvrages en LA qui, par rapport à un dictionnaire traductif, offrent l'énorme avantage de présenter le terme en contexte. Pour gagner du temps, on peut avoir recours à des banques de terminologie qui sont parfois lourdes à consulter ou plus modestement à des mémoires de terminologie conçus sur le même principe. Enfin, il y a le dictionnaire traductif traditionnel.

Le choix de l'utilisation de tel ou tel outil terminologique dépend à la fois de la nature du texte à traduire et du temps qui peut être consacré à sa traduction. Chercher des correspondants lexicaux dans des ouvrages en LA est un travail de longue haleine, mais en l'absence de dictionnaire automatique ou traditionnel, il est le seul moyen possible et, par ailleurs, il permet de faire d'une pierre deux coups, car la consultation d'ouvrages en LA ne se limite pas à l'acquisition d'un savoir lexical donc linguistique; il permet également l'appropriation d'un savoir thématique. Le temps consacré à une telle activité est ainsi largement compensé par cette double acquisition. Quand il est davantage pressé par le temps et que les sources terminologiques le permettent, le traducteur peut faire l'économie de la consultation d'ouvrages en LA et avoir directement recours à la banque de terminologie où le terme apparaît dans un microcontexte ou encore au dictionnaire traditionnel où il apparaît seul. En ce qui concerne ce dernier outil, il faut le consulter avec prudence et connaître son degré de fiabilité. Dans de nombreux cas, une vérification s'impose en passant par des dictionnaires explicatifs en LA. En fait, on peut résumer l'apprentissage d'un savoir sur le plan linguistique de la façon suivante:

a) Principe de base: il faut toujours vérifier et pouvoir indiquer ses sources.
b) Pour les textes traitant d'un domaine nouveau pour lequel il y a peu d'ouvrages de référence en LA, consulter en priorité ces ouvrages.
c) Pour les textes traitant d'un domaine nouveau pour lequel il y a de nombreux ouvrages de référence et quelques dictionnaires traductifs automatiques ou non, consulter les dictionnaires ou lexiques présentant le terme en contexte et compléter l'information par la lecture d'ouvrages de référence.
d) Pour les textes traitant d'un domaine traditionnel, consulter les dictionnaires traductifs de bonne qualité sans omettre de vérifier la justesse de certains termes, surtout lorsqu'ils apparaissent comme synonymes, à côté l'un de l'autre.

Enfin, une typologie dynamique à caractère pédagogique réclame l'apprentissage d'un savoir-faire qui peut se résumer en trois points: Que traduire? Comment traduire? Pour qui traduire?

La question "que traduire?" peut paraître à première vue surprenante. Ne faut-il pas tout traduire? Un texte en langue de spécialité n'est pas un texte publicitaire ou encore un certain nombre de recettes de cuisine incluses dans le mode d'emploi d'une cuisinière électrique. Dans ce cas, il faut obligatoirement procéder à une adaptation de l'original parce que ces textes présentent un caractère culturel très marqué qui n'est pas transposable tel quel en LA. Cependant, tous les textes en langue de spécialité n'échappent pas à cette nécessaire adaptation. Citons à titre d'exemple les textes médicaux et juridiques. Dans un ouvrage allemand consacré au traitement standardisé des différents types de cancer interviennent des médicaments commercialisés en Allemagne sous des noms strictement inconnus en France et en Belgique. Au cours de la traduction, il a fallu que le traducteur trouve le nom français correspondant au médicament allemand en se basant sur la formule chimique ou fournisse simplement cette formule chimique lorsque le médicament n'existait pas en France ou en Belgique. Autre exemple médical: la nomenclature des nerfs périphériques du corps humain n'est pas exactement la même en allemand et en français, bien que la terminologie soit latine. Ainsi, on distingue dans la nomenclature allemande entre deux nerfs qui portent des noms latins distincts pour innerver l'annulaire et l'auriculaire alors que dans la nomenclature française, on distingue la branche gauche et la branche droite du seul et même nerf.

En matière juridique, il y a des candidats traducteurs qui s'évertuent à traduire les articles du BGB ou du ZPO alors qu'ils sont déjà traduits et que cette traduction fait foi. A l'inverse, il y en a qui se contentent de mentionner le numéro de l'article du code allemand sans ajouter pour le client le contenu de cet article sous forme de note de bas de page ou de feuillet séparé. Bref, les textes en langue de spécialité n'échappent pas automatiquement à la question "que traduire?"

Le savoir-faire pose également la question "comment traduire?" Par souci de prudence et dans le but d'éviter des erreurs, le traducteur reste, en matière de textes spécialisés, le plus près possible de l'original. Il ne s'agit pas de se lancer dans des exercices de style toujours périlleux quand on ne maîtrise pas parfaitement la matière. Il y a cependant un domaine où cette règle n'est pas toujours vraie. C'est celui d'un certain lexique technique. Ainsi, par exemple, il existe une différence fondamentale dans la façon dont l'allemand et le français désignent certains objets. L'allemand a tendance à décrire l'objet lui-même là où le français préfère exprimer la fonction de l'objet. Deux exemples pour illustrer ce propos: "ein gefederter Drehbolzen" qu'on peut traduire littéralement par "boulon rotatif monté sur ressort". Cet objet courant, permettant la fixation d'une pièce sur une autre ou sur un support, se traduira normalement en français par "boulon ou vis de verrouillage". Autre exemple: "die Vollglastür des Backofens" ne se traduira pas par "la porte entièrement vitrée du four" mais par "le four panoramique". Cette façon de faire peut dépasser le cadre du mot isolé et s'étendre à une phrase entière comme dans l'exemple suivant: "eine Rückstauklappe steht auf Wunsch gegen Berechnung zur Verfügung" ne se traduira évidemment pas par "un clapet anti-retour est à votre disposition contre payement si vous souhaitez en faire l'achat" mais tout simplement par "clapet anti-retour en option".

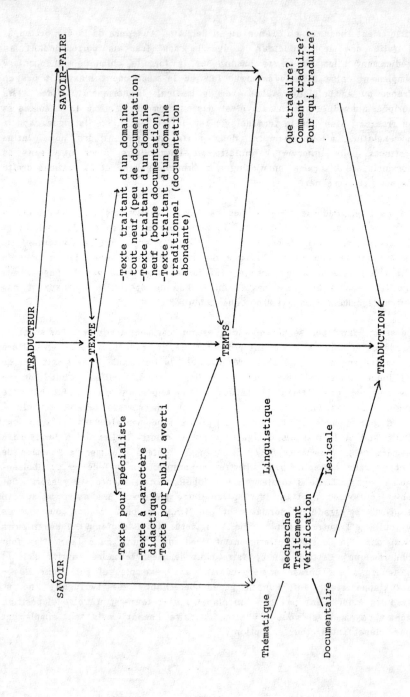

Enfin, le savoir-faire impose aussi la question "pour qui traduire?" C'est un aspect auquel il faut être très attentif d'autant plus que, dans la formation universitaire, la majorité des traductions réalisées ne s'adressent pas à un client. Or, dans la vie professionnelle, toutes les traductions sont des commandes et le client a son mot à dire à propos du produit qui lui est fourni. C'est ainsi que certaines grandes firmes ont des lexiques maison. C'est le cas pour les fabricants de tracteurs. La même pièce peut porter des noms différents selon la firme. Il y a aussi des styles maison qui font que l'entreprise préférera tel traducteur. En fin de compte, c'est le client qui est roi et il a le pouvoir d'imposer un lexique et un style même si, dans son for intérieur, le traducteur estime que ses propositions sont meilleures.

Texte d'une part, savoir et savoir-faire à acquérir de l'autre, tels sont les éléments qui composent une typologie pédagogique à caractère dynamique auxquels il faut obligatoirement ajouter le facteur temps, ce grand absent de la plupart des réflexions sur l'opération traduisante. Il constitue un des cauchemars du traducteur, car il joue un rôle décisif en matière de traduction professionnelle puisqu'il conditionne tout le reste.

Après avoir décrit successivement ces différents éléments, tentons de les regrouper et de les agencer dans un schéma synoptique.

D'un point de vue pédagogique, il est nécessaire de distinguer différentes phases dans le processus d'apprentissage d'un candidat traducteur. Au début, l'acquisition et/ou l'approfondissement d'un savoir et d'un savoir-faire impose(nt) d'emprunter systématiquement le chemin le plus long, c'est-à-dire celui de la recherche documentaire tant thématique que linguistique même lorsqu'il s'agit de textes relevant de domaines traditionnels pour lesquels on peut se contenter de chercher le lexique dans différents dictionnaires existants. Sans aller jusqu'à bannir le dictionnaire, il faut imposer le détour par la documentation afin d'éviter que l'apprenant pare au plus pressé, car il ne suffit pas, en cours d'apprentissage, de produire un texte juste, il faut encore apprendre un métier. Un moyen simple pour imposer cette démarche est de procéder d'abord à une recherche lexicale à partir de documents en imposant de mentionner les sources avant de procéder à la traduction.

Ce n'est que dans un deuxième temps, grâce à une maîtrise du sujet traité et à un savoir-faire suffisants, que le candidat traducteur pourra se contenter d'effectuer ses recherches en consultant des dictionnaires ou des banques de terminologie qu'il complètera éventuellement par des recherches documentaires. A partir de ce moment-là, il pourra procéder de différentes façons en fonction du texte qu'il a à traduire. Il travaillera en quelque sorte à la manière du traducteur professionnel qui passe d'abord par la documentation pour les "premières" et les textes qu'il traduit rarement et par ailleurs par les dictionnaires et fichiers spécialisés, qu'il s'est parfois constitués à titre personnel, pour la "routine" et les textes plus fréquents. La limite entre ces deux approches n'est évidemment pas aussi marquée que ne pourrait le laisser croire la description ci-dessus. Il y a aussi souvent un va-et-vient entre la consultation des documents et celle des outils terminologiques. Mais, sur le plan pédagogique, on ne peut pratiquer cette technique de façon utile et rentable, notamment du point de vue du temps, qu'à partir du moment où on maîtrise bien les deux autres approches.

Avant de conclure, examinons brièvement la forme que pourrait prendre une typologie à caractère professionnel. Celle-ci se distingue de la typologie à caractère pédagogique par deux éléments: une suppression et un ajout. La suppression porte sur le savoir-faire. Il va de soi qu'un traducteur professionnel chevronné digne de ce nom possède obligatoirement ce savoir-faire. En revanche, les centaines de milliers de lignes qu'il a traduites lui ont apporté une expérience irremplaçable qui constitue un élément majeur. C'est l'ajout. Les trois éléments d'une typologie à caractère professionnel sont donc les suivants: le texte, le savoir et l'expérience. De ce fait, nous répondons affirmativement à la question initiale même si nous restons persuadés que la notion de typologie de textes reste tout à fait étrangère à la majorité, voire à la totalité des traducteurs professionnels, car pour eux la question est mal posée. Ce n'est pas le texte qui détermine la typologie mais le couple "texte/traducteur". En d'autres termes, l'opération traduisante est comparable à une relation amoureuse. Il s'agit, dans les deux cas, d'une relation de couple qui, en ce qui concerne la traduction, peut être aussi triangulaire (texte, traducteur, client). Comme tous les couples du monde, il connaît des succès et des échecs, des écarts et des infidélités à des degrés divers, bref, il est uni pour le meilleur et pour le pire.

Cela nous amène à notre conclusion: pour autant qu'elle inclut l'opération traduisante, une typologie des textes en langue de spécialité ne peut être élaborée en dehors de la personne du traducteur. Dès lors, elle ne peut être que dynamique. Dans le monde professionnel, cette typologie est largement individuelle alors que dans celui de la formation universitaire, elle est souvent collective. Une chose est sûre: elle est toujours présente bien que rarement exprimée.

Type de texte et terminologie: leurs rapports mutuels dans le domaine de la technique

Michel Lachaud (Hochschule Hildesheim)

O. L'objet de mon exposé est d'éclairer, grâce à des enseignements tirés de la pratique, un des nombreux rapports entre traductologie et terminologie, voire même, concrètement, entre traduction et terminologie. Je ne considèrerai ici que la traduction de textes techniques, et je limiterai mon étude à l'aspect de l'analyse terminologique préalable à la traduction.

Le problème qui se pose donc au traducteur est la recherche de l'équivalence, c'est-à-dire de l'identité du désignant et du désigné dans les langues et le domaine en question. Cette recherche fait intervenir certaines variables, qui sont:

– le type de texte. On peut le définir par des critères formels et fonctionnels. Dans la contribution précédente, M. Klein nous a proposé une typologie à caractère pédagogique et une typologie à caractère professionnel. On peut aussi penser aux textes de manuels techniques, dont les fonctions sont essentiellement descriptives, ou encore aux messages publicitaires, dont les buts sont appellatifs.

– la structure terminologique particulière du micro-domaine en question constitue la deuxième variable de la recherche de l'équivalence. Ainsi, dans les textes d'exemple dont il sera question plus loin, il s'agit de s'assurer de la présence d'une notion, de déterminer sa place dans un système plus vaste, en particulier grâce à la définition, et enfin de relever dans le texte la ou les dénominations correspondantes.

En fait, les deux éléments que je viens de souligner – le type de texte et ce que j'appellerai la "fiche d'identité" terminologique, sont en étroite interaction. Il importe donc de connaître les rapports existant entre ces éléments avant de se lancer dans la recherche de l'équivalence. Je commencerai pour cela par étudier la structure terminologique, qui est plus facilement définissable, puis j'essaierai de déterminer le type de texte en fonction de cette identité terminologique.

1. L'identité terminologique

Elle fait intervenir, classiquement, les trois éléments suivants: notion, définition et dénomination.

1.1 .La notion

La notion spécifique dont il est question dans un texte n'est concevable que comme faisant partie d'un ensemble notionnel qui dépasse le cadre du texte en question. Si le traducteur n'a pas les connaissances plus générales lui permettant de replacer cette notion dans son ensemble, il sera contraint de procéder par déduction en s'appuyant, le plus souvent, sur des faits de langue. Ainsi, il pourra déduire que Halslager, en construction mécanique, s'oppose à Fußlager. Mais dans cette démarche réside un risque de confusion grave: le traducteur peut croire déceler une notion là où il s'agit, en fait, d'une dénomination ad hoc. D'autre part, il faut compter avec les vides notionnels, qui apparaissent lorsqu'on compare des ouvrages écrits dans plusieurs langues. Ainsi, pour reprendre l'exemple de l'allemand Halslager: Ce palier, qui supporte la partie supérieure d'un arbre, n'existe pas en français comme notion générique. Mais cette pièce est connue de façon spécifique, selon qu'elle supporte un effort radial − boîtard − ou un effort composé, radial et axial − pivot.

Ces constatations simples montrent que l'identité notionnelle peut être difficile à cerner s'il n'y a pas dans le texte des éléments auxiliaires qui sont la définition et la dénomination.

1.2 La définition

Une des questions fondamentales qui se pose ici est celle du choix entre une définition nominale (sémantique) et une définition réelle (référentielle), en allemand respectivement "Nominaldefinition" et "Realdefinition". Il s'agit donc, soit de définir une expression, un mot, une dénomination (définition nominale), soit de définir un objet, concret ou abstrait, placé dans un domaine plus vaste du réel (définition réelle). C'est maintenant ce dernier aspect qui me semble le plus important pour l'approche terminologique du texte.[1] En effet, la définition réelle, selon la norme allemande DIN 2330, nous dit en quoi consiste l'essence de l'objet dans son champ notionnel. Elle n'est donc pas une simple interprétation, juste ou fausse, d'un certain contexte, comme c'est le cas de la définition nominale.

Cependant, dans de nombreux cas, la définition réelle reste l'idéal inaccessible, ou bien, rencontrée au hasard du texte, elle est incomplète. A défaut, le texte contient certaines des caractéristiques de la notion, par exemple des caractéristiques de forme ou de matériau, dont l'ensemble constitue (idéalement) la définition: il s'agit de ce que j'appellerai des "marqueurs". Un exemple: à propos des procédés de soudage, un mémoire rédigé à notre institut a mis en évidence quelque 16 marqueurs différents (en allemand einschränkende Merkmale), utilisés dans les normes britanniques pour les définitions de ces procédés.[2] La présence d'un marqueur dans un texte s'explique entre autres par le fait que le contexte renvoie explicitement ou implicitement à une notion générique, présumée définie ou du moins connue.

Un autre auxiliaire permettant de cerner l'identité terminologique d'une notion sont les illustrations qui accompagnent le texte. Elles représentent, en fait, un élément définitoire particulier, une définition ostensive. Il est clair que dans certains types de texte, comme les normes sur le soudage dont il vient d'être question, les illustrations peuvent avantageusement remplacer une définition réelle.

1.3 La dénomination

Le "signe du signe", comme dirait U. Eco, n'intervient dans l'établissement de la fiche terminologique que pour confirmer, en quelque sorte au deuxième degré, l'existence de la notion. Certes, parmi les structures terminologiques d'un texte, la dénomination est le phénomène le plus tangible, du moins à première vue. C'est le cas normal, celui d'une notion matérialisée par une dénomination. Mais elle est en fait l'élément terminologique le plus trompeur, et ce pour diverses raisons. J'ai déjà signalé le cas de la dénomination ad hoc, qui rejoint le problème de la synonymie. Il faut également envisager le cas d'absence de dénomination, due à un vide notionnel. Justement, le cas de figure le plus problématique, et qui se manifeste lors de la recherche de l'équivalence, est celui de l'absence de dénomination, pour une notion nouvellement créée. Ainsi, le français n'a longtemps pas eu de nom pour un type de palier hydrodynamique dénommé dans le projet de norme ISO correspondant squeeze oil film bearing, en allemand Quetsch(öl)filmlager. La définition française était tout simplement précédée d'un blanc (voir texte n° 2).

Il ressort de ce bref examen de l'identité terminologique que la notion et la dénomination sont les éléments les moins sûrs. Au contraire, la définition ou ses substituts, les marqueurs, sont les éléments les plus constants de la fiche d'identité. Ce sont ces éléments définitoires propres qui seront donc au centre de l'analyse des divers types de texte.

2. Le type de texte

2.1 Critères formels et fonctionnels

Le type de texte a jusqu'à présent été défini par divers auteurs selon des critères formels et fonctionnels. Ainsi, pour ce qui est des premiers, une suite de phrases courtes au mode impératif caractérisera une notice d'utilisation, et une description de réalités techniques recourant par exemple à des périphrases caractérisera un ouvrage de vulgarisation.

Pour ce qui est des critères fonctionnels, ils forment par exemple la base d'une classification en trois grands types proposée par Mme Reiβ: texte à fonction de représentation (darstellend), à fonction d'expression (ausdrucksbetont) et à fonction d'appel (appellbetont).[3] Ce sont particulièrement les textes à fonction de représentation qui m'intéressent, car ils sont essentiellement centrés sur l'objet. Ceci me permet d'exclure provisoirement de mes considérations les textes publicitaires, qui propagent des opinions en même temps que des informations et répondent ainsi à des fonctions d'appel.

Dans les textes à fonction de représentation, il faut aussi introduire une distinction d'après le niveau de technicité, sur le fond et sur la forme. Cette distinction rejoint la stratification verticale observée, dans les langues de spécialité, par exemple par le Pr Hoffmann. Les critères de classification sont selon lui le niveau d'abstraction, le type de langage employé (naturel, symbolique), le domaine d'utilisation et les utilisateurs.[4]

Mais ces essais de classification où M. Klein, mon prédécesseur, a apporté une nouvelle dimension, ne semblent pas tenir compte uniquement, comme c'est mon intention, du caractère terminologique du texte. Aussi, je proposerai de répartir les textes techniques à fonction de représentation, selon leur structure terminologique, en deux grandes catégories: je parlerai de textes définitoires et de textes non-définitoires.

2.2 Critères définitoires et identité terminologique

Il suffit de cerner la première catégorie de textes pour avoir, par contrecoup, défini la seconde. Les textes définitoires sont ceux qui renferment des éléments particuliers d'identité terminologique, dont il a déjà été question, par exemple les marqueurs. Cet essai de définition s'inspire du "contexte définitoire" dont parle M. Dubuc. Le contexte définitoire "donne des indications précises sur la notion du terme étudié, sans qu'il s'agisse nécessairement d'une définition en bonne et due forme".[5] Je propose maintenant d'étudier, du point de vue définitoire, plusieurs exemples de textes:

Texte n° 1: ISO 4378/1-1983 (E) dans la version du 11.05.86

2.3.4 Squeeze oil film bearing:
Plain bearing in which the complete separation of
sliding surfaces is caused by the pressure development in the oil film as a result of their relative
movement in the direction of their common normal to
the surface.

C'est le cas idéal, celui de la norme terminologique, qui comporte ici une définition complète et identifie clairement une notion nommée. Considéré en tant qu'auxiliaire, et non plus comme objet de la traduction, le texte définitoire de ce type permet de vérifier par des recoupements entre plusieurs langues l'identité de la notion recherchée.

Cherchons par exemple la traduction du terme allemand Chroma dans un dictionnaire bilingue.[6] Nous trouvons:

Chroma n, Farbton und -sättigung (TV)/degré m
de teinte

Pour dissiper les doutes que je peux avoir sur cette traduction, je compare le résultat à une définition du terme français chroma[7]:

CHROMA n.m.
Chroma
C.E.I. Eclairage
Attribut de la sensation visuelle permettant de porter
un jugement sur la quantité de couleur chromatique pure
présente, sans tenir compte de la quantité de couleur
achromatique.

Je me permets de conclure que le "degré de teinte" recouvre les mêmes réalités que la définition de chroma, qui contient d'ailleurs un marqueur équivalent, la "quantité de couleur chromatique". Degré de teinte et chroma ne représentent donc qu'une seule et même notion et sont donc synonymes.

Texte n° 2: ISO 4378/1-1983 (F) dans la version du 25.05.84

2.3.4 Type du palier lisse hydrodynamique dans
lequel la séparation complète des surfaces résulte
de la résistance du lubrifiant à leur déplacement
mutuel le long de la normale commune.

Il s'agit là encore d'un texte définitoire, car la notion est clairement identifiable dans un ensemble notionnel plus vaste. Le fait qu'il manque ici une dénomination n'est pas incompatible avec le type définitoire, car on peut toujours attribuer à la notion une étiquette quelconque, par exemple dans une autre langue où elle est définie de façon plus ou moins identique (voir texte n° 1). L'essentiel est donc la définition et non pas la dénomination.

Texte n° 3: Variateurs et réducteurs

81. – Variateurs de vitesse.

Les variateurs de vitesse sont des dispositifs mécaniques que l'on interpose entre une source d'énergie motrice et une machine réceptrice.
Cette interposition s'effectue comme suit:
– Entre le moteur central de l'atelier et la ligne d'arbres de transmission;
– Entre l'arbre de transmission principale et la commande de la machine réceptrice;
– A l'intérieur de la machine pour imposer une vitesse déterminée à un de ses éléments.
Cette variation des vitesses peut se faire en réduction ou en multiplication des vitesses.
Dans le premier cas, les appareils utilisés s'appellent Réducteurs de vitesse et agissent en multiplicateurs du couple transmis.
Dans le second cas, ce sont des Multiplicateurs de vitesse et ils transmettent un couple réduit.

Dans ce texte didactique, tiré d'un manuel de construction mécanique, certaines définitions sont "diluées" et ne comprennent, au besoin, que la caractéristique essentielle de la notion qui permet de la distinguer d'une autre notion précédemment définie. C'est le cas ici des réducteurs de vitesse, qui sont opposés par une seule caractéristique aux multiplicateurs de vitesse. Par contre, la notion générique de variateur est définie dans le détail.

Texte n° 4:

AUSWAHLKRITERIEN FÜR MECHANISCHE BREMSEN AN GETRIEBEMOTOREN

Für Getriebe-Motoren mit an- oder eingebauter mechanischer Bremse, sog. Brems-Getriebe-Motoren, besteht zunehmender Bedarf, da immer mehr Fertigungsverfahren rationell und automatisch ablaufen müssen. Rationell, d.h. rasch und ohne vermeidbare Verlustzeiten, mit möglichst kurzen Nachlaufzeiten. Automatisch, d.h. mit präziser und von äußeren Einflüssen möglichst unabhängiger Positionierung.
Mechanische Bremsen verkürzen also hauptsächlich die Nachlaufzeiten und Nachlaufwege, die bei einem ungebremsten, freien Auslauf entstehen würden. Daneben haben sie bei Hebezeugen aller Art eine große Anwendung gefunden.

1 Bauformen von Brems-Getriebemotoren

Die konstruktiven Lösungen für den Bremsmotor sind auch in der
Wahl der Anordnung recht unterschiedlich: Man findet einerseits
Stopmotoren, deren Bremssystem mit dem Antriebsmotor zu einer
konstruktiven Einheit verbunden ist, so daß sie sich äußerlich nur
wenig oder gar nicht von normalen Motoren unterscheiden. Die
Bremse befindet sich entweder unter der etwas verlängerten
Lüfterhaube (Bild 1) oder im Innern des Motorgehäuses, ist also als
Einbaubremse zu bezeichnen. Bei anderen Lösungen wird die Bremse
völlig getrennt konstruiert und gebaut und dem Motor an der
Lüfterhaube und an einem zweiten Wellenende als Anbaubremse
äußerlich (sichtbar) angesetzt (Bild 2).

Bild 1
Getriebemotor mit
Einbaubremse

Bild 2
Getriebemotor mit
Anbaubremse

Il s'agit d'un texte tiré d'une revue spécialisée, et où les éléments
définitoires textuels, relativement complexes, sont complétés par des
indications extra-textuelles. La catégorie générique des Getriebemotoren –
en français moto-réducteurs – est supposée connue; les notions spécifiques
sont expliquées de façon détaillée, mais surtout définies plus simplement
par deux figures et leur légende. Il s'agit des réducteurs à frein incorporé
et des réducteurs à frein rapporté. D'autre part, le choix des termes dénote
un flou terminologique évident: l'auteur emploie des dénominations
apparemment synonymes, parmi lesquelles plusieurs variantes
orthographiques: Getriebemotoren, Bremsmotoren, Brems-Getriebe-Motoren et
Brems-Getriebemotoren. De plus, il y a dissymétrie entre les deux notions
spécifiques, car seule la première reçoit une dénomination: Stopmotoren. Ici,
il faut donc, encore une fois, être particulièrement attentif aux éléments
définitoires.

Texte n° 5: Fremdsprachen-Katalog (liste de pièces détachées)

BENENNUNGS-CODE	DEUTSCH	ENGLISCH
166170	KOPFBOLZEN	HEAD BOLT
166189	KREUZSCHL.SCHRAUBE	PHILIPPS SCREW
166197	KUPPLUNGSACHSE	COUPLING SHAFT
166200	KUPPLUNGSBOLZEN	COUPLING BOLT
166219	LA-BODEN	SPEAKER BOTTOM

| 166227 | LA-DECKEL | SPEAKER LID |
| 166235 | LA-RAHMEN | SPEAKER FRAME |

Pour terminer, un texte nettement non-définitoire: les pièces détachées présentées ici ne sont pas identifiées par une vue éclatée ou une illustration quelconque, mais uniquement par un numéro de code arbitraire. En l'absence d'éléments définitoires, on ne peut être certain qu'il s'agisse de notions techniques établies. D'ailleurs, le contexte d'utilisation de ces expressions change brusquement, passant de la construction mécanique (Kupplungsbolzen) à l'électronique grand public (Lautsprecher-Boden), puis à la mécanographie quelques lignes plus loin (Lochstreifen), etc. Ceci aggrave considérablement le danger d'une erreur d'interprétation, par exemple pour le terme de Drossel, qui apparaît plusieurs fois dans la liste: s'agit-il ici d'hydraulique, de pneumatique ou d'électrotechnique? En outre, on a parfois affaire à de simples unités lexicales tirées du langage courant, comme par exemple Polsterabdeckung. Les difficultés rencontrées pour cerner l'identité terminologique sont d'autant plus grandes que la dénomination est parfois difficilement déchiffrable: ainsi, cette liste de pièces détachées utilise des abréviations non licites dans un texte définitoire: LA pour Lautsprecher, SIA pour Sicherheitsanlage, VD pour Verdrahtung, etc. Ce déguisement des termes est lié à des raisons techniques, le programme disposant pour chaque langue de 18 espaces maximum par entrée, une entrée comportant jusqu'à 4 éléments.

On pourrait maintenant se demander pour quelles raisons, même dans les textes définitoires, l'identité terminologique est si souvent difficile à définir. Ces raisons sont de plusieurs ordres:

– Généralement, les textes à la limite du définitoire tendent à quitter les fonctions de représentation pour se rapprocher des fonctions d'appel. Ce phénomène se concrétise par l'emploi de termes du langage courant ou du jargon d'atelier. Une recherche terminologique réalisée à l'Institut a ainsi mis en évidence l'utilisation du terme courant de Kleber dans certaines notices d'information, au lieu du terme normalisé de Klebstoff.[8] Le caractère émotionnel de l'expression se manifeste aussi par une certaine familiarité, que dénote par exemple la substantivation d'un adjectif: dans une annonce publicitaire américaine, on parle de spherical au lieu de spherical bearing. Plus généralement, la créativité de l'expression est renforcée par la fonction d'appel. Ainsi apparaissent des syntagmes de discours spontanés, par exemple Stopmotoren dans le texte n° 4.

– La progression contextuelle normale entraîne l'ellipse des éléments terminologiques génériques déjà acquis, donc l'emploi de moyens abréviatifs: sigles, suppression du déterminé allemand, suppression du joncteur prépositionnel français, etc. Cette économie progressive des moyens définitoires ne vaut cependant pas pour toutes les langues et cultures. Il semble ainsi que les Anglo-Saxons, dans la littérature technique, tendent davantage à la redondance terminologique que les Français, plus soucieux de style, ou moins didactiques.

Le premier constat que je proposerai après cette analyse de textes est le suivant: dès la première étape de la traduction, il est indispensable de retrouver des indices définitoires, même ténus, qui pallient les faiblesses proprement notionnelles et terminologiques du texte.

3. Conclusion

Nous avons vu que seuls les textes définitoires présentent une certaine garantie lors de l'analyse de l'identité terminologique. Les deux situations extrêmes envisageables pour ce type de texte sont les suivantes: soit une redondance d'indices terminologiques pour des raisons de "culture du texte", soit l'absence de notion ou vide notionnel. Dans ce cas particulier, il importe de déterminer quels éléments du texte sont susceptibles de jouer le rôle de marqueurs d'une notion restant à définir. Ceci exige, généralement parlant, une conception nettement didactique de tout texte technique. Cette exigence, qui concerne le plan notionnel et celui de la dénomination, peut être remplie de la façon suivante:

– On note depuis des années une standardisation croissante des types de texte: normes, brevets, notices d'utilisation sont de plus en plus rédigés sur un même schéma à l'échelle internationale. Il est concevable que ce mouvement s'étende à d'autres types de textes qui ont jusqu'à présent échappé à la standardisation, par exemple les articles de revues spécialisées présentant des innovations techniques, ou bien les ouvrages proprement didactiques. Il faudrait veiller, lors de la rédaction, et cela peut être la tâche du "rédacteur technique" qui aurait une formation de traducteur, à resituer les notions dans un ensemble plus vaste, à indiquer leurs caractéristiques essentielles et à souligner leurs particularités les unes par rapport aux autres. Ainsi par exemple, une définition devrait comporter, comme le "diagnostic" ou fiche-définition du botaniste, des marqueurs bien précis, tels forme, fonction et matériau.

– Par ailleurs, cet effort didactique, qui concerne les structures générales du texte, peut être avantageusement soutenu par un emploi plus réfléchi de la terminologie, établie ou pas. Certes, les auteurs de textes scientifiques et techniques jouissent d'une entière liberté d'expression, qui s'oppose à l'emploi d'une terminologie trop rigide. Mais il importe d'encourager en priorité l'usage de la terminologie normalisée. Dans ce but, je propose plusieurs principes de dénomination qui, à l'origine, ont été étudiés pour un domaine bien précis de la construction mécanique, mais sont adaptables à la technique en général. Ils sous-entendent cependant qu'on est en présence de systèmes notionnels identiques.

a) Un principe général: préférer le moins au plus, les termes courts aux termes plus complexes, plus exacts peut-être, mais moins maniables. Il convient ici de tenir compte des tendances à la siglaison et à l'utilisation de pictogrammes, ce qui nous ramène aux moyens proprement définitoires que sont les illustrations.

b) Deux règles particulières:

– Opter plutôt pour les internationalismes. Ceci pose accessoirement le problème de l'emprunt, bien connu tant dans le domaine francophone que germanophone, avec le "Fremdwort". Un des avantages de l'emprunt est sa "fonction discriminante"[9], car il réduit l'importance des connotations que pourrait comporter un terme d'origine. Les internationalismes, que je qualifierai d'emprunts multiples, sont, pour la plupart des utilisateurs, non-motivés.

– Faire appel, à défaut, aux ressources propres de la langue. Ceci conduit souvent à des néologismes motivés, la motivation étant transposée d'une langue à l'autre par exemple au moyen du calque.[10] Mais le calque doit être traité avec prudence, et recherché dans un contexte définitoire original. Ainsi, à l'allemand Nachbehandlung pourrait correspondre le calque français traitement ultérieur. Mais la pratique montre que ce n'est pas le cas dans les textes originaux faisant foi, où on ne trouve que des termes spécifiques à chaque type de traitement.

Ainsi, les efforts d'harmonisation définitoire et terminologique, en renforçant la cohérence notionnelle et textuelle au sein d'un même domaine de la technique, devraient faciliter la recherche de l'équivalence terminologique.

Références bibliographiques et sources:

(1) Mönke, H. (1987), "Definitionstypen und Definitions-
       matrix", in: Nachrichten für Dokumentation 29, Nr. 2,
       p. 55
(2) Kohle, B. (1986), Strukturen und Funktion von Defini-
       tionen in technischen Normen – eine vergleichende Un-
       tersuchung anhand deutscher und britischer Normen zur
       Schweißtechnik, Hochschule Hildesheim, Juni 1986, pp.

107 - 108

(3) Reiß, K. (²1983), Texttyp und Übersetzungsmethode.
Der operative Text, Heidelberg: Groos, p. 11

(4) Hoffmann, L. (²1985), Kommunikationsmittel Fachsprache.
Eine Einführung, Berlin: Akademie Verlag, pp. 64-70

(5) Dubuc, R. (1980), Manuel pratique de terminologie,
Montréal, Paris: Conseil International de la Langue
Française, p. 30

(6) Ernst, R. (1979), Wörterbuch der industriellen Technik,
Deutsch-Französisch, Wiesbaden: Brandstetter

(7) Dictionnaire des industries, Paris: Conseil
International de la Langue Française, 1986

(8) Althoff, B. (1986), Das Fügeverfahren Kleben:
Grundlagen, Klebstoffe und Ausführung von Klebverbindungen - Eine terminologische Untersuchung (Deutsch und
Französisch), Hildesheim: Hochschule Hildesheim, Juni
1986, pp. 8,44

(9) Paepcke, F.; Forget, Ph. (1981), Textverstehen und
Übersetzen. Ouvertures sur la traduction, Heidelberg:
Groos, p. 103

(10) Les conditions à remplir par les néologismes ont été
clairement définies par le Comité d'étude des termes
techniques français.

Texte n° 1: ISO 4378/1-1983 (E/F/R) Plain bearings - Terms,
definitions and classification - Part 1: Design,
bearing materials, and their properties.
(version du 11.05.1984)

Texte n° 2: ISO 43781-1983 (E/F/R) (v. texte n° 1) dans la
version du 25.05.1984

Texte n° 3: Variateurs et réducteurs, in: Depecker, M.
(1968), Les organes de transmission mécanique,
Paris: Le Prat, p. 185

Texte n° 4: Greiner, H. (1986), Auswahlkriterien für
mechanische Bremsen an Getriebemotoren, in:
Werkstatt und Betrieb 119, p. 105

Texte n° 5: Blaupunkt-Werke Hildesheim: Fremdsprachen-
Katalog, Gesamtausdruck: 24.04.1986, p. 205

A la recherche des termes: une approche méthodologique

Godelieve Quisthoudt-Rowohl (Hochschule Hildesheim)

0. Introduction

Dans cet exposé, je me restreindrai au cas particulier de la traduction technique et/ou scientifique et au cas du traducteur expérimenté qui a déjà acquis son "savoir-faire" mais à qui peut manquer le "savoir" spécifique nécessaire à traduire un texte particulier.

Placé devant un nouveau texte à traduire, le traducteur en question se gratte la tête, s'arrache les cheveux, fume une cigarette, maudit peut-être l'auteur ... et se met au travail. Il n'a pas le choix du texte, qui peut traiter de la biomasse, des réactions ultra-rapides en solution, d'une nouvelle méthode d'optimalisation en passant par le comportement social des chimpanzés.

Même s'il peut parfois consulter l'auteur, le traducteur n'aura pas de contacts personnels avec les lecteurs auxquels il s'adresse. Son texte sera lu en dehors de tout contexte sans possibilité d'interaction "auteur – traducteur – lecteur". Ce fait condamne notre traducteur à la perfection. Il reste une trace de son travail, son texte, preuve de ses capacités, de sa réussite ou de son échec.

1. Analyse sommaire du processus de la traduction technique

Reprenons Boileau pour dire: "Ce que l'on conçoit bien s'énonce clairement, et les mots pour le dire arrivent aisément", phrase célèbre qui résume les difficultés du traducteur technique: "compréhension – énoncé – mots". La compréhension précède l'énoncé, exprimé par les mots. En effet, l'essentiel du texte scientifique ou technique, on ne le répètera jamais assez, est son message. Le fond a la priorité absolue sur la forme et c'est, à mon avis, la différence principale entre ces textes et les autres. A la recherche des équivalences nécessaires à son texte cible, le traducteur rencontre donc des difficultés de nature essentiellement différente:

- les difficultés de compréhension: que dit l'auteur?
- les difficultés d'expression: comment le dit-il?, puis:
                                    comment vais-je le dire?

1.1 Les difficultés de compréhension

Les textes scientifiques et/ou techniques sont loin de former un groupe homogène, ce qui a déjà été décrit plusieurs fois et ce que M. Klein vient encore de préciser (e. a. Hoffmann 1984, 58 – 71).

Il faut les caractériser par au moins deux coordonnées:
- une coordonnée horizontale, fonction du domaine dont traite le texte
- une coordonnée verticale, fonction du degré de spécialité dans le domaine considéré.

Prenons comme exemple plusieurs sources:

- **Le Monde (pages scientifiques)**
- **La Recherche**
- **Proceedings of the American Academy of Science**
- **Physical Review**
- **Journal of theoretical Physics.**

Les 5 périodiques, choisis au hasard parmi d'autres, traitent occasionnellement des mêmes thèmes – par exemple de la découverte d'un nouvel élément transuranien, mais d'une manière différente selon leur degré de spécialisation. La liste établie ici, va du texte fortement vulgarisé au texte qui ne s'adresse qu'aux chercheurs de la physique théorique, en passant par les intermédiaires: personnes intéressées, scientifiques, particulièrement physiciens.

En général, pour un même degré de spécialisation (coordonnée horizontale), le traducteur aura plus ou moins de difficultés de compréhension en fonction des connaissances déjà acquises. Juger ici d'un degré de difficulté sera donc en grande partie subjectif. Une exception sont les textes traitant des développements des technologies de pointe. Le manque de sources à consulter et les trous terminologiques forcent le traducteur à être inventif, voire créatif.

Si nous considérons des textes traitant d'un même thème mais à des degrés de spécialisation différents (coordonnée verticale), il est possible de quantifier plus objectivement un degré de difficulté.

D'une part, ni la fréquence des termes (rapport du nombre de termes au total des mots employés), ni la longueur des phrases, ni la complexité syntactique ne varient de façon significative, si nous passons d'un degré de spécialisation à un autre. D'autre part, un paramètre mesurable, la "densité d'information", augmente fortement en fonction du degré de spécialisation (Quisthoudt 1983, 49). C'est l'absence de redondances, la compression de l'information en un minimum de mots qui rend le texte inintelligible au non-initié. Les lecteurs potentiels spécialistes des questions traitées, n'ont que faire d'explications, de mises au point qui leur seraient superflues.

1.2 Les difficultés d'expression

Si nous ne tenons pas compte de la syntaxe, dont il n'est pas prouvé qu'elle soit plus complexe ou fortement différente de celle des textes dits généraux, les difficultés linguistiques se réduisent à des difficultés lexicales (Vigner/Martin 1976, 44).

C'est un axiome bien connu, que le trait le plus marquant de la langue de spécialité est sa terminologie spécifique. Tout traducteur chevronné est bien placé pour savoir que chaque spécialité a son langage propre, qui s'exprime par sa terminologie particulière.

Or, une analyse de l'emploi du vocabulaire dans différents groupes de textes techniques révèle une fréquence de termes de 10 % à 12 % au maximum, ce qui signifie que 90 % environ des mots utilisés proviennent du vocabulaire général.

En outre, que seule la fréquence des termes techniques détermine la difficulté d'une traduction, a été postulé, mais également réfuté. En effet, un grand nombre de termes possèdent une équivalence claire et unique dans la langue cible. Qui doute de la traduction de "Atom" ou de "Kraft" dans un contexte de physique nucléaire ou de mécanique?

Parmi les termes dont l'équivalence n'est pas aussi claire, les degrés de difficulté sont très différents; il peut s'agir du problème assez simple de quasi-synonymie (rayonnement – émission – radiation dans le domaine de la radioactivité – tous trois sont des traductions possibles de l'allemand "Strahlung") ou du problème très complexe d'un néologisme spécialisé et incompréhensible ("ortsempfindlicher Oberflächendetektor" – dans le domaine de la physique nucléaire), dont l'équivalence n'existe pas encore.

C'est une lapalissade que de dire que les mots font partie d'un contexte. Malheureusement pour le traducteur technique, il n'est pas toujours facile de distinguer l'emploi spécifique d'un terme dans le contexte d'une spécialité. Je cite comme exemple: "Die Anschluβstelle für den Schutzleiter ...", extrait d'un certificat d'essai délivré en Allemagne. Un dictionnaire spécialisé dans l'électrotechnique propose pour "Schutzleiter" deux équivalences: "fil de garde" et "conducteur de protection". J'ai spontanément retenu la première, sans vraiment y réfléchir. Ce fut une erreur. En effet, "fil de garde" est employé en électricité, une spécialité de la physique mais non en électrotechnique, qui relève des sciences appliquées.

Notons au passage qu'un autre dictionnaire technique mentionne[2]:

```
Schutz-
≈leiter m,SL/terre f||≈leiter für Nullung
(Elektr)/fil m pilote, fil m de protection||
```

Plus difficiles à traduire que la plupart des termes sont les "mots d'accompagnement" qui relient les notions dénommées et en expliquent les relations.

Ces mots relèvent du vocabulaire général mais forment avec les termes proprement dits des expressions consacrées très souvent différentes d'une langue à l'autre. Ils constituent la phraséologie particulière de la langue de spécialité, à laquelle la contribution de M. Picht est consacrée.

Je cite quelques exemples:

- "Die Kraft greift an" ‹---› "la force est appliquée".
  "angreifen" se trouve dans un dictionnaire technique; avec
  la précision "Kraft", on lit l'équivalence "être
  appliquée".

- Mais la traduction de "... fällt als Wärme an" ‹---› "est
  dissipé sous forme de chaleur" n'est pas évidente à
  première vue. Le même dictionnaire technique ne mentionne
  pas "anfallen" mais seulement "Anfall (Erzeugung):
  production, procréation", mots qui sous leur forme
  verbale "produire, procréer" ne conviennent pas au
  contexte de la thermodynamique appliquée.

La distinction entre les deux types de difficultés, thématiques et linguistiques, comme je l'ai faite un peu arbitrairement ici, ne prend pas assez en considération la complexité du processus de traduction. Elle est justifiée si on la considère comme la prémisse d'une classification et d'une évaluation des auxiliaires dont se sert le traducteur.

1.3 Traduction et communication

Le traducteur technique doit surmonter un problème de communicabilité, il est, à la charnière entre les deux extrémités de la chaîne de communication, celui qui signale et celui qui reçoit. Le récepteur acceptera le message s'il possède les connaissances requises (condition subjective) et si l'énoncé de ce message est compréhensible (condition objective). Il ne faut pas oublier que si les textes hautement spécialisés s'adressent à un groupe de lecteurs homogène, qui exige principalement d'être informé et s'attend plus ou moins inconsciemment à un certain type de style et de terminologie, ceci n'est plus le cas pour les textes vulgarisés. Ces textes "grand public" comprennent toute la gamme entre l'information pure (fonction de représentation, donc énoncé objectif) et la publicité pure (fonction d'appel, donc énoncé fortement subjectif) (Reiß 1983, 11).

Actuellement, technicité et publicité ne s'excluent plus: il suffit pour s'en convaincre de jeter un coup d'oeil sur les prospectus des fabricants d'automobiles par exemple qui comprennent plusieurs pages d'explications techniques détaillées. Le traducteur – tout comme l'auteur – qui s'adresse au "grand public", vise un mythique M. Toutlemonde, formé par la moyenne des intelligences et des goûts.

Il n'est pas nécessaire, pour bien traduire des textes techniques, que le traducteur devienne un ingénieur. Répétons ce que Mme Lederer a dit très justement:

> On peut, sans être mécanicien, saisir le fonctionnement d'un moteur; cela ne signifie pas pour autant que l'on serait en mesure de le réparer en cas de panne; un journaliste peut faire comprendre à ses lecteurs, sans être chirurgien, comment s'effectue une greffe du coeur (...) un abîme sépare les connaissances qui permettent de comprendre de celles qui permettent d'agir ou même de juger (Lederer 1981, 380).

En résumé, il faut donc que le traducteur comprenne le texte source, le situe dans le contexte de la spécialité, cherche les équivalences terminologiques et les intègre dans une phraséologie adéquate.

2. Les auxiliaires du traducteur technique

Les auxiliaires du traducteur technique et les sources qu'il peut consulter sont multiples et variés. Ils répondent chacun à un besoin d'information spécifique, que ce soit la compréhension du texte-source ou sa transposition en texte-cible.

Malheureusement, le traducteur travaille souvent contre la montre et n'a que guère le temps de s'informer amplement.

En gros, on peut classer les auxiliaires en deux grands groupes:
- auxiliaires à la terminologie
- auxiliaires au thème, à la compréhension.

Le tableau suivant donne un aperçu des difficultés que chacun d'eux aide à surmonter.

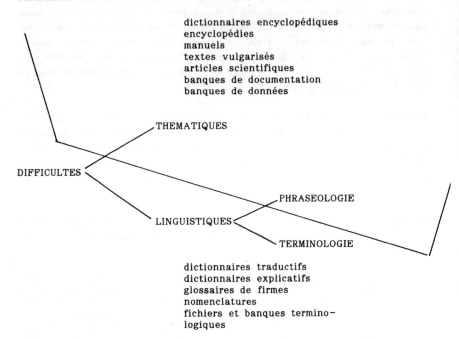

dictionnaires encyclopédiques
encyclopédies
manuels
textes vulgarisés
articles scientifiques
banques de documentation
banques de données

THEMATIQUES

DIFFICULTES

PHRASEOLOGIE

LINGUISTIQUES

TERMINOLOGIE

dictionnaires traductifs
dictionnaires explicatifs
glossaires de firmes
nomenclatures
fichiers et banques terminologiques

2.1 Les auxiliaires à la terminologie

Dans le cas le plus simple, la firme fournit au traducteur en même temps que le texte à traduire un glossaire qui comprend la traduction des termes utilisés.

L'emploi de certains termes, de certaines expressions varie en effet d'une firme à l'autre. Le client étant roi, le traducteur sera bien avisé d'accepter le glossaire et de formuler prudemment ses critiques, si besoin en est.

Citons encore un exemple tiré du même certificat d'essai que mentionné plus haut. On y rencontre "Folie, die eine Spannungsprüfung von 20 N bestehen muß". Le client voulait pour "Folie" simplement "feuille", ce qui ne me semble pas une équivalence correcte vu l'intensité de la force que cette feuille doit supporter. Mais il est clair que le traducteur lui a donné raison.

Les sources les plus souvent consultées sont très certainement les dictionnaires de traduction, plus ou moins spécialisés. Cela dépasserait tout à fait le cadre de cette contribution que d'en faire une analyse détaillée. Notons seulement en gros que l'exactitude et la fiabilité d'un dictionnaire sont inversement proportionnelles au nombre de domaines et de langues traités. En clair: plus le domaine est spécialisé et moins il y a de langues (dans le meilleur cas: deux seulement), meilleur est le dictionnaire. Cette règle possède certainement plus d'une exception pour la confirmer.

Une saine méfiance à l'égard des informations proposées par les dictionnaires bi- ou multilingues s'impose. C'est ainsi qu'un dictionnaire technique renommé propose pour Umwandlung[2]:

Umwandlung f/transformation f||≈/
changement m d'état||≈(Chem,Nukl,Hütt)/
transformation f||≈,Umsatz m(Chem)/conversion f
||≈,Übergang m(Chem)/transition f||
|≈**von Energie**/
conversion f de l'énergie||**[radioaktive]**≈/
désintégration f[radioactive]||

Même un traducteur expérimenté doit rester sur ses gardes, la seule équivalence possible étant "conversion" pour "bei Radioaktivität und Kernumwandlung...".

Il s'impose souvent une recherche supplémentaire pour vérifier la définition exacte et l'emploi de l'équivalence dans un dictionnaire explicatif.

Lfd.Nr.: 16

Ben.: Lösungsmittel (n)
Qu. : DIN 16920 (1981:2)
Def.: Flüssigkeit, die die Grund-
stoffe und übrigen löslichen
Klebstoffbestandteile ohne
chemische Veränderung löst
(DIN 16920 1981:2)

Syn.: Lösemittel (n; DIN 16920
1981:2)

Ben.: solvant (m)
Qu. : NF-T-76001 (1981:12)
Def.: constituant liquide, simple
ou composé, volatil dans
les conditions normales de
séchage, ayant la propriété
de dissoudre totalement ou
partiellement les éléments
de l'adhésif (NF-T-76001
1981:12)

Anm.: Le terme solvant est souvent
employé, dans un sens limita-
tif, pour désigner les sol-
vants organiques (NF-T-76001
1981:12).

258

lfd.Nr.: 17

Ben.: Dispersionsmittel (n)
Qu. : DIN 16920 (1981:2)
Def.: Flüssigkeit, in der die
      Grundstoffe und die übri-
      gen Klebstoffbestandteile
      dispergierbar sind
      (DIN 16920 1981:2)

Ben.: dispersant (m)
Qu. : VERNERET et al. (1977:163)

lfd.Nr.: 18

Ben.: FLEXIBILISIERER (m)

Anm.: Aus der Beschreibung der
      Aufgaben von Hilfsstoffen
      bei MICHEL (1969a:96; siehe
      Kontext zu "Hilfsstoff")
      geht hervor, daß es Hilfs-
      stoffe zur Flexibilisierung
      gibt.

Ben.: flexibilisant (m)
Qu. : COGNARD u. PARDOS (1981:41)
Anm.: siehe dazu Kontext zu
      "plastifiant"

L'auxiliaire le plus personnel du traducteur, son outil particulier, est son propre fichier terminologique. Plusieurs conférences de terminologie ont servi à mettre au point un certain nombre de critères auxquels les fiches terminologiques doivent répondre pour satisfaire aux conditions de précision et de fiabilité.

Voici trois exemples de fiches terminologiques (Althoff 1986, 126 – 127). Elles proposent outre l'équivalence dans une langue cible, plusieurs paramètres qui caractérisent le terme.

Dans les grands bureaux de traduction, le fichier manuel est devenu une banque terminologique formée sur le même principe. Un congrès en novembre dernier à Cologne a traité de la conception et de l'harmonisation des fichiers terminologiques. Les discussions n'ont pas encore abouti à des principes généralement acceptés.[1]

Il semble donc que la terminologie, bien qu'elle soit déjà une discipline acceptée de la linguistique, n'est pas encore parvenue à uniformiser la représentation de ses données.

Jusqu'ici, les clés d'accès sont les "mots", unités lexicales pour lesquelles les sources consultées fournissent une ou plusieurs équivalences, plus ou moins valables. Très souvent, l'entrée est de forme alphanumérique, un mot-source accompagné d'un code de plusieurs chiffres pour la classification.

Pour l'instant, il n'existe pas encore de système universellement adopté qui permette de classer les termes par domaines et sous-domaines.

D'un point de vue strictement informatique, on peut discuter de deux options:
- un fichier terminologique différent pour chaque langue, comprenant toutes les caractéristiques du terme et les remarques annexes

- un fichier terminologique global qui comprend pour chaque entrée toutes les données connues à son sujet successivement en plusieurs langues.

Les deux systèmes ont leurs avantages et inconvénients mais ni au niveau national (du moins en Allemagne) et certainement pas au niveau international il n'existe un accord ou des directives qui permettraient l'informatisation uniforme des données terminologiques.

2.2 Les auxiliaires à la compréhension

Les auxiliaires à la compréhension répondent d'abord à la question qui résume les difficultés thématiques du traducteur: "Que dit l'auteur?" En outre, s'il consulte des textes originaux écrits dans la langue-cible, le traducteur s'informe également de la langue de spécialité, du style et de la terminologie des spécialistes, auteurs du texte.

Selon son niveau de connaissances et le degré de spécialité du texte à traduire, le traducteur aura intérêt à consulter une encyclopédie, un dictionnaire encyclopédique, des textes vulgarisés ou même des articles scientifiques. S'il en a le temps et la possibilité, il fera ces recherches aussi bien dans la langue-source que dans la langue-cible.

Pour peu que les textes consultés aient des "marqueurs", les indices définitoires dont vient de parler M. Lachaud, notre traducteur, en même temps qu'il acquiert les notions nécessaires à la compréhension du texte d'origine, trouvera des équivalences terminologiques, mais également – et c'est à mon avis au moins tout aussi important – les expressions, les locutions, toute la phraséologie qui accompagnent habituellement les termes de la spécialité. Les sources actuelles ne se limitent plus aux livres, l'appareil informatique aide également le traducteur.

Les banques de documentation le renseignent sur les textes parus traitant d'un sujet déterminé, et les banques de données lui communiquent l'état, les explications, les faits actuels du savoir d'une spécialité.

Les clés d'accès aux auxiliaires à la compréhension sont les notions, exprimées par les "descripteurs", mots qui indiquent le ou les domaines dont relèvent les sujets traités par les documents ou données.

Il existe ici une classification de descripteurs beaucoup plus détaillée et plus utilisée que celle de la terminologie. Développée à l'origine pour faciliter les recherches de littérature et le rangement des documents dans les bibliothèques, elle établit une hiérarchie allant du général au particulier, donc du moins spécialisé au plus spécialisé. En d'autres termes, plus la demande est précise, plus exacte et donc mieux utilisable sera l'information obtenue.

Vous remarquez ici la contradiction: pour obtenir des réponses satisfaisantes, il faut poser des questions en connaissance de cause, et c'est justement cette connaissance qui manque en général au traducteur moyen.

2.3 Evaluation

Il ressort clairement de cet aperçu que les auxiliaires à la compréhension sont les plus utiles et qu'ils fournissent les éléments les plus significatifs pour aider à la décision du traducteur.

Mais tout aussi clairement, nous savons tous par expérience qu'une recherche documentaire est fastidieuse, fait perdre trop de temps et, avec un peu de malchance, ne mène pas au résultat désiré.

Les dictionnaires de traduction, surtout ceux qui couvrent les domaines de pointe, sont parfois périmés dès leur parution. Pour s'assurer d'une équivalence, une recherche contradictoire dans un dictionnaire explicatif s'impose souvent.

Que dire des fichiers terminologiques? En tant qu'outil personnel d'un traducteur particulier, ils sont certainement valables. Mais deux obstacles s'opposent à leur diffusion:

– Le premier est économique. Un bon fichier terminologique
concernant un thème particulier lie le client au bureau de
traductions. Diffuser son savoir terminologique, même si
on le vend ou l'échange, risque souvent de se retourner
contre soi-même. C'est ce qui a été montré clairement par

le groupe de travail "échange et coopération" du congrès
de Cologne.

- Le deuxième est terminologique. Comme vous l'avez
constaté, ces fiches, cartes d'identité du terme,
proposent des définitions, des dénominations accompagnées
parfois d'une remarque. Un traducteur expérimenté sait
juger de l'équivalence de deux définitions complètes. Mais
que fait-il, mis en présence d'un terme à définition
partielle ou pas défini du tout dans le texte-source? Il
lui faudra chercher des indices définitoires dans d'autres
textes ou se référer aveuglément au fichier et accepter
que le terme en question ne possède qu'une seule
définition et une équivalence. Et ceci, vous le savez
tous, n'est pas toujours le cas.

Les manuels et livres ou textes vulgarisés sont de qualité très inégale. Ils
valent ce que valent les facultés de communication de leurs auteurs. Les
meilleurs, à mon avis, et n'en déplaise à tous les Européens présents, sont
encore les manuels et textes américains, malheureusement souvent très mal
traduits.

Les banques de données ou de documentation - si grands que soient les
services rendus dans le domaine de l'information spécialisée - ne sont pas
conçues pour être accessibles au grand public, ni même à un public de
"demi-initiés", ce que j'ai déjà indiqué par la contradiction entre le type de
questions que poserait un traducteur et le type de réponses qu'il
obtiendrait.

Nous remarquons que, loin de l'inflation de l'information dont parlent
toujours certaines Cassandres, cette information reste cachée dans sa tour
d'ivoire et préfère ne se montrer qu'à un cercle fermé.

3. Conclusion - perspectives d'avenir

Le besoin d'information technique des traducteurs est partagé par un grand
nombre d'autres personnes: journalistes scientifiques, attachés de presse,
voire même politiciens ... ou mères attentives au développement de leurs
enfants dans notre monde technisé. A priori, deux types de réponses
semblent se présenter:

- au niveau de la terminologie, augmenter le volume du

contexte qui accompagne les entrées, voire même expliquer les notions dénommées au lieu de s'en tenir à la dénomination

– au niveau de l'information scientifique et/ou technique, permettre un accès qui retournerait du particulier au général et englober dans les banques de données l'information non-spécialisée, éventuellement sous une classe propre.

Les solutions esquissées nécessitent avant leur réalisation une réflexion théorique sur la communication scientifique, réflexion qui pour une fois mettrait l'accent sur le message communiqué et sa compréhensibilité, et non sur les facteurs sociologiques qui l'accompagnent.

Cette réflexion aboutirait à des "algorithmes de l'information", des "algorithmes informatiques" dans les deux sens du mot.

Si je reviens à ma thèse première que la traduction scientifique et/ou technique est nécessairement précédée de la compréhension, c'est au niveau de la diffusion du savoir qu'il faut faire des efforts.

Les difficultés rencontrées par les traducteurs techniques à la recherche de l'information exprimée par les termes ne représentent qu'une facette du profond problème de l'incommunicabilité entre spécialistes et non-spécialistes.

Notes et références bibliographiques

(1) Erster Deutscher Terminologie-Tag Köln, 27.–28. November 1986 – organisé par: Bundesverband der Dolmetscher und Übersetzer e.V. (BDÜ).
(2) Ernst, R. (1979), Wörterbuch der industriellen Technik, Deutsch-Französisch, Wiesbaden: Brandstetter

Althoff, B. (1986), Das Fügeverfahren Kleben: Grundlagen, Klebstoffe und Ausführungen von Klebverbindungen – Eine terminologische Untersuchung (Deutsch und Französisch), Hildesheim: Hochschule Hildesheim
Hoffmann, L. (1984), Kommunikationsmittel Fachsprache. Eine Einführung, Berlin: Akademie Verlag
Lederer, M. (1981), La traduction simultanée, fondements théoriques, Paris: Editions Minard
Quisthoudt-Rowohl, G. (1983), "Die Ermittlung des Schwierig-keitsgrades von Übersetzungen, dargestellt am Beispiel naturwissenschaftlich-technischer Fachtexte", dans: Bulletin der Internationalen Vereinigung Sprachen und

Wirtschaft, Université de l'Etat, Mons, pp. 49-71

Reiß, K. (^{2}1983), Texttyp und Übersetzungsmethode. Der operative Text, Heidelberg: Scriptor

Vigner, G./Martin, A. (1976), Le français technique, Paris: Librairies Hachette et Larousse

Textlinguistische Probleme der maschinellen Übersetzung

Christa Hauenschild (Technische Universität Berlin)

0. Zusammenfassung

Der folgende Beitrag soll sich mit den Problemen beschäftigen, die sich für ein maschinelles Übersetzungssystem (zusätzlich) ergeben, wenn es über die Analyse und Generierung von Einzelsätzen hinausgeht. (Die Beschränkung auf Einzelsatz-Übersetzung ist zur Zeit für alle anwendbaren und für viele der in der Entwicklung befindlichen Systeme charakteristisch.) Wenn das Ideal der "fully automatic high quality translation" aber überhaupt ein sinnvolles Ziel ist, dann muß zur Übersetzung von ganzen Texten übergegangen werden. Nur so können sich u.E. auch interessante Aspekte für eine allgemeine Übersetzungstheorie aus den Bestrebungen zur maschinellen Übersetzung (MÜ) ergeben (s. Abschnitt 1).

Ausgehend von einem Drei-Phasen-Modell der (maschinellen) Übersetzung, das aus Analyse, Transfer und Synthese besteht (Abschnitt 2), werden typische Beispiele für textlinguistische Probleme der MÜ diskutiert: die Analyse und Synthese von anaphorischen Bezügen, die über die Satzgrenze hinausgehen, sowie ein Problem des lexikalischen Transfers. Es geht dabei um die Auflösung bzw. Vermeidung von Mehrdeutigkeiten, was nur unter expliziter Bezugnahme auf den sprachlichen und außersprachlichen Kontext möglich ist. Dazu werden die charakteristischen Kohärenz-Eigenschaften von Texten ausgenutzt (Abschnitt 3).

Auf der Grundlage dieser exemplarischen Problemfälle werden Anforderungen an ein Modell der MÜ formuliert, die (minimale) Voraussetzungen für die Bewältigung der genannten Schwierigkeiten sind. Es handelt sich in erster Linie um die explizite Darstellung von Textbezügen sowie von sprachlichem und außersprachlichem Hintergrundwissen (Abschnitt 4). Anschließend wird das Modell der MÜ vorgestellt, das im Projekt KIT/NASEV[1] entwickelt wurde; es sieht für die verschiedenen erforderlichen Informationstypen verschiedene Repräsentations- und Transfer-Ebenen vor (Abschnitt 5). Den Abschluß des Beitrages bildet eine kurze Erörterung des Nutzens, der sich möglicherweise aus der Betrachtung von MÜ-Modellen für eine allgemeine Übersetzungstheorie ziehen läßt (Abschnitt 6).

1. Maschinelle Übersetzung von ganzen Texten – ein Grundlagenproblem

Die folgenden Ausführungen sind nur dann interessant, wenn man die MÜ von ganzen Texten überhaupt für ein (wenn schon nicht praktisch, so doch wenigstens theoretisch) sinnvolles Ziel hält. Derzeit beschränken sich die kurz- oder mittelfristig auf tatsächliche Anwendung angelegten Übersetzungssysteme aus gutem Grund auf die Analyse und Generierung von Einzelsätzen; denn die Lösung der Probleme, die sich für ein MÜ-System zusätzlich ergeben, wenn es sich auch noch mit den typischen Kohärenz-Eigenschaften von Texten auseinandersetzen soll, ist zur Zeit kaum in Sicht.

Wenn man sich jedoch – wie die Autorin dieses Beitrages – für die MÜ auch oder sogar vorrangig im Sinne eines faszinierenden Grundlagenproblems interessiert, dann ist es durchaus vernünftig, über den Tellerrand des kurz- und mittelfristig Machbaren hinauszublicken und sich der Problematik der "fully automatic high quality translation"[2] zuzuwenden. Nur so kann nämlich die Grenze zwischen dem, was an Sprachverwendung systematisch beschreibbar ist, und dem, was einer solchen Beschreibung aus prinzipiellen Gründen entzogen bleibt, genauer abgesteckt werden. Es ist u.E. eine typische Eigenschaft von Computer-Modellen intelligenten Verhaltens, wie sie in der Künstlichen Intelligenz (KI) angestrebt werden (und die Übersetzung von natürlichsprachlichen Texten erfordert bekanntlich ein hohes Maß an Intelligenz!), daß sich die Grenze des Modellierbaren nicht a priori festlegen läßt. Vielmehr kann sie bestenfalls durch geduldige und sorgfältige Analyse der zugrundeliegenden kognitiven Vorgänge approximiert werden (beides haben Computer-Modelle im Grunde mit expliziten Theorien gemeinsam). Das bedeutet insbesondere, daß auch zunächst trivial erscheinende Teilkomponenten dieser Vorgänge mit berücksichtigt werden.

Nur unter solchen Voraussetzungen können Projekte zur MÜ u.E. auch zur Fortentwicklung der Übersetzungstheorie, d.h. zum besseren (präziseren) Verständnis des Übersetzungs-Prozesses, beitragen, ohne daß damit eine naive Gleichsetzung von menschlichen und maschinellen Strategien impliziert ist.

Seit einiger Zeit sind nun die Bestrebungen, MÜ-Systeme auf ganze Texte anzusetzen, nicht mehr ganz so utopisch, wie es zunächst erscheinen mag.

Mit der Möglichkeit, Methoden der KI auch in der MÜ anzuwenden, d.h. insbesondere Schlußfolgerungen über verschiedene Typen von komplexer Information zu simulieren und Heuristiken zu benutzen, die je nach Verfügbarkeit von Rechenzeit und Speicherplatz zu verschieden gut gestützten

Hypothesen kommen können[3], ergeben sich ganz neue Möglichkeiten der Verarbeitung ganzer Texte (vgl. den Hinweis auf die "KI-Neuorientierung der MÜ" in Bátori 1986).

Damit erscheint es nun prinzipiell möglich, die für die Übersetzung vollständiger Texte konstitutiven Text- und Kontextbezüge zumindest begrenzt verfügbar zu machen. Die hiermit verbundene Explizierung des Zusammenwirkens von sprachlichem und nichtsprachlichem Wissen bei der Verarbeitung von Texten könnte längerfristig manches neue Licht auf die Theorie der sprachlichen Kommunikation im allgemeinen und der Übersetzung im besonderen werfen. (Wir verstehen Übersetzung als einen besonders komplizierten und daher besonders interessanten Spezialfall von sprachlicher Kommunikation.)

2. Das Drei-Phasen-Modell der (maschinellen) Übersetzung

Für unsere weiteren Überlegungen gehen wir von einem Drei-Phasen-Modell der MÜ aus, das aus Analyse, Transfer und Synthese besteht. Entsprechende Modellvorstellungen sind auch aus der allgemeinen Übersetzungstheorie geläufig (vgl. in Koller 1979 den Abschnitt 5.3. "Modellhafte Darstellungen des Übersetzungsprozesses").

Im Bereich der MÜ gibt es eine lange Diskussion darüber, ob das Transfer-Modell dem Interlingua-Modell vorzuziehen sei oder umgekehrt. Für beide Ansichten können gute Argumente ins Feld geführt werden (vgl. etwa Tsujii 1986), allerdings sind die meisten Ansätze zu Interlingua-Modellen bisher an der Unmöglichkeit gescheitert, eine befriedigende universelle Bedeutungsrepräsentation als Interlingua anzugeben. (Die Interlingua ist in der Praxis bestenfalls so "universell", wie es die beteiligten Ausgangs- und Zielsprachen verlangen.)

Bei der Diskussion über Interlingua- vs. Transfer-Modell wird auch gelegentlich übersehen, daß mit der grundsätzlichen Entscheidung für ein Transfer-Modell noch nichts über die vorausgesetzte "Tiefe des Verstehens" ausgesagt ist. Das folgende Schaubild soll verdeutlichen, wie sich die verschiedenen möglichen Modelle des Übersetzungsprozesses in der MÜ zueinander verhalten.

Abb. 1: Systematik einiger Modelle des Übersetzungspro-
        zesses in der MÜ

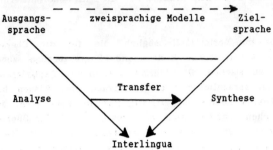

Das Schaubild soll anschaulich machen, daß rein zweisprachige (d.h. ein-
phasige, auf eine einzige Übersetzungsrichtung festgelegte) MÜ-Modelle
einerseits und Interlingua-Modelle (die im Prinzip von bestimmten Ausgangs-
und Zielsprachen unabhängig sein sollen) andererseits als Extrempunkte auf
einer ganzen Skala von möglichen Transfer-Modellen aufgefaßt werden
können. Dabei ist es durchaus denkbar, daß man innerhalb eines Systems je
nach der Komplexität des gerade zu lösenden Problems unterschiedlich "tief"
analysiert.

Darüber hinaus sind auch Misch-Modelle möglich, die mit einer teils
einzelsprach-spezifischen, teils "universellen" Bedeutungsrepräsentation
arbeiten. Das Konzept einer solchen Quasi-Interlingua wurde z.B. im MÜ-
Projekt SALAT (s. Hauenschild et al. 1979) verfolgt; ein entsprechender
Ansatz ist auch für EUROTRA vorgesehen, wo man sich aus praktischen und
organisatorischen Gründen prinzipiell für ein Transfer-Modell entschieden
hat, wobei die für die Transfer-Ebene vorgesehenen "Interface-Strukturen"
auch "euroversale" Bestandteile haben sollen (etwa bzgl. Zeit und Modalität,
vgl. Johnson et al. 1985). Allein schon diese wenigen EG-weiten Anteile der
Interface-Strukturen dürften einen komplizierten Einigungsprozeß erfordern
(Kommentar eines Insiders: "Agrarpolitik auf Linguistisch").

3. Beispiele für textlinguistische Probleme der MÜ

In diesem Abschnitt sollen Übersetzungsprobleme behandelt werden, die sich
bei der maschinellen Verarbeitung ganzer Texte typischerweise daraus ergeben, daß deren charakteristische Kohärenz-Eigenschaften gewahrt (d.h. in
unserem Modell analysiert, transferiert und generiert) werden müssen. Wir
werden je einen exemplarischen Fall eines Analyse-, eines Transfer- und
eines Synthese- (bzw. Generierungs-)Problems erörtern.

Es ist u.E. gerechtfertigt, hier von "textlinguistischen" Problemen zu sprechen, weil sowohl die folgenden Problembeschreibungen als auch die vorgeschlagenen (genauer: angedeuteten) Problemlösungen wesentlich auf einer Definition von "Text" beruhen, wie sie aus der Textlinguistik bekannt ist, nämlich mit Bezugnahme auf den Begriff der Kohärenz. Eine besonders wichtige Rolle spielen hier die anaphorischen Bezüge, die z.b. nach Harweg (1968) das eigentliche Kriterium für das Vorliegen eines Textes darstellen.

3.1 Ein Analyse-Problem

Anaphorische Bezüge sind für die maschinelle Verarbeitung natürlich-sprachlicher Texte deshalb so problematisch, weil die Beziehung zwischen Antezedens und Anapher (oder – in Harwegscher Terminologie – zwischen Substituendum und Substituens) explizit gemacht werden muß, um gewisse weitere Schlußfolgerungen aus dem Textinhalt zu ermöglichen. Es ist sicher kein Zufall, daß viele Vorschläge für eine (mehr oder weniger) formale Repräsentation ganzer Texte von der Darstellung der anaphorischen Verhältnisse ausgehen.[4] In der Linguistik ist bisher bestenfalls das "anaphorische Potential" (Pinkal (1986) über die Diskursrepräsentationstheorie von Kamp (1984)) bestimmter sprachlicher Ausdrücke in bestimmten strukturellen Kontexten beschrieben worden. Aussagen darüber, wie etwa ein Rezipient die Auswahl zwischen den verschiedenen Interpretationsmöglichkeiten trifft, findet man dagegen eher in der KI-Literatur. (Ein Überblick über verschiedene Vorschläge zur "Anaphernresolution" findet sich z.B. in Hirst 1981.)

Während nun ein Linguist mit einer gewissen Berechtigung sagen kann, daß das Problem der tatsächlichen Auswahl unter mehreren möglichen Antezedenten in einem Text nicht in sein Fachgebiet fällt, ist eine solche Haltung u.E. nicht sinnvoll, wenn es darum geht, die Übersetzung von Texten zu modellieren. Das gilt zumindest dann, wenn dabei ein Standard an Explizitheit und Präzision eingehalten werden soll, der eine maschinelle Simulation nicht von vornherein ausschließt.

Das folgende Beispiel zeigt, daß das Problem sogar schon bei der Übersetzung einzelner Sätze auftreten kann:

(1) La Commission communique au Parlement que son droit budgétaire se termine là où les ressources financières s'épuisent.

(2) Die Kommission teilt dem Parlament mit, daß ihr/sein Budgetrecht da endet, wo die Finanzquellen erschöpft sind.

Bei der Übersetzung von (1) ins Deutsche kann die lokale Mehrdeutigkeit der Referenz von son nicht mit einem ebenso mehrdeutigen Ausdruck wiedergegeben werden, sondern es muß eine Entscheidung für eine der beiden möglichen Lösungen getroffen werden. Das Problem – auch für einen menschlichen Übersetzer – besteht darin, daß (1) tatsächlich mehrdeutig ist, wenn man nicht davon ausgeht, daß das Budgetrecht ein konstitutives Merkmal von Parlamenten ist und daher sinnvollerweise nur dem Parlament zukommen kann (was allerdings für das in (1) angesprochene EG-Parlament nur in sehr begrenztem Ausmaß zutrifft).

Aus einer relativ umfangreichen Untersuchung zu den Bedingungen der pronominalen Referenz im Französischen und Deutschen, die im Rahmen des Projektes Con[3]Tra durchgeführt wurde[5], konnten u.a. folgende Faktoren isoliert werden, die für die Interpretation des fraglichen Possessivpronomens son relevant sind:

- Subjekt-Funktion des potentiellen Antezedens
- relative Nähe zwischen Pronomen und potentiellem Antezedens
- Thematizität des potentiellen Antezedens
- Weltwissen (welche Eigenschaften kommen typischerweise welchen Objekten zu)

Wenn man zunächst die sprachlich-strukturellen Kriterien anwendet, ergeben sich im vorliegenden Beispielfall widersprüchliche bzw. unklare Resultate:

- das Kriterium der Subjekt-Funktion spricht für Commission als Antezedens
- das Kriterium der relativen Nähe spricht für Parlement als Antezedens
- das Kriterium der Thematizität kann im Grunde nicht auf Einzelsätze angewandt werden; denn es muß hier als Textthematizität interpretiert werden, wenn es zur Auflösung des anaphorischen Bezuges beitragen soll (vgl. Hauenschild 1985): man kann dem Einzelsatz (1) nicht ansehen, welcher der beiden Antezedens-Kandidaten thematischer ist (d.h. etwa im vorangehenden Text schon häufiger erwähnt ist – aufgrund der verschiedenen Kriterien der Textthematizität könnte auch ein außerhalb des Satzes liegendes Antezedens ins Spiel kommen)

Im vorliegenden Fall muß also tatsächlich der Bezug zum sprachlichen und vermutlich auch zum außersprachlichen Kontext hergestellt werden, um die wahrscheinlichste Interpretation feststellen zu können. (Wir gehen hier immer von kooperativen Sender-Strategien aus – absichtlich mehrdeutige Texte sind ja bekanntlich in vielen Fällen überhaupt nicht übersetzbar, wenn man nicht einen extrem weiten Begriff von Übersetzung annimmt, was wiederum für eine maschinelle Simulation kaum sinnvoll sein dürfte.)

In anderen Fällen liegen die Verhältnisse günstiger, d.h. die fragliche lokale Mehrdeutigkeit ist auch mit (relativ) lokalen Mitteln aufzulösen. Wenn wir etwa (1) ein wenig variieren:

(1') Le Parlement est informé par la Commission que son droit budgétaire ...

dann wäre die Evidenz für Parlement als Antezedens zumindest verstärkt, weil die markierte Positionierung in Subjekt-Funktion durch die Passivierung einen ziemlich starken (wenn auch wieder nicht eindeutigen) Hinweis auf Thematisierung gäbe. Nebenbei bemerkt: das Kriterium der relativen Nähe zwischen Antezedens und Pronomen muß mit wesentlich mehr Vorsicht angewandt werden, als wir es oben zunächst getan haben – es hat jedenfalls ein geringeres Gewicht als andere Faktoren.

3.2 Ein Synthese-Problem

Man könnte nun vermuten, daß die Problematik der anaphorischen Bezüge für die Synthese des zielsprachlichen Textes keine Rolle spielt, wenn man davon ausgeht, daß die Analyse in dieser Hinsicht zu eindeutigen Resultaten geführt hat. Das folgende Beispiel, das aus Stachowitz (1973, 51f.) stammt, macht deutlich, daß die Sache nicht ganz so einfach ist:

(3) Diese Maschine hat einen Atommotor. Gestern ist eines ihrer/seiner Räder zerbrochen. Wir werden sie/ihn/es zurückschicken und Ersatz verlangen.

Die verschiedenen angedeuteten Varianten des deutschen Textes haben deutlich unterschiedliche Bedeutungen, die jede für sich sinnvoll ist; sie führen aber alle zu derselben Übersetzung ins Englische, wenn man bei der Verwendung anaphorischer Pronomina nicht Vorsicht walten läßt:

(4) This machine has a nuclear engine. Yesterday one of its wheels broke. We will send it back and demand a replacement.

Jede der deutschen Ausgangstext-Varianten ist in sich eindeutig, der englische Zieltext ist es nicht (ob ein Rezipient ggf. die Eindeutigkeit herstellen könnte, ist zumindest fraglich, weil alle Interpretationen möglich sind). Die Entstehung von Mehrdeutigkeiten muß also bei der Herstellung des Zieltextes kontrolliert werden. (Das wird übrigens auch von menschlichen Übersetzern und überhaupt von Textproduzenten gelegentlich übersehen.) Im vorliegenden Fall bedeutet das, daß die anaphorische Referenz in (4) vereindeutigt werden muß, indem die mehrdeutigen Pronomina durch eindeutige Nomina ersetzt werden:

(4') This machine has a nuclear engine. Yesterday one of the machine's/engine's wheels broke. We will send the machine/engine/wheel back and demand a replacement.

Es kann davon ausgegangen werden, daß die Vorwegnahme der Interpretationsprozesse des Rezipienten, die für eine eindeutige Textproduktion notwendig ist, dieselben Faktoren zu berücksichtigen hat, wie sie für diese Prozesse selbst relevant sind, also insbesondere Textbezug und Hintergrundwissen.

3.3 Ein Transfer-Problem

Als typisches Transfer-Problem der MÜ haben wir ein Beispiel für schwierigen lexikalischen Transfer ausgewählt. Dabei wird sich allerdings zeigen, daß anaphorische Bezüge und deren Interpretation auch hier wieder mit hineinspielen.

Angenommen, wir wollten den folgenden kleinen Text ins Englische übersetzen:

(5) Adam stieg in sein Auto. Er fuhr nach Hause.

Für die Übersetzung des Verbs fahren im zweiten Satz stehen enorm viele grundsätzlich mögliche Äquivalente zur Verfügung; wir beschränken uns in der folgenden Argumentation auf zwei Möglichkeiten, die im Zusammenhang mit dem Instrument Auto plausibel sind: to drive und to ride. Wir gehen weiter davon aus, daß die Entscheidung zwischen diesen beiden Möglichkeiten genau davon abhängt, ob Adam selbst hinter dem Steuer seines Wagens gesessen hat (to drive) oder ob er sich von jemand anderem hat fahren lassen (to ride). Es ist – nebenbei bemerkt – keineswegs einfach, solche informellen Transferregeln so zu formulieren, daß alle Muttersprachler der Zielsprache damit einverstanden sind; die Ansichten über die relevanten Auswahlkriterien zwischen den verschiedenen Möglichkeiten gehen ebenso auseinander wie die Urteile über die Grammatikalität von marginal akzeptablen Sätzen. Jedenfalls kann (unabhängig von der hundertprozentigen Korrektheit der oben angegebenen Transferregel) davon ausgegangen werden, daß die relevanten Bedingungen im Prinzip von der genannten Art sind.

Tatsächlich ist der Beispieltext (5) in der fraglichen Hinsicht nicht eindeutig. Je nach situativem und sprachlichem Kontext kann man sich vorstellen, daß Adam selbst ein Auto gelenkt hat oder auch nicht. Es ist jedoch bemerkenswert, daß praktisch jeder Rezipient dieses kleinen Textes ihn spontan so interpretiert, daß Adam selbst hinter dem Steuer seines

Wagens gesessen hat, obwohl das nicht explizit gesagt wird. Dementsprechend nehmen wir als wahrscheinlichste Übersetzung von (5) ins Englische an:

(6) Adam got into his car. He drove home.

U.E. ist nun von einem "fully automatic high quality translation"-System zu
erwarten, daß es für (5) ebenfalls zu der Übersetzung (6) kommt. (Das ist
natürlich nur dann interessant, wenn dem System mindestens die beiden
oben diskutierten Übersetzungsmöglichkeiten für fahren zur Verfügung stehen.) Überlegen wir uns also zunächst, aufgrund welcher (unbewußten)
Schlußfolgerungen sich die signifikante Übereinstimmung in den Reaktionen
der menschlichen Rezipienten erklären läßt. Vermutlich sind es Standard-
annahmen über Alltagssituationen, die zu der nächstliegenden Interpretation
von (5) führen: wir gehen i.a. davon aus, daß jemand, der in sein Auto
steigt, um damit loszufahren, selbst hinter dem Steuer sitzt, wenn uns nicht
explizit oder implizit etwas anderes signalisiert wird. (Wir könnten z.B.
wissen oder gesagt bekommen oder schlußfolgern, daß der/die Betreffende aus
irgendwelchen Gründen gar nicht Auto fahren kann.)

Um jedoch diese Standardannahme überhaupt auf (5) anwenden zu können,
müssen wir zunächst noch weitere Interpretationsschritte getan haben, die
beim Lesen oder Hören des Textes ebenfalls nicht bewußt werden. (Es sei
denn, man ist Linguist/in und will den Beispieltext gerade unter der hier
erörterten Perspektive analysieren.):

- Die Referenz-Identität zwischen Adam, sein und er muß
  festgestellt werden (wenn es sich nämlich um das Auto von
  jemand anderem handelte, und erst recht, wenn jemand
  anderes heimführe, wäre die Interpretation wesentlich
  unsicherer).
- Es muß festgestellt werden, daß Adams Auto das implizite
  Instrument des zweiten Satzes ist. (Wenn Adam z.B. in sein
  Auto stiege, um dann nach einigen vergeblichen Startversu-
  chen mit dem Bus nach Hause zu fahren, wäre kaum anzunehmen, daß er selbst hinter dem Lenkrad des Busses gesessen
  hätte.)

Der erste dieser Interpretationsschritte bringt wieder das Problem der
Anaphern-Auflösung ins Spiel; hier liegt übrigens einer der günstigen Fälle
vor, in denen alle (bisher isolierten) Faktoren für dieselbe Interpretation
sprechen. Der zweite Schritt kann ggf. mit Hilfe der potentiellen Valenz von
Verben und der Angabe möglicher Rollen-Füller (hier: Auto als typisches
Instrument von fahren) simuliert werden, wobei die Annahme eines kohärenten Textes natürlich unabdingbare Voraussetzung ist.

Es dürfte unmittelbar einleuchten, daß sich die Situation sofort ändert, wenn der Ausgangstext auch nur geringfügig abgewandelt oder in einen größeren Kontext gestellt wird (genauere Überlegungen zu diesen Möglichkeiten finden sich in Hauenschild 1986). Es sollte hier lediglich gezeigt werden, wie kompliziert die präzise Explikation der anzunehmenden Interpretationsschritte schon bei einem ganz trivialen kleinen Beispiel werden kann. (Die Verben sind ja bekanntlich auch in terminologisch relativ festgelegten Fachtexten, die häufig als für die MÜ unproblematisch hingestellt werden, eine typische Quelle von lokalen Mehrdeutigkeiten.) Es ging uns darum zu zeigen, welche Arten von Informationen grundsätzlich zur Verfügung stehen müssen, wenn die Lösung von vergleichbaren Transfer-Problemen in der MÜ nicht von vornherein ausgeschlossen sein soll.

4. Anforderungen an ein Modell der MÜ

Aus der Analyse der Beispiele in Abschnitt 3 lassen sich verschiedene Anforderungen an ein MÜ-System (oder bescheidener: an ein MÜ-Modell) ableiten, die mindestens erfüllt sein müssen, wenn Übersetzungsaufgaben der beschriebenen Komplexität grundsätzlich lösbar sein sollen. Zunächst einmal müssen mindestens folgende Typen von Informationen explizit repräsentiert und verfügbar gemacht werden:

- morphologische Information (Kongruenz zwischen Antezedens und anaphorischem Pronomen)
- syntaktische Information (Position und syntaktische Funktion)
- satzsemantische Information (Mitspieler-Rollen)
- thematische Information (thematische Strukturierung von Sätzen und ganzen Texten)
- lexikalische Information (Sinnrelationen, Selektionsrestriktionen)
- inhaltliche Information (was hat der Text über einen Referenten ausgesagt?)
- faktische Information (welche Aussagen sind aus faktischen Gründen miteinander verträglich?)
- Information über Standardsituationen (was wird in einer bestimmten Situation erwartet, wenn nichts anderes gesagt wird?).

Schon die explizite Repräsentation dieser verschiedenen Informationstypen stößt, soweit sie über sprachlichstrukturelle Faktoren hinausgehen, derzeit noch auf prinzipielle Schwierigkeiten. Zwar gibt es in der KI-Forschung Ansätze zur Repräsentation und Manipulation komplexer Wissensbestände. (Mit Hilfe von "frames" oder "scripts" können auch Informationen über Standardsituationen erfaßt werden, die ggf. durch explizite Gegenevidenz überschrieben werden können, vgl. dazu Schefe 1986, Kap. 1.5.5.) Die präzise

Formulierung von Schlußfolgerungen auf dieser Grundlage ist jedoch noch weitgehend ungeklärt, weil die aus der Logik bekannten Schlußfolgerungsmechanismen hier natürlich nicht ausreichen. Es müßte möglich sein, Faktoren verschiedener Art zu gewichten und auf dieser Grundlage zu mehr oder weniger gut gestützten Hypothesen zu kommen, wie es etwa in Hauenschild/Pause (1983) oder Hauenschild (1985) angedeutet wird.

Was jedenfalls auch jetzt schon möglich ist, ist die Entwicklung von MÜ-Modellen, die eine Lösung der beschriebenen Probleme nicht von vornherein ausschließen.

5. Das Mehr-Ebenen-Modell der MÜ als partieller Lösungsansatz

In diesem Abschnitt soll in Kürze das Modell der MÜ vorgestellt werden, das wir im Projekt KIT/NASEV entwickelt haben. (Genauere Erläuterungen finden sich in Hauenschild 1986.) Das Modell hat folgende charakteristische Eigenschaften:

- Entsprechend der Mehr-Ebenen-Analyse, wie sie in Con³Tra für die verschiedenen Faktoren der (Anaphern-)Interpretation angesetzt wurde, gibt es mehrere Transfer-Ebenen.

- Die Komplexität des Transfer-Schrittes, in dem die spezifischen Unterschiede zwischen ausgangssprachlicher und zielsprachlicher Struktur überwunden werden müssen, wird auf verschiedene Ebenen verteilt.

- Dadurch ergibt sich eine Analogie zu verschiedenen Aspekten der Äquivalenz, wie sie in übersetzungstheoretischen Ansätzen z.T. angenommen werden.[6]

- Übersetzung kann als mehrstufiger Entscheidungsprozeß dargestellt werden, wobei die Generierung des zielsprachlichen Textes sowohl von den Gegebenheiten des zielsprachlichen Systems als auch von der Struktur des Ausgangstextes beeinflußt wird. (Bei Wahlmöglichkeiten wird die Variante ausgesucht, die dem Ausgangstext am meisten entspricht.)

- Der Ansatz ist insofern partiell, als er derzeit nur die Information berücksichtigt, die mit Hilfe des sprachlichen Hintergrundwissens (hier in der Version einer Generalized Phrase Structure Grammar (GPSG) vorliegend) aus dem Text selbst gewonnen werden kann - das außersprachliche Hintergrundwissen müßte durch explizite Repräsentation von für das Fachgebiet des Textes relevanten Fakten verfügbar gemacht werden. (Die Netzwerk-Sprache SRL eignet sich grundsätzlich sowohl für die Repräsentation von Textinhalten als auch für die Darstellung von Faktenwissen.)

- Die genaue Definition der einzelnen Repräsentations- und

Transfer—Ebenen sowie die Arbeitsteilung zwischen ihnen ist noch nicht endgültig festgelegt.

- Was als Invariante der Übersetzung aufzufassen ist, hängt vom Texttyp ab — da wir uns zunächst nur mit "informativen" Texten beschäftigen, ist es hier die argumentative (und thematische) Struktur des Textes, die beim Übersetzungsprozeß auf keinen Fall verändert werden darf und daher auch keinem Transfer-Schritt unterliegt.

- Da die einzelsprachspezifischen SRL-Repräsentationen von Ausgangs- und Zieltext in die SRL-Repräsentation der argumentativen Textstruktur eingebettet werden können, ergibt sich daraus eine Quasi-Interlingua.

Abb. 2: Systematik der Repräsentationen und Transfer-Ebenen

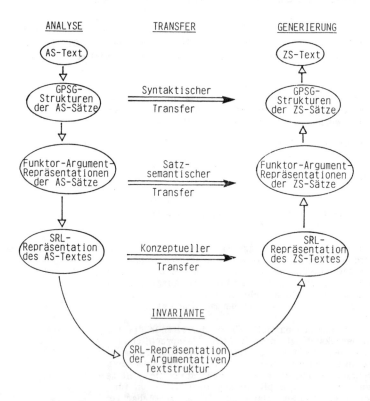

AS   = Ausgangssprache
ZS   = Zielsprache
SRL   = Semantic Representation Language
x ⇒▷ y = x ist Voraussetzung für y
x ⇒▶ y = x beeinflußt y

6. Schlußfolgerungen für eine allgemeine Übersetzungstheorie

In welcher Hinsicht könnten die vorangehenden Ausführungen für die Fortentwicklung einer allgemeinen Übersetzungstheorie von Interessse oder gar
Nutzen sein? Gibt es überhaupt Gemeinsamkeiten zwischen den Bestrebungen
im Bereich der MÜ und der Übersetzungstheorie?

Während sich in MÜ-Kreisen allmählich die Erkenntnis durchsetzt, daß Übersetzen mit Hilfe eines Computers etwas mit Übersetzen an sich zu tun hat
und daß insofern auch übersetzungstheoretiche Erwägungen von Belang sein
können (vorausgesetzt, sie sind explizit genug formuliert), ist – soweit wir
sehen können – das umgekehrte Interesse noch kaum vorhanden. Genau
unter der Voraussetzung, daß die Modelle der MÜ gewisse Züge mit Modellen
der menschlichen Übersetzung gemeinsam haben, könnte u.E. aber nun auch
die Übersetzungstheorie von der MÜ profitieren. Der für die MÜ charakteristische Zwang zu sehr hohen Präzisions- und Explizitheitsstandards trägt
dazu bei, daß Probleme in ihre kleinsten Bestandteile zerlegt und analysiert
werden müssen, und zwar auch in solchen Fällen, die aus der Sicht eines
Übersetzungstheoretikers zunächst trivial erscheinen könnten. Besonders
vielversprechend scheinen uns hier solche Ansätze zu sein, die versuchen,
das Zusammenwirken von sprachlicher und außersprachlicher Information
beim Verstehen von Texten (zum Zwecke ihrer Übersetzung) zu klären und
das Zusammenspiel von Gegebenheiten des Ausgangstextes mit den systematischen Anforderungen der Zielsprache (und die hieraus sich ergebenden
Konflikte, die das tägliche Brot eines jeden Übersetzers sind!) explizit zu
machen.

Fußnoten

(1) KIT/NASEV und sein Nachfolger KIT/FAST sind vom BMFT im
    Rahmen der EUROTRA-D-Begleitforschung geförderte Pro-
    jekte am Institut für Angewandte Informatik (Com-
    putergestützte Informationssysteme) der Technischen
    Universität Berlin innerhalb der Projektgruppe KIT
    (=Künstliche Intelligenz und Textverstehen) unter der
    Leitung von Prof. Dr. H.-J. Schneider (NASEV = Neue
    Analyse- und Syntheseverfahren zur maschinellen
    Übersetzung; FAST = Funktor-Argument-Strukturen für den
    Transfer). EUROTRA-D ist die deutsche Gruppe des EG-
    Großprojektes zur MÜ (EUROTRA) mit Sitz in Saarbrücken.
(2) Der Begriff der "fully automatic high quality trans-
    lation", der in der ersten Phase der MÜ relativ naiv
    verwandt wurde, ist heute umstritten: Slocum (1985)
    weist zu Recht darauf hin, daß die Qualitätsanfor-
    derungen von den Zwecken der Benutzer abhängen. Wir
    verwenden den Begriff hier in einem mehr theoretischen

Sinne als den Qualitätsstandard, der (zweckabhängig)
auch an menschliche Übersetzung angelegt wird. (Wir
befinden uns damit in guter Gesellschaft mit allen, die
den Begriff der Übersetzung verwenden, der ja ebenfalls
theoretisch nicht geklärt ist.)

(3) Es sei an dieser Stelle daran erinnert, daß menschliche
Übersetzer unter analogen Bedingungen einer "resource
limitation" arbeiten: wieviel zeitlichen Aufwand sie für
ggf. notwendige Recherchen treiben können, hängt direkt
vom (üblichen) Termindruck und indirekt vom Zeilen-
honorar ab.

(4) Das gilt sowohl für Ansätze zur Textrepräsentation mit
logisch-linguistischer Orientierung wie Kamp (1984) als
auch für Vorschläge aus dem KI-Bereich wie Günther et
al. (1983).

(5) Con³Tra (Constance Concept of Context-Oriented Translation) ist ein MÜ-Modell, das im Rahmen des Projekts
"Übersetzungsbezogene Kontexttheorie" des SFB 99
entwickelt wurde (vgl. Hauenschild/Pause 1983).

(6) Es besteht z.B. eine Analogie zwischen den von uns ange-
setzten Transfer-Ebenen und den Aspekten der Übersetzungsäquivalenz in Pause (1983): "formal value",
"semantic meaning" und "communicative function". Die
Übersetzungstheorie von Komissarov (1973) beruht sogar
explizit auf Äquivalenz-Ebenen ("urovni equivalent-
nosti").

Bibliographie

Bátori, István (1986), "Paradigmen der maschinellen Sprachübersetzung" in: Bátori, I./Weber, H.J.(eds.), Neue
Ansätze in maschineller Sprachübersetzung: Wissensrepräsentation und Textbezug, Tübingen: Niemeyer, pp. 3-27

Günther, Siegfried/Habel, Christopher/Rollinger, Claus-Rai-
ner (1983), "Ereignisnetze: Zeitnetze und Referentielle
Netze", in: Linguistische Berichte 88, pp. 37-55

Harweg, Roland (1968), Pronomina und Textkonstitution, München: Fink

Hauenschild, Christa (1985), Zur Interpretation russischer
Nominalgruppen: Anaphorische Bezüge und thematische
Strukturen im Satz und im Text, München: Sagner

Hauenschild, Christa (1986), "KIT/NASEV oder die Problematik des Transfers bei der maschinellen Übersetzung" in:
Bátori, I./Weber, H.J.(eds.), Neue Ansätze in maschineller Sprachübersetzung: Wissensrepräsentation und Textbezug, Tübingen: Niemeyer, pp. 167-195

Hauenschild, Christa/Huckert, Edgar/Maier, Robert (1979),
"SALAT: Machine Translation via Semantic Representation", in: Bäuerle, R./Egli, U./Stechow, A.v.(eds.),
Semantics from Different Points of View, Berlin,Heidel-
berg,New York: Springer, pp. 324-352

Hauenschild, Christa/Pause, Peter E. (1983), "Faktoren-Ana-
lyse zur Modellierung des Textverstehens, in:
Linguistische Berichte 88, pp. 101-120

Hirst, Graeme (1981), Anaphora in Natural Language Understanding. A Survey, Berlin,Heidelberg,New York: Springer

Johnson, Rod/King, Margaret/des Tombe, Louis (1985),
"EUROTRA: A Multilingual System Under Development", in:
Computational Linguistics, Vol. 11, No. 2-3, pp. 155-169

Kamp, Hans (1984), "A Theory of Truth and Semantic Interpretation", in: Groenendijk, J./Janssen, T.M.V./Stokhof, M.
(eds.), Truth, Interpretation and Information. Selected
Papers from the Third Amsterdam Colloquium, Dordrecht-
Holland: Foris, pp. 1-41

Koller, Werner (1979), Einführung in die Übersetzungswissenschaft, Heidelberg: Quelle & Meyer

Komissarov, V.N. (1973), Slovo o perevode, Moskau:
Izdatel'stvo "Meždunarodnye otnošenija"

Pause, Peter E. (1983): "Context and Translation", in:
Bäuerle, R./Schwarze, C./Stechow, A.v.(eds.),
Meaning, Use, and Interpretation of Language, Berlin,
New York: de Gruyter, pp. 384-399

Pinkal, Manfred (1986), "Materialien des Tutorials 'Situa-
tionssemantik und Diskursrepräsentationstheorie'", in:
Stoyan, H.(ed.), GWAI-85. 9th German Workshop on Artificial Intelligence, Berlin: Springer, pp. 395-471

Schefe, Peter (1986), Künstliche Intelligenz - Überblick und
Grundlagen, Mannheim: BI Wissenschaftsverlag

Slocum, Jonathan (1985), "A Survey of Machine Translation:
Its History, Current Status, and Future Prospects", in:
Computational Linguistics, Vol. 11, No. 1, pp. 1-17

Stachowitz, Rolf (1973), Voraussetzungen für maschinelle
Übersetzung. Probleme, Lösungen, Aussichten, Frankfurt
a.M.: Athenäum

Tsujii, Jun-ichi (1986), "Future Directions of Machine
Translation", in: Lenders, W.(ed.): Proceedings of
COLING 86, Bonn, pp. 656-668

Übersetzungstyp und Übersetzungsprozeduren bei sogenannten Fachtexten

Hildegund Bühler (Universität Wien, Österreich)

Vorbemerkung: Literarisches vs. nichtliterarisches Übersetzen

Wenn ich von der Warte der Übersetzerpraxis und somit auch der Übersetzungsdidaktik aus – vorausgesetzt, wir wollen. zukünftige Berufsübersetzer
(Translatoren) und nicht etwa Übersetzungstheoretiker (Translatologen)
heranbilden (vgl. Holz-Mänttäri/Vermeer 1985) – von sogenannten Fachtexten spreche, geschieht dies nicht ohne Absicht. Denn was der Übersetzer
unter Fachtext versteht oder verstehen soll, ist bisher übersetzungstheoretisch noch nicht gültig geklärt, didaktisch nur in Ansätzen und
heuristisch aufgearbeitet (dazu etwa Arntz 1984, Beier/Möhn 1984, Buhlmann
1985) und schon gar nicht in der Übersetzerpraxis eindeutig definiert
worden. So hat man beim X. Weltkongreß der Fédération Internationale des
Traducteurs (FIT) in einer Arbeitsgruppe literarische und nichtliterarische
Übersetzer – und nicht etwa Fachübersetzer – zu einer gemeinsamen Pro-
blemdiskussion eingeladen (siehe Bühler (ed.) 1985). Man hat also diejenigen
Textklassen oder im engeren Sinne vielleicht Textsorten (dazu Reiß/Vermeer
1984, 170 ff.), die den sogenannten literarischen Texten gegenübergestellt
werden sollen, mit einem Terminus belegt, der negiert ist und so "gewissermaßen Merkmallosigkeit signalisiert" (Walter 1985, 126). Diese **Dichotomie**
literarisch/nicht literarisch ist trotz theoretischer Ansätze zu ihrer
Überwindung (dazu vor allem Reiß 1971; 1976) im Bewußtsein der praktizierenden Übersetzer und der sie vertretenden Berufsverbände auch heute noch
fest verankert, ebenso wie die postulierte Merkmalhaftigkeit sogenannter
literarischer Texte.

Sprache hat offenbar **für den Übersetzer** nur **zwei** deutlich unterscheidbare
Funktionen: language for self-expression und language for communication,
Sprache als persönliches Ausdrucksmittel und Sprache als Kommunikationswerkzeug (vgl. Bühler 1985, 18). So läßt sich der in einem übersetzungsdidaktischen Modell (Bühler 1984 in Anlehnung an Reiß 1976 mit anderer Terminologie und Gewichtung) zwischen den Extremen subjektiver Text, d.h.
einem Text, dem der Autor sowohl was den Inhalt als auch die Form betrifft, seinen subjektiven Gestaltungswillen aufgeprägt hat, und objektiver
Text, bei dem es vor allem um die Vermittlung von Sachinformation geht,
als Übergang postulierte kommunikative Text, der den Textempfänger im
Vordergrund sieht, in der übersetzerischen Praxis nicht immer klar heraus-
heben und stellt wohl eher eine "didaktische Hilfskonstruktion" (Königs

1986, 7) dar, die sich allerdings im Übersetzungsunterricht bewährt hat. Da beim subjektiven und objektiven Text ein Textempfänger in fast allen Fällen mitgemeint ist und bei einem kommunikativen Text Autor und Sachinformation u.U. auch zu berücksichtigen wären, läßt sich das Texttypen- und Textsortenproblem für den praktizierenden Übersetzer eher im Sinne von **Prototypologien**, wie sie etwa von Snell-Hornby (1986, 16 ff.; vgl. dazu auch Neubert 1985, 127 ff.) vorgeschlagen werden, lösen, "die nicht auf Trennung, sondern auf Fokussierung hinzielen" (Snell-Hornby 1986, 16).

Von der Warte der Übersetzerpraxis aus muß man allerdings darauf hinweisen, daß sich das in dem von Snell-Hornby postulierten Spektrum der herkömmlichen Übersetzungsbereiche zwischen dem literarischen Übersetzen und dem Fachübersetzen angesiedelte **gemeinsprachliche Übersetzen**, das als "vager Bereich" bezeichnet wird, der sich als "nicht literarisch" und "nicht fachsprachlich" nur negativ definieren ließe (Snell-Hornby 1986, 18), nicht nur historisch gesehen (vgl. dazu etwa heute noch Magoti 1985 oder Knapp-Potthoff/Knapp 1986), als Kernstück jeder, vor allem auch der mündlichen sprachmittlerischen Tätigkeit ausweist und mit Begriffen wie natural translation und native translator (dazu Toury 1984a; Van den Broek 1985) als pädagogisches Konzept auch in den Übersetzungsunterricht einfließen sollte (vgl. dazu auch Bühler 1987). Das literarische Übersetzen und das Fachübersetzen sind in die Randbezirke zu verweisen.

Das **literarische Übersetzen** macht als Sonderform des Übersetzens nach Schätzungen der Berufsverbände heute weltweit nur etwa 5–10 % aller sprachmittlerischen Tätigkeit aus und spielt deshalb quantitativ sowohl in der Sprachmittlerpraxis als auch in der Ausbildung nur eine geringe Rolle, nimmt aber in der theoretischen Auseinandersetzung mit dem Übersetzen einen überproportionalen Raum ein. Dies mag wohl auf die seit Schleiermachers berühmter Abhandlung über die verschiedenen Methoden des Übersetzens im Jahre 1813 geläufige Unterscheidung zwischen dem eigentlichen und damit implizit wertvolleren Übersetzen auf den Gebieten der Kunst und Wissenschaft und dem – vorwiegend mündlichen – Übersetzen auf dem Gebiet des Geschäftslebens zurückzuführen sein (Schleiermacher 1973, 39), die dem literarischen Übersetzen ein höheres Ansehen verschafft hat. Es muß auch erwähnt werden, daß die Pflege von Sprache als subjektives, persönliches Ausdrucksmittel zur Erzielung einer literarischen Wirkung, wie immer diese definiert werden soll, eine erheblich längere Tradition hat als die Verwendung von Fachsprache als Kommunikationswerkzeug und daß hier auf die Erlernung und Schulung einer entsprechenden Texterstellungskompetenz – wobei meist eine nicht objektivierbare Begabungskomponente vorausgesetzt wird – traditionell wesentlich mehr Wert gelegt wurde als bei sogenannten Fachtexten. (Die mangelnde Texterstellungskompetenz der Verfasser von

Fachtexten wird besonders von Übersetzerseite immer wieder beklagt (so etwa in Bühler 1986, 16, Schmitt 1986, 267 ff., Schmitt 1987).) Dazu kommt noch, daß die literarischen Übersetzer sich häufig mit dem Autor ihrer Textvorlage identifizieren und oft wohl mit Recht davon überzeugt sind, von dessen Metier, nämlich vom Umgang mit Sprache, ebensoviel zu verstehen wie dieser, während die Fachübersetzer sich nicht nur dem Autor, sondern vor allem auch dem Auftraggeber, dem Leser und der korrekten Wiedergabe von Sachinformation verpflichtet fühlen, wobei sie sich nur in den seltensten Fällen mit dem Autor ihrer Textvorlage in seiner Eigenschaft als Fachmann identifizieren werden (vgl. Bühler 1985, 17 f.). Dabei wird jedoch übersehen, daß dem Übersetzen von sogenannter schöner Literatur im Vergleich etwa zum Übersetzen von Texten aus dem technisch-naturwissenschaftlichen Bereich in verschiedenen Ländern und Gesellschaftsformen und zu bestimmten historischen Epochen ein jeweils unterschiedlicher Stellenwert zukommt und daß der Übersetzer einer Textvorlage, sei sie nun als literarisch oder als nichtliterarisch einzustufen, allenfalls denselben, wahrscheinlich aber einen niedrigeren Status haben wird als der Autor des Originals, sei er nun Arzt oder Poet (vgl. dazu ausführlicher Bühler 1985, 18).

Was nun die **Merkmalhaftigkeit eines** sogenannten **literarischen Textes** betrifft, so können wir mit Fischer-Lichte (1983) den traditionellen Kriterien für die Literarizität eines Textes, dem mimetischen Literaturbegriff, der die Beziehung des Textes zum dargestellten Objekt beurteilt, dem expressiven und dem rezeptiven Literaturbegriff, der jeweils die Beziehung zum Subjekt des Produzenten und des Rezipienten untersucht, und dem rhetorischen Literaturbegriff, der die Behandlung des sprachlichen Materials bewertet, für die Zwecke der Übersetzungspraxis und -didaktik einen umfassenderen semiotischen Literaturbegriff entgegensetzen, der einen literarischen Text als Zeichen in der Einheit seiner syntaktischen, semantischen und pragmatischen Dimension begreift und nicht präskriptiv, sondern deskriptiv vorgeht. Was als literarischer Text oder literarische Übersetzung zu gelten hat, entscheidet weder der Autor (darauf macht bereits Reiß 1971, 40 aufmerksam) noch der Übersetzer als Textproduzent, sondern der Leser, der den Text als den im literarischen System (literary system) der Ausgangs- oder der Zielkultur geltenden Normen entsprechend einstuft (vgl. Toury 1984b, 74). Wir dürfen jedoch annehmen, daß die Kriterien für die Literarizität eines Textes in einer gegebenen Sprach- und Kulturgemeinschaft relativ stabil verankert sind.

Sogenannte Fachtexte

Der **Übergang** von der **Gemeinsprache zur Fachsprache** ist dagegen **fließend**, und das Übersetzen von gemeinsprachlichen bzw. fachsprachlichen Texten wird daher gerne unter der generellen Bezeichnung nichtliterarisches Übersetzen subsumiert. Wir haben bereits darauf hingewiesen, daß diese Art der Übersetzertätigkeit (mündlich und schriftlich) heute im Jahrhundert des Übersetzens, wie es manchmal genannt wird, mindestens 90 % aller Sprachmittlertätigkeit ausmachen dürfte. Doch während die Beschäftigung mit dem literarischen Übersetzen als Sonderform der Übersetzertätigkeit auf eine lange Tradition zurückblicken kann, ist die ausdrückliche Erwähnung des **Fachübersetzens** erst **jüngeren Datums** (eine der ersten Veröffentlichungen dazu war Jumpelt 1961), und man hat Konzepte für eine spezifische Fachübersetzerausbildung erst in jüngster Zeit entwickelt (etwa in Arntz 1980). In Anbetracht der relativ jungen Geschichte der **Fachsprachenforschung** (vgl. dazu etwa Vorwort oder Einleitung in Fluck ²1980, Hahn 1981, Hoffmann ²1985) ist es nicht verwunderlich, daß theoretische Grundlagen für eine spezifisch übersetzungsorientierte Fachsprachenforschung noch weitgehend fehlen (vgl. dazu Kohn 1987).

Die Beschäftigung mit dem lexikalischen Aspekt der Fachsprache, der **Fachterminologie**, hat in Übersetzerkreisen zwar bereits Tradition, sowohl was die ausübende Praxis (dazu etwa Tanke 1985; Hohnhold 1985) als auch die Übersetzerausbildung betrifft (dazu etwa Bühler 1983; Picht 1985); die Ergebnisse der sogenannten **Fachtextlinguistik**, einer Neuentwicklung in der linguistischen Forschung (vgl. dazu Hoffmann 1983; ²1985, 240 ff.), müßten dagegen erst für die Belange der Sprachmittlung fruchtbar gemacht werden. Ein weiteres Desiderat wäre die auch in der nicht übersetzungsbezogenen Fachsprachenforschung erst ansatzweise vorgenommene Untersuchung der verschiedenen Fachtextsorten (dazu etwa Kalverkämper 1981, 103, neuerdings auch Ickler 1987) und hier vor allem die systematische kontrastive und transkulturelle Aufarbeitung der sogenannten **Textsortenkonventionen** für "Gebrauchstexte" (Reiß/Vermeer 1984, 194), wie sie jeder praktizierende Übersetzer notgedrungen selbst unsystematisch vornehmen muß. Schließlich sei noch auf ein Spezialproblem hingewiesen, mit dem Übersetzer und vor allem Konferenzdolmetscher in ihrer Berufspraxis häufig konfrontiert werden: die sogenannte **Jargonisierung** von Fachsprache (vgl. dazu Draskau 1983), die Wilss (1979, 181 f.) erstmals im Zusammenhang mit dem Übersetzen erwähnt. Nach Wilss führt die Jargonisierung von Fachsprache zu einem lexikalisch und syntaktisch obskuren Kauderwelsch, aus dem Motiv heraus, in einem elitären Macht- und Wunschdenken zum Kommunikationspartner sprachlich Distanz zu schaffen oder auch um außersprachliche Sachverhalte zu verschleiern, z.B. um das Ausbleiben von wissenschaftlichen Resultaten

zu kompensieren oder triviale Vorgänge in den Augen des Empfängers aufzu-
werten (Wilss 1977, 182). Diese Denaturierung von Fachsprache als Kommunikationsmittel kann vor allem bei der Entscheidung für eine adäquate
Übersetzungsstrategie zu Schwierigkeiten führen, da z.b. Konferenzdolmetscher gehalten sind, die erkennbare Autorintention zu erfüllen und diese
nicht etwa durch die Wahl eines allzu umgangssprachlichen Registers zu-
nichte zu machen (vgl. Déjean le Féal 1985).

Welche Hilfestellung findet nun der Übersetzer bei der **Fachtextidentifikation**, d.h., bei der oft schwierigen Aufgabe, "die spezifischen Merkmale
auszumachen, in denen fachsprachliche Texte sich voneinander oder von
gemeinsprachlichen Texten unterscheiden" (vgl. Kohn 1987, 12). Sie bietet
sich m.E. in einer **semiotisch-kommunikativen Orientierung** der Textlinguistik
an, die inzwischen "mit Händen zu greifen ist" (Wilss 1980, 13; für übersetzerische Belange vgl. dazu u.a. auch Beaugrande 1980; Nida 1985). Wenn
wir, wie oben gezeigt, den Text als Zeichen ansehen, das in der Einheit der
drei semiotischen Ebenen, der syntaktischen, der semantischen und der
pragmatischen Dimension, hergestellt, rezipiert und auch übersetzt wird, so
gewinnt ein gegebener Text seine Technizität nicht nur aus der besonderen
Organisation des sprachlichen Materials, d.h. der Verwendung von Fachsprache (syntaktische Dimension), oder aus seiner Beziehung zum dargestellten Objekt, dem behandelten Fachgebiet (semantische Dimension): die Verwendung medizinischer Termini oder die Schilderung einer Operation sind
z.B. auch in einem Arztroman, der dem literarischen Genre zuzurechnen
wäre, denkbar. Ausschlaggebend ist vor allem die pragmatische Dimension,
die Beziehung des Textes zu seinem Produzenten und Rezipienten. Wir
schließen uns hier nicht Wilss an, der jedem Text vier Dimensionen zuweist,
indem er nicht nur <u>Textthema</u>, d.h. Textbedeutung, und <u>Textoberfläche</u>, "in
der Lexikon und Syntax integrativ zusammenwirken", sondern auch <u>Text-
funktion</u> und <u>Textpragmatik</u>, die den Textsender bzw. intendierten Empfän-
gerkreis betreffen, unterscheidet (Wilss 1980, 17). Textsender und Textempfänger bilden in einem natürlichen Kommunikationsvorgang eine untrennbare Einheit, d.h., die verwenderzentrierten Kriterien der Textualität
<u>Intentionalität</u> und <u>Akzeptabilität</u> (vgl. dazu Beaugrande/ Dressler [3]1986)
müssen einander ergänzen, und die Kommunikation kann nur glücken, wenn
beide, Sender wie Empfänger, dazu ihren Beitrag leisten. Es ist dies eine
Tatsache, der sich auch Übersetzer und vor allem Dolmetscher bewußt sind.
Textrezeptionsforschung wäre also nicht nur im Hinblick auf den Translator
selbst, sondern auch im Hinblick auf den Zuhörer oder Leser des Translats
zu leisten, z.B. in bezug auf die Akzeptanz von Störungen beim Simultandolmetschen, wo die Zuhörer offenbar bereit sind, notfalls Störungen der
Textkohäsion und -kohärenz zu überwinden (dazu Bühler, erscheint), oder in
bezug auf eine die gegebenen Möglichkeiten realistisch einschätzende

Empfängererwartungshaltung bei der maschinellen Übersetzung (relaxed standards, mündliche Mitteilung M. Vasconcellos).

Fachtexte werden in einer ganz bestimmten Kommunikationssituation und mit einer bestimmten Kommunikationsabsicht erzeugt (vgl. dazu auch Reiß/ Vermeer 1984). Sie **sind für den Übersetzer Texte, die Zeichen sein wollen für jemanden, der sie als Zeichen benutzt, wobei eine bestimmte Information möglichst störungsfrei vermittelt werden soll und wozu man sich meist eines bestimmten sprachlichen Inventars und bestimmter Vertextungsstrategien bedient.** Diese sind kultur-spezifisch determiniert und haben sich erst in historisch jüngerer Zeit herausgebildet. Fachtexte sind in vielen Fällen sogar sogenannte translation-oriented texts, d.h. Texte, deren Autor nicht nur davon weiß, daß sein Text übersetzt werden soll, sondern der eine Übersetzung erwartet oder sogar selbst in Auftrag gibt, der an dem Erfolg dieser translatorischen Handlung ein Interesse hat und daher bereit ist, bei der Texterstellung entsprechende Konzessionen zu machen (vgl. Bühler 1979, 454). Entsprechende Schulungsmöglichkeiten, z.B. für Redner bei internationalen Konferenzen oder für Fachleute in internationalen Konzernen, würden zu einer erheblichen Verbesserung der internationalen/interlingualen Kommunikation beitragen und wären in Zukunft als Angebot im Rahmen von Berufsverbänden oder Ausbildungsstätten für Sprachmittler denkbar.

Übersetzungstypologie

Was nun das Übersetzen betrifft, so gibt es **grundsätzlich zwei Möglichkeiten,** einen Ausgangstext in einen anderssprachigen Zieltext überzuführen, die bereits in der Antike im ut-interpres/ut-orator-Prinzip Ciceros (dazu Wilss 1982, 29 f.) thematisiert wurden: die sogenannte instrumentelle Translation, eine als sprachliche Umsetzung primär linguistische Operation, vorzugsweise auf der Ebene des Sprachsystems (langue), die keinen Verstehensprozeß voraussetzt, bei der dem Übersetzer keine oder nur eine geringe Entscheidungsfreiheit und Kreativität zugebilligt wird und die daher u.U. auch von einer Maschine durchgeführt werden kann, und die sogenannte funktionelle Translation, die wir als kommmunikationsstiftenden transkulturellen Transfer und daher primär translatorische Operation ansehen wollen, die auf der Ebene der aktuellen Sprachverwendung (parole) erfolgt und bei der dem Übersetzer Entscheidungsfreiheit (dazu Levy 1981 (1967)) und Kreativität (dazu Wilss 1981) zugesprochen wird. Dieses Prinzip wurde und wird in der übersetzungswissenschaftlichen Literatur von vielen Autoren unter verschiedenen Gesichtspunkten diskutiert (so etwa in Newmark 1981 als semantic und communicative translation oder in Reiß/ Vermeer 1984 als sprachliche und kommunikative Übersetzung). In einer von uns vorgeschlagenen **idealtypisch konzipierten Übersetzungstypologie** (dazu auch Bühler 1986; 1987), die obigen Grobraster verfeinert und im Sinne der Übersetzungspraxis und -didaktik anwendungsbezogen erläutert, wählen wir einen prozeduralen Ansatz (vgl. dazu Beaugrande/Dressler ³1986) und konnten uns dabei auf Vorarbeiten in Wilss (1975; 1981; 1983), Reiß (1983) und Reiß/Vermeer (1984, 133 ff.) stützen. Vor allem auch in Reiß (1985) fanden wir dazu wertvolle Anregungen. Aus Gründen einer späteren Vereinheitlichung der Terminologie wird davon Abstand genommen, den hier vorzustellenden Typen Namen zu geben, d.h. ihnen Benennungen zuzuordnen. Es soll vorderhand genügen, sich durch eine erklärende Beschreibung begriffliche Klarheit über das Gemeinte zu verschaffen.

Was die Wahl von **Übersetzungstyp** und **Übersetzungsprozeduren** (zu den Begriffen translation strategy, translation method, translation technique vgl. Wilss 1983) für sogenannte Fachtexte betrifft, so ergibt sich aus dem einleitend Gesagten, daß auch diese nicht textsortenspezifisch sein kann. Es steht jedoch außer Zweifel, daß zu betimmten Zeiten aufgrund bestimmter kultureller und zivilisatorischer Sachzwänge und technischer Möglichkeiten, kurz in bestimmten Kommunikationssituationen, bestimmten Methoden der Vorzug gegeben wurde und wird (vgl. dazu auch Reiß 1976; Reiß/Vermeer 1984, 122 ff.). Wir wollen daher diejenigen Möglichkeiten aufzeigen, die unseres Erachtens gegenwärtig bevorzugt für das Übersetzen von sogenannten Fachtexten eingesetzt werden und dazu **drei Typen** vorstellen.

Typ 1 ist der **instrumentellen Translation** zuzurechnen, ist also eine primär sprachliche Umsetzung, bei der eine Verstehensleistung des Übersetzers (zum Übersetzer als receptor sui generis s. Bühler 1979, 455; Bühler 1984, 252) nicht notwendig impliziert ist. Informationsverlust und Textfunktionswechsel werden dabei in Kauf genommen. Die kommunikative Funktion einer solchen Übersetzung ist stark eingeschränkt.

Ein solcher **Übersetzungsprozeß** wurde mit Hilfe der Verbalisierung von introspektiv erfaßten Übersetzungsvorgängen bei fortgeschrittenen Fremdsprachenlernern in Krings (1986) erstmals empirisch belegt und beschrieben und scheint vor allem für das Übersetzen im Schulunterricht, das vorwiegend der Fremdsprachenerlernung und Lernfortschrittskontrolle dienen soll, typisch zu sein (vgl. dazu auch Bühler 1987). Die dabei zutage tretenden Evaluationsstrategien und Akzeptabilitätsprüfungen stellen eine multiple stage translation dar (vgl. dazu Wilss 1985, 13) und ähneln frappant der bei der maschinellen Übersetzung programmierten Abfolge von trial-and-error-Operationen (vgl. dazu Freigang 1981, 167). Analyse- und Synthesephase sind bei diesem Übersetzungstyp derart verkürzt, daß der Übersetzungsprozeß quasi als **einphasig** gesehen werden muß.

Die **Übersetzungseinheiten** werden sehr klein angesetzt (Wörter, Wendungen) und überschreiten meist nicht die Satzgrenze: Ausgangs- und Zieltext können dadurch häufig nicht als sinnvolles Ganzes wahrgenommen werden. Als vorherrschende **Übersetzungsprozeduren** nehmen wir Substitution, den Austausch von Lexemen vorzugsweise auf langue-Ebene (Wörterbuch) an, gefolgt von einer punktuellen syntaktischen Teilparaphrase (Transposition) mit Rücksicht auf die Strukturen der Zielsprache (dazu mehr in Reiß 1985). Es kommt zu einer häufigen und regelmäßigen Rückkoppelung mit dem Ausgangstext, der Vorgang ist AS/AT-orientiert.

Sogenannte Fachtexte werden in der **Berufspraxis** von Human-Übersetzern wohl nur dann in der oben beschriebenen Weise übersetzt, wenn ein nicht als Übersetzer ausgebildeter, unerfahrener und unsicherer Laie sich dieser Aufgabe unterzieht. Auf das zu erwartende Resultat, eine in der Fachkommunikation unbrauchbare sogenannte "Nicht-Übersetzung", wurde bereits hingewiesen (Bühler 1986). Wohl aber hat dieser Typus in der maschinellen Übersetzung, der er wesensimmanent ist, zur Übersetzung ausgewählter und häufig speziell präparierter (pre-edited) Fachtexte und bei einer u.U. reduzierten Zielsetzung (information only) seinen Platz. (Das gleiche träfe auch für die Humanübersetzung zu.) Die Korrektur fehlerhafter Substitutionen auf der Ebene des Lexikons und die oben beschriebene syntaktische Paraphrase, d.h. die Anpassung an die syntaktischen Strukturen der Zielsprache, erfolgt dann bei der sogenannten Nachredaktion (post-editing), für die bereits bestimmte sprachenpaarspezifische Strategien erarbeitet werden konnten (Vasconcellos 1986). Da maschinell übersetzte Texte AS-orientiert sind und es u.U. auch zu Informationsverlust kommen kann, wird der Zeitaufwand des Fachmannes, der einen solchermaßen übersetzten Text rezipiert, im allgemeinen erheblich größer sein als bei einem durch einen ausgebildeten Fachübersetzer übersetzten Text. Dies hat Auswirkungen auf die Rentabilitätsberechnungen für die maschinelle Übersetzung (zur Empfängererwartungshaltung gegenüber maschinell übersetzten Texten s. oben).

Typ 2, den ich mich aufgrund von Diskussionsbeiträgen in 2a und 2b zu unterteilen entschlossen habe, weist sich als **funktionell/kommunikative Translation** aus, ist also eine primär sprachmittelnde Operation, die stets auch eine Verstehensleistung impliziert. Beim **Typ 2a** werden von der Übersetzung Textfunktionskonstanz ohne Informationsverlust oder Informationsgewinn bei strikter Einhaltung der ZS-Normen erwartet; es ist dies ein Modell von vor allem didaktischer Relevanz (vgl. dazu Bühler 1987). Beim **Typ 2b** werden vom Berufstranslator als Kommunikationsfachmann (vgl. dazu Holz-Mänttäri/Vermeer 1985; Holz-Mänttäri 1986), der auch über Expertenwissen und die entsprechende Ausbildung verfügt, wenn erforderlich in einer gegebenen Kommunikationssituation beim Übersetzen auch Erweiterungen oder Verkürzungen des AT und der darin enthaltenen Information vorgenommen; es kommt u.U. auch zu Textfunktionswechsel. Die Funktion einer solchen mit Typ 2a/b beschriebenen Übersetzungstätigkeit ist per definitionem eine kommunikative.

Der **Übersetzungsprozeß** erscheint hier dem sich selbst Rechenschaft gebenden Berufsübersetzer meist **zweiphasig**, wobei vor allem der Analysephase, dem Verstehensprozeß, großer Wert beigemessen wird. (Berufsverbände kalkulieren bei ihren Tarifberechnungen 80 % der für eine Übersetzung veranschlagten Zeit für das Recherchieren des Textes ein.) So führt der Berufsübersetzer Bathgate (ICI, Philips, freelance technical and medical translator) in seinem offenbar introspektiv erlebten Modell des Übersetzungsprozesses für die Analysephase drei Schritte, tuning, analysis und understanding, an; anstelle einer Transferphase setzt er mit terminology jedoch nur einen einzigen Teilschritt zwischen understanding und restructuring ein und macht dabei die interessante Feststellung: "I assume that the translation of the words which give little difficulty will have slipped into place more or less automatically" (Bathgate 1980, 114). Die Synthesephase scheint, ist das Terminologieproblem einmal gelöst, mit dem Schritt restructuring für den Berufsübersetzer relativ problemlos, da bei der professionell-kommerziellen Translation von Fachtexten im allgemeinen nur in die Muttersprache oder in eine gleichwertig beherrschte Sprache übersetzt wird. Die L1-L2-Übersetzung und die dabei auftretenden Probleme sind wohl vor allem ein Phänomen des Übersetzens im Rahmen des Fremdsprachenunterrichts. Bezüglich der von Bathgate abschließend angeführten Schritte checking und discussion verweise ich auf Newmark in diesem Band (vgl. dazu auch Bühler 1987). Ein weiterer introspektiver Bericht eines Berufsübersetzers findet sich z.B. in Mossop (1983). Es dürfte allerdings problematisch sein, Berufsübersetzer zu Forschungszwecken zur Introspektion und Verbalisierung ihrer Übersetzungsstrategien anzuhalten (über die Anwendbarkeit introspektiver Methoden s. auch Krings 1986; Börsch 1986). Die Bewußtmachung des Übersetzungsprozesses scheint ihnen mit einem gewissen Risiko verbunden zu sein (Tausendfüßlerargument!) und "man wird ... kaum dazu neigen, Arbeiten zu beschreiben, die einem leicht von der Hand gehen" (Wittkopf 1986, s. auch unter terminology oben).

Die **Übersetzungseinheiten** bei Typ 2a/b werden im allgemeinen größer als bei Typ 1 gewählt, es handelt sich nicht nur um Wörter und Wendungen, sondern oft auch um größere Textsegmente. Als **Übersetzungsprozeduren** können wir Substitution auf parole-Ebene und obligatorische Teilparaphrasen, wie Transposition (syntaktische Paraphrase), Modulation (semantische Paraphrase) und Adaptation (pragmatische Paraphrase), annehmen (dazu vor allem Reiß 1985), u.U. kommt es auch zur Totalparaphrase größerer Textsegmente. Bei Typ 2b sind auch Bearbeitung, Kürzung, Ergänzung angezeigt, wenn der Übersetzungsauftrag dahingehend lautet. Zur abschließenden Prozedur der Revision siehe unter checking, discussion oben. Typ 2a/b kann je nach Kommunikationssituation sowohl AS/AT- als auch ZS/ZT-orientiert sein; es kommt auch zur gelegentlichen Rückkoppelung zum AT, vor allem, wenn aus irgendeinem Grund formale Äquivalenz der sprachlichen Oberflächenstruktur angestrebt wird.

Typ 2a/b ist heute wohl der bei weitem häufigste Übersetzungstyp bei der **kommerziell/professionellen** **schriftlichen** **Übersetzung** von sogenannten Fachtexten. Er sollte vor allem als Typ 2a im Übersetzungsunterricht für zukünftige Übersetzer und Dolmetscher Anwendung finden, und er sollte dem Übersetzer im Berufsalltag eine optimale Kommunikationsleistung ermöglichen, wie sie auch in den Berufs- und Ehrenordnungen der Berufsverbände angesprochen wird (dazu auch Bühler 1987). Dieser Typus hat eine lange Tradition. Die oben geschilderten Übersetzungsprozeduren beschreibt bereits Rabbi Mose ben Maimón, genannt Maimonides (der 1135 im maurischen Córdoba geborene und 1204 als Hofarzt des Sultans Salladin in Kairo verstorbene, berühmteste jüdische Philosoph und Gesetzeslehrer des Mittelalters) Ende des 12. Jahrhunderts auf der Grundlage der langjährigen Erfahrung der jüdischen und arabischen Übersetzer, die damals in krassem Gegensatz zur Tradition der christlichen religiösen Übersetzung stand, in der der Übertragung des einzelnen Wortes, vor allem des Wortes Gottes in der Bibel, größte Bedeutung zukam:

> Wer aus einer Sprache in eine andere übersetzen will und sich dabei vornimmmt, jeweils ein gegebenes Wort nur durch ein anderes wiederzugeben, der wird große Mühe haben und eine zweifelhafte und verworrene Übersetzung liefern. So sollte man nicht vorgehen. Vielmehr muß ein Übersetzer zunächst einmal den Gang der Gedanken erfassen, dann muß er ihn auseinanderlegen und so vorführen, daß er in der neuen Sprache verständlich und klar wird. Das erreicht man mitunter nur, indem man das, was voraufgeht, und das, was folgt, mit ändert; indem man ein Wort durch mehrere wiedergibt und mehrere durch ein einziges; indem man einige Ausdrücke fallen läßt und andere hinzufügt – bis die Entwicklung der Gedanken völlig klar und übersichtlich und der Ausdruck verständlich und der Sprache, in die man übersetzt, gemäß wird (zitiert aus Mounin 1967, 27).

Der **dritte Typus,** den ich heute vorstellen möchte, steht ebenfalls für eine primär sprachmittelnde Operation, impliziert eine Verstehensleistung und könnte als **funktionell/autonome Translation** beschrieben werden. (Diesen terminologischen Hinweis verdanke ich K. Reiß.) Bei diesem Übersetzungsvorgang kommt es gelegentlich zu Informationsverlust oder -gewinn oder auch zu Textfunktionswechsel. Als kommunikative Funktion wird, wie teilweise auch schon bei Typ 2a/b, nicht nur ein Informationstransfer, sondern vor allem auch ein Kulturtransfer angestrebt.

Auf diesen **Übersetzungsprozeß** – und das ist uns im Zusammenhang mit dem Fachübersetzen wichtig – wurde, obwohl er auch bei der sogenannten literarischen Übersetzung denkbar wäre, vor allem in der Dolmetschwissenschaft hingewiesen (vgl. dazu etwa Seleskovitch 1978; Seleskovitch/Lederer (1984). Der Vorgang wird offenbar z. B. von Konferenzdolmetschern bewußt als **dreiphasig** erlebt, wobei zwischen Analyse- und Synthesephase eine zwischensprachliche Transferphase zu liegen scheint. (Sogenannte Interlingua–Modelle werden neuerdings auch für die maschinelle Übersetzung vorgestellt, dazu Zarechnak 1986.) Diese zwischensprachliche Phase – das Gemeinte – wird beim Konsekutivdolmetschen bekanntlich mit einer eigenen Notationstechnik, die sich nicht nur der AS und ZS, sondern oft noch weiterer natürlicher Sprachen und vor allem auch einer Symbolsprache bedient, festgehalten. Für das Simultandolmetschen fordert Seleskovitch (1978, 9) eine bewußte Loslösung vom Wortlaut des Ausgangstextes (deliberate discarding of the wording), eine Technik, die man sich auch didaktisch zunutze machen kann (dazu Bühler 1987). Diehl stellt den Vorgang aus psycholinguistischer Sicht folgendermaßen dar:

> Die Verarbeitung sprachlich vermittelter Information [in der AS, Anm. des Autors] erfolgt in der Weise, daß die Oberflächenstruktur sowohl syntaktisch als auch semantisch aufgelöst, umorganisiert und zu kognitiven nonverbalen Einheiten integriert wird, die als gestalthafte Ganze in den Gedächtnisspeicher eingehen. Diese Einheiten seien "Noeme" genannt. Bei der Produktion sprachlicher Informationen werden diese Noeme abgerufen ... dann verbal besetzt und in eine sprachliche Oberflächenstruktur [in der ZS, Anm. des Autors] übergeführt (Diehl 1984, 295).

Über die didaktischen und berufspraktischen Implikationen dieses Übersetzungsvorganges wurde bereits mehrfach berichtet (Bühler 1986; 1987; Bühler, erscheint).

Als **Übersetzungseinheit** ist bei diesem Übersetzungstyp prinzipiell der Text anzusetzen, sofern er sich im Sinne von Dressler als eine nach der Intention des oder der Sender und Empfänger abgeschlossene Spracheinheit präsentiert (Dressler ²1973, 1). Als **Übersetzungsprozedur** setzen wir durchgehend obligate Totalparaphrase an, wobei z. B. beim Simultandolmetschen lediglich bei Zahlen, Namen und normierter Fachterminologie zur sprachlichen Umsetzung nach Typ 1 gegriffen wird (vgl. dazu auch Bühler, erscheint). Der Vorgang ist ausschließlich ZS/ZT-orientiert, da die Zieltexterstellung als spontane Sprachproduktion in der Mutter- oder Bildungssprache erfolgt. Eine Rückkoppelung zu AS/AT findet nicht statt, sofern der AT mündlich dargeboten wird. Bearbeitung, Kürzung, Ergänzung sind möglich und ergeben sich oft notwendig aus der Kommunikationssituation. Daß sich beim literarischen Übersetzen andere Gesichtspunkte ergeben, steht außer Diskussion!

In der **Berufspraxis** handelt es sich bei diesem Übersetzungstyp um das <u>Übertexten</u> einer fremdsprachigen Textvorlage (dazu Mannila 1985), wobei vor allem Wirkungsadäquatheit erzielt werden soll. Er findet nicht nur Anwendung bei der Übersetzung von sogenannten operativen oder audiomedialen AT (Reiß 1976), sondern, wie bereits erwähnt, auch beim sogenannten literarischen Übersetzen, wo sich der Übersetzer u. U. als zweiter Autor einschaltet (Nachdichtung). Für die Übersetzung von sogenannten Fachtexten wird er im allgemeinen bei der mündlichen Sprachmittlung eingesetzt, so etwa in vielen Fällen beim Konsekutivdolmetschen bei Verhandlungen, Werksbesichtigungen etc. Es wäre ferner denkbar, daß dieser Typus auch beim Diktieren von Fachübersetzungen ohne nachfolgende Korrektur des später schriftlich ausgefertigten Textes Anwendung findet (vgl. dazu Hayes 1983).

Schlußbemerkungen

Grundsätzlich, so können wir abschließend feststellen, gibt es zwischen dem literarischen und nichtliterarischen Übersetzen keinen Wesensunterschied, nur Gradunterschiede (Vermeer 1986, 35), eine Feststellung, die auch durch das Zeugnis der Berufsübersetzer erhärtet wird (dazu vor allem Osers 1985, aber auch Fischbach 1985 und Karcsay 1985, vgl. dazu auch Bühler 1985, 17 f.). Wir halten ferner fest, daß es fließende Übergänge von gemeinsprachlichen zu fachsprachlichen Texten gibt und daß die Beschäftigung mit Fachsprache und Textsortenkonventionen für Fachtexte erst jüngeren Datums ist. Wir wollen daher weiterhin von <u>sogenannten Fachtexten</u> sprechen, werden aber, wenn wir bei der Fachtextidentifikation heuristisch vorgehen, für einen bestimmten Zeit- und Kulturraum zu zufriedenstellend konvergierenden Ergebnissen kommen.

Was Übersetzungstyp und Übersetzungsprozeduren betrifft, so können solche gegebenenfalls im Rahmen einer Übersetzungskritik (dazu Reiß 1971) oder für übersetzungsdidaktische Belange (dazu Bühler 1987) empfohlen oder verbindlich vorgeschrieben werden. In der Praxis werden sie für Fachtexte den Bedingungen der Übersetzungssituation (wer übersetzt was für wen, wann, wo, warum, unter welchen Bedingungen, mit welchen Hilfsmitteln, in wessen Auftrag und zu welchem Zweck? vgl. dazu Bühler 1987) unterworfen sein, was zu einer Vielfalt von möglichen Vorgangsweisen, zu Mischtypen und Übergängen führt. Es werden daher hier lediglich drei Übersetzungstypen als heuristisches Modell exemplarisch vorgeführt. Denn wenn wir mit Toury zwischen <u>literary translation</u> und <u>translation of a literary text</u> unterscheiden, so könnte u.U. sogar der folgende Fall eintreten:

> ... the translation of a non-literary text can ...
> yield not only a <u>non</u>-literary text in the target
> culture (of the same, or of a different type than the
> original's), but also a <u>literary</u> text, provided that it
> is recognized as obeying the appropriate norms and, as

a result, admitted into the target literary system
(Toury 1984b, 75).

Bibliographie

Arntz, R. (1980), "Modelle und Methoden der fachsprachlichen
Übersetzerausbildung", in: Gnutzmann, C./Turner J.
(eds.), Fachsprachen und ihre Anwendung, Tübingen: Narr,
pp. 95-117

Arntz, R. (1984), "Das Problem der Textauswahl in der fachsprachlichen Übersetzungsdidaktik", in: Wilss, W./Thome,
G. (eds.), pp. 204-212

Bathgate, R.H. (1980), "Studies of Translation Models 1. An
Operational Model of the Translation Process", in: The
Incorporated Linguist 19.4., pp. 113-114

Beaugrande, R.-A. de (1980), "Toward a Semiotic Theory of
Literary Translating", in: Wilss, W. (ed.), Semiotik und
Übersetzen, Tübingen: Narr, pp. 23-43

Beaugrande, R.-A. de/Dressler, W.U. (³1986), Introduction to
Text Linguistics, London/New York: Longman

Beier, R./Möhn, D. (1984), "Fachtexte in fachsprachlichen
Lehr- und Lernmaterialien für den fremdsprachlichen Unterricht. Überlegungen zu ihrer Beschreibung und Bewertung", in: Fachsprache 6.3-4, pp. 89-115

Börsch, S. (1986), "Introspective Methods in Research on
Interlingual and Intercultural Communication", in:
House, J./Blum-Kulka, S. (eds.), Interlingual and In-
tercultural Communication, Tübingen: Narr, pp. 195-211

Bühler, H. (1979), "Suprasentential Semantics and Translation", in: Meta 24.4, pp. 451-458

Bühler, H. (1983), "Die Terminologieausbildung für Übersetzer und Dolmetscher - ein Wiener Modell", in: Festschrift zum 40-jährigen Bestehen des Instituts für Über-
setzer- und Dolmetscherausbildung der Universität Wien,
Tulln: Ott, pp. 51-73

Bühler, H. (1984), "Textlinguistische Aspekte der Übersetzungsdidaktik", in: Wilss, W./Thome, G. (eds.), pp. 250-
260

Bühler, H. (1985), Einführung, in: Bühler, H. (ed.), pp. 15-
23

Bühler, H. (1986), "Die Nicht-Übersetzung und die Übersetzung von Nicht-Texten", in: Grazer Linguistische Studien 26, pp. 7-21

Bühler, H. (1987), Praxisbezogene Didaktik in der Überset-
zer- und Dolmetscherausbildung, im Druck

Bühler, H. (erscheint), Text linguistics and the spoken
text. Theoretical considerations and their practical
application in an in-conference interpreter-training
course

Bühler, H. (ed.) (1985), Der Übersetzer und seine Stellung
in der Öffentlichkeit. X. Weltkongreß der FIT
Kongreßakte, Wien: Braumüller

Buhlmann, R. (1985), "Merkmale geschriebener und gesproche-
ner Texte im Bereich naturwissenschaftlich-technischer
Fachsprachen. Eine Betrachtung unter didaktischen Ge-

sichtspunkten", in: Fachsprache 7.3-4, pp. 98-125
Déjean le Féal, K. (1985), "Le registre littéraire en inter-
prétation simultanée", in: Meta 30.1, pp. 30-36
Diehl, E. (1984), "Psycholinguistik und Dolmetscherpraxis –
ein Versuch der Vermittlung", in: Wilss, W./Thome, G.
(eds.), pp. 289-298
Draskau, J. (1983), "Toward a Clarification of the Concept
Jargon", in: Fachsprache 5.1, pp. 11-24
Dressler, W.U. (²1973), Einführung in die Textlinguistik, 2.
durchgesehene Auflage, Tübingen: Niemeyer
Fischbach, H. (1985), "The Mutual Challenge of Technical and
Literary Translation: Some Highlights", in: Bühler, H.
(ed.), pp. 135-139
Fischer-Lichte, E. (1983), "Semiotische Analyse literarischer Texte. Literaturbegriff und Textanalyse", in:
Bernard, J. (ed.), Didaktische Umsetzung der Zeichen-
theorie, Wien, Baden b. Wien: Österreichische Gesellschaft für Semiotik (Angewandte Semiotik Bd. 2), pp.
301-309
Fluck, H.R. (²1980), Fachsprachen, 2. durchgesehene und
erweiterte Auflage, München: Francke
Freigang, K.-H. (1981), "Überlegungen zu einer theoretisch-
linguistischen Methodologie der Übersetzungswissenschaft", in: Wilss, W. (ed.), Übersetzungswissenschaft,
Darmstadt: Wissenschaftliche Buchgesellschaft, pp. 150-
171
Hahn, W. v. (ed.) (1981), Fachsprachen, Darmstadt: Wissenschaftliche Buchgesellschaft
Hayes, J. (1983), "Doing it the other way", in: Lawson, V.
(ed.), Tools for the Trade. Translating and the Computer
5, London: Aslib, pp. 83-86
Hoffmann, L. (1983), "Fachtextlinguistik", in: Fachsprache
5.2, pp. 57-68
Hoffmann, L. (²1985), Kommunikationsmittel Fachsprache. Eine
Einführung, 2. völlig neu bearbeitete Auflage,
Tübingen: Narr
Hohnhold, I. (1985), "Terminologische Arbeitsfelder in der
Übersetzungswerkstatt", in: Bühler, H. (ed.), pp. 260-
263
Holz-Mänttäri, J. (1986), "Translatorisches Handeln – theo-
retisch fundierte Berufsprofile", in: Snell-Hornby, M.
(ed.), pp. 348-375
Holz-Mänttäri, J./Vermeer, H.J. (1985), "Entwurf für einen
Studiengang Translatorik und einen Promotionsstudiengang
Translatologie", in: Kääntäjä Översättaren 3, pp. 4-6
Ickler, T. (1987), "Zur Differenzierung von Fachtexten", in:
Redard, F./Wyler, S. (eds.), Fachsprache als System,
Fachsprache als Gebrauchstext. Numéro special. Bulletin
CILA 45, Neuchâtel: Institut de linguistique de l'Uni-
versité de Neuchâtel, pp. 15-30
Jumpelt, R.W. (1961), Die Übersetzung naturwissenschaftli-
cher und technischer Literatur, Berlin-Schöneberg: Lan-
genscheidt
Kalverkämper, H. (1981), Orientierung zur Textlinguistik,
Tübingen: Niemeyer
Karcsay, S. (1985), "Unterscheidungsmerkmale zwischen lite-

rarischen und nichtliterarischen Übersetzern", in: Bühler, H. (ed.), pp. 139-141

Knapp-Potthoff, A./Knapp, K. (1986), "Interweaving Two Discourses – The Difficult Task of the Non-Professional Interpreter", in: House, J./Blum-Kulka, S. (eds.), Interlingual and Intercultural Communication, Tübingen: Narr,
pp. 151-169

Königs, F.G. (1986), "Der Vorgang des Übersetzens: Theoreti-
sche Modelle und praktischer Vollzug. Zum Verhältnis von
Theorie und Praxis in der Übersetzungswissenschaft", in:
Lebende Sprachen 31, pp. 5-12

Kohn, K. (1987), "Fachsprache, Fachtext, Fachwissen. Theoretische Grundlagen einer übersetzungsorientierten Fachsprachenforschung", in: Redard, F./Wyler, S. (eds.),
Fachsprache als System, Fachsprache als Gebrauchstext.
Numéro spécial. Bulletin CILA 45, Neuchâtel: Institut de
linguistique de l'Université de Neuchâtel, pp. 6-14

Krings, H.P. (1986), Was in den Köpfen von Übersetzern vorgeht. Eine empirische Untersuchung zur Struktur des
Übersetzungsprozesses an fortgeschrittenen Französischlernern, Tübingen: Narr (= Tübinger Beiträge zur
Linguistik 291)

Levý, J. (1981 [1967]), "Übersetzung als Entscheidungsprozeß", in: Wilss, W. (ed.), Übersetzungswissenschaft,
Darmstadt: Wissenschaftliche Buchgesellschaft, pp. 219-
235

Magoti, A. (1985), "The Vocation of the Translator in a Community with a High Rate of Illiteracy", in: Bühler, H.
(ed.), pp. 395-398

Mannila, M. (1985), "Übersetzer oder Übertexter?", in:
Bühler, H. (ed.), p. 165 (Diskussionsbeitrag Ms.)

Mossop, B. (1983), "The Translator as Rapporteur: A Concept
for Training and Self-Improvement", in: Meta 28.3,
pp. 244-278

Mounin, G. (1967), Die Übersetzung. Geschichte. Theorie,
Anwendung, München: Nymphenburger

Neubert, A. (1985), Text and Translation. Übersetzungswissenschaftliche Beiträge 8, Leipzig: Verlag Enzyklopädie

Newmark, P. (1981), Approaches to Translation, Oxford etc.:
Pergamon

Nida, E.A. (1985), "Translating Means Translating Meaning –
A Sociosemiotic Approach to Translating", in: Bühler, H.
(ed.), pp. 119-126

Osers, E. (1985), "Unity in Diversity", in: Bühler, H.
(ed.), pp. 131-135

Picht, H. (1985), "The Terminology Component in Translator
Training Programmes", in: Bühler, H. (ed.), pp. 338-342

Reiß, K. (1971), Möglichkeiten und Grenzen der Übersetzungskritik, München: Hueber

Reiß, K. ([1]1976), Texttyp und Übersetzungsmethode. Der
operative Text, Kronberg/Ts.: Scriptor

Reiß, K. (1983), "Quality in Translation oder Wann ist eine
Übersetzung gut?", in: Babel 29.4, pp. 198-208

Reiß, K. (1985), "Paraphrase und Übersetzung", in: Gnilka,
J./Rüger, H.P. (eds.), Die Übersetzung der Bibel. Aufgabe der Theologie, Bielefeld: Luther Verlag, pp. 273-287 ·

Reiß, K./Vermeer, H.J. (1984), Grundlegung einer allgemeinen Translationstheorie, Tübingen: Niemeyer (= Linguistische Arbeiten 147)

Schleiermacher, F. (1973), "Methoden des Übersetzens", in: Störig, H.J. (ed.), Das Problem des Übersetzens, Darmstadt: Wissenschaftliche Buchgesellschaft, pp. 34-71

Schmitt, P.A. (1986), "Die 'Eindeutigkeit' von Fachtexten: Bemerkungen zu einer Fiktion", in: Snell-Hornby, M. (ed.), pp. 252-283

Schmitt, P.A. (1987), "Fachübersetzen und 'Texttreue': Bemerkungen zur Qualität von Ausgangstexten", in: Lebende Sprachen 32.1, pp. 1-4

Seleskovitch, D. (1978), Interpreting for International Conferences. Problems of Language and Communication, Washington, D.C.: Pen & Booth

Seleskovitch, D./Lederer, M. (1984), Interpréter pour traduire, Paris: Didier Erudition (Traductologie 1)

Snell-Hornby, M. (1986), "Übersetzen, Sprache, Kultur", in: Snell-Hornby, M. (ed.), pp. 9-29

Snell-Hornby, M. (ed.) (1986), Übersetzungswissenschaft - Eine Neuorientierung. Zur Integrierung von Theorie und Praxis, Tübingen: Francke (= UTB 1415)

Tanke, E. (1985), "Lösungen für Terminologieprobleme in Wirtschaft und Technik", in: Infoterm (ed.), Terminologie und benachbarte Gebiete: 1965-1985, Wien, Köln, Graz: Böhlau, pp. 115-121

Toury, G. (1984a), "The Notion of 'Native Translator' and Translation Teaching", in: Wilss, W./Thome, G. (eds.), pp. 186-195

Toury, G. (1984b), "Translation, literary translation and pseudotranslation", in: Shaffer, E.S. (ed.), Comparative Criticism. Vol. 6, Cambridge: Cambridge University Press, pp. 73-85

Van den Broeck, R. (1985), "Towards a More Appropriate Model of Translation Teaching", in: Bühler, H. (ed.), pp. 329-336

Vasconcellos, M. (1986), "Functional Considerations in the Postediting of Machine-Translated Output. Dealing with V(S)O vs. SVO", in: Computers and Translation 1.1, pp. 21-38

Vermeer, H.J. (1986), "Übersetzen als kultureller Transfer", in: Snell-Hornby, M. (ed.), pp. 30-53

Walter, H. (1985), "Zu einigen Gemeinsamkeiten und Unterschieden von literarischer und nichtliterarischer Übersetzung", in: Bühler, H. (ed.), pp. 126-131

Wilss, W. (1975), "Stichwort: Übersetzen", in: Stammerjohann, H. (ed.), Handbuch der Linguistik, München: Nymphenburger

Wilss, W. (1979), "Fachsprache und Übersetzen", in: Felber, H./Lang, F./Wersig G. (eds.), Terminologie als angewandte Sprachwissenschaft. Gedenkschrift für Univ.-Prof. Dr. Eugen Wüster, München etc.: K.G. Saur, pp. 117-191

Wilss, W. (1980), "Semiotik und Übersetzungswissenschaft", in: Wilss, W. (ed.), Semiotik und Übersetzen, Tübingen: Narr, pp. 9-23

Wilss, W. (1981), "Der Begriff der Kreativität im Übersetzungsprozeß", in: Logos Semanticos II/Sprachtheorie und Sprachphilosophie, Berlin: de Gruyter, pp. 479-491

Wilss, W. (1982), The Science of Translation. Problems and Methods, Tübingen: Narr

Wilss, W. (1983), "Translation Strategy, Translation Method and Translation Technique: Towards a Clarification of three Translational Concepts", in: Revue de Phonétique Appliquée 66 - 68, pp. 145-152

Wilss, W. (1985), "Menschliche Übersetzung und maschinelle Übersetzung", in: Lebende Sprachen 30.1, pp. 10-15

Wilss, W./Thome, G. (eds.) (1984), Die Theorie des Übersetzens und ihr Aufschlußwert für die Übersetzungs- und Dolmetschdidaktik. Akten des Internationalen Kolloquiums der Association Internationale de Linguistique Appliquée (AILA), Saarbrücken, 25. - 30.07.83, Tübingen: Narr (= Tübinger Beiträge zur Linguistik 247)

Wittkopf, R. (1986), "Heilig sei der Tausendfüßler", in: Der Übersetzer 22.5/6, pp. 1-3

Zarechnak, M. (1986), "The Intermediary Language for Multi-language Translation", in: Computers and Translation 1.2, pp. 83-93

Isotopiekonzept, Informationsstruktur und Fachsprache. Untersuchung an wissenschaftsjournalistischen Texten

Gisela Thiel / **Gisela Thome** (Universität Saarbrücken)

1. Gegenstand und Ziele

Die folgenden Ausführungen könnten überschrieben sein: "Wie man Wissenschaft unter die Leute bringt" – wenn dieser Titel nicht schon vergeben wäre: Urban hat seine in "Bild der Wissenschaft" (10/1986) veröffentlichte Besprechung des von Ruß-Mohl (1986) herausgegebenen Bandes "Wissenschaftsjournalismus" so benannt.

Das Selbstverständnis des Wissenschaftsjournalismus spiegelt der in der "Frankfurter Allgemeinen Zeitung" vom 4. Februar 1987 (S. 30) enthaltene Hinweis auf den im Rahmen von "Jugend forscht" ausgeschriebenen Wettbewerb "Reporter der Wissenschaft" wider: "Die Beiträge sollen sich mit Themen aus Forschung und Technik befassen und wissenschaftlich einwandfrei, allgemein verständlich und unterhaltsam zugleich sein". Urban unterstreicht darüber hinaus das Erfordernis des Aktualitätsbezugs sowie die Tatsache, daß der Wissenschaftsjournalismus nicht zuletzt auch unter dem Aspekt der Nützlichkeit informiert, indem er darlegt, mit welchem Forschungsergebnis in welchem Bereich Fortschritte erzielt worden sind. Außerdem könne der Wissenschaftsjournalist dem Leser bei der positiven oder negativen Einschätzung von Ereignissen in Forschung und Technik Hilfestellung geben. Aber "selbstverständlich ist das Hauptgeschäft die saubere, verständliche Darstellung dessen, was ist" (S. 168).

Von diesen Hinweisen geleitet, haben wir versucht, ein Textkorpus aufzubauen, das aus Gründen der thematischen Homogenität ausschließlich Texte zu ein und demselben Forschungsgebiet, nämlich der Genetik, enthält. Die Aktualität gerade dieses Gebiets läßt sich daran ermessen, daß Genetik nach einer Meldung der Saarbrücker Zeitung vom 28.03.1987 das Thema der Nobelpreisträger-Tagung im Sommer 1987 auf der Insel Mainau sein wird. Das Korpus enthält Texte in zwei Sprachen, da der Wissenschaftsjournalismus im Dienst des internationalen Wissensaustauschs steht. Die folgenden sechs Teilgebiete der Genetik sind mit jeweils deutschen und französischen Texten darin vertreten: Einwirkung auf das menschliche Erbgut, Einwirkung auf das Erbgut von Pflanzen, Erforschung des Alterungsprozesses, des Immunsystems, der Auslöser psychischer Erkrankungen und der Blutgerinnung.

Die Durchsicht der gesammelten Texte hat ergeben, daß sie sich mit Hilfe des Kriteriums Textfunktion in drei Gruppen einteilen lassen. Unter der Textfunktion wird die Intention verstanden, die der Autor mit seinem Text beim Leser verfolgt. Dementsprechend weist eine erste Gruppe von Texten ausschließlich die Bühlersche Darstellungsfunktion auf. Der Autor informiert über einen Sachverhalt, ohne diesen zu bewerten. Von dieser Gruppe rein deskriptiver Texte unterscheiden sich die beiden anderen Gruppen dadurch, daß bei ihnen die Bewertung von Sachverhalten eine zentrale Rolle spielt. In den Texten, die wir der zweiten Gruppe zugeordnet haben, wird das Thema argumentativ abgehandelt, die Argumentation wird jedoch durch die Deskription eines Forschungssachverhalts unterbrochen. Dieser deskriptive Textteil ist in sich wertfrei, dient aber innerhalb des Gesamttexts sozusagen als Beleg für die Plausibilität der Argumentation und somit als Abstützung des Werturteils des Autors. In den Texten, die die dritte Gruppe bilden, wird der Gegenstand ausschießlich argumentativ abgehandelt. Gegebenenfalls ist ein Buch, das vorgestellt wird, die Basis der Argumentation. Alle Texte, die wir dieser dritten Gruppe zugeordnet haben, wurden aus dem Korpus eliminiert, weil sie dem vom Wissenschaftsjournalismus benannten Hauptkriterium, nämlich "Darstellung dessen, was ist" (Urban 1986, 168), u.E. nicht entsprechen. Das Korpus besteht also definitiv aus der Gruppe der deskriptiven Texte und der Gruppe der gemischt argumentativ-deskriptiven Texte, wobei unser Interesse deren deskriptivem Teil gilt. Analysiert wurden 40 Texte:

- 7 Texte aus "Science & Vie",
- 15 Texte aus französischen Tageszeitungen,
- 3 Texte aus "Bild der Wissenschaft",
- 15 Texte aus "Frankfurter Allgemeine Zeitung", "Die Zeit",
  "Der Spiegel" und "Saarbrücker Zeitung".

Vier Beispiele aus den Bereichen Pflanzengenetik und Immunsystem werden im Anhang wiedergegeben. Der französische Text I und der deutsche Text II behandeln denselben Gegenstand. Auf diese Beispieltexte wird in den Abschnitten 3 - 8 Bezug genommen.

Als theoretische Grundlage der Untersuchung wird das Isotopiekonzept von Greimas (1966) verwendet. Im Hinblick auf die übergeordnete Zielsetzung, herauszufinden, in welcher Weise Fachsprache in wissenschaftsjournalistischen Texten verwendet wird, erscheint uns das Isotopiekonzept aus zwei Gründen brauchbar. Erstens gibt es bislang noch keinen wissenschaftlichen Ansatz, der es erlauben würde, in der Analysepraxis die wesentlichen Informationen eines Texts mit überindividueller Verbindlichkeit zu isolieren. Diese Behauptung stützt sich auf die in der Materie Textanalyse sehr aktive französische Forschung (Fayol 1985). Der zweite Grund, warum wir uns für

die Isotopie entschieden haben, besteht darin, daß Hoffmann in seinem Aufsatz "Ein textlinguistischer Ansatz in der Fachsprachenforschung" empfiehlt,
daß der Terminus "als Element der Isotopiekette im Text" (1987, 91) untersucht werden sollte.

Wir wollen Fachsprachlichkeit in den Korpustexten erörtern, indem wir auf
der Grundlage der Isotopiegegebenheiten die   I n f o r m a t i o n s -
s t r u k t u r   der Texte herausarbeiten. Diese   Informationsstruktur
sehen wir unter einem   m a k r o s t r u k t u r e l l e n   und einem
m i k r o s t r u k t u r e l l e n   Aspekt. Der makrostrukturelle Aspekt
wird konkretisiert durch die thematischen Gesichtspunkte, die die Gliederung
des Isotopiestrangs verdeutlichen. Es geht hier um die Frage, welche thematischen Gesichtspunkte generell in wissenschaftsjournalistischen Texten
enthalten sind und welche pragmatische Auswirkung das Fehlen von Gesichtspunkten hat.

Unter dem mikrostrukturellen Aspekt wird zum einen der Isotopiestrang in
einem Ganztext modellhaft aufgezeigt, zum andern wird, ausgehend vom
Nachweis des Zusammenhangs zwischen Isotopie und fachsprachlichen Einheiten, untersucht, wie die fachbezogene Information in den deutschen und
französischen Texten des Korpus sprachlich realisiert wird.

Die Untersuchung ist nicht kontrastiv ausgerichtet. Mit der Korpusauswahl
werden zwar vergleichbare Texte in zwei Sprachen bereitgestellt, aber die
sprachlichen Unterschiede werden nicht thematisiert. Vielmehr dienen die
Texte beider Sprachen komplementär zueinander der Verifizierung von Isotopie, Informationsstruktur und Fachsprache in deskriptiven wissenschaftsjournalistischen Texten.

2. Isotopiekonzept

Der Isotopiebegriff stammt aus Greimas' "Sémantique structurale" (1966). Das
semantische Konzept von Greimas, in das sich der Isotopiebegriff einbettet,
hat in der deutschsprachigen textlinguistischen Forschung nicht recht Fuß
fassen können. Der Grund liegt vermutlich darin, daß der Sprachphilosoph
Greimas im französischen Original sehr schwer zu verstehen ist und daß die
deutsche Übersetzung von Ihwe (1971) aufgrund übersetzungsmethodischer
Schwächen nicht lesbar ist. Bei Dressler (1972) und Kallmeyer et al. (1974)
ist das Greimas-Konzept im wesentlichen auf die Definition von Isotopie als
Repetition semantischer Merkmale verkürzt. Viehweger (1977;1978) bemüht
sich jedoch, von dieser Definition ausgehend zu einer Analysekategorie zu
gelangen, mit der sich die sog. "nominativen Ketten" zumindest in kurzen

Texten herauspräparieren lassen. Wir wollen auf diesem Weg einen Schritt weitergehen. Dabei wird berücksichtigt, daß Brinker in seiner "Linguisti-sche(n) Textanalyse" (1985) zwar den Begriff Isotopie nicht verwendet, aber doch demselben Phänomen zentrale Bedeutung zuweist, indem er die Wieder-aufnahmestruktur "als Trägerstruktur für die thematischen Zusammenhänge des Textes" herausstellt und dessen "thematische Orientierung, d.h. die kommunikative Konzentration auf einen einheitlichen Gegenstand" (Brinker 1985, 41 ff.), zum Hauptgesichtspunkt der Analysearbeit macht.

Für Greimas ist die Isotopiekategorie ein Instrument der semiotischen Analyse. Deren Aufgabe sieht er weniger darin, einzelne Bedeutungselemente zu determinieren, als vielmehr die Organisation der Bedeutung im Text zu erarbeiten. Die Isotopie soll die Dynamik der Produktion des Textsinns ver-anschaulichen und nicht etwa dazu führen, daß der Text in einzelne bedeu-tungstragende Zeichen zerstückelt wird. Sie soll das komplexe Zusammenspiel der semiotischen Einheiten durchschaubar machen. Damit verfolgt die Ana-lyse der Isotopie im Text ein anderes Ziel als die inhaltsbezogene Text-analyse, die die Frage zu beantworten sucht: Was sagt der Text aus? (Hénault 1979, 14 ff. und 34).

Nach Anne Hénault (1979), die das Isotopiekonzept in der semiotischen Perspektive erörtert und sich damit als eine charakteristische Vertreterin der Greimas-Rezeption in Frankreich erweist, sind zwei Hypothesen über die Bedeutung maßgeblich für die semiotische Sehweise des Phänomens Isotopie im Text.

Die erste Hypothese besagt: Was wir von der Bedeutung erfassen können, ist Form und nicht Substanz, d.h., die Bedeutung wird durch die Inhaltsform konkretisiert und nur dadurch beschreibbar. Diese erste Hypothese wird durch die zweite ergänzt; diese besagt, daß die Form der Bedeutung sich in Bedeutungssystemen organisiert. Damit wird die Annahme formuliert, daß sich der Textinhalt durch ein Mikrosystem von Bedeutungen konstituiert. Dieses Mikrosystem soll durch die semiotische Analyse aufgeschlüsselt werden (Hénault 1979, 21 ff.). Soweit man Textelemente nur unter dem Aspekt von Semrekurrenz betrachtet, gewährleisten diese – nur – das thematische Kontinuum im Text. Eine Isotopie kommt erst dadurch zustande, daß sem-rekurrente Einheiten andere Einheiten ankoppeln und dadurch die diskursive Entwicklung des Texts ermöglichen. Von daher gesehen, kann sich das durch eine oder mehrere Isotopien verkörperte Mikrosystem in einem Text in zwei unterschiedlichen Typen ausprägen (Hénault 1979, 80 ff.). Der eine Typ kennzeichnet den, wenn man so sagen will, linear strukturierten Text, den ein Isotopiestrang in der genannten Weise durchläuft. Der andere Typ ist für den sog. argumentativen Text charakteristisch. Hier verknüpfen sich die semrekurrenten Einheiten in ihrer Folge so, daß das Themaelement, das sich durch Semrekurrenz auszeichnet, Bewertungen erfährt. Diese können an der Textoberfläche als positive oder negative Bewertungen aufgezeigt werden. Greimas vertritt die Auffassung, daß die binäre Beziehung zwischen semantischen Einheiten für die Bedeutung überhaupt konstitutiv ist und daß solche Oppositionen unsere Wahrnehmung der Welt grundsätzlich strukturieren. Das Prinzip der Binarität ist ein wesentliches Teilstück des Greimasschen Isotopiekonzepts, insofern es mit der Organisation der Bedeutungseinheiten im Text zu tun hat. Für argumentative Texte (siehe dazu Thiel/Thome 1987) und für narrative Texte (z.b. Schmeling 1982) wurde es ausführlich untersucht. In bezug auf deskriptive Texte in der Art unseres Korpusmaterials ist uns keine Untersuchung bekannt.

3. Makrostruktur der Information

Bei der Anwendung des Isotopiekonzepts in der Analyse kommen über die Ermittlung der semrekurrenten Einheiten eines Texts hinaus zwei Aspekte zum Tragen, nämlich die Binarität und die Ankopplung von Bedeutungseinheiten an die den Text durchlaufenden Themaelemente. Eine Reihe der aus "Bild der Wissenschaft", "Frankfurter Allgemeine Zeitung" oder "Science & Vie" entnommenen rein deskriptiven Korpustexte beginnt mit dem Hinweis auf Beobachtungen, die der Auslöser für diejenigen Forschungsarbeiten waren, deren Ablauf bzw. Ergebnis der Text dem Leser präsentiert. Beispielsweise wurde beobachtet, daß von der manisch-depressiven Krankheit gewöhnlich mehrere Mitglieder derselben Familie betroffen sind. Beobachtungen dieser Art verdeutlichen in der Sicht der Forschung und der des berichtenden Journalisten ein Defizit, den Negativpol also, auf den bezogen das Forschungsergebnis der positive Pol ist. Das führt zu der Hypothese, daß Binarität dem Forschungssachverhalt selber inhärent ist und in dessen textueller Darstellung verdeutlicht werden kann. Sie muß aber nicht an der Textoberfläche in Erscheinung treten, denn in der Mehrzahl der Texte im Korpus wird nicht auf ein auslösendes Defizit Bezug genommen. Am Textanfang wird vielmehr meistens ein Forschungsergebnis genannt, dessen positive Einschätzung in der Semantik des Wortmaterials deutlich zum Ausdruck kommt: In den beiden deutschen Beispielen II und III heißt das Prädikat des jeweils ersten Satzes "... ist gelungen". Das französische Textbeispiel I enthält die wörtliche Entsprechung "... a réussi".

Diese Markierung am Textanfang gehört zum journalistischen Formulierungsstandard und ist pragmatischer Natur: Der Leser kann von der Information ausgehen, daß die Forschungsarbeit, die der Journalist ihm darlegt, zu einem positiven Ergebnis geführt hat. 'Positiv' ist also in diesem Fall nicht eine individuelle Wertung des Autors. Man kann annehmen, daß der Leser, der sich mit solchen Texten mit fachlichem Anspruch befaßt, in seinem Verstehensprozeß einen Negativpol, eben das auslösende Defizit, aus seinem Weltwissen selber aufbaut. Diese Annahme stützt sich zudem auf die Meinung von Kalverkämper (1983, 131), "daß die angesprochenen Abläufe, Handlungen und Sachverhalte so verstanden werden sollen, daß sie eingebettet sind in ein bestimmtes Handlungssystem, zu dem sie gehören ...".

Die Durchsicht der deskriptiven Korpustexte sowie der deskriptiven Teile in den gemischt argumentativ-deskriptiven Texten erbringt, daß ihnen eine in der Lasswell-Formel vorgeprägte Datenkonstellation gemeinsam ist. Folgende Fragen werden regelmäßig im Textablauf beantwortet:

- wer, d.h. welcher Forscher/welche Forschergruppe,
- wo, d.h. in welchem Land bzw. mit welcher nationalen Zugehörigkeit und in welcher Forschungsinstitution,
- hat welches Ergebnis erzielt,
- mit welcher möglichen (praktischen oder theoretischen) Nutzanwendung,
- durch welches Forschungsverfahren bzw. durch Klärung welches Sachverhalts?

Diese Daten und den zwischen ihnen gegebenen Zusammenhang betrachten wir als die Makrostruktur der Information. Im konkreten Text brauchen die Daten nicht in der genannten Reihenfolge aufgeführt zu werden, und sie werden auch nicht immer alle aufgeführt. Der Journalist setzt jeweils seine eigenen Prioritäten im verfügbaren Umfang seiner Zeitungsspalte.

Unter dem Gesichtspunkt des mehr oder weniger großen Umfangs gliedert sich zudem die deskriptive Textgruppe nochmals in zwei Teilgruppen auf. Die eine Teilgruppe enthält sog. 'Langtexte' und wird durch das französische Beispiel IV repräsentiert, die andere enthält 'Kurztexte'; dafür stehen die Beispiele II und III. 'Lang' und 'kurz' sind allerdings relationale Angaben, so daß der Übergang zwischen den Gruppen zwangsläufig fließend ist, wie Textbeispiel I zeigt. Das Unterscheidungsmerkmal, das jedoch an relative Länge gebunden ist, besteht darin, daß die Texte der einen Gruppe die Informationsstruktur in ihrer Vollform enthalten, die der anderen aber nur in einer reduzierten Form.

Der kritische Punkt innerhalb der Datenkonstellation, der die Unterscheidung erlaubt und mit Sicherheit auch ein Indikator für die Qualität der journalistischen Leistung ist, ist die explizite Darstellung des Forschungsverfahrens bzw. die Klärung des wissenschaftlichen Sachverhalts. Bei vollständiger Explizierung enthält die Darstellung die folgenden Teilgesichtspunkte:

- die Forschungsvoraussetzungen, z.B. schon vorliegende gesicherte Erkenntnisse oder schon mit Erfolg in anderem Zusammenhang praktizierte Verfahren, die übertragbar erscheinen,
- die Ausgangshypothese,
- den Ablauf des Verfahrens in seinen Teilschritten,
- das Ergebnis; sofern dieses nur ein Teilergebnis innerhalb eines größeren Zusammenhangs ist, folgt daraus wiederum eine Arbeitshypothese, ein weiteres
Verfahren mit seinem Ergebnis und so fort.

(Die in den Beispieltexten berücksichtigten Daten sind bei I, II und III
kenntlich gemacht.)

Erst als Glied einer solchen Informationskette erhält die mögliche Nutzanwendung eines Ergebnisses oder die Forschungsperspektive, die durch ein
Ergebnis eröffnet wird, ihr informatives Gewicht. Auch der Bezug eines
Ergebnisses auf den Stand der Forschung ist erst in diesem Zusammenhang
relevant.

In den deskriptiven Texten ist nicht selten der Übergang von den Forschungsvoraussetzungen zu dem Verfahren, das das Ergebnis erbringt, ein
Weg vom Mißerfolg zum Erfolg, z.B. in Text I, Z. 53 ff. in bezug auf die
vorausgegangene erfolgreiche Methode der Übertragung von Genen auf Toma-
ten, Soja und Tabak, die sich aber nicht bei Getreide anwenden läßt. Im
letzten Abschnitt desselben Texts sowie in Z. 7 - 17 von Text II finden
sich Belege für die Tatsache, daß häufig der erreichte Forschungsstand,
gemessen am spektakulären Einzelergebnis, das herausgestellt wird, noch
deutlich defizitär ist. Betrachtet man diese Fälle unter dem Blickwinkel der
Binarität, so scheint sich die Hypothese zu bestätigen, daß Binarität dem
spezifischen Textgegenstand inhärent ist, aber nur in dem Maße an der
Textoberfläche zum Ausdruck kommt, in dem der Gegenstand expliziert wird.

In diesem Zusammenhang hat das Merkmal der relativen Textlänge zu einer
generellen Beobachtung geführt. Je länger ein Text ist, desto mehr erfährt
der Leser über das Verfahren mitsamt seinen Voraussetzungen, seinen
Teilschritten und seinem Ergebnis. Je kürzer ein Text ist, desto mehr verla-
gert sich das Informationsgewicht vom Verfahren hin zu seinem Ergebnis,
und im Extremfall reduziert sich die Information auf das Ergebnis und seine
evtl. mögliche Nutzanwendung. Ein Text aber, der nur noch eine gelungene
Nutzanwendung vermeldet wie der folgende dpa-Bericht (Saarbrücker Zeitung
vom 23.03.1987), gehört mit Sicherheit nicht zum Bereich des Wissenschaftsjournalismus:

> Vierlinge aus der Retorte in Hamburg geboren
> In der Hamburger Universitätsklinik Eppendorf sind Vierlinge zur Welt
> gekommen, die in der Retorte gezeugt wurden. Bei den Vierlingen
> handelt es sich um drei Mädchen und einen Jungen. Sie wurden zwei
> Monate zu früh geboren und liegen jetzt im Brutkasten. Jedes von
> ihnen wiegt rund 1200 Gramm. Den Babys und der 29jährigen Mutter
> geht es gut. In der Bundesrepublik ist es das erste Mal, daß
> Vierlinge aus der Retorte geboren wurden.

Dieses Beispiel soll den Sprung von der Vertextung von Forschung zur
bloßen Sensationsmeldung verdeutlichen. Selbstverständlich ist es nicht Teil
des Korpus.

4. Nachweis der Isotopie am Beispiel

Mit der näheren Betrachtung der Isotopie soll nun die Untersuchung unter
dem mikroanalytischen Aspekt eingeleitet werden. Wie bereits gesagt wurde,
entwickelt sich der Isotopiestrang im Text vor dem Hintergrund der Text-
gliederung in thematische Teile. Er wird in der Analyse greifbar in der
Abfolge der das Thema tragenden semrekurrenten Einheiten, die andere
semantische Einheiten an sich binden. In seinem Verlauf wird die Dynamik
erkennbar, mit der sich die Textbedeutung linear konstituiert.

Das deskriptive Korpusmaterial zeigt bezüglich der Isotopie einen erstaunlich
einheitlichen Befund. Die Texte enthalten jeweils zwei thematragende lexikalische Einheiten. Die eine davon ist das Lexem "Gen", im Französischen
"gène", oder ein Synonym, die andere ist das für den Text spezifische
Bezugslexem. Beide werden in der Regel in der Textüberschrift benannt, so
in Beispiel III "Gen" und "Baumwollpflanzen", in Beispiel II "Gen" und
"Roggenpflanzen", im französischen Beispiel I ist "patrimoine céréalier" zu
übersetzen mit "Erbsubstanz von Getreidepflanzen". Im französischen Beispiel IV sind die Themawörter "gène" und "immunité".

Der Isotopiestrang ergibt sich aus der Wiederaufnahme und Verknüpfung der
beiden Themawörter. S t r a n g wird somit als Oberbegriff verstanden.
Der Unterbegriff ist die Isotopie-K e t t e , die durch die Abfolge der
Wiederaufnahmeelemente des einzelnen Themaworts gebildet wird. Der Isotopiestrang in den deskriptiven wissenschaftsjournalistischen Texten wird
also durch zwei Isotopieketten konstituiert. Diese Gegebenheit soll am
französischen Beispiel IV "L'immunité a aussi son gène" demonstriert werden,
zumal uns aus der textlinguistischen Fachliteratur keine Demonstration einer Isotopie in einem langen Ganztext bekannt ist. Die schematische
Darstellung im Anhang und deren Kommentierung sollen hier an die Stelle
einer zwangsläufig abstrakten methodischen Erörterung treten.

Der 'eigentliche' Text hat einen graphisch markierten Vorspann, der die Grunddaten der Informationsstruktur des Gesamttexts in konzentrierter Form angibt:

- Biologen, die in der Fußnote namentlich benannt sind, haben
- in Kanada und USA gleichzeitig
- den Schlüssel zum Immunprozeß gefunden
- durch Isolierung desjenigen Gens, das die Abwehrtätigkeit des Organismus gegen Mikroben in Gang setzt,
- mit möglichen positiven Auswirkungen auf alle Fälle der Immunschwäche.

Der thematische Aufbau des 'eigentlichen' Texts (die Buchstaben finden sich am Rand des Beispiels IV) präsentiert sich wie folgt:

A Forschungsvoraussetzungen; drei werden beschrieben: der Aufbau der DNA, die Aufgaben der B- und T-Lymphozyten und das gesicherte Wissen in bezug auf die Funktion der T-Lymphozyten ;

B Forschungshypothese, daß das Vorhandensein oder Fehlen bzw. eine Anomalie des für die Eiweißsynthese verantwortlichen Gens das menschliche Immunsystem aktiviert bzw. lähmt;

C Forschungsverfahren, durch das das entsprechende Gen isoliert und danach in vitro erzeugt wird;

D Ergebnis des Verfahrens: Das in vitro erzeugte Gen verhält sich wie das natürliche Gen;

E Forschungsperspektive: die Anwendung auf verschiedene Formen von Immunschwäche;

F mögliche Anwendung in der Gen-Chirurgie mit Beschreibung des Verfahrens;

G Stand der Forschung.

Der sich vor diesem Hintergrund abzeichnende Isotopiestrang ist im Schema (Anhang) in der Weise notiert worden, daß den beiden Themawörtern "gène" und "immunité" die die jeweilige Isotopiekette bildenden Einheiten mit ihrem Kontext optisch zugeordnet wurden. So sind darstellungstechnisch zwei Spalten entstanden, die sowohl für jede der beiden Einheiten die Art der Wiederaufnahme und der Ankopplung weiterer Bedeutungseinheiten zeigen, als auch die Verknüpfung von "gène" und "immunité" innerhalb eines bestimmten thematischen Textteils erkennen lassen. Die Zeilenangaben am linken Rand gewährleisten den Rückbezug auf den Text. Die 'Explikation' auf dem rechten Rand wird in Abschnitt 5 kommentiert.

Im Vorspann sind die linke und die rechte Spalte gleich stark gefüllt. Die Gen-Kette beginnt mit dem metaphorischen "clé", das sich anaphorisch zu dem in der Überschrift vorausgehenden und kataphorisch zu dem nachfolgenden Lexem "gène" verhält. Betrachtet man die Prädikat-Objekt-Gruppen "ont trouvé la clé" und "ont isolé le gène" sowie die Nominalisierung "une découverte primordiale", so ergibt sich in der semiotischen Sicht ein Paradigma redundanter Äußerungseinheiten, die in der gewählten Form als Texteinleitung ihre Wirkung auf den Leser nicht verfehlen dürften. In der rechten Spalte folgen auf das Adjektivabstraktum "immunité" der Überschrift die Wortgruppe "processus immunitaire" sowie deren erklärende Paraphrase "défense de notre organisme contre ..." und die Wortgruppe "système immunitaire". Der Sachverhalt wird damit im Textvorspann unter seinem statischen und seinem dynamischen Aspekt benannt.

Innerhalb des Teils "Forschungsvoraussetzungen" (A) sind "gène" als Nomen und "génétique" als Adjektiv stark rekurrent. Andere Formen der Wiederaufnahme sind das Nomen "message" (Z. 22, 39, 54) und das dazugehörige Adjektiv "messager" (Z. 52, 57) sowie das Adjektiv "héréditaire" in der rekurrenten Wortgruppe "caractère héréditaire" (Z. 11, 40f., 64f.) und als weitgehend redundante Charakterisierung von "message" (Z. 22). Was diese Isotopieeinheiten für die Organisation der Bedeutung im Text leisten, ist an ihrer kontextuellen Einbettung zu erkennen. In der Immunität-Kette verbalisiert "défendre" (Z. 15) das Thema. Die Prädikat-Objekt-Gruppe "défendre contre tous les agresseurs, ... les antigènes" (Z. 15 - 17) zeigt zugleich das Gegenthema auf: Antigene sind Aggressoren, gegen die sich die Verteidigung richtet. Auch die Träger des Gegenthemas werden - wie Antonyme - als Glieder der Isotopiekette betrachtet. Es ist bemerkenswert, daß die rechte Spalte danach erst da wieder besetzt wird, wo die Beschreibung der Lymphozyten beginnt. Im Wechselspiel von Thema und Gegenthema findet sich dann, sozusagen als Oberbegriff, "défenses immunitaires" (Z. 76f.), spezifiziert durch die Verbformen, die die Tätigkeit der Lymphozyten gegenüber den Antigenen beinhalten: "reconnaître le 'mal' ... et se diriger sur lui" (Z. 89-91). In dem Zusammenhang werden auch die spezifischen Verteidiger benannt: "protéines à têtes chercheuses ... qui auront pour rôle d'attaquer ... et de ... détruire" (Z. 99-103). Unter dem thematischen Teilgesichtspunkt "gesichertes Wissen als Forschungsvoraussetzung", der ausschließlich von der Immunität-Kette getragen wird, stehen im Syntagma "la recherche de l'ennemi" (Z. 106f.) gemeinsprachliche Vertreter von Thema und Gegenthema einander gegenüber. Der grundlegende Unterschied zwischen B- und T-Lymphozyten wird durch die verbalen Äußerungen "attaquer" und "n'intervenir que" (Z. 110f. und 112) für jedermann leicht verständlich angegeben.

Im darauf folgenden kurzen Textteil "Hypothese" (B) verknüpfen sich beide Isotopieketten im Syntagma "le gène responsable de la synthèse de la protéine à têtes chercheuses" (Z. 113-115) und im Kontext von "ce gène 'chef'" (Z. 119f.) und "système immunitaire" (Z. 121).

Im Textteil "Verfahren" (C) erscheinen in der Gen-Kette wieder die schon bekannten Einheiten. Neu ist hier nur die Wortgruppe "ingéniérie génétique" (Z. 148) (Gentechnik). In der Immunität-Kette nimmt "en activité" (Z. 127) das Thema "défense" global wieder auf. Es wird ausschließlich durch das Syntagma "protéine à tête(s) chercheuse(s)" (Z. 144f., 157f.) weitergeführt. Hier wird die Einbettung der Isotopie in den spezifischen Textteil besonders deutlich.

Die mit "dès lors" (Z. 160) eingeleitete Formulierung des "Ergebnisses" (D) hat als thematische Glieder in der Gen-Kette "copies du gène greffé" (Z. 163) und in der Immunität-Kette das anaphorische "la protéine recherchée" (Z. 164) und enthält die Hauptaussage in dem Prädikat "fonctionne donc comme un lymphocyte T" (Z. 166f.).

In dem aus Platzgründen nicht wiedergegebenen Textteil "Forschungsperspektive" (E) ist nur die Immunität-Kette besetzt. Hier wird der dynamische Themaaspekt in die Zukunft projiziert und mit dem Gegenthema verknüpft: "Il ne reste plus qu'à mettre cette population de pseudo-lymphocytes T au contact de différents antigènes" (Z. 167-171). In den beiden abschließenden Textteilen "Anwendung in der Gen-Chirurgie" (F) und "Stand der Forschung" (G) lassen die Glieder der Gen-Kette nochmals deutlich den mehrfach erwähnten direkten Bezug der Isotopie zum thematischen Teilaspekt des Texts erkennen. Das Adjektiv "génétique" ist in Z. 176f. und 200 rekurrent. Es determiniert in dem einen Fall das Nomen "chirurgie" als den entsprechenden Anwendungsbereich der Forschung und im anderen Fall das Nomen "greffe", insofern der Stand der Forschung in bezug auf bestimmte Gen-Übertragungen angesprochen wird.

Makrostruktur und Mikrostruktur der Information erweisen somit einerseits ihre hierarchische Beziehung, andererseits ihre Komplementarität im Hinblick auf die Organisation der Textbedeutung.

5. Isotopiekonzept und Fachlichkeit

Wissenschaft unter die Leute zu bringen heißt nicht allein, fachspezifische Information geschickt zu strukturieren und zu einem plausiblen Isotopiestrang zu verknüpfen, sondern bedeutet auch, für deren Präsentation in Texten Strategien der Versprachlichung zu entwickeln, die bis in die Wahl der einzelnen Benennung hinein dem Postulat der Herstellung von Allgemeinverständlichkeit ebenso genügen wie dem Erfordernis der sachlich korrekten Darstellung. Dadurch sieht sich der Wissenschaftsjournalist als Vermittler zwischen Fachleuten und Laien ständig herausgefordert, zwischen den einerseits fachintern, andererseits fachextern üblichen sprachlichen Mitteln einen Ausgleich zu schaffen. Gemeinsprache, wo möglich, Fachsprache, wo nötig, so könnte man unter Abwandlung einer bekannten übersetzungstheoretischen Forderung in einem ersten Zugriff das Bemühen charakterisieren, wissenschaftsjournalistisch angemessen, d.h. sach- wie zielgruppengerecht zu formulieren. Das Ergebnis dieser permanenten Anstrengung sind Texte mit einer ganz spezifischen Ausprägung von Fachlichkeit. Diese kommt dadurch zustande, daß aller Bevorzugung gemeinsprachlicher Ausdrucksmittel zum Trotz unumgängliche fachspezifische Formulierungen sogleich mit nichtfachlichen Mitteln rezipientenfreundlich aufgearbeitet und erklärt werden. Hierfür finden sich in Text I im Anhang Beispiele wie "un antibiotique, la kanamycine" (Z. 12f.) oder "la méiose (formation du pollen)" (Z. 90f.). Aus Text IV lassen sich Beispiele wie "... de gènes ..., chacun porteur d'un caractère hériditaire donné" (Z. 10-12) oder "ARN messager (acide ribonucléique), qui peut ainsi véhiculer le message" (Z. 52-54) zitieren. Diese Textstellen sind uns bereits bei der Isotopie-Analyse begegnet und weisen mit einer ganzen Reihe weiterer Belege darauf hin, daß Explikationen fachsprachlicher Elemente speziell dann präsentiert werden, wenn diese Bestandteil einer Isotopiekette sind und damit wesentlich zur Organisation der Bedeutung im Text beitragen. Wie konsequent nach diesem Prinzip verfahren wird, zeigt das Schema im Anhang. Die insgesamt dreizehn in den beiden Isotopieketten auftretenden fachsprachlichen Elemente sind am rechten Rand unter dem Stichwort Explikation aufgeführt; die zugehörigen Erklärungskontexte sind mittels durchlaufender Unterstreichungen gekennzeichnet. Unter diesen Verbindungen von Fachelement und Erklärung, auf deren hier nur schwach angedeutete Variantenvielfalt noch einzugehen sein wird, findet sich mit "cloner" (Explikation 11) ein Beleg dafür, daß der durch die Fachbezeichnung ausgelöste Erklärungskontext bei entsprechendem Umfang selber eigenständige Isotopiekettenglieder bilden kann. So erstreckt sich Explikation 11 über nicht weniger als sechs solcher Glieder, von denen die mit den Zeilenangaben 146, 155 und 160 markierten zur Kette "gène", die übrigen zur Kette "immunité" gehören. Die vom gleichen Erklärungskontext gebildeten Glieder können somit in verschiedenen Isotopieketten auftreten, die ihrerseits durch den so verteilten Erklärungskontext eng miteinander verklammert werden. Innerhalb der von erklärenden Zusätzen fachsprachlicher Elemente bereits belegten Isotopieglieder können, wie

Explikation 12 zeigt, noch weitere Fachelemente mit ihren Erklärungen erscheinen. Ein solcher Erklärungskontext im Erklärungskontext kann, wie das Beispiel bestätigt, aus Gründen der Übersichtlichkeit seinerseits natürlich nur knapp ausfallen. Dagegen lösen Fachelemente, die innerhalb der Kette bereits Gegenstand einer Erläuterung waren, keinen weiteren Erklärungskontext aus. So wird das mit Explikation 3 geklärte "antigènes" bei seiner neuerlichen Verwendung im Zusammenhang mit Explikation 9 unkommentiert als bekannt vorausgesetzt.

Diese ersten und noch oberflächlichen Beobachtungen geben Anlaß zu der Vermutung, daß nicht nur die Entscheidung über die Anbringung oder Fortlassung von Erklärungskontext, sondern daß auch dessen Position im Text sowie dessen Umfang und – damit zusammenhängend – auch dessen Ausgestaltung aufs engste mit den Isotopiegegebenheiten im jeweiligen Textexemplar verknüpft sind. Mit der noch zu leistenden Verifizierung dieser Annahme wäre ein metasprachlicher Erklärungskontext gewonnen, der den von Kalverkämper in einem kürzlich erschienenen Aufsatz unternommenen Versuch, die Determination von Fachtermini aus Chemie und Ökologie mit Hilfe der Funktionellen Satzperspektive zu beschreiben und ihr Fehlen durch sog. paradigmatische, d.h. im Lesergedächtnis gespeicherte, Texte zu motivieren (1987, 42 ff., 52 ff.), um eine neue Perspektive erweitern könnte.

Das Ziel, einen kohärenten Beschreibungs- und Erklärungszusammenhang für die Mittel der Präsentation fachsprachlicher Elemente in wissenschaftsjournalistischen Texten zu entwickeln, soll auf dem Weg über eine möglichst vollständige Erfassung aller denkbaren Ausformungen der oben definierten Fachlichkeit erfolgen. Dabei soll der vermutete Zusammenhang zwischen ebendieser Fachlichkeit und dem Isotopiekonzept ständig mitbedacht werden. Hierzu greifen wir aus Gründen der Vereinfachung des Vorgehens immer wieder auf das anhand von Text IV erarbeitete Analyseergebnis (Schema im Anhang) zurück.

6. Fachsprachliche Elemente in Erklärungskontexten

Die Erklärungskontexte auslösenden fachsprachlichen Elemente bezeichnen in unserem Korpus Personen, meist Fachleute (wie "M. Jacques Tempé" (I, 17f.) oder "jumeaux dizygotes" (T. 5)), Institutionen (wie "INRA" (I, 21)), Stoffe oder Substanzen (wie "cholestérol" (T. 15)), Eigenschaften (wie "récessif" (T. 3)), Krankheiten (wie "hémophilie" (T. 6)) oder auch Tätigkeiten (wie "fragmenter l'ADN" (T. 2)). Formal gesehen, können Elemente aller Größenordnungen, vom Morphem und Akronym über Lexem, Syntagma und Teilsatz bis hin zum Satz, Erklärungen auslösen. Dies zeigen die folgenden quer durch unser Korpus gesammelten Beispiele:

(1) L'autisme (du grec autos : soi-même) ... (T. 3)
(2) ... l'ADN (acide désoxyribonucléique), qui est le constituant essentiel des chromosomes ... (T. IV, 23-25)
(3a) ... das pollenbildende Gewebe (Archespor) ... (T. II,
23f.)
(3b) ... endogène, synthétisé par l'organisme ... (T. 4)
(3c) ... cloner ... Pour cela, les chercheurs ont utilisé
une bactérie 'Escherichia coli' ... Cette bactérie
possède ... de petits anneaux d'ADN, dits "plasmides".
L'un de ceux-ci a donc été extrait et sectionné à
l'aide d'un enzyme particulier ... Dans la section
ainsi aménagée, le gène codant pour la protéine à têtes
chercheuses a été inséré et attaché à ses deux
extrémités ... Dès lors, en se multipliant 'in vitro',
la bactérie a transmis à sa descendance autant de
copies du gène greffé ... Ainsi "détournée", la
bactérie fonctionne donc comme un lymphocyte T... (T.
IV, 145-167)
(4) ... la galle du collet, un véritable cancer des plantes
... (T. I, 48-50)
(5) ... parce que le gène porté sur l'allèle normal masque
son activité. (Un embryon féminin qui reçoit les deux
gènes ne survit pas). La femme qui reçoit le gène de
l'hémophilie ne fait donc que le transmettre à sa descendance ... (T. 6)
(6) ... Celles-ci peuvent être considérées comme les éléments fondamentaux de l'"alphabet" génétique. Car l'ordre dans lequel ces bases sont placées sur la double
hélice de l'ADN détermine le message codé par ce gène
... (T. IV, 33-39)

7. Erklärungskontexte für fachsprachliche Elemente

Die fachspezifische Textelemente erklärenden Beifügungen selbst präsentieren sich als ein breites Spektrum von Varianten, die sich, wie es bereits
die wenigen bisher vorgeführten Beispiele erkennen lassen, nach ihrer
Position im Text, ihrem Umfang und insbesondere ihrer sprachlichen Ausgestaltung z.T. erheblich voneinander unterscheiden. Gemeinsam ist ihnen
lediglich ihre Funktion als Hilfe zum Abbau von Unbekanntem und Nicht-
gewußtem oder doch zumindest nicht gerade Geläufigem sowie die Tatsache,
daß sie im Normalfall unter Rückgriff auf gemeinsprachliche Mittel formuliert
werden. Doch bereits von dieser letztgenannten Gemeinsamkeit gibt es
Abweichungen. In

(7) ... d'ARN ... (acide ribonucléique) (T. IV, 52f.)

dürfte die Auflösung des Akronyms allein durch die entsprechende Fachbenennung für den Laien ebensowenig hilfreich sein wie in

(8) ... la phénylcétonurie. Cette maladie héréditaire grave
... est caractérisée par un déficit enzymatique empê-
chant la dégradation d'un acide aminé, la phénylalanine
... (T. 2)

die Erklärung von Fachtermini durch fachspezifische Charakteristika
("phénylcétonurie" = "déficit enzymatique") bzw. durch fachspezifische Synonyme ("phénylalanine" = "acide aminé"). Der Unzulänglichkeit der Akronym-
Auflösung als Verständnishilfe ist sich jedenfalls der Autor bei Beispiel (2)
selber bewußt gewesen, wie der zusätzlich angefügte erklärende Relativsatz
erkennen läßt.

7.1 Syntaktische Positionen von Erklärungskontexten

Die zwischen den einzelnen Erklärungskontexten bestehenden Unterschiede
im Hinblick auf die jeweilige Stellung im Text lassen sich auf drei
Positionstypen zurückführen: Die erklärende Ergänzung kann dem als
erklärungsbedürftig eingestuften Element folgen, sie kann ihm vorangehen,
oder sie schließt es ein.

Der erstgenannte Positionstyp, bei dem die Erklärung nachgeschoben wird,
ist in allen Belegtexten am geläufigsten. Dies bestätigt auch unser Isotopie-
Schema: Von den dreizehn in ihm enthaltenen Explikationen sind nicht
weniger als neun dem Bezugselement nachgestellt. Dieser von Kalverkämper
(1987, 42 f.) als rhematische oder anaphorische Determination gekennzeichnete Positionstyp korreliert in auffallend regelhafter Weise mit der
jeweiligen Stellung von Erklärungsgegenstand und Erklärungskontext im
Isotopiegefüge: Ihre Symbiose setzt stets in derselben Kette ein, der auch
das vorausgehende Glied angehört, d.h., sie beginnt nie an einer Stelle, wo
der Text von einer Isotopiekette zu einer anderen überwechselt. Die einzige
– und bekanntlich die Regel bestätigende – Ausnahme ist Explikation 13,
die genau an einem Übergang von der Kette "gène" zur Kette "immunité"
beginnt. Gerade die bei allen übrigen Beispielen gegebene und darum den
Normalfall charakterisierende Einbettung der Folge fachsprachliches Element
+ Erklärung in die jeweilige Isotopiekette und der damit gewährleistete
stabile semantische Hintergrund gestattet es, dem Leser nicht geläufige
Elemente noch vor deren Klärung darzubieten.

Der zweite, durch Prädeterminierung des als erklärungsbedürftig einge-
schätzten Elements gekennzeichnete, von Kalverkämper (1987, 43 ff.) auch

thematisch oder kataphorisch genannte Positionstyp ist in unserem Isotopie-Beispiel nur einmal, und zwar mit Explikation 3, belegt. Immerhin entspricht dieser Beleg unserer Erwartung, daß die Folge Erklärung + Bezugsobjekt exakt nach einem Isotopiewechsel, und zwar nach dem Wechsel von der Isotopiekette "gène" zur Kette "immunité" auftritt. Diese Beobachtung wird, wenn man die allzu schmale Materialbasis unter Rückgriff etwa auf Beispiel (3a) erweitert, durch die in Text II gegebenen Verhältnisse bestätigt. Mit der Voraberklärung vollzieht sich zugleich ein Wechsel von der Isotopiekette "Roggenpflanzen" zur Kette "Gene". Das mit einem solchen Wechsel verbundene Moment der Instabilität des semantischen Hintergrunds erlaubt es offenbar nicht, durch Nennung von Neuem, hier von fachspezifischen Elementen, noch einen zusätzlichen Faktor möglicher Verunsicherung des Lesers einzubringen. So wird zunächst mit der Präsentation von Bekanntem, eben dem Erklärungskontext, die semantische Stabilität wiederhergestellt.

Der dritte Positionstyp ist die Kombination der beiden zuvor genannten Positionsarten insofern, als die eine Hälfte der Erklärung vor, die andere hinter dem Bezugselement steht. Dabei weisen die beiden Informationsteile entgegen Kalverkämpers (1987, 45 f.) Behauptung keineswegs Redundanz auf, sondern verhalten sich im Gegenteil, wie noch zu zeigen sein wird, komplementär zueinander. Hinsichtlich der Stellung dieses Typs im Isotopiegeflecht ist von der Möglichkeit der Situierung an beiden zuvor beschriebenen Stellen auszugehen. Die drei im Isotopie-Schema enthaltenen Belege zeigen sich in der Tat in beiden Positionen. Die Explikationen 5 und 7 gehören zu einer Serie von Gliedern der gleichen Kette, nämlich "gène". Explikation 12 dagegen setzt nach einem Wechsel von der Kette "immunité" zur Kette "gène" ein. In beiden Fällen wird keinerlei zusätzliche Leseerschwernis verursacht, weil die Aufteilung des Erklärungskontexts in jeder beliebigen Stellung im Text Eindeutigkeit sichert.

7.2 Erklärungskontexte in syntaktischen Positionen

Stärker als nach den jeweiligen Positionstypen, die im übrigen als Einteilungskriterium für die folgenden Ausführungen dienen, divergieren die erklärenden Beifügungen zu fachspezifischen Textelementen hinsichtlich ihres Umfangs und insbesondere ihrer sprachlichen Ausformung. Wie ihre Bezugselemente, aber unabhängig von deren eigenem Format, umfassen sie Größenordnungen vom Lexem bis zum Satz. In Einzelfällen können sie sogar Textumfang annehmen. Semantisch gesehen, zentrieren sie sich auf die Angabe eines oder einiger weniger Merkmale, die je nach der Textumgebung Beschaffenheit, Herkunft, Wirkungsweise oder Bearbeitung des betreffenden Phänomens charakterisieren. Die inhaltliche Seite soll bei der folgenden

Beschreibung der einzelnen Ausprägungen aus Vollständigkeitsgründen stets mitbeachtet werden.

7.2.1 Nachgestellte Erklärungskontexte

Bei den nachgestellten Erklärungen ist die knappste und ökonomischste Form zweifellos der Klammersatz mit nur einem Element wie in

(9) ... le cancer de Wilms (rein) ... (T. 6),

wo die Klammer elliptisch für z.b. "qui attaque le rein" oder "qui est une maladie du rein" steht und damit, obwohl äußerstes Informationskondensat, die Angabe des Wirkungsorts beinhaltet. Auch das geklammerte Syntagma wie in Beispiel (1) ist eine ökonomische Art der nachträglich erklärenden Stützung, im gegebenen Fall in Form der Rückführung eines Terminus auf sein Etymon. Dieser Erklärungsart steht das durch Komma abgetrennte, als appositive Ergänzung verwendete Syntagma an Ökonomie nicht nach. Ein Beleg hierfür ist Beispiel (4), wo eine komplexe Fachbenennung durch den erklärenden Zusatz in Bezug zu dem von ihm bezeichneten Sachverhalt gesetzt wird. Vergleichbar knapp ist die mit Konjunktion angeschlossene Erklärung durch ein synonymisches Syntagma wie in

(10) ... un oncogène ou gène du cancer (T. 6)

Den immer noch ökonomisch zu nennenden Übergang zur Teilsatzebene bildet die Postdeterminierung durch einen Partizipialsatz mit der Funktion eines verkürzten Relativsatzes wie in Beispiel (3b), in dem eine Eigenschaft per Erklärungszusatz anhand eines Vorgangs konkretisiert wird. Der relativische Zusatz kann mit gleicher konkretisierender Funktion auch in Klammern auftreten wie in

(11) ... de jumeaux monozygotes (provenant d'un seul ovule)
     ... (T. 5)

Die Knappheit der Ausdrucksweise gestattet sogar die Dopplung des verkürzten Relativsatzes, wobei im Beleg zusätzlich die Kennzeichnung der Erklärungsfunktion der Klammeraussage durch "c'est-à-dire" und die logische Verknüpfung beider Teilsätze durch "par conséquent" erfolgt:

(12) ... de vrais jumeaux (c'est-à-dire provenant tous les
     deux d'un seul ovule, et possédant par conséquent un
     patrimoine génétique identique) ... (T. 3)

In diesem Beispiel wird die Erklärung durch den Hinweis auf den Entstehungsvorgang und dessen Konsequenz geleistet. Der vollständige Relativsatz kann ohne Klammern angefügt werden wie in Beispiel (2) oder mit Klammern wie in

(13) ... d'anticorps (*qui sont en fait des protéines*) ...
(T. IV, 83f.)

Beide Beispiele drücken ein Wesensmerkmal des mit dem Terminus bezeichneten Phänomens aus. Andere Teilsatztypen als Relativsätze sind als Träger nachgereichter Erklärungen von fachsprachlichen Textelementen offenbar äußerst selten. In dem von uns ausgewerteten Korpus ist als einziges Beispiel ein Kausalsatz enthalten, der den Anlaß einer Krankheitsbezeichnung ("chorée de Huntington") angibt:

(14) **Elle se manifeste d'abord par des contractions musculaires involontaires ou choréiques (*parce qu'ils évoquent la danse*) ... (T. 2)**

Einen Satz als Erklärungsträger weist neben Beispiel (8) auch Beispiel (6) auf, wo, vergleichbar mit Beleg (12), das Einleitungselement, die Konjunktion "car", die Erläuterungsfunktion der Aussage auch expliziert. In beiden Beispielen werden die durch das erklärte Textsegment gekennzeichneten Phänomene durch eine Zustandsgegebenheit und deren Auswirkung näher erläutert. Da Einfachsätze im Korpus als eigenständige nachträgliche Erklärungen von Fachelementen nicht nachweisbar sind, bilden (6) wie (8) in ihrer Eigenschaft als Satzgefüge strenggenommen bereits den Übergang zur Satzfolge, wie sie in Beispiel (5) belegt ist. Hier ist der zweite mit dem ersten – mit Klammern versehenen – Satz durch die Konjunktion "donc" verbunden und dadurch mit diesem in eine Relation der Folgerung gesetzt. Beide Aussagen verdeutlichen das im Bezugselement genannte Geschehen anhand der Reaktionen des weiblichen Organismus.

Mit Beispiel (3c) schließlich erreicht die nachgeschobene Erklärung den Umfang eines Texts. Er besteht aus nicht weniger als sechs Satzgefügen, die eng miteinander verzahnt sind. Die Serie beginnt mit dem auf das zu erklärende "cloner" rückverweisenden Konnektor "pour cela" und geht zunächst auf das verwendete Material ein. Auf dieses wiederum verweist das das zweite Gefüge einleitende Syntagma "cette bactérie" zurück und bringt zugleich eine wichtige Eigenschaft ins Spiel. Auch das folgende Gefüge ist anaphorisch angekoppelt. Es bezieht sich mit "l'un de ceux-ci" auf vorausgehendes "plasmides" und beschreibt die an diesen durchgeführte Behandlung. An diese wiederum knüpft "ainsi aménagée" im anschließenden Gefüge an, in dem die Weiterbearbeitung des Materials dargestellt wird. Der durch "dès lors" getragene temporale Anschluß des nächsten Gefüges leitet über zur Eigenentwicklungsphase. Auf diese verweist das Syntagma "ainsi détournée" im letzten Gefüge zurück, in dem die Aktivität des künstlich erzeugten Gens durch einen Vergleich verdeutlicht wird.

Die mit dieser konzentrierten Übersicht nachgewiesene Variantenvielfalt nachgestellter Erklärungskontexte spiegelt sich in unserem Isotopie-Schema, wenn auch in reduzierter Form, wider. Es enthält Belege für Postdeterminierung mittels Syntagma, Teilsatz, Satzgefüge und Text. Das Fehlen des Lexems als Erklärungselement ist dabei nur Ausdruck der im Gesamtkorpus spürbaren Tendenz, bei nachgestellten Erklärungen weiter auszugreifen. Schließlich erlaubt es die im Zusammenhang mit ihrer Situierung nachgewiesene Einbettung nachträglicher Erklärungen im Isotopiestrang, ohne Beeinträchtigung der semantischen Kohärenz auch ins Detail zu gehen. Die Verankerung des Bezugselements und eines Teils des Erklärungskontexts in ein und derselben Folge von Isotopiegliedern erklärt auch, warum in dem bereits ausführlich beschriebenen Beispiel (6) die Hälfte der Erklärungen in der anderen Kette untergebracht werden kann. Bei den übrigen, auf nur ein Glied beschränkten Verbindungen von fachsprachlichem Element und Erklärungskontext fällt letzterer um so umfänglicher aus, je unmittelbarer er bei aller (von Kalverkämper so betonten) Rückwärtsgerichtetheit zum folgenden Glied der Isotopiekette überleitet. So führt die mit Beispiel (2) identische, als geklammertes Syntagma mit zusätzlichem Relativsatz gestaltete Erläuterung zu "ADN" in Explikation 4 direkt zu dessen Wiederholung im folgenden Glied. Gleiche Verhältnisse liegen mit dem Erklärungstext zu "ARN" in Explikation 8 vor. Der noch weiter ausladende Erklärungskontext in Explikation 10 umfaßt sogar zwei Relativsätze und einen Infinitivsatz mit den beiden Prädikaten "attaquer" und "détruire", die sich auf den Zentralbegriff "ennemi" im sich anschließenden Kettenglied beziehen. Demgegenüber besteht der erklärende Zusatz in Explikation 2 aus nur einem Syntagma mit einer sehr allgemeinen Feststellung ("chacun porteur ..."), von der im nächsten Glied erst abstrahiert werden muß, um zur hier zentralen Aussage "défendre contre les agresseurs" zu gelangen. Das Fehlen der unmittelbaren Beziehung zwischen Erklärung und Folgeglied hat in diesem Beleg deutlich verkürzend gewirkt.

7.2.2 Vorangestellte Erklärungskontexte

Bei den dem erläuterungsbedürftigen Element vorangestellten Erklärungen sind, abweichend von den nachgestellten Kontexten, nicht alle Größenordnungen im Korpus vertreten. Die überaus knappe Form des Lexems zeigt die Erläuterung in

(15) ... das Antibiotikum Kanamycin ... (T. III, 5),

wo das erklärende Element auf eine Stoffangabe reduziert ist.

Eine Voraberklärung im Format eines Syntagmas bietet Beispiel (3a), in dem die Aktivität des mit dem Terminus bezeichneten Phänomens angedeutet wird. Mit der nächsthöheren in unserem Korpus enthaltenen Größenordnung erreicht die vorangestellte Erklärung bereits die Ebene des Satzgefüges:

(16) ... Et là, ô surprise, ils ont découvert qu'un gène donné qui n'existait qu'en un seul exemplaire chez le moustique non résistant avait été multiplié chez l'autre par 200! C'est ce qu'on appelle, en langage de métier, l'amplification génique ... (T. 7)

Das mit "en langage de métier" explizit als fachterminologisch gekennzeichnete Bezugssyntagma wird als überraschende Entdeckung dargestellt. Im übrigen ist dies der mit Abstand umfänglichste vorab gegebene Erklärungskontext. Ansonsten zeigen die im Korpus vertretenen Belege – ganz im Gegensatz zu den nachgestellten Erklärungen – wie angedeutet eine klare Tendenz zur Kurzform. Diese findet ihre Motivation darin, daß der Kontexttyp der Voranstellung in seiner bereits beschriebenen Position zwischen Wechsel der Isotopiekette und neuem Element letztlich nach beiden Seiten klärend wirken muß, und dies eben, nicht zuletzt der Textkohärenz wegen, so rasch und knapp wie möglich.

7.2.3 Einschließende Erklärungskontexte

Die Kombination von vorangestellter und nachgeschobener Erläuterung zu fachsprachlichen Textelementen als der dritte Typ von Erklärungskontext ist in unserem Korpus mit einer ganzen Reihe von Beispielvarianten belegt. Dabei fällt auf, daß der Gegenstand der Erklärungsbemühungen selbst von seinem Umfang her äußerst eingeschränkt ist: Er hat Lexem- oder maximal Syntagmagröße. Bei den Voranstellungen sind Lexem, Syntagma und Satzgefüge, bei den Hintanstellungen sind Syntagma, Teilsatz, Satzgefüge und Text vertreten. Von den damit gegebenen zwölf denkbaren Möglichkeiten der Kombination der Kontexte sind im Korpus insgesamt acht nachweisbar. Die Unterschiedlichkeit der Kombinationstypen rührt dabei von der Varianz der nachgestellten Erläuterungen her, die auch bei den einschließenden Kontexten deutlich größer ist als die der vorangestellten Erklärungen. So verbindet sich in den folgenden acht Beispielen ein dem Bezugselement vorangestelltes Lexem mit einem nachgestellten Syntagma bzw. Teilsatz, ein vorangestelltes Syntagma mit einem nachgestellten Teilsatz bzw. Text, ein vorangestelltes Satzgefüge mit einem Syntagma, Teilsatz, Satzgefüge bzw. Text. In der in dieser Übersicht vorgegebenen Reihenfolge werden nunmehr die Kombinationsmöglichkeiten im einzelnen belegt. Dabei soll kontinuierlich das Verhältnis der beiden Teile des Erklärungskontexts zueinander im Auge behalten werden, um so den Nachweis ihrer zuvor behaupteten Komplementarität führen zu können.

Im folgenden Beispiel tritt als Bezugselement zunächst ein Eigenname auf:

(17) ... le Pr Edward Ritvo, de l'Institut de neuropsychiatrie de l'université de Californie ... (T. 3)

Die beiden Teilerklärungen, das eine Berufsbezeichnung ausdrückende, in Abkürzung präsentierte Lexem und das die Angabe eines Wirkungsorts enthaltende Syntagma, lassen sich mühelos zu einer einzigen, formal und semantisch kohärenten Aussage verknüpfen. Gleiches gilt mutatis mutandis für

(18) ... une protéine, l'apolipoprotéine A-I, qui est justement codée par ce gène ... (T. 4)

Die lexematische Benennung eines Stoffs und dessen im Relativsatz beinhaltete Bearbeitung ergänzen einander zu einem in jeder Hinsicht ausgewogenen Gesamtkontext. Einen solchen ergeben in

(19) ... L'ADN est formé d'une suite d'unités, les nucléotides, constituées chacune d'un sucre ..., d'un phosphate et de l'une des quatre bases ... (T. IV, 26-30)

auch das vorab erklärende Syntagma mit dem Hinweis auf die Anordnung der im Bezugselement genannten Phänomene und der nachgestellte Teilsatz mit deren Zusammensetzung. Im folgenden Beispiel steht vor dem Bezugselement, einer Krankheitsbezeichnung, ein auf die Verbreitung der Krankheit hinweisendes Syntagma, dahinter ein das Krankheitsbild und die möglichen Ursachen andeutender, aus zwei Satzgefügen bestehender Text:

(20) ... Une maladie très répandue, la maladie d'Alzheimer, pourrait également être identifiée par cette méthode. Il s'agit d'une démence sénile due à une atrophie de l'écorce cérébrale. Outre un agent infectueux, le prion, elle pourrait être la conséquence d'une prédisposition génétique favorisant la dégradation des cellules nerveuses ... (T. 2)

Hier lassen sich die beiden Teile des Kontexts wegen der textuellen Distanz der nachgestellten Hälfte vom Bezugselement zwar nicht formal, wohl aber inhaltlich zu einer sinnvollen Gesamtaussage verbinden. In den folgenden vier Beispielen hat die dem Bezugselement vorangestellte Erklärung gleichbleibend das Format eines Satzgefüges, während die nachgestellte Erläuterung jeweils an Umfang zunimmt. Mit

(21) Plusieurs formes de cancer associées à une perte de

gènes ont été identifiées: le neurinome, cancer des
cellules nerveuses périphériques ... (T. 6)

ist erneut der Fall gegeben, daß die beiden Teile des Erklärungskontexts,
die ein Forschungsergebnis beinhaltende Voranstellung und das nachgestellte, die Krankheit im Organismus lokalisierende Syntagma, zwar semantisch, nicht aber formal miteinander harmonieren. Hierfür gibt es verschiedene Gründe, nämlich den Abstand nunmehr der Voranstellung vom
Bezugselement und sodann die durch den appositiven Charakter des Syntagmas möglich gewordene Einsparung des bestimmten Artikels. Demgegenüber
ist in

(22) .. C'est une substance complexe faite de plusieurs
sortes de molécules graisseuses, ou lipides, dont notre
organisme a besoin ... (T. 5)

die Verbindung der die Beschaffenheit einer Substanz wiedergebenden
Voranstellung und des nachträglich erläuternden, die Verwendung dieser
Substanz andeutenden Teilsatzes zu einem formal wie inhaltlich harmo-
nischen Ganzen möglich.

In den beiden letzten Belegen für die Kombinierbarkeit von voran- und
nachgestellter Erklärung eines fachsprachlichen Textelements ist dieses
selbst bereits voll in seine Umgebung integriert, so daß ganz natürlich ein
nahtloser Übergang von dem ersten zu dem zweiten Teilkontext gewährleistet
ist:

(23) ... nos chercheurs "vont à la pêche" avec ce que l'on
appelle une sonde moléculaire; c'est une séquence de
nucléotides contenant chacun l'une des quatre bases qui
définissent l'alphabet génétique ... (T. 4)

Hier ist das zu erklärende Segment Bestandteil der die Forscheraktivität
bildhaft umschreibenden Voranstellung, die insofern als unvollständiger
Teilkontext anzusehen ist. Die nachgestellte Erklärung in Form eines
weiteren, die Beschaffenheit der fraglichen Sonde ansprechenden Satzgefüges
koppelt direkt an das Fachelement an. Integration des Bezugselements
nunmehr in die nachgestellte Erklärung liegt vor in

(24) ... ce message doit être déchiffré par la "machinerie"
de la cellule, qui le convertit ensuite en une protéine
particulière, constituée d'acides aminés. Schématiquement, les deux étapes de cette synthèse protéinique se
déroulent de la façon suivante (voir dessin ci-contre).
D'abord ... (T. IV, 41-48)

Die in der Voranstellung enthaltene Andeutung einer chemischen Umwandlung geht mit der Angabe der Fachbenennung ganz natürlich in die exakte
Beschreibung der Vorgangsphasen im nachgestellten Erklärungskontext über.
Dieser umfaßt im weiteren einen ganzen Abschnitt mit vier Satzgefügen. Das
Verständnis der darin enthaltenen Ausführungen soll durch die dem Gesamttext beigefügte Zeichnung erleichtert werden, auf die in einem Klammerzu-
satz verwiesen wird und die insofern Teil des Erklärungskontexts ist. Alles
in allem bestätigt auch dieses letzte Beispiel den Befund aus den vorangehenden Belegen, daß nämlich semantisch stets, formal mitunter, eine
Beziehung der gegenseitigen Ergänzung zwischen den beiden Erklärungsele-
menten besteht.

Die mit den vorgeführten Beispielen zutage tretende Varianzbreite möglicher
Formen der gleichzeitigen Prä- und Postdeterminierung ist in unserem
Isotopie-Schema mit lediglich drei Belegen zwar nur schwach vertreten.
Gleichwohl vermitteln diese drei Belegstellen einen Einblick in den auch bei
der Ausgestaltung dieses Typs des Erklärungskontexts offensichtlich
bestehenden Zusammenhang mit den Isotopiegegebenheiten des jeweiligen
Texts. Dieser Zusammenhang ist besonders evident in Explikation 12 (Isotopie-Schema). Hier erklärt sich die insgesamt sparsam ausgefallene Form
der das Bezugselement einschließenden Determinierung aus dem bereits erwähnten Umstand, daß diese in das erste von mehreren Isotopiegliedern
eines umfänglichen nachgestellten Erklärungskontexts integriert ist. Die
beiden übrigen Beispiele sind einer solchen räumlichen Beschränkung nicht
unterworfen, da sie in eigenständigen Isotopiegliedern untergebracht sind.
Innerhalb der dem Beispiel (19) entsprechenden Explikation 5 ist die besonders umfängliche Ausgestaltung der dem Bezugselement nachgestellten
Determinierung dadurch bedingt, daß deren sechs Zeilen umfassende Angaben
unmittelbar zum folgenden Isotopieglied überleiten, wie dies durch den
Konnektor "car" ja auch sprachlich zum Ausdruck kommt. Somit dürfte für
den zweiten Teil des Kombinationskontexts die bereits für den Erklärungstyp
der Nachstellung getroffene Beobachtung der Abhängigkeit des Umfangs vom
semantischen Zusammenhang mit dem nächsten Glied der Isotopiekette gelten.
Daß eine solche Abhängigkeit analog auch für den Konnex von vorangestellter Erklärungshälfte und dieser vorausgehendem Isotopieglied besteht, zeigt
schließlich Explikation 7, die Beispiel (24) entspricht. Hier wird der
Zusammenhang mit dem zuvor Geäußerten durch das rückverweisende "ce
message" verbalisiert, mit dem ein Vorab-Kontext von nicht weniger als
sieben Zeilen einsetzt.

8. Fachsprachliche Elemente ohne Erklärungskontexte

Nach diesem Parcours durch die Vielfalt der Ausformungen erklärender
Zusätze zu fachsprachlichen Elementen bleibt nun noch die Frage, warum
und vor allem unter welchen Bedingungen bei fachspezifischen Benennungen
in wissenschaftsjournalistischen Texten gelegentlich auf Erklärungen ver-
zichtet wird. Unerklärt bleibende Termini sind in Text IV beispielsweise
"greffes" (Z. 4), "hélice de l'ADN" (Z. 38) oder "cy-toplasme" (Z. 55), in
Text I "hypodermique" (Z. 93), in Text II "Desoxyribonukleinsäure" (Z. 28f.)
oder "Pflanzengenom" (Z. 43). Kalverkämpers bereits kurz angesprochener
Vorschlag, das Fehlen von Erklärungen mit sog. paradigmatischen Texten zu
begründen und die Termini selbst damit als kondensierte, eben terminologi-
sierte Texte anzusehen (1987, 52 ff.), muß wegen der Schwierigkeit, ja
Unmöglichkeit des Nachweises leserseitiger Speicherfähigkeiten und Memo-
rierleistungen eine Annahme bleiben. Dagegen legt es die sich in den bisherigen Ausführungen abzeichnende Korrelation zwischen Fachlichkeit und
Isotopie nahe, hier auch eine Ursache für den Verzicht auf Erklärungskontext zu suchen. Beim Rückgriff auf unser Isotopie-Schema zeigt sich, daß die
drei aus Text IV angeführten Fachelemente tatsächlich in den beiden Isotopieketten auftreten. Alle drei gehören jeweils bereits einem Erklärungskontext an: "greffes" steht in Explikation 1, "double hélice de l'ADN" in
Explikation 6 und "cytoplasme" in Explikation 8. Daß es sich dabei ausschließlich um nachgestellte Erklärungen handelt, mag ein Zufall sein.
Einiges spricht jedenfalls dafür, daß das Vorhandensein von Erklärungskontext in einem Glied der Isotopiekette die Determinierung zusätzlich in ihr
enthaltener Fachtermini nicht zuläßt. Die eingangs besprochene Explikation
12 wäre hierzu die berühmte Ausnahme, die selber nur dadurch zu erklären
ist, daß sich in dem betreffenden Fall der Erklärungskontext nicht auf ein
einziges Kettenglied beschränkt. Es leuchtet ein, daß Explikationen in
Explikationen zur Vermeidung zu großer Komplexität nach Möglichkeit um-
gangen werden und man statt dessen zur Not ein ungeklärtes Fachelement
in Kauf nimmt.

Diese Erklärung greift freilich für jene der Vollständigkeit halber gleichfalls
zu erwähnenden wissenschaftsjournalistischen Texte zu kurz, die von Deter-
minierungen fachsprachlicher Elemente vollständig absehen. Sind in ihrem
Fall drucktechnische Motive wie Platzmangel oder auch die Begründung durch
reduzierte Kenntnisse des nichtfachlichen Autors auszuschließen, so müßte
sich, wenn sich der hier entwickelte Erklärungsansatz als verallgemeinerungsfähig erweisen soll, zeigen lassen, daß die verwendeten fachsprachlichen Elemente durchweg außerhalb der Isotopieketten plaziert sind.

In dem hier gesteckten Rahmen kann ein solcher Nachweis allerdings nicht mehr geführt werden, zumal er, wenn er zur Nagelprobe auf die Generalisierbarkeit der gewonnenen Erkenntnisse werden soll, eine erhebliche Erweiterung der Materialbasis erfordern würde. Unsere Darlegungen sollten zunächst überhaupt einmal Kenntnis geben von dem bei der Arbeit an unserem Korpus immer deutlicher zutage getretenen engen Zusammenhang zwischen Isotopie und Fachlichkeit wissenschaftsjournalistischer Texte.

Bibliographie

Brinker, Klaus (1985), Linguistische Textanalyse. Eine Einführung in Grundbegriffe und Methoden, Berlin: Erich Schmidt

Dressler, Wolfgang (^{2}1973), Einführung in die Textlinguistik, Tübingen: Max Niemeyer

Drozd, Lubomir (1978), "Zur formalen und inhaltlichen Charakteristik des Fachworts", in: Muttersprache 88/5, pp. 281–286

Fayol, Michel (1985), "Analyser et résumer des textes: Une revue des études développementales", in: Etudes de linguistique appliquée n.s. 59, pp. 54–64

Greimas, Algirdas J. (1971), Strukturale Semantik. Methodologische Untersuchungen. Autorisierte Übersetzung aus dem Französischen von Jens Ihwe, Braunschweig: Friedrich Vieweg & Sohn

Hénault, Anne (1979), Les enjeux de la sémiotique. Introduction à la sémiotique générale, Paris: Presses Universitaires de France

Hoffmann, Lothar (1987), "Ein textlinguistischer Ansatz in der Fachsprachenforschung", in: Sprissler, M. (ed.), Standpunkte der Fachsprachenforschung, Tübingen: Gunter Narr, pp. 91–105

Kallmeyer, Werner et al. (^{4}1980), Lektürekolleg zur Textlinguistik, Band 1: Einführung, Frankfurt a.M.: Athenäum Fischer

Kalverkämper, Hartwig (1978), "Zur Problematik von Fachsprache und Gemeinsprache", in: Sprachwissenschaft 3, pp. 406–444

Kalverkämper, Hartwig (1983a), "Fächer und Sprachen", in: Siegener Hochschulblätter 6/2, pp. 44–54

Kalverkämper, Hartwig (1983b), "Textuelle Fachsprachen-Linguistik als Aufgabe", in: Zeitschrift für Literaturwissenschaft und Linguistik 13/51, pp. 124–166

Kalverkämper, Hartwig (1987), "Vom Terminus zum Text", in: Sprissler, M. (ed.), Standpunkte der Fachsprachenforschung, Tübingen: Gunter Narr, pp. 39–69

Schmeling, Manfred (1982), "Semantische Isotopien als Konstituenten des Thematisierungsprozesses in nicht-linearen Erzähltexten", in: Lämmert, E. (ed.), Erzählforschung, Stuttgart: Metzler, pp. 157–172

Thiel, Gisela/Thome, Gisela (1987), Resolutionen. Ein empirisch entwickelter Beitrag zur Textanalyse, Tübingen: Gunter Narr

324

Urban, Martin (1986), "Wie man Wissenschaft unter die Leute
bringt", in: Bild der Wissenschaft 10, p. 168

Viehweger, Dieter (1977), "Zur semantischen Struktur des
Textes", in: Studia Grammatica XVIII: Probleme der Text-
grammatik II, Berlin: Akademie Verlag, pp. 103–117

Viehweger, Dieter (1978), "Struktur und Funktion nominativer
Ketten im Text", in: Studia Grammatica XVII: Kontexte
der Grammatiktheorie, Berlin: Akademie Verlag, pp. 149–
168

Wyler, Siegfried (1987), "On Definitions in LSP", in:
Sprissler, M. (ed.), Standpunkte der Fachsprachenforschung, Tübingen: Gunter Narr

Zitierte Korpusteile

T. I – IV siehe Anhang

T. 2 = "Un gène anormal pour comprendre le vieillissement",
in: Science & Vie 803 (August 1984), pp. 38 f.

T. 3 = "Autisme: Les gènes contre les 'psy'", in: Science
& Vie 812 (Mai 1985), pp. 38 f.

T. 4 = "Le gène des maladies coronaires", in: Science & Vie
825 (Juni 1986), pp. 74 f.

T. 5 = "Encore un gène de l'infarctus!", in: Science & Vie
830 (November 1986), pp. 66 f.

T. 6 = "Cancer par perte de gènes", in: Science & Vie 830
(November 1986), pp. 78 f.

T. 7 = "Un beau cas d'amplification génique", in: Science &
Vie 830 (November 1986), pp. 80 f.

i. 14 Le Monde ● Mercredi 26 novembre 1986 ●●●

Patrimoine céréalier

ERGEBNIS

1 **S**ERAIT-CE la fin d'un mythe ? Les céréales, végétaux réputés « récalcitrants » à toute tentative faite 5 pour modifier leur patrimoine génétique, semblent désormais être aussi « manipulées ».

WER
WO

Une équipe de l'Institut Max-Planck à Cologne (Allemagne fédérale) a 10 en effet réussi, par génie génétique, à conférer à trois plants de seigle une résistance à un antibiotique, la kanamycine. Il ne s'agit là que d'un début, et il

STAND DER
FORSCHUNG

15 reste beaucoup à faire pour obtenir des produits commercialisables. « Mais, souligne M. Jacques Tempé, directeur de

MÖGL. NUTZ-
ANWENDUNG

la recherche agronomique 20 (INRA), ces travaux montrent que les céréales ne sont plus exclues du champ des rêves des biologistes moléculaires. »

FORSCHUNGS-
VORAUSSETZUN-
GEN

25 Quelques-uns de ces rêves sont déjà devenus réalité puisque plusieurs équipes, tant aux Etats-Unis qu'en Europe, ont réussi à créer des plants de tabac, de 30 soja ou de tomates résistant à certains herbicides, antibiotiques ou insectes. Et ce en introduisant dans le patrimoine héréditaire de ces végétaux un gène étranger, 35 « mini-programme » porteur des informations nécessaires au développement de la propriété recherchée.

La méthode la plus couramment 40 employée à cette fin consiste à faire fabriquer le gène utile par la bactérie Escherichia coli, puis à le transférer dans l'ADN (acide désoxyribonucléi- 45 que) de la plante. Cette dernière opération est confiée à une autre bactérie, Agrobacterium tumefaciens, connue pour conférer la galle du collet, un véritable can- 50 cer des plantes et qui peut faire ainsi du « génie génétique naturel » (le Monde du 3 mai 1985). Malheureusement, cette technique éprouvée ne s'applique pas 55 aux céréales.

Ces dernières ne sont pourtant pas insensibles à l'action d'Agrobacterium tumefaciens, mais – pour des raisons que l'on 60 ignore encore – le gène transféré par la bactérie ne s'exprime pas dans ces plantes ou plus exactement, comme l'explique M. Tempé, « les conséquences 65 de son expression ne sont pas

visibles ». Ce qui, dans la prati- 66 que, revient au même. A cela s'ajoute une autre difficulté qui tient au fait que les chercheurs manipulent d'ordinaire des cel- 70 lules ou des tissus végétaux à partir desquels ils régénèrent des plantes entières. Or cette régénération est particulièrement difficile lorsqu'on traite des céréales. 75

Les chercheurs de Cologne – M. Horst Lorz, Mme Alicia de la Pena et M. Joseph Schell – ont contourné ces deux obstacles. Puisque Agrobacterium tumefa- 80 ciens ne faisait pas l'affaire, ils se sont passés de ses services et ont utilisé de « l'ADN nu » porteur du gène de résistance à la kanamycine. Puisqu'il s'avérait 85 délicat de travailler sur des cellules ou des tissus, ils ont agi sur le plant entier de seigle en injectant l'ADN nu modifié deux semaines avant la méiose (for- 90 mation du pollen). La méthode est fruste – elle utilise une simple seringue hypodermique – et osée puisqu'on stipule que la substance injectée atteindra le 95 noyau de la cellule et son ADN. Mais elle s'est révélée efficace, semble-t-il, puisque trois des plantes traitées sont maintenant insensibles à l'antibiotique. 100

Il reste maintenant à reproduire cette expérience et surtout à voir si les plantes modifiées sont capables de transmettre leur nouvelle propriété à leur des- 105 cendance. La prudence est de rigueur car, comme le dit M. Tempé, « le transfert direct de l'ADN est une longue et malheureuse histoire. Il y a une ving- 110 taine d'années que l'on annonce à ce sujet des résultats positifs qui sont peu après infirmés. » Dans ces conditions, l'équipe de Cologne n'a-t-elle pas été un peu 115 rapide à faire état de ses travaux qu'elle se propose de publier prochainement dans la revue britannique Nature ? M. Schell ne le pense pas. Si ces recherches 120 sont encore à un « stade très précoce », elles ont déjà fait la preuve, selon lui, que la modification génétique des céréales était « faisable ». Mieux valait 125 donc en parler afin « d'encourager d'autres équipes » à tenter, elles aussi, leur chance.

E. G.

WER/WO

VERFAHREN

ERGEBNIS

FORSCHUNGS-
PERSPEKTIVE

STAND DER
FORSCHUNG

II. Frankfurter Allgemeine Zeitung
11. Februar 1987

Direkte Genübertragung auf Roggenpflanzen

1 Eine Genübertragung auf Roggen- **ERGEBNIS**
pflanzen ist am Max-Planck-Institut für
Züchtungsforschung in Köln gelungen. **WER/WO**
Damit ist man dem Ziel, Ertrag und **MÖGL. NUTZANWENDUNG**
5 Qualität von Getreidearten gentech-
nisch zu verbessern, einen Schritt näher
gekommen. Manipulationen am Erbgut **STAND DER**
von Getreide und anderen Gewächsen **FORSCHUNG**
aus der Gruppe der Einkeimblättler
10 bereiten große Schwierigkeiten, weil
eine bei Zweikeimblättlern bewährte,
natürliche „Genfähre" bei diesen Gewächsen meist versagt. Überdies ist es –
außer bei Reis – bislang nicht gelungen,
15 die bei den Versuchen verwendeten
Einzelzellen zu ganzen Pflanzen zu
regenerieren. In Köln wandte man daher **WO**
ein anderes Verfahren an, die direkte **VERFAHREN**
Injektion von Erbsubstanz in heran-
20 wachsende Roggenpflanzen. Man stützte
sich dabei auf eine frühere Beobachtung **VORAUSSETZUNG**
der spanischen Wissenschaftlerin A. de
la Pena, daß das pollenbildene Gewebe
(Archespor) des Roggens für manche
25 Moleküle durchlässig ist.
Zusammen mit H. Lörz und J. Schell
injizierte nun Frau de la Pena eine
Suspension mit fremder Desoxyribonukleinsäure in ährentragende Sprosse.
30 Durch Kreuzung mit anderen, ebenfalls
gentechnisch behandelten Roggenpflanzen gewann man Samen, die sich zu **ERGEBNIS**
äußerlich normalen Pflanzen entwickel-
ten. Von rund 4000 untersuchten Rog-
35 genpflanzen enthielten 3 das übertragene Erbgut („Nature", Bd. 325, S. 192 u.
174). Es handelte sich dabei um ein
Markierungsgen, das eine Resistenz gegen ein bestimmtes Antibiotikum ver-
40 leiht und so die Selektion von erfolgreich transformierten Pflanzen ermöglicht. Das fremde Erbmaterial war in das
Pflanzengenom eingebaut worden, oft in
mehrfacher Kopie. Wenngleich die Er- **FORSCHUNGS-**
45 folgsrate dieses Verfahrens noch gering **PERSPEKTIVE**
ist, eröffnet sich doch ein hoffnungsvol-
ler Ansatz, die schwierige Regeneration
von Getreidepflanzen aus nackten Zellen zu umgehen. **F.A.Z.**

III. Frankfurter Allgemeine Zeitung,
21. Januar 1987

Neue Gene für Baumwollpflanzen

1 Eine Übertragung von Genen auf **ERGEBNIS**
Baumwollpflanzen ist in den Vereinig-
ten Staaten gelungen. Das eingeschleu- **WO**
ste Gen, das die Zellen widerstandsfähig
5 gegen das Antibiotikum Kanamycin
macht, war auch in ausgewachsenen
Pflanzen aktiv. Nach Angaben der Firma
Agracetus, in deren Laboratorien die **WER**
Versuche vorgenommen wurden, han-
10 delt es sich um die erste erfolgreiche
Genmanipulation an Baumwolle. Wenn- **FORSCHUNGS-**
gleich das übertragene Gen nur von **PERSPEKTIVE**
wissenschaftlicher Bedeutung ist, da es
die Selektion von transformierten Zellen
15 ermöglicht, verbessern sich nun die
Aussichten auf eine gezielte gentechni-
sche Züchtung von wirtschaftlich interessanten Sorten. Derzeit experimentiert
man mit Genen, welche die Baumwoll- **STAND DER**
20 pflanzen vor schädlichen Insekten **FORSCHUNG**
schützen sollen. **F.A.Z.**

Science & Vie, Juli 1984, S. 56 f

IV. L'IMMUNITÉ A AUSSI SON GÈNE

1 *Simultanément, des biologistes canadiens et américains (¹)*
ont trouvé la "clé" du processus immunitaire. Ils ont en effet
isolé le gène commandant la défense de notre organisme
contre les microbes et, le cas échéant, contre les greffes de
5 *tissus étrangers. Une découverte primordiale pour tous les*
malades victimes d'une déficience du système immunitaire.

A ● Le noyau de chacune de nos cellules contient 46 chro-
10 mosomes, composés d'un très grand nombre de gènes (500 000 environ), chacun porteur d'un caractère héréditaire donné : couleur des yeux, des cheveux, de la peau... L'un d'eux est donc plus particulièrement prédes-
15 tiné à nous défendre contre tous les agresseurs potentiels de notre organisme, autrement dit les antigènes.

Pour comprendre comment les chercheurs ont mis en valeur cette pro-
20 priété, il nous faut revenir sur la structure même de ces différents "messages" hériditaires, portés par l'ADN (acide désoxyribonucléique), qui est le constituant essentiel des
25 chromosomes.

L'ADN est formé d'une suite d'unités, les nucléotides, constituées chacune d'un sucre (le désoxyribose, qui lui a donné son nom), d'un phos-
30 phate et de l'une des quatre bases participant à sa formation : l'adénine (A), la cytosine (C), la guanine (G) et la thymine (T). Celles-ci peuvent être considérées comme les éléments
35 fondamentaux de l'"alphabet" génétique. Car l'ordre dans lequel ces bases sont placées sur la double hélice de l'ADN détermine le

message codé par ce gène. Mais pour
40 s'exprimer comme caractère héréditaire, ce message doit être déchiffré par la "machinerie" de la cellule, qui le convertit ensuite en une protéine particulière, constituée d'acides
45 aminés. Schématiquement, les deux étapes de cette synthèse protéinique se déroulent de la façon suivante (voir dessin ci-contre).

D'abord, un enzym de la cellule,
50 l'ARN polymérase, va se charger de la transcription de l'ADN en une molécule d'ARN messager (acide ribonucléique), qui peut ainsi véhiculer le message du noyau de la
55 cellule dans le cytoplasme. Là, de petites organites, les ribosomes, vont "lire" le texte de l'ARN messager, fait de lettres de l'alphabet génétique agencées par groupe de trois
60 (les codons). Cette lecture permettra à ces ribosomes de sélectionner les acides aminés nécessaires à la production de la protéine, qui fera en quelque sorte "vivre" le caractère
65 hériditaire. C'est à partir d'une telle protéine que les chercheurs ont pu retrouver le gène initial de l'immunité, en remontant cette chaîne de fabrication à "contre-
70 sens".

Bien que toutes les cellules possèdent les mêmes gènes, la protéine en question n'est synthétisée que par une variété de globules blancs : les
75 lymphocytes T. Pourtant deux types de cellules responsables des défenses immunitaires sont produites par la mœlle osseuse : les lymphocytes T et B (voir à nouveau dessin ci-contre).

80 *Les lymphocytes B*, qui représentent un quart environ des lymphocytes

humains, sont impliqués dans la production d'anticorps (qui sont en fait des protéines) "adaptés" aux an-
85 tigènes. Ces anticorps ont en effet une conformation complémentaire à certains sites de surface des antigènes. Cela leur permet donc de reconnaître le "mal" contre lequel ils
90 sont programmés et de se diriger sur lui comme un fantassin se ruant sur l'ennemi qu'il a identifié. A la suite de quoi l'antigène est détruit.

Les lymphocytes T, eux, fonctionnent
95 d'une autre manière. A la différence des B, ils ne produisent pas d'anticorps "indépendants" partant à l'assaut des antigènes. Mais ils disposent de protéines à têtes chercheuses
100 fixées sur la paroi même de la cellule, qui auront pour rôle d'attaquer directement les antigènes et de les détruire en injectant une substance toxique.

105 Or, depuis longtemps, on savait que les lymphocytes T, outre la recherche de l'ennemi, commandaient aux lymphocytes B. Dans 99 % des cas d'infection en effet, on avait re-
110 marqué que les lymphocytes T attaquaient les premiers, alors que les B n'intervenaient que dans un second B temps. Il était donc certain que le gène responsable de la synthèse de la
115 protéine à têtes chercheuses régulait l'intervention des lymphocytes B par l'intermédiaire de signaux qui restait à déterminer. De ce fait, une absence ou une anomalie de ce gène
120 "chef" expliquait la paralysie du système immunitaire chez certains individus.

C Pour trouver le gène en question, les chercheurs sont partis de la copie
125 qu'il fabrique pour synthétiser la protéine : l'ARN messager récupéré dans des lymphocytes T, en activité. Puis, de là, ils ont recomposé le "texte" original du gène. Ils ont ainsi
130 pu constater que sur les 384 codons le constituant, les 12 premiers et les 60 derniers n'intervenaient pas pour la fabrication même de la protéine.

Ils étaient impliqués uniquement
135 dans la régulation et le contrôle de sa production, par exemple en cas d'infection microbienne. Par contre, les 312 codons situés dans la partie centrale du gène codaient, eux, pour
140 la protéine, qui compte en effet 312 acides aminés (voir photo ci-contre).

Le gène ainsi isolé, il a suffi de le cloner pour obtenir à nouveau un exemplaire de la protéine à tête
145 chercheuse. Pour cela, les chercheurs ont utilisé une bactérie *Escherichia coli*, matériel de choix de l'ingéniérie génétique. Cette bactérie possède en effet, outre son uni-

(1) Yusuke Yanagi, Yasunobu Yoshikai, Kathleen Legett, Stephen P. Clark, Ingrid Aleksander et Tak W. Mak, de l'université de Toronto (Canada). Stephen M. Hedrick, David I. Cohen, Ellen A. Nielsen et Mark M. Davis, de l'Institut national du cancer Bethesda du Maryland (USA). Les résultats de ces deux équipes ont été publiés dans le même numéro de la revue scientifique américaine *Nature* (vol. 308, 8 mars 1984).

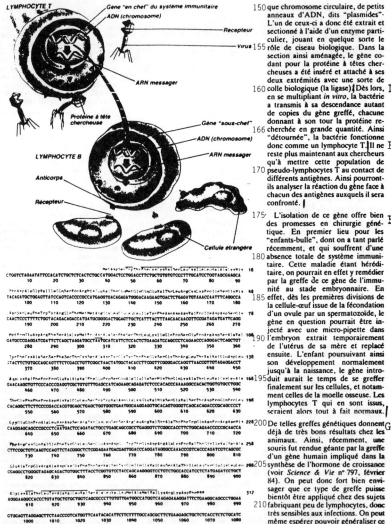

LYMPHOCYTE T
Gène "en chef" du système immunitaire
ADN (chromosome)
Recepteur
Virus
ARN messager
Protéine à tête chercheuse
Gène "sous-chef"
ADN (chromosome)
LYMPHOCYTE B
ARN messager
Anticorps
Récepteur
Cellule étrangère

LE GÈNE DE L'IMMUNITÉ DÉCHIFFRÉ. Les 12 premiers codons, ou groupes de trois lettres majuscules (CTG, GTC, TAG, etc.), ainsi que les 60 derniers, servent uniquement à contrôler l'activité du gène. Ce sont les 312 codons centraux (en rouge) de ce gène qui codent la protéine clé du système immunitaire ; chaque codon correspondant à un des acides aminés (en bleu) — Met pour méthionine, Asp pour Asparagine, Ser pour Sérine, etc. — de la séquence qui compose cette protéine.

150 que chromosome circulaire, de petits anneaux d'ADN, dits "plasmides". L'un de ceux-ci a donc été extrait et sectionné à l'aide d'un enzyme particulier, jouant en quelque sorte le 155 rôle de ciseau biologique. Dans la section ainsi aménagée, le gène codant pour la protéine à têtes chercheuses a été inséré et attaché à ses deux extrémités avec une sorte de 160 colle biologique (la ligase). Dès lors, en se multipliant *in vitro*, la bactérie a transmis à sa descendance autant de copies du gène greffé, chacune donnant à son tour la protéine re- 166 cherchée en grande quantité. Ainsi "détournée", la bactérie fonctionne donc comme un lymphocyte T. Il ne reste plus maintenant aux chercheurs qu'à mettre cette population de 170 pseudo-lymphocytes T au contact de différents antigènes. Ainsi pourront-ils analyser la réaction du gène face à chacun des antigènes auxquels il sera confronté.

175 L'isolation de ce gène offre bien des promesses en chirurgie géné- tique. En premier lieu pour les "enfants-bulle", dont on a tant parlé récemment, et qui souffrent d'une 180 absence totale de système immu- taire. Cette maladie étant hérédi- taire, on pourrait en effet y remédier par la greffe de ce gène de l'immu- nité au stade embryonnaire. En 185 effet, dès les premières divisions de la cellule-œuf issue de la fécondation d'un ovule par un spermatozoïde, le gène en question pourrait être in- jecté avec une micro-pipette dans 190 l'embryon extrait temporairement de l'utérus de sa mère et replacé ensuite. L'enfant poursuivant ainsi son développement normalement jusqu'à la naissance, le gène intro- 195 duit aurait le temps de se greffer finalement sur les cellules, et notam- ment celles de la moelle osseuse. Les lymphocytes T qui en sont issus, seraient alors tout à fait normaux.

200 De telles greffes génétiques donnent déjà de très bons résultats chez les animaux. Ainsi, récemment, une souris fut rendue géante par la greffe d'un gène humain impliqué dans la 205 synthèse de l'hormone de croissance (voir *Science & Vie* n° 797, février 84). On peut donc fort bien envi- sager ce type de greffe puisse bientôt être appliqué chez des sujets 210 fabriquant peu de lymphocytes, donc très sensibles aux infections. On peut même espérer pouvoir généraliser ce genre d'opération pour tous les en- fants à naître, qui acquerraient ainsi 215 un système immunitaire renforcé. Mais avant d'en arriver-là, bien du chemin reste à faire.

Pierre ROSSION

Isotopie-Analyse von Text IV

[gène]	[immunité]	EXPLIKATION

(2) ...ont trouvé la 'clé' du processus immunitaire

(3) ont isolé le gène commandant la défense de | 1
notre organisme contre les | processus
microbes et...les greffes | immunitaire

(5) une découverte primordiale pour ...victimes d'une déficience du système immunitaire

A F O R S C H U N G S V O R A U S S E T Z U N G E N

(9) chromosomes, composés d'un
très grand nombre de gènes,

(11) chacun porteur d'un caractère | 2
héréditaire donné:... | gènes

(13) L'un d'eux est... plus particulièrement pré-
destiné à nous défendre | 3
(17) contre tous les agresseurs | antigènes
...les antigènes

(21) la structure même de ces
différents 'messages' hérédi- | 4
taires portés par l'ADN | ADN

(23) (acide désoxyribonucléique), qui...

(26) L'ADN est formé d'une suite | 5
d'unités, les nucléotides, | nucléotides
constituées chacune...

(34) ...considérées comme les élé- | 6
ments fondamentaux de | ...'alphabet'
l 'alphabet'génétique | génétique...

(36) l'ordre dans lequel ces bases
sont placées sur la double
hélice de l'ADN détermine le
message codé par ce gène

(40) pour s'exprimer comme caractère héréditaire, ce message
doit être déchiffré...

(45) Schématiquement, les deux | 7
étapes de cette synthèse | synthèse
protéinique se déroulent de | protéinique
la façon...

(52) ...molécule d'ARN messager
(acide ribonucléique), qui | 8
peut ainsi véhiculer le | ARN
message du noyau de la cellule
dans le cytoplasme.

(56) les ribosomes vont 'lire' le
texte de l'ARN messager, fait
des lettres de l'alphabet'
génétique...

(63) ...la protéine, qui fera...
'vivre' le caractère héréditaire.

(65) C'est à partir d'une telle
protéine que les chercheurs
ont pu retrouver le gène initial de l'immunité,...

(75) deux types de cellules responsables des défenses
immunitaires sont produites | 9
anticorps

(83) ...la production d'anticorps | anticorps
(qui sont en fait des proté-
ines) 'adaptés' aux antigènes

(89) ...reconnaître le 'mal' contre lequel ils sont programmés
et se diriger sur lui...

(98) ils disposent de protéines à | 10
têtes chercheuses fixées sur | protéines
la paroi même de la cellule, | à têtes
qui auront pour rôle d'atta- | chercheuses
quer...les antigènes et de
les détruire...

(106) ...la recherche de l'ennemi...

(110) les lymphocytes T attaquaient
les premiers, alors que les
B n'intervenaient que...

B H Y P O T H E S E

(114) le gène responsable de la synthèse de la protéine à têtes
chercheuses régulait...

(119) une absence ou une anomalie
de ce gène 'chef' expliquait la paralysie du système
immunitaire...

C F O R S C H U N G S V E R F A H R E N

(123) Pour trouver le gène en
question, les chercheurs sont
partis de...l'ARN messager récupéré dans les lymphocytes
T en activité. Puis, de là,

(128) ils ont recomposé le 'texte'
original du gène.

(142) Le gène ainsi isolé, il a | 11
suffi de le cloner pour obtenir à nouveau un exemplaire | cloner
de la protéine à tête cher-
cheuse. Pour cela, les cher-

(146) cheurs ont utilisé une bactérie Escherichia coli,
matériel de choix de l'ingéniérie génétique.

12
Escherichia
coli

(155) Dans la section ainsi aménagée,
le gène codant pour la protéine à têtes chercheuses a
été insérée...

siehe 11

D E R G E B N I S

(160) Dès lors, en se multipliant
in vitro, la bactérie a transmis à sa descendance autant
de copies du gène greffé, chacune donnant à son tour la
protéine recherchée...

F A N W E N D U N G   I N   D E R   G E N C H I R U R G I E

(176) ...promesses en chirurgie
génétique...pour les 'enfants-bulle' ...qui souffrent
(179)   d'une absence totale de
système immunitaire.

13
enfants-
bulle

G S T A N D   D E R   F O R S C H U N G

(200) De telles greffes génétiques
donnent déjà de très bons résultats chez les animaux.

Wortbedeutung und Textverstehen

Brigitte Handwerker (Hochschule Hildesheim)

0. Einleitung

In diesem Beitrag soll die Relevanz von Ansätzen zur Bedeutungsrepräsentation unter dem Aspekt des Textverstehens und der
Textinterpretation untersucht werden. Im Zentrum der Überlegungen wird
die Frage stehen, welche Konzeption ein geeignetes Instrumentarium
liefert zur Beschreibung von Textverstehen in dem Sinne, daß gewisse
Wörter eines Textes bei verschiedenen Angehörigen einer
Sprachgemeinschaft sehr unterschiedliche Wissenskomponenten aktivieren
können. Nach einer Sichtung der Gemeinsamkeiten neuerer Arbeiten zur
Wissensrepräsentation wird für die Zwecke einer Beschreibung von
Textverstehen als Voraussetzung für den Übersetzungsprozeß eine
erweiterte Stereotypensemantik vorgestellt. Dabei sollen die Vorteile einer
Konzeption herausgestellt werden, die neben einer Komponente
"stereotypes Wissen" eine Komponente "Expertenwissen" enthält. Für
Texte, die je nach Wissensstand des Hörers/Lesers einen mehr oder
weniger hohen Grad an Fachlichkeit aufweisen können, die also even-
tuelle Spezialkenntnisse aktivieren können, erlaubt eine kombinierte
Beschreibung von stereotypem und Expertenwissen, die Spannweite möglicher Verstehensebenen zu erfassen. Das aktivierte Wissen wird dabei als
Vorgabe für die Erstellung einer Textwelt gesehen, und die Wörter werden
als Einheiten im Sinne der Verstehenssteuerung beschrieben.

1. Textverstehen als Voraussetzung für das Übersetzen

Die Bedeutung des Textes als Grundeinheit für die Beschreibung von Ver-
stehens- und Übersetzungsprozessen ist immer wieder betont worden: für
den Umgang mit einem Text seien sein Gebrauch, seine Einbettung in
Wissensstrukturen und Kontexte bestimmend und nicht die "genaue
Kenntnis" der Wortbedeutungen. Und dennoch wird die Notwendigkeit einer
Bedeutungsbeschreibung auf Wortebene sofort offensichtlich, wenn man
sich an das Problem der Repräsentation von Wissen macht, sei es im
Rahmen der Textlinguistik oder zur Erfassung menschlichen Wissens für
die Zwecke der maschinellen Übersetzung. Einen globalen Überblick über
Not und Bedürfnisse der Übersetzungswissenschaft gibt Wilss (1977); die
Integration von Wortsemantik und am Wort festgemachter Wissens-
repräsentation im Rahmen der Textlinguistik dokumentieren

Beaugrande/Dressler (1981, Kap. V und VII). Dabei wird in der Literatur durchgehend betont, daß es die starre Systematik der strukturalistischen Semantik zu überwinden gilt, um zu einer dynamischen Sicht des Textes als Bedeutungspotential zu gelangen. Für eine Behandlung des Übersetzens als Erfahrungswissenschaft mit der Betonung der "einzeltextspezifischen Übersetzerentscheidung" engagiert sich Stolze (1982). Geht es aber wie in Beaugrande/Dressler um die Objektivierbarkeit der Wissensaktivierung, so finden wir einen Rückgriff auf Konzepte der Psychologie und der Künstlichen Intelligenz (KI). Die grundlegenden Konzeptionen in Psychologie und Psycholinguistik sind einführend dargestellt etwa in Hörmann (1981), die Modelle der KI in Wettler (1980) und im Überblicksartikel von Habel (1985). Im folgenden sollen kurz die Grundgedanken angesprochen werden, die der Wissensrepräsentation in der KI-Forschung zugrundeliegen und die für die Zwecke der Beschreibung von Wissensaktivierung relevant sind.

In dem Teilbereich der KI, der sich mit natürlichsprachlichen Systemen befaßt, kommt der Beschreibung des Lexikons eine zentrale Rolle zu. Die Verwendung des Computers erfordert die vollständige und explizite Formalisierung aller Informationen, die in den Sprachprozessen verarbeitet werden. Habel (1985, 442) betont, daß kognitive Prozesse in der KI-Forschung als informations_verarbeitende_ und wissens_basierte_ Prozesse aufgefaßt werden, wobei die Unterscheidung zwischen "verarbeitend" und "basiert" darauf hinweisen soll, "daß die KI-Sichtweise der Sprachverarbeitungsprozesse die Steuerung (Kontrolle) durch Wissen betont". Die Trennung oder besser der Versuch einer Trennung zwischen sprachlichem und außersprachlichem Wissen wird im Bereich der Sprachverarbeitung aufgegeben. In die Bedeutungsrepräsentation geht Wissen über spezielle Fakten, generelle Beziehungen in der Welt, sowie Wissen "aus Erfahrung", z. B. die Erinnerung an verarbeitete Texte, ein. Wenn das Vorwissen des Systems den Verstehensprozeß steuert, so bedeutet dies, daß gleiche Eingaben bei unterschiedlichem Vorwissen zu unterschiedlichen Bedeutungsrepräsentationen führen können (vgl. Habel 1985, 443 ff.).

Der Anspruch auf Explizitheit führt hier demnach zu einer Differenzierung der resultierenden Repräsentation, die anknüpfen läßt an die Ebenen des Textverstehens, die sich aus dem mehr oder weniger großen Expertenwissen des menschlichen Sprachverarbeiters ergeben.

Ein KI-Ansatz, der sich mit der Repräsentation von Wissen im Sinne der Verstehenssteuerung befaßt, ist offensichtlich relevant für das Erarbeiten einer expliziten Beschreibung auch in dem Fall, der die Zugriffsmöglichkeiten im Verstehensprozeß des menschlichen Hörers/Lesers und

Übersetzers betrifft. Deshalb sollen hier einige Überlegungen der KI-Forschung vorgestellt werden.

Wenn wir unser Anliegen darin sehen, den Zugriff auf verschiedene Arten
von Wissen (sprachliches, Alltags-, Expertenwissen) beschreibbar zu
machen, so liegt ein für uns fruchtbares Vorgehen der KI-Forschung in
der Klassifikation von Wissen. Eine Einteilung in Wissensklassen jedoch,
wie sie in der kognitiven Psychologie zu finden ist, erweist sich beim
Versuch einer konkreten Zuordnung als problematisch. Habel (1985) macht
deutlich, daß die verantwortliche Komponente für ein Akzeptabilitätsurteil
im Falle der Sätze (1) und (2) schwer festzumachen ist, wenn man von
einer Einteilung ausgeht, wie sie hier in Schema A angedeutet wird:

(1) Die Stute säugt das Fohlen
(2) *Der Hengst säugt das Fohlen

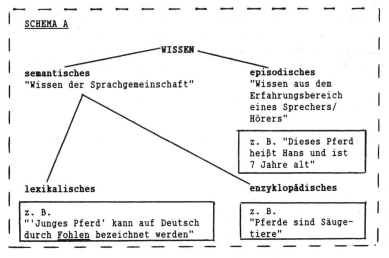

SCHEMA A

WISSEN

semantisches
"Wissen der Sprachgemeinschaft"

episodisches
"Wissen aus dem
Erfahrungsbereich
eines Sprechers/
Hörers"

z. B. "Dieses Pferd
heißt Hans und ist
7 Jahre alt"

lexikalisches

enzyklopädisches

z. B.
"'Junges Pferd' kann auf Deutsch
durch Fohlen bezeichnet werden"

z. B.
"Pferde sind Säuge-
tiere"

Um den Schwierigkeiten einer Zuordnung zu lexikalischem bzw. enzyklopä-
dischem Wissen zu entgehen, bietet sich in der KI eine Integration der
Wissenstypen an. Die Problematik der Abgrenzung wird in Habel (1985,
445 ff.) an Kontextabhängigkeit und Mehrdeutigkeit einerseits und an der
Erschließung impliziter Information im Verstehensprozeß andererseits fest-
gemacht. Allgemein relevant ist die Erschließung impliziter Informationen
für den Aufbau von Erwartungen über den Verlauf des Textes; für unser
besonderes Interesse ist entscheidend, daß der mögliche Zugriff auf
implizite Informationen in bestimmten Fällen die Erwartung "Fachtext vs.
Alltagstext" und damit die weitere Interpretationsstrategie bestimmt.

An einer Abwandlung des alten Chomsky-Beispiels unter (3) macht Habel
(1985) die Vorteile einer integrierten Wissensrepräsentation deutlich, die
das Ziel einer klaren Abgrenzung von sprachlichem und Weltwissen
aufgibt und vom Zusammenwirken von drei Wissenstypen ausgeht: von
lexikalischem Wissen im engeren Sinne, von lexikalischem Wissen im
weiteren Sinne und von episodischem Wissen.

Die Beispiele bei Habel (1985, 446) sind:

(3) Flying planes can be dangerous (Chomsky)
(4) Flying bees can be dangerous
(5) Flying birds can be dangerous

Bei (3) ist die Erschließung der Lesart vom Vorwissen bzw. Kontext abhängig. Normalerweise nimmt ein Hörer die syntaktische Ambiguität nicht
wahr. Bei (4) läßt ein normaler Hörer nur die Partizipial-Lesart zu, was
sich im Lexikon unter den Zulässigkeitsbedingungen für Subjekt und
Objekt von <u>fliegen</u> kodieren läßt. Doch hier liegt das Abgrenzungsproblem
schon offen auf der Hand: Die Zulässigkeitsbedingungen haben zu tun mit
Wissen über die "Fliegbarkeit von Objekten". Schließlich bringt Habel für
Beispiel (5) auch noch das Wissen über Objekte in fiktionalen Texten ein:
Für Kenner von Nils Holgersson ist die Gerundiums-Lesart möglich und
naheliegend.

Für die "fliegenden Objekte" führt Habel (1985, 447) folgendes Schema
von Wissenstypen an:

<u>SCHEMA B</u>

Wissenstypen	Beispiele
lexikalisches Wissen (im engeren Sinne)	Kasus und Rollen transitives vs. intransitives <u>fliegen</u>
lexikalisches Wissen (im weiteren Sinne) enzyklopädisches Wissen	Wissen über fliegbare bzw. flugfähige Objekte
episodisches Wissen	kontextuelles Wissen einschl. Sprechsituation

Die Repräsentation der Textbedeutung ergibt sich auf dieser Basis aus
der Ergänzung der explizit ausgedrückten Information durch die
implizit enthaltene und durch das Aktivieren der Wissenskomponenten.

Nur kurz angerissen seien hier die verschiedenen Modelle, in die eine integrierte Wissensrepräsentation Eingang gefunden hat. In der Konzeption der "Semantischen Netze" werden netzartige Darstellungsmethoden verwendet; in einer einfachen Ausformung eines Netzes finden sich Knoten für Konzepte und Eigenschaften und zwei Arten von verbindenden Kanten: diejenigen, die die Beziehung Teilklasse-Oberklasse widerspiegeln, und diejenigen, die den Konzepten Eigenschaften zuordnen. Ein Ausschnitt aus einem Beispiel von Habel (1985) sieht folgendermaßen aus:

SCHEMA C

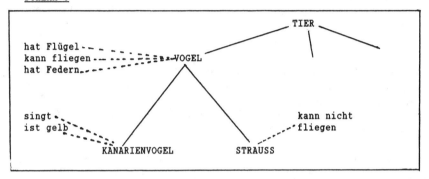

Ein spezieller "Kanarienvogel Hansi" als Teil des episodischen Wissens könnte dabei als Knoten eines "individuellen Konzepts" unter dem Knoten KANARIENVOGEL eingefügt werden.

Eine andere Konzeption der Wissensrepräsentation drückt sich im Modell der "Frames" und "Scripts" aus, in denen das Auffinden von "Schemata", die zum Text passen, im Mittelpunkt steht.

Zu einem FRAME im Sinne von Fillmore (1982) gehören Lexeme, die auf eine typische komplexe Situation oder "Szene" Bezug nehmen. Wörter wie "kaufen, verkaufen, bezahlen, kosten, bestellen, liefern", "Käufer, Verkäufer, Kunde, Ware, Preis", "teuer, billig" heben jeweils einen Aspekt einer bestimmten Situation hervor. Ein Sprecher kann normalerweise davon ausgehen, daß sein Hörer mit der Kenntnis eines Wortes auch das Wissen über die gesamte komplexe Situation verbindet. Die Situation muß nicht in ihren Einzelkomponenten beschrieben werden. Die FRAME-Konzeption will dem Phänomen gerecht werden, daß Sprecher konventionelles Wissen über Situationen, Aktivitäten, Ereignisse und Zustände voraussetzen. Es reicht aus, im Text eine Komponente zu

aktualisieren und dem Hörer die Aktivierung anderer im FRAME
befindlicher Komponenten zu überlassen.

Bei Fillmore wie in der prozeduralen Semantik von Beaugrande/Dressler
(1981) wird das Hintergrundwissen als Informationseinheit in Form von
globalen Mustern aufgefaßt. Zu den ungeordneten FRAMES gesellt sich in
der KI das Konzept der SCRIPTS, zu deren Beschreibungskriterien die
"geordnete Abfolge", "Handlungsabsicht" und "Stabilisierung der Abfolge"
gehören. Den Mustern der Wissensorganisation im Rahmen von FRAMES
und SCRIPTS ist gemeinsam, daß sie Ausschnitte aus dem Gesamtwissen
darstellen, indem sie um ein Wort herum einen "Wissensraum" annehmen
und die Bedeutung sprachlicher Ausdrücke auf globale Muster beziehen.
Anwendungsbeispiele im literarischen Bereich finden sich bei Scherner
(1984, 242 ff.).

Vannerem/Snell-Hornby (1986) leiten aus dem Fillmoreschen scenes-and-
frames-Ansatz ein "sehr dynamisches Konzept der Übersetzung" ab. Eine
Anforderung an den Übersetzer/die Übersetzerin, die sich aus dem Aufbau
der "Szene hinter dem Text" ergibt, lautet bei Vannerem/Snell-Hornby
(1986, 203) so:

> Er/sie muß erkennen können, wo seine/ihre prototypischen scenes
> nicht mehr ausreichen und wissen, mit welchen Hilfsmitteln er/sie
> den speziellen Forderungen des Textes gerecht werden kann.

Hier stellt sich erneut die Frage nach der bestmöglichen Repräsentation
der Wissenskomponenten. Sowohl in die Netzwerk-Darstellungen wie in die
FRAMES-Ansätze ist Wissen über typische Sachverhalte und spezielles
Wissen, das nicht von jedem Mitglied der Sprachgemeinschaft geteilt wird,
eingeflossen. Wir suchen eine optimale Repräsentation dessen, was "in
den Wörtern steckt", um den Zugriff zu gestatten auf das, was
vorhersagbar aktiviert werden kann. Nachdem diverse Versuche der
Trennung in "verschieden geartetes" Wissen verworfen wurden,
kristallisiert sich für den Zweck, gewisse Prozesse der Wissensaktivierung
vorherzusagen, eine grundlegende Differenzierung heraus:

Komponente (a): das, was notwendigerweise als Bedeutungskom-
                ponente "in einem Wort steckt",

Komponente (b): das, was eine Sprachgemeinschaft an konven-
                tionellem, an Alltagswissen mit einem Wort
                verbindet,

Komponente (c): das, was Experten zusätzlich an Wissen akti-
                vieren können.

Im folgenden soll eine aus psychologischen und philosophischen Ansätzen herausdestillierte Stereotypensemantik angeführt werden und mit Schwarze (1983) für eine Integration dieser Stereotypensemantik in die Beschreibung von Verstehensprozessen bei allgemeinen, von Fachwörtern durchsetzten bzw. streng fachlichen Texten plädiert werden.

2. Stereotypensemantik und Expertenwissen

Gehen wir zunächst auf die Grundannahmen ein: Eine Reihe von sprach-psychologischen Untersuchungen legt die Auffassung nahe, daß Farbkategorien, die so lange als Beispiele für sprachliche Relativität gedient haben, eine Prototypenstruktur aufweisen. Die Kategorie ist somit um ein Zentrum organisiert und ihre – nicht feste – Abgrenzung ergibt sich aus dem Abstand der Randbereiche zum Zentrum. Es gibt also für die Kategorie ROT einen bestimmten typischen Vertreter; dieses Rot ist der Prototyp der Kategorie ROT. Die Lexikalisierung im Bereich der Grundfarben scheint von bestimmten Eigenschaften unseres Perzeptionsvermögens abzuhängen. Berlin und Kay haben 1969 gezeigt, daß man trotz der unterschiedlichen Anzahl und Extension von Farbwörtern in den verschiedenen Sprachen davon ausgehen kann, daß die Extension von Farbwörtern mit einem universalen System erfaßt werden kann. Dieses universale System ist durch prototypische Segmente im Farbspektrum gekennzeichnet, wobei die Abgrenzung unscharf ist. Rosch (1973; 1977) hat sich im folgenden mit der Hypothese auseinandergesetzt, daß es derlei Vorkategorisierungen unserer Umwelt auch in anderen Bereichen menschlicher Wahrnehmung gibt, d. h., daß mögliche Prototypen und die Bedeutung möglicher Wörter zum Beispiel auch für geometrische Formen, Gesichtsausdrücke und konkrete Gegenstände vorgegeben sein könnten. Ihr Gesamtergebnis gipfelt in der Aussage, daß Menschen ihre Kategorien nach universell gültigen Prinzipien bilden und daß diese Kategorien keine festgelegten Grenzen haben. Finden wir nun verschiedene Kategorien von Sprache zu Sprache und von Kultur zu Kultur, so sind

- entweder nur die Ränder verschieden, der Prototyp aber ist gleich (bei Farben und Formen)
- oder aber die umgebende Welt ist nicht dieselbe (bei Tiergattungen und Artefakten)
- oder ein Volk hat für die Bildung bestimmter Kategorien keinen Anlaß.

Der Begriff des Prototyps findet sich auch im philosophischen Beitrag zur Wortsemantik von Putnam wieder. Für Putnam (1975, 1978) umfaßt das "Haben" eines Wortes folgendes:

- Man kennt die syntaktischen Eigenschaften des Wortes.
- Man kann es einer übergeordneten Kategorie zuordnen, wie etwa LEBEWESEN im Fall von "Tiger".
- Man kennt die Stereotypen, die mit den Wörtern verbunden sind. Die Stereotypen bei Putnam bestehen aus den Eigenschaften eines prototypischen Vertreters, d. h. aus Eigenschaften eines typischen Vertreters der Kategorie, Eigenschaften, die aber nicht jeder Referent unbedingt haben muß.
- Schließlich gehört zum Haben eines Wortes die Kenntnis seiner Extension.

Putnams Vorschlag für einen Eintrag unter <u>water</u> sieht folgendermaßen aus (1975, 269):

SYNTACTIC MARKERS	SEMANTIC MARKERS	STEREOTYPE	EXTENSION
mass noun; concrete;	natural kind; liquid;	colorless; transparent; tasteless; thirst-quenching; etc.	H_2O (give or take impurities)

Ein faszinierendes Konzept bei Putnam ist das der "sprachlichen Arbeitsteilung". Putnam (1975, 228) formuliert seine Hypothese so:

> HYPOTHESIS OF THE UNIVERSALITY OF THE DIVISION OF LINGUISTIC LABOR:
> Every linguistic community ... possesses at least some terms whose associated "criteria" are known only to a subset of the speakers who acquire the terms, and whose use by the other speakers depends upon a structured cooperation between them and the speakers in the relevant subsets.

Das <u>Haben</u> eines Wortes im Putnamschen Sinn bezieht sich auf die gesamte Sprachgemeinschaft; d. h. zur lexikalischen Beschreibung gehört das Expertenwissen um die Extension. Putnams Beispiel ist das GOLD. Von diesem Wort kennt der Normalsprecher nur das Stereotyp; Spezialisten können auch seine Extension angeben, deren Kenntnis zum <u>Haben</u> des Wortes gehört.

Einer in sich strukturierten Welt und ihrer Kenntnis wird also Relevanz für eine lexikalische Beschreibung zugesprochen. Die Strukturierung entspricht aber sowohl bei Rosch wie bei Putnam nicht der Zuschreibung distinktiver Merkmale, sondern dem Gruppieren mehr oder weniger ähnlicher Vertreter einer Kategorie um einen Prototypen herum. Eine stereotypische Eigenschaft entspricht somit nicht einer Implikation, sondern einer revidierbaren Inferenz. Ist die Kategorienzuweisung bei einem Objekt ganz und gar strittig, so ließe sich im Rahmen einer Stereotypensemantik eine Art Ähnlichkeitswert angeben, der die Eigenschaften des Objekts mit den Eigenschaften des Prototypen vergleicht. Nur die semantischen Merkmale der "allgemeinen, übergeordneten Kategorie" bei Putnam entsprächen den analytisch zugänglichen Komponenten eines strukturalistischen Ansatzes. Sie lassen sich als feste Komponenten in einer Standardverwendung des Wortes auffassen (vgl. Schwarze 1983).

In der KI finden sich die revidierbaren Inferenzen in verschiedener Form. So lassen sich STRAUSS und PINGUIN von den (typischen) flugfähigen Vögeln absetzen durch z. B.

- eine "Regel-und-Ausnahme-Regel" der Form

    (a) Vogel(x) &¬Strauß(x) &¬Pinguin(x) &...->flugfähig(x)

- eine "Default-Regel" der Form

    (b) $$\frac{\text{Vogel (x): M flugfähig (x)}}{\text{flugfähig (x)}}$$

    wobei M zu interpretieren ist als:
    M = es ist konsistent zum vorhandenen Wissen anzunehmen, daß...

Habel (1985, 465) umschreibt Regel (b) als Vorschrift:

- Ist x ein Vogel und ist nichts Gegenteiliges bekannt, so darf geschlossen werden, daß x flugfähig ist.

Beim PINGUIN ergibt sich aus Zusatzinformationen, daß die Ableitung nicht gemacht werden darf. Der Vorteil von (b) gegenüber (a) ist, daß in (b) nicht die Ausnahme, sondern gerade das Typische in den Vordergrund rückt. In (a) ist "typisch": "das, was nicht Ausnahme ist" (vgl. Habel 1985 zur grundlegenden Literatur).

Kehren wir zurück zur Stereotypensemantik und erinnern wir uns, daß für Putnam die Angabe der Extension zur Beschreibung der Bedeutung eines

Wortes gehörte. Für einen Teil des Lexikons könnte eine Beschreibung von stereotypem Wissen an der Seite der Angabe der Extension durch Fachleute stehen. Schwarze (1983) hat für die Zwecke einer lexikographischen Beschreibung vorgeschlagen, vom "arbeitsteiligen" Sprachbesitz im Sinne Putnams auszugehen, aber den Anteil EXTENSION durch eine Komponente SPEZIALISTENWISSEN zu ersetzen, da für gewisse Wörter niemand eine Extension angeben könne. Für Wörter wie <u>Sprache</u>. <u>Gesellschaft</u>, <u>Recht</u>, <u>Wissen</u> gibt es jedoch Expertenwissen, das die möglichen Denotate umreißt. Andererseits würde bei Teilen des Lexikons die Komponente SPEZIALISTENWISSEN fehlen müssen, da dieses nicht immer vorhanden ist. Trotzdem könnte es bei derlei Wörtern sinnvoll sein anzunehmen, daß sie eine Extension haben.

Diese Überlegungen führen zu einer Wortsemantik, die auf einer Unterscheidung von Spezialisten- und Laienwissen fußt und die die Gebrauchsbedingungen für Wörter zum einen aus analytisch zugänglichen Bedeutungskomponenten (Expertenwissen), zum anderen aus revidierbaren Inferenzen (Laienwissen) erschließen läßt. Als vorläufige Umformulierung der Komponente SPEZIALISTENWISSEN schlägt Schwarze (1983) vor: "das für die Definition des Denotats einschlägige Wissen".

In gewissen Fällen erlaubt dieser Ansatz, bei der Angabe des Expertenwissens auf die "terminographische Definition", – wie Rey (1975) es genannt hat –, zurückzugreifen, das heißt auf die Definition, die den Begriff des fachlichen Systems festlegt und die Gebrauchsbedingungen für das Wort innerhalb einer bestimmten Fachsprache vorgibt.

Die Identifikation der möglichen Denotate durch den Normalsprecher ergibt sich aus Individualdefinitionen, die bei Putnam (1975) aus "psychological states" hergeleitet werden. In der Wortsemantik zusammengeführt werden hier also psychisch-sozial Bestimmtes und fachlich-sachlich Bestimmtes, das nach traditionell strukturalistischer Auffassung allein Sache der Fachleute war. Mit einer Bedeutungsbeschreibung, die den Stereotypenbegriff verwendet, wird es darüber hinaus möglich, Phänomene wie Assoziationen, Emotionen, die Teil des Wissens oder Glaubens über die möglichen Denotate sind, in die wortsemantische Komponente aufzunehmen.

Der Putnamsche Stereotypenbegriff und die Komponente des Spezialistenwissens finden sich auch im Ansatz einer "dynamischen" Semantiktheorie von Eikmeyer/Rieser (kurz skizziert in Eikmeyer/Rieser (1981)). Mit der Betonung der Rolle des unterschiedlichen Hintergrundwissens, das die

Sprecher einer Sprachgemeinschaft aufweisen, geht folgende Auffassung vom "dynamischen" Wesen einer Bedeutungstheorie einher:

> By the use of "dynamic" we want to focus attention globally on two features tied up with meanings in use: In the first place, meanings are not fixed objects of any sort, they are fuzzy, flexible and open to adjustment. Secondly, the use of meanings is closely linked up with the fact, that contexts may be continously changed by people's verbal or non-verbal activities. Consequently, an interesting theory of meaning should explain how an expression's meaning can vary with contexts and possibly other features of language use (Eikmeyer/Rieser 1981, 135).

Der Kontext, das abrufbare Hintergrundwissen, unterliegt ständiger Veränderung. Aber auch da, wo der Wissenserwerb und ein hochspezialisierter Kontext den Zugriff zur Komponente "Expertenwissen" vorgeben, bleibt das stereotype Wissen als Bedeutungsfaktor relevant (vgl. Eikmeyer/Rieser 1981, 140 ff.).

3. Hypothesen zur Verarbeitung der stereotypen Merkmale

Im Sinne der von den beiden Autoren betonten Kontextabhängigkeit erhebt sich nun die Frage, in welcher Weise die stereotypen Merkmale in den Verstehensprozeß eingehen.

Hörmann (1981) hat betont, daß einzelne Wörter einer Äußerung zur Konstruktion der semantischen Beschreibung nur das beitragen, was für den Zusammenhang gebraucht wird, und nicht alles, was potentiell "in ihnen steckt". Gingen bisher unsere Überlegungen in die Richtung, daß in der Verarbeitung sprachlicher Ausdrücke Wissen und Glauben verschiedener Art zum Tragen kommt, so wird nun auf eine Einschränkung hingewiesen, die eine kontextabhängige Teilaktivierung der Bedeutungskomponenten impliziert. Hörmann (1981, 139) zitiert die berühmten Klavierbeispiele von Barclay et al. (1974):

- Der Mann hob das Klavier
- Der Mann zerschlug das Klavier
- Der Mann stimmte das Klavier
- Der Mann fotografierte das Klavier

Angesprochen im Hörer und als Gedächtnisstütze wirkend sind je nach Beispiel die Komponenten "etwas Schweres", "etwas Hölzernes", "etwas schön Klingendes" und "etwas Schönes". Hörmann (1981, 139) faßt zusammen:

Was der Sprecher ausspricht, spricht im Hörer etwas an, was aber nicht umfangsidentisch mit der "Lexikoneintragung" des betreffenden Wortes verwendet wird.

Zu den Komponenten, die "notwendigerweise" vorhanden sein müssen, damit etwas noch KLAVIER genannt werden kann, äußert sich Scherner (1984, 195 ff.). Ihm geht es allerdings wieder um eine strenge Trennung von Sprach- und Weltkenntnis, ohne Einbringung des Kriteriums "± typisch".

Für den Bereich des mehr oder weniger ausgeprägten Expertenwissens ist es entscheidend, im Text die Indikatoren festzumachen, die als Auslöser für die fachbezogene Definition und/oder die stereotypischen Eigenschaften im Verstehensprozeß verantwortlich sind.

Für die Frage, welche Bedeutungsbestandteile auf welche Weise benutzt werden, befinden sich aber zwei Hypothesen in Konkurrenz: Entweder geht man – wie in ähnlicher Form Hörmann (1981) – davon aus, daß es eine mit dem Kontext veränderliche Hierarchie der stereotypischen Eigenschaften gibt, bei der nur die oberen im Verstehensprozeß zum Tragen kommen; oder man nimmt an, daß alle verfügbaren stereotypischen Eigenschaften am Verstehensprozeß beteiligt sind, sich aber im Grad der "Salienz" unterscheiden. Die erste Hypothese führt sofort zu der Frage, wie der Zugriff zum Stereotyp im neutralen Kontext aussehen könnte: Die Anordnung müßte sich aus den individuellen Erfahrungen und Erinnerungen ergeben. Für die zweite Hypothese ergibt sich im Falle eines neutralen Kontextes eine willkürliche Anordnung; erst der spezifische Kontext macht gewisse Eigenschaften besser zugänglich. Die beiden Hypothesen werden diskutiert in Tabossi (1975).

4. Bedeutungskomponenten im Übersetzungsprozeß: zum Abwägen zwischen stereotypem und Expertenwissen

Zum Problem der internen Organisation eines Stereotyps und der Art der Aktivierung im Text bleibt im Rahmen der Psycholinguistik viel zu tun. In bezug auf den Übersetzungsprozeß läßt sich bereits jetzt sagen, daß für den Zieltext eine Gewichtung des implizierten stereotypen Wissens und des eventuell aktivierten Expertenwissens vorzunehmen ist, um den "notwendigen Differenzierungsgrad" (vgl. Kußmaul 1986) in der Übersetzung zu bestimmen. Eine Repräsentation im oben skizzierten Sinn würde die Übersetzerentscheidung erleichtern und durchsichtiger machen. In Betracht gezogen werden die entsprechenden Annahmen über Wissen und Glauben von ausgangs- und zielsprachlicher Gemeinschaft ausdrücklich, aber ohne wortsemantisches Instrumentarium z.B. von Vermeer (1986). Der Autor kritisiert die Übersetzung eines Satzes, den in Rudyard Kiplings "The Jungle Book" ein Wolf über einen erfolglos jagenden Tiger äußert:

Does he think our bucks are like his fat Waingunga bullocks?

In der deutschen Version lautet die Frage:

Glaubt er etwa, daß unsere Böcke ebenso dumm sind wie seine fetten Ochsen am Waingungafluß?

Nun ist laut Wörterbucheintrag die Entsprechung "bullock": "Ochse" korrekt, nach Vermeer ist der indische "bullock" jedoch "der Prototyp des mächtigen, aber milden Tieres". Es ist somit niederträchtig, einen "bullock" zu töten, während es Mut und Gewandtheit erfordert, den Ochsen zu erlegen. Vermeer (1986, 52) schließt seine Betrachtungen im Sinne des Übersetzers als eines Kulturmittlers:

Als "Kulturem" entspricht dem "bullock" an dieser Stelle kein deutscher Wörterbucheintrag; die "Idee" wird meines Erachtens am ehesten von "Büffel" erfüllt.

Eine kombinierte Wissensrepräsentation wird selbstverständlich nicht von allein die Probleme des Übersetzens lösen, aber sie wird auf explizite Weise neue Beschränkungen vorgeben für eine Theorie der Übersetzung und für die Prämissen einer Übersetzungsstrategie, die auf der Bewertung möglicher Verstehensebenen eines Textes beruht.

Bibliographie

Barclay, J. R./Bransford, J. D./ Franks, J. J./ McCarrell,
N./Nitsch, K. (1974), "Comprehension and semantic
flexibility", in: Journal of verbal learning and verbal
behavior 13, pp. 471-481
Beaugrande, Robert de (1980), Text, Discourse, and Process.
Toward a Multidisciplinary Science of Texts, London:
Longman Group
Beaugrande, Robert-Alain de (1987), "Text and Process in
Translation", Paper at the AILA International Trans-
lation Science Symposium, Hildesheim, April 1987, in
diesem Band
Beaugrande, Robert-Alain de/Dressler, Wolfgang Ulrich
(1981), Einführung in die Textlinguistik, Tübingen: Max
Niemeyer
Berlin, B./Kay, P. (1969), Basic Color Terms. Their
Universality and Evolution, Berkely, Los Angeles:
University of California Press
Eikmeyer, Hans-Jürgen/Rieser, Hannes (1981), "Meanings,
Intensions, and Stereotypes. A New Approach to Lin-
guistic Semantics", in: Eikmeyer, H.-J./Rieser, H.
(eds.), Words, Worlds, and Contexts, Berlin, New York:
de Gruyter, pp. 133-150
Fillmore, Charles (1982), "Frame Semantics", in: The
Linguistic Society of Korea (ed.), Linguistics in the
Morning Calm, Seoul, pp. 111-137
Fodor, J. A./Fodor, J. D./Garret, M. F. (1975), "The Psy-
chological Unreality of Semantic Representations", in:
Linguistic Inquiry 6, pp. 515-531
Fodor, J. A./Garrett, M. F./Walker, E. C. T./Parkes, C. H.
(1980), "Against Definitions", in: Cognition 8, pp.
263-367
Habel, Christopher (1985), "Das Lexikon in der Forschung der
Künstlichen Intelligenz", in: Schwarze, Ch./Wunderlich,
D. (eds.), Handbuch der Lexikologie, Königstein/Ts.:
Athenäum, pp. 441-474
Hörmann, Hans (1981), Einführung in die Psycholinguistik,
Darmstadt: Wissenschaftliche Buchgesellschaft
Kußmaul, Paul (1986), "Übersetzen als Entscheidungsprozeß.
Die Rolle der Fehleranalyse in der Übersetzungsdidak-
tik", in: Snell-Hornby, M. (ed.), Übersetzungswissen-
schaft. Eine Neuorientierung, Tübingen: Francke (= UTB
1415), pp. 206-229
Lakoff, George (1970), "A Note on Vagueness and Ambiguity",
in: Linguistic Inquiry 1, pp. 357-359
Papegaaij, Bart/Sadler, Victor/Witham, Toon (eds.) (1986),
Word Expert Semantics. An Interlingual Knowledge-Based
Approach, Dordrecht: Foris Publications
Pinkal, Manfred (1985), Logik und Lexikon. Die Semantik des
Unbestimmten, Berlin, New York: de Gruyter
Pinkal, Manfred (1985), "Kontextabhängigkeit, Vagheit, Mehr-
deutigkeit", in: Schwarze, Ch./Wunderlich, D. (eds.),
Handbuch der Lexikologie, Königstein/Ts.: Athenäum, pp. 27-63
Putnam, Hilary (1975), "The Meaning of 'Meaning'", in:

Putnam, H. (ed.), Mind, Language, and Reality,
    Cambridge: Cambridge University Press, pp. 215-271
Putnam, Hilary (1978), "Meaning, Reference, and Stereo-
    types", in: Günthner, F./Günthner-Reutter, M. (eds.),
    Meaning and Translation, London: Duckworth, pp. 61-81
Rey, Alain (1975), "Terminologies et terminographies", in:
    La banque des mots 10, pp. 145-154
Rosch, Eleanor H. (1973), "Natural Categories", in:
    Cognitive Psychology 7, pp. 328-350
Rosch, Eleanor H. (1977), "Human Categorization", in:
    Warren, N. (ed.), Advances in Cross-Cultural Psychology,
    Bd. 1, London: Academic Press, pp. 3-49
Scherner, Maximilian (1984), Sprache als Text. Ansätze zu
    einer sprachwissenschaftlich begründeten Theorie des
    Textverstehens, Tübingen: Max Niemeyer
Schwarze, Christoph (1983), "Stereotyp und lexikalische
    Bedeutung", in: Studium Linguistik 13, pp. 1-16
Schwarze, Christoph (1985), Lexique et compréhension
    textuelle, Papier Nr. 112, Sonderforschungsbereich 99,
    Universität Konstanz
Stolze, Radegundis (1982), Grundlagen der Textübersetzung,
    Heidelberg: Julius Groos
Tabossi, Patrizia (1975), "Interpreting Unambiguous Words
    during Sentence Comprehension", in: Hoppenbrouwers,
    G.A.J./Seuren, P.A.M./Weijters, A.J.M.M. (eds.),
    Meaning and the Lexicon, Dordrecht: Foris Publications,
    pp. 245-250
Vannerem, Mia/Snell-Hornby, Mary (1986), "Die Szene hinter
    dem Text: 'scenes-and-frames semantics' in der
    Übersetzung", in: Snell-Hornby, M. (ed.), Übersetzungs-
    wissenschaft. Eine Neuorientierung, Tübingen: Francke
    (=UTB 1415), pp. 184-205
Vermeer, Hans J. (1986), "Übersetzen als kultureller
    Transfer", in: Snell-Hornby, M. (ed.), Übersetzungs-
    wissenschaft. Eine Neuorientierung, Tübingen: Francke
    (= UTB 1415), pp. 30-53
Wettler, Manfred (1980), Sprache, Gedächtnis, Verstehen,
    Berlin, New York: de Gruyter
Wilss, Wolfram (1977), Übersetzungswissenschaft. Probleme
    und Methoden, Stuttgart: Klett

Textlinguistische Probleme des Translationsprozesses bei Fachsprachentexten

Stanka Stojanova-Jovčeva (Universität Sofia, Bulgarien)

0. Texte (auch Fachsprachentexte – FST) sind linguistisch beschreibbar und übersetzbar. Übersetzen verstehen wir im Sinne der "linguistischen Richtung" der Translationstheorie (Ljudskanov 1972, 42 f.) als sprachlichen Umkodierungsprozeß. Zwischen Texten in der Quellensprache (QS) als Produkte eines Emittenten (bzw. mehrerer Emittenten) und Texten in der Zielsprache (ZS) als Produkte eines Übersetzers bestehen grundsätzlich Unterschiede, da die Texte in der QS (T_q) Produkte eines "echten" Emittenten sind, während Texte in der ZS (T_z) Produkte eines Quasi-Rezipienten und zugleich eines Quasi-Emittenten darstellen (Jäger/Dalitz 1984, 18). Die linguistische Beschreibung von T_q und T_z ist zwar möglich, jedoch beim gegenwärtigen Stand der Forschung problemreich. "Text ist die sprachliche Ausformulierung des konzentrierten gedanklichen Abbilds eines gewissen Ausschnitts der Realität unter dem Blickwinkel und mit einer bestimmten Absicht seines Produzenten (...), vorgesehen zur Übermittlung des Abbilds an den Rezipienten" (Kleine Enzyklopädie 1983, 220). Probleme ergeben sich jedoch, wenn Texte als komplexe sprachliche Zeichen, d.h. als Makrozeichen, betrachtet werden, da analog zu anderen sprachlichen Zeichen (Morphem, Lexem usw.) angenommen werden könnte, sie seien nur durch Form und Bedeutung bestimmt, also bilateral. (Auf diese Problematik beim Satz und besonders beim Text weisen Neumann und Kollektiv (1976, 374) hin, jedoch ohne eine Alternative zu nennen.)

Texte sind u.E. immer Bestandteile der _parole_ und nicht der _langue_, was sie von anderen sprachlichen Zeichen unterscheidet, und zwar generell, die sowohl als Bestandteile der _parole_ innerhalb von Texten als auch als Bestandteile der _langue_ ohne Textbezug fungieren können. Daher nehmen wir an, daß jeder natürlich produzierte Text durch eine dritte Dimension bestimmt wird, nämlich die Intention seines Emittenten. Diese Dreidimensionalität von Texten scheint insofern gerechtfertigt, als gleiche Formen mit gleichen Inhalten (Bedeutungen) unterschiedliche Intentionen aufweisen können und somit auch einen unterschiedlichen kommunikativen Wert besitzen.

Als Bauelement des Textes im Hinblick auf den Translationsprozeß sehen wir den Satz an, da weder einzelne Wörter und Wortgruppen noch Textsegmente, die umfangreicher als ein Satz sind, übersetzt werden, sondern Texte als Sinneinheiten durch Sätze als Sinneinheiten. Zentral ist auch der Begriff der Äquivalenz, den wir als Gleichartigkeit der Wirkung eines T_q und eines T_z in der jeweiligen Sprachgemeinschaft – QS und ZS – sehen. Dabei wird im Translationsprozeß eine maximale Äquivalenz angestrebt.

> Von einem L_z-Text und einem L_Q-Text, die in ihren Bedeutungen soweit übereinstimmen, daß sie voneinander nur in dem durch die Unterschiedlichkeit von L_z und L_Q hinsichtlich ihrer Struktur und der Verwendungsweise ihrer Mittel und Bedeutungen abweichen, wollen wir sagen, daß sie einander maximal äquivalent sind (Jäger/Dalitz 1984, 61).

Dabei stützt sich das Invarianz-Äquivalenz-Verhältnis bei der Translation sowohl auf sprachliche als auch auf kommunikative Eigenschaften von Texten.

In bezug auf die FST scheint uns zweckmäßig, durch vergleichende Analyse der T_q und T_z nach Gesetzmäßigkeiten zu suchen, die linguistisch-fachsprachenspezifischen Charakter tragen sollten, damit auf dieser Basis ein allgemeineres Modell der fachsprachlichen Translation entwickelt werden kann.

In dieser Arbeit beschäftigen wir uns konkret mit FST aus dem Fachgebiet Außenhandel, und wenn im weiteren von FST gesprochen wird, sind immer solche Texte gemeint. Als Korpus dienen uns T_q und T_z in deutscher und bulgarischer Sprache, die der Zeitschrift "Messemagazin international" entnommen sind. (Sie erscheint zweisprachig und enthält Originaltexte in beiden Sprachen und ihre Übersetzungen.) Außerdem wurde jeweils ein deutscher und ein bulgarischer T_q aus dem Korpus von Germanistik-Studenten des 3. Studienjahres an der Universität Sofia übersetzt. Dies erschien uns insofern für die Untersuchung der Gesetzmäßigkeiten und Probleme der Translation von FST günstig und wichtig, da dadurch die Möglichkeit gegeben ist, neben dem gedruckten T_z, der als druckreif und somit als äquivalent angesehen wird, auch andere T_z des jeweiligen T_q zu erhalten, wodurch Variation-Invariation und ihre Grenzen und Probleme leichter und eindeutiger festgestellt werden können.

Die textlinguistische Analyse wird nach dem Text-Modell von de Beaugrande/Dressler (1981) durchgeführt, das bekanntlich sieben globale Textkriterien und drei regulative Textprinzipien aufweist. Wir sind bestrebt festzustellen, welche Elemente dieses Modells bei der Translation von FST primär relevant bzw. nur sekundär relevant sind.

1. Die <u>Kohäsion</u> bezieht sich auf die Oberflächenstruktur von Texten. Bei der Translation werden Oberflächenstrukturen des T_q zu Oberflächenstrukturen des T_z. Somit wird die besondere Bedeutung der Kohäsion deutlich, jedoch zeigt sich bei der Analyse der T_z-Varianten im Vergleich zu den T_q, daß nicht alle Kohäsionselemente bei FST in gleicher Weise relevant sind. Hervorgehoben werden muß die Rolle der <u>Rekurrenz</u> und der <u>partiellen Rekurrenz</u> gerade bei FST. Diese Elemente sind wesentlich an der Verwirklichung der thematischen Entfaltung (Brinker 1985) und an der Vertextung überhaupt beteiligt. Dabei betreffen sie bei FST vor allem Termini und fachspezifisches Wortgut (FSW), die hier eine sehr hohe Frequenz aufweisen. Dies kann aus der folgenden Tabelle ersichtlich werden. (Die zur Veranschaulichung herangezogenen Texte sind für das ganze Sprachmaterial repräsentativ):

Bestandteile	dt. T_q	bulg. T_q
Gesamtzahl der Sätze	15	12
Gesamtzahl der Wörter (total)	305	227
Termini und FSW	87	90
Artikel (bestimmter u. unbestimmter)	48	-
Pro-Formen	8	9
Hilfsverben, Modalverben, Reflexivpronomen bei Reflexivverben, <u>zu</u> (dt.) und <u>da</u> (bg.) bei Infinitiven	9	10
Numeralia (als Zahlen)	5	9
Präpositionen	28	27
Konjunktionen u.ä.	15	10
Vollverben, Partizipien in Partizipialkonstruktionen, Infinitive in Infinitivkonstruktionen	31	20
Platzhalter "es"	1	-

Diese Statistik hat nur den Zweck, deutlich zu machen, daß Termini, FSW, Artikel, Zahlen, Hilfsverben etc., Platzhalter zusammen im deutschen T_q ca. 52 % der verwendeten Wörter darstellen und im bulgarischen T_q mehr als 51 %. Die verwendeten Termini und FSW sind meist in mehreren unterschiedlichen Sätzen der T_q vertreten, entweder durch Rekurrenz oder durch partielle Rekurrenz. Auch ein oberflächlicher Vergleich zu belletristischen (BT) Texten und zu publizistischen (PT) Texten macht deutlich, daß hier wesentliche Unterschiede zu den FST bestehen. Bedeutend seltener als in BT und PT dagegen erscheint die <u>Paraphrase</u>

als Kohäsionselement. Dies ist eindeutig mit der definitorisch-terminologischen Spezifik der FST zu erklären. Dabei sind Paraphrasen bei FST weit häufiger im verbalen Bereich festzustellen als im nominalen. (Im nominalen Bereich besonders selten bei Substantiven und substantivischen Wortgruppen, etwas häufiger bei Adjektiven, und zwar dort, wo sie nicht Bestandteil von FSW oder Termini sind, noch häufiger bei Adverbien.) Bei der Translation von FST wirkt sich das dadurch aus, daß der Übersetzer bei Rekurrenz und partieller Rekurrenz keine bzw. äußerst geringe Möglichkeiten zur Variation hat. Das beweisen die T_z der Studenten, die dort Fehler begangen haben, wo versucht wurde, die Rekurrenz und die partielle Rekurrenz durch wörtliche Übersetzung oder durch Paraphrasen im nominalen Bereich wiederzugeben, z.B.:

DT_q - industrielle Kooperation = falsch: industrialna
　　　　　　　　　　　　　　　　　　　　　　　kooperacija
　　　　　　　　　　　　　　　richt.: promišleno
　　　　　　　　　　　　　　　　　　　kooperirane

BT_q - ikonomičeskata politika = falsch: die ökonomische
　　　　　　　　　　　　　　　　　　　　　　　Politik
　　　　　　　　　　　　　　　richt.: die Wirtschafts-
　　　　　　　　　　　　　　　　　　　politik

DT_q - credit standing　　　　= falsch: kreditno ravnište
　　　　　　　　　　　　　　　richt.: kreditno-finansovo
　　　　　　　　　　　　　　　　　　　položenie

BT_q - balansiranost v　　　　= falsch: Bilanz im Warenaus-
　　　　stokoobmena　　　　　　　　　　　tausch
　　　　　　　　　　　　　　　richt.: ausgeglichener Wa-
　　　　　　　　　　　　　　　　　　　renaustausch

Der Parallelismus als "die Wiederholung syntaktischer Oberflächenstrukturen" (de Beaugrande/Dressler 1981, 61) tritt in den untersuchten FST nicht als Vertextungsmittel auf. Daher ist auch bei der Translation dieser Texte eine Variabilität in der syntaktischen Gliederung der Sätze durchaus möglich. In den T_z der Studenten führen die Varianten im Satzbau nicht zur Inadäquatheit mit den T_q, z.B.:

BTz - V procesa na razvitieto na NRB kato edna moderna iko-
        nomičeska dăržava se zatvărdiha prez izminalite godini
        ošte poveče dobrite ikonomičeski vrâzki s FRG.
      - ... prez izminalite godini se zatvărdiha ošte poveče
        dobrite po tradicija ikonomičeski vrâzki s FRG.
      - ... tradicionnite dobri ikonomičeski otnošenija s FRG
        ukrepnaha prez posledine godini.

Auch hier sind deutliche Unterschiede zwischen BT und PT einerseits und
den FST andererseits festzustellen, da bei den ersten der Parallelismus
stil- und textrelevant ist.

Pro-Formen in den beiden Varianten – anaphorische und kataphorische
Verbindungsrichtung – sind im FST nicht relevant in bezug auf den
Translationsprozeß. Zum einen treten sie hier bedeutend seltener auf als
in BT und PT, bedingt durch die sehr häufige Verwendung der Rekurrenz
und der partiellen Rekurrenz. Zu unterstreichen ist, daß die
kataphorische Verwendung von Pro-Formen in FST wohl kaum auftritt (im
untersuchten Material war kein Beispiel dieser Art festzustellen). Dies ist
auch ein wesentlicher Unterschied zu BT und PT, in denen die Pro-
Formen stil- und textrelevant sind. Im Translationsprozeß treten hier
kaum Schwierigkeiten auf, was auch durch die Tz der Studenten bestätigt
wird.

Ellipsen sind in FST ebenso nicht stil- und textrelevant. Wenn sie hier
auftreten, dann dienen sie allein der Sprachökonomie und sind eher
sprachspezifisch (im Bulgarischen werden z.B. Ellipsen aus rein sprach-
ökonomischen Gründen viel seltener verwendet als im Deutschen), so daß
für den Übersetzer auch hier Möglichkeiten der Variation, jedoch sprachspezifisch relevant, gegeben sind. In den untersuchten Texten sind keine
Ellipsen enthalten, sie treten u.E. in mündlich realisierten FST auf, z.B.
Interviews, Diskussionen u.ä. Hier muß unterstrichen werden, daß in ihrer
gedruckten Fassung auch diese Textsorten keine Ellipsen in unserem
Material enthalten. Somit sind auch hier Unterschiede der FST zu BT und
PT festzustellen.

Tempus und Aspekt sind bei FST relevant bei der Translation. Die Tz der
Studenten enthalten Translationsfehler, die sich negativ auf die Vertextung in der ZS auswirken oder die den kommunikativen Wert nicht
adäquat wiedergeben, z.B.:

BT$_q$ - da povišavat
DT$_z$ - Deshalb erwartet man, daß die selbständigen Organisationen, die Initiative für rasche technische Erneue-
rungen hinnehmend, die Produktionsqualität <u>erhöhen</u>
<u>werden</u>. = falsch

Auch die nominale Wiedergabe des verbalen Prozesses im gedruckten T$_z$
gibt das enthaltene Moment der Interaktivität nicht wieder, z.B.:

- Auf diese Weise erwartet man von den sich selbst ver-
waltenden Organisationen und ihren Bemühungen um
kurzfristige technologische Erneuerung <u>eine Erhöhung</u>
der Produktivität.

Die Beispiele zeigen, wie wesentlich es für den Translationsprozeß ist,
nicht nur die temporalen Bedeutungen zu erkennen, sondern auch zusätzliche semantische Besonderheiten zu entschlüsseln gerade bei Übersetzungen aus slawischen Sprachen ins Deutsche.

Die <u>Junktionen</u> sind im FST von besonderer Bedeutung, da sie die Zusammenhänge und Kausalitäten (im allgemeinen Sinne) verwirklichen und
somit ein entscheidendes Mittel der Vertextung bei FST sind. Daher ist
bei der Translation besonders präzise zu verfahren. Fehler können zu
schwerwiegenden Sinnentstellungen führen, die immer, auch wenn sie nur
zwei benachbarte Sätze oder Hauptsatz und Nebensatz betreffen, die
Adäquatheit des T$_z$ zerstören. Das zeigen deutlich auch die T$_z$ der
Studenten, z.B.:

DT$_q$ - Finanzierungswünschen ... konnte stets nachgekommen
werden, <u>zumal</u> sich die VR Bulgarien eines sehr guten
credit standings erfreut.

BT$_z$ - richtig: <u>ošte poveče, če</u> Bălgarija se radva na ...
- falsch : <u>dokolkoto</u> NRB se radva ... = <u>soweit</u>, <u>sofern</u>,
<u>soviel</u>
- falsch : <u>tâj kato</u> NRB se radva ... = <u>weil</u>, <u>da</u>

Ein besonderes Problem bei der Translation stellt die <u>funktionelle Satz-
perspektive</u> dar, da es keine objektiven Kriterien für ihre Bestimmung
gibt (vgl. dazu die Kritiken von Gülich/Raible 1977, Brinker 1985 u.a.).
Die thematische Progression mit ihren Hauptvarianten nach Daneš (1974)
- lineare TP, TP mit konstantem Thema, TP mit abgeleiteten Themen und
der sogenannte thematische Sprung, der zwar bei FST äußerst selten
auftritt, sind zwar Orientierungspunkte für den Übersetzer, jedoch ist die
thematisch-rhematische Gliederung der Sätze, auf deren Grundlage sie
abgeleitet sind, so subjektiv (für den einen Übersetzer als Quasi-

Rezipient und Quasi-Emittent kann das Neue etwas anderes sein als für einen zweiten, dritten, n-ten Übersetzer), daß hier schwierig Regularitäten festzustellen sind. Auch die T_z der Studenten zeigen, daß Varianten durchaus möglich sind, ohne daß es zu Inadäquatheiten kommen soll, z.B.:

BT_q – Izvestno e, če Bâlgarija provežda vâv vânšnoikonomičeskite si otnošenija politika na balansiranost v stokoobmena. Tja izpâlnjava redovno poetite meždunarodni zadâlženija.

DT_z – Bulgarien ist bekanntlich um einen ausgeglichenen Warenaustausch bemüht und erfüllt regelmäßig seine übernommenen internationalen Verpflichtungen.

– Es ist bekannt, daß Bulgarien in seinen außenökonomischen Beziehungen eine Politik des Gleichgewichts im Warenaustausch durchführt. Es erfüllt immer die angenommenen internationalen Verabredungen.

Da die Intonation nur für mündlich produzierte Texte relevant ist, wird sie hier nicht behandelt.

2. Das wesentlichste Element der Kohärenz ist die Kontinuität. Sowohl der Satz als auch der Text sind Sinn-Einheiten, so daß sie sinnlos werden, wenn ihre Einheiten keinen zusammenhängenden Sinn ergeben. "Diese Sinneinheit möchten wir als Grundlage der Kohärenz ansetzen" (de Beaugrande/ Dressler 1981, 88). Während sich im Satz der Sinn durch die satzorganisierende Funktion des Prädikatverbs bzw. der Prädikatverben ergibt, indem die Satzglieder untereinander kompatibel sind, ergibt sich im Text die Kontinuität durch die Kompatibilität der Sätze in ihm. Im Satz ist jedoch die Kompatibilität durch bestimmte Modelle festgelegt, im Text dagegen fehlen solche Modelle für die Kompatibilität zwischen Sätzen. Im Text ist die Variabilität der möglichen Verbindungen zwischen Sätzen unbegrenzt. Als notwendige Voraussetzungen für die Kontinuität eines Textes sehen wir folgende an:

a) thematischer Zusammenhang der Sätze
b) grammatischer Zusammenhang der Sätze
c) thematisch-grammatische Ordnung der Sätze (Stojanova-Jovčeva 1986, 81 ff.).

Wenn diese Voraussetzungen für die T_q notwendig sind, dann sind sie in gleichem Maße auch für die T_z notwendig. Der Übersetzer hat sie zu beachten, da sonst Diskontinuität die Folge sein kann. Auch wenn Widrigkeiten dieser Art in den T_z auftreten, wirken sie sich negativ auf die Äquivalenz zwischen den T_q und den T_z aus. Beispiele der Diskontinuität wurden in bezug auf die thematisch-grammatische Ordnung der Sätze in den T_z der Studenten nicht festgestellt, vereinzelt treten sie jedoch beim grammatischen Zusammenhang auf, z.B.:

DT$_z$ – Es ist bekannt, daß <u>Bulgarien</u> in <u>ihren</u> außenökonomischen Beziehungen eine Politik durchführt ... <u>Es</u> erfüllt regelmäßig ...

Defekte beim thematischen Zusammenhang der Sätze können bei nichtadäquater Beachtung der Rekurrenz und der partiellen Rekurrenz entstehen, falls sie Termini und FSW betreffen.

Die <u>Aktivierung</u> ist bei FST sehr eng mit den Elementen Rekurrenz und partielle Rekurrenz verbunden. Die Aktivierung beruht auf einer gegebenen gemeinsamen Wissensbasis beim Emittenten und dem Übersetzer als Quasi-Rezipient und Quasi-Emittent und bei den Rezipienten der T_z in der ZS. Dabei wird von de Beaugrande/Dressler (1981) das Wissen in determinierendes, typisches und zufälliges gegliedert. Für die FST und ihre Übersetzung hat das zufällige Wissen u.E. keine Bedeutung, jedoch ist die Gemeinsamkeit des determinierenden und typischen Wissens um so wichtiger. Die Konstellation der Konzepte und ihre Relationen auf der Oberflächenstruktur des FST werden, wie schon gesagt, am häufigsten durch die Rekurrenz und die partielle Rekurrenz dargestellt. Dadurch hängt die Aktivierung des gemeinsamen Wissens von der Konstellation der Konzepte und der Relationen zwischen ihnen im T_z ab. Dies ist noch ein Beweis dafür, wie besonders wichtig, ja entscheidend, die Verwirklichung der Rekurrenz und der partiellen Rekurrenz bei Termini und FSW im FST sind, ebenso bei seiner Übersetzung, da nur durch die adäquate Aktivierung der gemeinsamen Wissensbasis eine adäquate Kommunikation stattfinden kann. Im Unterschied zu BT und PT ist auch kein enzyklopädisches Wissen nötig, um so nötiger – Fachwissen.

Ebenso wesentlich sind das <u>Episodengedächtnis</u> und das <u>semantische Gedächtnis</u>. Das Episodengedächtnis, das sich aus den eigenen Erfahrungen ergibt, und das semantische Gedächtnis, das auf bestimmten Mustern des Wissens beruht, die das Verhältnis der Eigenschaften zu den Trägern dieser Eigenschaften betreffen, werden im Translationsprozeß auf zwei Ebenen wirksam:

a) auf der Ebene des Verstehens (hier tritt der Übersetzer
in der Rolle eines Quasi-Rezipienten der T_q auf)

b) auf der Ebene des Vertextens (hier tritt der Übersetzer
in der Rolle eines Quasi-Emittenten in der ZS durch die
T_z auf).

Bei Defekten in der Übereinstimmung zwischen dem Episodengedächtnis
und dem semantischen Gedächtnis zwischen Emittent der T_q und dem
Übersetzer entstehen inadäquate T_z.

Die Verbindungsstärke als Kohärenzelement beruht darauf, daß Konzepte
keine unzerlegbaren Größen sind, sondern aus verschiedenen Einheiten
bestehen, die sich aus dem Wissen und dem Gedächtnis der Kommunikationspartner ergeben. Von diesen Bestandteilen hängt ab, was für Wissen
und Gedächtnis aktiviert wird. Obwohl dieser Bereich noch nicht
genügend erforscht ist, kann festgestellt werden, daß sich Konzepte
allgemein durch unterschiedliche Verbindungsstärke ihrer Bestandteile
auszeichnen. In FST jedoch sollte durch ihre definitorisch-terminologische
Spezifik die Verbindungsstärke zwischen den Bestandteilen der Konzepte
beim Emittenten und dem Übersetzer gleich sein, damit adäquate T_z zu
den T_q entstehen können. Im Unterschied zu BT und PT sind die Bereiche
der Assoziativität, Fiktivität, Emotionalität, Expressivität, Vagheit,
Ambiguität, Individualität, Subjektivität u.ä. hier ganz gering vertreten
oder fehlen überhaupt, was die Art des Translationsprozesses prägt,
indem Variationen stark eingeschränkt sind. Dies gilt ebenso für die
Aktivierungsverbreitung. "Wenn eine Wissenseinheit aktiviert wird, so
werden offenbar andere im Speicher eng verbundene Einheiten ebenfalls
aktiv (obgleich vielleicht weniger aktiv als die ursprüngliche Einheit)"
(de Beaugrande/Dressler 1981, 93). Somit wird es möglich, Assoziationen,
Erwartungen, Voraussagen, Hypothesen, Vorstellungen, Annahmen und dgl.
zu erklären, die sich zwar aus einem explizit im T_q genannten Konzept
ergeben, die jedoch nicht auf der Textoberfläche erscheinen. Somit kann
das Auftreten von Sätzen in BT und PT erklärt werden, die rein von den
Oberflächenelementen her nichts mit den anderen Sätzen des Textes zu
tun haben. In FST tritt dies äußerst selten auf – meist bei mündlicher
Produktion in Diskussionen, Interviews u.ä. In unserem Material wurde
eine solche Erscheinung nicht beobachtet, was noch ein Beweis dafür ist,
daß FST viel stärker determiniert sind als BT und PT.

Die Ökonomie in FST ergibt sich nicht so sehr durch das Einsparen von
Konzepten und den Relationen zwischen ihnen auf der Oberfläche, sondern
durch bestimmte Muster des Textbaus. Als solche globalen Muster nennen
de Beaugrande/Dressler (1981, 95 ff.) folgende: Rahmen – die
Alltagswissen über ein zentrales Konzept umfassen, wobei sie angeben,
was zusammengehört, jedoch nicht die Reihenfolge; Schemata – die
Ereignisse und Zustände in einer bestimmten Reihenfolge umfassen; Pläne

– die Ereignisse und Zustände umfassen und die zu einem bestimmten Ziel des Emittenten führen; <u>Skripts</u> – als stabilisierte Pläne, "die häufig abgerufen werden, um die Rollen und die erwarteten Handlungen der Kommunikationsteilnehmer zu bestimmen" (de Beaugrande/Dressler 1981, 98). Bei FST als T_q haben diese globalen Muster eine besonders wesentliche Funktion, jedoch ist ihre Kenntnis für den Übersetzer nicht obligatorisch, da er sie zwangsläufig vom T_q auf den T_z überträgt, indem er die Sätze als Sinneinheiten nacheinander übersetzt.

Die <u>Vererbung</u> als "Übertragung von Wissen zwischen Einheiten derselben oder ähnlicher Typen oder Subtypen" (de Beaugrande/Dressler 1981, 96) wird durch drei Arten realisiert: a) <u>Repräsentanten</u> – die alle Eigenschaften der entsprechenden Klassen übernehmen; b) "<u>Unterklassen</u> erben von <u>Oberklassen</u> nur jene Eigenschaften, die die nähere Bestimmung der Unterklassen erlaubt" (de Beaugrande/Dressler 1981, 97); c) <u>Analogie-Verhältnis</u> – kann zwischen unterschiedlichen Klassen erfolgen, wenn sie mindestens eine gemeinsame Eigenschaft aufweisen. Bei FST wirkt sich die Vererbung in ihren drei Arten ganz spezifisch aus, da der definitorisch-terminologische Charakter der FST nur bestimmte Gebiete des Wissens umfaßt (mit ihren Typen und Subtypen und den Relationen zwischen ihnen). Repräsentationen, Spezifizierungen und Analogien sind hier fachspezifisch begrenzt, was sich sowohl bei der Produktion von T_q als auch bei der Übersetzung in T_z auswirkt.

Nur durch die Verbindung zwischen Sprache in Texten und der <u>Apperzeption und der Kognition</u> ist die Verwirklichung der Kommunikation möglich. Hier liegen jedoch große Probleme für den Translationsprozeß, da die Absicht des Emittenten nicht immer vom Übersetzer korrekt/adäquat verstanden wird. Dies gilt jedoch in einem viel größeren Umfang für BT und PT. Wenn Defekte bei der Übersetzung von FST entstehen, dann ist im allgemeinen ihre Ursache nicht in einer fehlenden Apperzeption, sondern in einer fehlenden Kognition von seiten des Übersetzers zu suchen. Dies beweisen auch die T_z der Studenten. Die fehlenden Kenntnisse der Fachsprache und ihrer Objekte führen bekanntlich zu Translationsfehlern.

3. Die <u>Intentionalität</u> bei FST ist bekanntlich viel unkomplizierter und dadurch auch problemloser für die Translation als bei BT und PT. Der soziale Rezipientenkreis der T_q und der T_z ist bei FST recht homogen und läßt sich relativ genau bestimmen. Da die Deutungsspielräume äußerst begrenzt sind oder überhaupt fehlen, sind auch

Deutungsvarianten kaum möglich. Das führt zu relativ einheitlichen T_z, falls die Termini und das FSW adäquat übersetzt werden.

4. Die Akzeptabilität durch den Übersetzer ist entscheidend für die Qualität der T_z. Dabei wird sie nicht nur wirksam, indem der Übersetzer entscheidet, ob der T_q akzeptabel oder weniger akzeptabel ist, sondern vielmehr ist für die Translation die Art der Akzeptabilität durch den Übersetzer entscheidend, d.h. wie der T_q akzeptiert wird. Dies verläuft auf der Verstehensebene und verwirklicht sich auf der Vertextungsebene. Die Akzeptabilität hängt somit eng mit den Kohäsions- und Kohärenzelementen zusammen, die sich als besonders wichtig für die FST erweisen. Falls diese Elemente defektlos vom Übersetzer akzeptiert werden, dann ist auch die Gesamtakzeptabilität des T_q gewährleistet.

5. Unter Informativität verstehen de Beaugrande/Dressler (1981, 145) "das Ausmaß, bis zu dem eine Darbietung für den Rezipienten neu oder unerwartet ist". In bezug auf die Optionen werden drei Informativitätsstufen unterschieden:

a) erste Stufe – die Wahl der Optionen ist festgelegt und wird nicht bezweifelt
b) zweite Stufe – eine Wahl der Optionen ist möglich, jedoch auf der gemeinsamen Wissens- und Gedächtnisbasis zwischen Emittent und Rezipient gesichert
c) dritte Stufe – die Wahl der Optionen ist nicht gesichert, da die intendierte Option scheinbar ganz außerhalb der Optionsmenge liegt.

Bei FST ist die 3. Stufe ausgeschlossen im Unterschied zu BT und PT. Meist treten die 1. und 2. Stufe hier gemischt auf, wobei bei Termini und FSW die 1. Stufe auftritt.

6. Die Situationalität als ein Komplex von Faktoren, die jeden T_q "für eine aktuelle oder rekonstruierbare Kommunikationssituation relevant machen" (de Beaugrande/Dressler 1981, 169), ist oft bei BT und PT problematisch, unklar oder vielschichtig, dagegen bei FST in der Regel evident. Der Übersetzer hat normalerweise keine Schwierigkeiten mit der situativen Einordnung eines FST, da die Situation der Kommunikation durch die Fachspezifik vorbestimmt ist. Daher entstehen hier für den Translationsprozeß kaum Fehler.

7. Die Intertextualität wird nach de Beaugrande/Dressler (1981, 188-215) auf zwei Ebenen verwirklicht: auf der Ebene der Textsorten und auf der Ebene der Textanspielung. Bei FST wird die 2. Ebene auch dann nicht verwirklicht, wenn zitiert wird bzw. wenn sich der Emittent auf fremde Aussagen in anderen Texten bezieht. Somit wird der Translationsprozeß in keiner Weise beeinträchtigt, da zudem die Fachsprachen in der Regel nicht vermischt werden. Die Verbindung zwischen Texten auf der Ebene der Textsorten steht in engstem Zusammenhang mit der Kohärenz, so daß sie als Intertextualität Schwierigkeiten bereiten könnte, nur wenn sie als Kohärenzelement vom Übersetzer nicht beherrscht wird.

8. Im Translationsprozeß wirken neben den globalen Textkriterien auch die regulativen Textprinzipien Effizienz, Effektivität und Angemessenheit. Während bei BT und PT der Grad der Effektivität eines Textes oft um so höher ist, je geringer die Effizienz ist, ist bei FST gerade das Gegenteil zu beobachten, da in FST ein möglichst geringer Grad an Aufwand und Anstrengung auf der Verstehensebene, also ein möglichst hoher Grad der Effizienz, angestrebt wird. Dies bedeutet jedoch nicht, daß es für den Übersetzer einfacher ist, diesen hohen Effizienzgrad auch im T_z zu erzielen. Gerade in der strikten Einhaltung der Kohäsions- und Kohärenzelemente auch im T_z kann es zur Adäquatheit zwischen T_q und T_z kommen. "Die Angemessenheit (...) eines Textes ist die Übereinstimmung eines Textes zwischen seinem Kontext und der Art und Weise, wie die Kriterien der Textualität erhalten werden" (de Beaugrande/Dressler 1981, 14). Dies gilt in gleichem Maße für die T_q und die T_z und wirkt sich bei Nichteinhaltung der Kriterien der Textualität im T_z negativ auf die Adäquatheit zwischen T_q und T_z aus.

9. Zusammenfassend kann festgestellt werden, daß für den Translationsprozeß von FST folgende Textkriterien mit ihren Elementen primär relevant sind:

1. Akzeptabilität
2. Informativität
3. Kohäsion (Rekurrenz, partielle Rekurrenz, Tempus und Aspekt, Junktionen, funktionelle Satzperspektive)
4. Kohärenz (Kontinuität, Aktivierung, episodisches und semantisches Gedächtnis, Ökonomie, Kognition)

Für den Translationsprozeß nur sekundär relevant für FST sind folgende Textkriterien mit ihren Elementen:

1. Intentionalität
2. Kohäsion (Parallelismus, Pro-Formen, Ellipsen)
3. Kohärenz (Verbindungsstärke, Aktivierungsverbreitung, Apperzeption)
4. Intertextualität
5. Situationalität.

Bibliographie

Beaugrande, Robert-Alain de/Dressler, Wolfgang Ulrich
(1981), Einführung in die Textlinguistik, Tübingen: Max
Niemeyer
Brinker, Klaus (1985), Linguistische Textanalyse. Eine Ein-
führung in Grundbegriffe und Methoden, Berlin: Erich
Schmidt
Danes, Frantisek (1974), "Functional Sentence Perspective
and the Organization of the Text", in: Papers on Func-
tional Sentence Perspective, Prague, The Hague, Paris:
Academia, pp. 106-128
Gülich, Elisabeth/Raible, Wolfgang (1977), Linguistische
Textmodelle. Grundlagen und Möglichkeiten, München: Fink
Jäger, Gert (1980), "Translation und Adaption", in: Lingui-
stische Arbeitsberichte 26, Leipzig, pp. 1-11
Jäger, Gert/Dalitz, Günther (1984), Die Sprachmittlung und
ihre Hauptarten, Leipzig
Fleischer, W./Hartung, W./Schildt, J./Suchsland, P. (eds.)
(1983), Kleine Enzyklopädie. Die deutsche Sprache,
Leipzig: VEB Bibliographisches Institut
Ljudskanov, Aleksander (1972), Mensch und Maschine als Über-
setzer, 2. Auflage, Halle (Saale): Niemeyer, VEB
Neumann, Werner (Leitung und Autorenkollektiv) (1976), Theo-
retische Probleme der Sprachwissenschaft, Teilband 1,
Berlin: Akademie
Stojanova-Jovčeva; Stanka (1986), Der Satz in der deutschen
Gegenwartssprache aus textlinguistischer Sicht, Sofia:
Narodna prosveta (im Druck)

Interkulturelle Unterschiede und semantische Ungleichheiten. Schwierigkeiten bei der Translation

Yu Baoquan (Fremdsprachenhochschule Peking, China)

0. Die moderne Translationstheorie betont in den letzten Jahren immer mehr die Wahrung der Bedeutungen des Ausgangstextes im Zieltext und das Erzielen der wesentlich gleichwertigen kommunikativen Effekte bei den Empfängern des Ausgangs- und Zieltextes (vgl. Albrecht 1963, 16; Barchudarow 1979, 13; Nida 1969, 1; Levy 1969, 92). Uns interessiert die Frage, inwieweit der Translator die Bedeutungen des Originaltextes erschließen kann und wodurch die Bedeutungen im Translationsprozeß determiniert werden. D.h., uns interessieren nicht nur textinterne, sondern auch textexterne Faktoren bei der Herstellung kommunikativer Äquivalenz im Zieltext. Es geht uns hier um die Frage des Verhältnisses zwischen Denken, Sprache und Translation, um die immanenten Faktoren der Bedeutungen und den inneren Zusammenhang der Translation mit der Kultur. Von diesen Fragen ausgehend wollen wir versuchen, das Verhältnis zwischen Bedeutungen und Soziokultur darzulegen.

1. Sprache, Denken und Kulturpsyche

1.1 Wie allgemein bekannt, ist die Sprache als Kommunikationsmittel immer aufs engste mit Kognition bzw. Bedeutung verknüpft (vgl. Wotjak 1986, 79). Die Gesetzmäßigkeit des Denkens ist eine Widerspiegelung der Gesetzmäßigkeit der objektiven Realität. Aber die sprachliche Form, in die diese Gesetzmäßigkeit gekleidet wird, weist doch nationale Eigentümlichkeiten auf. D.h., in verschiedenen Nationen bilden sich die Begriffe zwar auf der Grundlage gleicher Denkstrukturen heraus, aber die Begriffssysteme verschiedener Nationen sind nicht vollständig gleich. In der Literatur werden oft die Beispiele Vosslers zitiert:

> In den Tropen gibt es Negersprachen, die 50 bis 60 Namen für verschiedene Palmenarten besitzen, aber kein umfassendes Wort für die Palme... Die Gauchos in Argentinien besaßen etwa 200 Ausdrücke für Pferdefarben und nur vier Pflanzennamen: pasto, paja, cardos, yuyos, – pasto heißt alles, was das Vieh frißt, paja jede Art Streu, cardo alles holzartige Gewächs, yuyos das ganze übrige Pflanzenreich, Lilien und Rosen, Kraut und Kohl (1946, 11f.).

Als ein weiteres Beispiel sei hier das geläufige Zeichen bzw. der Begriff "Ich" genannt. Der Begriff "Ich" hat im Chinesischen seinem Formativ und seinem unterschiedlichen Koloritwert der Bedeutung nach etwa 71 verschiedene Bezeichnungen bzw. Wörter, die jeweils bei verschiedenen Gelegenheiten, von verschiedenen Individuen und verschiedenen Gesprächspartnern gegenüber verwendet werden. Unter diesen 71 Bezeichnungen gibt es beispielsweise sehr viele im Sinne von "meine Wenigkeit", "meine Minderwertigkeit" oder "meine bescheidene Person"(鄙人 〈birén〉, 愚 〈yú〉, 不才 〈bùcái〉在下〈zàixià〉) usw.; bei der Selbstbenennung verwendet der chinesische Kaiser an Stelle von "我" (wǒ = ich) das Wort "朕" (zhèn = ich/mein/das Omen). Dieses eigenartige sprachliche Phänomen im Chinesischen geht auf die langjährige Feudalgesellschaft und die damit verbundene Kultur Chinas zurück. Die chinesische Feudalgesellschaft war ständisch streng gegliedert. Sowohl zwischen Senior und Junior im Familienleben als auch zwischen Vorgesetztem und Untergeordnetem im Berufsleben bestand und besteht teilweise heute noch eine strikte Rangordnung bzw. Reihenfolge. Aufgrund dieser sozialen Verhältnisse und der traditionellen Vorstellungen Chinas entstand für den Begriff "Ich" eine Anzahl von Ausdrücken. Wenn man nun an die Translation denkt, so erscheint es unmöglich, im Deutschen wie im Englischen auch 71 im Koloritwert bedeutungsgleiche Entsprechungen zu finden.

Ferner wollen wir noch das Wort "Elster" als Beispiel nehmen. Das Wort "Elster" trägt im Volksglauben des slawischen Sprachgebiets die Konnotation diebisch, spöttisch, zänkisch und geschwätzig. Man sagt noch heute: "schwätzen wie eine Elster". Aber in China wird die Elster immer Xi•que (Freudenelster) genannt, weil sie der Freudenbringer ist. Ihr Ruf kündigt eine gute Nachricht oder das Kommen eines Gastes an. Im Volksmund wird in China gesagt: "Wenn die Elstern vor der Vorhalle kreischen, werden bald Besucher kommen." Der Bedeutung nach gleicht es einer volkstümlichen Redensart in Pakistan. Dort heißt es: "Wenn man am frühen Morgen Raben vor der Tür sieht, werden am selben Tag Besucher kommen." Aber der Rabe steht in China als Unglücksvogel der Elster gegenüber. "Wenn man am frühen Morgen Raben krähen hört, ist das Unglück nah", so heißt es in China im Volksmund. Es geht uns hier also darum, daß die psychologischen Reaktionen auf Elstern bei Chinesen und Europäern und die auf Raben bei Pakistanern und Chinesen ganz unterschiedlich sind. Der Tatbestand, daß durch das gleiche Wort in verschiedenen Nationen unterschiedliche psychologische Assoziationen hervorgerufen werden, illustriert, daß die diskrepante Kulturpsyche verschiedener Nationen die semantische Gleichheit zwischen dem Ausgangs- und Zieltext beeinflussen wird. Sie wird auch einen Einfluß auf die Gleichwertigkeit der Reaktion der Empfänger des Zieltextes und der Reaktion der ursprünglichen Empfänger auf die Mitteilungen in ihrer Originalfassung ausüben.

Diese Beispiele demonstrieren, daß für jedes Zeichen einer natürlichen Sprache gilt, daß sowohl seine Form als auch seine Bedeutung einer bestimmten soziokulturellen und kulturpsychologischen Konvention unterliegen, die sich im historischen Entwicklungsprozeß der jeweiligen dieses Zeichensystem bzw. Begriffssystem verwendenden Nationen herausbildet. Das illustriert zugleich, daß sich die Eigentümlichkeiten jeder nationalen Sprache nicht nur in den sprachlichen Gesetzmäßigkeiten, sondern auch in der Rezeption der Wirklichkeit und deren Ausdruck widerspiegeln.

Daher darf der Translator bei der Translation nicht nur die unterschiedlichen Sprachstrukturen zwischen der Ausgangssprache und der Zielsprache beachten. Er muß auch die unterschiedlichen Soziokulturen und die diskrepante Kulturpsyche verschiedener Nationen berücksichtigen. Der schwedische Sinologe Bernhard Karlgren (1889-1978) meint, wer Chinesisch verstehen wolle, müsse die Psyche des Chinesen kennen, und dazu brauche man einen sechsten Sinn. Das sind u.E. Bemerkungen eines erfahrenen Mannes. Dieser sechste Sinn läßt sich als kulturpsychologische Einfühlung bezeichnen. So wollen wir hier die Auffassung von W. Wilss teilen, der über die Translationswissenschaft sagt: "... ihr Beschreibungs- und Erklärungszusammenhang ist linguistisch, psycholinguistisch und soziolinguistisch fundiert" (1980, 9).

1.2 Da die Geschichte, Kultur, geographische Umwelt, soziale Praxis und die Lebenserfahrungen der deutschen Sprachgemeinschaft im Vergleich zu denen der chinesischen Nation große Unterschiede erkennen lassen, ist die Differenz zwischen den Begriffssystemen der deutschen und der chinesischen Sprache besonders ausgeprägt. In der vorliegenden Arbeit wollen wir überwiegend einen kulturellen und semantischen Vergleich zwischen dem Deutschen und dem Chinesischen anstellen.

1.2.1 Um ein Beispiel zu nennen, wollen wir zunächst den ehemaligen Botschafter der Bundesrepublik Deutschland in China, Erwin Wickert, zitieren. Er schreibt in "China von innen gesehen": "... In dieser Landschaft, aus dieser Gesellschaft wuchs 'li' (礼). Man hat das Wort oft mit 'Riten' oder 'Ritual' übersetzt; das trifft zwar auch zu, aber 'li' ist mehr. Es ist nicht nur etwas Äußeres. Es bedeutet gesittetes, sozialbewußtes, verantwortliches menschliches Handeln. Es ist Rücksichtnahme auf den anderen, Humanität." (1984, 195). Schließt ein Wort wie dieses "li" so viel implizite Bedeutungen ein, ist es schwer, es vollständig gleichwertig in eine fremde Sprache zu übersetzen bzw. zu dolmetschen. Die Schwierigkeit besteht gerade darin, daß Wörtern solcher Art die chinesische Kulturpsyche innewohnt. Wäre der Translator über die traditionelle bzw. gegenwärtige chinesische Kultur im ungewissen, wäre es ihm unmöglich, dem Empfänger des Zieltextes eine solche in den Mitteilungen des Ausgangstextes enthaltene Bedeutungsintension weiterzugeben.

1.2.2 Zum Vergleich der europäischen Kulturpsyche mit der chinesischen wollen wir nun das deutsche Wort "privat" als Beispiel nennen. Wie in Europa allgemein bekannt ist, bedeutet es nicht nur "Privatleben". Es impliziert "Persönlichkeit", "Geheimhaltung", "nicht zu störendes Alleinsein". Es bedeutet, daß das andere Individuum zu respektieren ist, daß nicht in persönliche Angelegenheiten anderer eingegriffen werden darf. Solche impliziten Bedeutungen sind mit der gesellschaftlichen Entwicklung und den kulturellen Hintergründen Europas unlösbar verbunden. Jeder Europäer ist in der Lage, diese Bedeutungsintension leicht, sogar im Unterbewußtsein, zu erfassen, weil er in dieser Gesellschaft lebt. Aber für einen in einer ganz anderen Gesellschaft lebenden Chinesen ist das nicht der Fall. Es fehlen in der chinesischen Kulturgeschichte manche Ideen und Vorstellungen, die die deutsche bzw. europäische Welt geprägt haben und umgekehrt. Von der Vorstellung, daß das Individuum respektiert werden muß, ausgehend, stellen zwei deutsche Bekannte bei einer Begegnung wohl nie ohne weiteres die Frage: "Wohin gehst du?" oder "Woher kommst du?" Begegnete ein Deutscher einem Chinesen und hörte er eine solche Frage, würde er die illokutionäre Bedeutung dieses Fragesatzes sicher falsch erschließen, wenn er die chinesische Sprachkonvention nicht kennte. Er würde denken: Was geht das dich an? Diese Äußerung – "Wohin gehst du?" – würde als Eingriff in den individuell-persönlichen Bereich und in die private Freiheit empfunden. Im Chinesischen indizieren diese "Fragen" aber in Wirklichkeit nur Akte des Grüßens wie "Guten Tag!"

Daraus ist ersichtlich, daß der Translator, wenn er die in die Sprache bzw. in die illokutionären Akte eingebetteten soziokulturellen Determinanten nicht berücksichtigt, höchstens die oberflächliche Struktur der Bedeutung in der Zielsprache reverbalisieren kann. Und das macht einen Zieltext oft schwer verständlich oder führt zu Unglücksfällen, deren Wurzel in der interkulturellen Interferenz liegt. Behauptet man, daß bei der Translation zwischen zwei nahe verwandten Sprachen wie Englisch und Deutsch oft zwischensprachliche Interferenzen vorkommen, dann sei hervorgehoben, daß bei der Translation zwischen kulturell recht unterschiedlichen Sprachen wie Chinesisch und Deutsch die interkulturellen Interferenzen oft zu den Hauptarten der Translationsfehler gehören. Daraus folgt, daß die soziokulturellen

Faktoren bzw. die soziokulturelle Bedeutung ein unübersehbarer Aspekt
bei der Translation sind.

2. Soziokulturelle Bedeutung

2.1 Unter soziokultureller Bedeutung verstehen wir eine Art Bedeutung,
die der Sprache anhaftet, nämlich die zu den "eigentlichen" Bedeutungen
hinzukommende weitere, doch nicht weniger wichtige Bedeutung eines
Wortes, einer Wortverbindung bzw. eines Satzes. Sie ist eine
Bedeutungskomponente, die die nationalspezifische Auseinandersetzung
des Menschen mit seiner konkreten Umwelt und die nationalspezifischen
Gepflogenheiten der sozialen Organisation, kulturelle Eigenheiten,
nationalpsychologische Faktoren etc. sprachlich reflektiert und sich u.a.
in bestimmten Sprachkonventionen und Äußerungsfolgen manifestieren
kann, deren illokutionäre Funktion sich markant (und für einen
Nichtmuttersprachler oft nicht leicht erschließbar) von der Summe der
Systembedeutungen der Äußerungsbestandteile unterscheidet. D.h., sie ist
in einem bestimmten Gesellschaftsleben, einer bestimmten geschichtlichen
Tradition und vor bestimmten kulturellen Hintergründen entstanden und
durchdringt die Sprache als soziokulturelle Dimension. Solche
Bedeutungskomponenten werden auch nicht nur durch die Eigenschaft des
widergespiegelten Objekts bestimmt, sondern auch durch das Verhältnis
des widerspiegelnden Subjekts zum Objekt.

2.2 Zur Illustration wollen wir einige Beispiele anführen:

2.2.1 Im Frühling 1976 tauchte in Peking u.a. eine Losung auf: "Der
Märtyrerin Yáng Kāihui erweisen wir unsere Ehre!" Jeder Chinese, der die
sogenannte chinesische Kulturrevolution erlebt hat, wußte, daß diese
Losung einen Unterton hatte, nämlich: man forderte die Abdankung von
Maos damaliger Frau Jīangqīng. Einen derartigen Unterton wollen wir als
eine Art von soziokultureller Bedeutung betrachten. Er entstand zwar an
einem bestimmten Ort und unter einem bestimmten politischen Klima; er
spielte in der Kommunikation aber eine wichtige Rolle. Um den Zweck der
Translation, miteinander in Gedanken und Gefühlen zu kommunizieren, zu
erfüllen, müßte ein solcher Unterton bzw. eine solche implizite Bedeutung
im Zieltext ebenfalls anklingen. Das bereitet bei der Translation oft
Schwierigkeiten, die der Translator aber unbedingt bewältigen muß
aufgrund seiner sprachlichen und kulturellen Kompetenz in den beiden
betreffenden Sprachen.

2.2.2 Goethe dichtete:

> Willst du den März nicht verlieren,
> So laß nicht in April dich führen.
> Den ersten April mußt überstehn,
> Dann kann dir manches Gutes geschehn.

Was "der erste April" hier bedeutet, versteht man im deutschen Sprachraum ohne weiteres, weil die Sitte der Aprilscherze seit dem 17. Jahrhundert überall in Deutschland, ähnlich wie auch in Frankreich, Holland und England besteht. "Der erste April" stellt hier nicht nur eine Datumsbezeichnung dar; ihm wohnt noch eine Art soziokultureller Bedeutung inne, die mit bestimmten Bräuchen der genannten Nationen im Zusammenhang steht. Sie zeigt sich hier jedoch nicht nur als eine den eigentlichen Bedeutungen hinzukommende, an der Sprache haftende Bedeutung; sie hat vielmehr die Sprache durchdrungen.

2.2.3 Im Chinesischen gibt es das Wort "Sàiwài" (塞外). Es bezeichnet eigentlich Gebiete nördlich der Großen Mauer. Es assoziiert bei Chinesen aber ganz spontan "Wüste" oder "Wildnis". Ein anderes Wort "Jiangnán" (江南) bedeutet im Chinesischen eigentlich "südlich des Chángjiang-Flusses". Da die Landschaft dieser Gegend sehr schön ist, assoziieren die Chinesen damit oft "Schönheit", "schöne Landschaft", "grüne Berge und klare Gewässer" oder "üppiges Grün" usw. Und wenn man diese vier Zeichen zu einer Wortverbindung "Sàiwàijiang-nán(塞外江南)kombiniert, so hat sie die Bedeutung: "Gebiete nördlich der Großen Mauer von südlicher Schönheit". Dies wollen wir auch als die in die Sprache eingedrungene soziokulturelle Bedeutung betrachten.

2.2.4 Ferner wollen wir zu einem anderen Aspekt der Durchdringung der Sprache mit soziokulturellen Faktoren kommen, nämlich zum Verhältnis sprachlicher Phänomene zu der gesellschaftlichen Entwicklung.

Mit der Entwicklung der Gesellschaft, Kultur, Wissenschaft und Technik entstehen im Laufe der menschlichen Geschichte immer wieder neue Objekte, für die neue Bezeichnungen benötigt werden. Die Nominationsbedürfnisse werden nicht nur durch neue Wörter – Neologismen – befriedigt, sondern bereits vorhandenes Wortgut wird genutzt. D.h., der Widerspruch zwischen Kommunikationsbedürfnissen und sprachlichem Potential kann zum Bedeutungswandel und zur Bedeutungsübertragung führen (vgl. Schippan 1984, 263). Bedeutungswandel und Bedeutungsübertragung erweisen sich in allen Sprachen als eine gesetzmäßige Erscheinung. Die Ursachen des Bedeutungswandels und der Bedeutungsübertragung sind vielseitig. Die Hauptursachen sind jedoch im sozialen Leben und in der sozialen Praxis zu suchen. Anders ausgedrückt: die Hauptfaktoren, durch die die Veränderungen der Bedeutung ausgelöst werden, sind verschiedene soziale Faktoren verschiedener Nationen. Was die Translationswissenschaft interessiert, sind hier die eigenartigen soziokulturellen Faktoren bzw. die eigenartigen gesellschaftlichen Ereignisse einer Nation, die die Veränderungen der Bedeutung hervorrufen und gewissen Wörtern bzw. Wortverbindungen eine Nebenbedeutung hinzufügen. Solche Nebenbedeutungen können anfangs nur diejenigen verstehen, die jene Ereignisse erlebt haben. Und die Schwierigkeiten bei der Translation treten gerade dann auf, wenn ein Wort in einer Nation eine hinzukommende Nebenbedeutung (soziokulturelle Bedeutung) erfährt, während es in einer anderen Nation noch keinen entsprechenden Begriff gibt. Im folgenden sei ein Beispiel dafür angeführt.

Vor 20 Jahren stand einmal in der chinesischen "Volkszeitung" ein Leitartikel, dessen Überschrift lautete: "Mit allen Rinderteufeln und Schlangengeistern aufräumen". Danach tauchten die beiden Wörter – Rinderteufel und Schlangengeister – überall in fast allen Publikationen auf. Aber was ist hier mit ihnen gemeint? Nicht nur Teufel und Geister in Mythen; mit ihnen sind seitdem auch chinesische Intellektuelle, Kader, Künstler etc. gemeint. Die beiden Wörter erfuhren in der chinesischen Kulturrevolution also eine Bedeutungsverschiebung und haben eine soziokulturelle Bedeutung hinzubekommen. Darüber hinaus wurde zu dieser Zeit das Wort "der Kuhstall" für den Raum benutzt, in dem diese "Rinderteufel und Schlangengeister" – d.h. die Intellektuellen, Kader, Künstler usw. – eingesperrt wurden. Der "Kuhstall" bezeichnet also nicht mehr nur den Raum, wo Rinder untergebracht werden, sondern auch einen Ort, an dem die Intellektuellen praktisch und körperlich arbeiten mußten. Seitdem hat das Wort "Kuhstall" im Chinesischen eine neue Bedeutung, die wir als soziokulturelles Semem betrachten wollen. Es ist aber sehr wohl möglich, daß soziokulturelle Bedeutungen dieser Art schnell veralten. Sprachteilnehmer unserer Generation können an dem Wort "Kuhstall" ohne weiteres diese implizite Bedeutung erschließen. In einigen Jahrzehnten muß jedoch für dieses Wort u.U. eine Erklärung gegeben werden, sonst würden auch Chinesen diese Bedeutungen nicht mehr erschließen können. Es ist in diesem konkreten Fall wahrscheinlich, daß diese soziokulturellen Bedeutungen zu Historismen werden, d.h. nur in Verbindung mit der historischen Periode der chinesischen Kulturrevolution gebraucht werden können. Soziokulturelle Bedeutungen haben also meist auch eine historische Dimension.

2.3 Daraus folgt aber auch, daß die Durchdringung der Sprache mit soziokulturellen Faktoren eine sprachliche Gesetzmäßigkeit darstellt und viele

Merkmale verschiedener Sprachen praktisch eine Widerspiegelung der soziokulturellen Faktoren und psychischen Konventionen der jeweiligen Nationen sind. Ein richtiges, vollständiges Verstehen der Bedeutungen des Ausgangstextes hängt daher u.E. in hohem Maße davon ab, ob bzw. inwieweit der Translator die betreffenden Kulturen kennt. Die translatorische Tätigkeit zeigt sich – formal betrachtet – als eine Transformation zwischen sprachlichen Äußerungen. Der Translator behandelt bei der Translation anscheinend Wörter, Sätze oder Texte. Aber was von ihm zu lösen ist, ist – dem Wesen nach – die Frage eines kulturellen Vergleichs.

Nach Hönig/Kußmaul ist die Soziokultur

> die Wurzel jeder sprachlichen Äußerung und bestimmt weitgehend deren Form. Wer also das Übersetzen 'an der Wurzel' anpacken will, darf sich nicht nur am sichtbaren Teil des Textes – sozusagen dem Stamm, den Ästen und Blättern – orientieren, sondern er muß in der Lage sein, die Gesamtgestalt des Textes auf Grund der soziokulturellen Voraussetzungen zu beurteilen (1982, 45).

Hier ist klar von der soziokulturellen Determinante in der Gesamtgestalt des Textes die Rede. Und es sei hervorgehoben, daß die Soziokultur als "Wurzel jeder sprachlichen Äußerung" betrachtet wird. Hieraus stellt sich die Translationsforschung nicht nur als Sprachforschung dar, sie erweist sich grundsätzlich auch als eine Art Kulturforschung, ein Teilgebiet vergleichender Kulturkunde.

2.4 Da sich die soziokulturelle Bedeutung in sprichwörtlichen Redensarten besonders auffällig niederschlägt, wollen wir u.a. sprichwörtliche Redensarten als Beispiele nehmen. Die Bedeutungsgeschichte vieler sprichwörtlicher Redensarten führt uns in literarisch und kulturhistorisch sehr bedeutsame Zusammenhänge. Es lassen sich bei der Translation zwar Entsprechungen im Redensartengut anderer Nationen aufgrund eines gemeinsamen Kulturerbes finden, wie z.B. sprichwörtlich gewordene Bibelzitate, Weiterwirken antiken parömiologischen Gutes und dessen spätere Entlehnungen. Aber die Unterschiede werden besonders deutlich, wenn wir nun zwischen chinesischen und deutschen sprichwörtlichen Redensarten einen Vergleich ziehen.

2.4.1 So wird beispielsweise ein Deutscher das chinesische Sprichwort "Shuquanfèirì"｛蜀犬吠日｝kaum verstehen, wenn man es nach seiner expliziten Bedeutung wie folgt übersetzt: "Der Sonne gegenüber bellen die Hunde in Sìchuan". Es kann hier auch eine zweite mögliche Übersetzung geben: "Wenn in Sichuan die Sonne scheint, bellen gleich die Hunde". Aber auch diese Alternativlösung führt uns zu keinem Verständnis. Denn das stellt nicht die eigentliche Mitteilung dar, die der Originaltext weitergeben will. Dieses Sprichwort ist nämlich historisch-literarisch gewachsen und steht in speziellem Zusammenhang mit der chinesischen Kultur. Es wird verwendet, um ein Verhalten zu verspotten, das darin besteht, aus Ignoranz über etwas Gewöhnliches zu staunen. Diese implizite Bedeutung geht zunächst aus der speziellen klimatischen Situation in Sìchuan hervor: In Sìchuan herrscht regnerisches und feuchtes Wetter. Und wenn die Sonne scheint, betrachten es die Hunde dort möglicherweise als eine sonderbare Erscheinung und bellen deshalb. Es handelt sich hier vor allem aber um die psychische Auffassung der Chinesen. Das Tier "Hund" erweckt im Chinesischen wie im Deutschen eine negative Konnotation, wenn es auf Menschen übertragen wird. Mit dem Wort "Hund" wird im Chinesischen oft ein böser Mensch oder eine schlechte Sache belegt. Daher trägt dieses Sprichwort eine ironische Konnotation. Seine ironische Bedeutung bekommt es zum einen von der Einstellung der Chinesen zu Hunden, zum anderen stammt sie zugleich aus einem chinesischen literarischen Werk der Tang-Dynastie (618-907 n. Chr.), und zwar von dem bekannten Dichter Liu Zong-yuán. Er hat diese Metapher zuerst in negativer und ironisch konnotativer Bedeutung verwendet.

Das angeführte Beispiel kann ein extremer Fall sein. Es veranschaulicht jedoch, daß sich die Bedeutung eines sprachlichen Zeichens im allgemeinen im Zusammenhang mit einer bestimmten Soziokultur herausbildet. Daher läßt sich behaupten: Ein sprachliches Zeichen erweist sich zugleich als ein kultureller Code.

2.4.2. Darüber hinaus wollen wir darauf verweisen: Die Translation ist nichts rein Sprachliches, sie ist daher nicht mit ausschließlich linguistischen Kategorien zu erfassen. Die unterschiedlichen Begriffssysteme verschiedener Nationen sind in manchen Fällen eher ein sozialpsychologisches als ein sprachliches Phänomen (vgl. Diller/Kornelius 1978, 103). So werden beispielsweise unter dem Begriff "Drache" in Europa und in China Wesen ganz unterschiedlicher Natur erfaßt. Im Vergleich zur europäischen Mythologie ist der Drache in China ein gutartiges Tier. Nach europäischem Verständnis stellt sich der Drache heute noch als ein Ungeheuer oder in übertragener Bedeutung ein herrschsüchtiges Weib dar, während er in China ein Sinnbild der männlichen, zeugenden Naturkraft ist. Seit der Han-Dynastie (206 v. Chr. - 220 n. Chr.) ist er zugleich Sinnbild eines Kaisers oder Himmelssohnes. Und der Begriff "Himmel" stellt sich in der seelischen Auffassung eines Chinesen wie Gott in den Augen eines Europäers dar. Also erweckt das Wort "Drache" im Chinesischen eine positive Konnotation, wenn es auf Menschen übertragen

wird. Und will man eine deutsche sprichwörtliche Redensart wie "Sie ist
ein wahrer Drache" ins Chinesische übersetzen, muß man auf jeden Fall
die in die beiden Sprachen eingedrungene unterschiedliche implizite
soziokulturelle Bedeutung berücksichtigen; sie kann nur mit einem
entsprechenden negativen Ausdruck wie "Sie ist eine Tigerin" ins
Chinesische übersetzt werden.

3. Ich fasse zusammen:

3.1. Translation als eine sprachliche Tätigkeit zu erforschen bedeutet
Sprachforschung (vgl. Steiner 1975, 47).

3.2. Da die Sprache als gesellschaftliche Erscheinung mit der
Gesellschaft, Kultur, Psyche und mit den Ideen der Menschen unlösbar
verbunden ist, sollte die Sprache im translationswissenschaftlichen
Bereich nicht ausschließlich als Sprache untersucht werden, sondern als
interkultureller Kommunikationscode, die Translation als interkultureller
Kommunikationsakt, der Translationsprozeß als kultureller
Anpassungsprozeß. Die Translationsforschung erweist sich damit als ein
Zweig der Kulturwissenschaft.

3.3. Das Phänomen der Durchdringung der Sprache mit soziokulturellen
Faktoren macht die Translation schwierig. Die im Rahmen globaler
Kommunikationsbeziehungen international wachsende Kenntnis über soziokulturelle Spezifika verschiedener Nationen und die zunehmende Durchdringung und wechselseitige Befruchtung verschiedener Kulturen wird
allerdings einerseits durch die Translation erst ermöglicht und gefördert,
andererseits wird durch diese Prozesse auch die Translation ihrerseits
erleichtert. "Die Welt ist klein geworden" so hört man heute überall.
Dieser Satz bedeutet nicht die Verkürzung der geographischen Distanz,
sondern vielmehr die Zunahme der Akkulturation, wie es sich auch in
unserem Symposion zeigt.

Literaturverzeichnis

Albrecht, Jörn (1973), Linguistik und Übersetzung (= Romanistische Arbeitshefte Bd. 4), Tübingen: Niemeyer

Barchudarow, L. (1979), Sprache und Übersetzung. Probleme der allgemeinen und speziellen Übersetzungstheorie, Moskau/Leipzig: Progress/Enzyklopädie

Diller, Hans-Jürgen/Kornelius, Joachim (1978), Linguistische Probleme der Übersetzung, Tübingen: Niemeyer

Hönig, Hans G./Kußmaul, Paul (1982), Strategie der Übersetzung. Ein Lehr- und Arbeitsbuch, Tübingen: Narr

Levý Jiří (1969), Die literarische Übersetzung - Theorie einer Kunstgattung, Frankfurt a. M./Bonn: Athenäum

Nida, Eugene A./Taber, Charles R. (1969), Theorie und Praxis des Übersetzens unter besonderer Berücksichtigung der Bibelübersetzung (dt. Fassung), Leiden: Brill

Reiß, Katharina (1971), Möglichkeiten und Grenzen der Übersetzungskritik, München: Hueber

Schippan, Thea (1984), Lexikologie der deutschen Gegenwartssprache, Leipzig: Bibliographisches Institut

Steiner, George (1975), After Babel - Aspects of Language and Translation, Oxford: OUP

Wierlacher, Alois (1983), "Mit fremden Augen - Vorbereitende Bemerkungen zu einer interkulturellen Hermeneutik deutscher Literatur", in: Jahrbuch Deutsch als Fremdsprache 9, München: Hueber

Wilss, Wolfram (1977), Übersetzungswissenschaft. Probleme und Methoden, Stuttgart: Klett

Wilss, Wolfram (1980), Semiotik und Übersetzen, Tübingen: Narr

Wotjak, Gerd (1986), "Zu den Interrelationen von Bedeutungen, Mitteilungsgehalt, kommunikativem Sinn und kommunikativem Wert", in: Jäger, G./Neubert, A. (eds.), Bedeutung und Translation, Leipzig: Enzyklopädie (= Übersetzungswissenschaftliche Beiträge; 9)

Was übersetzt der Übersetzer? [1]
Zu Steuerfaktoren der Translator-
handlung und ihrer theoretischen
Erfassung

Justa Holz-Mänttäri (Universität Tampere, Finnland)

Wozu diese Überlegungen?

Als Intention hinter menschlicher Kommunikation sieht der Literaturwissenschaftler und Kulturtheoretiker Williams ein dringendes persönliches
Bedürfnis jedes Menschen,

> seine Erfahrung zu 'beschreiben', da er sich hierbei buchstäblich
> erneuert, einen schöpferischen Wandel in seiner persönlichen
> Organisation durchmacht, ... um die Erfahrung einschließen und
> kontrollieren zu können ... Darüber hinaus ist der Impuls zur
> Kommunikation eine erlernte menschliche Reaktion auf alles
> Unruhe Verursachende. Für das Individuum geht es natürlich
> darum, durch eine adäquate Beschreibung erfolgreich zu kommu-
> nizieren (Williams 1983, 31).

Beide Ansätze betonen den persönlichen Zweck des Individuums. Wir
meinen, auch für den Partner müsse etwas dabei herauskommen, denn
wozu sollte er sich sonst so aktiv mit dem Beschreibungsanliegen des
anderen befassen, wie Iser (1976, 176) das für den Rezeptionsakt als
notwendig ansieht? Wir setzen kommunikatives Handeln als
Steuerinstrument für Ko-Operation an, allerdings nicht im Sinne von
Schmidt als "Instruktion" (Schmidt [2]1976), sondern mit Vermeer als
"Informations a n g e b o t " (Vermeer 1982, 99). Kommunikation setzt
u.E. intendierte aktionale Ko-Operation voraus. Nur dadurch können
"Informationsangebote" wirksam werden. Und sie müssen strategisch auf
die aktionale Ko-Operation in Situation und Kultur abgestimmt sein.
Intendierte aktionale Ko-Operation setzt also den Rahmen für
kommunikative Ko-Operation, die dann ihrerseits die aktionale Ko-
Operation sowie sich selbst steuern kann. Ko-Operation wollen wir im
weitesten Sinne als aufeinander bezogenes Handeln verstehen, sowohl
aktionales als auch kommunikatives (Definitionen und Grundlegungen bei
Holz-Mänttäri 1984a, 26-83). Wozu also dieser Text, dieses
Informationsangebot?

Auf einem wissenschaftlichen Kongreß sollten Vortragende und Mitredende
Erkenntnisse gewinnen und deshalb Erfahrungen austauschen wollen. Auf

einem Kongreß der AILA-Sektion TRANSLATION mit dem Fokus auf Fach-
sprachen- und Textlinguistik sollten sie sich fragen,

- welche Forschungsergebnisse der Sprachwissenschaften auf
  Translation angewandt werden können
  oder
- welche Forschungsdesiderate aus der Sicht von Translation
  an die Sprachwissenschaften herangetragen werden müssen.

Der Zweck müßte entweder sein, in der gemeinsamen Sache
voranzukommen oder sich über das Gegenteil abzusprechen. Ko-Operation
setzt klare Vorstellungen vom eigenen Anliegen und zumindest ungefähre
von dem des Partners voraus. Die Institution "AILA-Sektion
TRANSLATION" und das nicht weiter problematisierte Generalthema
"Fachsprachen- und Textlinguistik" setzen offenbar als selbstverständlich
voraus, daß Sprachwissenschaften mit ihrem Forschungsinteresse und
Untersuchungsinstrumentarium Relevantes über Translation zutage fördern
können. Warum auch nicht? Translation hat doch mit Sprache und
Fachsprache und mit Texten zu tun. Das ist sicher richtig. Fraglich ist,
ob mit linguistischen Mitteln auf einer für Translation erklärungsfähigen
Ebene operiert werden kann. Mancher wird diese Frage als blanke
Provokation auffassen und Ko-Operation verweigern wollen.
Wissenschaftliches Handeln setzt allerdings zunächst einmal vorbehaltlose
Zuhör-Bereitschaft voraus. Darauf bauen wir und werfen folgende Frage
auf: Welches sind die Arbeitsbereiche und -methoden der Sprachwissenschaft, die zu dem Anspruch berechtigen, z.B. für die Ausbildung
von Textbaufachleuten, also auch Translatoren, zuständig zu sein? Anspruch auf Zuständigkeit, Expertentum impliziert Übernahme von Verantwortung. Verantwortlichkeit ergibt sich in einem biokybernetischen arbeitsteiligen Gefüge aus der Relation, die zwischen einem Expertensystem
und demjenigen Bedarfsträgersystem besteht, auf dessen
Teilbedarfsdeckung der Experte spezialisiert ist (Holz-Mänttäri 1984d).
Der Protest der translatorischen Praxis ist unüberhörbar (BDÜ 1986). Ihn
mit dem verbreiteten Vorwurf der Theoriefeindlichkeit abzutun, ist
verantwortungslos. Der Kongreß der AILA-Sektion TRANSLATION 1987
bietet den angemessenen institutionellen und situativen Rahmen, nach
dem WARUM und WOZU linguistischer Forschung und Lehre im Bereich
professioneller Translation zu fragen, nach ihrer heutigen Relevanz für
translatorische Ausbildung und Praxis.

Zu diesem Zweck steht über diesem diskussionsprovozierenden Beitrag die
Frage "Was übersetzt der Übersetzer?". Die Frage ist insofern provoka-
torisch, als doch jedermann zu wissen glaubt, was der Übersetzer tut. Die
Antworten scheinen so selbstverständlich, daß sie von Praktikern und

Theoretikern lange nicht in Frage gestellt wurden. Bis vor kurzem. Seitdem ist die Lage anders. Wenn aber ein Experte – trotz seines Anspruchs – auf strukturtragende Fragen wegen der Begrenztheit seines Forschungsgebiets keine Antwort geben kann, dann muß er diese Tatsache vor sich selbst und der Öffentlichkeit klarlegen. Sonst entzieht die Sozietät ihm leicht generell ihr Vertrauen. Er wird unglaubwürdig. Da im präzisierenden Untertitel versprochen wird, "Zu Steuerfaktoren der Translatorhandlung und ihrer theoretischen Erfassung" etwas zu sagen, soll Material geliefert werden, das die wissenschaftliche Infragestellung der behaupteten Zuständigkeit rechtfertigt. Denn der historische Moment im Weltkontinuum ist ein, wenn auch künstliches, so doch Innehalten zwecks Neubesinnung. Im gegebenen Fall läßt er sich durch folgende Überlegungen markieren.

Spätestens im 20. Jahrhundert ist durch die Vernetzung vieler Kulturen ein großer Bedarf an artifiziell und professionell hergestellten Texten für transkulturelle Kommunikation aufgekommen. Es gibt konsequenterweise Ausbildungsinstitutionen für die einschlägige Berufsausbildung. Die theoretische Fundierung dafür wurde allerdings weiterhin von den Linguistiken bezogen, zumal man außerdem noch annahm, es mit Sprachenlernbedarf zu tun zu haben. Das mußte zu Diskrepanzen zwischen Theorie und Praxis sowie zu Kritik an der Ausbildung führen. Sie sind allbekannt. Bereits auf dem letzten Kongreß der AILA-Sektion TRANSLATION 1983 in Saarbrücken (Wilss/Thome 1984) wurde in mehreren Beiträgen ein theoretisch neues Ansetzen entweder gefordert oder sogar vorgeführt. Translatologische Forschungsanliegen wurden aufgezeigt. Inzwischen sind diverse Arbeiten vorgelegt worden, die weiter in diese Richtung vorstoßen. Die Analyse der folgenden Beispiele wird zeigen, daß mit introspektiven Methoden, zu denen wir im weiteren Sinne Selbstaussagen aller Art zählen wollen, lediglich Ergebnisse gesammelt werden können, die schon bestehende kulturspezifische Auffassungen bestätigen. Der Mensch sieht, was er zu sehen gelernt hat, und verbalisiert es, wie das in seiner Kultur üblich ist. Wir sagen "Die Sonne geht auf" und "Der Mond scheint hell", und wir werden noch lange sagen "Der Übersetzer übersetzt Sprachen". Dem Mann auf der Straße ist das nicht zu verübeln. Forschung aber hat neue Erkenntnisse zu erarbeiten. Dazu reicht es nicht, Befunde zu registrieren und zusammenzuzählen. Sie müssen zweckbezogen evaluiert werden. Wenn die Praktiker "von selbst" wüßten, was gebraucht wird, brauchten wir keine Forschung. Die bei der Erarbeitung des BDÜ-Memorandums (BDÜ 1986) in mehreren Jahren gesammelten Erfahrungen sollten Praxis und Lehre nachdenklich und kritisch gemacht haben.

Wie sollen die aufgeworfenen Fragen angegangen werden?

Anhand einer Serie von Beispielen[2], mit deren Hilfe der Fokus auf die Professionalität translatorischen Handelns eingestellt werden kann, soll gezeigt werden, welche Art von Faktoren die Tätigkeit von Textbaufachleuten steuern. Die These lautet: Intentionales menschliches Handeln ist komplex (Rehbein 1977, 184) und wird daher holistisch, nach biokybernetischen Prinzipien gesteuert (Boesch 1980; Hofstadter/Dennet 1986; Holz-Mänttäri 1984a; Maturana/Varela 1987; Popper/Eccles [6]1987; Vester [3]1985). Das impliziert, daß Detailfaktoren auf zu niedriger Erklärungsstufe im Steuersystem keine Rolle spielen können. Bei den Faktoren, auf die linguistische Forschung ihrem bisherigen Selbstverständnis nach ihr Augenmerk richtet, handelt es sich im biokybernetischen System (eigentlich: offenes System, also 'Gefüge') des translatorischen Handelns um derartige, das spezifisch Translatorische nicht steuernde Detailfaktoren in "low-context models" (Beaugrande 1987).

Wenn sich diese These in unserem Beitrag andeutungsweise und weiterhin durch angemessen weit- und tiefreichende Untersuchungen in ausreichendem Maße stützen läßt, dann müssen daraus Konsequenzen in Form einer "Neuorientierung" (Snell-Hornby 1986) oder der Erkundung von "alternative directions" (Beaugrande 1987) der wissenschaftlichen Forschung und didaktischen Umsetzung in bezug auf Translation gezogen werden.

Theoretisch fundierende Kommentare sollen Probleme aufdecken und zu ziehende Schlußfolgerungen skizzieren. Durch Verweise auf vorliegende translatologische Literatur wird der Anspruch untermauert, erneut das Forschungsgebiet eines neuen Wissenschaftsbereichs sui generis aufgezeigt zu haben. Daraus ergeben sich gemäß derzeitiger Wissenschaftsusancen Verpflichtungen für jeden, der fachlich über Translation als professionelle Handlung arbeiten will.

Grundlagen für die Diskussion translatorischer Fragen

Die modernste Antwort auf die Titelfrage dieser Studie aus textlinguistischer Sicht lautet wohl: "Der Übersetzer übersetzt Texte". Reiß hat
diese Aussage in Hildesheim noch präzisiert, indem sie den A u s -
g a n g s text zum Maß aller translatorischen Dinge bestimmt. Ihre Auffassung erklärt sich aus dem Selbstverständnis aller linguistischen
Wissenschaftsdisziplinen, zu denen auch die Fachsprachen- und Textlin-
guistiken gehören. Linguistiken wollen mit vielen ihrer Fragestellungen
deskriptiv registrieren, was in bezug auf Substanz und Struktur (u.a.)
natürlicher Sprachen festzustellen ist. So in etwa lautet es in einer
Einführung in die Allgemeine Linguistik (Karlsson ⁴1982), die für eine
allgemeine Auskunft Kernantworten bereithalten sollte. Aus solchen linguistischen Forschungsergebnissen soll und kann daher nicht abgeleitet
werden, was z.B. bei translatorischen Handlungen getan werden sollte. Mit
linguistischen Mitteln allein können also auch keine Steuerfaktoren fest-
gemacht werden, die generell Handlungsstrategien des professionell arbeitenden Übersetzers, Dolmetschers, Kommunikationsberaters, Auslands-
fachmanns, technischen Autors, technischen Redakteurs, Textdesigners,
Ghostwriters oder sonstiger Textexperten bestimmen. Ohne translatorische
Handlungskonzepte können Detailaussagen aber nur auf den Fall bezogen
werden und bleiben translatologisch irrelevant. In linguistischen Arbeiten
zum Übersetzen findet man, da Verallgemeinerung notwendig ist, immer
wieder die Formel "bei Funktionskonstanz von ausgangssprachlichem und
zielsprachlichem Text". Genau dieses Postulat ist translatologisch nachweislich nicht haltbar. Jeder Zieltext hat einen neuen Verwendungszweck
in anderer Situation und Kultur (Skoposregel bei Vermeer 1978, 100 und
1983, 54, Primat der Zieltextfunktion bei Holz-Mänttäri 1981a, 2). Linguistiken haben - in konsequenter Beschränkung auf ihr wissenschaftliches Anliegen - auch keine theoretisch fundierte Definition für das
translatorische Handeln des artifiziell und professionell arbeitenden
Textexperten entwickelt (Definition bei Holz-Mänttäri 1984a, 86 f.).

Ein Argument, das z.B. für Übersetzungsgrammatiken ausgewertet wird,
stellt fest, natürliche menschliche Kommunikation funktioniere gerade
dadurch, daß für Standardsituationen Formeln bereitstehen, die unreflek-
tiert mit ausreichendem Erfolg eingesetzt werden können. Damit ist aber
nur ein Detailaspekt auf einer zu niedrigen Erklärungsebene erfaßt. Das
Grundprinzip für das Funktionieren von Kommunikation in der lebenden
Welt beruht wohl eher auf holistischem und biokybernetischem Vorgehen
in größerem Rahmen. Deshalb ist auch totale Steuerbarkeit nicht nötig,
denn es wird mit dem Prinzip der aktiven Produktion und Rezeption
gearbeitet. Dieses Verfahren ist angemessen, solange das redende

Individuum in eigener Rolle im Rahmen der eigenen Kultur mit anderen kooperiert und gleichzeitig kommuniziert. Es funktioniert nicht mehr bei transkultureller Kommunikation, weil kulturspezifische Besonderheiten und situationsbezogene Komplikationsmöglichkeiten nicht mehr in Situation durch "reflexive Ko-Orientierung" (Siegrist 1970, 47 ff.) bewältigt werden können. Transkulturelle Kommunikation setzt – in unserer Terminologie – 'artifizierten' Umgang mit Kommunikationsmitteln voraus. Letzterer läuft zwar nicht nach andersartigen Sprachregeln ab, wohl aber nach kulturspezifischen Handlungsregeln. Damit ist klar, daß die eigentlich translatorischen Phänomene in linguistischen Datensammlungen gar nicht auftauchen und folglich nicht untersucht werden können. Die Translatologie dagegen fokussiert auf eben diesen Forschungsbereich. Genaugenommen erfaßt sie eine noch kompliziertere Konstellation, die dem artifizierten transkulturellen Textbau deshalb noch übergeordnet ist: Sie untersucht die Bedingungen der 'professionellen' Textproduktion für Fremdbedarf. Das heißt, der Translator muß bei der Textherstellung nicht nur den Adressaten in einer anderen Kultur berücksichtigen, sondern auch den Sprecher in der Ausgangskultur. Entgegen weit verbreiteter Meinung 'redet' der Translator mit dem Zieltext nämlich nicht selbst, weder in eigener noch in fremder Rolle. (Der ebenfalls artifiziell arbeitende Schriftsteller schreibt dagegen in eigener Rolle.) Der Translator stellt einen Text her, mit dem andere kommunizieren. Deshalb muß der Translator die Bedingungen des Ausgangs- und des Zielbereichs der Kommunikation, in der sein Text verwendet werden soll, artifiziell und professionell erarbeiten. Translatorischer Textbau setzt also die natürliche Befähigung zum Kommunizieren voraus, doch müssen wir gleichzeitig festhalten, daß die natürliche Rede eine zu niedrige Erklärungsstufe bietet, um Relevantes über Translation auszusagen.

Das zum Zweck professionellen Textdesigns aufzubauende fallbezogene, außertextliche Faktorennetz erlaubt die Spezifizierung des herzustellenden Produkts und darauf fußend dessen Herstellung. Der beim linguistisch er-klärten Übersetzen als unabdingbarer Steuerfaktor benötigte Ausgangstext wird beim translatorischen Handeln zu einem Teil des Ausgangsmaterials. In vielen Translationsfällen der modernen Praxis existiert nicht einmal ein Ausgangstext. An seine Stelle treten Briefing und Vereinbarungen über Produkteigenschaften. Schon deswegen kann der Ausgangstext methodologisch nicht generell als handlungssteuernd angesehen werden. Insbesondere die Tätigkeit des Spezifizierens in Absprache mit dem Besteller und dem Bedarfsträger unterscheidet das professionelle Textemachen wesenhaft von natürlichem Reden. Der Translator wird im Rahmen der Theorie über translatorisches Handeln weder als Empfänger$_1$ des Ausgangstexts noch als Sender$_2$ des Zieltexts in einem verlängerten

Kommunikationsprozeß gesehen. In diesem Punkt vor allem unterscheidet sich die Theorie über translatorisches Handeln von linguistischen Übersetzungstheorien und führt auch über den auf der Tagung so oft zitierten Cicero hinaus.

Fall A

Selbstverständlich kann dieses für den deutschen Leser bestimmte Buch nicht mit der für den russischen Leser bestimmten Originalausgabe identisch sein. Die russische Ausgabe operierte ausschließlich mit russisch-englischen bzw. englisch-russischen Übersetzungsbeispielen; in die deutsche Ausgabe sind dagegen zusätzlich zahlreiche Beispiele deutsch-russischer und z. T. deutsch-englischer Entsprechungen aufgenommen worden. Eine nicht zu überschätzende Hilfe leistete dem Verfasser dabei Dr. M. J. Zwilling, der nicht nur die Übersetzung dieser Monographie ins Deutsche besorgte, sondern darüber hinaus auch als Redakteur und in gewissem Sinne sogar als Mitverfasser wirkte. Ich möchte ihm an dieser Stelle meinen aufrichtigen und tiefempfundenen Dank aussprechen.

Moskau, im Juni 1978

L. Barchudarow

---

genommen. Die Theorie der Semantik (die Semasiologie) hat sich bisher zudem fast ausschließlich auf die Untersuchung referentieller Bedeutungen konzentriert und den anderen Bedeutungstypen — den pragmatischen und den intralinguistischen — kaum Beachtung geschenkt. Der Begriff der äquivalenten Übersetzung aber impliziert die möglichst vollständige Wiedergabe der gesamten im Ausgangstext enthaltenen Information und nicht nur der referentiellen Bedeutungen der diesen Text bildenden Sprachelemente. Und schließlich ist sowohl für die Erfassung als auch für die Neuformulierung des gesamten Bedeutungssystems eines Redeprodukts (eines Textes) die Berücksichtigung der extralinguistischen Faktoren unerläßlich, die den Prozeß der Redekommunikation determinieren: des Gegenstandes („Thema") der Aussage, der Teilnehmer des Kommunikationsprozesses („Absender" und „Empfänger"), der Situation der Äußerung (Zeit, Ort und Bedingungen, in denen der Kommunikationsprozeß abläuft). Dabei wissen wir nicht einmal, ob sich diese extralinguistischen Aspekte der Redetätigkeit überhaupt formalisieren lassen, und wie dies geschehen kann, falls es grundsätzlich möglich ist. Eine objektgerechte Übersetzungstheorie darf aber keinesfalls als ausschließlich mikrolinguistische Disziplin ausgebaut werden, die von den äußeren, nichtsprachlichen Realisierungsbedingungen des Redeaktes absieht.

Aus: L. Barchudarow: Sprache und Übersetzung. Probleme der allgemeinen und speziellen Übersetzungstheorie. Autorisierte Übersetzung ins Deutsche von M. Zwilling. Moskau und Leipzig 1979. S. 3 u. 257.

Ein Beispiel zeigt, wie tief verwurzelt die kulturbedingten, durch schulische Übungen und durch linguistische Sprachen- und Textvergleiche mit dem Übersetzen verbundenen Annahmen (Theorien) über die dabei ablaufenden Prozesse verwurzelt sind. Vermeer hat bereits vor nunmehr zehn Jahren in seinen Seminaren dazu aufgefordert, diese kulturspezifischen und für allgemeine Translationstheorien zu engen (europäischen) Grenzen zu überwinden (Vermeer 1978, 102).

Befund: Es handelt sich um ein doppelschichtiges Beispiel. Es enthält Aussagen zur Übersetzung eines Buches über Übersetzungstheorie, die vom Autor des Buches im Zusammenhang mit der Übersetzung des Buches gemacht und von dem betreffenden Übersetzer akzeptiert wurden. Am Ende des Vorworts stellt Barchudarow zweierlei fest:

1. Die russische Originalausgabe und die deutsche Übersetzung können nicht identisch sein. Problematisch waren offenbar insbesondere die russisch-englischen Beispiele.
2. Zwilling hat als Übersetzer, Redakteur und Mitverfasser gewirkt.

Die Aussagen 'Identität von Original und Übersetzung', 'Übersetzer-Tätigkeit', 'Redakteur-Tätigkeit' und 'Mitverfasser-Tätigkeit' werden nicht erläutert.

Was bedeutet das?

Ad 1: Barchudarow geht in seiner Argumentation – wie viele linguistisch orientierte Übersetzungstheoretiker implizit oder explizit, bewußt oder unbewußt – von der Prämisse aus: ideal wäre eine Übersetzung 'Wort für Wort' (zum Terminus siehe Wilss 1977, 102 ff.). Das belegt der Ausgangspunkt für seine Übersetzungstheorie: Wegen der strukturellen Verschiedenheiten der Sprachen (und Kulturen) müssen Abstriche vom Ideal zugestanden werden. Sie werden (präskriptiv) gestuft (vgl. Nida/Taber 1969 oder auch die in Wilss 1977 referierten Hierarchien), um den allemal entstehenden "Schaden" möglichst gering zu halten. Wir erkennen die tradierte Prämisse, der Übersetzer liefere immer nur Unvollkommenes:

> Es ist die Pflicht des Übersetzers, diese Verluste zu minimalisieren, d.h., die größtmögliche Äquivalenz des AS-Textes und des ZS-Textes zu gewährleisten (ohne sich darüber zu täuschen, daß die Sicherung einer 'hundertprozentigen' Äquivalenz eine im Grunde unausführbare Aufgabe ist, ein anzustrebendes Ideal, das nie erreicht werden kann). Dies veranlaßt den Übersetzer, eine "Rangfolge" der wiederzugebenden Bedeutungen festzulegen, indem er bestimmt, welche Inhalte im j e w e i l s   v o r l i e g e n - d e n   T e x t   vorrangig erhalten werden müssen und welche man opfern muß, um die höchstmögliche Äquivalenz zu erreichen (Barchudarow 1979, 255, Unterstreichungen J.H.-M.).

Aus diesem Grunde also können Original und Übersetzung des Buchs "selbstverständlich" nicht "identisch" sein. Barchudarows Ausdruck "identisch" erweist sich als ziemlich wörtlich gemeint. Dabei fällt dem kritischen Betrachter auf, daß Barchudarow seinen eigenen Terminus "äquivalent" vermeidet. Soweit wir die ausgearbeitet vorliegenden allgemeinen Translationstheorien überblicken, gehört nur Vermeers Theorie über "Translation als 'Informationsangebot'" nicht zu diesen 'Opfertheorien', wie wir sie nennen. Vermeer sagt darin zur selben Frage:

> Auch die Rede davon, daß Translation immer (?) weniger biete als das Original ... wird bei einem neuen Verständnis von Translation überflüssig. Wenn sie nicht Weitergabe einer Kommunikation ist, wobei sozusagen etwas unter den Tisch fallen kann oder muß, sondern ein Informationsangebot über einen Text, dann wird in einer guten Translation nicht weniger Information geboten als im Original, nur notwendig andere: anders in der Form oder in der Wirkung oder in der Funktion usw., je nach dem angesetzten Translationszweck. Anders ist nicht weniger. Die Andersheit wird vom Informationszweck her begründbar (zum Vorrang des Zwecks vgl. Diller/Kornelius 1978, 3-5). Der Zweck seinerseits wird vom Informationsgehalt einer Nachricht für einen Empfänger(-kreis) her begründbar (Vermeer 1982, 100).

Die Begründung liegt also in der gegenüber dem Ausgangstext i n j e d e m F a l l e neuen Funktion des Zieltexts und muß daher aus Faktoren außerhalb des Ausgangstexts erschlossen werden. Genau hier liegt u.E. auch der entscheidende Unterschied zwischen Vermeers und Reiß' theoretischem Ansatz. In ihrem gemeinsamen Buch (1984) wird er zur Diskrepanz, die die 'translatologische' Translationstheorie Vermeers im ersten Teil und die "textwissenschaftliche" (Reiß 1976, 2) Übersetzungstheorie von Reiß im zweiten Teil unvereinbar macht.

Ad 2: Interessant ist, daß von Barchudarow nur die russisch-englischen Beispiele als Übersetzungsproblem genannt werden. Es ist zu fragen, ob die teilweise Ersetzung russisch-englischer Beispiele durch englisch-deutsche u.ä. es rechtfertigt, Zwilling auch "Redakteur" und "Mitverfasser" zu nennen. Macht die genannte Tätigkeit die Benennungen wenigstens plausibel? Wohl kaum. Vermutlich hat Zwilling aufgrund der anderen Funktion des deutschen Buches in einem anderen Funktionsfeld und für andere Adressaten in anderen Situationen und anderer Kultur sogar eine Reihe von Maßnahmen mit dem Autor besprochen, die sie beide aufgrund ihrer linguistisch-engen Übersetzungstheorie aber nicht translatorisch-argumentativ stützen konnten. Daher mußte Barchudarow darauf verzichten, die Begriffe "Übersetzer", "Redakteur" und "Mitverfasser" gegeneinander abzusetzen. Diese Behauptung läßt sich stützen durch die zweite zitierte Textstelle (p. 257), die aus dem zusammenfassenden Kapitel des Buches stammt. Die hier soeben in der Terminologie des translatorischen Handelns angesprochenen und von Barchudarow resp. seinem Übersetzer "extralinguistisch" genannten außersprachlichen Faktoren haben offenbar auch die Entstehung der deutschen Fassung des Buches in so entscheidender Weise beeinflußt, daß Barchudarow sich gezwungen sah, ihnen eben diese Relevanz zuzugestehen. Dennoch sah er sich außerstande, sie in (s)eine "linguistische" Übersetzungstheorie zu integrieren, deren Gegenstand "die wissenschaftliche Beschreibung des Prozesses der Übersetzung als zwischensprachliche Transformation" (Barchudarow 1979, 8) ist.

Zum Beispielfall A kann abschließend gesagt werden, daß der Übersetzungstheoretiker und sein anerkanntermaßen im Übersetzerberuf arbeitender Übersetzer die Reichweite translatorischen Handelns schon irgendwie erfaßt haben. Ihre Unsicherheit in der terminologischen Benennung der Tätigkeit und die Zuflucht zu undefiniert belassenen Handlungsrollen zusammen mit der Nennung eines massiven Desiderats im Fazit des Buches zeigen, wie notwendig eine allgemeine wissenschaftliche Neuorientierung in bezug auf Translation ist. Der bei Barchudarow (1979, 255) konstatierten Notwendigkeit zu über den Ausgangstext hinausgreifendem Vorgehen haben Übersetzer in aller Welt schon seit Jahrtausenden Rechnung getragen. Sie handelten und handeln 'translatorisch' und damit erfolgreich ohne "Opfergaben". Von den mit Minderwertigkeitskomplexen beladenen Nicht-Profis reden wir nicht. Wir fragen aber: Warum geschah dann in der Theorienbildung so lange nichts? Eine Antwort gibt der bekannte Textlinguist Enkvist. Er klammert ebenfalls den aktionalen Handlungsrahmen einer Redesituation aus dem Forschungsbereich der Textlinguistik aus, indem er feststellt:

> We should of course be asking ourselves such questions. But we should at the same time remember that linguistics, though an expansive discipline, must have a ceiling somewhere. I have already emphasized that people judge texts against standards set by their past experiences of the world. Inferencing – that is, using a text as a take-off point for conclusions not expressly stated in the text itself – is a process necessary for textual coherence, but laborious at best to explicate in terms of explicit rules (Enkvist 1983). We shall therefore do wisely in reckoning with a residue of factors in the text evaluation that are not amenable to description in stringent terms, at least not in those of today's linguistics (Enkvist 1985,25, Unterstreichungen von J.H.-M.).

Die wissenschaftshistorischen Hintergründe für die heutige Lage im Bereich übersetzungswissenschaftlicher Forschung beleuchtet Beaugrande in seinem Beitrag zu diesem Band. Sie zeigen, daß dem von Enkvist angesprochenen Problem tatsächlich nicht mit linguistischen Ansätzen beizukommen ist. Aus demselben Grund kommt Beaugrande zu einem Schluß, dem wir zustimmen können: "My own impression is that the low-context models of established linguistics can not be extended into high-context models we need for comprehensive theories of translation. Perhaps it is time to accept the fact and turn to exploring alternative directions" (Beaugrande 1987). Unseres Erachtens sind jedoch die Ergebnisse der Sprachwissenschaften und der Textlinguistik unter ihrem speziellen Aspekt ebenfalls notwendig. Wir halten es daher für sinnvoller, den translatologischen Aspekt als eigene wissenschaftliche Forschungs- und Ausbildungsdisziplin zu etablieren (vgl. Holz-Mänttäri/Vermeer 1985). Diese Ansicht wird in den wissenschafts-, kultur- und sprachtheoretisch weit ausgreifenden "voraussetzungen für eine translationstheorie" von Vermeer überzeugend gestützt. Darin kommt Vermeer aufgrund eingehender Analysen zu dem Schluß:

> heute ist die übersetzungs- und dolmetschwissenschaft ("translatologie", vgl. Holz-Mänttäri/Vermeer 1985) für mich keine subdisziplin der (angewandten) sprachwissenschaft mehr, sondern eine disziplin sui generis, weil sie sich weit über sprachliche phänomene hinaus auf eine allgemeine und noch dazu trans k u l - t u r e l l e h a n d l u n g s theorie stützen muß. circa 65% zwischenmenschlicher kommunikation im weitesten sinn des wortes verlaufen non-verbal (Smutkupt / Barna 1976, 131). dies sind somit die beiden "eck"-termini, die in den grundlagen immer wieder erwähnt werden müssen: kultur und handlung (Vermeer 1986a, 1 f.).

Fall B

Wie dringend notwendig der neue Forschungsaspekt ist, soll ein weiteres Beispiel zeigen:

Writing user manuals for Japanese readers

Is writing a computer manual for a Japanese audience different from writing one for an American audience? As different as sushi and hot dogs, say Hiraku Amemiya and Izumi Aizu, two Japanese technical writers. The two men work for High Technology Communications. The company is a group of technical writers, founded in 1983, who write technical documents in Japanese.

Why translating doesn't work

Translating doesn't work, say Mr. Amemiya and Mr. Aizu, primarily because the typical Japanese style of learning is different from the American style of learning. In their view, Japanese readers prefer to be drawn into the material more gradually than American readers. American readers are accustomed to a brief introduction, followed by an overview of the product and its functions, and then a step-by-step tutorial.

Japanese readers are frightened off by seeing the big picture right away; they prefer to be introduced to the parts one at a time before encountering the whole. But they want some precautions up front about the problems that might arise.

Putting theory into practice

Putting their theory into practice, Mr. Amemiya and Mr. Aizu wrote *My First Apple,*

(Please turn to page 2)

Aus: SIMPLY STATED 57/July 1985, 1.

<u>Befund:</u> Nach Meinung von Amemiya und Aizu (s. Kasten) muß aufgrund von Analysen und Befundvergleichen von Ausgangs- und Zielkultur sowie Ko-Operationssituationen festgestellt werden, wozu der zu produzierende Botschaftsträgerverbund (bei technischer Dokumentation in der Regel Text + Bild) gebraucht wird, wie er deshalb gebaut sein muß und wodurch er voraussichtlich funktionieren kann. Amemiya und Aizu haben es mit amerikanischen resp. japanischen Adressaten zu tun, und sie weisen insbesondere auf kulturelle, verhaltens- und handlungsspezifische Unterschiede hin. Das sind alles Faktoren, die nicht dem Ausgangstext zu entnehmen sind, die aber ihrer Meinung nach den zu produzierenden Text determinieren. Der Berichterstatter von SIMPLY STATED nennt das ihre (Translations-)Theorie und zeigt anschließend, wie eben dieses theoretische Fundament die translatorischen Handlungen und damit die Entscheidungen trägt.

<u>Was bedeutet das?</u> Offenbar ist die unter Praktikern und Theoretikern verbreitete Meinung unrichtig, daß Translatoren keine Theorie brauchen. Richtig ist vielmehr, wie Vermeer (1986b, 30-63) nachgewiesen hat, daß Translatoren gar nicht arbeiten können, ohne sich eine Meinung (Theorie) über ihr professionelles Handeln gebildet zu haben. Sie brauchen allerdings eine Theorie, die ihr Handeln zu erklären vermag und die ihnen eine Argumentationsbasis für Entscheidungen bieten kann. Solche Entscheidungen betreffen die Zwecksetzung für ihr translatorisches Handeln unter dem Primat des Ko-Operationszwecks des Bedarfsträgers und seiner Ziele, folglich auch die Spezifikation des herzustellenden Produkts, die Beurteilung der Zweckmäßigkeit von Teilhandlungen verschiedener Ebenen während der Produktion, die Evaluierung des fertigen Produkts unter dem Aspekt der gesetzten Spezifikation und damit der Zieltext-Funktion und schließlich die rückkoppelnde Evaluierung der Funktionsgerechtheit des Produkts in Ko-Operationssituation, um daraus für künftiges Handeln lernen zu können. Gerade letzteres, die Adaptation, ist für biokybernetische Systeme, zu denen auch der handelnde Mensch gehört, existenznotwendig. Unsere Beispielpraktiker können beim derzeitigen allgemeinen Stand der Forschung und Lehre nicht erkennen, daß es gar nicht "translation" ist, die als Handlungskonzept in ihrem Fall nicht funktioniert, sondern die unangemessene Theorie, die der Translation gemeinhin aufgezwungen wird. Sie erkennen auch nicht, daß sie mit ihrem Beispiel von den verschiedenen Verhaltens- und Lernweisen der Amerikaner und der Japaner implizit den Ansatz zu einer ihrem Tun angemessenen und es fundierenden Translationstheorie geliefert haben. Nur der Berichterstatter nennt es "theory" und zeigt, wie eine solche Translationstheorie die praktische Arbeit stützen kann: "Putting theory into practice". Als selbst- und verantwortungsbewußte Profis nennen

Amemiya und Aizu sich logischerweise nicht "Übersetzer". Die linguistischen Theorien zur Übersetzung konnten ihnen keinen angemessenen Bezugsrahmen liefern, und mit der Berufsbezeichnung ist in der Öffentlichkeit eine Vorstellung verknüpft, die der Leistungsfähigkeit solcher Textexperten nicht gerecht wird. In Finnland hat ein Vertreter des Finnischen Außenhandelsverbands die Übersetzer in einer entsprechenden Diskussion kürzlich beschworen: "Nennt euch doch endlich so, daß man weiß, was ihr zu bieten habt!" In der Bundesrepublik Deutschland ist weithin zu beobachten, daß sich fortschrittliche Textfachleute dieser Kategorie immer häufiger "technische Autoren" oder "technische Redakteure" nennen (vgl. Juhl 1987, 26 f.). Die beiden Japaner stellen in ihrem Beispiel implizit eine Translationstheorie auf, die deutlich Gemeinsamkeiten mit der Theorie über translatorisches Handeln aufweist und die ebenfalls auf den von Vermeer "Ecktermini" genannten Begriffen 'Kultur' und 'Handlung' basiert. Eine solche Theorie erscheint zum jetzigen Zeitpunkt und in einer transkulturell verflochtenen, aber keineswegs kulturell egalisierten Welt angemessen. Mit dieser Bemerkung aus gegebenem Anlaß soll ein Absolutheitsanspruch ausdrücklich ausgeschlossen sein.

Es sei darauf hingewiesen, daß viele Beispielbeschreibungen in der linguistischen Literatur zur Übersetzung eine intuitive Berücksichtigung solcher außersprachlichen, pragmatisch genannten Faktoren aufweisen. Doch in die als Argumentationsbasis gelieferten theoretischen Modelle und Methodiken sind sie nicht integriert, können sie gar nicht integriert sein, wie auch Vermeer, Enkvist, Barchudarow und Beaugrande nachgewiesen haben.

Fall C

Man werfe nicht ein, Marketingtexte hätten einen Sonderstatus, oder man brauche eben doch den Sachfachmann als Übersetzer. Beide Klischees treffen theoretisch nachweislich nicht zu und stempeln ihre Verwender zum Laien in Sachen Translation. Wir halten dem unser Standardbeispiel "Auftragsproduktion Vertragstext" (Holz-Mänttäri 1981a) entgegen.

Befund: Der Ausgangstext enthält eine kulturspezifisch mißverständliche Stelle.

Was bedeutet das? Darf der Translator ändern? Muß er ändern? Oder ist die ausgangstextliche Information wenigstens bei Vertragstexten tabu?

Handlungsrahmen C_1: Der zu produzierende Vertragstext soll bei der Abschlußverhandlung unterzeichnet werden.

Selbstverständlich berät der Translator den Kunden und textet in Absprache mit Kaufleuten und Juristen des Unternehmens. Letztere stehen dabei in einem Zulieferer-Verhältnis zum Translator.

Handlungsrahmen C_2: Der zu produzierende Vertragstext soll bei einer Schiedsgerichtsverhandlung als Beweisstück fungieren. Der Streit geht um die mißverständliche Textstelle. Das Schiedsgericht fordert in Unkenntnis des Expertenstatus des Translators eine Übersetzung in die Verhandlungssprache an.

Selbstverständlich erstellt der Translator eine Expertise und versucht nicht, unter Verrenkungen die defekte Textstelle nachzuahmen. Ein medizinischer Gutachter würde dem Gericht auch nicht das Verhalten eines geistig Behinderten vorspielen, in der Annahme, das Gericht könne dadurch kompetent werden, sich selbst ein Urteil über den Geisteszustand des Angeklagten zur Tatzeit zu bilden. Gerichte fordern in der Regel Gutachten an, wenn ihnen Sachkompetenz fehlt. Sie fehlt zweifelsfrei in Sachen Translation. Der Translator, der sich als Experte seines Fachs versteht, dürfte keine "Übersetzung" liefern. – Zum Vergleich sei auf einen Präzedenzfall in Finnland verwiesen, in dem kürzlich ein Urteil wegen eines angefochtenen Zieltexts erging, das sich nicht auf einen linguistischen Textvergleich stützte, sondern auf eine Expertise über die Produktbeschaffenheit, gemessen an der Produktspezifikation (Holz-Mänttäri 1987b).

Fazit

Wenn wir jetzt im Lichte des Gesagten noch einmal unsere Ausgangsfrage "Was übersetzt der Übersetzer?" vornehmen, dann ist es nicht mehr möglich, die gängigen Antworten zu akzeptieren, als da sind: Der Übersetzer übersetzt "den Ausgangstext" oder "ein Rezipiat davon" oder "das Gemeinte" oder "die Information" oder gar "Sprachen". Die Steuerfaktoren für translatorische Handlungen moderner Art sind in den fallspezifischen aktionalen und kommunikativen Ko-Operationsrahmen des Bedarfsträgers zu finden. Zusammen mit den Vereinbarungen der translatorischen Auftragsproduktion bilden sie den translatorischen Handlungsrahmen. Sie erlauben die Spezifizierung des herzustellenden Produkts unter dem Primat seiner Funktion in Kommunikationssituation und Kultur. Der Verwendungszweck des Zieltexts in der Zielsituation und -kultur ist in jedem Fall ein anderer als der des Ausgangstexts in seiner Situation und Kultur. Der professionell arbeitende Translator stellt der Spezifizierung gemäße Botschaftsträger, speziell Texte, für Fremdbedarf her. Sie sind heute sogar oft zum Einsatz im Verbund mit anderen Botschaftsträgern bestimmt und setzen beim Translator die Kompetenz voraus, diese besonderen Bedingungen zu berücksichtigen. Für dieses komplexe und weit über das Arbeiten an Texten hinausreichende Handlungsgefüge muß sich der Translator gezielt und systematisch disponieren, denn er redet durch den Zieltext nicht natürlich in eigener Rolle. Diese Disponierung wird in der Theorie über translatorisches Handeln als der eigentliche Transfer angesehen, bei dem der Translator sich selbst mental in die für sein Handeln relevanten Welten transferiert: in die Ausgangswelt und die Zielwelt der betreffenden Ko–Operationen und auch in andere Welten, die als Zwischenstationen dienen können. Stützen läßt sich diese Auffassung durch Untersuchungsergebnisse des Semiotikers Eco, der den Schreibakt als kosmologischen Akt charakterisiert. Ecos Schriftsteller handelt gegenüber natürlicher Rede in unserer Terminologie 'artifiziell' und daher bereits 'translatorisch', sozusagen einseitig translatorisch, denn die Ausgangswelt ist seine eigene, und er hat auch intuitiven Zugriff darauf. Der 'professionelle' Translator dagegen muß Ausgangs– und Zielwelt nach fremden Vorgaben und eigenen Recherchen aufbauen. Das bedeutet auf der Ebene unserer Prozeßbeschreibung und Arbeitsmethodik: Bestimmung der Funktion des herzustellenden Produkts und Beschreibung seiner charakteristischen Bau– und Funktionsweisen in allen relevanten Dimensionen aufgrund der Analysebefunde aus dem translatorischen Handlungsrahmen. Es kann ein Produktmodell erstellt werden, das die Grundelemente in ihren Beziehungen zueinander zeigt. Als ausreichend relevante Dimensionen eines Botschaftsträgers (auch Bild usw.) können nach holistischen und biokybernetischen Prinzipien markierte Punkte in einem entsprechend strukturierten offenen System angesehen werden. Sie sind in der Theorie über translatorisches Handeln als Handlungskonzept mit einer Reihe von Faktorenmodellen und Operationsschemata erfaßt.

Zum Schluß dieser Betrachtungen sollten wir uns nochmals fragen, in was für einer Relation 'Angewandte Sprachwissenschaft' (und damit die AILA), Fachsprachenforschung und Textlinguistik einerseits und 'Translation' (auch als AILA–Sektion) andererseits zueinander stehen. So dezidiert wurde die Frage außer in dem Beitrag von Beaugrande wohl sonst nicht gestellt. Heißt das, sie wird gar nicht als Problem erkannt? Die Thematik der Konferenz und viele Beiträge scheinen die Frage zu bejahen. Dann kann es sich aber nicht nur um ein terminologisches Problem handeln, das via Absprache zu lösen wäre. Die Kluft muß tiefer sein. Wie tief sie tatsächlich ist, das zeigt die chronische Unvereinbarkeit fachsprachen– und textlinguistischer Forschungsergebnisse mit der Translationspraxis. Die Translationspraxis weist zwar immer wieder darauf hin, doch wird ihr

Protest viel zu oft als Theoriefeindlichkeit abgetan. Erkennen hier Theoretiker den Balken im eigenen Auge nicht? Das Berufs- und Ausbildungsfeld ist im Begriff, sich in eine nicht mehr überschaubare Variantenmenge aufzulösen. Dabei wird bisher weithin weder von Praktikern noch von Theoretikern zur Kenntnis genommen, daß es sich um Varianten derselben Grundkompetenz handelt. Die Folge sind z. B. in der Bundesrepublik Deutschland schon heute eine Vielzahl von Berufsvertretungen, offiziellen Berufsbildern und Ausbildungsgängen. Das kann man als notwendige und belebende Konkurrenz ansehen und sogar begrüßen, denn möglicherweise ist es leichter, verkrustete Vorstellungen und Fronten durch massiven Bedarfsdruck von der Praxisseite aus aufzubrechen. Die sogenannten Freiheitsideale einer Humboldtschen Bildungsuniversität stehen nämlich keineswegs im Gegensatz zu der Tatsache, daß Hochschulinstitutionen Bildungs- und Ausbildungsaufträge haben. Auch in der Forschung und Lehre gibt es kein intentionsfreies Handeln. Snell-Hornby hat zu einer "Neuorientierung" aufgerufen und Gefolgschaft gefunden. Wenn erst mehr Untersuchungen translatorischer Phänomene unter translatologischem Aspekt vorliegen, wird sich deutlicher zeigen, welche Ergebnisse anderer Wissenschaftsdisziplinen für die translatologische Forschung und Lehre genutzt und fruchtbar gemacht werden können. Sicher werden fachsprachen- und textlinguistische darunter sein. Allerdings werden die Übernahmekonditionen von der Translatologie bestimmt werden. Unserem Urteil nach ist der Wendepunkt erreicht.

Anmerkungen

(1) Dieselbe Frage wurde 1982 auf der Jahrestagung der Deutschen Gesellschaft für Sprachwissenschaft in Köln unabhängig voneinander von Vermeer für das Dolmetschen (p. 475 ff.) und von Holz-Mänttäri für das Übersetzen (p. 464 ff.) aufgeworfen (Rehbein 1985).
Ich danke Hans J. Vermeer für seine Bereitschaft zum Gespräch. Er ist immer anspruchsvoll und immer anregend. So auch bei diesem Thema.

(2) Beispieldiskussion ist platzaufwendig. Aus Platzgründen mußte die zweite Hälfte des Vortrags mit den übrigen Beispielen der Serie gestrichen werden. Interessierte können sie demnächst in TEXTconTEXT nachlesen.

Literatur

Barchudarow, L. (1979), Sprache und Übersetzung. Probleme der allgemeinen und speziellen Übersetzungstheorie, Moskau und Leipzig: Enzyklopädie, VEB
BDÜ (1986), "Memorandum des Koordinierungsausschusses

'Praxis und Lehre' des Bundesverbandes der Dolmetscher und Übersetzer e.v. (BDÜ)", in: Mitteilungsblatt für Dolmetscher und Übersetzer 5, pp. 1-8

Beaugrande, Robert de (1987), "Text and Process in Translation", Vortrag auf dem Internationalen AILA Symposion, Hildesheim, April 1987, in diesem Band

Boesch, Ernst E. (1980), Kultur und Handlung. Einführung in die Kulturpsychologie, Bern, Stuttgart, Wien: Hueber

Eco, Umberto (⁵1984), Nachschrift zum 'Namen der Rose', aus dem Italienischen von B. Kroeber, 5. Aufl. München, Wien: Hanser

Enkvist, Nils Erik (1985), "Introduction: Coherence, Composition, and Text Linguistics", in: Enkvist, (ed.), Coherence and Composition: A Symposium, Abo. pp. 11-26. (= Publications of the Research Institute of the Abo Akademi Foundation)

Hofstadter, Douglas R./Dennet, Daniel C. (eds.) (1986), Einsicht ins Ich: Fantasien und Reflexionen über Selbst und Seele, ausgewählt und in Szene gesetzt von D. R. Hofstadter und D. C. Dennett. Aus dem Amerikanischen von Ulrich Enderwitz. Originalausgabe unter dem Titel: The Mind's I, New York (1981), Stuttgart: Klett-Cotta

Holz-Mänttäri, Justa (1981a), "Übersetzen – Theoretischer Ansatz und Konsequenzen für die Ausbildung", in: Kääntäjä Översättaren 24, pp. 2-3

Holz-Mänttäri, Justa (1984a), Translatorisches Handeln. Theorie und Methode, Helsinki: Suomalainen Tiedeakatemia

Holz-Mänttäri, Justa (1984d), "Professionalisierung der Kommunikationsmittel-Produktion", in: Graham, J. D. (ed.), Fremdsprachliche Kompetenz als Schlüssel zum Erfolg im Auslandsgeschäft. Bulletin Nr. 10 der X. Jahrestagung der Internationalen Vereinigung Sprache und Wirtschaft. Mercator-Halle Duisburg, 22. – 23.11.1984, Duisburg, pp. 75-85

Holz-Mänttäri, Justa (1987b) (im Druck), "Ausgangstext oder Produktionspezifikation als Beurteilungsgrundlage? Ein Gerichtsurteil setzt Maßstäbe", in: TEXTconTEXT 2

Holz-Mänttäri, Justa/Vermeer, Hans J. (1985), "Entwurf für einen Studiengang Translatorik und einen Promotionsstudiengang Translatologie", in: Kääntäjä Översättaren 3, pp. 4-6

Iser, Wolfgang (1976), Der Akt des Lesens. Theorie ästhetischer Wirkung, München: Fink

Juhl, Dietrich (1987), "Produzentenhaftung aus der Sicht des Technischen Autors", in: tekom-Nachrichten 1, pp. 26-27

Karlsson, Fred (⁴1982), Johdatusta yleiseen kielitieteeseen, 4. Auflage, Helsinki

Maturana, Humberto/Varela, Francisco (1987), Der Baum der Erkenntnis. Die biologischen Wurzeln des menschlichen Erkennens. Aus dem Spanischen von Kurt Ludewig in Zusammenarbeit mit dem Institut für systemische Studien e.V., Hamburg. Originalausgabe von 1984: El árbol del conocimiento, Bern, München, Wien: Scherz

Nida, Eugene A./Taber, Charles R. (1969), Theorie und Praxis des Übersetzens unter besonderer Berücksichtigung der Bibelübersetzung. Aus dem Englischen (von Rudolf

Kassühlke), o.O. Originalausgabe: The Theory and Practice of Translation, Leiden 1969: Brill

Popper, Karl R./Eccles, John C. ([6]1987), Das Ich und sein Gehirn. Aus dem Englischen von Angela Hartung (Eccles-Teile) und Willy Hochkeppel (Popper-Teile). Originaltitel: The Self and its Brain - An Argument for Interactionism, 1977, Heidelberg, Berlin, London, New York, 6. Aufl., München: Piper

Rehbein, Jochen (1977), Komplexes Handeln. Elemente zur Handlungstheorie der Sprache, Stuttgart: Metzler

Rehbein, Jochen (ed.) (1985), Interkulturelle Kommunikation, Tübingen: Narr

Reiß, Katharina ([1]1976), Texttyp und Übersetzungsmethode. Der operative Text, 2. unveränd. Aufl., Heidelberg 1983

Reiß, Katharina/Vermeer, Hans J. (1984), Grundlegung einer allgemeinen Translationstheorie, Tübingen: Niemeyer (= Linguistische Arbeiten 147)

Schmidt, Siegfried J. ([2]1976), Texttheorie. Probleme einer Linguistik der sprachlichen Kommunikation, 2. verb. u. erg. Aufl., München: Fink (= UTB 202)

Siegrist, Johannes (1970), Das Consensus-Modell. Studien zur Interaktionstheorie und zur kognitiven Sozialisation, Stuttgart (= Soziologische Gegenwartsfragen 32): Enke

Snell-Hornby, Mary (ed.) (1986), Übersetzungswissenschaft. Eine Neuorientierung. Zur Integrierung von Theorie und Praxis, Tübingen: Francke (= UTB 1415)

Vermeer, Hans J. (1978) "Ein Rahmen für eine allgemeine Translationstheorie", in: Lebende Sprachen 23, 3, pp. 99-102. = Vermeer (1983a), pp. 48-61

Vermeer, Hans J. (1982), "Translation als Informationsangebot", in: Lebende Sprachen 27, 3, pp. 97-100

Vermeer, Hans J. (1983), Aufsätze zur Translationstheorie, Heidelberg: mimeo Hans J. Vermeer

Vermeer, Hans J. (1986a), voraus-setzungen für eine translationstheorie - einige kapitel kultur- und sprachtheorie, Heidelberg

Vermeer, Hans J. (1986b), "Übersetzen als kultureller Transfer", in: Snell-Hornby, Mary (ed.), Übersetzungswissenschaft. Eine Neuorientierung. Zur Integrierung von Theorie und Praxis, Tübingen (= UTB 1415), pp. 30-53

Vester, Frederic ([3]1985), Neuland des Denkens: Vom technokratischen bis zum kybernetischen Zeitalter, 1. Aufl. 1980, 3. durchges. u. erg. Aufl., München: dtv

Williams, Raymond (1983), Innovationen. Über den Prozeß-charakter von Literatur und Kultur, hrsg. u. übers. v. H. G. Klaus, Frankfurt a. M.: Suhrkamp

Wilss, Wolfram (1977), Übersetzungswissenschaft. Probleme und Methoden, Stuttgart: Klett (= The Science of Translation. Problems and Methods, 1982 übers. v. W. Wilss), Tübingen (= Tübinger Beiträge zur Linguistik 180)

Wilss, Wolfram/Thome, Gisela (eds.) (1984), Die Theorie des Übersetzens und ihr Aufschlußwert für die Übersetzungs- und Dolmetschdidaktik, Akten des Internationalen Kolloquiums der Association Internationale de Linguistique Appliquée (AILA), Saarbrücken, 25. - 30.07.83, Tübingen: Narr (= Tübinger Beiträge zur Linguistik 247)

Blick in die 'Black Box' - Eine Fallstudie zum Übersetzungsprozeß bei Berufsübersetzern

Hans P. Krings (Paris X - Nanterre)

1. Zur Forschungssituation

In der Übersetzungswissenschaft zeichnet sich ein wachsendes Interesse am Übersetzungs**prozeß** ab. Mit 'Übersetzungsprozeß' sind hier die Vorgänge gemeint, die einen bestimmten Übersetzer zu einem bestimmten Zeitpunkt unter bestimmten situativen Bedingungen bei der Übersetzung eines bestimmten Ausgangstextes zu einem bestimmten Übersetzungsresultat führen. Trotz ihrer langen Tradition hat sich die Übersetzungswissenschaft um diese Prozesse bisher so gut wie nicht gekümmert. Das Interesse galt dem Übersetzungs**produkt**, nicht seinem Zustandekommen. Diese Ausblendung der Übersetzungsprozesse aus der übersetzungswissenschaftlichen Forschung ist im Grunde sehr erstaunlich. Nicht nur weil eine umfangreiche (vierstellige) übersetzungswissenschaftliche Literatur existiert, sondern v.a., weil das konkrete übersetzerische Denken und Handeln der Übersetzer ein zentraler Bestandteil von **übersetzerischer Wirklichkeit** ist und weil schwer einzusehen ist, warum gerade diese bisher nicht zum Gegenstand systematischer übersetzungswissenschaftlicher Forschung gemacht worden ist.

Seit einiger Zeit ist nun ein immer stärker werdendes Interesse an der Prozeßdimension des Übersetzens zu beobachten. Dieses neue Interesse kann dabei als Teilaspekt einer umfassenden Rückbesinnung auf die kognitiven Aspekte menschlicher Sprachverarbeitungsprozesse gewertet werden (für den Bereich der Übersetzungswissenschaft siehe v.a. Wilss 1985). An mehreren in- und ausländischen Hochschulen laufen z.Z. Forschungen, die sich empirisch mit der Frage beschäftigen, was beim Übersetzen, psycholinguistisch gesehen, tatsächlich passiert (Dechert i.D.; Faerch/Kasper 1986; Gerloff 1986 und i.D.; Hölscher/Möhle i.D.; Kohn 1987; Königs 1986 und 1987; Lörscher 1986 und 1987; Sandrock 1982). Diese Forschungen sind bisher meist nicht aus einer originär übersetzungswissenschaftlichen Perspektive heraus entstanden, sondern überwiegend im Rahmen benachbarter Disziplinen angesiedelt (z.B. der Sprachlehr- und -lernforschung). Trotzdem sind die methodischen und inhaltlichen Implikationen für eine neue (erweiterte) Gegenstandsbestimmung der Übersetzungswissenschaft unverkennbar. Dieser neue Ansatz läßt sich in folgenden Thesen zusammenfassen:

1. Die mentalen Prozesse, die beim Übersetzen "in den Köpfen der Übersetzer" ablaufen, sind ein zentraler Bestandteil von übersetzerischer
Wirklichkeit und gehören somit zum Gegenstandsbereich der Übersetzungswissenschaft. Bisherige Gegenstandsbestimmungen der Übersetzungswissenschaft werden damit nicht obsolet, sondern lediglich um die Prozeßdimension erweitert.

2. Gegenstand des übersetzungsprozessualen Ansatzes sind dabei alle
kognitiven Prozesse, die zur Entstehung eines Übersetzungsproduktes
führen, von den ersten Recherchierarbeiten bis zum letzten Korrekturlauf
unmittelbar vor Abgabe des fertigen Produktes. Von besonderem Interesse
sind dabei Longitudinalstudien an den gleichen Versuchspersonen, weil
diese den Aufbau individueller Übersetzungskompetenz zeigen und eine
Rekonstruktion der beim Übersetzen unbewußten (weil automatisierten)
Prozesse erlauben, die in reinen Diagonalstudien nicht erfaßt werden
können.

3. Im Gegensatz zu den zahlreichen in der Übersetzungswissenschaft
anzutreffenden deduktiven, theoretisch-abstrakten Modellen des Übersetzungsprozesses (für einen Überblick siehe z.B. Koller 1979, 143-123;
Lörscher 1987, 6-32), ist eine originär auf den Übersetzungsprozeß
bezogene übersetzungswissenschaftliche Forschung grundsätzlich
empirisch-induktiv.

4. Im Gegensatz zu den ebenfalls zahlreichen **normativen** Ansätzen in der
Übersetzungswissenschaft ist der übersetzungsprozessuale Ansatz grundsätzlich **deskriptiv**; er beschreibt das konkrete übersetzerische Vorgehen
der als Versuchsperson fungierenden Übersetzer mit allen Defiziten, die
dieses aus einem normativen Blickwinkel möglicherweise beinhaltet.

5. Ziel des übersetzungsprozessualen Ansatzes ist der graduelle Aufbau
eines **differenzierten Modells des Übersetzungsprozesses** und die Klärung
des Einflusses der prozeßrelevanten Variablen (namentlich Übersetzer-
variablen, z.B. Grad der Übersetzungskompetenz, Textvariablen, z.B. Textsorte; Situationsvariablen, z.B. Zeitdruck). Der übersetzungsprozessuale
Ansatz impliziert dabei v.a. ein neues Interesse am einzelnen Übersetzer,
der von der Übersetzungswissenschaft bisher meist als "Randgröße" behandelt worden ist (vgl. Toury 1984, 187).

6. Integraler Bestandteil des übersetzungsprozessualen Ansatzes ist ein
starkes "applikatives" Interesse, v.a. an einer empirischen Grundlegung
der Übersetzungsdidaktik. Für die konkrete Arbeit der praktisch tätigen

Übersetzer wird dieser Ansatz (wie andere Teile der Übersetzungswissenschaft auch) in der Regel ohne Bedeutung sein. Eine "autodiagnostische" Funktion introspektiver Verfahren ist aber auch bei Berufsübersetzern nicht grundsätzlich auszuschließen.

Vor dem Hintergrund dieser Konzeption ist eine eigene empirische Untersuchung zu sehen, in der ich versucht habe, für einen ausgewählten Bereich

- die prinzipielle "Machbarkeit" einer unmittelbar auf den Übersetzungsprozeß bezogenen empirischen Forschung nachzuweisen,
- einschlägige Erfahrungen mit dem zugrundegelegten, für die Übersetzungswissenschaft noch neuen introspektiven Datenerhebungsverfahren zu sammeln,
- eine möglichst detaillierte Strukturanalyse der im Datenkorpus erfaßten Übersetzungsprozesse vorzunehmen,
- diese Detailanalysen zu einem ersten tentativen Modell des Übersetzungsprozesses zusammenzufassen sowie
- die Implikationen der Ergebnisse für das Lehren und Lernen von Übersetzungskompetenz im Fremdsprachenunterricht und in der Übersetzerausbildung auszuloten.

Der abschließende Forschungsbericht zu diesem Projekt liegt seit einiger Zeit vor (Krings 1986a; für Kurzfassungen siehe Krings 1986b und 1987; die methodischen Probleme bei der Anwendung introspektiver Verfahren auf das Übersetzen werden diskutiert in Krings i.D.a, die Konsequenzen für die Rolle der Übersetzung im Fremdsprachenunterricht in Krings i.D.b und c). Wegen der dreifachen Zielsetzung des Projektes (Verbindung eines übersetzungswissenschaftlichen, übersetzungsdidaktischen und fremdsprachendidaktischen Erkenntnisinteresses) erschien es sinnvoll, die Versuche mit weit fortgeschrittenen Fremdsprachenlernern zu beginnen. Es war aber klar, daß Vergleichsuntersuchungen von Berufsübersetzern möglichst bald folgen sollten. In dem vorliegenden Beitrag möchte ich die ersten dieser Vergleichsdaten vorstellen. Aufgrund des außergewöhnlich großen Arbeitsaufwandes, der mit der Erhebung und Auswertung introspektiver Daten verbunden ist, können hier nur die Ergebnisse einer Fallstudie an einem einzelnen Berufsübersetzer vorgestellt werden. Da es sich jedoch m.W. um den ersten systematischen Prozeßvergleich Lerner/ Berufsübersetzer handelt, seien einige der Ergebnisse hier trotzdem zur Diskussion gestellt.

2. Zum Versuchsdesign

Versuchsperson war ein erfahrener Berufsübersetzer (BDÜ) mit den Arbeitssprachen Französisch und Englisch. Er absolvierte eine Übersetzer-

ausbildung an einem der bekannten bundesdeutschen Ausbildungsinstitute
und schloß sein Studium mit der Diplomübersetzerprüfung ab. Neben einer
großen Zahl von allgemein- und fachsprachlichen Texten für unterschiedliche Auftraggeber übersetzte er auch mehrere Bücher. Ihm wurde der
gleiche Text zur Übersetzung vorgelegt wie den Versuchspersonen aus
dem Erstprojekt. Es handelt sich um eine Glosse aus der bekannten
satirischen Wochenzeitung "Le Canard Enchaîné" vom 13.4.1983, in dem
sich der Autor durch eine Mischung aus Fakten, kolportierten Gerüchten
und offensichtlichem Unfug über die Veränderungen im Ablauf der Kabi-
nettssitzungen mokiert, die sich aus der von Staatspräsident Mitterrand
Anfang 1983 verfügten drastischen Reduktion der Regierungsmannschaft
von 36 auf 17 Mitglieder ergeben hatten. Zum besseren Verständnis der
weiteren Ausführungen dieses Beitrags ist der Text im Anhang vollständig wiedergegeben. Der Text ist für die Übersetzungspraxis eher un-
typisch (er wurde im Rahmen des Erstprojektes mit Blick auf die univer-
sitäre Übersetzungspraxis gewählt). Insgesamt erschien die Zielsetzung
eines Prozeßvergleichs Lerner/ Berufsübersetzer diesen Nachteil jedoch
durchaus zu kompensieren, zumal der Übersetzer, auf das Problem eines
adäquaten "Übersetzungsauftrags" angesprochen, explizit erklärte, darin
kein grundsätzliches Hindernis zu sehen. (Ich bereite allerdings z.Z. die
Erhebung von Daten im Rahmen authentischer Übersetzungsereignisse vor,
die nicht mehr für experimentelle Zwecke gestellt sein werden.) Als
Datenerhebungsinstrument wurde wiederum das mittlerweile wissen-
schaftsmethodisch konsolidierte Verfahren des "Lauten Denkens" (LD)
verwendet, d.h., der Berufsübersetzer hatte wie seinerzeit die Lerner die
Aufgabe, alle seine Gedanken während des Übersetzungsvorgangs ohne
irgendeine Art von Selektion laut zu verbalisieren (zur wissenschafts-
methodischen Begründung dieses Verfahrens siehe Krings 1986a, 63-1O1).
Alle Verbalisierungen wurden auf Tonträger aufgezeichnet und anschließend durch vollständige Transkription der Analyse zugänglich
gemacht. Die Gesamtdauer der Aufzeichnung beträgt knapp drei Stunden,
das Transkript umfaßt 22 Schreibmaschinenseiten. Die Dauer der Lerner-
protokolle betrug ca. 27 Stunden und umfaßte 219 Schreibmaschinenseiten.

3. Das "Rohmaterial" der Prozeßanalysen: Textproduktionselemente und ihre Darstellung im Textproduktionsdiagramm

Introspektive Daten im allgemeinen und LD-Daten im besonderen weisen definitionsgemäß einen geringen Grad an Vorstrukturierung auf, d.h. die Analysekategorien werden in der Regel erst post-experimentell entwickelt. Diese recht komplizierte graduelle Entwicklung operationaler und valider Analysekategorien war wesentlicher Bestandteil des Erstprojekts (siehe Krings 1986a, v.a. 112 ff.). Dort wurden insgesamt 117 Kategorien zur detaillierten Beschreibung des Übersetzungsprozesses entwickelt (siehe die Synopse 491-499). Es lag nahe, bei dem anstehenden Vergleich mit den Daten des Berufsübersetzers auf diese Kategorien zu rekurrieren. Dabei zeigte sich jedoch schon bald, daß dies nur bedingt möglich ist, weil sich die Struktur des Übersetzungsprozesses bei den Lernern von der des Berufsübersetzers deutlich unterscheidet, so daß z.T die Entwicklung neuer, auf beide Datensätze anwendbarer Analysekategorien notwendig wurde. Eine dieser zentralen Kategorien ist die der "Textproduktionselemente". Ihre Ermittlung und graphische Darstellung im "Textproduktionsdiagramm" sei hier am Beispiel von Satz I illustriert.

Figur 1: Übersetzung von Satz I durch den Berufsübersetzer

AT: ALAIN SAVARY, DONT C'ETAIT UN DES SPORTS FAVORIS JUSQU'A CETTE REGRETTABLE PETITE REVOLUTION, EST, PARAIT-IL, TER-RIBLEMENT FRUSTRE.

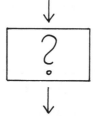

ZT: ERZIEHUNGSMINISTER ALAIN SAVARY, DER BIS ES ZU DEN HEISSEN DISKUSSIONEN IN DER SCHULPOLITIK KAM, EINE BESONDERE SCHWÄCHE FÜR SOLCHE KOMMENTARE AM RANDE HATTE, IST, SO SCHEINT ES, NUN BESONDERS FRUSTRIERT.

Figur 1 zeigt Satz I des Ausgangstextes und die Übersetzung durch den Berufsübersetzer, die nicht unwesentlich vom Ausgangstext abweicht. Ausgangstext und Zieltext (bzw. korrespondierende Segmente derselben) sind die Daten, mit denen sich die traditionelle produktorientierte Forschung zufriedengeben muß. Die Prozesse, die zu dem gegebenen Übersetzungsprodukt geführt haben, bleiben in der "black box" des Übersetzers verborgen. Hier zeigt sich nun der Aufschlußwert des introspektiven Verfahrens. Im Transkript finden sich allein zu diesem Satz Verbalisierungen im Umfang von 526 Wörtern. Zur Illustration sei hier der erste Teil dieser Verbalisierungen als Originalausschnitt aus dem Transkript wiedergegeben:

(1) + Alain Savary dont c'était un des sports favoris jusqu'à cette regrettable petite révolution est paraît-il terriblement frustré eben man hat ja richtig Mitleid + des sports favoris **Lieblingssport Lieblingsbeschäftigung** +6+ mit dem Sport das is natürlich ehm +17+ **Lieblingsbeschäftigung** vielleicht was anderes **eine besondere Vorliebe hatte** ja oder **was gepflegt hat** + **Kommentare am Rande** + hmhm +4+ (2 Wörter unverständlich) **Alain Savary** +5mS+ **der eine besondere Schwäche für solche Kommentare am Rande hatte** +19mS+ est paraît-il terriblement frustré +5+ ist so scheint es +8+ (1 Wort unverständlich) jusqu'à cette petite regrettable révolution + ja das muß ich da noch reinschieben +5mS+ **Alain Savary der eine besondere Schwäche für solche Kommentare am Rande hatten/hatte** + ehm +5+ eben und die hatte er nur bis + ja + das müßt ich oben rein **Alain Savary** + **der** +4+ **bis es zu diesem kleinen** + **bedauerlichen Aufstand kam** + **Aufstand** hm (abwägend) +5+ kann man nich sagen für petite révolution **bis zu** wobei man natürlich keine Ahnung hat was dieser bedauerliche +4+ cette regrettable petite révolution + ja (?da?) meint er +6+ hmhm den **Schulstreit** vermutlich +10+ ich guck noch mal unter école libre nach +37+ ...

Transkriptionszeichen:
+   Pausen bis 3 Sekunden Länge werden durch ein einfaches Pluszeichen angezeigt
+17+   bei Pausen über 3 Sekunden Länge wird die Dauer angegeben (in Sekunden)
mS   mit Schreiben gefüllte Pause
(?-?) Konjekturen

Obwohl hier nur etwas mehr als ein Viertel der Verbalisierungen zu Satz 1 wiedergegeben wurde, zeigt ein Blick auf den Transkriptausschnitt bereits, wie einzelne Elemente der späteren Übersetzung hervorgebracht und zusammengefügt bzw. andere Elemente erwogen und wieder verworfen werden (siehe die im Transkriptausschnitt hervorgehobenen Passagen). Ich nenne diese "Textproduktionselemente", weil sie Parallelen zur freien Textproduktion aufweisen (s. Krings 1986c). Der erste Schritt in der Analyse der Daten besteht folglich in der Identifikation dieser Textproduktionselemente. (Diese erfolgt natürlich nicht willkürlich, sondern auf der Grundlage spezieller operationaler Kriterien, die hier nicht näher dargestellt werden können, vgl. aber Krings 1986a, 264 ff.). So können aus dem oben wiedergegebenen Transkriptausschnitt folgende Textproduktionselemente entnommen werden:

(1) Lieblingssport
(2) Lieblingsbeschäftigung
(3) eine besondere Vorliebe hatte
(4) was gepflegt hat
(5) Kommentare am Rande
(6) Alain Savary
(7) der eine besondere Schwäche für solche Kommentare am
    Rande hatte
(8) ist so scheint es
(9) Alain Savary der eine besondere Schwäche für solche
    Kommentare am Rande hatte
(10) bis es zu diesem kleinen
(11) bedauerlichen Aufstand kam
(12) bis zu
(13) Schulstreit

Die Textproduktionselemente werden aufgelistet und numeriert. Reaktivie-
rungen oder Teilreaktivierungen bereits verbalisierter Textproduktionselemente bleiben unberücksichtigt. Dem Transkript sind insgesamt 26 solcher Textproduktionselemente zu entnehmen. Die vollständigen Listen
dieser Elemente für alle Sätze und alle Versuchspersonen stellen eine
erste wichtige Strukturierung des Datenmaterials dar und lassen die Entstehung des Übersetzungsproduktes in seinen Grundzügen bereits deutlich
hervortreten. Sie stellen sozusagen das Rohmaterial für die weitere Analyse dar.

Der nächste Schritt besteht in der graphischen Aufbereitung der Textproduktionselemente in Form von "Textproduktionsdiagrammen". Die Grund-
idee des Textproduktionsdiagramms besteht darin, die einzelnen Textproduktionselemente sukzessiv auf parallelen Linien unter denjenigen Seg-
menten des Übersetzungsproduktes abzutragen, zu deren Wiedergabe sie
bestimmt sind.

Fig. 2: Textproduktionsdiagramm Satz 1 (Berufsübersetzer)

ALAIN SAVARY, DONT C'ETAIT UN DES SPORTS FAVORIS JUSQU'A CETTE REGRETTABLE PETITE REVOLUTION, EST, PARAIT-IL, TERRIBLEMENT FRUSTRE

1 Lieblingssport
2 Lieblingsbeschäftigung
3 eine besondere Vorliebe hatte
4 gepflegt hat
5 Kommentare am Rande
6 Alain Savary
7 der eine besondere Schwäche für solche Kommentare am Rande hatte
8 ist so scheint es
9 Alain Savary der eine besondere Schwäche für solche Kommentare am Rande hatte
10 bis es zu diesem kleinen
11 bedauerlichen
   Aufstand kam
12 bis zu
13 dieser bedauerliche
14 Schulstreit
15 Streit
16 Auseinandersetzungen
17 Umwälzung
18 Auseinandersetzung
19 Alain Savary der
20 Erziehungsminister Alain Savary
   bis
21 heiße Diskussionen
22 heiße Diskussionen in der Schulpolitik
   bis es zu
23 der
24 den heißen
25 schrecklich frustriert
26 nun besonders frustriert
   ist so scheint es

M1 Alain Savary der eine besondere Schwäche für solche Kommentare am Rande hatte
M2 Alain Savary der bis es zu eine besondere Schwäche für solche Kommentare am Rande hatte
M3 Alain Savary, der bis es zu den heißen Diskussionen in der Schulpolitik kam, eine besondere Schwäche für solche Kommentare am Ran-
de hatte, ist, so scheint es, nun besonders frustriert.

M1, 2, 3: Manuskriptänderungen; M3: endgültige Wiedergabe

Figur 2 zeigt das Textproduktionsdiagramm des Satzes I für den Berufs-übersetzer. Die graphische Darstellung vermittelt nicht nur einen plas-tischen Eindruck vom schrittweisen Aufbau der endgültigen Übersetzung sowie von den zwischenzeitlich erwogenen, dann aber wieder verworfenen Übersetzungsvarianten, sondern erlaubt insbesondere auch systematische intraindividuelle und interindividuelle Vergleiche. Ein kontinuierlicher Aufbau des Textproduktionsdiagramms von links oben nach rechts unten mit einem geringen Anteil paralleler Linien kann dabei als Anzeichen für einen linearen, von Übersetzungsproblemen weitgehend freien Prozeßver-lauf gewertet werden. Eine hohe Dispersivität des Textproduktionsdia-gramms mit Bündelungen paralleler Linien und starken Abweichungen von der Links–Rechts–Entwicklung indizieren demgegenüber einen schwierigen, überwiegend konzentrisch verlaufenden Aufbau des Übersetzungsprodukts (siehe folgender Abschnitt).

Nach dieser knappen Darstellung der ersten grundlegenden Analyse-schritte in der Auswertung der LD-Daten möchte ich im verbleibenden Teil des Beitrags anhand einiger ausgewählter Vergleichsdimensionen die wichtigsten Unterschiede im Übersetzungsprozeß der Lerner und des Berufsübersetzers darstellen.

4. Konzentrik vs. Linearität

Eine erste Vergleichsdimension, auf der deutliche Unterschiede im über-setzerischen Vorgehen der Lerner und des Berufsübersetzers zu beobach-ten sind, betrifft die Merkmale 'Linearität' vs. 'Konzentrik'. Mit diesen Analysekategorien, die als Pole auf einem Kontinuum zu sehen sind, wird zum einen die Reihenfolge in der Abarbeitung der Übersetzungsprobleme auf der Satzebene und zum anderen die Reihenfolge in der Abarbeitung der Sätze auf der Textebene erfaßt. Der Grenzfall völliger Linearität läge vor, wenn alle Übersetzungsprobleme in der Reihenfolge ihres Auftretens im Satz gelöst und alle Sätze des Textes in der Reihenfolge ihres Auftre-tens im Text übersetzt würden und zwar beides jeweils im ersten Zugriff.

Fig.3: Abarbeitung der 18 Sätze bei Lernern und Berufsübersetzer

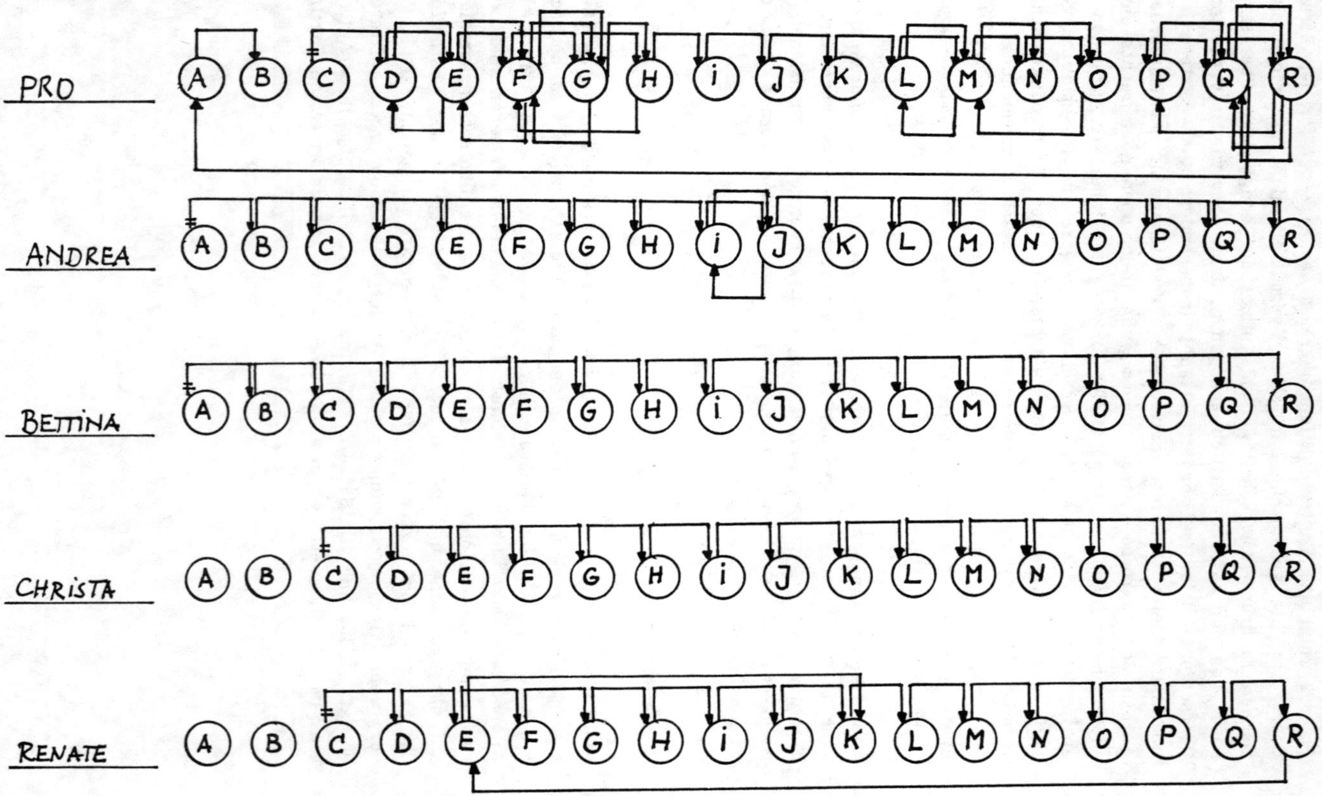

Dies ist zwar auch bei den Lernern nicht der Fall (Krings 1986a, 178 ff.), doch ist das Maß an Konzentrik, d.h. der Grad der Abweichung vom Grenzfall völliger Linearität beim Berufsübersetzer wesentlich größer als bei den Lernern. Für den Bereich oberhalb der Satzebene zeigt Figur 3, wie sich die Versuchspersonen durch die insgesamt 18 Sätze des Ausgangstextes bewegen (A bis R).

Die Pfeile stellen den Übergang zu anderen Sätzen dar; Vorwärtsbewegungen sind oberhalb, Rückwärtsbewegungen unterhalb der Satzmarken dargestellt. Es fallen sofort die zahlreichen Vor- und Rückgriffe beim Berufsübersetzer auf, gegenüber dem völlig linearen Vorgehen etwa bei der Versuchsperson 2, die (nach der einleitenden Gesamtlektüre des Textes) jeden Satz isoliert übersetzt, gewissermaßen ohne nach vorn oder nach hinten zu schauen. Strategiehaft und nicht zufällig ist auch das bewußte Hintanstellen von Titel und Untertitel (A und B) beim Berufsübersetzer, der diese erst nach Fertigstellung des eigentlichen Textes hinzufügt, um Titel und Text sinnvoll in Bezug setzen zu können. Doch auch innerhalb der Satzgrenzen ist das Vorgehen des Berufsübersetzers wesentlich konzentrischer. Als einfaches (wenn auch indirektes) Maß dafür kann die Gesamtzahl der Textproduktionselemente (vgl. Abschnitt 3) herangezogen werden.

Tab.1: Gesamtzahl der Textproduktionselemente bei Lernern (VP 1 bis 4) und Berufsübersetzer (Pro)

VP1	VP2	VP3	VP4	$\bar{x}$	PRO
200	242	89	154	171,25	340

Wie aus Tabelle 1 hervorgeht, ist diese mit 340 beim Berufsübersetzer fast doppelt so hoch wie die entsprechende Durchschnittszahl für die Lerner (171, 25). Die hohe Zahl der Textproduktionselemente ist dabei so zu interpretieren, daß der Berufsübersetzer einerseits wesentlich mehr Übersetzungsversuche braucht, bis er zu einer ihn zufriedenstellenden Lösung gelangt (vgl. auch Abschnitt 5), daß er andererseits aber auch wesentlich größere Teile des Ausgangstextes problematisiert. Beide Befunde sprechen gegen die (zunächst naheliegende) Annahme, daß der Übersetzungsprozeß beim Berufsübersetzer grundsätzlich stärker automatisiert abläuft als bei Lernern. Während die Lerner meist nur dort Übersetzungsprobleme haben, wo entweder ein Verständnisproblem im Ausgangstext vorliegt oder eine wörtliche Übersetzung vom System oder der Norm der Zielsprache her ausgeschlossen ist, bringt der Berufsübersetzer den zielsprachlichen Text durch einen gesamthaften, auf die interne Kohärenz achtenden Formulierungsprozeß hervor. Die zur Ausführung dieses komplizierten Textsynchronisationsprozesses notwendige Konzentrik schlägt sich dabei in den Textproduktionsdiagrammen durch eine hohe Dispersivität der einzelnen Linien nieder. Die Dispersivität kann dabei als Abweichung eines bei absolut linearer Textproduktion zu erwartenden gleichmäßigen Aufbaus des Textproduktionsdiagramms von links oben nach rechts unten verstanden werden. Diese Konzentrik im übersetzerischen Vorgehen auf Text- und Satzebene ist somit ein erstes Unterscheidungsmerkmal zwischen den Lernern und dem Berufsübersetzer.

5. Übersetzungsvarianten

Die Unterschiede in der Zahl der Textproduktionselemente lassen bereits vermuten, daß auch die Zahl der Übersetzungsvarianten beim Berufsübersetzer wesentlich höher ist als bei den Lernern. Um dieses zentrale Merkmal des Übersetzungsprozesses möglichst präzise zu erfassen, wurde das Maß des "Variantenfaktors" (VF) entwickelt. Dieser wird definiert als die Relation zwischen der Anzahl der Wörter aller Übersetzungsvarianten pro Satzeinheit, die nicht im endgültigen Zieltext auftreten ("Excédent") zur Zahl der Wörter der endgültigen Übersetzung im Zieltext:

$$VF = \frac{n_{EX}}{n_{ZT}}$$

Ein Variantenfaktor von O bedeutet demnach, daß keine Übersetzungsvarianten erwogen worden sind, ein Variantenfaktor von 1 bedeutet, daß Übersetzungsvarianten im (gewichteten) Umfang von einem Wort pro Wort der endgültigen Übersetzung erwogen wurden. Bei einem Variantenfaktor über 1 war der Umfang der Übersetzungsvarianten größer als der der endgültigen Wiedergabe. Dieses Maß zeichnet sich infolge seiner Oberflächenstrukturbezogenheit durch eine hohe Operationalität (bei durchaus ausreichender Validität) aus, wie Detailuntersuchungen ergaben.

Tab.2: Variantenfaktoren nach Sätzen und Versuchspersonen

SATZ	VP1	VP2	VP3	VP4	$\bar{x}$	PRO
A	0,00	0,50	n.ü.*	n.ü.	0,29	0,50
B	0,67	0,86	n.ü.	n.ü.	0,80	5,40
C	0,31	0,43	0,13	0,16	0,27	1,26
D	0,00	0,00	0,17	0,00	0,04	0,50
E	0,43	1,94	0,43	0,67	0,85	1,33
F	2,13	1,13	1,50	0,82	1,40	1,82
G	1,21	0,58	0,27	1,03	0,78	1,33
H	0,22	1,80	0,63	1,00	0,95	1,07
I	1,06	0,46	0,20	0,61	0,56	0,63
J	1,00	0,13	0,15	0,39	0,43	0,74
K	0,83	0,41	0,61	1,24	0,78	2,48
L	0,57	2,43	2,20	0,33	1,36	2,13
M	0,50	0,50	0,33	0,22	0,39	0,14
N	0,18	0,55	0,07	0,20	0,25	0,80
O	0,44	1,25	0,53	2,25	1,09	0,83
P	0,73	1,23	0,31	0,08	0,58	0,00
Q	1,33	1,29	0,40	1,50	1,06	3,20
R	1,00	3,25	0,67	2,40	1,64	0,67
Tot	0,77	0,80	0,42	0,77	0,69	1,24

n.ü. = nicht übersetzt

Tabelle 2 zeigt die einzelnen Werte des Variantenfaktors aufgeschlüsselt nach Versuchspersonen und Sätzen. Insgesamt zeigt sich, daß der Variantenfaktor mit 1,24 beim Berufsübersetzer knapp doppelt so hoch ist wie bei den Lernern (Durchschnitt 0,69). In der Tat kamen beim Berufsübersetzer auf eine Übersetzung im Umfang von 307 Wörtern Übersetzungsvarianten im Umfang von 381 Wörtern, während die entsprechenden Durchschnittszahlen für die Lerner 277 Wörter Übersetzungsumfang zu 192 Wörtern Variantenumfang lauteten. Die Tabelle zeigt ferner eine Reihe interessanter Details, z.B., daß sowohl beim Berufsübersetzer als auch bei den Lernern nur ganz ausnahmsweise einmal ein Satz ohne jegliche Übersetzungsvarianten auftritt (VF=0, siehe Satz A bei VP1, Satz D bei VP 1, 2 und 3, Satz P beim Berufsübersetzer) und daß starke Unterschiede von Satz zu Satz bestehen, die nicht durch die Satzlänge erklärt werden. Bei nur vier Sätzen liegt der Variantenfaktor des Berufsübersetzers unter dem Durchschnittswert der Lerner (Satz M, O, P und R). Dieser quantitative Befund deutlicher Unterschiede zwischen Lerner und Berufsübersetzer wird durch eine genauere qualitative Analyse erhärtet. Während die Übersetzungsvarianten beim Berufsübersetzer ganz überwiegend echte Alternativen zur Wiedergabe ausgangssprachlicher Bedeutungsstrukturen sind, handelt es sich bei den Lernern nicht selten um konkurrierende Hypothesen auf dem Weg zur Aufdeckung dieser Bedeutungsstrukturen. Beispiel: Die 10 Textproduktionselemente des Berufsübersetzers für die Wiedergabe des Titels "Réunion du conseil de discipline" lauten:

(1) mehr Disziplin bei den Sitzungen
(2) Mitterrand is watching you
(3) lange Sitzung
(4) gestrenger Blick des Chefs
(5) neue Saiten aufziehen
(6) neue Besen kehren gut
(7) neue Sitten im Kabinett
(8) Mitterrand versucht sich mit Neuerungen
(9) Mitterrand versucht es mit Disziplin
(10) Mitterrands Versuch mit der Disziplin
ZT   Mitterrand versucht es mit Disziplin

Diese Textproduktionselemente zeigen die schwierige Suche nach einer funktional adäquaten Übersetzung des Titels, die einen sinnvollen Bezug zwischen diesem und dem Rest des Textes herstellt und die v.a. durch das Nicht-Beibehalten-Können des Wortspiels "conseil de discipline" motiviert ist. Die entsprechenden Textproduktionselemente für den gleichen Satz bei der Versuchsperson 2 lauteten demgegenüber:

(1) Versammlung des Rates
(2) Versammlung des Disziplinarrates
(3) des Ministerrates der Disziplin
(4) Versammlung des Ministerrates über die Disziplinfrage
(5) zur Disziplinfrage
ZT Versammlung des Ministerrates zur Frage der Disziplin

In einer für die Lerner typischen Weise ist hier die Suche nach einer angemessenen Übersetzung mit der Suche nach der Bedeutung des gegebenen Textausschnittes verschränkt. Beide sind v.a. durch das Nicht-Verstehen des Wortspiels bedingt und führen zu sich offensichtlich gegenseitig ausschließenden Interpretationen des Titels (siehe v.a. (2) vs (4) und (5)). Solche konkurrierende Bedeutungshypothesen, wie sie insbesondere als Folgen der Inferenzierungsstrategien bei den Lernern in erheblichem Umfang auftreten (Krings 1986a, 217-239), gehen entsprechend in den Variantenfaktor ein. Als Ergebnis der qualitativen Analyse bleibt deshalb festzuhalten, daß die Übersetzungsvarianten bei den Lernern ein wesentlich weiteres Spektrum unterschiedlicher, sich z.T. gegenseitig ausschließender "Lesarten" des Ausgangstextes umfassen, während dies beim Berufsübersetzer nur ausnahmsweise der Fall ist.

6. Hilfsmittel

Die Benutzung von Hilfsmitteln ist ein weiterer zentraler Bereich des Übersetzungsprozesses, in dem gravierende Unterschiede zwischen den Lernern und den Berufsübersetzern zu verzeichnen sind.

Tab. 3: Hilfsmittelbenutzung

	VP1	VP2	VP3	VP4	$\bar{x}$	PRO
WB2	16	13	36	27	23,00	11
WB1 (AS=L2)	3	–	–	2	1,25	8
WORTSCHATZ	1	–	–	–	0,25	–
WB1 (ZS=L1)	–	–	–	–	–	2
SYNONYM-WB (ZS=L1)	–	–	–	–	–	4
ENZYKLOP.	–	–	–	–	–	9
Tot	20	13	36	29	24,50	34

WB2: Zweisprachiges Wörterbuch
WB1: Einsprachiges Wörterbuch
AS: Ausgangssprache
ZS: Zielsprache
L1: Muttersprache
L2: Fremdsprache

Tabelle 3 zeigt zunächst, daß die Zahl der Hilfsmittelbenutzungen beim Berufsübersetzer nicht, wie man vielleicht hätte erwarten können, geringer war als bei den Lernern, sondern mit 34 Fällen zu durchschnittlich 24,5 Fällen deutlich höher, was erneut gegen die Annahme einer höheren Automatisierung des Übersetzungsprozesses beim Berufsübersetzer spricht. Während bei den Lernern jedoch das zweisprachige Wörterbuch das fast ausschließlich benutzte Hilfsmittel ist und nur sporadisch und unsystematisch auf das einsprachige Wörterbuch sowie (in einem Fall) auf eine thematisch geordnete Wortschatzsammlung (Les Mots Allemands) zurückgegriffen wird, macht der Berufsübersetzer von einem viel breiteren Spektrum unterschiedlicher Nachschlagewerke Gebrauch, namentlich auch von enzyklopädischen Nachschlagewerken (Quid), einem muttersprachlichen Synonymwörterbuch (A.M. Textor: Sag es treffender) und einem einsprachigen muttersprachlichen Wörterbuch (Wahrig). Die qualitative Analyse aller Hilfsmittelbenutzungen ergab, daß auch die Strategien im Einsatz und in der Kombination dieser Hilfsmittel stark divergierten. Während für die Lerner das zweisprachige Wörterbuch praktisch ausschließlich ein Texterschließungsinstrument war und häufig keine klare Trennung eines gegebenen **Wiedergabe**problems von einem zugrundeliegenden **Rezeptions**problem vorgenommen wurde mit der Folge eines "Bedeutungskurzschlusses" in Form einer Übersetzung durch das erste mikrokontextuell passende Wörterbuchäquivalent, stehen beim Berufsübersetzer die meisten Hilfsmittelbenutzungen eindeutig im Zeichen der Äquivalentauffindung. Das zweisprachige Wörterbuch wird zwar auch vom Berufsübersetzer zur Behebung von Rezeptionsproblemen im Ausgangstext benutzt, zusätzlich aber auch zum Auffinden von Wiedergabemöglichkeiten, und zwar typischerweise **nach** erfolgter Konsultation der anderen Hilfsmittel. Interessant sind v.a. auch die neun Fälle, in denen das enzyklopädische Nachschlagewerk benutzt wird. Der Berufsübersetzer schlägt in dem bekannten französischen Universalnachschlagewerk Quid z.B. unter "Mitterrand", "Mauroy", "Fabius" und "conseil des ministres" nach, um herauszufinden, welche Kabinettsumbildung mit "remaniement" in Satz C gemeint ist. Dies geschieht, nachdem die Übersetzung mit "Kabinettsumbildung" praktisch bereits feststeht, dient also dem vertieften Verständnis des Textes. Der Einsatz enzyklopädischer Nachschlagewerke zum vertieften Textverstehen ist auch bei "révolution" in Satz I und "Michel Rocard" in Satz O zu beobachten (wobei der Berufsübersetzer im Fall von "révolution" die textimmanente Bedeutung, nämlich die drastische Reduktion der Regierungsmannschaft, interessanterweise übersieht und diese stattdessen auf die massiven Proteste der Öffentlichkeit gegen die Pläne der Regierung Mauroy zur Abschaffung des privaten Schulsystems bezieht, vgl. Fig. 1). Auch diese Strategie ist für den Berufsübersetzer typisch, denn für die Lerner gilt im wesentlichen, daß sie ihr Textverstehen nur so weit vorantreiben, wie es für eine mikrokontextuell passende Übersetzung absolut unumgänglich ist.

7. Zusammenfassung und Perspektiven

An dieser Stelle konnten nur einige wenige ausgewählte Ergebnisse des übersetzerischen Prozeßvergleichs Lerner/Berufsübersetzer vorgestellt werden. Demnach zeichnet sich der Übersetzungsprozeß bei dem als Versuchsperson fungierenden Berufsübersetzer erstens durch ein wesentlich höheres Maß an Konzentrik (häufige satzüberschreitende Vor- und Rückgriffe, Hintanstellung der Titel, große Zahl von Textproduktionselementen, hohe Dispersivität der auf die Hervorbringung des Gesamttextes ausgerichteten zielsprachlichen Formulierungsprozesse), zweitens durch einen wesentlich höheren Variantenfaktor (knapp doppelt soviel im endgültigen Übersetzungsprodukt nicht mehr in Erscheinung tretende Übersetzungsvarianten wie bei den Lernern) und drittens durch grundsätzlich andere Hilfsmittelstrategien aus (wesentlich größere Bandbreite von Hilfsmitteltypen, Rückgriffe auch auf rein muttersprachliche sowie enzyklopädische Nachschlagewerke; Einsatz des zweisprachigen Wörterbuchs zur Texterschließung **und** zur Äquivalentauffindung; Benutzung von Hilfsmitteln auch dort, wo eine Übersetzung bereits vorliegt). Alle drei Befunde sprechen gegen die Annahme eines höheren Automatisierungsgrades beim Berufsübersetzer (im Gegensatz zu meinen eigenen Annahmen, die demnach der Differenzierung bedürfen, s. Krings 1986a, 52). Daneben haben die Datenanalysen eine Reihe weiterer wichtiger Unterschiede aufgedeckt, die hier aus Platzgründen nicht dargestellt werden können, und zwar sowohl auf der Ebene der übersetzungsrelevanten Erschließung des Ausgangstextes als auch der der Äquivalentauffindungs-, Äquivalentevaluations- und Entscheidungsstrategien. Eine grundsätzliche Gemeinsamkeit soll hier allerdings nicht unerwähnt bleiben: Die absolute Dominanz der Muttersprache in der Steuerung der Übersetzungsprozesse, insbesondere im Bereich der Äquivalentauffindung.

Die Bedeutung solcher Prozeßvergleiche für die Übersetzungsdidaktik liegt auf der Hand. In dem Maße, in dem es gelingt, Einblicke in die Unterschiede der Prozeßstruktur des Übersetzens bei Lernern und "Profis" zu gewinnen, erhält man entscheidende Orientierungsmarken darüber, wo eine Übersetzungsdidaktik die in eine Übersetzerausbildung eintretenden Lerner "abzuholen" und wo sie sie (prozeßmäßig gesehen) hinzuführen hat. Daß dabei der direkte Einsatz des Lauten Denkens selbst ein mögliches Verfahren ist, den Lernern die Defizite in ihrem übersetzerischen Vorgehen bewußt zu machen, (im Sinne einer autodiagnostischen und vielleicht sogar autotherapeutischen Funktion) bleibt eine interessante, empirisch noch zu testende Hypothese.

410

LITERATUR

Dechert, H.W. (i.D.), "Analyzing Language Processing through Verbal Protocols", in: Faerch/Kasper (i. D.)

Faerch, C./Kasper, G. (1986), "One Learner – Two Languages. Investigating Types of Interlanguage Knowledge", in: House, J./Blum-Kulka, S. (eds.), pp. 211-227

Faerch, C./Kasper, G. (eds.) (i.D.), Introspection in Second Language Research, Clevedon: Multilingual Matters

Gerloff, P. (1986), "Second Language Learners' Reports on the Interpretive Process: Talk-aloud Protocols of Translation", in: House, J./Blum-Kulka, S. (eds.), pp. 243-262

Gerloff, P. (i.D.), "Identifying the Unit of Analysis in Translation: Some Uses of Think-Aloud Protocol Data", in: Faerch, C./Kasper, G. (eds.) (i. D.)

Hölscher, A./Möhle, D. (i.D.), "Cognitive Plans in Translation", in: Faerch, C./Kasper, G. (eds.) (i. D.)

House, J./Blum-Kulka, S. (eds.) (1986), Interlingual and Intercultural Communication. Discourse and Cognition in Translation and Second Language Acquisition Studies, Tübingen: Narr

Königs, F.G. (1986), "Der Vorgang des Übersetzens. Theoretische Modelle und praktischer Vollzug. Zum Verhältnis von Theorie und Praxis in der Übersetzungswissenschaft", in: Lebende Sprachen 31, 1, pp. 5-12

Königs, F.G. (1987), "Was beim Übersetzen passiert. Theoretische Aspekte, empirische Befunde und praktische Konsequenzen", in: Die Neueren Sprachen 86.2, pp. 162-185

Kohn, K. (1987), "Übersetzen aus psycholinguistischer Sicht", in: Kühlwein, W. (ed.) pp. 45-48

Koller, W. (1979), Einführung in die Übersetzungswissenschaft, Heidelberg: Quelle & Meyer

Krings, H.P. (1986a), Was in den Köpfen von Übersetzern vorgeht. Eine empirische Untersuchung zur Struktur des Übersetzungsprozesses an fortgeschrittenen Französischlernern, Tübingen: Narr (Tübinger Beiträge zur Linguistik 291)

Krings, H.P. (1986b), "Translation Problems and Translation Strategies of Advanced German Learners of French (L2)", in: House, J./Blum-Kulka, S. (eds.), pp. 257-270

Krings, H.P. (1986c), "Wie Lerner Texte machen. Schreibprozesse in der Fremdsprache im Lichte introspektiver Daten", in: Seminar für Sprachlehrforschung (ed.), Probleme und Perspektiven der Sprachlehrforschung. Bochumer Beiträge zum Fremdsprachenunterricht in Forschung und Lehre, Frankfurt a.M.: Scriptor, pp. 257-280

Krings, H.P. (1987), "Der Übersetzungsprozeß: Methoden, Ergebnisse und Perspektiven seiner Erforschung", in: Kühlwein, W. (ed.), pp. 48-50

Krings, H.P. (i.D.a), "The Use of Introspective Data in Translation", in: Faerch, C./Kasper, G. (eds.), (i. D.)

Krings, H.P. (i.D.b), "Zum Verhältnis von Texterschließung und Her-Übersetzen im Fremdsprachenunterricht – Einige empirische Befunde", in: Bludau, M./Raasch, A./Zapp, F.-J. (eds.) (i.D.), Lernen im Fremdsprachenunterricht. Dokumentation des FMF-Bundeskongresses Münster 1986, Frankfurt a.M.: Diesterweg

Krings, H.P. (i.D.c), "Der Einfluß des Hin-Übersetzens auf
fremdsprachliche Lernprozesse - Neue Fragen auf alte
Antworten", in: Addison, A./Vogel, K. (eds.) (i.D.),
Dokumentation der Zweiten Fachtagung 'Fremdsprachen-
ausbildung an der Universität' des Arbeitskreises der
Sprachenzentren, Sprachlehrinstitute und Fremdsprachen-
institute (AKS), Bochum: AKS-Verlag
Kühlwein, W. (ed.) (1987), Perspektiven der Angewandten
Linguistik - Forschungsfelder. Kongreßbeiträge zur 16.
Jahrestagung der Gesellschaft für Angewandte Linguistik,
Tübingen: Narr
Lörscher, W. (1986), "Linguistic Aspects of Translation Pro-
cesses: Towards an Analysis of Translation Performance",
in: House, J./Blum-Kulka, S. (eds.), pp. 277-292
Lörscher, W. (1987), Übersetzungsperformanz. Übersetzungs-
prozeß und Übersetzungsstrategien. Eine psycholinguisti-
sche Untersuchung, Essen: unveröffentl. Habil.schrift
Sandrock, U. (1982), Thinking-Aloud Protocols (TAPs) - Ein
Instrument zur Dekomposition des komplexen Prozesses
"Übersetzen", Kassel: unveröffentl. Staatsarbeit
Toury, G. (1984), "The Notion of 'Native Translator' and
Translation Teaching", in: Wilss, W./Thome, G. (eds.),
pp. 186-195
Wilss, W. (1985), Kognitive Aspekte des Übersetzens, Trier:
Linguistic Agency University of Duisburg (previously
Trier), Series B. Paper no. 141
Wilss, W./Thome, G. (eds.) (1984), Die Theorie des Überset-
zens und ihr Aufschlußwert für die Übersetzungs- und
Dolmetschdidaktik. Akten des internationalen Kolloquiums
der Association Internationale de Linguistique Appliquée
(AILA), Saarbrücken 25.-30. Juli 1983, Tübingen: Narr
(= Tübinger Beiträge zur Linguistik 247)

ANHANG: ÜBERSETZUNGSTEXT

Le mercredi, à l'Elysée

REUNION DU CONSEIL DE DISCIPLINE

Avant le dernier remaniement, ils étaient trente-six (en comptant Mitterrand) autour de la table du Conseil des ministres. Ils ne sont plus aujourd'hui que dix-sept. La table étant restée la même, ces messieurs-dames ont pu se desserrer.

Mais à entendre certains d'entre eux, cette aération comporte des inconvénients. Les discussions en aparté sont désormais à peu près impossibles et, lorsqu'un ministre intervient, il devient très risqué d'échanger en douce quelques vacheries à son endroit. L'oeil noir de Tonton fusille immédiatement le bavard.

Alain Savary, dont c'était un des sports favoris jusqu'à cette regrettable petite révolution, est, paraît-il, terriblement frustré.

La classe étant moins nombreuse, et plus facile à surveiller, il est devenu quasiment impossible de lire tranquillement son journal ou de faire son courrier sans se faire repérer illico.

Autre petit jeu pratiquement refusé désormais aux ministres: la rédaction des petits mots que, traditionnellement, ils se passent de l'un à l'autre pour se distraire au cours des exposés parfois barbants de leurs distingués collègues.

Et puis, le brouhaha est proscrit.

Tonton a voulu imprimer un style nouveau au Conseil. Maintenant, il donne systématiquement la parole à tous ceux qui la demandent, et il insiste même pour avoir l'avis des principaux ministres sur tel ou tel sujet. Ce qui fournit, paraît-il, l'occasion à Michel Rocard de faire de véritables exposés dans le style Sciences-Po.

Enfin, le Conseil doit être terminé à 12 h 30 pétantes. Plus question de jouer les prolongations. L'heure du casse-croûte, c'est sacré.

Text and Process in Translation

Robert de Beaugrande (Crump Institute for Medical Engineering, University of California, Los Angeles, USA)

1. Linguistics, semantics, translation

In the main, linguistic theory has offered a problematic basis for accounts of translation. As Mounin (1963) has noted, such problems reflect the tendency of conventional linguistics to foreground aspects of language that are not central to the translation process. A case in point is Saussure's seminal notion of the "sign" "uniting" "the signifier and the signified" "in the brain by an associative bond" (1966 [1916], 65 ff.). His famous comparison of "signifier" and "signified" (or "thought" and "sound") to the "front" and "back" of "a sheet of paper" (1966, 113) suggests that the bond cannot be dissolved without destroying the sign: "the linguistic entity exists only through" the "association"; "whenever only one element is retained, the entity vanishes" (1966, 102 f.). The language system is organized so as to "maintain the parallelism between two classes of differences"; and discourse consists of "two parallel chains, one of concepts and the other of sound-images" (1966, 21, 104). "In an accurate delimitation, the division" of the two "chains" "will correspond" (1966, 104); compare Hjelmslev's (1969 [1943], 70) notion of an analysis "partitioning the text into expression line and content line", using "a common principle" for both.

Translation would seem to involve separating signifier and signified, replacing the former while preserving the latter. Yet according to Saussurian linguistics, as we saw, such a separation should make the sign "vanish". "Our thought", Saussure declared, "apart from its expression in words, is only a shapeless and indistinct mass" (Saussure 1966, 111). If so, modern linguistic theory implies that translation is chaotic and beyond methodical control (see also Chomsky 1965, 201 f.). Linguists have been notoriously reluctant to contemplate "meaning" or "semantics" apart from its "bond" with linguistic form. Moreover, they typically emphasized that this bond is "arbitrary", and cited differences between languages as a main point of evidence (e.g. Saussure 1972 [1916] 99 f.; Bloomfield 1933, 145). This claim applies to signs in the abstract in the sense that the bond is not "natural" or externally "motivated" (cf. Saussure 1972, 100 f, 442 ff.), but every act of _using_ signs activates bonds in ways that are certainly _not_ arbitrary. The procedures of the translator moving between languages are by no means arbitrary, but closely controlled.

If modern linguistics had laid its original foundations in semantics rather than in the "levels" of phonology, morphology, and grammar, the separation between system and process might not have been so strict (Beaugrande 1987a). Whereas a "phoneme" has a clear systemic status independent of any one act or uttering or hearing it, a "meaning" can hardly be determined independently of any one act of processing it. Attempts to fixate meaning "out of context" merely replace the ordinary contexts wherein humans utilize meanings with specialized contexts wherein linguists and semanticists purport to deal with meaning in the abstract. For instance, to offer the "lexicon" as an abstract space for absolute meanings is to forget that a dictionary is itself a text intended for use in specialized contexts. Few people learn the majority of what they know about meaning mainly from dictionaries. So we need to clarify how the "lexicon" can be a realistic basis for the meaning of text and discourse; and what status a "definition" has as a linguistic formulation for any meaning (Beaugrande 1984b).

This brief argument I have developed at length elsewhere (Beaugrande 1984b; 1987a, b) may indicate why translation theory demands a really workable semantics of text and discourse. The abstract "semantics" concerned with a small set of concepts and relations – such as proposition, predication, implication, entailment, quantification, non-contradiction, and so on – can only remind us over and over that translation is not a logical procedure or formal proof. Instead, translation is a complex cognitive process related to text processing in general (Beaugrande 1978; Krings 1986).

In the standard conception of linguistics, a "grammatical rule" or "lexical definition" is fully determinate – yet does not include operational criteria for deciding whether and how far it actually applies in real-life contexts. Theories postulating a formal determinacy as the proper relation between "deep structure" and "surface structure", or between "genotext" and "phenotext", and so on, cannot represent the fluctuating indeterminacy of spontaneous discourse. The disaster of early machine translation showed only too well what comes of trying to directly transpose linguistic theories for static, abstract systems into programs for guiding dynamic processes in discourse contexts. When the "rules" and "definitions" were applied by a machine, the process was prone to go out of control and to generate obtuse, even absurd texts.

A similar quandary arose when translation theory made some very literal borrowings from descriptive linguistics in order to depict the contrasts among languages. Catford's (1965) desiccated taxonomy reveals the ultimate perils of what Yishai Tobin (1987) calls the "perfunctory adoption of established linguistic paradigms over into a theoretical model". Since descriptive linguistics had postulated a hierarchy of "levels", Catford considered how one might translate on just one "level" at a time. As he moves onto the more restricted levels and eventually gets to the written letter, the steady evaporation of context renders his sample translations more and more preposterous.

The perplexities were much the same when "contrastive grammars" were proposed between pairs of languages, one of them usually English. Researchers could discover no principled way to determine which or how many aspects of context such "grammars" should take into account, because the linguistic theories selected as the framework for comparison were also undecided (cf. Coseriu 1972). The contrast between the abstract formal patterns of two languages can at best provide the guidelines for describing what is specified in general (or unmarked) contexts, but not what applies in more special (or marked) contexts. In German, for example, many motions are routinely specified regarding whether they enter a new space (accusative versus dative); whether they move away from or toward a given vantage point ('hin' versus 'her'); and so forth. These same factors are relevant for English only when the context so indicates; then they have to be specified with non-grammatical resources. Similarly, only context can decide when an English text needs to specify whether a past action was punctual or directional, completed or incompleted, and so on – aspects routinely indicated in the texts of other languages, such as the Slavic group.

The traditional controversy over "literal" versus "free" translation poses a spurious choice between treating meanings either within minimal contexts – the "literal" approach – or else within maximal contexts – the "free" approach. Both extreme positions bear scant resemblance to the practice of ordinary translators, who treat meanings within the fluctuating contexts wherein appropriate limits are imposed upon indeterminacy. Here, available "rules" of "grammar" or "definitions" of a "lexicon" act as "preferences" whose value and efficiency is decided in each case by the context.

In recent years, translation theory has registered an increasing recognition of these considerations and a concerted search for context-rich frameworks, as signaled at this symposium by the papers of Reiner Arntz, Brigitte Handwerker, Wolfram Wilss, Albrecht Neubert, Julio Santoyo, Roda Roberts, Yu Baoquan, Stanka Stojanova-Jovcheva and Yishai Tobin. However, as these authorities agree, the theoretical groundwork for such an expanded scope is only beginning to appear. Conventional linguistics has forestalled the search for high-context models by means of a commonplace expediency:

the investigators process the examples before the formal analysis even begins, and this prior understanding provides the hidden context that makes the analysis seem plausible (Beaugrande 1987a, b, c). This tactic serves the enduring ambition to get outside language in order to study it. The many formulas and formalisms reflect the hope for some neutral system to "handle" language without setting it in motion – and possibly changing it. But the outcome is always the additional problem of the indeterminate relation between the formalism and the phenomenon of language it is claimed to designate. The restarting of the process of meaning is simply postponed until the moment when the formalism has to be interpreted.

For such reasons, my impression is that the low-context models of established linguistics cannot be extended into the high-context models needed for comprehensive theories of translation. Instead, it is time to explore alternative directions. Above all, we need to understand the relation, hitherto largely implicit, between communicating in language and communicating about language (Beaugrande, in preparation). Surely such an achievement would have enormous relevance not merely for the science of language, but also for the language of science.

2. Language as a control system

For some time now, I have been developing an alternative model of language that would emphasize not the "static" aspect favored by Whitney and Saussure, but the dynamic one: not so much the change of the language system over time, as the act of using language in context (cf. Beaugrande 1980; 1984a; 1987a, b, c; Yates/Beaugrande 1987). The fact that each actually occurring text is likely to be new or unique in at least some of its aspects implies that any act of use might change the language – a disquieting prospect for any linguistic theory based on the notion of a static ("synchronic") system. Probably, the persistent doctrine that the organization of language should not be explained with reference to its use reflects the understandable desire among linguists to make the language "hold still" long enough to be described.

If linguists like Saussure and Hjelmslev had undertaken a large-scale analysis of the system of "content", they would have found this system to be far from isomorphic with the system of form or expression in any way like the two sides of a sheet of paper. The system of content is vastly more complex, multifarious, unstable, and productive (Beaugrande 1987b). No one can definitively state how many components a meaning has, how many meanings a language has, how far any known meaning can be adapted or changed, and how many new meanings can be created. All these factors make meanings crucially unlike phonemes or morphemes, which can be enumerated and described in a relatively compact and conclusive fashion for a whole language. Words (lexemes) fall in between the two extremes, being less diffuse than meanings, but more diffuse than phonemes or morphemes.

In view of this greater complexity, the major question about meanings is: what sort of control applies to the system of "meanings" such that different people – or different texts in different languages – can "mean the same thing"? Stated this way, our focus of orientation is operational, based on how acts of meaning may be managed, rather than formal-logical, based upon abstract ideals of rigor and univocality. The latter emphasis only makes the description far harder than necessary by demanding much stricter controls upon meaning than are applied in normal discourse (Beaugrande 1987a).

"Control" can be defined as a hypothesis of limited indeterminacy (Beaugrande 1987b). To "control" a thing is to operate as if it were at least partially determinable, enough so that an action can affect the state of the thing in some non-random way. Yet control can never be conclusively proven, since the state of the thing might have happened by coincidence; hence, control remains a hypothesis that is presupposed by every controlling action, but never verified in any absolute sense (compare David Hume's analogous critique of causality). A scientific theory is one example of control being applied to some domain of knowledge (section 4). Here too, absolute verification is not feasible, as Karl Popper (1964) has shown.

No thing could be controlled unless it appeared within some context; but no act of control has an infinite range. Instead, the act can control only some selected aspects of the context, while leaving others to their own devices. Thus, we can say that control shades off into domains of steadily greater indeterminacy; that is, control is a selective imposition of limits upon the indeterminacy of whatever is to be controlled (Fig. 1).

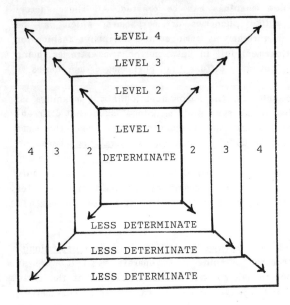

Fig. 1 . Shading out control

The benefit of stating our basic premise this way is that indeterminacy is not seen as some accident or misfunction that befalls speakers and hearers when they are careless or deluded, but the foundational and persistent background against which meaning is created through a special and transitory control act. Formal logic goes the other way, seeing total determinacy (respecting quantification, truth values, disambiguation, etc.) as the base state of language and everything else as more or less deviant.

The more _complex_ a system is, the more strategic the organization of control must be (Yates/Beaugrande 1987). To take an easy example, a language system in which every word were a name for one specific thing in the world would have to remain very simple or else break down. But when the word is generalized to designate a whole class of comparable things, the system can control much more; the bond between signifier and signified gains power by tolerating more indeterminacy.

Moreover, the designation of a word can be multifariously adapted in any number of contexts. Research in cognitive psychology (e.g. Rosch 1977) shows that the set of things people may decide to designate with an ordinary word such as "bird" is irreducibly fuzzy. No strict criteria demarcate the boundary between what is and is not a "bird". This fuzziness of ordinary meanings is a vital factor in their power for being controllable in a wide range of particular contexts.

To "understand" a thing is to "control" it in the sense of placing limits upon the set of things it can be or can be related to. The understanding of discourse is undoubtedly the most impressive and comprehensive example, and the act in which human beings develop the most complex faculties for sharing knowledge. To "understand" a word, sentence, or any other linguistic unit is to limit the number of things it can be significant in relation to, within the current context. Despite the views of logic and conventional linguistics, this process is not fully determinate, leading to just one precisely delimited meaning. We can always restart the process and find new or more extensive structurings. A resolute text analyst like Roman Jakobson can astound the world with the wealth of relations he "finds" "in" a text; but to do so, he must greatly overreach the results of everyday readers (Werth 1976).

Indeed, if we tried to pursue an analysis back through all the knowledge that could be used for understanding a text, our task might well become endless; compare the post-structuralist concept of "infinite intertextuality" developed variously by Roland Barthes, Julia Kristeva, and Jacques Derrida (cf. Culler 1982). Linguists who refuse to admit the text as an object of study may be striving to keep their investigation inside well-fenced boundaries; but paradoxically, just the opposite is achieved, because isolating linguistic units from contexts only proliferates undecidable disputes about what their "meaning" might be. Abstraction away from context sacrifices a substantial margin of control.

In my disquisition for the International Congress of Linguists in Berlin this summer (Beaugrande 1987b), I propose to model the act of communicating as a rise-fall indeterminacy gradient between the speaker's targets and the hearer's targets. These targets are relatively determinate, whereas their execution and transmission are relatively probabilistic operations (Fig. 2).

420

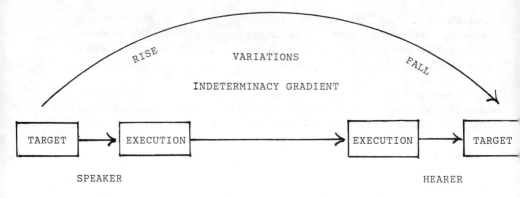

Fig. 2. Indeterminate transfer during communication

Hence, comprehension is not unduly complicated by wide variations in tone
or quality of voice or handwriting, in environmental noise, in personal
experience, and so forth. The semantic systems, being more complex, also
involve a sharper indeterminacy gradient.

Exactly how this total interchange occurs is hard to describe, particularly
because the less determinate processes run without much conscious
attention in order to gain their high efficiency (cf. Keele 1973). When we do
bring attention to bear on such processes, we cannot help reorganizing them
by that very act.

A "linguistic theory" can be viewed as a specialized control system being
applied to a general one (section 5). Every attempt to understand the
understanding of discourse is a recursive control act that restarts the
processes it purports to observe. A semanticists' debate about "meanings"
merely adds to the contexts it is trying to reduce. One such debate
attained some modest limits on indeterminacy by restricting its concern to
the grammatical form dictionary definitions should have (Beaugrande 1984b)
– hardly the main issue for theories of meaning.

4. Translation as a control process

Translation can be seen as a control process functioning on the hypothesis
that indeterminacy can be limited with the aid of two language systems
applied to the current purpose. Translating is more complex than
communicating within a single language, but this complexity cannot be
simply additive; that is, translating cannot be just twice as complex
because two languages are involved. Instead, the process of translating

must involve extensive <u>control sharing</u> between complex systems in order to balance the degree of determinacy on both sides, even when the specific <u>means</u> for attaining it may be extremely disparate.

It should follow that the actual "universal" is control, rather than the formal abstractions linguists have been seeking with the meager success noted by Tobin (1987). In this sense, "universal" does not mean "independent of context", but "strategic for managing as many contexts as possible". By the same token, control may be "language-independent" in the sense that it does not demand any one set of language categories in order to be maintained; but language categories are obviously a vital means for control – one of the most powerful developed by human beings for wide dissemination.

We have at least some anecdotal evidence that the interface between control and language-form is variable among different speakers. As we know, learning your first foreign language is considerably harder than learning a second or third. Apparently, the control processes of the monolingual speaker tend to be so closely dependent on the categorization of the first language that a major reorganization is needed to use a second language with effective control. After that, the control processes are less language-dependent, and the acquisition of a third or fourth language entails far less remodeling.

In section 1, I aired the possibility that during translation, content or meaning may be at least temporarily disconnected from form or language. That idea can now be reconsidered by extending some recent research on the cognitive processes of monolingual comprehension. Apparently, there is a brief transition period during which the bond between form and content is processed independently of context; thereafter, content gains an increasing dominance over form as context exerts its controls. Here, context is the very factor which prevents content from becoming the "shapeless mass" imagined by Saussure, who had expressly excluded discourse contexts from the description of the language system ("langue").

I would cite here the intriguing findings of "semantic priming" experiments performed by Walter Kintsch and his associates at the University of Colorado (Kintsch/Mross 1985; Kintsch 1986; Till/Mross/Kintsch 1986; compare the results in Seidenberg/Tanenhaus/Leiman/Bienkowski 1982). In one design, the text subject listens to a passage such as "'After an unusually heavy thunderstorm, the water over-flowed the bank'. At unpredictable intervals", "letter strings appear on a screen", and "the subject is asked to decide as rapidly as possible (by pressing a response key) whether the string is an

English word or not" (Kintsch 1986, 16). "The reaction time" "is reduced" for a word like "'river'", due to "associative/semantic relations" with "'bank'"; but unexpectedly, this effect also occurs for a word like "'money'", which entails a context-irrelevant meaning of "'bank'". If the test is delayed, however, only the context-relevant association facilitates response.

Such data indicate that "word meanings are not fully developed at the moment a word is perceived. Instead, they are constructed from a person's lexical and world knowledge and the discourse context" (Till et al. 1986, 22). The total process has three phases: in the "sense activation phase", "all lexical information that might be relevant to a particular visual or auditory input is activated, irrespective of the discourse context"; in the "sense selection phase", "context-irrelevant" "information" is "suppressed"; and in the "sense elaboration phase", the "now limited" "word meaning is enriched to the degree required by the task demands or allowed by the subject's resources" (ibid.).

Kintsch's findings suggest that the period during which meaning is detached from context, but not from linguistic form, is extremely brief, beginning about 50 milleseconds (msec) after presentation (established by Fischler/ Goodman 1978) and lasting up to between 330 and 500 msec; after that, context assumes the dominant role in the processing of meaning, first for selection (another 500 msec) and then for elaboration (after 1000 msec following presentation) (Fig. 3).

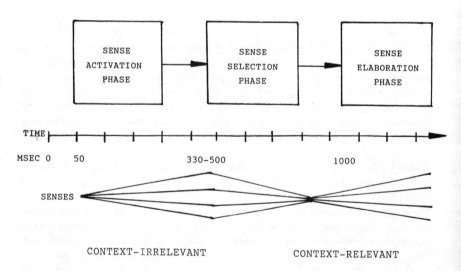

Figure 3. The stages of sense processing during comprehen according to Till, Mross, & Kintsch (1986)

Kintsch's research has led him to believe that the "information" "activated" when the words of a sentence are heard or read constitutes a "core meaning", which "is enriched by a process of random sampling of related" meanings, "with probabilities proportional to the strengths of their connection to the core" meanings within the person's memory storage (Kintsch 1986, 20). Unless the resulting "network of interrelated propositions" attains "a stable pattern of activation", "recourse must be taken to strategic processes", such as "sampling" "new nodes", "inferring missing links", "reinterpreting the data", or "sophisticated problem-solving techniques" (Kintsch 1986, 20 f.). Transposed into my terms, this model foresees a probabilistic initial stage followed by a more deterministic stage; that is, a rise in control from immediate processing toward the subsequent stages. I am assuming that the same curve applies in reverse to text production, with the control falling; but we have far less empirical data about this end (cf. Beaugrande 1984a).

Let us provisionally assume that in the bilingual also, the "sense activation phase" is non-selective. If so, the presentation of a source-language text might immediately activate not merely the various senses associated with the source-language expressions, but also the goal-language expressions associated with those senses (Fig. 4).

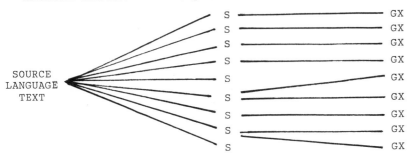

SENSE ACTIVATION

Fig. 4 . Sense activation
S: sense; GX: goal-language expression

The selection phase then narrows down to the active senses that best apply, and the elaboration phase works mainly with the goal-language expressions (Fig. 5).

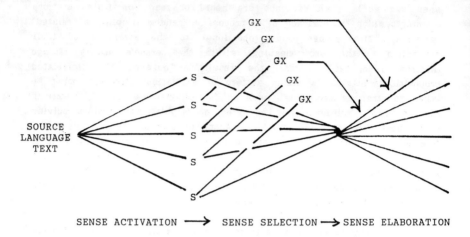

SENSE ACTIVATION ⟶ SENSE SELECTION ⟶ SENSE ELABORATION

Fig. 5 . Goal-language expressions carrying over
into the sense elaboration phase

In effect, the same order of control processes that steer monolingual comprehension might apply to bilingual comprehension, but with a fairly brief intercession of differential control during the selection and elaboration stages. This account might explain why the bilingual translator does not have to do twice as much processing as a monolingual speaker. The immediate contact with the source-language surface text activates a domain of meaning (or sense) that postpones the decision about which expression system is relevant until a strategic stage is reached.

The system model outlined in section 2 stipulates that the "semantic targets" stand in an indeterminate relation to the execution processes of perceiving and producing discourse (cf. Fig. 2). In translation, this indeterminacy is crucial for accommodating not merely the variations within monolingual transitions (e.g., in size and shape of print), but also the variations within bilingual disparities, such as divergences in formal categories (Fig. 6).

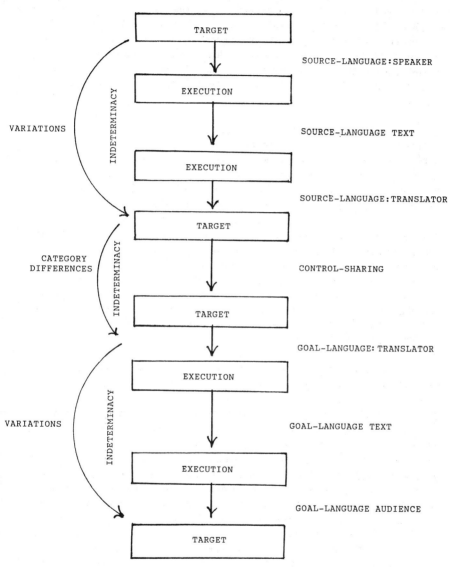

SOURCE-LANGUAGE:SPEAKER

Fig. 6. Indeterminate transfers during translation

A high-level control executive decides which language system is to be preferred, and lets the specific implementation process run probalistically. This executive regulates the rise and fall of the indeterminacy curve, each language system being probabilistically correlated with the relatively determinate semantic targets at both ends. Differences between the systems do not cause great difficulty for the bilingual because those systems occupy a transitional rather than central or terminal role in the entire process. The bilingual maintains control with equal facility, no matter which language is being used.

Of course, context preferences for elaboration may not be evenly balanced in respect to the two language systems. Due to their relative stores of experience, many bilingual speakers prefer one language over the other for a certain context. Translation into the non-preferred language will thus be more creative and effortful than into the preferred language, at least so long as indeterminacy is not allowed to fluctuate widely.

The exact function of "grammars" of the two language systems within the whole process cannot yet be stipulated on the basis of completed psychological research. For example, Kintsch's group has not isolated this question; the presented word and the primed target were always inter-pretable as the same part of speech, i.e., nouns. We would have to replicate the experiments using primes which are or are not grammatically appropriate continuations at the test point – a condition Kintsch and his co-workers avoided (Till et al. 1986, 9).

Nonetheless, some projections might be ventured. I would be surprised if the grammatical categories of language were not found to apply more to the selection stage than to the perception or elaboration stages. That is, grammar would be principally a transitory reductive control system whose operations are centered in a short-term storage buffer and are then assigned to indeterminate execution in order that control can focus on to the conceptual organization of meaning or content. The findings of Jacqueline Sachs (1967) on a recognition test beyond sentence boundaries support this projection: people recognized a semantic change after an interval of twelve to twenty-four seconds, but not a grammatical change such as from active to passive. John Anderson (1974) obtained similar findings for grammatical retention: after two minutes, a true-false decision is no longer retarded by a grammatical change in the test sentence.

In section 1, I cited the popular idea of linguistics like Saussure and Hjelmslev that discourse is a linear chain, with an "expression line" and a "content line" that "correspond" because they are "united in the brain by an associative bond". In terms of the research just cited, we should rather envision linearity as a transitory, mode-dependent organizational principle for processing multidirectional associations among meanings as well as between meanings and forms. The notion of a "content line" is an artifact of the shyness about contemplating meanings outside the bond to some specific form.

We might now consider what the recent discoveries on cognitive processing suggest about how translators may be trained. As language teachers know, the naive second-language learner is continually beset by crises of control in spontaneous discourse. Traditional instruction has emphasized the "grammar" and "lexicon" at the expense of contexts, many of which are hard to simulate in a pedagogical setting, especially in the typical teacher-centered "frontal" classroom. The learner attempts to exert conscious deterministic control over the transitory selection phase that a fluent speaker handles probabilistically. When resources are pre-empted this way, the elaboration stage cannot operate with enough power and range to guarantee communicative flexibility and global coherence.

The task of an effective method is thus to "automatize" the operations related to language form. Behaviorist methodology (as in the "audio-lingual method", whose hopeful name implies some direct link between ear and tongue, bypassing the brain) assumed that sheer repetition and reinforcement can accomplish this task. The bond between form and meaning was of course envisioned as a bond between "stimulus" and "response", just as Bloomfield (1933) and Skinner (1957) demanded. In consequence, perception and selection were emphasized at the expense of elaboration. When learners had to communicate in any but the most stereotyped contexts, they tended to lose control.

What is needed instead, I suggest, is a methodology in which control is maintained by a **probabilistic** treatment of aspects that traditional instruction, including behaviorist methods, treated as **deterministic**. The most extreme illustration in wide distribution is "pidginization", wherein the speaker effectively controls discourse through a highly in-determinate handling of "grammar" and "lexicon" (and maybe of articulation as well). The results are often creative and robust in comparison to the inhibited struggles of the classroom learner who finds that the established formal con-cerns are not very useful without a strategic organization of control.

The solution is to design a transitional "intersystem" for second-language learners. Whatever the implementation of the system may be for particular language pairs, its central strategies are fairly clear. The aspects which relate to familiar contexts are given the main focus as far as possible, especially toward the beginning. In contrast, the aspects which are difficult to control deterministically should be handled probabilistically until such time as the learner has developed a set of core strategies for relating contexts to the new language in spontaneous discourse. Only then will there be adequate processing resources to control the more complex formal categories, especially those in respect to which the new language systems diverge most dramatically from those of the native language.

In one situation where I acted as a consultant, a group of Jewish refugees from the Sudan required an emergency language and literacy program, directed from the University of Haifa in Israel. They knew only Amharic, a Semitic language widely spoken in Ethiopia, and they were mostly illiterate. I suggested breaking down the overall task into stages, moving from more toward less familiar. First, the learners could use their own favorite texts, such as stories and songs, transcribed into the Hebrew alphabet, until the correspondences of sounds to symbols had become familiar. Next, work would proceed on close translations of those same texts into the Hebrew language, and after that, on elaborations of the texts, using at the outset the formulaic strategies of Amharic story-tellers (compare the well-known data for Serbo-Croatian amassed by Milman Parry [1953] and his pupil Albert Lord [1960]). All work within the Hebrew language should be approached with the transitional "intersystem" I just described. I am not adequately knowledgeable about Hebrew and Amharic to determine how this system would be designed. An example closer to home might be a universal article "'de'" in German for speakers of languages which have either a uniform article (e.g. English) or none (e.g. Chinese).

The evolution from a naive second-language learner to a skilled translator is certainly gradual and complicated. Still, the success rate of the training could be greatly enhanced by managing the process in terms of distributing control in proportion to available cognitive resources. The use of contexts should be as rich as possible, even when that means temporarily blurring over formal categories. This tactic matches the extent to which real communication, including translation, relies on contexts to maintain control of discourse.

5. Special purpose language as a complementary control system

In tribute to the theme of this symposium, I shall conclude with a short look at the translation of special purpose language, a domain I shall address in detail at the LSP Symposium in Finland (Beaugrande 1987c). The best-known case is the language of science, which, as I remarked in section 3, can be viewed as a specialized control system (Beaugrande 1987b). This control operates in a complementary structure: on the one hand, the theory controls the data by assigning the latter some set of determinable constraints, among which "dimensionality" (measurability) is the best-known kind; on the other hand, the data "control" the theory by manifesting a more bounded determinism than the theory strictly requires. In a well-functioning "normal science", this complementarity chiefly demarcates a falling curve of indeterminacy over time, despite occasional fluctuations. In a "scientific crisis", however, the curve is predominantly a rising one, wherein theories and data insistently remain open to multiple and irreconcilable interpretations.

The special purpose language developed by the science is intended to assist control by stabilizing relevant definitions, descriptions, classifications, explanations, and so on. These entities regulate the contextualization of scientific discourse during the phases of sense selection and sense elaboration (section 4). However the science of semantics reveals the danger of such interventions: an unduly forced attempt to make a model highly determinate encourages its relation to its domain to become correspondingly indeterminate (section 1). The indeterminacy "squeezed out" of the model seems to "move over" into the relation between the model and its domain (Beaugrande 1987b).

To meet this danger, the use of special purpose language must be explicitly negotiated with respect to the contexts wherein it occurs (Beaugrande 1987c). Linguistics has been frequently beset by a failure to do so, with the result that a term like "sentence" has been used to designate a bewildering multiplicity of entities, even semantic ones.

One might imagine that the stabilization of terminology in a special purpose language of science and technology would make translation quite straight-forward in comparison to everyday discourse. In fact, however, this result is by no means always the case. For example, Viktor Smith (1986, 11) found that for "natural gas systems", "the Russian terminology, by comparison with the Danish terminology, exhibits a far greater degree of coherence, differentiation, and explicitness" (compare Andersen/Jordal/Jorgensen/Smith 1986). His explanation is that "the Russian terminology" is intended for the "abstract description of the subject field", notably for "general introductory literature" and "manuals"; "the Danish terminology" is intended for "the description of a concrete reality", notably for "the actual components of a factually existing system" (ibid.). In consequence, Smith encountered exactly the same divergence I described (section 1) between formal systems of languages: "even in cases where Danish and Russian operate with a comparable concept in connection with a given section of reality, the terms employed to express this concept will frequently show differences in respect of what is explicitly stated" versus "what must be considered as presupposed" (1986, 9).

Hence, it appears that the translation of special purpose language is not an unproblematic domain separated from that of general purpose language. Instead, special theoretical models need to be expressly correlated with general ones, provided that general translation theory continues its trend toward context-rich frameworks (section 2).

The challenge is clear. The requirements for theoretical models to describe the activities of translation and special purpose communication can no longer be forestalled with vague expropriations from the low-context, deterministic formalizations of linguistic fashion. The alternative frameworks I have explored here deserve intense consideration at a time when we must seize the initiative and present our demands to the research community for theories and models that genuinely reflect the rich contexts of human communication.

References

Andersen, Jan/Jordal, Tove/Jorgensen, Dolly/Smith,
   Viktor (1986), Naturgassystemer pa russisk og dansk. Ter-
   minologisk analyse og opslagsvaerk, Copenhagen:
   Samfundslitteratur
Anderson, John R. (1974), "Verbatim and propositional
   representation of sentences in immediate and long-term
   memory", in: Journal of Verbal Learning and Verbal
   Behaviour 13, pp. 149-162
Beaugrande, Robert de (1978), Factors in a Theory of Poetic
   Translating, Amsterdam: Rodopi
Beaugrande, Robert de (1980), Text, Discourse, and Process:
   Toward a Multidisciplinary Science of Texts, Norwood,
   N.J.: Ablex
Beaugrande, Robert de (1984a), Text Production, Norwood,
   N.J.: Ablex
Beaugrande, Robert de (1984b), "Linguistics as discourse: A
   case study from semantics", in: WORD 35, pp. 15-57
Beaugrande, Robert de (1987a), "Semantics and text meaning:
   Retrospects and prospects", in: Journal of Semantics
Beaugrande, Robert de (1987b), "Determinacy distribution in
   complex systems: Science, language, linguistics, life",
   in: Zeitschrift für Phonetik, Sprachwissenschaft und
   Kommunikationsforschung 40, pp. 145-188
Beaugrande, Robert de (1987c), "Special purpose language as
   complex system". Paper at the Sixth European Symposium on
   Language for Specific Purposes, Vaasa, Finland, August 1987

Beaugrande, Robert de (in preparation), Linguistic Theories: Retrospects and Prospects

Bloomfield, Leonard (1933), Language, New York: Holt

Catford, John (1965), A Linguistic Theory of Translation, London: Oxford University Press

Chomsky, Noam (1965), Aspects of the Theory of Syntax, Cambridge: MIT Press

Coseriu, Eugenio (1972), "Über Leistung und Grenzen der kontrastiven Grammatik", in: Nickel, G. (ed.), Reader zur Kontrastiven Linguistik, Frankfurt: Athenäum, pp. 39-58

Culler, Jonathan (1982), On Deconstruction, Ithaca: Cornell University Press

Fischler, Ira/Goodman, G.O. (1978), "Latency of associative activation in memory", in: Journal of Experimental Psychology: Human Perception and Performance 4, pp. 455-470

Hjelmslev, Louis (1969 [1943]), Prolegomena to a Theory of Language, Madison: Univ. of Wisconsin Press

Keele, Steven (1973), Attention and Human Performance, Pacific Palisades: Goodyear

Kintsch, Walter (1986), The Representation of Knowledge and the Use of Knowledge in Discourse Comprehension, Boulder: Univ. of Colorado Institute of Cognitive Science Technical Report 152

Kintsch, Walter/Mross, Ernst (1985), "Context effects in word identification", in: Journal of Memory and Language 24, pp. 336-349

Krings, Hans-Peter (1986), Was in den Köpfen von Übersetzern vorgeht. Eine empirische Untersuchung zur Struktur des Übersetzungsprozesses an fortgeschrittenen Französischlernern, Tübingen: Narr (= Tübinger Beiträge zur Linguistik 291)

Lord, Albert (1960), The Singer of Tales, Cambridge, MA: Harvard

Mounin, Georges (1963), Les problèmes théoriques de la traduction, Paris: Gallimard

Parry, Milman (1953), Serbo-Croatian Heroic Songs, Cambridge, MA: Harvard

Popper, Karl (1964), Theorie und Realität, Tübingen: Mohr

Rosch, Eleanor (1977), "Human categorization", in: Warren, N. (ed.), Advances in Cross-Cultural Psychology, London: Academic, pp. 3-49

Sachs, Jacqueline (1967), "Recognition memory for syntactic and semantic aspects of connected discourse", in: Perception and Psychophysics 2, pp. 437-442

Saussure, Ferdinand de (1966 [1916]), Course in General Linguistics, New York: McGraw-Hill

Seidenberg, M.S./Tanenhaus, M.K./Leiman, J.M./ Bienkowski, M. (1982), "Automatic access of ambiguous words in context", in: Cognitive Psychology 14, pp. 489-537

Skinner, Burrhus Frederick (1957), Verbal Behavior, New York: Appleton-Century-Crofts

Smith, Viktor (1986), "Terminology of natural gas systems in Russian and Danish", in: ALSED-LSP Newsletter 9/1, pp. 8-13

Till, Robert/Mross, Ernest/Kintsch, Walter (1986), Time Course of Priming for Associate and Inference Words in a

<u>Discourse Context</u>, Boulder: Univ. of Colorado Institute
of Cognitive Science Technical Report 151

Tobin, Yishai (1987), "Sign, Context, Text – Theoretical and
Methodological Implications for Translation: The Dual
Number in Modern Hebrew. A Case in Point". Paper at the
AILA International Translation Science Symposium,
Hildesheim, April 1987, in this volume

Werth, Paul (1976), "Roman Jakobson's verbal analysis of
poetry", in: <u>Journal of Linguistics</u> 12, pp. 21–73

Yates, F. Eugene/Beaugrande, Robert de (1987), "Physik und
Semiotik", in: Koch, W. A. (ed.), <u>Semiotik und die
Einzelwissenschaften</u>, Bochum: Brockmeyer

The role of text-linguistics in a theory of literary translation

Mary Snell-Hornby (University of Zürich, Switzerland)

Both literary translation and general translation theory are at present flourishing, especially in Germany. At least as far as the quantity of translated books is concerned, Germany has pride of place in UNESCO statistics, and in general translation theory German scholars have a well-deserved international reputation. It is all the more astounding that literary translation is almost totally ignored in German translator training, and that the theory of literary translation has hardly made any real progress in Germany since Levy's Die literarische Übersetzung was published in the 1960s. Individual monographs have appeared within traditional literary studies, but more interest in literary translation has been shown in the English-speaking world, though here again either within specific areas (Beaugrande 1978) or in a descriptive approach to more historical aspects of literary translation as a branch of literary studies.[1] What is still lacking is an overall theory of literary translation to compare with that achieved over the last twenty years in general translation theory, especially in Germany.

The reason for this deficit is that what has come to be understood as general translation theory is actually linguistically oriented translatology (Übersetzungswissenschaft) which for a long time viewed literary language as merely "deviant", and hence beyond the control of rigorous analysis (cf. Wilss 1977, 150 ff.), while scholars interested in literary translation still work within traditional literary studies and reject much of what goes on in linguistics as irrelevant for their field, and consequently they also reject the translation theories derived from it. This view has been clearly expressed by Theo Hermans (1985, 10):

> Linguistics has undoubtedly benefited our understanding
> of translation as far as the treatment of unmarked,
> non-literary texts is concerned. But as it proved too
> restricted in scope to be of much use to literary
> studies generally - witness the frantic attempts to
> construct a text linguistics - and unable to deal with
> the manifold complexities of literary works, it became
> obvious that it could not serve as a proper basis for
> the study of literary translation either.

One of the main bones of contention between scholars of literary translation and linguistically oriented translation theory was the much-debated concept of equivalence. I have dealt with this elsewhere (Snell-Hornby 1986) and shall not discuss it here except to say that I still find it a fallacious concept presenting an illusion of symmetry between texts which hardly exists beyond the level of individual components or vague approximations. Beyond that it has been used in so many different ways in translation studies that it is an unreliable theoretical tool. I have shown (Snell-Hornby 1986, 13 ff.) that English equivalence and German Äquivalenz each have a different historical background and are used with subtle differences in meaning that do much to confirm the Whorfian hypothesis: while Äquivalenz (Hofmann 1980) tends to indicate a narrow, purpose-specific and rigorously scientific constant, equivalence is used to mean "approximately the same thing"[2], and has become vague to the point of insignificance. I do not consider such a concept a suitable basis for a theory of literary translation.[3]

Far more promising are the approaches of the last few years (Hönig/Kußmaul 1982; Vermeer 1983; Reiß/Vermeer 1984; Holz-Mänttäri 1984) which view translation as complex cultural interaction, whereby the text is seen, not merely as a static specimen of language, but dynamically as a "Botschafts-träger" (Holz-Mänttäri 1984), as a "verbalisierter Teil einer Soziokultur" (Hönig/Kußmaul 1982), or "Teil eines Weltkontinuums" (Vermeer 1983). This concept of translation, not as two-phase code-switching but as a cross-cultural event, would in my view provide a fruitful starting-point for a translation theory which does justice to the complexities of literary translation. Such a theory would by no means exclude linguistics, but the attempt would not be made to adopt linguistic theoretical constructs whole-sale or to force rigid linguistic methods on material too complex for them; such attempts have in my opinion been responsible for the mutual distrust between scholars working in literary translation and theoretical linguists. In the introduction to the research project on Literary Translation at the University of Göttingen we find the following highly significant comments[4]:

> Sprachwissenschaftlich orientierte Übersetzungsstudien
> können also kein grundsätzliches und theoretisches An-
> gebot für die Erforschung der literarischen Übersetzun-
> gen zur Verfügung stellen. Es läßt sich ihnen aber
> immer wieder punktuell Sachdienliches entnehmen. Dabei
> ist der Nutzen, der aus Beiträgen zur kontrastiven Lin-
> guistik gezogen werden kann, in der Regel größer als
> der, den die Textlinguistik bietet. Denn insoweit auch
> im literarischen Übersetzungsvorgang die Unterschiede
> zwischen zwei Sprachen überbrückt werden müssen, kann
> die kontrastive Linguistik durch die Erläuterungen von
> korrespondierenden Teilsystemen auf sprachliche
> Schwierigkeiten beim Übersetzen aufmerksam machen. Das
> gilt nicht für die Textlinguistik – jedenfalls insoweit
> sie auf Übersetzungsfragen angewandt worden ist.

Reference is then made to the study A Model for Translation Quality Assessment by Juliane House (1977), and it is shown why House's approach is thought to be unsuitable for literary translation. The rigorously linguistic quantitative method is then contrasted with the hermeneutic approach in Radegundis Stolze's Grundlagen der Textübersetzung (1982), which is considered more promising. Indeed, Stolze herself presents a number of theoretical models and concepts from text-linguistics and rejects them one after the other, showing convincingly why they are unsuitable for translation studies (1982, 55 ff.). She herself combines the basically hermeneutic approach familiar in literary studies with detailed text analysis, and provides the starting-point for the concept of the role of text-linguistics in literary translation theory presented here.

Text, situation and function

There is no doubt that text-linguistics – as the study of the relationship between text and language – can and should play a part in literary translation theory, whereby it should be able to describe and explain the properties of concrete texts as against presenting abstract models (Beaugrande/Dressler 1981, 26 ff.). It should help us to understand more about what a text is (in translation theory this applies both to the text to be translated and to the translated text) as the concrete material the translator is concerned with. The culturally oriented concepts of text quoted above from Hönig/Kußmaul, Holz-Mänttäri and Vermeer provide an excellent starting-point for the literary translator. Secondly, the very term "literary translation" itself already presupposes an important function of text-linguistics: to differentiate between different "types" of text – or rather between textual prototypes with their complex blends and overlappings (cf. Snell-Hornby 1986, 16 ff.). And thirdly, text-linguistics should provide suitable concepts and methods for text analysis and text production.

The entire theoretical background of the approach I advocate cannot be presented here[5], but I would like to mention a few key words, concepts and definitions. Firstly, the conception of translation as a cross-cultural event stresses the importance both of the background situation of the source-text and of the function of the translation in the target culture (Vermeer's Skopostheorie in Reiß/Vermeer 1984). Secondly, the definition of the "literary text" used here is the one suggested by Beaugrande/Dressler: "ein Text, dessen Welt in einer systematischen Alternativbeziehung steht zur akzeptierten Version der 'realen Welt'" (1981, 191).[6] One of the merits of this definition is that it helps us to overcome the hindrance caused by the notion of the literary work as being "deviant" language or "free play" with words; rather than deviating from a narrow and prescriptive norm of "correctness", literary language rather represents the creative and yet controlled <u>extension</u> of a norm seen as language <u>potential</u>.[7] The very fine dividing line between the artistic extension of the norm and merely anomalous language is a crucial one for the literary translator.

Let us start by considering those two important elements in recent translation theory, <u>situation</u> and <u>function.</u> In his essay <u>Critique et Vérité</u> (1966), Roland Barthes described the literary text as one without a background situation - "l'oeuvre n'est entourée, désignée, protégée, dirigée par aucune situation" (1966, 54) - in contrast to the situations in everyday life which are crucial, for example, in the speech-act theory. Similarly, it cannot be maintained that a literary translation has the same "function" as a legal contract or a scientific report. How then can the recent theories cope with the literary text? This is a question which a theory of literary translation would have to answer, whereby once again the "systematic alternative relationship" suggested by Beaugrande/Dressler is extremely helpful. It suggests that a novel, for example, presents an alternative world full of its own situations, and would hence be a system of texts within a text. These micro-texts are then integrated by the reader in what Iser calls "die Situationsbildung fiktionaler Texte" that results from a process of <u>interaction</u> between reader and text: "Folglich sind Text und Leser in einer dynamischen Situation miteinander verspannt, die ihnen nicht vorgegeben ist, sondern im Lesevorgang als Bedingung der Verständigung mit dem Text entsteht" (1976, 111). It would be a task of text-linguistics to describe such textual systems in literary works and to investigate the mechanisms provided to guide the integrating processes of reading and understanding. Similarly, one can say that this alternative world provides its own inner functions for its cosmos of texts, these too being integrated into the reading process to form a message received and interpreted by the reader. What emerges from all this is that both situation and function are far more complex in the case of the literary text than they are with a conference circular or a scientific report. I am not trying to reinforce the old dichotomy of "literary" and "other" texts: I rather see the whole range of text prototypes as a spectrum (Snell-Hornby 1986, 17) with merging and overlapping elements. On the basis of this spectrum and the observations made above, I would venture the following tentative hypotheses:

(1) The more "specialized" or "pragmatic" the source text,
    the more closely it is bound to a single, specific
    situation, and the easier it is to define the function
    of its translation.

(2) The more specific the situation and the more clearly
defined the function, the more target-oriented the
translation can be.

(3) The more "literary" a text, the more its "situation"
depends on reader activation through means of language.

(4) The more "literary" a translation, the higher is the
status of its source text as a work of art using the
medium of language.

Marilyn Gaddis Rose has come to similar conclusions, also based on the
concept of a spectrum of text-types, which she calls the "autonomy
spectrum" (1981, 33):

> All of these divisions point to the autonomy spectrum.
> The two poles here are source text autonomy versus
> target audience needs. The gradations along the
> spectrum mark both the translator's relation to this
> material and the translation's relation to its
> audience. The translator, we might say, can go from
> reverence to reference; the translation, from presenta-
> tion to adaptation.

My own hypotheses confirm these observations: the literary text, while less
dependent on a concrete situation or specific function, is more closely
bound to the subtleties of language.

The factor of style

If we acknowledge the higher status of the literary source text as a work
of art using language, we need to pay more attention to the style it is
written in. Style is nominally an important factor in translation, but there
are few detailed or satisfactory discussions of its role within translation
theory. In their definitions of translation, both Nida (1964) and Wilss (1977)
put style on a par with meaning or content. Other studies refer frequently
to aspects of style in translation, but the discussion is invariably linked to
specific items or examples, and no coherent theoretical approach is
attempted. In the recent theories of Vermeer and Holz-Mänttäri, the problem
of style recedes perceptibly into the background: in Holz-Mänttäri (1984)
it is barely mentioned[8], and in Reiß/Vermeer (1984) the topic is limited to
brief references to the general need for a "Stiltheorie" in translation (1984,
219). Up to now this has remained a desideratum – and here again text-
linguistics could make a valuable contribution.

The concept of style, described by David Lodge as "surely one of the most vexed terms in the vocabulary of literary criticism" (1966, 49), has in recent decades gained new impetus within the field of stylistics, especially by linguists applying it to various aspects of language. One classic investigation of the style of everyday English, Crystal/Davy (1969), formed the basis of House's model of translation quality assessment (1977) referred to above, and was also instrumental in Hönig's "Modell der übersetzungsrelevanten Textanalyse" (1986). In neither case however has the model been developed further into a theory of style for translation. Two studies of the style of literary language have been presented by Leech, one on poetry (1969), the other on prose fiction (Leech/Short 1981). Especially the latter work adopts an approach which shows some striking similarities to work already carried out in translation studies, and the relevant components of the theoretical model it presents, which proceeds from the broad concept of style as a system of choices within language use (1981, 10 ff.), are listed here as a starting-point for a theoretical approach to style in literary translation:

(1) The multilevel approach to style (1981, 34) is based on the plurality of semantics, syntax and the physical properties of the text (graphology for written, phonology for spoken language).
(2) This "plurality of coding levels" is correlated with a plurality of text functions (1981, 136).
(3) Style may be measured quantitatively by determining the frequency of stylistic features (1981, 42 ff.).
(4) Salient in this approach is the notion of foregrounding[9] or artistically motivated deviation from the norms of the linguistic code (1981, 48). This may be qualitative (e.g. a breach of some convention or rule in the language) or quantitative (i.e. deviance from an expected frequency).
(5) Leech/Short differentiate between transparent style, which shows the meaning of the text easily and directly (1981, 19), and opaque style, where the meaning of the text is obscured by means of foregrounding and its interpretation is hence obstructed (1981, 29). Transparent style focusses on the content expressed, opaque style on the medium of language in its own right (1981, 29).

Three points emerge here which are of direct relevance to translation theory: the correlation between style and text function, the multilevel approach as a basis for text analysis, and the phenomenon of the language norm. The complex character of function within the literary text has been discussed above, and I have gone into the subject of multilevel text analysis in detail elsewhere[10]; within the scope of this paper I shall therefore limit myself to the third of these points.

The problem of language norms is one aspect of style that has received detailed attention in translation theory (e.g. Wilss 1977; Reiß 1971; Hönig/Kußmaul 1982; Stolze 1982 and others). Leech/Short follow the traditional trend in linguistics by presenting a binary approach: adhering to the norm on the one hand and deviating from it on the other. This is the point where a theory of style for translation, particularly for the complexities of literary translation, might break new ground: as indicated above, the language norm, far from being merely a rigid gauge of "correctness", is in fact supremely flexible, offering potential for creativity within the possibilities of the language system, and creative language can be seen as the controlled and rule-guided extension of the norm rather than mere deviation from it.

The concepts of opaque and transparent style, which by coincidence I have discussed elsewhere (Snell-Hornby 1983; 1984), independently of Leech and Short[11], can be put to good use in dealing with the language norm. Leech and Short's approach is purely stylistic, mine was basically semantic, and it seems to offer a more precise explanation for stylistic opacity than does the appeal to foregrounding (and hence deviance). Concentrating on the lexical level, we can say that in transparent style (in my definition, but thus far in line with Leech and Short) the meaning of individual words is elucidated by the context, with a high degree of redundancy and reinforcement; collocation rules are faithfully applied, verbs and connectives are used in lucid and logical relation to each other. In opaque style on the other hand, lexical items can be used so unconventionally that the reader needs to be familiar with all the semantic implications of the lexeme concerned before he or she can appreciate its impact on the text. Such an impact highlights the text and adds subtlety to it, but I do not agree with Leech and Short that its meaning is obscured or its interpretation obstructed. Neither is this identical with deviance: in many cases of opaque style, focal semantic elements of the lexemes are preserved, while peripheral components are used idiosyncratically. In this view style is seen as a cosmos of relationships, and individual features cannot be considered in isolation (as they frequently are in traditional literary studies), but only in their relevance and function within the fabric of the text.

The concept of opaque and transparent style leads us on to an area where aspects of text-linguistics could fruitfully be incorporated into a theory of style for translation: I am referring to what the British linguist M.A.K. Halliday has called "lexical cohesion", extensively treated in Halliday/Hasan (1976) as the means of reiteration, collocation, opposition and allusion which bind a text together. In German text-linguistics this phenomenon has been treated from a slightly different angle based on Greimas' concept (1971) of isotopes (or groups of lexemes with a common semantic feature). Kallmeyer et al. (1974, 147) formulate this concept as follows:

> In Anlehnung an Greimas wollen wir sagen, daß die
> jeweils über ein dominantes und damit rekurrentes Merk-
> mal verbundenen Lexeme eines Textes dessen Isotopie-
> ebenen konstituieren. Anhand des Begriffs der Isotopie
> versucht Greimas zu zeigen, daß Texte, obwohl sie sich
> aus heterogenen Einheiten zusammensetzen, auf homogenen
> semantischen Ebenen (d. h. Isotopieebenen) situiert
> sind und damit ein Bedeutungsganzes bilden... .

The concept of homogeneous fields within the text is taken up by Radegundis Stolze, who then defines a text "als ein Gefüge von Isotopieebenen ..., wobei sich deren Anzahl nach der Anzahl der im Text dominierenden Merkmale richtet" (1982, 93).[12] I have discussed the dynamic structure of such Isotopieebenen elsewhere (Snell-Hornby forthcoming) as field progression; in this paper I should now like to take both Stolze's notion and Halliday's broader concept of lexical cohesion and, on the basis of a concrete example, integrate them into the main ideas and key concepts that have been presented so far.

The alternative world of Animal Farm

George Orwell's Animal Farm is a good illustration of the alternativity concept: the world of the farm with its animal population mirrors with uncomfortable clarity the structure of a human society. The episode discussed here (and reproduced on the following pages) occurs at the point in the story where the pigs start walking on their hind legs: in other words, the situation in the narrative represents an important milestone in their development away from the working animals' paradise envisaged at the beginning, towards the grotesque caricature at the end where pig and the once so despised man cannot be told apart. There are two other concrete signals of this development presented in the episode, both of them independent micro-texts within the system of texts, each of them interacting cohesively and in opposition to another such micro-text, and again, each of them has a specific intended function within the system of texts (which is however by no means identical with its actual effect). I am referring to the so-called "song" which the sheep are taught to bleat, "Four legs good, two legs better!" (l. 49 – 50, cf. l. 12), this in direct opposition to their previous slogan "Four legs good, two legs bad!", and the "Commandment" (l. 71 – 73) which coheres with the last of the former "Seven Commandments" which read "All animals are equal". This is now turned into its precise opposite by the addition "But some animals are more equal than others". Both the "song" and the "Commandment" depend for their effect on a single stylistic device: in the former the opposites good/bad are turned into a (phonologically very similar) comparative intensification good/better, and in the latter we have a creative extension of the lexical norm by means of an apparent grammatical deviation, the comparative form of a normally non-gradable adjective (equal). The literary function of the comparative form "more equal" is to indicate that equality now no longer exists in the social structure of Animal Farm.

Animal Farm

One day in early summer Squealer ordered the sheep to
follow him, and led them out to a piece of waste
ground at the other end of the farm, which had become
overgrown with birch saplings. The sheep spent the
5   whole day there browsing at the leaves under Squealer's
supervision. In the evening he returned to the farmhouse himself, but, as it was warm weather, told the
sheep to stay where they were. It ended by their
remaining there for a whole week, during which time the
10   other animals saw nothing of them. Squealer was with
them for the greater part of every day. He was, he
said, teaching them to sing a new song, for which
privacy was needed.
It was just after the sheep had returned, on a pleasant
15   evening when the animals had finished work and were
making their way back to the farm buildings, that the
terrified neighing of a horse sounded from the yard.
Startled, the animals stopped in their tracks. It was
Clover's voice. She neighed again, and all the animals
20   broke into a gallop and rushed into the yard. Then they
saw what Clover had seen.
It was a pig walking on his hind legs.
Yes, it was Squealer. A little awkwardly, as though not
quite used to supporting his considerable bulk in that
25   position, but with perfect balance, he was strolling
across the yard. And, a moment later, out from the door
of the farmhouse came a long file of pigs, all walking
on their hind legs. Some did it better than others, one
or two were even a trifle unsteady and looked as though
30   they would have liked the support of a stick, but every
one of them made his way right round the yard successfully. And finally there was a tremendous baying of
dogs and a shrill crowing from the black cockerel, and
out came Napoleon himself, majestically upright,
35   casting haughty glances from side to side, and with his
dogs gambolling round him.
He carried a whip in his trotter.
There was a deadly silence. Amazed, terrified, huddling
together, the animals watched the long line of pigs
40   march slowly round the yard. It was as though the world
had turned upside-down. Then there came a moment when

the first shock had worn off and when, in spite of
everything - in spite of their terror of the dogs, and
of the habit, developed through long years, of never
45   complaining, never criticising, no matter what happened
- they might have uttered some word of protest. But
just at that moment, as though at a signal, all the
sheep burst out into a tremendous bleating of -
'Four legs good, two legs better! Four legs good, two
50   legs better! Four legs good, two legs better!'
It went on five minutes without stopping. And by the
time the sheep had quieted down, the chance to utter
any protest had passed, for the pigs had marched back
into the farmhouse.
55   Benjamin felt a nose nuzzling at his shoulder. He
looked round. It was Clover. Her old eyes looked dimmer
than ever. Without saying anything, she tugged gently
at his mane and led him round to the end of the big
barn, where the Seven Commandments were written. For a
60   minute or two they stood gazing at the tarred wall with
its white lettering.
'My sight is failing', she said finally. 'Even when I
was young I could not have read what was written there.
But it appears to me that that wall looks different.
65   Are the Seven Commandments the same as they used to be,
Benjamin?'
For once Benjamin consented to break his rule, and he
read out to her what was written on the wall. There
was nothing there now except a single Commandment. It
70   ran:

ALL ANIMALS ARE EQUAL
BUT SOME ANIMALS ARE MORE EQUAL THAN
OTHERS

After that it did not seem strange when next day the
75   pigs who were supervising the work of the farm all
carried whips in their trotters. It did not seem
strange to learn that the pigs had bought themselves
a wireless set, were arranging to install a telephone,
and had taken out subscriptions to John Bull, Tit-Bits,
80   and the Daily Mirror. It did not seem strange when
Napoleon was seen strolling in the farmhouse garden
with a pipe in his mouth - no, not even when the pigs
took Mr. Jones's clothes out of the wardrobes and put
them on, Napoleon himself appearing in a black coat,
85   ratcatcher breeches, and leather leggings, while his
favourite sow appeared in the watered silk dress which
Mrs. Jones had been used to wear on Sundays.

This device is all the more striking in the episode described here, because
the style is otherwise fairly transparent. If we accept the basic law of
this and other fairy stories, that animals are gifted with speech and
reason, there is little in the stylistic presentation to diverge from plain
narrative or simple description. Interesting subtleties emerge however if we

look carefully at the lexical cohesion, particularly at the Isotopieebenen. I would like to concentrate here on the semantic features SPECIFICALLY HUMAN and SPECIFICALLY ANIMAL. In the text the nouns, verbs and adjectives are underlined which "normally" collocate with human referents or are associated with specifically human society, e. g. ordered, supervision, told, teaching, sing, privacy. Those nouns and verbs (here there are no adjectives) which specify an animal referent have dotted underlining (cases of doubt, or lexemes admitting either were left unspecified): browsing (in this non-metaphorical sense), neighing, gallop, hind legs. Reading the passage through again with this in mind, we can clearly distinguish two levels, the human and the animal, and the impact of the episode as a whole depends on the impact arising from the clash of these two levels, giving rise to the key sentence "It was as though the world had turned upside down" (l. 40 - 41). This inversion of what is for the reader already an inverted alternative world is reinforced lexically by collocation: hence the impact of the lexemes pig and hind legs (l. 22) with the complete image "a pig walking on his hind legs", and the opposition of whip and trotter (l. 37 and again in l. 76); against this the intensification of the restricted human social level (from "bought themselves a wireless set", l. 77 to end) is particularly striking, culminating in the bizarre picture of the "favourite sow" appearing "in the watered silk dress which Mrs. Jones had been used to wear on Sundays" (l. 86 - 87).

Looking at the recent German translation by Michael Walter (reproduced on this and the following pages), we see that these two levels, with the ensuing impact, have been successfully recreated. It is a feature of the German language system that there are lexemes referring (in their unmarked form) specifically to animals as against humans (Maul, fressen, trächtig and others), and thus with satirical material of this kind there is the chance even to heighten the clash of levels. Such is the case in the last paragraph of the German translation: "als man Napoleon mit einer Pfeife im Maul im Farmhausgarten schlendern sah" (l. 84 - 85) is certainly a more incongruous image than "Napoleon was seen strolling in the farmhouse garden with a pipe in his mouth".

Farm der Tiere

Eines Tages im Frühsommer befahl Schwatzwutz den
Schafen, ihm zu folgen, und er führte sie hinaus auf
ein Stück Brachland am anderen Ende der Farm, das von
jungen Birken überwachsen stand. Die Schafe verbrachten
5   den ganzen Tag dort und weideten sich unter Schwatzwutz' Aufsicht an den Blättern. Er selbst kehrte am
Abend zum Farmhaus zurück, den Schafen jedoch riet er,
angesichts des warmen Wetters, dort zu bleiben, wo sie
waren. Es endete damit, daß sie eine volle Woche dort

444

10 blieben, während der die anderen Tiere sie nicht zu
Gesicht bekamen. Schwatzwutz war die meiste Zeit bei
ihnen. Er lehrte sie, so sagte er, ein neues Lied zu
singen, wozu es der Ungestörtheit bedürfe.
Es war just nach der Rückkehr der Schafe, an einem
15 lauen Abend, als die Tiere ihre Arbeit beendet hatten
und sich auf dem Rückweg zur Farm befanden, da ertönte
vom Hof das entsetzte Wiehern eines Pferdes. Verblüfft
blieben die Tiere stehen. Es war Kleeblatts Stimme.
Abermals wieherte sie, und alle Tiere galoppierten los
20 und stürmten in den Hof. Dann sahen sie, was Kleeblatt
gesehen hatte.
Es war ein Schwein, das auf den Hinterbeinen lief.
Ja, es war Schwatzwutz. Ein wenig unbeholfen, als wäre
es ihm noch ungewohnt, seinen ansehnlichen Wanst in
25 dieser Position aufrechtzuhalten, doch mit perfekter
Balance, so schlenderte er über den Hof. Und einen
Augenblick später kam aus der Tür des Farmhauses eine
lange Reihe von Schweinen, die allesamt auf den
Hinterbeinen liefen. Einige machten es besser als
30 andere, ein paar schwankten sogar ein Spürchen und
sahen so aus, als hätten sie sich gerne auf einen Stock
gestützt, doch jedes von ihnen schaffte es, einmal
erfolgreich den Hof zu umrunden. Und schließlich
erscholl ungeheures Hundegebell und ein schrilles
35 Krähen des schwarzen Junghahns, und heraus trat
Napoleon persönlich, in majestätisch aufrechter
Haltung, und verschoß nach allen Seiten hochmütige
Blicke, und seine Hunde umsprangen ihn.
In seiner Schweinshaxe hielt er eine Peitsche.
40 Es herrschte tödliches Schweigen. Verblüfft, entsetzt,
dicht aneinandergedrängt beobachteten die Tiere, wie
die lange Schweinereihe langsam um den Hof herummar-
schierte. Es war so, als wäre die Welt auf den Kopf
gestellt. Dann kam ein Augenblick, als der erste Schock
45 abgeklungen war und in dem sie trotz allem – trotz
ihres Entsetzens vor den Hunden und trotz der in langen
Jahren erworbenen Gewohnheit, sich nie zu beschweren,
nie zu kritisieren, egal was geschah – vielleicht ein
Wort des Protestes geäußert hätten. Doch gerade in
50 diesem Augenblick brachen alle Schafe wie auf ein
Signal hin in das ungeheure Geblöke aus –
"Vierbeiner gut, Zweibeiner **besser**! Vierbeiner gut,
Zweibeiner **besser**! Vierbeiner gut, Zweibeiner **besser**!"
Und so ging es fünf Minuten lang pausenlos weiter. Und
55 als die Schafe sich beruhigt hatten, war die Chance zum
Protest verpaßt, denn die Schweine waren zurück ins
Farmhaus marschiert.
Benjamin fühlte, wie ihn eine Nase an der Schulter
stupste. Er sah sich um. Es war Kleeblatt. Ihre alten
60 Augen blickten trüber denn je. Wortlos zupfte sie ihn
sanft an der Mähne und führte ihn zum Ende der großen
Scheune, wo die Sieben Gebote angeschrieben standen.
Sie verharrten dort eine oder zwei Minuten lang und
schauten auf die geteerte Wand mit den weißen Buch-
65 staben.

"Mein Augenlicht läßt nach", sagte sie schließlich.
"Selbst als ich noch jung war, habe ich nicht lesen
können, was da geschrieben stand. Aber mir scheint, daß
diese Wand irgendwie anders aussieht. Sind die Sieben
70 Gebote noch dieselben wie einst, Benjamin?"
Dieses eine Mal fand sich Benjamin dazu bereit, mit
seiner Regel zu brechen, und er las ihr vor, was auf
der Wand geschrieben stand. Jetzt war da bloß noch ein
einziges Gebot. Es lautete:

75 ALLE TIERE SIND GLEICH, ABER MANCHE SIND GLEICHER

Danach erschien es nicht weiter befremdlich, als am
nächsten Tag die Schweine, die die Farmarbeit beauf-
sichtigten, Peitschen in den Haxen trugen. Es erschien
auch nicht weiter befremdlich zu erfahren, daß sich die
80 Schweine einen Rundfunkempfänger gekauft hatten,
Schritte zum Anschluß eines Telefons unternahmen und
auf die Zeitschriften John Bull, Tit-Bits und den Daily
Mirror abonniert waren. Es erschien nicht weiter befremdlich, als man Napoleon mit einer Pfeife im Maul im
85 Farmhausgarten schlendern sah - nein, nicht einmal, als
die Schweine Mr. Jones Garderobe aus dem Kleiderschrank
holten und sie anlegten; Napoleon präsentierte sich in
einer schwarzen Joppe, gelbbraunen Breeches und Leder-
gamaschen, wohingegen sich seine Lieblingssau in einem
90 moirierten Seidenkleid sehen ließ, das Mrs. Jones an
Sonntagen zu tragen gepflegt hatte.

Similarly in l. 24 - 25 the German has Squealer unused "seinen
ansehnlichen Wanst in dieser Position aufrechtzuhalten", as against the
neutral "considerable bulk" in the English. In other cases the contours are
less sharp in the German text: for example, the English sheep are given
strictly human privacy, the German ones neutral Ungestörtheit (l. 13).
However, this by no means reflects negatively on the translation as a
whole: what is important is not so much how individual items are rendered
by other individual items, but how stylistic and other devices are used to
recreate the all-important message of the text.

As this example has shown, concepts from text-linguistics can indeed be
used and developed with profit in translation and should have a place
within translation theory, even within a theory of literary translation. In
view of this it is all the more striking that specifically text-linguistics has
been viewed sceptically, or even rejected outright, by translation scholars,
and not only those concentrating on literary translation: the same
conclusions can be found in Wilss' study on Übersetzungswissenschaft
(1977). I have already hinted at the explanation, and I think it is important enough to be repeated by way of conclusion: Linguistic notions and
insights can and must be used in translation theory (including literary

translation), but as translation studies is not simply a branch of linguistics, its methods cannot be taken over wholesale, nor is the theoretical discussion within the discipline of linguistics necessarily relevant for translation. Linguistics is concerned with the theory and description of language for its own sake, translation studies with the theory and description of recreating concrete texts, whether literary or otherwise. What is therefore important for translation studies is the usability of the method, the potential within a concept, and this must be broad enough to have general validity and flexible enough to be adapted to the individual – and often idiosyncratic – text.

Notes

(1) Cf. Hermans (1985). My observation stresses a difference in approach from the one I envisage rather than a value-judgement of any kind.

(2) Cf. definition in the Oxford English Dictionary.

(3) The translational equivalence discussed here is not identical with equivalence on the abstract level as in contrastive linguistics.

(4) This is the Sonderforschungsbereich 309, "Die Literari-sche Übersetzung"; the quotation is taken from their "Hauptantrag an die Deutsche Forschungsgemeinschaft", 1984, p. 16.

(5) Cf. M. Snell-Hornby, Translation Studies. An Integrated Approach (forthcoming) for a detailed discussion.

(6) The alternativity concept has been further developed in Beaugrande (1987).

(7) The concept of language potential is currently being developed in a similar sense in lexicography; cf. Hanks and Stolze (both forthcoming).

(8) Holz-Mänttäri's concept of Botschaftsträger-Profile (1984, 128 ff.) does however provide a connection to aspects of style.

(9) The concept of foregrounding goes back to the work of the Prague School, and is especially associated with the work of Jan Mukarovsky; cf. Vachek 1966, 99 f.

(10) Cf. Snell-Hornby (forthcoming); this is a revised version of a paper read at the AILA World Congress in Brussels, August 1984.

(11) Snell-Hornby (1983) was completed in 1980; the terms opaque and transparent were taken from Ullmann's discussion of motivation in word-formation (1973, 12 ff.).

(12) For further discussion of the use of the Isotopie-concept in translation see Thiel/Thome (in this volume).

References

Barthes, Roland (1966), Critique et Vérité, Paris: Editions
   du Seuil
Beaugrande, Robert de (1978), Factors in a Theory of Poetic
   Translating, Assen: Van Gorcum
Beaugrande, Robert de (1987), "Schemas for Literary Communi-
   cation", in: Halász, L. (ed.), Literary Discourse.
   Aspects of Cognitive and Social Psychological Approaches,
   Berlin/New York: De Gruyter, pp. 49-99
Beaugrande, Robert de/Dressler, Wolfgang (1981), Ein-
   führung in die Textlinguistik, Tübingen: Niemeyer
Crystal, David/Davy, Derek (1969), Investigating English
   Style, London: Longman
Greimas, Algirdas J. (1971/1974), "Die Isotopie der Rede",
   in: Kallmeyer, W. et al. (eds), Lektürekolleg zur Text-
   linguistik, vol. 2, Reader, Frankfurt: Athenäum, pp. 126
   -152
Halliday, M.A.K./Hasan, Rugaia (1976), Cohesion in
   English, London: Longman
Hanks, Patrick (forthcoming), "Typicality and meaning
   potentials", in: Snell-Hornby, M. (ed.), ZüriLEX '86
   Proceedings. Papers from the EURALEX International Con-
   gress, University of Zürich, 9. - 14.09.1986, Tübingen:
   Francke
Hermans, Theo (ed.) (1985), The Manipulation of Literature.
   Studies in Literary Translation, London: Croom Helm
Hönig, Hans G. (1986), "Übersetzen zwischen Reflex und Re-
   flexion - ein Modell der übersetzungsrelevanten Textana-
   lyse", in: Snell-Hornby, M. (ed.), Übersetzungswissen-
   schaft - eine Neuorientierung. Zur Integrierung von
   Theorie und Praxis, Tübingen: Francke, pp. 230-251
Hönig, Hans G./Kußmaul, Paul (1982), Strategie der Über-
   setzung. Ein Lehr- und Arbeitsbuch, Tübingen: Narr
Hofmann, Norbert (1980), Redundanz und Äquivalenz in der
   literarischen Übersetzung, dargestellt an fünf deutschen
   Übersetzungen des Hamlet, Tübingen: Niemeyer
Holz-Mänttäri, Justa (1984), Translatorisches Handeln.
   Theorie und Methode, Helsinki: Suomalainen Tiedeakatemia
House, Juliane (1977), A Model for Translation Quality
   Assessment, Tübingen: Narr
Iser, Wolfgang (1976), Der Akt des Lesens. Theorie aestheti-
   scher Wirkung, München: Fink
Kallmeyer, Werner et al. (eds.) (1974), Lektürekolleg zur
   Textlinguistik, vol. 2, Reader, Frankfurt: Athenäum
Leech, Geoffrey N. (1969), A Linguistic Guide to English
   Poetry, London: Longman
Leech, Geoffrey N./Short, Michael H. (1981), Style in
   Fiction. A linguistic introduction to English fictional
   prose, London: Longman
Levý, Jiří (1969), Die literarische Übersetzung. Theorie
   einer Kunstgattung (tr. from Czech Umeni prekladu, 1963,
   by W. Schamschula), Frankfurt: Athenäum
Lodge, David (1966), Language of Fiction. Essays in
   Criticism and Verbal Analysis of the English Novel,
   London: Routledge and Kegan Paul

Nida, Eugene A. (1964), Toward a Science of Translating.
  With special reference to principles and procedures
  involved in Bible translating, Leiden: Brill
Reiß, Katharina (1971), Möglichkeiten und Grenzen der Über-
  setzungskritik. Kategorien und Kriterien für eine sachge-
  rechte Beurteilung von Übersetzungen, München: Hueber
Reiß, Katharina/Vermeer, Hans J. (1984), Grundlegung
  einer allgemeinen Translationstheorie, Tübingen: Niemeyer
  (= Linguistische Arbeiten 147)
Rose, Marilyn Gaddis (1981), "Translation Types and
  Conventions", in: Rose, M. G. (ed.), Translation
  Spectrum. Essays in Theory and Practice, Albany: New York
  Press, pp. 31-40
Snell-Hornby, Mary (1983), Verb-descriptivity in German and
  English. A contrastive study in semantic fields, Heidel-
  berg: Winter
Snell-Hornby, Mary (1984), "Dimension and perspective in
  literary translation", in: Wilss, W./Thome, G. (eds.),
  Translation Theory and its Implementation in the Teaching
  of Translating and Interpreting, Tübingen: Narr, pp. 105
  -113
Snell-Hornby, Mary (1986), "Übersetzen, Sprache, Kultur",
  in: M. Snell-Hornby (ed.), Übersetzungswissenschaft -
  eine Neuorientierung. Zur Integrierung von Theorie und
  Praxis (= UTB 1415), Tübingen: Francke, pp. 9-29
Snell-Hornby, Mary (forthcoming), "From text to sign -
  exploring translation strategies", in: Tobin, Y. (ed.),
  From Sign to Text in Linguistics, Literature and the
  Arts. Papers read at the International Symposion in
  Be'er Sheva, May 1985, Amsterdam: Benjamins
Stolze, Radegundis (1982), Grundlagen der Textübersetzung,
  Heidelberg: Groos
Stolze, Radegundis (forthcoming), "Das begriffliche Bedeu-
  tungspotential als Problem der Lexikographie", in:
  Snell-Hornby, M. (ed.), ZüriLEX '86 Proceedings. Papers
  from the EURALEX International Congress, University of
  Zürich, 9. - 14.09.1986, Tübingen: Francke
Ullmann, Stephen (1973), Meaning and Style, Oxford: Black-
  well
Vachek, Josef (1966), The Linguistic School of Prague. An
  Introduction to its Theory and Practice, Bloomington:
  Indiana Univ. Press
Vermeer, Hans J. (1983), Aufsätze zur Translationstheorie,
  Heidelberg: mimeo
Wilss, Wolfram (1977), Übersetzungswissenschaft. Probleme
  und Methoden, Stuttgart: Klett

The texts reproduced as examples in this paper are taken from:
George Orwell, Animal Farm. A Fairy Story, London: Secker
  and Warburg, 1945, rpt. 1971, pp. 97-100
George Orwell, Farm der Tiere. Ein Märchen (tr. by Michael
  Walter), Zürich: Diogenes, 1982, pp. 111-113

Sign: Context: Text — Theoretical and Methodological Implications for Translation: The Dual Number in Modern Hebrew. A Case in Point

Yishai Tobin (Ben-Gurion University of the Negev, Be'er Sheva, Israel)

1. Introduction: The Interface of Linguistic and Translation Research

Very often scholars in translation theory have automatically adopted and/or perfunctorily adapted established linguistic paradigms as integral parts of their own theoretical and methodological models of translation. In other words, as students of translation theory, we have, more often than not, permitted ourselves to voluntarily, and sometimes even blindly, follow the lead of linguistics in our own research.

If, for example, we were originally trained in traditional grammar (as most of us have been and still are from elementary school onwards!), we then subsequently and almost unquestioningly have accepted the most fundamental traditional sentence-oriented linguistic categories of that theory as the "natural" and almost "only" way of studying language (Diver 1981, 59–61, et passim, Contini-Morava 1983, Ch. 2). Some of these familiar traditional categories which have become almost "second nature" to us include the notions of "subject" versus "predicate", "direct" versus "indirect" objects, "active" versus "passive" sentences, as well as the all-too-familiar notions of "parts of speech" and their sub-classifications such as "transitive" versus "intransitive" verbs, "mass" versus "count" nouns, etc.

If, on the other hand, we received additional professional training in the formal structuralist linguistic theories prevalent in the thirties, forties, fifties, and early sixties, then our research will include a distinction between an abstract "emic" level versus a concrete "etic" level for the separate and autonomous levels of phonetics, phonemics, morphophonemics, morphology and syntax. Furthermore, if we were not influenced by that special brand of North American descriptivism which balked at the elusive notion of linguistic meaning, then we continued to classify word meanings by binary componential semantic features accompanied by traditional semantic categories like synonymy, polysemy, metaphor. Yet, even a cursory look at these structuralist theories indicates that they too have accepted the sentence and its constituent parts as their basic unit of linguistic analysis (Diver 1981, 61-62; Reid 1974, 41-44; Reid/Gildin 1979).

If, on the other hand, we fell victim to the great Chomskyan Revolution of the late-fifties and its subsequent counter-revolutions of the sixties, seventies and eighties, then we tried to adapt our translation models to include such theoretical and methodological gems as universal deep versus surface structures (most of which are curiously parallel to English word order), phrase structures, transformations, and other algebraic formulae which purport to reflect universal syntactic, semantic, pragmatic, and/or "bound and governed" categories. In truth, many of us have realized that this approach has merely turned out to be a more elegant rendition of the same universal, grammatical sentence-oriented notions of traditional and neo-traditional structuralist grammars (García 1975, Ch. 10; Klein-Andreu 1983, 146-149, Tobin 1986b).

If, on the other hand, we were trained in the more functional communicative-oriented approaches of Europe (Prague, Martinet, Glossematics, Functional Grammar) or Great Britain (Firth, Halliday, systemic grammar, speech act theory) and the more recent wave of American sociolinguistics and speech act theory, all of which may now be included in what is fashionably called Pragmatics today, then we further expanded our models of translation to include relevant extralinguistic as well as linguistic properties of human communication. Indeed, the notion of utterance, on the surface at least, seems to have replaced the sentence as being central to these theories. But, a closer look usually reveals that, even here, utterances are usually defined, in terms of their being either complete or incomplete sentences as well (Reid 1974, 41-44; Reid/Gildin 1979; Tobin 1985d; 1986b).

Lastly, if we personally witnessed the upsurge of discourse analysis and textlinguistics which ostensibly represents a movement dedicated to expanding the unit of linguistic analysis beyond the sentence and its constituent parts, we then further enlarged and expanded our theoretical and methodological models to include a larger discourse and text orientation. Yet, the notions of texts and discourses have not always been so clearly defined. Indeed, more often than not, discourse and texts were analyzed de facto as a body of sentences to be measured for coherence and/or cohesiveness, according to basically sentence-oriented criteria.

It appears, then, that researchers in translation theory have been content to take a back seat, leaving their counterparts in linguistic research in the driver's seat. Both the front and back seat drivers, however, have shared a journey on a road promising a universal model of language equivalent linguistic categories to explain how language - and, therefore, by definition, translation - works.

These so-called equivalent universal categories have remained in the fore of linguistic - and therefore translation - research because they present us with most convenient tools that seem "to work" most of the time. Unfortunately, like so many other "convenient tools", these supposedly equivalent and universal categories have also been turned into "tools of convenience". They have allowed researchers, in linguistics - and in translation - to wear theoretical and linguistic blinders. They have, in effect, told us in advance what we should be looking for, comparing, and contrasting in languages. And, not unsurprisingly, most of the objects of our research have been either directly or indirectly related to the traditional theoretical unit of the sentence in one way or another (Diver 1981, 59-61; Reid/Gildin 1979; Tobin 1987 a, b).

Indeed, this wholesale adoption and often unquestioned adaption of so-called universal and equivalent sentence-oriented categories have led translation scholars down a garden path which ignores the two most basic axioms suggested by Saussure (1959, 6, 8 et passim), namely:

(1) one of the chief tasks of the discipline of linguistics
    is to define and delimit itself;
                        and
(2) the objects of study in language are not given in
    advance, as with other sciences, but it is the point of
    view taken towards language that actually creates the
    object of study.

In short, if linguists - and scholars of translation - had taken Saussure seriously, we might have ended up looking for totally different and new things. We might have even rejected the traditional sentence categories in favour of the notions of lexical and grammatical sign-oriented systems. And this would ultimately mean a rejection of "the universal and the absolute" in favour of a "language-specific systematic relativity". As far as translation theory is concerned, this new approach might entail a more specific sign-oriented view of linguistic phenomena which could help us to view translation in another way: a way which does not assume that translation merely involves an a priori and automatic mapping of equivalent sentence-oriented universal categories from one language on to another (Tobin 1984a - c; 1985a).

II. The Sign-Oriented Approach: Number Systems Across Languages

In this paper we will be dealing with the grammatical system of what is traditionally called "Number". According to Diver (1981, 73) and Reid (1974, 47-48; 1986, Ch. 1), the semantic substance of the System of Number is: "the Countability of the Number of Entities designated by the attached lexical stem". Thus, in the semantic domain of number in Latin or English – the familiar "singular – plural" distinction – any conceivable number associated with a referent will fall either into the category ONE or the category OTHER (THAN ONE) – the two invariant meanings which exhaustively classify this semantic substance (Diver 1981, 73-74; Reid 1974, 47-48; 1986; Tobin 1986b):

> Figure 1 – Number in Latin
> Singular: ONE
> Plural:　 OTHER (THAN ONE)

Different languages may differ in the semantic domains they divide or in the way they divide or organize the same semantic system. Hebrew, Sanskrit, and Greek, for example, have three signals – commonly referred to as singular – dual – plural – in their grammatical system of number. Thus, the system of number for these languages, unlike Latin, or English, is a three member system. This does not necessarily mean, however, that the invariant meanings which can be postulated for each of these signals will be identical in each of these languages, nor that they will organize the three member system of number in the same way.

Within the internal organization of a grammatical system the value relationships among the invariant meanings may either be in an opposition of exclusion – where each of the invariant meanings is mutually exclusive – or in an opposition of inclusion – where the invariant meaning of (at least) one of the members of the system is included in or overlaps with (at least) one other:

(1) In Latin and Sanskrit, for example, each of the in-
    variant meanings of the signs in the number system –
    singular – plural versus singular – dual – plural – is
    in an opposition of exclusion: ONE-OTHER (THAN ONE)
    versus ONE-TWO-OTHER (THAN ONE OR TWO) respectively.
    This means that in Sanskrit the dual number – meaning
    TWO – is used exclusively to refer to exactly two
    referents.

Figure 2 - Number in Sanskrit
Singular: ONE
Dual: TWO
Plural: OTHER (THAN ONE OR TWO)

(2) In Greek and in Modern Hebrew, on the other hand, the meaning of the sign for singular - ONE - is in an opposition of exclusion with the meanings of the signs for the dual and the plural. The meanings of the signs for dual and plural, however, are in an opposition of inclusion. The invariant meaning of the dual - TWO - is included in or overlaps with the invariant meaning of the plural - OTHER (THAN ONE).

Figure 3 - Number in Greek and Hebrew
Singular: ONE
Plural: OTHER (THAN ONE)
Dual: TWO

Therefore, the Greek and Hebrew system is different from that of Sanskrit. The semantic substance signalled by their plural meaning - OTHER (THAN ONE) - is the same as that of Latin and English and includes the semantic substance of the invariant meaning of the dual - TWO. Thus, in Greek and Hebrew - unlike Sanskrit - the signals for either the plural or the dual may be used to refer to two referents. The semantic substance explicitly signalled by the invariant meaning of the Sanskrit plural - OTHER (THAN ONE OR TWO) - is not categorized in the Greek or Hebrew system of number since it does not have a signal that explicitly specifies it. It is merely that part of the semantic substance of plural that does not overlap with dual. Thus we can see that the dual number in Sanskrit and Greek and Hebrew are not identical and represent two different ways of internally dividing the same semantic domain (Tobin 1986b).

The emphasis on studying language both as a device of communication and a specific instance of human behavior has fundamental theoretical and methodological implications. Linguists following this particular sign-oriented approach (e.g. García 1975, 52; Kirsner 1979, 34; Tobin 1982, 349; 1985a, 65; 1987a, b), view the notion of invariant meaning as being especially exploited for subjective comment. This simply means that the speaker or writer may use one sign other than another in order to tell us something about his own attitude towards the scene - as opposed to merely giving an objective description.

An example of this notion of subjective comment might be the "ironic" or "facetious" use of the dual number in Modern Hebrew. More specifically, a speaker or writer may intentionally choose the dual number in order to give an unduly "over-precise" dual designation to any set of two referents which usually do not come in pairs and, thus, are not conventionally collocated with the dual number meaning TWO. By doing so, he is calling special attention to the fact that there are precisely two referents on the scene by idiosyncratically choosing the dual number instead of the more common plural collocated with the numeral two.

III. The Data: The Dual Number in Modern Hebrew

Despite the fact that Modern Hebrew has a tripartite system of number indicating singular, dual, and plural, many view this system as being basically binary. The suffixes indicating number are marked for number and gender. Rosén (1977, 165) points out a "complex categorial purport" comprising "gender + number + determination".

The dual differs from the singular or plural in several ways:

(1) There is no special dual morphology for adjectival or
    verbal forms. Adjectives and/or verb forms collocating
    with dual referents invariably take plural morphology.
(2) The dual is neutral with regard to gender: there is only
    one dual suffix for both masculine and feminine. In
    spoken Israeli Hebrew, paired objects, articles of
    apparel, and parts of the body in the dual, are unstable
    in gender, with a preference for feminine.
(3) The dual does not have a special compound form of its own.
(4) The dual is not the exclusive way of designating two
    referents in the language: a common stylistic variant
    for the dual number is a syntagm composed of the
    numeral "two" (in its compound form) and the plural
    suffix.
(5) The dual functions in certain linguistic contexts as a
    plural: it collocates with a limited set of referents
    which can be referred to by numerals larger than two.
    One can say in Modern Hebrew: "three eyes (dual) or six
    teeth (dual)". However, these lexical items only occur
    with singular and dual forms (synchronically and dia-

chronically), and such utterances do not present any
problems in communication.

Yet, despite all of these characteristics of the dual, it is both prevalent
and productive in both the spoken and written languages of all styles and
registers for all speakers. In short, one can safely state that the dual
number is part and parcel of Modern Israeli Hebrew today.

The dual form in Modern Hebrew -ayim- is used to designate:

1. (a) certain numerals, quantitative units, measures,
       conditions or states:

   (i) shnayim/shtayim 'two' (masc./fem.), matayim 'two
       hundred', alpayim 'two thousand'; kiflayim 'double',
       shivatayim 'sevenfold, manifold (7X)', arbaatayim
       'fourfold' (4X) (the latter two composed of a
       syntagm composed of: 'numeral + fem. adv. marker +
       dual'(possibly indicating a repeated process) (Y.T.)),
       ribotayim, 'twenty thousand' (2X 10,000) (ribo)
       xofnayim 'two handfuls, plenty', apayim 'nostrils,
       face', but also 'a double portion' and orex apayim
       (double length of face) 'patience'; afsayim 'a com-
       plete zero, a double zero', rivatayim 'two quarters,
       half a dinar', amatayim 'two cubits', etsba'ayim 'two
       fingers' (ancient measure), tfaxayim 'two hands-
       breadths', korayim 'ancient crop measure 800 litres',
       satayim 'two seah' (ancient measure), zugayim
       'a double kick with both back legs of a donkey',
       xamor-xamoratyaim 'a double donkey' (very stupid),
       atsaltayim 'lazily' (double lazy), parvayim 'double
       (fine) gold'; parvayim 'two oxen', raxam-raxamatayim
       'double portion (many) presents', (tseva) rikmatayim
       'very rich (colour)', kilayim 'hybrid', shirayim
       'leftovers, remains, residue, dregs';

   (b) but does not appear with the borrowed words:

   (i) million, billion (or milliard);

2. (a) familiar place names:

   (i) givatayim 'two hills', be'erotayim 'two wells',
       ramatayim 'two plateaus', naharayim 'two rivers'
       (Mesopotamia), shaarayim 'two gates', gderotayim
       'two fences', maxanayim 'two camps', mitsrayim
       'Egypt' (two straits);

   (ii) as well as the less transparent:

        yerushalayim 'Jerusalem', aditayim 'Aditayim',
        adorayim 'Adorayim', parvayim 'Parvayim', efrayim
        'Ephraim' (personal name);

   (b) physical boundaries or locations:

   (i) shulayim 'margins, edges, hems, shoulders (of a
       road)', komatayim 'two-storey building, double-
       decker', maxanayim 'two opposed army camps facing
       each other, dodge ball (game)', dlatayim 'double
       doors' as in the expressions: be-dlatayim ptuxot/
       sgurot 'in open court/à huis clos, in camera, behind
       closed doors'; dlatayim u-variax 'double doors and
       lock', 'tightly closed'; yarketayim, 'the stern of a
       ship', ('buttocks' - slang); agapayim 'two wings,
       flanks, (building), banks of a water channel, two
       handles of a rolling-pin', mayim 'water', shamayim
       'sky', (beit) mitbaxayim 'abattoir, slaughter-
       (house)', shfatayim 'enclosure, pen, lean-to';

   (c) certain punctuation marks:

   (i) gershayim 'quotation marks, inverted commas',
       nekudatayim 'colon', sograyim 'parentheses,
       brackets', arixayim 'square brackets';

   (d) but not:

   (i) merxaot '(single) quotations marks, inverted commas';

3. (a) familiar and relatively short periods of time or time intervals:

(i) <u>dakatayim</u> 'two minutes' (slang), <u>sha'atayim</u> 'two hours', <u>yomayim</u> 'two days', <u>shvuayim</u> 'two weeks, a fortnight', <u>xodshayim</u> 'two months', <u>shnatayim</u> 'two years';

(b) but not:

(i) <u>asorim</u> 'decades, ten months, days', <u>me'ot</u> 'centuries', <u>yovlot</u> 'jubilees';

(c) familiar adverbial time expressions:

(i) <u>pa'amayim</u> 'twice', <u>maxaratayim</u> 'day after tomorrow, (2X tomorrow)'; (but not <u>shilshom</u> 'the day before yesterday'); <u>tsoharayim</u> 'noon' (but not <u>xatsot</u> 'midnight');

(ii) when attached to or collocated with the preposition: <u>bein</u> 'between, among, amidst; in the middle of; inter-, intra- (in compound words), during, either' (Alcalay 1965, 225); <u>beintayim</u> 'in the meantime, meanwhile', <u>bein ha-arbayim</u> 'twilight';

(d) the concept of intermediateness in general when attached to the same preposition:

(i) as a nominal form: <u>beinayim</u> 'middle, intermediate, interim' (Alcalay 1965, 228) in familiar nominal compounds: <u>ish beinayim</u> 'middleman, mediator', <u>yemei beinayim</u> 'Middle Ages', <u>tsav beinayim</u> 'interim order', <u>kriyat beinayim</u> 'interpolation, interruption';

(ii) as well as with the derivational adjectival suffix <u>-i-</u>: <u>beinaymi</u> 'medieval, intermediate' (Alcalay 1965, 228);

4. (a) many parts of the body which can be paired:

(i) einayim 'eyes', afapayim 'eye lids, eye lashes',
oznayim 'ears', tsdaayim 'temples', nexirayim
'nostrils', lexayayim 'cheeks', sfatayim 'lips',
shinayim 'teeth', xanixayim 'gums', ktefayim
'shoulders', shadayim 'breasts', yadayim 'hands',
kapayim 'palms', meayim 'intestines', xalatsayim
'loins', kravayim 'entrails, viscera', axorayim
'buttocks', yarketayim 'buttocks' (slang), motnayim
'hips', raglayim 'legs', yerexayim 'thighs',
berkayim 'knees', shokayim 'shins, calves',
karsolayim 'ankles', afsayim 'ankles', tsipornayim
'finger/toe nails', gapayim 'limbs' (both hands and
feet), 'feet' (of an animal), kra'ayim 'lower part of
legs, knees, legs (of an animal)', knafayim 'wings',
karnayim 'horns, antlers', tlafayim 'hooves',
paxdayim 'animal thighs', sfamayim 'whiskers',
(cat, mouse, etc.) ('two moustaches');

(b) but not:

(i) gabot 'eye brows', gvinim 'eye brows', risim 'eye
lids', ishonim 'pupils', bavot 'pupils', tnuxim
'ear lobes', rakot 'temples', lesatot 'jaws',
miltaot 'jaws', marpekim 'elbows', mifrakim
'joints', prakim 'joints, wrists', zro'ot 'arms',
etsbaot 'fingers/toes', kapot 'soles' ptamot
'nipples', dadim 'breasts, nipples', ashaxim
'testicles' (historic eshkayim), shaxlot 'ovaries',
akuz 'buttocks', shet 'buttocks', re'ot 'lungs',
klayot 'kidneys', prasot 'hooves, horseshoes';

5. (a) certain paired articles of clothing:

(i) mixnasayim 'trousers', avrekayim, brakayim 'breeches,
britches, pants', garbayim 'socks, stockings',
na'alayim 'shoes', magafayim 'boots', ardalayim
'galoshes, rubbers', mukayim 'gaiters', mesulayim
'slippers', rexasayim 'cuff-links';

(b) but not:

(i) <u>kfafot</u> 'gloves', <u>xafatim</u> 'cuff-links' <u>sharvulim</u>
'sleeves' (also historically <u>sharvulayim</u>), <u>ktefiyot</u>
'suspenders', <u>taxtonim</u> 'underwear', <u>garbiyonim</u>
'pantyhose', <u>suliyot</u> 'soles of shoes';

(c) nor in the borrowed words:

(i) <u>puzmekaot</u> 'stockings', <u>sandalim</u> 'sandals', <u>mokasinim</u>
'moccasins', <u>anpilaot</u> 'felt boots';

6. (a) objects that generally are perceived as pairs
(<u>dualia tantum</u>):

(i) <u>mishkafayim</u> 'eyeglasses', <u>ro'otayim</u> 'eyeglasses'
(archaic), <u>ofanayim</u> 'bicycle', <u>misparayim</u> 'scissors',
<u>migzazayim</u> 'shears, clippers', <u>migzarayim</u> 'wire-
cutters', <u>melkaxayim</u> 'forceps', <u>melxatsayim</u> 'vise',
<u>maxalatsayim</u> 'ancient tool', <u>lexatsayim</u> 'clamps',
<u>makavayim</u> 'punching tongs', <u>metsiltayim</u> 'cymbals',
<u>moznayim</u> 'scales, balance, Libra', <u>maxalekayim</u>
'ice-skates', <u>galgalayim</u> 'skates', <u>miglashayim</u>
'skis', <u>mitpasayim</u> 'climbing poles', <u>makbilayim</u>
'parallel bars', <u>kabayim</u> 'crutches', <u>nexushtayim</u>
'fetters', <u>mishvarayim</u> 'stirrups', <u>ovnayim</u> 'potter's
wheel', <u>reixayim</u> 'miller's wheel', <u>delayim/delayayim</u>
'two buckets held together by a pole', <u>pagayim</u> 'two
rucksacks placed on the sides of a pack animal',
<u>kirayim</u> 'cooking stove';

(b) but not:

(i) <u>mishkefet</u> 'binoculars', <u>ofnoim</u> 'motorcycles', <u>tsvatim</u>
(sing. <u>tsevet)</u> (but also <u>mitsbatayim)</u> 'pincers,
tweezers, forceps', <u>tsvatot</u> (sing. <u>tsvat)</u> 'tongs,
pliers', <u>malket</u> 'pincers, tweezers, pincette'
(commonly referred to as <u>pintseta</u>), <u>melkaxat</u> 'pliers'
(commonly referred to as <u>playerim</u>), <u>marsek</u> 'mincer,

masher', <u>maftseax</u> 'nutcracker', <u>maxlets</u> 'corkscrew',
<u>mexuga</u> 'compasses, pair of compasses, calipers',
<u>sketim/galgaliyot</u> 'roller skates'.

It also should be remembered that speakers can idiosyncratically attach the dual to almost any referent (even referents already marked for the plural, i.e., "dualized plurals") for a comic, facetious, ironic, or rhetoric effect. Indeed, we have found creative uses of the dual in:

(1) children's literature: e.g. "a tale of two kitties"
   (translation mine) (Y.T.) (<u>ma'aseh ba-xatulayim</u>), 'that
   wailed two wails' (<u>allelayim</u>), 'begged each other's
   (dual) pardon' (<u>slixayim</u>), and 'shook their (dual) tails
   on it' (<u>znavayim</u>), (A. Hillel 1977);

(2) original and translated poetry and prose texts written
   by leading literary figures such as the Israel national
   poet, author and translator C.N. Bialik and others:
   e.g. 'two dolls' (<u>bubotayim</u>), 'two cup handles'
   (<u>yadotayim</u>), 'stirrups' (<u>mishvarayim</u>), 'two pounds'
   (<u>litrotayim</u>), 'two cents' (<u>prutotayim</u>), 'cuff links'
   (<u>rixsayim</u>), <u>endifayim</u> 'whiskers' (human);

(3) slang: e.g. 'buttocks' (<u>axorayim, yarketayim</u>), 'breasts'
   <u>givatayim</u>, (Ben-Amotz and Ben-Yehuda 1972, 1982) as well
   as 'pluralized duals' (plural suffixes added to lexically dual referents) in children's language and slang:
   e.g., 'twos' (<u>shnayimim</u>), 'pairs of pants'
   (<u>mixnasayimim</u>), 'pairs of shoes' (<u>naalayimim</u>) (Ben-Amotz
   /Ben-Yehuda 1972; 1982).

The above is a fairly comprehensive and exhaustive list. The distribution of the dual number in Modern Hebrew may appear, on the surface at least, to be arbitrary for various reasons (diachronic, prescriptive, analogical, etc.).

IV. Discussion and Conclusions

It is not surprising that the dual number in (Modern) Hebrew has not been studied at great length by the various sentence-oriented theories that have dominated linguistic – and therefore translation – research, despite its far-reaching theoretical and methodological implications:

Veisen (1923) (a traditional grammarian) devotes a page and a half to the description and partial listing of Hebrew duals dividing them into three categories. Prescriptivists (e.g. Bahat/Ron 1976) and the Hebrew Academy maintain that the dual ending should only be attached to "singular stems" (a normative rule which is obviously violated by speakers as our data clearly indicate). They also strongly condemn the marked preference speakers have for incorrectly attaching the feminine gender to masculine dual nouns by a process of "false analogy".

Rosén (1977) (a superior structuralist) supports the basic binariness (singular-plural) of the notion of number in Modern Hebrew; he provides a limited number of cogent examples to illustrate his point, but limits all his claims about the dual number in Hebrew to only half a page.

Berman (1978), in the most comprehensive transformational generative account of Modern Hebrew to date, limits her treatment of the dual number to one line and two examples in the text. This is later followed by a footnote providing a handful of additional examples divided into the three classic semantic categories of: (i) parts of the body, (ii) items of apparel and (iii) periods of time; the last of which has also been studied by Grosu (1969). In none of the treatments mentioned above are more than forty examples ever provided.

The sign-oriented approach based on the formal recognition of the communication and human factors may provide us with a framework which can help us to better understand and explain the systematic use of the dual number in Modern Hebrew.

A. From the point of view of the communication factor:

(1) The vast majority of the examples of the dual (over 90%) can be directly and transparently related to the literal concept of two, paired or doubled entities, e.g.: (i) numerals: 2, 200, 2,00; (ii) measures: two handfuls, cubits, fingers, handsbreadths, double; (iii) locations: two hills, rivers, wells, fences, gates, camps, straits; (iv) physical boundaries: margins, hems, shoulders, banks, lean-to like enclosures, double storeys; (v) punctuation marks: quotation marks, colons, parentheses, brackets; (vi) time periods and expressions: two minutes, hours, days, weeks, months, years, twice; (vii) paired parts of the body: eyes, ears, lips, nostrils, shoulders, hands, breasts, hips, legs, thighs, knees, calves, ankles, paired limbs both human and animal, as well as wings, hooves, horns, antlers, whiskers; (viii) clothing: pairs of trousers, breeches, socks, shoes, boots; (ix) objects and tools traditionally referred to as <u>dualia tantum</u> including: pairs of glasses; scissors and other cutting instruments, vices, clamps, tweezers; sport equipment: skates, skis, parallel bars, crutches; two attached rucksacks, buckets; two draft animals harnassed in tandem.

(2) Unlike Diver (1981) and Reid (1974; 1986) of the Columbia School, Hirtle (1982), a sign-oriented linguist of the Guillaumean School, does not view the concept of grammatical number in terms of "countability", but rather as the division of inner space: (i) singularity represents an entity or entities in continuate space, i.e. perceived as a single unit; (ii) plurality represents an entity or entities contained in discontinuate space, i.e. perceived as distinct separate units. Thus, duality, now may be seen in terms of a minimal potential discontinuate plurality contained in continuate space, i.e. a minimal potential plurality perceived in a singular manner. This process may be seen as being similar to that of reduplication (<u>katan</u> 'small', <u>ktantan</u> 'very, very small') and/or repetition (e.g. <u>le'at</u> 'slow', <u>le'at-le'at</u> 'slow-slow', 'very slowly').

(3) This spatially-oriented view of the semantic substance of number not only accounts for the transparent or literal "two-pair-double" examples listed in (1) above, but may also explain the minority of indirect or less transparent examples of the dual: i.e. potentially plural entities or processes perceived as being contained in continuate space, e.g.: (i) parts of the body: teeth, gums, lips (upper/lower); finger + toe nails (right/left/upper/lower); intestines, loins (upper/lower/large/small), cheeks, buttocks (right/left); (ii) time expressions: day after tomorrow (+2 days), twilight (day/night), noon (morning/afternoon), meantime, meanwhile (before/after); (iii) the concept of intermediateness: between, inter, intra, interim, hybrid, middle; (iv) repeated or multiple perceptions or processes

viewed as a continuate: seven*fold*, four*fold*, mani*fold*; double kicks, double donkeys, double laziness, double closed doors, double face, meaning very strong, very stupid, very lazy, very tightly locked or secret, very patient, respectively; (v) dual portions of presents, colours, gold, indicating a large amount or a fine quality; (vi) a repeated process connected to a specific entity or place: potters' and millers' wheels; an abattoir or house of (dual)-slaughter or (dual)-residue, remains, dregs; as well as (vii) the non-transparent historical duals of water and sky often attributed to Biblical references of "the water/sky above and the water/sky below".

B. From the point of view of the human factor:

(1) It is not by chance that of the 130 (+) lexical examples of the dual form presented in this paper, representing a fairly comprehensive and exhaustive list of the highly marked dual forms, the vast majority of them (over 90 %) are related to entities directly related to man: parts of the body, clothes, tools and measures related to agriculture, trade and work, as well as his perception of space and time in his immediate environment: place names and time periods and expressions. The majority of the remaining duals are basically related to animals, particularly those animals we use and exploit for labour and food.

(2) We can also appeal to the human factor to explain the anomalies of why certain paired entities are lexically expressed with the dual and others are not. With parts of the body, e.g.: (i) the dual is often used to designate (and draw attention to) the larger or more apparent whole (paired) organ while the smaller individual parts are usually pluralized: dual eyes, but plural eye-lashes, pupils, brows; dual ears but plural ear-lobes; dual breasts but plural nipples; dual hands-arms (same word usually used for both) but plural fingers, wrists, joints, elbows, arms, arm pits; dual viscera-guts-insides (possibly historically related to ritual animal sacrifices), but plural lungs, kidneys, dual (external) testicles (also pluralized) versus only plural (internal) ovaries. It is also interesting to note that the dual legs and their component parts: knees (used for ritual bowing and genuflecting), thighs, calves, ankles are larger than their parallel smaller plural: fore arms, back arms, elbows, wrists. These same principles can also be applied to attire as well, e.g.: dual shoes but plural laces, soles and heels.

(3) The dual is also reserved for the more useful and, therefore, the more important and frequently used parts of the body worthy of greater attention, e.g.: the dual palms of the hands versus the plural soles of the feet as well as the other non-dual parts of the hands and arms; the dual eye lids (upper/lower) which we can control in unison to open and close the

eyes versus the plural pupils, and pluralized hairs of the lashes and brows over which we have little or no control.

(4) This same principle of human efficiency also holds true for time expressions: the dual appears in the most frequent and useful ones, e.g.: two minutes, hours, days, months, years, but not decades, centuries, jubilees; dual noon separating morning and afternoon as opposed to plural midnight. It may also be extended to the various historical weights and measures and coins.

The interaction of the communication and human factors may also explain certain remaining anomalies. Although we may view fingers as singular units (which we use individually and separately) and nails as part of a dual set, there may also be a further way to account for why (finger + toe) nails (tsipornayim), (the smaller parts we do not use), are dual but "fingers + toes" (etsbaot) are plural. We could expect the opposite. We find, however, that for these particular lexical items the "expected" respective plural or dual slot has already been filled by another lexical item: the plural tsipornim is occupied by the homonymous lexical item meaning "carnation"; while the dual of etsba "finger", is filled by the word etsba'ayim "a small (two-finger) measure". So, even in this last case of an apparent "exception" both the human factor alone and/or the human and communication factors together can account for the data.

C. From the point of view of the creative use of the dual in
   a text

(1) The (sign-oriented Jakobsonian) notion of markedness is also relevant to the notion of duality. In languages possessing the dichotic singular-plural opposition, the latter is considered to be marked. Alternatively, in languages with the singular-dual-plural trichotomy, the dual may be considered to be marked: i.e. the dual provides the most specific kind of information. It is this higher markedness value of the dual (particularly in Hebrew and Greek where the plural and the dual are in a relationship of inclusion) which makes the dual form particularly appropriate for "subjective comment": i.e. to specifically focus attention on the encoder's subjective perception of paired or double entities. Employing the dual in original, creative and subjective ways, can serve to focus in on particular entities making them more salient within spoken and written discourse.

(2) A good example of this creative use of the dual to emphasize "unity in plurality and diversity" is found in the text: ma'aseh ba-xatulayim ("a tale of two kitties"), (A. Hillel 1977), a children's story in rhyme.

The author first introduces two cats in the plural (<u>shnei xatulim</u>), one black as tar, one white as whitewash. Each one arrogantly claims to the other that he is the more beauti-ful. A heated argument ensues which emphasizes their individual differences. Two days later, they are both still angry and unsure of themselves. Each one, individually and independently, decides to change his colour. The white cat jumps into a barrel of tar to make himself all black. The black cat jumps into a barrel of whitewash to make himself all white. After being originally introduced in the plural, each cat consistently appears in the singular as a unique and individual character.

After the two cats (<u>shnei xatulim</u>) change their colours and identities, however, the author begins to refer to them exclusively in the dual as <u>xatulayim</u>. When the <u>xatulayim</u> see each other after the change, they become even more confused and upset. They can no longer distinguish which one is which. They begin to lament and "wail two wails together" (in the dual <u>allelayim</u>), further emphasizing the fact that they are now brothers united in their shared misery. They then run together to wash off the tar and the whitewash in the sea.

After returning to their original colours and identities, they become the best of friends. It is here where we get the most creative use of the dual: The <u>xatulayim</u> seal their friendship by (i) "begging each other's dual pardon" (<u>slixayim</u>); (ii) "shaking their (dual) tails on it" (<u>znavayim</u>); (iii) happily announcing that "the way they are, each one, and both of them together, is double (<u>kiflayim</u>) million nice"; and, (iv) in the end, they happily go off together to Jerusalem (<u>yerushalayim</u>). It should be clear that, rhyming aside, the author has most cleverly, subjectively and appropriately exploited the dual and its meaning here to convey his message.

Perhaps, if we abandon the preconceived traditional and neo-traditional sentence-oriented categories that have dominated linguistic - and therefore translation - research, and replace them with a more human and communication oriented semiotic approach, we may then learn more about how individual languages actually function. This can only serve as a necessary first-step to enable us to compare and contrast different language systems responsibly. Only then can we really begin to study the theoretical and methodological implications of individual language systems for translation. Certain sign-oriented scholars have already adopted this point of view by focussing their work on non-equivalence and intranslatability (cf. Aphek/Tobin 1981 - 1986; García/van Putte/Tobin 1987; Lattey 1980; Tobin 1975 - 1987).

Most post-Saussurian linguists - and therefore researchers in translation - have often avoided language-specific analyses, possibly feeling that "they wouldn't be able to see the (language universal) forests because of the (language specific) trees". Unfortunately, they may have subsequently lost their way in the forests of supposedly equivalent language categories without having sufficiently examined the specific trees, i.e. individual languages. Perhaps the time has come for us to realize that before you can understand what a forest is you have to first know your trees - and not necessarily the transformational ones either.

References

Alcalay, Reuben (1975), The Complete Hebrew-English English-Hebrew Dictionary, Tel-Aviv: Massada

Aphek, Edna/Tobin, Yishai (1981a), "S.Y. Agnon: Word Systems and Translation", in: Text 1/3, pp. 269-277

Aphek, Edna/Tobin, Yishai (1981b), "Problems in the Translation of Word Systems", in: The Journal of Literary Semantics 10/1, pp. 32-45

Aphek, Edna/Tobin, Yishai (1983), "The Means is the Message: On the Intranslatability of a Hebrew Text", in: Meta 28/1, pp. 57-69

Aphek, Edna/Tobin, Yishai (1984), "The Place of 'Place' in a Text by Agnon: On the Untranslatability of Metaphor and Polysemy in Modern Hebrew", in: Babel 30/3, pp. 148-158

Aphek, Edna/Tobin, Yishai (1986a), "The Agnonian Text as a System of Systems", in: Orbis Litterarum 41/3, pp. 33-52

Aphek, Edna/Tobin, Yishai (1986b), Word Systems in Modern Hebrew: Implications and Applications; Leiden: Brill (in press)

Bahat, Jacob/Ron, Mordechai (1976), yedayek! Tel-Aviv: HaKibbutz Hameuchad Publishing Company

Ben-Amotz, Dahn/Ben-Yehuda, Netiva (1972), The World Dictionary of Hebrew Slang, Jerusalem: E. Lewin-Epstein, Ltd.

Ben-Amotz, Dahn/Ben-Yehuda, Netiva (1982), The World Dictionary of Hebrew Slang - Part Two, Tel Aviv: Zmora Bitan

Berman, Ruth Aronson (1978), Modern Hebrew Structure, Tel-Aviv: University Publishing Projects

Contini-Morava, Ellen (1983), Tense and Non-tense in Swahili Grammar, Columbia University Ph.D. Dissertation

Diver, William (1981), "On Defining the Discipline", in: Columbia University Working Papers in Linguistics 6, pp. 59-117

García, Erica (1975), The Role of Theory in Linguistic Analysis, Amsterdam: North Holland

García, Erica/Putte, Florimon van/Tobin, Yishai (1987), "Cross Linguistic Equivalence, Translatability and Contrastive Analysis", in: Folia Linguistica, (in press)

Grosu, Alexander (1969), "The Isomorphism of Semantic and
Syntactic Categories", in: Hebrew Computational
Linguistics 1, pp. 34-50
Hillel, A. (1977), ma'aseh ba-xatulayim ("A tale of Two
Kitties") (translation mine) (Y.T.), Jerusalem: Keter
Hirtle, Walter (1982), Number and Inner Space. A Study of
Grammatical Number in English, Québec: Presses de
l'Université Laval
Kirsner, Robert S. (1979), The Problem of Presentative
Sentences in Modern Dutch, Amsterdam: North Holland
Klein-Andreu, Flora (1983), "Grammar in Style: Spanish
Adjective Placement", in: Klein-Andreu, F. (ed.),
Discourse Perspectives on Syntax, New York: Academic,
pp. 143-179
Lattey, Elsa (1980), "Grammatical Systems Across Languages:
A Study of Participation in English, German and Spanish",
City University of New York Ph.D. Dissertation
Reid, Wallis (1974), "The Saussurian Sign as a Control in
Linguistic Analysis", in: Sémiotext(e) 1/2, pp. 31-53
Reid, Wallis (1986), Verb Number in English: A Functional
Explanation, London: Longman (in press)
Reid, Wallis/Gildin, Bonnie (1979), "Semantic Analysis
Without the Sentence", in: Clyne, Hanks and Hofbauer
(eds.), The Elements: A Parasession on Linguistic Units
and Levels, Chicago: Chicago Linguistic Society, pp. 163-174
Rosén, Haiim (1977), Contemporary Hebrew, The Hague: Mouton
Saussure, Ferdinand de (1959), A Course in General
Linguistics, New York: McGraw Hill
Tobin, Yishai (1975), Two Linguistic Theories: An Analysis
of Opposing Views and a Synthesis for a Guideline for
Reading Comprehension, New York University Ph.D. Disser-
tation
Tobin, Yishai (1981), "Participation Systems, Prepositions
and Deep Structure Case as Decoding Devices for Modern
Hebrew", in: ITL Review of Applied Linguistics 54,
pp. 45-63
Tobin, Yishai (1982), "Asserting One's Existence in Modern
Hebrew: A Saussurian-based Analysis of the Domain of
Attention in Selected 'Existentials'", in: Lingua 58,
pp. 341-368
Tobin, Yishai (1983), "Sentence Length as a Stylistic
Device in Selected Texts by Stefan Zweig", in:
Journal of Comparative Literature and Aesthetics
4/1-2, pp. 94-113
Tobin, Yishai (1984a), "Language Teachers Should Rush
in Where Good Translators Fear to Tread", in: ITL Review
of Applied Linguistics 65, pp. 79-91
Tobin, Yishai (1984b), "The Role of Linguistic and Stylistic
Analysis in Translation Theory and Its Implementation in
the Teaching of Literary Translation", in: Wilss, W. and
Thome, G. (eds.), Die Theorie des Übersetzens und ihr
Aufschlußwert für die Übersetzungs- und Dolmetschdidak-
tik. Akten des Internationalen Kolloquiums der Associa-
tion Internationale de Linguistique Appliquée (AILA),
Saarbrücken 25. - 30.07.83, Tübingen: Gunther Narr
(= Tübinger Beiträge zur Linguistik 247), pp. 114 - 124

Tobin, Yishai (1985a), "Translation Theory as an Interface of Linguistic and Stylistic Analysis", in: Bulletin CILA 39, pp. 7-23

Tobin, Yishai (1985b), "Review Article: Two Aspects of Sign Theory", in: Bulletin CILA 41, pp. 120-141

Tobin, Yishai (1985c) "Case Morphology and Language Teaching Revisited", in: Papers in Linguistics 18/1-4, pp. 259-294

Tobin, Yishai (1986a), "Three Sign-oriented Linguistic Theories: A Contrastive Approach", in: Bluhme, H. (ed.), Descriptio Linguistica, Tübingen: Gunter Narr, pp. 53-78

Tobin, Yishai (1986b), "Invariant Meaning: Alternative Variations on an Invariant Theme", in: Waugh, L./ Rudy, S. (eds.), New Vistas in Grammar: Invariance and Variation, Amsterdam, Philadelphia: John Benjamins (in press)

Tobin, Yishai (1986c), "Review: Geoffrey Sampson: Schools of Linguistics", in: Lingua 68, pp. 141-150

Tobin, Yishai (1986d), "Discourse Variation in the Use of Selected 'Contrastive Conjunctions' in Modern Hebrew: Theoretical Hypotheses and Practical Applications with Regard to Translation", in: House-Edmonson, J./ Blum-Kulka, S. (eds.), Interlingual and Intercultural Communication. Tübingen: Gunter Narr, pp. 259-277

Tobin, Yishai (1986e), "Aspectual Markers in Modern Hebrew: A Sign-Oriented Approach" in: Proceedings of the Ninth World Congress of Jewish Studies, (Division D, Volume 1) Hebrew and Jewish Languages, Jerusalem: World Union of Jewish Studies, pp. 53-60

Tobin, Yishai (1987a), "Space, Time and Point of View in the Modern Hebrew Verb", in: Tobin, Y. (ed.) (1987g)

Tobin, Yishai (1987b), "Modern Hebrew Tense: A Study of Objective Temporal and Subjective Spatial and Perceptual Relations", in: Vater, H. and Ehrich, V. (eds.), Temporalität, Tübingen: Niemeyer (= Linguistische Arbeiten) (in press)

Tobin, Yishai (1987c), "Review: Gustave Guillaume: Foundations for a Science of Language", in: Lingua 73 (in press)

Tobin, Yishai (1987d), "Review Article: Gustave Guillaume and the Psychomechanics of Language", in: Mentalities 4/1 (in press)

Tobin, Yishai (1987e) "Problems in the Translation of Modern Hebrew Prose", in: OPTAT: Occasional Papers in Translation and Textlinguistics 1/1, pp. 12-17

Tobin, Yishai (ed.) (1987f), The Prague School and Its Legacy in Linguistics, Literature, Semiotics and the Arts, Amsterdam, Philadelphia: John Benjamins (in press)

Tobin, Yishai (ed.) (1987g), From Sign to Text: A Semiotic View of Communication, Amsterdam, Philadelphia: John Benjamins (in press)

Tobin, Yishai (in prep.), Semiotics and Linguistics. London: Longman

Viesen, M. A. (1923), torat halashon, Vienna, Berlin: Menorah

Syntactic Equivalence

Jennifer Draskau (Handelshøjskolen i København)

In the course of a recent comparative study of English, German and Danish translations of François Villon by people who were poets in their own right (Draskau 1987), I was struck by the success of the versions by the Irish poet and playwright, John Millington Synge. Although Synge's versions have the character of extremely free paraphrases, the continuum between paraphrase and translation is not intersected at any specific watershed: moreover, in translations of poetry it is the cumulative experience we seek to recapture, and it is this Synge's versions achieve, through a bold rebellion against the tyranny of the word and sentence.

The versions considered here are the Prayer Villon wrote for his Mother to say to the Virgin, and "Regrets" (de la Belle Hëaulmière).

Synge's own work is cherished for his mastery of Hiberno-English discourse patterns which exert a fascination over speakers of other varieties: see below, and also Turner (1973, 157): "Some dialects, like Irish English, have wide appeal and give rise to regional varieties of our literature: 'Good evening kindly, stranger, it's a wild night, God help you, to be out in the rain falling' (Synge)".

Has Synge, then, given us dialect versions of Villon, and if so, how far is his choice of translatorial mode conscious, successful, or justified?

Upon closer examination, Synge's versions of these two ballades certainly exhibit differences from Standard English usage; it is equally apparent that these differences do not lie in lexical deviance, for the most part, but in syntax which exhibits clearly non-standard traits.

Except where SL author Villon flirts with language variety exploitation – thieves' cant, legal phraseology, pseudo-academic discourse, rustic speech or "Old French" – his own natural idiom is the variety characteristic of fifteenth-century Paris.

The "quaintness" of regional lexical variants would be perceived as inappropriate in a TL version, as syntactic variants are not. (I have adopted here the term "regional variants" in preference to the current "deviant" (Cluysenaar 1976, 23) which in my view implies a negative value judgement. For the resolution to abandon "deviant" I am indebted to Professor Dr. Mary Snell-Hornby, of Zürich).

The apparent success of Synge's versions may be directly related to the predominance of the regional syntactic variants, as I shall attempt to show.

The title of this study is "Syntactic Equivalence", and this is not the place to reopen the discussion of the appropri-ateness of that term outside LSP applications, nor to advocate that it be replaced by "adequacy" or "equilibrium", arguing that these alternative terms not only recognize the inevitability of value judgements in translation and do not posit unrealistic elements such as precise measurability, but, besides, open the door to hermeneutics (Kelly 1979, 28).

If, in spite of everything, equivalences are to be sought, the syntactic level promises to be a potentially fruitful area of exploration, for 2 reasons:

- Syntax relies on the interaction of word classes and
  structures which form an intralingual closed set network
  and provide a linguistic framework (-"Structural" elements).

- Contrastive research, with a strong impulse from FLT
  (Foreign Language Teaching) didactics, has developed for
  good or ill a "system of conventional correspondences",
  - so-called "translatorial norms".

Despite this, studies of translation have tended to neglect syntax – although House (1977) and the corpus-based study of Guillemin-Flescher (1981) contain pertinent comments, as does that of Vinay/Darbelnet (1971). These concern, however, principles of "langue" rather than "parole", which is our concern here.

The present study falls into five stages:

1. Firstly, on the assumption that Synge's versions are
   characterized by regional syntactic variants, an attempt
   was made to identify and classify the principal among
   these variants.

2. Secondly, the linguistic and traditional credentials of
   these variants were investigated, in order to ascertain

whether, firstly, they were rooted in a genuine
linguistic reality, i.e. Irish language, and, secondly,
whether they were evidenced elsewhere in Hiberno-English
writing. To this end, grammars of the Irish language were
consulted and also the literary tradition of Hiberno-English, as encountered in the works of Seán O'Casey, James
Joyce and other Irish writers with an ability to exploit
vernacular cadences.

3. At this point in the investigation, it appeared relevant
to attempt to reconstruct Synge's selection mechanisms in
order to establish to what degree the syntactic variants
represent conscious "foregrounding", and whether this
factor has any bearing on the degree to which they are
perceived as effective by a TL readership.

4. The fourth section seeks to estimate the effect on the
TL-readership - the rôle played by syntactic variants in
the overall reception accorded to the TL version as text.

5. In conclusion, the appropriateness of applying this kind
of technique to Villon is considered.

1. Syntactic Variations

1.1 Verbal Variants

Generally, the English verbal group does not lend itself to creative
exploitation, except in respect of tense and aspect. Hiberno-English,
however, offers a great range of possibilities.

1.1.1 <u>Auxiliaries</u> Hiberno-English employs:

- ambiguous "would" (B1, B7, B10, B16): "A great rascal <u>would</u> kick me in the gutter" (B1)

- "do" + be + -ing form (A10, B3/4, B5, B22): "when I
<u>do</u> be minding" (B3/4).

1.1.2 <u>"Be"</u> replaces "have" in the formation of the present
perfect (B5, B13, B15, B23): "What it is <u>I'm come</u> to"
(B5) (comp. House 1977, 170).

1.1.3 <u>Imperfective</u> aspect is suggested by the conjugation of verbs with "to be" + verbal noun (or inchoatives such as "set" + ing, B7). (B3/4, B16/17, B18, B21, B22, B23): "would be laughing" (B16/17), "set me raging" (B7).

1.1.4 <u>Deviant imperative</u>: "Let you say to your own Son" (A4).

1.2 Relatives

Three types of deviance are evidenced here:

- deviant deletion of relative pronoun: (A7 - 2ex, A16/17, B1, B3, B7, B10, B13, B23) (zero relatives): "it is I am left behind" (B3).

- relative pronoun replaced by "and" to express semantic relationship of dependence: "Jesus ... and he the Lord Almighty" (A15).

- use of universal relative pronoun "that" irrespective of case or person (A1, A2, A14(2), A15): "Mother of God, that's Lady of the Heavens" (A1).

1.3 Sentence Cleaving is prominent: (A5/6, A13, A14, A16, A17, B3, B4/5, B7, B13, B19, B22): "It is I am left behind" (B3)

1.4 Prepositional Anomalies abound: (B13/14) "my forehead is gone away into furrows" , (B2) "over" for "more", (B4) ø for "at", (A2) "along of", (B13/14) "away into", (B15) "from", (B21) "beneath".

1.5 Word Order: At least one instance of unusual word order: "It's Himself is our Lord surely" (A16/17).

1.6 Non-reflexive use of "self" attached to pronouns (A1/2, A14, A16): "Take myself, the poor sinner" (A1/2).

1.7 Adverbs and conjunctions, etc., may be replaced by sub-
stantivized expressions such as:

- "the way" - for "so that" (A2)
- "the way" - "it's the like he's done" (for "so") (A5)
    "it's the way" (for "how") (B13)
    "the like of" (for "like") (B20)
    "of the like of" ("things like") (B22)

1.8 The conjunction "and" (see House 1977, 171) becomes
universal conjoiner for co-ordinating and subordinating
clauses, e.g.

    A12/13: consequential = "Let me have the good place -
             and it's in your faith"
    A15:   relative = "who is" (referred to under
             "relatives", second type, above) "Jesus - and He
             the Lord Almighty".

    B5:   contrastive = "compared to"
    B23:   expression of time, e.g. = "as we crouch", etc.

1.9 Deixis and determination-related variants

    A2 : "the poor sinner"
    A11: "the one"
    B13: "this day"

2. Provenance of Synge's Syntactic Variants

2.1 The majority of Synge's syntactic variants prove well attested as
anchored in the Irish language; for example, Irish, in common with other
Gaelic languages, lacks a present tense, except for defectives. This tense is
replaced by forms of the verb "to be" + the "verbal noun" (Gagnepain 1963;
Gregor 1980, 166). This "verbal noun" dependent on a preposition performs
the task of the Indo-European present participle, which Celtic languages
are held to lack (although this is not strictly true).

- Lack of verb "to have" causes a resort to the verb "to be" with the appropriate prepositional form of the pronoun (in Goidelic, strictly "at") as in Russian, Chinese, Thai, etc.

- The "Celtic aptitude and fondness for emphatic expressions" (Gregor 1980, 147) leads to the employment of "do" as an auxiliary to stress the infinitive; also to the appearance of the morpheme for "self" added to pronouns, and to the predominance of the cleft sentence. When the subject is emphasized by being put first, it is perceived as being dependent on an understood "it is" and so must be followed by a relative clause. Gregor (1980, 147) exemplifies with

> (it is) the woman (who) came
> (Isé) an bhean atháinig

Another Celtic idiosyncrasy (Gregor 1980, 215) is the use of the conjunction for "<u>and</u>" with a noun instead of a temporal clause or a relative, e.g.

> I chuala mé iad agus mé ag teacht chun a bhaile
> I heard them and (= as I was) I coming home (B23)

2.2 Moreover, these and similar phenomena form the standard box-of-tricks of writers who seek to capture the "charm" of vernacular Hiberno-English speech patterns.
E.g. James Joyce, Dubliners (in: Levin 1948, 453)
("Do" as auxiliary, word order + self)
"I wonder where did they dig her up", said Kathleen.
"Didn't you yourself bring her the contract?"
and (465) "I wonder where did he go to" said Mr. Kernan.
Zero-relative and sentence cleaving occur, as on 471 of the same work:
"There was many a good man went to the penny-a-week school".
"<u>And" as universal conjoiner expressing</u> both co-ordination and subordination and various semantic relationships, is noted by House (1977, 170) and exemplified from Seán O'Casey, "The End of the Beginning" (in: <u>Five One-Act Plays</u>, London: Macmillan 1966, pp. 20-16).

- "My eyes are used to the darkness, now, 'n I can see"
  (consequential)
- "An' the time gallopin' by?" (concessive)
- "Why don't you keep your razor-blades in a safe place, an'
  not leave them ..." (contrastive).

3. The syntactic variants observed in Synge's versions of Villon clearly belong to the Gaelic-based traditions of Irish literature. May it safely be assumed, then, that such variants represent a conscious process of selection ("foregrounding") and, if so, does this influence their effectiveness?

Levin (1948, 14) stresses Synge's belief in the "invigorating suggestiveness" of Irish popular speech, which he reproduces in his own plays (Riders to the Sea (1965), Playboy of the Western World (1907)). Synge owes much of his popularity to his skilful exploitation of this rich fund of vernacular. Thus Seymour Smith (1976, 357-358) notes that Synge is the "master of poetic language and idiom". Like Pirandello, Synge studied the vernacular intensively; Seymour Smith commends his ear for the rhythms of Irish colloquial speech, to which he ascribes the greatness of "Riders to the Sea", and Synge's ability to adapt them to his needs. It seems, then, as though Synge's foregrounding is conscious.

"Foregrounding" is described by Chapman (1973, 48) as "the kind of deviation which has the function of bringing some item into artistic emphasis so that it stands out from its surroundings. It is helpfully described by Halliday as 'prominence that is motivated'". (These generous words are Chapman's, not mine.) W. van Peer (1984, 307-308) points out that foregrounding, representing as it does the selection of particular linguistic means for realizing particular linguistic aims, is only successful if readers can at least partially appreciate and recognize those aims, and are "willing to participate in a communicative interaction with the author by means of the text". Since the writer's ultimate aims may be irretrievable, reconstruction - an act of recognition and cooperation - may be the "only road open to the reader" - only in this way, claims van Peer, may the act of literary communication be successful.

This indicates, to my mind, two things: firstly, we must echo the cry of Newmark (in Wollin 1986, 38): "...the dear old readership (if only we could get rid of ... it, we can't, we can't)". Secondly, if we grant that Synge's syntactic variants represent conscious choices, or "foregroundings", then his communicative purpose in adopting this mode for a paraphrase of Villon must be different from his purpose in exploiting these variants in his own works, to reproduce the idiom of Irish personages in an original Irish folk play or poem. Here, as with Joyce and O'Casey, this is done in the interest of local colour and of authenticity, which clearly does not apply in the case of translation from the French.

An attempt to reconstruct Synge's aims in employing Hiberno-English syntax in Villon translations indicates that Synge felt that this offered a possibility of establishing associative parallels to the source text in a way Standard English could not. One may now consider whether this strategy of Synge's was justified.

4. It has already been stated that Synge's versions have been accounted successful; they are syntactically deviant, but not to an objectionable degree. One may now consider some of the possible effects of Synge's syntactic foregrounding on TL audience. Van Peer (1984, 292) describes foregrounding as a "dynamic concept", relating specific textual characteristics to aspects of text production and of text reception, and allowing for historical analysis and psychological explanation of the function fulfilled by literary texts. He examines (312) the negative effects on a readership of removing foregrounding devices in poems by Cummings, Thomas and Dickinson. The absence of foregrounding disappointed expectations related to language users' awareness of the "démarche".

Kelly (1979, 158) notes that démarche – the expressive priorities of phrase or sentence as "signalled by word order, grammatical linkage, rhythm and semantic trust (sic)" in fixed word-order languages – English, French, German, unlike Latin and Greek "falls readily into binary divisions termed thème and propos by Bally, theme and rheme by Prague linguists, or topic and comment." Cleft sentences are a "tour de présentation" (Vinay/Darbelnet 1971, 7 and 201 f.): "la démarche ... semble être l'exploration de certaines préférences dans la présentation des faits". "Les tournures idiomatiques sont des cas concrets de démarche".

Cleft sentences have the effect of highlighting the topic by postponing the subject, and delaying the onward thrust of the text.

Synge's effects are not forced. The loose sentence structures run on in a single intonation group, leaving the thought patterns unbroken, constantly expanding into a series of apparent afterthoughts. The lack of rigidly systematic hypotaxis with integrated connectives loses what Turner (1973, 71) following Vinokur, calls "syntactic perspective". Synge does not present a finished, well-ordered sequence of elements: instead, the reader is invited to share in the ordering process.

The loss of relatives enhances synthesis, as does the loose flow of apparently paratactic sentences – (e.g. B3 – 7 and 22 – 25 – see remarks on "and", above).

The unusual uses of the auxiliary "would" produce a note of unreality, combining, ambiguously, notions of habit, volition and hypothesis. The imperfective character of the conjugations is vague, less result-oriented, while the sudden contrast with the perfects in B15/16 and B23 gives a sense of irreparable loss, the use of the verb "to be" itself in these constructions recalling earlier stages of English usage – the language of Shakespeare and Jane Austen, imbuing the text with a glow of tradition without the intrusion of lexical pseudo-archaisms; similarly, as Halliday points out in his study of the definite article in Yeats's "Leda and the Swan" (in: McIntosh/Halliday 1966) the use of the definite article establishes intimacy (see A2, etc.).

The loose structure enables Synge to underline the synthetic and ambiguous comparison between the twigs and the old woman (B24/25) which the juxtaposition and the feminine plural of the past participial adjectives allows Villon to exploit in French in Stanza LVI.

The intimate tone in these two ballades is more conventionally expressed in the many contracted forms in texts A and B, and the lack of education to which the first Ballade refers (T, 893 – 894) is realized in Synge's version by the deviant "that's" (marked for singular, with plural referent) in A2 and A1 for 2nd person; these variants are by no means restricted to Hiberno-English and have for that reason been accorded little prominence in the present study.

5. Is Synge's syntactic foregrounding technique appropriate in this specific case? Does it influence the overall effectiveness of Synge's Villon versions?

Certainly, the elasticity of Hiberno-English syntax with its oft-parodied effectiveness (Draskau 1987, 208) permits uninterrupted associational flow. Yet despite the apparently artless lack of organization, there is no semantic incoherence. The flexible syntax helps to produce such forms as "gave himself to sorrows" (A15/16) – "let me have the good place" (A12) – "take myself, the poor sinner, the way I'll be along of them that's chosen" (A1 – 3), even the indeterminate plural "sorrows" and the determinate "the poor sinner" summoning up a groundswell of emotional response.

The semantic thrust of the sentences is subtly re-distributed, the pressure points delayed and expanded, with a resultant slowing-up of pace which has a "delayed-action" effect on understanding. Comprehension becomes less an act of acquisition than of permeation, with a lingering emphasis, ideally suited to these first-person "narrators".

These 2 ballades are unique in Villon's work, in both their characterization and their pathos. They are the only instances where Villon steps outside his own identity and disguises his voice. Synge, by different strategies, seeks to capture the essence of Villon's personae.

Another of Villon's English translators, Wyndham Lewis, inspired by Synge's versions, took a leaf out of Synge's book in his own translation of Villon's line 492, Je suis presque toute enraigiee, "I could be beside myself with rage almost" (noted in Draskau 1987, 316). Here the deviant, pseudo-dialectal position of the adverb is not well-integrated with the rest of the text, however. The device, successful in Synge, is less so in Lewis, for textlinguistic reasons.

Syntactic problems are viewed as inevitable in translations from Latin to French, in the view of Paul Valéry (1871 – 1945), Preface to Vergil's Eclogues: "Le poète français fait ce qu'il peut dans les liens très étroits de notre syntaxe: le poète latin dans la sienne si large, à peu près ce qu'il veut." A similar situation meets Villon's modern translators: Fifteenth century French still enjoyed comparative freedom which later stages of both French and English have lost. Synge's solution – exploiting the greater freedoms of Hiberno-English – is both effective and justified. His sensitive use of syntactic variations extends far beyond the syntactic level, affecting the TL-audience's reception of the TL version both as stylistic unit and as literary text.

Syntactic variants – an apparent deviance from "translatorial norms" – in an interpretative TL version, are in this case contributory to text-level success – and this despite the liberties Synge permits himself with content. There are clear deficits at word and sentence level, yet the sum remains remarkably similar. Only if this sum of aesthetic experience remains relatively stable can we with justification speak of "functional equivalence" in the translation of a literary text. In the case of Synge's Villon versions, it is syntactic variation, rather than syntactic equivalence achieved through adherence to translatorial norms, which contributes to the achievement of that functional equivalence.

Bibliography

Brunot, F./Brunot, C. (1949), Précis de grammaire
historique de la langue française, Paris: Masson
Chapman, R. (1973), Linguistics and Literature, London:
Edward Arnold
Cluysenaar, A. (1976), Introduction to Literary Stylistics,
London: Batsford

Draskau, J. (1987), The Quest for Equivalence: On Translating Villon, Copenhagen

Gagnepain, J. (1963), La syntaxe du nom verbal dans les
langues celtiques. I: Irlandais, Paris: Klincksieck

Gregor, D. B. (1980), Celtic: A Comparative Study, New York:
Oleander Press

Guillemin-Flescher, J. (1981), Syntaxe comparée du français
et de l'anglais, Paris: Ophrys

Halliday, M. A. K. (1967), "Descriptive Linguistics and
Literary Studies", in: McIntosh, A./Halliday, M. A. K.
Patterns of Language . Papers in General, Descriptive and
Applied Linguistics, London: Longman, pp. 56-69

House, J. (1977), A Model for Translation Quality Assessment, Tübingen: Narr

Joyce, J., "Dubliners", in: H. Levin (1948), The Essential
James Joyce, Penguin, pp. 353-514

Kelly, L. (1979), The True Interpreter. A History of Translation Theory and Practice in the West, Oxford: Blackwell

Mukařovský, J. (1970), "Standard Language and Poetic
Language", in: Freeman, D. (ed.), Linguistics and
Literary Style, New York: Holt, pp. 40-56

Newmark, P. (1986), "Translation Studies: eight tentative
directions for research and some dead ducks", in:
Wollin, L./Lindquist, H. (ed.), Translation
Studies in Scandinavia, Lund: Wallin & Dalholm, pp. 37-50

Palmer, F. (1965), A Linguistic Study of the English Verb,
London: Longman

Van Peer, W. (1984), "Between Stylistics and Pragmatics: The
Theory of Foregrounding", in: van Peer, W./Renkema, J.
(eds.), Pragmatics and Stylistics, Leuven: Acco, pp. 291-315

Rychner, J./Henry, A. (1974), Le Testament de Villon,
Geneva: Droz

Seymour-Smith, M. (1976), Who's who in twentieth century
literature, London: Weidenfeld and Nicolson

Synge, J. M. (1928), in: Lewis, W., François Villon,
A Documented Survey, London, pp. 302+423

Turner, G. (1973), Stylistics, Penguin

Vinay, J. P./Darbelnet, J. (1971), Stylistique comparée
du français et de l'anglais, Paris: Didier

Appendix

Synge's Villon Versions:

Text A: Prayer to the Virgin

MOTHER of God that's Lady of the Heavens, take myself,
the poor sinner, the way I'll be along with them that's
chosen.

Let you say to your own Son that He'd have a right to
5 forgive my share of sins, when it's the like He's done,
many's the day, with big and famous sinners. I'm a poor
aged woman was never at school, and is no scholar with
letters, but I've seen pictures in the chapel with

480

Paradise on one side, and harps and pipes in it, and the
10 place on the other side, where sinners do be boiled in
torment; the one gave me great joy, the other a great
fright and scaring; let me have the good place, Mother
of God, and it's in your faith I'll live always.

It's yourself that bore Jesus, that has no end or death,
15 and He the Lord Almighty that took our weakness and gave
Himself to sorrows, a young and gentle man. It's Himself
is Our Lord surely, and it's in that faith I'll live
always.

Text B: Regrets de la Belle Hëaulmiere

The man I had a great love for - a great rascal would
kick me in the gutter - is dead thirty years and over
it, and it is I am left behind, grey and aged. When I do
be minding the good days I had, minding what I was one
5 time, and what it is I'm come to, and when I do look on
my own self, poor and dry, and pinched together, it
wouldn't be much would set me raging in the streets.

Where is the round forehead I had, the fine hair, and
the two eyebrows, and the eyes with a big gay look out
10 of them would bring folly from a great scholar? Where is
my straight shapely nose, and two ears, and my chin with
a valley in it, and my lips were red and open? ...

It's the way I am this day - my forehead is gone away
into furrows, the hair of my head is grey and whitish,
15 my eyebrows are tumbled from me, and my two eyes have
died out within my head - those eyes that would be
laughing to the men: my nose has a hook on it, and my
ears are hanging down; and my lips are sharp and skinny.

That's what's left over from the beauty of a right woman
20 - a bag of bones, and legs the like of two shrivelled
sausages going beneath it.

It's the like of that we old hags do be thinking, of the
good times are gone away from us, and we crouching on
our hunkers by a little fire of twigs, soon kindled and
25 soon spent, we that were the pick of many.

Text A: Ballade

Dame du ciel, regente terïenne,
Emperiere des infernaulx paluz,
Recevez moy, vostre humble crestïenne,
Que comprinse soye entre voz esleuz.   876
Ce non obstant qu'oncques riens ne valuz.
Les biens de vous, ma dame, ma maistresse,
Sont trop plus grans que ne suis pecheresse,
Sans lesquelz biens ame ne peult merir   880

N'avoir les cieulx; je n'en suis jangleresse:
En ceste foy je vueil vivre et mourir.

A vostre Filz dictes que je suis scïenne;
De luy soient mes pechiez aboluz.
Pardonne moy comme a l'Egipcïenne,
Ou comme il fist au clerc Theophiluz,   886
Lequel par vous fut quicte et absoluz,
Combien qu'il eust au deable fait promesse.
Preservez moy que ne face jamaiz ce,
Vierge portant, sans rompture encourir,   890
Le sacrement c'on celebre a la messe:
En ceste foy je vueil vivre et mourir.

Femme je suis povrecte et ancïenne,
Qui riens ne sçay, oncques lettres ne leuz.
Au moustier voy, dont suis parroissïenne,
Paradiz paint, ou sont harpes et leuz,   896
Et ung enffer, ou dampnez sont bouluz;
L'un me fait paour, l'autre joye et lïesse.
La joye avoir me fais, haulte deesse,
A qui pecheurs doivent tous recourir,   900
Comblés de foy, sans faincte ne parresse:
En ceste foy je vueil vivre et mourir.

Vous portastes, digne Vierge, princesse,
Jhesus regnant qui n'a ne fin ne cesse.
Le Tout Puissant, prenant nostre foiblesse,
Laissa les cieulx et nous vint secourir,   906
Offrit a mort sa tres clere jeunesse.
Nostre Seigneur tel est, tel le confesse:
En ceste foy je veul vivre et mourir.

Text B

XLVII
Advis m'est que j'oy regrecter
La belle qui fut hëaulmiere.
Soy jeune fille soubzhaicter
Et parler en telle maniere: 456
"A! Viellesse felonne et fiere,
Pourquoy m'as si tost abatue?
Qui me tient, qui, que ne me fiere
Et qu'a ce coup je ne me tue?   460

XLVIII
«Tollu m'as la haulte franchise
Que Beaulté m'avoit ordonné
Sur clers, merchans et gens d'Eglise,
Car lors il n'estoit homme né   464
Qui tout le scien ne m'eust donné,
Quoy qu'il en feust des repentailles,
Mais que lui eusse abandonné
Ce que reffusent truandailles.   468

XLIX

«A maint homme l'ay reffusé,
Qui n'estoit a moy grant sagesse,
Pour l'amour d'un garson rusé,
Auquel j'en feiz grande largesse.   472
A qui que je feisse fynesse,
Par m'ame, je l'aymoye bien;
Or ne me faisoit que rudesse
Et ne m'amoit que pour le mien.   476

L

«Sy ne me sceust tant detrainer,
Fouller aux piez, que ne l'aymasse,
Et m'eust il fait les rains trayner,
S'il m'eust dit que je le baisasse,   480
Que tous mes maulx je n'oubliasse.
Le glouton, de mal entaichié,
M'embrassoit ... J'en suis bien plus grasse!
Que m'en rest'il? Honte et pechié.   484

LI

«Or est il mort passé trente ans,
Et je remains, vielle, chenue.
Quant je pense, lasse! au bon temps,
Que me regarde toute nue   488
– Quelle fuz, quelle devenue! –
Et je me voy si tres changee,
Povre, seiche, maigre, menue,
Je suis presque toute enraigee.   492

LII

«Qu'est devenu ce front poly,
Cheveux blons, ces sourciz voultiz,
Grant entreuil, ce regard joly,
Dont prenoie les plus soubtilz,   496
Ce beau nez droit, grant ne petiz,
Ces petites joinctes orreilles,
Menton fourchu, cler viz traictiz,
Et ces belles levres vermailles;   500

LIII

«Ces gentes espaulles menues,
Ces braz longs et ces mains traictisses,
Petiz tetins, hanches charnues,
Eslevees, propres et faictisses   504
A tenir amoureuses lices.
Ces larges reins, ce sadinet
Assiz sur grosses fermes cuisses
Dedens son petit jardinet?   508

LIV

«Le front ridé, les cheveux griz,
Les sourciz cheux, les yeulx estains,
Qui faisoient regars et ris
Dont mains meschans furent actains,   512
Nez courbes, de beaulté loingtaings,
Orreilles pendentes, moussues,

Le visz paly, mort et destains,
Menton froncé, levres peaussues   516

LV
«- C'est d'umaine beaulté l'yssue ...-,
Les braz cours et les mains contraictes,
Des espaulles toutes bossues,
Mamelles, quoy? toutes retraictes,   520
Telles les hanches que les tectes,
Du sadinet, fy! Quant des cuisses,
Cuisses ne sont plus, mais cuissectes
Grivelees comme saulcisses!   524

LVI
«Ainsi le bon temps regretons,
Entre nous, povres vielles soctes,
Assises bas, a crouppetons,
Tout en ung tas, comme peloctes,   528
A petit feu de chenevoctes,
Tost alumees, tost estainctes ...
Et jadiz fusmes si mignotes!
Ainsi en prent a maint et maintes.»   532

"Längsachsen": Ein in der Textlinguistik vernachlässigtes Problem der literarischen Übersetzung

Armin Paul Frank (Georg-August-Universität Göttingen)

1. Vorbemerkung

Unterschiede zwischen dem Übersetzen von literarischen Werken und von Texten aller Art sind oft und kontrovers diskutiert worden. Auch bei der Konferenz hier in Hildesheim haben wir einiges dazu gehört. Aber dabei fehlte – außer in einer Andeutung von Albrecht Neubert über "sequentielle Äquivalenz" – ein Gesichtspunkt, der in der vorliegenden Literatur umgekehrt proportional zu seiner hervorgehobenen Bedeutung im Hinblick auf die Struktur literarischer Werke behandelt wird. Das ist der Anlaß dafür, daß ich ihn in den Mittelpunkt dieses Beitrages stelle. Insoweit es dabei um Unterschiede zwischen literarischem und anderem Übersetzen geht, intendiere ich ähnlich wie Mary Snell-Hornby kein Kästchensystem und schon gar kein Kastensystem, sondern – soweit von der Sache her gerechtfertigt – ein Kontinuum. Es in vollem Umfang abzustecken und auszumessen, dazu fehlt hier natürlich der Platz; denn dabei wären auch die inneren Differenzierungen der unter der Bezeichnung "Literatur" und "Textsorten" zusammengegriffenen Kategorien voll zu berücksichtigen.

Der Grund dafür, daß ich diesen Gesichtspunkt mit großer Gewißheit forcieren kann, liegt darin, daß er sich in den bisherigen Ergebnissen des Göttinger Sonderforschungsbereichs "Die Literarische Übersetzung" geradezu aufdrängt. Beginnen möchte ich daher mit einigen knappen Angaben zu diesem Forschungsvorhaben, um dann in zwei einfachen, einander ergänzenden Beispielen diejenigen Teilstrukturen, die ich "Längsachsen" nenne, textnah vorzustellen. In einer speziellen Zusammenfassung möchte ich die induktiv gewonnenen Merkmale der von uns bisher identifizierten Längsachsentypen nennen und in einer generellen Zusammenfassung auf einige Konsequenzen hinweisen, die sich daraus für eine allgemeine Theorie der Übersetzung ergeben. Schließen möchte ich nicht ohne einige Hinweise für den praktizierenden Übersetzer. Zwar erscheint mir das Lehren aus der Praxis direkt für die Praxis jedenfalls für die literarische Übersetzung kurzschlüssig; bekanntlich sind einige der bedeutendsten Leistungen in der Geschichte der Übersetzung gerade dadurch zustande gekommen, daß sich Übersetzer konsequent _gegen_ die herrschende Praxis stellten (was nicht heißt, daß ein jedes Abweichen von der Praxis auch schon eine hervorragende Leistung garantiert). Aber dieses selbstverständliche Faktum zeigt, daß historische und

486

systematische Forschung sowie eine dadurch informierte Praxiskritik eine
nützliche – um nicht zu sagen: notwendige – Ergänzung der Übersetzerausbildung ist.

2. Der Sonderforschungsbereich "Die Literarische Übersetzung"

Ziel dieser auf verschiedenen individuellen Arbeiten aufbauenden, 1983
initiierten und seit Anfang 1985 geförderten Zusammenarbeit mehrerer
philologischer Fächer ist das Herausarbeiten der Grundlinien einer Kulturgeschichte der literarischen Übersetzung ins Deutsche. Zu diesem Zwecke
untersuchen wir – zum ersten Male überhaupt in der Übersetzungsforschung
– wirklich große zusammenhängende Corpora von Übersetzungen ins Deutsche
aus der Zeit vom 18. bis 20. Jahrhundert mit bisher noch nie geübter Ein-
läßlichkeit. Bei einer Erschließungsarbeit dieser Art muß man alle möglichen
Überraschungen gewärtigen und deshalb für alle möglichen Überraschungen
offen sein. Sich dabei von irgend welchen abgeleiteten Kategorien führen zu
lassen, das liefe (wie ja auch Yishai Tobin auf seine unnachahmliche Art
verdeutlicht hat) stets darauf hinaus, sich Scheuklappen aufzusetzen. Das
einzige, was man voraussehen kann, ist, daß eine jede Übersetzung anders
ausfallen muß als ihre Vorlage; denn die beiden Sprachen, Literaturen und
Kulturen, zwischen denen übersetzt wird, sind – selbst unter nah verwandten – zum Teil drastisch voneinander unterschieden; hinzu kommen
Unterschiede der historischen Distanz, historische und individuelle Unterschiede in der Auffassung des Ausgangswerks und seines Autors sowie
historisch und individuell begründete Unterschiede in der Vorstellung von
dem, was gut und richtig übersetzen heißt. Übersetzen ist ein paradoxes
Geschäft; allein die Tatsache, daß Übersetzen nötig ist, macht seine Frag-
würdigkeit aus.

Diese fragende Offenheit sowie die breite und interdisziplinäre Anlage
unserer detaillierten Erschließungsarbeit machen auch schon die bisher
gewonnenen Analyseergebnisse für bestimmte Fragen der Textkonstituierung
von literarischen Übersetzungen in hohem Maße verallgemeinerungsfähig.

3. "Längsachsen"

Herausgearbeitet wurden diese Strukturen mit textnahen literaturwissen-
schaftlichen Methoden. In den textlinguistisch orientierten Arbeiten, die wir
eingesehen haben, fanden wir keine Hinweise. Das halte ich nicht für weiter
tragisch; denn es wäre ohnehin unökonomisch, wenn alle dasselbe täten. Bei
"Längsachsen" handelt es sich um makrokontextuelle Strukturen in dem für

literarische Befunde wichtigen Bereich der Beziehungen zwischen Textmerk-
malen und den literarischen "Inferenten", also den Elementen der Vorstel-
lungswelt eines Werks (seiner "vermeinten Wirklichkeit"), die der Leser aus
dem Text erschließt. (Der Terminus "Inferent" wurde analog zum referent in
einer der Grundlegungen der modernen Semantik gebildet, C.K. Ogdens und
I.A. Richards' The Meaning of Meaning.)

Der ziemlich hohe Belegaufwand, den textnahes Arbeiten mit makrokon-
textuellen Strukturen verlangt, macht im gesteckten Rahmen mehrere Einschränkungen nötig: (1) Es bleibt nichts anderes übrig, als darauf zu
verzichten, Prinzipien und Modelle explizit darzulegen und Bezugnahmen auf
vorliegende Fachliteratur knapp zu halten. (2) Wegen der Überschaubarkeit
wurden die Beispiele aus unseren Fallstudien zu Übersetzungen von Kurzge-
schichten ausgewählt; wiewohl der Charakter von Längsachsen als Strukturierungen, die weiter gespannt sind als die üblichen Diskurszusammenhänge,
an Großformen, also an Epen und Romanen, noch deutlicher hervortreten
könnte; dasselbe gilt für Arten der Literatur, die, wie z.B. modernistische
Gedichte, im Sinne herkömmlicher Arten der Diskursbildung (z.B. argumenta-
tiver Zusammenhang, Handlungsverknüpfung, Einheit der Stimmung) dezidiert
diskontinuierlich sind. (3) Ich stütze mich auf Übersetzungen lediglich von
amerikanischer Literatur, weil ich beim jetzigen Stand unserer Arbeit noch
unpublizierte Ergebnisse anderer Teilprojekte respektiere und nur das
vorstellen möchte, an dessen Ausarbeitung ich selbst beteiligt war.

3.1 Ein Cousin ist ein Verwandter, aber nicht jeder Verwandte ist ein Cousin: Örtliche Bedeutung und Enthüllungsstrukturen in John Steinbecks "The Murder"

In dieser hartgesottenen Kurzgeschichte, die in Steinbecks geliebter
Monterey County in Kalifornien spielt, heiratet der englischstämmige Rancher
Jim Moore die aus Jugoslawien stammende blutjunge Jelka Sepic. Die aus der
unterschiedlichen Herkunft herrührenden Mentalitätsunterschiede der beiden
führen bald zu Spannungen. Jim leidet darunter, daß er mit seiner Frau
nicht richtig ins Gespräch kommt und erbost sich einmal über die monat-
lichen Besuche des jungverheirateten Paars bei Jelkas Verwandten (1980,
284):

> "A fine time you'll have," Jim said to her. "You'll gabble your crazy
> language like ducks for a whole afternoon. You'll giggle with that
> big grown cousin of yours with the embarrassed face. If I could find
> any fault with you, I'd call you a damn foreigner."

Isoliert betrachtet läßt sich das Übersetzungsproblem, das in dieser Passage
steckt, recht gut mit gängigen textlinguistischen Kategorien beschreiben,

z.B. mit der Trias Bedeutung, Bezeichnung und Sinn, wie Eugenio Coseriu sie 1981 expliziert hat. Eine methodische Grundschwierigkeit läßt sich freilich nicht vermeiden: In dem Augenblick, in dem ich die übersetzungskritische Aufmerksamkeit auf diese Passage lenke, läßt sie sich nicht mehr mit der Unschuld desjenigen lesen, für den Steinbeck sie geschrieben hat: für jenen Leser, der einfach am Fortgang dieser Geschichte interessiert ist und der deshalb vermutlich über einiges hinweglesen wird, worauf wir jetzt sorgfältig achten müssen; doch wäre es unrichtig, bei der Übersetzungsanalyse und - kritik das Interesse dieses "intendierten Lesers" ganz außer acht zu lassen (wiewohl ich gerade beim Übersetzen von Literatur die Leserrolle nicht ganz so hoch ansetzen würde wie J.C. Santoyo - nicht nur literarische Werke, sondern auch literarische Übersetzungen können über die Situation hinaus, in der sie entstanden sind, weiterleben oder wiederaufleben).

In der zitierten Stelle aus "The Murder" wird zum erstenmal in der Erzählung jene Person aus Jelkas Verwandtschaft bezeichnet, auf die die Worte "that big grown cousin of yours with the embarrassed face" gemünzt sind. Das ist eine Sache der Sprachäußerung. Was nun die Bedeutung des Wortes cousin im Sprachsystem angeht, so handelt es sich - ich verrate kein Geheimnis - um das männliche oder weibliche Kind des Onkels oder der Tante. Da an dieser Stelle nicht mehr gesagt wird und der Sinn dieser Passage offensichtlich und emphatisch darin liegt, Jims recht rüde Worte als Ausdruck seines Gefühls des Ausgeschlossenseins aufgrund seiner mangelnden Sprachkenntnisse zu verstehen, dürfte es ziemlich unwichtig sein, ob Jelka mit einem Vetter oder einer Base herumkichert. Dem deutschen Übersetzer - und das ist der springende Punkt - bleibt für den Fall, daß er das Wortfeld nicht verlassen will, keine andere Wahl, als sich für Vetter oder Base, Cousin oder Kusine zu entscheiden. Diese Entscheidung kann freilich in dem vorliegenden Zusammenhang auf nicht mehr als einem Wahrscheinlichkeitskalkül beruhen, wobei sich für beide Lösungen Gründe finden lassen. Das ist im übrigen einer jener Punkte - hier ein sprachsystematisch begründeter -, an denen im Sinne der Ausführungen von Wolfram Wilss dem Übersetzer ein Akt der Entscheidung aufgezwungen wird.

Zurück aber zu den Moores. So sehr hat Jim unter den Verständigungsschwierigkeiten mit seiner Frau gelitten, daß er schon vor dem gerade diskutierten Ausbruch seines Ärgers in seine Junggesellengewohnheit zurückgefallen war und nächtelang die Bar im nächsten Ort frequentierte, in der auch andere Laster zu haben sind als nur Alkohol. Dabei rückt Steinbeck immer wieder Jims Bedürfnis nach Ansprache und Aussprache und seine Fähigkeit dazu in den Vordergrund. Jim sucht in den Barmädchen zuallererst Konversationspartnerinnen. Bei einem dieser nächtlichen Ausritte stößt er auf Spuren von Wilddieben, patrouilliert seine Weidegebiete - und als er zu ungewohnter Stunde leise heimkehrt, entdeckt er einen Fremden im Bett seiner Frau (Steinbeck 1980, 296): "Then Jelka twitched in her sleep, and the man rolled his head and sighed – Jelka's cousin, the grown, embarrassed cousin."

Jim ist aufs äußerste überrascht und erschüttert. Er zögert lange, bevor er den Eindringling im Schlaf erschießt. Nicht überrascht dürfte der gewiefte, motivkundige Leser sein, denn für ihn verdichtete sich schon die ganze Zeit die Ahnung, daß auch Jelka kein leuchtendes Vorbild ehelicher Treue ist. Im Vergleich zu diesem allmählich gewonnenen Vorauswissen auf seiten des kundigen Lesers kommt der Erkenntnissprung Jims schlagartig. Das ist eine erzählerische Variante der dramatischen Ironie.

Für das Phänomen "Längsachse" ist die Verteilung der beiden aufeinander bezogenen Stellen im Text wichtig: Sie liegen sechs Seiten auseinander. Wenn im folgenden Diagramm die waagrechte Linie die Texterstreckung von Titel bis Ende darstellt, so markiert Punkt (1) die "Kicherstelle", Punkt (2) die "Ehebruchstelle" und Punkt (3) den Mord:

```
"The Murder" I-----(1)-------(2)---(3)----x   THE END
       p. 1      5          11  12   15
```

In der vorliegenden deutschen Übersetzung hat Marie von Schweinitz den kritischen Satz der Kicherstelle vorausweisend übersetzt. Sie berücksichtigt nämlich bereits da die erst an der Ehebruchstelle eindeutig gegebene Information und stellt so – was die Person des Kicherpartners angeht – Aquivalenz auf der Ebene des Bezeichneten her: "You'll giggle with that big grown cousin of yours" macht sie zu (Steinbeck 1980, 285): "Du wirst mit deinem Vetter herumschäkern, dem großen, erwachsenen mit dem verlegenen Gesicht." Daß Jelka und ihr Cousin miteinander geschäkert hätten, geht allerdings aus Steinbecks Erzählung nicht hervor: to flirt steht nicht da. Und da diese Situation ja in Jims Worten geschildert wird, kann man daraus schließen, daß Steinbecks Jim – anders als der übersetzte – kein Schäkern bemerkt hat. Sonst hätte er ihr – so wie wir ihn später kennenlernen – sicher etwas anderes erzählt als (1980, 285): "Wenn ich irgend etwas an dir auszusetzen fände, würde ich dich 'verdammte Ausländerin' nennen."

Aber achtet man erstens nicht nur auf die bezeichnete – hier sicher fiktive – Wirklichkeit und betrachtet man zweitens die Stelle nicht für sich, lokal, sondern im Hinblick auf ihren Platz im Werkganzen, gewinnt man eine andere Perspektive. Auf Textebene ist sie durch Wortwiederholungen mit dem Moment der Erkenntnis Jims kurz vor dem Mord (also dem im Titel genannten Höhepunkt) verbunden. Diese Wortwiederholung ist literarisch signifikant.

Beide Stellen bilden in unserer Terminologie die Endpunkte einer Längsachse. Denn als Teil des literarischen Aufbaus, an dem ich in diesem Zusammenhang die Enthüllungsstruktur hervorgehoben habe, kann es der
Steinbecksche Text gut vertragen, daß die englische Sprache dem Autor mit
cousin ein Wort anbietet, das das Geschlecht nicht offenlegt. Jim − so läßt
sich aus seinen Worten schließen − sieht in Jelkas Kicherpartner nicht den
Mann, sondern den Angehörigen ihrer Sprachgemeinschaft, von der er selber
ausgeschlossen ist. Um so größer kann seine Erschütterung sein, als er ihn
nicht nur als Sprecher, sondern auch als Ehebrecher erleben muß.

Auch für den Leser ist diese partielle Verhüllung am Anfang nicht ohne
Bedeutung. Sie aufzuheben, wie es die Übersetzerin tut, verändert die
literarischen Aufbauelemente "Spannung" (sie wird verringert) und "drama-
tische Ironie" (die Höhe von Jims Erkenntnissprung wird ebenfalls verringert: Er hat ja ein Schäkern bemerkt; er hat gesehen, daß sich da was
anbahnt).

Der deutsche Übersetzer steht somit vor einem unauflösbaren Konflikt. Denn
die lokale referentielle Bedeutung (Wer ist der cousin?) und die relationale
Bedeutung (also der strukturelle und damit sinnstiftende Zusammenhang
zwischen dem Kichermoment und dem Ehebruchsmoment) lassen sich zusammen in einer Übersetzung nicht erhalten. Denn selbst eine Korrektur der von
Schweinitzschen Wortwahl "herumschäkern" brächte für den Erhalt der
Längsachse herzlich wenig; immer noch wäre ja das Geschlecht des Kicherpartners offengelegt. Eine relational entsprechende Übersetzung könnte im
Deutschen nur dadurch gelingen, daß man das Wortfeld cousin−Cousin/Kusine
verläßt, insoweit also eine referentielle Abweichung in Kauf nimmt. Man
könnte Jim zum Beispiel sagen lassen: "Du wirst mit deiner Verwandtschaft
herumkichern"; das noch bösere Wort "mit deiner Mischpoke" kommt wahrscheinlich im Wortschatz eines nicht in der großen Welt lebenden Ranchers
vom Schlage Jim Moores nicht vor. Aber auch die Lösung mit "Verwandtschaft" hätte ihren Preis: Die Verhüllung fiele dichter aus als bei Steinbeck,
und der Übersetzer müßte dem an der Ehebruchstelle Rechnung tragen, wo
er, ebenfalls abwandelnd, etwa folgendes schreiben müßte: "Da zuckte Jelka
im Schlaf, und der Mann drehte den Kopf und seufzte − es war einer von
denen aus ihrer Verwandtschaft, mit denen sie immer so herumgekichert
hatte."

3.2 Der vieldeutige "chief": Bedeutungswandel als Strategie des Humors in Mark Twains "Journalism in Tennessee"

Mit diesem zweiten Beispiel möchte ich eine ganz anders geartete Längsachse
vorstellen. Die genannte Skizze Mark Twains (1957, 27−32) gilt allgemein als

Wildwestburleske, ist aber eher dem Genre der Lukianischen Ironie zuzurechnen, der reductio ad absurdum durch maßlose Übertreibung. Ein vermutlich jüngerer Mann aus dem amerikanischen Nordosten geht zu jener Zeit
nach Tennessee, als dort noch Wildwestverhältnisse herrschten und diejenigen zu Peitsche und Colt griffen, die sich von aggressiven Berichten und
Kommentaren in der örtlichen Presse beleidigt fühlten. Er findet Anstellung
in der Redaktion der Zeitung Morning Glory and Johnson County War Whoop.
Solche Doppeltitel sind auch heute noch in den USA nicht unüblich; so gut
wie unwahrscheinlich ist hingegen das Element "War Whoop", also "Kriegs-
geheul der Indianer"; es ist aber für Struktur und Sinn der Erzählung ganz
wichtig.

Bei der Zeitung handelt es sich um eines der für die USA des 19. Jahrhunderts typischen ländlichen Einmannunternehmen, dessen Eigentümer in
Personalunion Herausgeber, Redakteur, Reporter und oft auch Setzer war. Da
dieser eine zweite Kraft einstellt, avanciert er selber sofort zum Chefredakteur, chief editor. Sein neuer Assistent, das Greenhorn, das aus dem
Nordosten kam und zugleich — ganz wichtig — der Erzähler ist, wird von der
ersten Stunde an in die Schießereien hineingezogen, die erboste Opfer der
giftigen Feder seines Chefs (seines chief, wie er nach einer Weile vertrau-
lich abkürzend sagt) gegen denselben anzetteln. Schon am ersten Nachmittag
läßt ihn der chief allein, nicht ohne ihm eine Reihe racheschnaubender
Zeitgenossen angekündigt und ihm geraten zu haben, wie er sich ihrer er-
wehren könne. Aber nichts verfängt, und der Neuankömmling wird nach
Strich und Faden verprügelt, zum Fenster hinausgeworfen, von einem nicht
angekündigten Fremden skalpiert und schließlich von einer ganzen Bande mit
Tomahawks bedroht (unter denen freilich kein einziger Indianer ist). Da
kommt sein chief zurück, mit einem Rettungstrupp kampflustiger Freunde,
und das Gemetzel, das jetzt entsteht und das der Erzähler wiederum mit
Wörtern aus der Indianerkriegsführung schildert, überleben nur zwei: er und
sein chief, der, blutverschmiert, als gory chief zusammen mit seinem Assi-
stenten das leichenteilübersäte Schlachtfeld überblickt.

Unter dem Gesichtspunkt der Bezeichnung, also referentiell gesehen, sind in
diesem Text chief editor und chief äquivalent; denn sie verweisen auf ein
und dieselbe Person. Dasselbe gilt in der Übersetzung für Chefredakteur und
Chef, die das gute Dutzend Übersetzer dieser Geschichte, die wir bisher
ermittelt haben, in bunter Abwechslung einsetzen. Beurteilt man aber die
Wortwahl Mark Twains unter dem Gesichtspunkt der Längsachse, dann ist
dieses Wechselspiel nicht ausgangstextgerecht; denn unter Berücksichtigung
der verschiedenen Bedeutungen, die in den verschiedenen Kontexten vom
Autor geschickt aktualisiert werden, ergibt sich eine interessante
sinnstiftende Sequenz:

```
"Journalism"   I---(1)--------(2)-----(3)--(4)----x   THE END
           p. 1         4       5    5     6
```

Mark Twains Zeitungsmensch aus Tennessee wird zunächst – Punkt 1 – mit seiner Berufsbezeichnung chief editor vorgestellt, die eine Zeitlang beibehalten wird. Vom dritten Überfall an verwendet der Erzähler die vertrauliche Kurzform chief (in der Slangbedeutung Vorgesetzter, Boss), denn nichts verbindet so sehr wie eine Reihe glücklich überstandener Attentate (Punkt 2). Dort, wo der chief an der Spitze des Rettungstrupps zurückkehrt – Punkt 3 –, changiert die Bedeutung hin zu militärischer Anführer, abgeleitet etwa von chief petty officer. Aber sobald – Punkt 4 – vom gory chief die Rede ist, sind wir bei der Bedeutung Indianerhäuptling angekommen und wissen auf einmal, wie passend das Indianergeheul im Zeitungstitel ist.

Dieser vierstufige Bedeutungswandel kommt durch eine vorzüglich aus der Lyrik bekannte Technik zustande, dadurch nämlich, daß der planvoll aufgebaute Kontext, in den ein Wort jeweils gestellt wird, dessen Bedeutungen quasi durchdekliniert. Hier ist es vor allem die Indianerbildlichkeit, mit der der verschreckte Erzähler die ohnehin übertriebenen Schilderungen seiner Abenteuer immer wieder schaurig überhöht. Besiegelt wird diese phantastische, in der angstgepeinigten Phantasie des Greenhorns vollzogene Verwandlung seines Arbeitgebers in einen blutrünstigen Oberwilden, einen gory chief, genau durch dieses Epithet gory, das in der populären Wildwestliteratur des 19. Jahrhunderts beinahe so etwas wie die verbale Kriegsbemalung des Indianerhäuptlings war, sein klischeehaftes Kennwort. Dieser Bedeutungswandel ist ein tragendes Element des Humors in dieser Skizze und ist kennzeichnend für eine sich um Mark Twain kristallisierende Tradition des "westlichen" amerikanischen Humors, die gegen den zivilisierten Bürger des (Nord-)Ostens gerichtet ist; zugleich läuft die reductio ad absurdum, die Ironisierung durch maßlose Übertreibung, die die Auswüchse des amerikanischen Journalismus des 19. Jahrhunderts hier erfahren, ebenfalls über diese Längsachse.

Dennoch hat, wie gesagt, keiner der dreizehn deutschen Übersetzer auf diese strukturell zentrale Längsachse geachtet; jeder von ihnen hat stets referentiell äquivalent übersetzt. Aber wenn man die für den Sinn und den künstlerischen Wert wesentliche Längsachse in der Übersetzung erhalten will, dann muß man etwas tun, was man nach Weinrich und Coseriu nie tun darf; Weinrich zum Trotz muß man in diesem Fall Wörter übersetzen, nicht einen Text; und entgegen Coserius ähnlichem Postulat muß man hier einige vom Sprachsystem gegebene Bedeutungen und nicht die in eine Sprachäußerung eingebetteten Bezeichnungen übersetzen. Nun gibt es im Deutschen kein

Wort, das der Bedeutungsvielfalt von amerikanisch chief genau entspricht – vollständige zwischensprachliche Äquivalenzen im Lexikon sind eben äußerst dünn gesät. Deshalb muß ein Übersetzer, will er eine solche dynamische Längsachse erhalten, viele lokale Abweichungen lautlicher, semantischer, stilistischer und oft auch syntaktischer Art in Kauf nehmen, um dieses makrokontextuelle literarische Element zu erhalten. Er müßte in jedem Fall bei dem Zielpunkt der Längsachse, in diesem Fall beim blutrünstigen Häuptling einsetzen und sich von daher rückwärts voranarbeiten. Auch hier heißt Übersetzen Erfinden. Und dennoch gelänge dies nicht ohne Abweichungen; denn Mark Twains rein semantisches Spiel mit den verschiedenen Bedeutungen des Lexems chief müßte im Deutschen lexikalisiert und damit verdeutlicht werden.

4. Längsachsen: Ein Merkmalkatalog

Die in unserem Projekt bisher identifizierten Längsachsen lassen sich mit Hilfe der folgenden Fragen klassifizieren. Diese Klassifikation kann einem Übersetzer, der solche literarisch signifikanten Rekurrenzen herüberretten will, bei der Wahl seiner Übersetzungsstrategie helfen.

4.1 Woraus besteht die Längsachse? Neben Wörtern, wie in den hier vorgestellten Fällen, sind auch Motive, rhythmische Figuren u.ä. längsachsenfähig.

4.2 An wieviel Stellen ist sie im Text verankert?

4.3 Über welche Texteinheit erstreckt sie sich (Absatz/Strophe, Kapitel/ Gesang, ganzes Werk)?

4.4 Welcher Art ist ihre Auffälligkeit? Wir sind überraschend auf Längsachsen gestoßen, die im Ausgangstext so unauffällig sind, daß sie erst durch Übersetzungsschwierigkeiten aufgedeckt werden.

4.5 Ist die Längsachse statisch oder dynamisch?

4.6 Wie ist sie eingebettet? Unter Einbettung verstehen wir einen Hof von Begleitwörtern, die das Schlüsselwort umgeben, die Indianerausdrücke also den chief. Die Merkmale dynamisch, vorwiegend zielseitige Auffälligkeit und Begleitwörtereinbettung korrelieren oft, aber keineswegs immer, miteinander.

4.7 Ist die Längsachse direkt oder indirekt geführt? Indirekte Führung mit Hilfe von Begleitwörtern ist eine besonders anspruchsvolle, vor allem in

moderner diskontinuierlicher Lyrik und in Bewußtseinsstromliteratur ausge-
bildete Technik.

4.8 Ist mehr als eine Längsachse für ein Werk signifikant?

4.9 Wenn ja: in welchem Verhältnis stehen sie zueinander? Fragen 7−9 betreffen auch das, was in der Literaturwissenschaft als Bildmuster, <u>image</u>
<u>pattern</u>, bekannt ist.

Der Vollständigkeit halber seien die beiden hier vorgestellten Längsachsen
stichwortartig klassifiziert:

	"The Murder"	"Journalism in Tennessee"
4.1	Wortgruppe	Wort
4.2	2 mal	4 mal
4.3	Werk	Werk
4.4	ausgangsseitig	eher zielseitig
4.5	statisch	dynamisch
4.6	ohne Begleitwörter	mit Begleitwörtern
4.7	direkt	direkt
4.8	nein	nein
4.9	entfällt	entfällt

5. Einige Folgerungen für eine allgemeine Übersetzungstheorie

Die Beispiele haben, so meine ich, gezeigt, daß jede Äquivalenz, die man
beim Übersetzen eines literarischen Werks erreichen kann, durch eine oder
mehrere Differenzen erkauft werden muß. Damit es hier kein Mißverständnis
gibt: <u>Äquivalent</u> sein heißt für mich im Sinne des gängigen Wortgebrauchs in
der deutschen Übersetzungstheorie schlicht und bieder so viel wie <u>gleich</u>
sein. Den hybriden Begriff, so wie ihn Horst Turk expliziert hat, Äquivalenz
nämlich als je und je verschiedene Mischung von Gleichheit und Verschiedenheit, habe ich in der Übersetzungsanalyse bisher nur so gut handhaben
gelernt wie beim Einkleben meiner Ferienfotos einen Leim, der zugleich klebt
und abstößt. Den Terminus <u>Adäquatheit</u> verwende ich, wenn überhaupt, im
Sinne z.B. der Übersetzungsforscher, die sich in dem von Theo Hermans herausgegebenen Sammelband <u>The Manipulation of Literature</u> (1985) geäußert
haben, als Übereinstimmung einer literarischen Übersetzung mit Traditionen
oder Konventionen der Zielliteratur.

Die Tatsache, daß eine jede Übersetzung eine je und je andere Bilanzierung
von Äquivalenzen und Differenzen ist, verlangt m.E. nach Berücksichtigung
in der allgemeinen Übersetzungstheorie. Zu einer solchen Theorie sind hier
nur einige kurze, knappe und deshalb eher apodiktische als argumentative
Andeutungen möglich.

Achtet man auf den ontologischen Status literarischer Werke, so gehören sie zur Klasse der primären Texte. Denn die Wirklichkeit, auf die sie sich beziehen, ist durch keinen anderen Text als den einen einzigen zugänglich, in dem das jeweilige Werk vorliegt. (Verschiedene Fassungen eines Werks sind insoweit verschiedene Werke.) In dieser ontologischen Sicht sind sekundäre Texte solche, die auf einen auch ohne sie zugänglichen Wirklichkeitsausschnitt bezogen sind, auf einen Sachverhalt als eine konstante interlinguale Größe im Sinne von Werner Koller (1979, 115). Auf so einen Sachverhalt – z.B. die eindrucksvolle Antikensammlung des Roemer–Pelizaeus–Museums – können grundsätzlich mehrere Texte auch in mehreren Sprachen verweisen, Originaltexte wie auch Übersetzungen, und die Übersetzungen müssen letztendlich denselben Sachkategorien genügen wie die Originaltexte (auch wie die in der jeweiligen Zielsprache einer solchen Übersetzung).

Aus dem besonderen ontologischen Status literarischer Werke folgt nun, daß die Wirklichkeit, die einem solchen Werk zugeordnet ist, insofern eine vermeinte Wirklichkeit ist (und das heißt ebensowenig eine vermeintliche Wirklichkeit wie die vom Autor gemeinte), als sie nur durch diesen einen Text zugänglich ist. Das bedeutet, (1) daß die referentielle Bedeutung im Vergleich zu den Sachtexten eine anders geartete Rolle spielt. Entscheidend für das Verstehen literarischer Werke – und hier nehme ich eine Andeutung aus der Einleitung auf – ist nämlich nicht die Referenz, sondern die Inferenz, das Schließen auf die vermeintliche Welt aus allem, was in einem literarischen Werk ein solches Schließen oder Erschließen möglich macht; referentielle Bedeutung ist nur ein Teil dieses Sinnpotentials. Und weil jedes Detail eines literarischen Werks grundsätzlich von Bedeutung ist – im Extremfall jedes Komma und jeder Unterschied zwischen einem großen und einem kleinen Anfangsbuchstaben –, läuft (2) jede, auch die kleinste übersetzerische Veränderung eines literarischen Werks grundsätzlich auf eine Veränderung der Verstehensmöglichkeiten und damit der vermeinten Wirklichkeit hinaus. Louis MacNeice (1949, 5) kommentierte seine Faust-Übersetzung so: Die ideale Übersetzung eines Werks wie Faust müßte exakt so sein wie das Werk selber.

Dieses formale Paradoxon bringt das paradoxe Geschäft des Übersetzens von Literatur auf den Punkt. An literarischen Werken gibt es nichts, was man beim Übersetzen weglassen könnte, wohl aber an sekundären Texten. Und weil dies so ist, könnte in einer präzisen, umfassenden, übersetzungsrelevanten Textsortentheorie sehr genau beschrieben werden, was und wieviel beim Übersetzen dieser oder jener Textsorte im Vergleich zum vollständigen Sinnpotential weggelassen werden kann, ohne daß der spezielle Sinn und Zweck des jeweiligen Texts darunter leidet. Das Übersetzen eines Sachtexts verhält sich zum Übersetzen eines literarischen Werks etwa wie das Lösen einer Aufgabe in der euklidischen Geometrie zum Lösen einer Aufgabe in der sphärischen Trigonometrie. Wie die euklidische Geometrie ein reduzierter Spezialfall der sphärischen Trigonometrie ist, ist die Theorie z.B. der Sachtextübersetzung ein reduzierter Spezialfall einer noch zu entwerfenden Theorie der literarischen Übersetzung; spezielle Übersetzungstheorien betreffen die verschiedenen reduzierten Textsorten.

6. Hinweise für den praktizierenden Übersetzer

Zwei abschließende Gedanken gelten dem Übersetzer literarischer Werke. Die ideale literarische Übersetzung müßte, wie gesehen, eine totale Übersetzung sein. Das ist offensichtlich unmöglich. Auslassungen und Hinzufügungen, Abweichungen und Veränderungen sind unvermeidbar. Doch würde ich für die übersetzerische Entscheidungsfindung, was weglassen, was beibehalten und was hinzugefügt werden soll, keine Vorschriften erlassen wollen. Ich würde dem Übersetzer vielmehr empfehlen, in eigener Verantwortung jene Wenn-dann-Logik anzuwenden, die auch ich stellenweise angezogen habe: Wenn ich als Übersetzer unter den so und so gelagerten sprachlichen, literarischen, kulturellen, naturellen und historischen Fremdheitsbedingungen diese spe-ziellen Züge dieses ganz unverwechselbaren Werks, das mir vorliegt, her-überretten will, dann muß ich jene speziellen Merkmale opfern. Ich würde mir nur dreierlei wünschen: daß sich der Übersetzer auch von "übersetzungswissenschaftlichen" Rezepten nicht irreleiten läßt, die von ihm verlangen, er müsse, wenn er beispielsweise Il nome della rosa übersetzt, einen Roman übersetzen. Mitnichten: Er muß nicht einen Roman übersetzen, auch nicht einen historischen Kriminalroman, sondern einen Roman: diesen ganz bestimmten unverwechselbaren vor ihm; denn jedes literarische Werk, das diesen Namen verdient, ist anders als jedes andere. Zweitens wäre es gut, wenn der Übersetzer von Literatur auch auf die relationale Bedeutung, auf die Längsachsen, achtete, und darüber hinaus auf die Konventionen und Traditionen, auf die ihn nichts anderes als eigene Lektüre und die Literaturgeschichte hinweisen kann. Und schließlich ist es wichtig, daß der Übersetzer beim Ziehen seiner höchstpersönlichen Bilanz aus Äquivalenzen und Differenzen konsequent vorgeht.

Und der zweite Gedanke: Bei der Übersetzung literarischer Werke kann es, wie gezeigt, jeweils nur Detailäquivalenzen geben, von denen eine jede durch Detaildifferenzen erkauft werden muß. Was könnte unter diesen Bedingungen unter Äquivalenz einer Übersetzung als ganzer verstanden werden? Ich würde Albrecht Neuberts Gedanken einer je und je errungenen Äquivalenz aufnehmen, aber noch etwas entspannter fassen und von einer je und je gesetzten Äquivalenz sprechen. Die übersetzerische Werkäquivalenz wird bei der literarischen Übersetzung durch einen performativen Akt gesetzt: dadurch, daß der Übersetzer wirklich oder in Gedanken das Wort "Ende" hinschreibt, daß er seine Übersetzung zeichnet, daß er sie abliefert und damit zu verstehen gibt: Das ist jetzt so weit, wie ich unter den bestehenden Bedingungen – auch unter den bestehenden Arbeitsbedingungen – kommen konnte. Paul Valéry ist schon zitiert worden; er sei es noch einmal, mit einem leicht abgelösten Zitat: "... un ouvrage n'est jamais achevé ... mais abandonné." Eine literarische Übersetzung auch.

Bibliographie

Coseriu, Eugenio (1981), "Kontrastive Linguistik und Über-
setzungstheorie: ihr Verhältnis zueinander", in: Kühl-
wein, W. et al. (eds.)(1981), Kontrastive
Linguistik und Übersetzungswissenschaft, München: Fink,
pp. 183-199
Hermans, Theo (ed.) (1985), The Manipulation of Literature.
Studies in Literary Translation, London: Croom Helm
Koller, Werner (1979), Einführung in die Übersetzungswissen-
schaft, Heidelberg: Quelle & Meyer
MacNeice, Louis (1949), "On Making a Radio Version of
'Faust'", Radio Times, 28 October 1949, pp. 5, 7
Ogden, C.K./Richards, I. A. (1923), The Meaning of Meaning,
8. Aufl., New York: Harcourt, Brace & World, 1946
Steinbeck, John (1980), "The Murder"/"Der Mord", üb. von
Marie von Schweinitz, in: Big Book of Modern Stories/
Großes Kurzgeschichtenbuch, München: dtv, pp. 276-305
Twain, Mark (1957), "Journalism in Tennessee", in: Neider,
Charles (ed.), The Complete Short Stories of Mark Twain,
New York: Bantam, pp. 27-32